전국
시·도교육청

교육공무직원 소양평가

인성검사 3회+모의고사 4회+면접+무료공무직특강

핵심통합서

시대에듀

2025 최신판 시대에듀 전국 시·도교육청 교육공무직원 소양평가 핵심통합서
인성검사 3회 + 모의고사 4회 + 면접 + 무료공무직특강

Always **with you**

사람의 인연은 길에서 우연하게 만나거나 함께 살아가는 것만을 의미하지는 않습니다.
책을 펴내는 출판사와 그 책을 읽는 독자의 만남도 소중한 인연입니다.
시대에듀는 항상 독자의 마음을 헤아리기 위해 노력하고 있습니다. 늘 독자와 함께하겠습니다.

머리말

전국 시 · 도교육청은 교육공무직원을 채용하기 위해 소양평가를 시행하여 지원자가 업무 수행에 요구되는 역량과 자질을 갖추고 있는지 평가한다.

소양평가는 인성검사와 직무능력검사로 구분된다. 직무능력검사 영역은 언어논리력 · 이해력 · 수리력 · 문제해결력 · 공간지각력 · 관찰탐구력 · 일반상식 · 한국사로 구분되며, 이는 교육청별 · 직종별로 상이하다.

이에 시대에듀에서는 전국 시 · 도교육청 교육공무직원 소양평가를 준비하는 수험생들이 시험에 효율적으로 대비할 수 있도록 다음과 같은 특징을 가진 본서를 출간하게 되었다.

도서의 특징

❶ 전국 시 · 도교육청 기관소개
교육공무직원 소양평가를 시행하는 전국 시 · 도교육청의 정보를 한눈에 파악할 수 있도록 하였다.

❷ 직무능력검사
언어논리력 · 이해력 · 수리력 · 문제해결력 · 공간지각력 · 관찰탐구력 · 일반상식 · 한국사 핵심이론 및 대표기출유형, 기출응용문제를 수록하여 출제영역을 완벽히 학습하도록 하였다.

❸ 주요 교육청 기출복원문제
2024~2023년 시행된 주요 교육청 기출복원문제로 최근 출제경향을 한눈에 파악하도록 하였다.

❹ 최종점검 모의고사
50문항 유형과 45문항 유형 각 1회로 구성된 최종점검 모의고사 2회분 및 OMR 답안카드를 수록하여 자신의 실력을 스스로 점검할 수 있도록 하였다.

❺ 인성검사 소개 및 모의테스트
인성검사 소개 및 모의테스트 2회분을 수록하여 자신이 지원하고자 하는 교육청의 인재상에 부합하는지 확인할 수 있도록 하였다.

❻ 면접 소개 및 전국 시 · 도교육청 면접 질문
면접 소개 및 시 · 도교육청별 면접 질문을 수록하여 본서 한 권으로 교육공무직원 채용을 준비하는 데 부족함이 없도록 하였다.

❼ 무료 공무직 강의 + 온라인 모의고사/인성검사
교육공무직원 소양평가 이론&문풀 무료 강의뿐 아니라 온라인 모의고사 2회분과 온라인 인성검사 1회분을 제공하여 채용 전반에 대비할 수 있도록 하였다.

끝으로 본서를 통해 전국 시 · 도교육청 교육공무직원 채용을 준비하는 모든 수험생에게 합격의 행운이 따르기를 진심으로 기원한다.

SDC(Sidae Data Center) 씀

교육공무직원 채용 안내

◇ 지원방법

❶ 온라인 교직원 채용시스템(edurecruit.go.kr) 접수

❷ 해당 채용 공고문에 기재된 주소에 따른 전자우편 접수

❸ 각 시 · 도교육청 또는 각 지역 교육지원청 방문 접수

※ 각 시 · 도교육청에 따라 지원방법이 상이할 수 있습니다.

◇ 응시자격

❶ 18세 이상으로 정년(만 60세)에 도달하지 아니한 자

❷ 대한민국 국적 소지자(외국인 및 복수 국적자 제외)

❸ 채용시험 공고일 전일부터 면접시험일까지 계속하여 본인의 주민등록상 주소지 또는 국내 거소신고가 지원하고자 하는 교육청의 소재지로 되어 있는 자

❹ 각 시 · 도교육청 채용(응시) 결격사유에 해당하는 자는 응시 불가

※ 직종별 필수 자격(면허)요건이 상이할 수 있습니다.

◇ 신분 및 처우

❶ 「근로기준법」 적용을 받는 무기계약직 근로자

❷ 정년 : 만 60세

❸ 근무처 : 지원 교육청 산하 교육행정기관 및 공립학교

❹ 근로시간 : 주 40시간(상시근무)

※ 각급학교(기관)의 교육과정 운영에 따라 방학 중에도 근무할 수 있으며, 근로시간이 직종별로 상이할 수 있습니다.

❺ 보수 : 각 시 · 도교육청 교육공무직원 처우개선 계획 등 관련 규정에 따름

◇ 채용절차

서류전형	1차시험	2차시험	최종합격
	소양평가 (인성검사, 직무능력검사)	면접시험	

구분	내용
서류전형	❶ 응시원서 접수 **제출서류** 주민등록초본, 자격증명서 사본, 경력증명서 사본, 최종학력증명서(재학증명서 또는 졸업증명서), 개인정보제공 동의서, 취업지원대상자 증명서 사본, 장애인 등록증 사본, 국가유공자증 사본 등 ※ 교육청별 · 응시직종별 제출서류가 상이할 수 있습니다. ❷ 응시번호 확인 및 출력 ❸ 응시요건의 적합 여부를 심사하여 적격/부적격 판단
1차시험	❶ 인성검사 ❷ 직무능력검사 ※ 응시직종별 1차시험 평가항목이 상이할 수 있습니다.
2차시험	❶ 1차시험 합격자에 한하여 면접시험 실시 ❷ 평정요소별 점수를 합산하여 평균으로 계산 **평정요소** 교육공무직원으로서 가치관 및 기본자세, 문제해결력 및 응용능력, 해당 직종에 대한 전문지식, 의사표현의 정확성 및 논리성, 업무 관련 창의성 및 발전 가능성 ※ 교육청별 평정요소 및 평가기준이 상이할 수 있습니다.
최종합격	❶ 가산점수를 포함한 1차시험 점수와 2차시험 점수를 합산하여 점수가 높은 순서대로 최종합격자 결정 ❷ 동점자 처리 기준

1순위	2순위	3순위	4순위	5순위	6순위
취업지원 대상자	면접심사 점수가 높은 자	소양평가 점수가 높은 자	경력 점수가 높은 자	자격증 점수가 높은 자	생년월일이 빠른 자

※ 교육청별 동점자 처리 기준이 상이할 수 있습니다.
❸ 최종합격자 제출서류 제출

❖ 채용절차는 각 시 · 도교육청의 채용직종에 따라 변경될 수 있으니 반드시 채용공고를 확인하기 바랍니다.

교육공무직원 직종별 업무

구분	업무	자격요건
교육실무원	• 학교 일지 관리 • 공문 접수 및 처리 • 교직원 연수 안내 및 보고 • 학교 행사 및 각종 회의 지원 • 각종 재정지원사업 운영 지원	제한 사항 없음

교무행정
늘봄실무원
	• 늘봄학교 운영 관련 업무
	  – 늘봄학교 프로그램 관련 업무
	  – 방과후학교 운영 업무 전반
	  – 학습형 늘봄 운영 업무 전반
	  – 기타 늘봄학교 운영 관련 업무
	• 학교 교무행정 및 교육활동 지원
		제한 사항 없음

돌봄전담사	• 학생 관리 • 생활 / 급식 / 귀가 지도 • 월간 운영계획 작성 • 돌봄교실 관리 🔳 NEIS 활용, 출결 관리, 일지 작성 등	유 · 초 · 중등 정교사 자격 중 1개 이상 소지자 또는 보육교사 2급 이상 중 1개 이상 소지자
조리사	• 조리 / 위생 / 배식 관리 • 구매식품 검수 지원 • 급식 설비 및 기구 관리 • 영양사 업무 지원	조리사 면허증 소지자(구 · 군청 발급)
조리실무사	• 식재료의 검수 및 지원 • 급식계획에 따른 조리업무 • 급식설비 및 기구 위생 • 그 밖의 급식에 관한 사항	제한 사항 없음

특수교육실무사	• 특수교육 대상 학생에 대하여 담당 교사의 지시에 따른 보조 역할
	  – 교수 · 학습 활동, 교내외 활동
	  – 방과후활동
	  – 급식 / 등하교 지도
	  – 신변처리
		고등학교를 졸업한 자
		또는
		이와 같은 수준 이상의 학력이 있다고
		인정되는 자

취업지원관	• 취업 환경 정보 수집 • 취업처 발굴 및 관리 • 취업 상담 및 지원 • 취업 지원프로그램 운영 • 취업 현황 및 학생 관리	직업상담사 2급 이상 소지자 또는 관련 경력자
평생교육사	• 도서관 평생학습프로그램 업무 • 평생학습계좌제 학습과정 관리 및 운영 • 평생학습프로그램 자원봉사자 모니터링 업무(공개모집 및 관리)	평생교육사 3급 이상 소지자

교육복지사	• 교육취약계층 학생 지원
	  – 학생성장 지원
	  – 교육복지운영 지원
	• 교육복지우선지원사업 관리 및 운영
	• 지역사회 연계 및 활용
	• 지원 대상 학생 관리
		사회복지사
		또는
		학교사회복지사 소지자

전문상담사	• 117센터 학교폭력 신고접수 • 학생 상담 및 지원 • 신고처리 결과 분석	전문상담교사, 전문상담사, 상담심리사, 청소년상담사, 임상심리사, 정신건강 임상심리사 중 1개 이상 소지자 또는 관련 학과 학사 이상
임상심리사	• 특수교육 대상 학생 진단 및 상담 • 학생 심층 검사 및 지원 • 상담 관련 교육 활동 • 외부 기관 발굴 및 연계 지원	임상심리사 2급 이상 또는 정신보건임상심리사 2급 이상 소지자

사서	• 도서관 운영 및 관리
	  – 도서관 예산 편성
	  – 자료 수집 및 정리
	• 독서 관련 행사 운영 및 지원
		정사서 2급 이상, 준사서,
		사서교사 2급 이상 소지자

※ 각 시·도교육청에 따라 세부 업무 및 자격요건이 상이할 수 있습니다.

경상남도교육청 기관소개

◇ **교육철학**

민주성	자발적인 참여, 소통과 공감으로 만들어가는 교육
공공성	모든 학생에게 차별 없이 질 높은 배움을 제공하는 교육
미래성	교육의 내용과 방법 모두를 혁신한 창의적인 교육
지역성	지역사회 자원을 이용하고 지역에 기여하는 교육

◇ **교육비전**

배움이 즐거운 학교 함께 가꾸는 경남교육

◇ **교육지표**

함께 배우며 미래를 열어가는 민주시민 육성

◇ **정책방향**

1 배움 중심의 새로운 교육

2 더불어 행복한 교육복지

3 안전하고 건강한 교육환경

4 소통과 공감의 교육공동체

5 깨끗하고 공정한 지원행정

경상남도교육청 기출분석

총평

직무능력검사의 출제영역과 문항 수, 시간은 변화가 없었으나, 지난 시험에 비해 지문의 길이가 길어져 시간이 촉박했다는 평이 지배적이었다. 경상남도교육청의 경우 응시직종에 따라 필기시험 합격자 결정 기준이 상이하다. 따라서 자신이 지원한 직종에서 인성검사와 직무능력검사가 차지하는 비중을 사전에 파악해 두어야 한다. 또한 조리사 · 조리실무사 등 조리 직종은 관찰탐구력 대신 조리 문제가 출제되며, 유치원방과후전담사는 관찰탐구력 대신 2019 개정 누리과정(해설서) 문제가 출제되므로, 이에 대한 대비가 필요하다.

◇ 필기시험

구분	출제영역	문항 수	시간
인성검사	–	200문항	40분
직무능력검사	언어논리력, 이해력, 공간지각력, 문제해결력, 관찰탐구력 ※ 조리 직종은 관찰탐구력 대신 조리 문제 출제	45문항	50분

◇ 출제유형

구분	출제유형
언어논리력	• 띄어쓰기 `기출 키워드` 갈지 · 안 갈지 · 되는지 · 안 되는지 • 단어와 그 뜻이 바르게 연결되지 않은 것을 찾는 문제 `기출 키워드` 부산하다 · 가녀리다 • 변화를 추구해야 할 기업이 나아가야 할 방향성에 대하여 괄호 안에 들어갈 말 찾는 문제 `기출 키워드` 변화를 이해한다 – 변화를 (　　) – 변화를 수용한다
이해력	• 지문의 주장에 대해 비판 · 반박하는 내용을 찾는 문제 `기출 키워드` 은행나무 가로수의 장 · 단점
공간지각력	• 정육면체를 접으면 나오는 그림을 찾는 문제 • 9개의 퍼즐을 맞추면 나오는 알파벳을 찾는 문제 • 제시된 알파벳 문자를 거울에 비친 모양을 찾는 문제 • 제시된 사각형 안에서 찾을 수 있는 정사각형의 개수를 구하는 문제 • 구멍의 위치와 개수가 다른 종이를 겹쳤을 때 보이는 하트의 개수를 구하는 문제
문제해결력	• 참 · 거짓 • 제시된 순서 조건에 따라 여섯 번째 방에 배치될 팀을 찾는 문제
관찰탐구력	• 체온을 조절하는 중추 `기출 키워드` 간뇌 • 질량이 서로 다른 물체를 떨어뜨렸을 때의 상태 • 못, 코르크 마개, 작은 비커 이용한 실험에서 부피 순서 • 복사의 형태로 열이 이동하는 것을 차단하는 방법 `기출 키워드` 알루미늄 • 산소가 들어가지 않는 원소 `기출 키워드` 물 · 메탄 · 이산화탄소 · 메탄알코올 • 비행기의 수직 모양 날개의 원리 `기출 키워드` 수직항력 • 비커 두 개가 포개졌을 때 깨뜨리지 않고 분리하는 방법 `기출 키워드` 차가운 물 · 뜨거운 물 • 가까이 있는 상은 크게 보이고 멀리 있는 것은 거꾸로 보이는 오목거울과 같은 용도의 물건 `기출 키워드` 치과거울

경상북도교육청 기관소개

◇ **교육청 비전**

세계교육
표준으로

삶의 힘을 키우는
따뜻한 경북교육

정책 방향

● 삶이 있는 교육과정
● 따뜻함을 더하는 학교
● 힘이 되는 미래교육
● 혁신하는 교육지원

◇ **교육청 상징**

 경상북도교육청

경상북도교육청의 심벌마크는 경북교육의 이니셜인 G를 나타내면서 "지·덕·체"의 전인교육의 조화 속에 인재육성의 지표를 향해 역동적으로 발전하는 미래 경북교육을 형상화한 것이다.

Orange, Blue, Green의 3색이 조화를 이룬 발전적이며 열정적으로 전진하는 모습을 형상화한 것으로, Orange 색상은 지식의 활성화, Blue 색상은 조화, Green 색상은 미래가치를 의미하며, 심벌마크가 그려내는 상승구조는 발전, 정렬, 최고의 의미를 담고 있어 경상북도교육청의 미래비전을 시각적으로 잘 표현해준다.

힘차게 전진하는 경상북도 교육의 힘, 세계를 향해 뻗어 나가는 정신, 행복과 감동을 주는 학교의 러브 마크를 만들기 위한 의지가 담겨있다.

경상북도교육청 기출분석

총평

지난 시험에 비해 난도는 높지 않았으나, 지문의 길이가 길어져서 문제를 해결하는 데 시간이 많이 소요된 편이었다. 특히 수리력의 경우 단순 계산 문제보다 자료해석 문제가 많이 출제되었다. 경상북도교육청은 필기시험 합격자 결정 기준에 있어 직무능력검사(40%)보다 인성검사(60%)가 더 높은 비중을 차지한다. 그러나 직무능력검사가 더 낮은 비중을 차지한다고 하여 직무능력검사 준비를 소홀히 한다면 과락을 맞게 되어 불합격으로 이어지는 결과를 초래할 수 있다. 또한 직무능력검사에서 높은 점수를 받게 되면 합격의 당락을 가르는 요인이 될 수 있으므로, 직무능력검사 준비를 면밀하게 해야 할 것이다.

◇ 필기시험

구분	출제영역	문항 수	시간
인성검사	–	200문항	40분
직무능력검사	언어논리력, 수리력, 문제해결력, 공간지각력, 관찰탐구력	45문항	50분

◇ 출제유형

구분	출제유형
언어논리력	• 품사가 다른 단어 • 단어 형성법 기출 키워드 발품 · 손목 · 맨발 · 손발 • 한자성어 기출 키워드 죽마고우 · 화룡점정 · 지록위마 · 호가호위 • 논리적 오류를 찾는 문제 • 지문의 구조를 도식화하는 문제 • 지문의 주제를 찾는 문제 기출 키워드 타당성 · 연관성 • 소 잡는 하나의 칼에 대한 내용으로 알 수 있는 교훈을 찾는 문제
수리력	• 농도 • 영화 또는 연극을 본 학생 수의 차이를 구하는 문제 • 컨테이너를 가득 채울 수 있는 박스의 개수를 구하는 문제 • 아이스크림 회사 중 상위 1~2위가 차지하는 비율을 구하는 문제 • 막대 그래프의 내용을 추론하는 문제 기출 키워드 중간고사 · 기말고사 성적
문제해결력	• 참 · 거짓 • 범인 찾기 • a, b, c, d 크기 비교 후 항상 참인 것을 찾는 문제 • 제시된 조건에 따라 직원들이 회식할 장소를 고르는 문제
공간지각력	• 블록의 앞 · 옆 · 위 보여주고 총 개수 구하는 문제 • 제시된 도형 중 패턴이 틀린 도형을 찾는 문제 • 종이를 접은 다음 펀칭한 후 폈을 때 나올 모양을 찾는 문제 • 제시된 삼각형 3개를 겹쳤을 때 나오는 사각형의 개수를 구하는 문제 • 삼각형과 사각형을 겹쳐 종이를 접었을 때 나올 수 없는 도형을 찾는 문제
관찰탐구력*	• 실생활과 관련된 기초 과학상식 문제

* 2024년에는 출제되지 않은 영역입니다.

광주광역시교육청 기관소개

◇ **기본방향**

교육상	미래를 함께 여는 혁신적 포용교육
교육지표	창의성을 갖춘 가슴 따뜻한 세계민주시민

◇ **5대 주요시책**

모두의 꿈이 실현되는 **다양성 교육**	삶의 힘을 키우는 **책임교육**	희망사다리가 되는 **공정교육**	상상이 현실이 되는 **미래교육**	다 함께 주인되는 **상생교육**

◇ **역점과제**

① 다양성을 품은 **실력 향상**

② 미래로 가는 **AI교육**

③ 모두가 동행하는 **시민협치**

광주광역시교육청 기출분석

총평

광주광역시교육청은 채용하는 직종에 따라 필기시험 여부가 다르므로 유의해야 한다(조리원, 미화원 등 직종은 필기시험 미실시). 2023년 광주광역시교육청 채용 필기시험의 경우 지난 시험에 비해 난도가 낮았으며, 길고 복잡한 문제보다는 단답형이 다수 출제되었다는 의견이 지배적이었다. 특히 국어의 경우 문학 지문이 출제되는 것이 특징이며, 고전문학도 출제되므로 이에 대한 대비가 필요하다.

◇ 필기시험

구분	문항 수	시간
국어	25문항	50분
일반상식	25문항	

◇ 출제유형

구분		출제유형
국어		• 한글의 창제 원리 • 음절의 끝소리 규칙 • 외래어 표기법 기출 키워드 메시지 · 굿모닝 • 맞춤법 기출 키워드 금세 · 거친 · 치렀더니 • 띄어쓰기 기출 키워드 할 걸 · 도와 드리다 • 합성어 · 파생어 기출 키워드 날뛰다 · 풋사과 · 검푸르다 • 유의관계 기출 키워드 쥐다-잡다 • 속담 기출 키워드 군불에 밥 짓기 • 종속적으로 이어진 문장을 찾는 문제 • 중의적 의미를 갖지 않는 문장을 찾는 문제 • 지문과 일치하는 내용을 찾는 문제 기출 키워드 친일파 • 작가에 대한 설명 기출 작품명 『님의 침묵』, 『동백꽃』 • 문학 작품의 내용/의미를 찾는 문제 기출 작품명 『구지가』, 『서경별곡』, 『꽃』, 『고향』, 『꺼삐딴 리』
일반상식	사회	기출 키워드 • 탄소배출량　　• 범죄피해자구조　　• 입법부 · 행정부 · 사법부의 • 엘리뇨 현상　　• 죄형법정주의　　　견제 관계 • 베블런 효과　　• 탄소발자국　　　• 출산장려정책 • 인구공동화 현상　• 사회보험　　　　• 공공재의 특징
	한국사	기출 키워드 • 8조법(고조선)　　　　• 근초고왕(백제) 업적　• 해동성국, 3성6부(발해) • 근현대사 순서(제너럴셔먼　• 1차 갑오개혁　　　• 흥선대원군의 업적 　호-병인양요-오페르트 도　• 청산리 전투(김좌진)　• 6월 민주항쟁(김대중 전대통령) 　굴 사건-신미양요)

대전광역시교육청 기관소개

◇ **교육비전**

> **행복한 학교 미래를 여는 대전교육**

◇ **교육지표**

> **바른 인성과 창의성을 갖춘 세계시민 육성**

◇ **정책방향**

창의융합교육	**미래를 선도하는 창의융합교육** 미래를 선도할 바른 인성과 창의성을 갖춘 인재를 육성하기 위해 창의융합교육을 추진하고 지속가능한 미래교육환경을 조성한다.
혁신교육	**배움과 성장이 있는 혁신교육** 미래역량을 키우는 맞춤형 교육과정을 운영하고, 자기주도적 미래설계를 위한 진로·직업교육을 강화하여 배움과 성장이 중심이 되는 혁신교육을 추진한다.
책임교육	**교육기회를 보장하는 책임교육** 모든 학생들에게 고른 배움의 기회를 보장하고 학습자 특성을 배려하는 맞춤교육으로 책임교육을 구현한다.
안전·건강	**안전하고 건강한 교육환경** 배려와 존중의 학교문화를 바탕으로 안전하고 건강한 교육환경 시스템을 강화하여 몸과 마음이 건강한 배움터를 만든다.
소통·협력	**소통하고 협력하는 교육행정** 교육공동체의 참여와 소통으로 만들어 가는 교육정책과 학교현장 중심의 행정지원으로 소통하고 협력하는 교육행정을 펼친다.

대전광역시교육청 기출분석

총평

2024년 대전광역시교육청 교육공무직원 채용은 교무행정늘봄실무원을 새롭게 채용함에 따라 2회 진행되었다. 직무능력검사의 출제영역과 문항 수, 시간은 변화가 없었으나, 지난 시험에 비해 지문의 길이가 길어지고 전반적인 난도가 높아졌다. 특히 문제해결력의 경우 언어논리력과 수리력이 융합된 형태로 출제되거나, 언어논리력 지문처럼 제시되기 때문에 속독 능력을 길러 풀이 시간을 줄이는 것이 관건이다.

대전광역시교육청은 타 교육청보다 인성검사 문항이 까다롭게 출제되는 편이며, 인성검사 결과가 합격의 당락을 좌우하기도 한다. 대전광역시교육청이 채용하고자 하는 인재상이 확고하기 때문에 그에 따른 적절한 답변을 일관성 있게 선택해야 한다. 예를 들어 '혼자 일하는 것을 선호한다.'는 답변보다 '여럿이 함께 일하는 것을 선호한다.'는 답변을 선택해야 하며, 창의적이고 혁신적인 답변보다는 일반적이고 무난한 답변을 선택하는 것이 좋다. 따라서 시험에 응시하기 전에 다양한 인성검사 문항을 접해보고 이에 대비해야 할 것이다.

◇ 필기시험

구분	출제영역	문항 수	시간
인성검사	–	200문항	40분
직무능력검사	언어논리력, 수리능력, 문제해결력	45문항	45분

◇ 출제유형

구분	출제유형
언어논리력	• 띄어쓰기 • 한자성어 • 외래어 표기법 • 어법상 옳은 문장을 찾는 문제 • 중의적 의미를 갖지 않는 문장을 찾는 문제 • 지문에 주어진 내용과 다른 것을 찾는 문제 • 지문에 내용에 맞는 교육이 무엇인지 찾는 문제 • 지문의 내용에 따라 도자기의 종류를 고르는 문제 기출 키워드 고려청자 · 분청사기 · 조선백자
수리능력	• 확률 • 거리 · 속력 · 시간
문제해결력	• 참 · 거짓 • 제시된 조건에 따라 방을 배정하는 문제

부산광역시교육청 기관소개

◇ **교육비전**

> # 꿈을 현실로!
> # 희망 부산교육

> # 행복한 학교
> # 성장하는 학생

미래역량을 키우는 **맞춤교육**	안전하고 든든한 **안심교육**	소통하고 존중하는 **공감교육**
학력신장 학업성취도평가와 맞춤형 학습을 통한 **학력신장**	**교육복지** 균등한 교육기회를 제공하는 다양한 **교육복지**	**인성교육** 문화예술 · 체육 · 독서 · 청소년 단체활동을 통한 **인성교육**
미래교육 미래인재양성을 위한 디지털 기반 교육과 진로교육	**안전보건** 모두가 만족하는 **든든하고 안전한** 학교환경 조성	**혁신소통** 투명하고 공정한 교육행정을 위한 **혁신소통**

부산광역시교육청 기출분석

총평

2024년 부산광역시교육청 교육공무직원 채용은 늘봄교무행정실무원을 새롭게 채용함에 따라 2회 진행되었다. 직무능력검사 문제는 영역별로 구분되어 나오지 않고, 섞여서 출제되기 때문에 시간 분배가 관건이다. 특히 45문항 중 언어논리력과 이해력의 비중이 지배적인 편이므로, 평소 독서를 통해 속독 능력을 향상시키고, 맞춤법 관련 감각을 길러야 한다. 2023년 하반기 채용 소양평가의 경우 전반적으로 언어 지문의 길이가 길었으며, 지난 시험과 같이 관찰탐구력(과학 문제) 영역은 출제되지 않았다. 또한 MBTI와 같이 최신 트렌드를 반영한 문제가 출제되었다는 점이 특징적이었다.

◇ 필기시험

구분	출제영역	문항 수	시간
인성검사	–	200문항	50분
직무능력검사	언어논리력, 이해력, 수리력, 공간지각력, 문제해결력	45문항	50분

◇ 출제유형

구분	출제유형
언어논리력	• 표준발음법 기출 키워드 고랭지 · 설거지 · 널찍한 • 한자성어 기출 키워드 전화위복
이해력	• 제시된 문단을 순서대로 나열하는 문제
수리력	• 거리 · 속력 · 시간 • 표 · 그래프의 내용을 추론하는 문제 기출 키워드 미세먼지
공간지각력	• 종이를 접은 다음 펀칭한 후 폈을 때 나올 모양을 찾는 문제 • 시계를 90도로 돌렸을 때 거울에 비친 모양을 찾는 문제 • 제시된 정육면체 중 쌓을 수 없는 도형을 찾는 문제(테트리스) • 도형 규칙을 보여주고 그 다음에 올 도형을 찾는 문제 • 정육면체 4개를 접었을 때 다른 모양을 찾는 문제
문제해결력	• 제시된 명제를 기반으로 추론하는 문제 기출 키워드 휴가 • 제시된 조건에 따라 회의 시 부서별로 직원의 자리를 배치하는 문제 • 리더십 유형을 찾는 문제 • MBTI 16가지 유형에 해당하는 사람 수 비교하는 문제

세종특별자치시교육청 기관소개

◇ **교육비전**

> 모두가 **특별**해지는 세종교육

◇ **교육지표**

> **생각**하는 사람 **참여**하는 시민

◇ **5대 정책목표**

> 학습권을 보장하는 **교육복지**

> 삶의 질을 높이는 **교육 생태계**

> 시민과 함께하는 **교육자치 교육행정**

> 미래를 열어가는 **교육환경**

> 다같이 성장하는 **맞춤형 교육**

세종특별자치시교육청 기출분석

총평

세종특별자치시교육청은 채용하는 직종에 따라 직무능력검사 출제영역이 다르므로 유의해야 한다. 특히 교무행정사 직종은 해당 교육청에서 발간한 '학교업무 이해하기'를 기준으로 문제를 출제하고 있으므로, 시험 전 관련 자료를 반드시 숙지해야 한다. 국어의 경우 독해 지문(비문학)의 출제비중이 높은 편이다. 또한 문학 지문이 출제되는 것이 특징이므로, 평소 독서를 꾸준히 하며 이에 대한 대비를 해두어야 한다. 일반상식의 경우 정치·경제·문화 전반에 대한 보편적인 상식 수준의 사회 문제가 출제되며, 선사시대부터 근·현대 전반에 걸친 한국사 문제가 출제되므로 폭넓은 대비가 필요하다.

◆ 필기시험

구분		문항 수	시간
교무행정사	학교업무 이해하기	25문항	80분
	일반상식(사회, 한국사)	25문항	
그 외	국어	25문항	80분
	일반상식(사회, 한국사)	25문항	

※ 조리실무사, 시설관리원 등 직종의 경우 필기시험을 실시하지 않으며, 체력검정 합격자를 대상으로 인성평가(200문항/40분)를 실시합니다.

◆ 출제유형

구분		출제유형
학교업무 이해하기		**기출 키워드** • 청탁금지 비적용대상　　• 공문서 작성 기준　　• 정책방향 • 해당 교육청 직속기관　　• 정산 후 처리 과정/방법　　• 2015 개정 교육과정
일반상식	사회	**기출 키워드** • 환경 협약　　• 1차 국공합작(인권 관련)　　• 구속적부심 • 사회적 불평등　　• 공간적 분업(H자동차 사례)　　• 의무교육/무상교육 • 도시화로 인한 갯벌 훼손　　• 신자유주의　　• 문화 상대주의/문화 사대주의
	한국사	**기출 키워드** • 빗살무늬 토기(신석기)　　• 범금8조(고조선)　　• 천리장성(고구려) • 서옥제(고구려)　　• 강동6주(서희)　　• 혜초-『왕오천축국전』 • 여전론(정약용)　　• 헤이그특사(을사늑약)　　• 7.4 남북공동성명
국어		• 어법 / 맞춤법 문제　**기출 키워드**　깨끗이 • 피동·사동 표현 구분하는 문제　**기출 키워드**　잡혔다·풀렸다 • 음운변동-비음화　**기출 키워드**　왕릉[왕능]·1학년[1항년]·국문학[궁문학]·생겼는데[생견는데] • 비문학 독해 문제　**기출 키워드**　독서의 가치 및 중요성, 국어의 역사성·창조성·사회성, 미니멀 라이프, 달리기, 협상, 저작권 • 문학 작품의 내용 / 의미 찾는 문제　**기출 작품명**　『삼포 가는 길』, 『가난한 사랑 노래』, 『파수꾼』

울산광역시교육청 기관소개

◆ **교육비전**

한 명의 아이도 포기하지 않는 울산교육

◆ **교육지표**

배움이 삶이 되는 학교, 미래를 열어가는 교육

◆ **정책방향**

미래 준비 책임교육

학생 맞춤 안심교육

관계 중심 공감교육

현장 지원 열린행정

울산광역시교육청 기출분석

직무능력검사의 출제영역과 문항 수, 시간은 변화가 없었으나, 지난 시험에 비해 지문의 길이가 길지 않아 체감 난도가 낮은 편이었다는 의견이 다수였다. 수리력의 경우 자료해석 수치를 이해하고 계산하는 데 시간이 소요될 수 있으므로, 평소 수치를 간략화하여 어림 계산하는 등 효율적인 전략을 수립해 두어야 한다. 또한 관찰탐구력의 경우 중3~고1 교육과정 수준의 기본적인 개념이 출제되므로, 시험에 응시하기 전에 이에 대한 대비를 해두어야 한다.

◈ 필기시험

구분	출제영역	문항 수	시간
인성검사	–	200문항	40분
직무능력검사	언어논리력, 수리력, 공간지각력, 문제해결력, 관찰탐구력	45문항	50분

◈ 출제유형

구분	출제유형
언어논리력	• 한자성어 기출 키워드 계란유골 • 인턴 사원이 보고서를 쓸 때 보고서의 제목으로 적절한 것을 찾는 문제 • 제시된 단어의 의미와 다르게 쓰인 문장을 찾는 문제 기출 키워드 대하다 • 제시된 단어의 관계와 다른 관계로 짝지어진 단어 기출 키워드 승용차 : 기차 • 지문의 제목으로 적절한 것을 찾는 문제 기출 키워드 4차 산업혁명과 교육 • 지문의 중심 내용으로 적절한 것을 찾는 문제 기출 키워드 명상 • 지문의 밑줄 친 문장 중 문맥상 필요하지 않은 문장을 찾는 문제 기출 키워드 복지
수리력	• 남학생과 여학생의 비율에 따라 전체 학생 수 구하는 문제 • 29세 신입사원이 들어 왔을 때 부서의 평균 나이를 구하는 문제 • 표의 내용을 추론하는 문제 기출 키워드 15년 이상 근속한 사람의 수
공간지각력	• 지도에 표시된 두 개의 건물을 어떤 위치에서 서서 바라보고 그린 것인지 찾는 문제 • 종이를 접은 다음 펀칭한 후 폈을 때 나올 모양을 찾는 문제 • 제시된 도형을 상하반전 또는 좌우대칭한 모양이 아닌 것을 찾는 문제 • 제시된 블록의 바닥을 제외하고 페인트를 칠했을 때 두 면만 칠해지는 블록의 개수를 구하는 문제
문제해결력	• 예산 범위 내에서 예약할 수 있는 방의 개수와 숙박비를 계산하는 문제 • 제시된 명제를 기반으로 추론하는 문제 기출 키워드 한식 · 중식 · 일식 · 양식 · 분식, 야구 · 농구 · 배구 • 6일 동안 A~F 지역에 출장 갈 때 항상 참인 명제를 찾는 문제
관찰탐구력	• 팀 분위기를 저해하는 말을 한 사람을 찾는 문제 • 열기구와 같은 원리를 이용한 것을 찾는 문제 • 나무에서 과일이 떨어지는 그림과 관련 있는 것 기출 키워드 중력 • 배가 뜰 수 있는 힘 기출 키워드 부력 • 일정한 간격으로 이동하는 공 그림에서 알 수 있는 운동 기출 키워드 등속운동 • 차가운 음료가 담긴 컵 표면에 물방울이 맺히는 현상 기출 키워드 응축

전라북도교육청 기관소개

◇ **교육비전**

실력과 바른 인성을
키우는 전북교육

◇ **기본방향**

실력과 바른 인성을 키우는 **전북교육**

배움이 즐거운 교실	꿈을 키우는 학교	함께 성장하는 교육

학생중심 미래교육	**책임** 모두를 위한 책임교육
	미래 미래를 만드는 교실
	공동체 평화와 공존의 세계시민교육
	안전 건강하고 안전한 학교
	자치 소통과 참여로 따뜻한 교육공동체
	협력 지역과 함께하는 교육

전라북도교육청 기출분석

총평

2024년 전라북도교육청 교육공무직원 채용은 2회 진행되어 예년보다 채용인원이 증가하였다. 전라북도교육청은 채용하는 직종에 따라 직무능력검사 출제영역이 다르므로 유의해야 한다. 언어논리력 · 문제해결력 · 수리력 · 이해력은 직종별로 동일하나, 조리실무사 직종의 경우 공간지각력 대신 관찰탐구력을 평가한다. 전반적으로 언어 지문의 길이가 길어지고, 자료해석 그래프의 수치가 복잡해져서 시간이 부족했으며, 난도가 높았다는 의견이 다수였다. 특히 새로운 채용직종인 늘봄실무사와 돌봄전담사의 차이를 묻는 문제가 출제된 것이 눈에 띄었다.

◈ 필기시험

구분	출제영역	문항 수	시간
인성검사	근면성, 책임감, 적극성, 리더십, 사교성, 배려심, 준법성, 감정통제, 침착성, 정서안정 ※ 진위형(예, 아니오) 또는 선택형(2문, 4문, 5문) 유형	200문항	40분
직무능력검사	언어논리력, 문제해결력, 수리력, 이해력, 공간지각력 ※ 조리실무사 직종은 공간지각력 대신 관찰탐구력 출제	50문항	50분

◈ 출제유형

구분	출제유형
언어논리력	• 용언 어간에 명사형 전성 어미 표기 [기출 키워드] 만듦 · 예쁨 • 제시된 단어의 관계와 다른 관계로 짝지어진 단어 [기출 키워드] 흰색과 검정색, 삶과 죽음, 부모와 조부
문제해결력	• 제시된 명제를 기반으로 추론하는 문제 [기출 키워드] 행사 참여자, 한식, 동호회 가입, 출장 • 가족들이 원하는 여행지의 순위에 따라 어떤 여행지에 가야 할지 추론하는 문제
수리력	• 속력의 단위 변환 [기출 키워드] m/s → km/h • 각 부서의 점수를 제시하고 평균을 구하는 문제 [기출 키워드] 경영기획팀 · 전산팀 • 휴대폰의 용량에 들어갈 수 있는 사진의 총 개수 구하는 문제 [기출 키워드] 200GB · 7MB • 금액의 일정 비율을 저금했을 때 몇 달 후에 1,000만 원이 넘는지 구하는 문제 • 가격을 올렸다가 다시 할인했을 때 얼마나 팔아야 이익이 남는지 계산하는 문제
이해력	• 지문의 빈칸에 들어갈 내용으로 적절한 것을 찾는 문제 [기출 키워드] 오감과 착각(오해) • 지문의 내용에 맞는 직업윤리를 찾는 문제 [기출 키워드] 부정청탁 · 채무관계 · 공평무사의 원칙 • 제시된 그림에 해당하는 내용을 고르는 문제 [기출 키워드] 오존층 파괴 · 화석연료 · 에너지효율등급 • 직원 복지를 위한 정책 4가지를 가장 효율적인 순서대로 나열하는 문제
공간지각력	• 전개도 결합 시 꼭짓점이 맞닿는 부분을 찾는 문제 • 도형을 대칭했을 때 알파벳 모양이 되는 것의 개수를 구하는 문제 • 제시된 도형에 사용되지 않은 블록을 찾는 문제 • 제시된 정사각형을 접었을 때 나올 수 없는 모양을 찾는 문제 • 제시된 주사위의 도면 중 다른 하나를 찾는 문제

충청남도교육청 기관소개

◇ **교육이상**

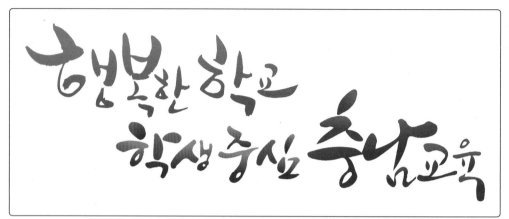

◇ **기본방향**

참학력을 갖춘 미래인재 육성
우리가 꿈꾸는 세상

충청남도교육청 기출분석

총평

2024년 충청남도교육청 교육공무직원 채용은 늘봄실무사를 새롭게 채용함에 따라 2회 진행되었다(조리실무사, 시설관리원 직종은 소양평가 미실시). 직무능력검사의 출제영역과 문항 수, 시간은 변화가 없었으나, 지난 시험에 비해 지문의 길이가 길어져 시간이 촉박했다는 평이 지배적이었다. 특히 수리력의 경우 응용수리보다 자료해석 문제의 비중이 더 컸다. 또한 이해력의 경우 직장생활에서 활용할 수 있는 기본 예절, 대인관계 상식 등이 출제되므로 이에 대한 대비가 필요하다.

◇ 필기시험

구분	출제영역	문항 수	시간
인성검사	근면성, 책임감, 사교감, 적극성, 리더십, 준법성, 배려심, 심리안정도(침착성, 감정, 정서)	200문항	40분
직무능력검사	문제해결력, 수리력, 언어논리력, 이해력, 공간지각력	50문항	50분

◇ 출제유형

구분	출제유형
문제해결력	• 제시된 명제를 기반으로 추론하는 문제 기출 키워드 복숭아 · 사과 · 키위 • 제시된 조건에 따라 회식 장소/관광코스를 찾는 문제 • 예약자의 요구조건에 맞는 공연을 찾는 문제
수리력	• 표의 내용을 추론하는 문제 기출 키워드 스트레스 지수, 학교급별 사교육비 • 버스 여러 대가 같은 정류장에서 만나게 되는 횟수를 구하는 문제 • 1시간에 2배씩 번식하는 균의 4시간 뒤 개수를 구하는 문제
언어논리력	• 고유어 · 합성어 · 한자어를 구분하는 문제 • 어법에 맞게 고쳐쓰기 기출 키워드 유래-유례 • 접사의 쓰임이 다른 것을 찾는 문제 기출 키워드 헛-
이해력	• 직장 내 전화예절 • 고객 대응방식 고르기 • MZ세대의 특징(공정성)을 찾는 문제 • 리더가 갖춰야 하는 능력-문제해결능력 • 샌드위치 기법으로 조언한 내용을 고르는 문제 • 근로감독관이 요양원에 와서 개선된 부분을 찾는 문제 • 재난 · 산사태에 대한 지문에 해당하는 내용을 고르는 문제 • 지문을 읽고 도서 할인에 대한 단점이 아닌 것을 찾는 문제 • 피리 부는 소년(마네), 자화상(빈센트 반 고흐) 그림 보고 다른 방법으로 표현한 것 고르는 문제
공간지각력	• 정육면체 전개도를 접었을 때 다른 모양을 찾는 문제 • 제시된 열쇠 모양과 같은 쌍이 몇 개인지 구하는 문제 • 제시된 블록을 합쳤을 때 나오는 블록의 모양을 찾는 문제

직무능력검사 8개 출제영역

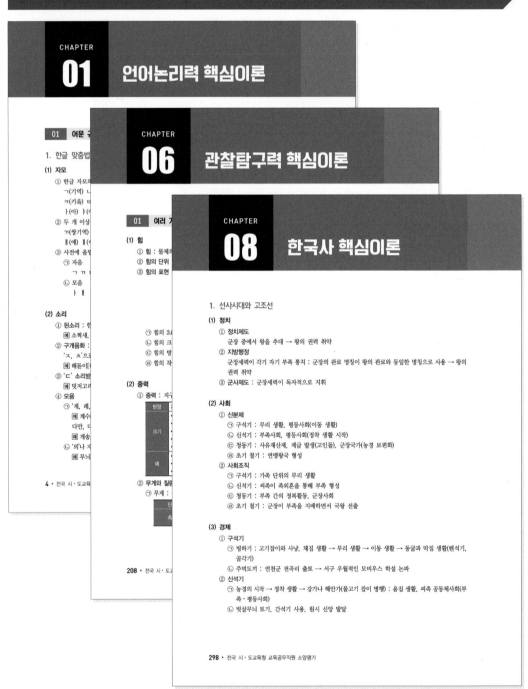

CHAPTER 01 언어논리력 핵심이론

01 어문 규

1. 한글 맞춤법
(1) 자모
① 한글 자모의
ㄱ(기역) ㄴ
ㅋ(키읔) ㅌ
ㅏ(아) ㅑ(
② 두 개 이상
ㄲ(쌍기역)
ㅖ(예)ㅚ(
③ 사전에 올릴
㉠ 자음
ㄱ ㄲ
㉡ 모음
ㅏ ㅐ

(2) 소리
① 된소리 : 한
예 소쩍새,
② 구개음화 :
'ㅈ, ㅊ'으로
예 해돋이(
③ 'ㄷ' 소리받
예 덧저고리
④ 모음
㉠ '계, 례,
예 계수
다만, 다
예 계송
㉡ '의'나 자
예 무늬

4 · 전국 시 · 도교육

CHAPTER 06 관찰탐구력 핵심이론

01 여러 가

(1) 힘
① 힘 : 물체의
② 힘의 단위
③ 힘의 표현

㉠ 힘의 3요
㉡ 힘의 크
㉢ 힘의 방
㉣ 힘의 작

(2) 중력
① 중력 : 지구

방향	
크기	
예	

② 무게와 질량
㉠ 무게 :

단위	
측	

208 · 전국 시 · 도교

CHAPTER 08 한국사 핵심이론

1. 선사시대와 고조선
(1) 정치
① 정치제도
　군장 중에서 왕을 추대 → 왕의 권력 취약
② 지방행정
　군장세력이 각기 자기 부족 통치 : 군장의 관료 명칭이 왕의 관료와 동일한 명칭으로 사용 → 왕의
　권력 취약
③ 군사제도 : 군장세력이 독자적으로 지휘

(2) 사회
① 신분제
　㉠ 구석기 : 무리 생활, 평등사회(이동 생활)
　㉡ 신석기 : 부족사회, 평등사회(정착 생활 시작)
　㉢ 청동기 : 사유재산제, 계급 발생(고인돌), 군장국가(농경 보편화)
　㉣ 초기 철기 : 연맹왕국 형성
② 사회조직
　㉠ 구석기 : 가족 단위의 무리 생활
　㉡ 신석기 : 씨족이 족외혼을 통해 부족 형성
　㉢ 청동기 : 부족 간의 정복활동, 군장사회
　㉣ 초기 철기 : 군장이 부족을 지배하면서 국왕 선출

(3) 경제
① 구석기
　㉠ 빙하기 : 고기잡이와 사냥, 채집 생활 → 무리 생활 → 이동 생활 → 동굴과 막집 생활(뗀석기,
　　골각기)
　㉡ 주먹도끼 : 연천군 전곡리 출토 → 서구 우월적인 모비우스 학설 논파
② 신석기
　㉠ 농경의 시작 → 정착 생활 → 강가나 해안가(물고기 잡이 병행) : 움집 생활, 씨족 공동체사회(부
　　족·평등사회)
　㉡ 빗살무늬 토기, 간석기 사용, 원시 신앙 발달

298 · 전국 시 · 도교육청 교육공무직원 소양평가

▶ 전국 시 · 도교육청 교육공무직원 소양평가 출제영역을 빠짐없이 수록하여 직무능력검사를 완벽히 준비하도록 하였다.

핵심이론 + 대표기출유형 + 기출응용문제

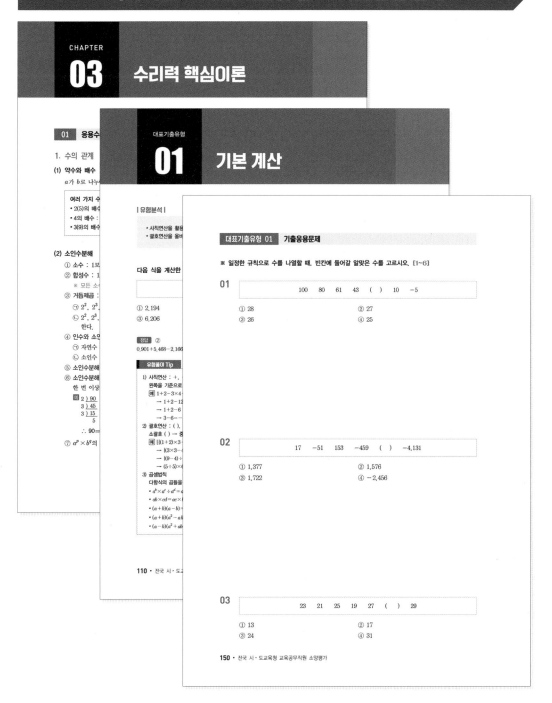

▶ 직무능력검사 8개 출제영역별 핵심이론과 유형별 문제를 통해 각 영역을 체계적으로 학습할 수 있도록 하였다.

도서 200% 활용하기

주요 교육청 기출복원문제

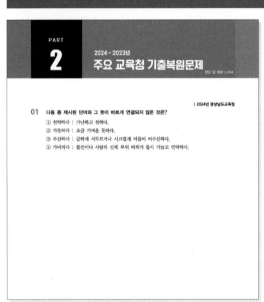

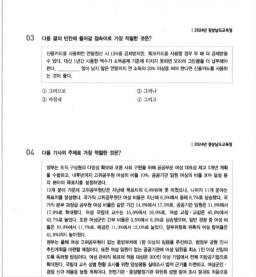

▶ 2024~2023년 시행된 주요 교육청 기출복원문제를 수록하여 교육청별 출제경향을 파악할 수 있도록 하였다.

최종점검 모의고사

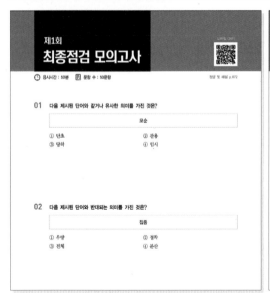

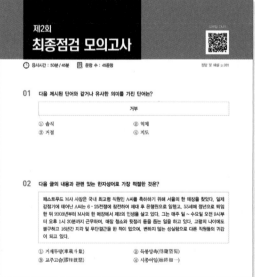

▶ 50문항 / 45문항 유형 모의고사를 1회씩 수록하여 지원하는 교육청에 따라 철저하게 연습할 수 있도록 하였다.

인성검사 + 면접

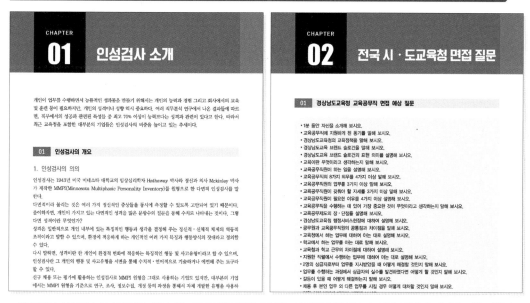

▶ 인성검사 모의테스트 2회분과 전국 시 · 도교육청 면접 질문을 수록하여 한 권으로 채용 전반에 대비하도록 하였다.

정답 및 해설

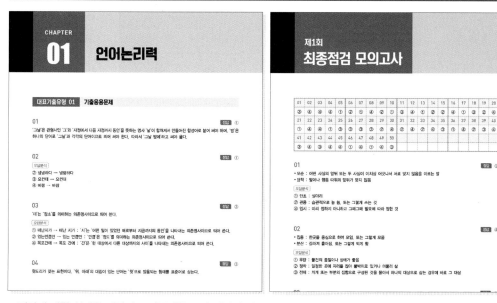

▶ 정답에 대한 상세한 해설과 오답분석을 통해 정답이 되는 이유와 오답이 되는 근거를 이해하도록 하였다.

학습플랜

1주 완성 학습플랜

본서에 수록된 전 영역을 단기간에 끝낼 수 있도록 구성한 학습플랜이다. 한 번에 전 영역을 공부하지 않고, 한 영역을 집중적으로 공부할 수 있도록 하였다. 인성검사 및 필기시험에 대한 기초 학습은 되어 있으나, 학습 계획 세우기에 자신이 없는 분들이나 미리 시험에 대비하지 못해 단시간에 많은 분량을 봐야 하는 수험생에게 추천한다.

	ONE WEEK STUDY PLAN		
Start!	**1일 차** ☐ _____월_____일	**2일 차** ☐ _____월_____일	**3일 차** ☐ _____월_____일
	4일 차 ☐ _____월_____일	**5일 차** ☐ _____월_____일	**6일 차** ☐ _____월_____일
	7일 차 ☐ _____월_____일		

STUDY CHECK BOX							
구분	1일 차	2일 차	3일 차	4일 차	5일 차	6일 차	7일 차
직무능력검사							
기출복원문제							
제1회 최종점검 모의고사							
제2회 최종점검 모의고사							
다회독 1회							
다회독 2회							
오답분석							

스터디 체크박스 활용법

1주 완성 학습플랜에서 계획한 학습량을 어느 정도 실천하였는지 표시하여 자신의 학습량을 효율적으로 관리한다.

구분	1일 차	2일 차	3일 차	4일 차	5일 차	6일 차	7일 차
PART 1	언어논리력	X	X	완료			

PART 1

직무능력검사

CHAPTER 01
언어논리력

| 출제유형 |

01 어휘력

어휘의 의미를 정확하게 알고 있는지 평가하는 유형으로, 밑줄 친 어휘와 같은 의미로 쓰인 어휘를 찾는 문제, 주어진 문장 속에서 사용이 적절하지 않은 어휘를 찾는 문제, 주어진 여러 단어의 뜻을 포괄하는 어휘를 찾는 문제 등이 출제되고 있다.

02 나열하기

문장과 문장 사이의 관계 및 글 전체의 흐름을 읽어낼 수 있는지 평가하는 유형으로, 논리적인 순서에 따라 주어진 글의 문장이나 문단을 나열하는 문제가 출제되고 있다.

03 빈칸추론

앞뒤 문맥과 글의 전체 흐름을 파악하여 제시된 글의 빈칸에 들어갈 알맞은 문장을 고르는 문제가 출제되고 있다.

01 어휘력

- 어휘가 가진 다양한 의미를 묻는 문제가 주로 출제되므로 어휘의 의미를 정확하게 알고 있어야 한다.
- 다의어의 경우 문장 속에서 어떤 의미로 활용되는지 파악하는 것이 중요하므로 예문과 함께 학습하도록 한다.

02 나열하기

- 문장과 문장을 연결하는 접속어의 쓰임에 대해 정확히 알고 있어야 문제를 풀 수 있다.
- 문장 속에 나타나는 지시어는 해당 문장의 앞에 어떤 내용이 오는지에 대한 힌트가 되므로 이에 집중한다.

03 빈칸추론

- 지문을 처음부터 끝까지 다 읽기보다는 빈칸의 앞뒤 문장만으로 그 사이에 들어갈 내용을 유추하는 연습을 해야 한다.
- 선택지를 읽으며 빈칸에 들어갈 답을 고른 후 해설과 비교한다. 확실하게 정답을 선택한 경우를 제외하고, 왜 틀렸는지 파악하고 놓친 부분을 반드시 체크하는 습관을 들인다.

01 어문 규정

1. 한글 맞춤법

(1) 자모

① 한글 자모의 수는 스물넉 자로 하고, 그 순서와 이름은 다음과 같이 정한다.

ㄱ(기역) ㄴ(니은) ㄷ(디귿) ㄹ(리을) ㅁ(미음) ㅂ(비읍) ㅅ(시옷) ㅇ(이응) ㅈ(지읒) ㅊ(치읓)

ㅋ(키읔) ㅌ(티읕) ㅍ(피읖) ㅎ(히읗)

ㅏ(아) ㅑ(야) ㅓ(어) ㅕ(여) ㅗ(오) ㅛ(요) ㅜ(우) ㅠ(유) ㅡ(으) ㅣ(이)

② 두 개 이상의 자모를 어울러서 적되, 그 순서와 이름은 다음과 같이 정한다.

ㄲ(쌍기역) ㄸ(쌍디귿) ㅃ(쌍비읍) ㅆ(쌍시옷) ㅉ(쌍지읒)

ㅐ(애) ㅒ(얘) ㅔ(에) ㅖ(예) ㅘ(와) ㅙ(왜) ㅚ(외) ㅝ(워) ㅞ(웨) ㅟ(위) ㅢ(의)

③ 사전에 올릴 적의 자모 순서는 다음과 같이 정한다.

㉠ 자음

ㄱ ㄲ ㄴ ㄷ ㄸ ㄹ ㅁ ㅂ ㅃ ㅅ ㅆ ㅇ ㅈ ㅉ ㅊ ㅋ ㅌ ㅍ ㅎ

㉡ 모음

ㅏ ㅐ ㅑ ㅒ ㅓ ㅔ ㅕ ㅖ ㅗ ㅘ ㅙ ㅚ ㅛ ㅜ ㅝ ㅞ ㅟ ㅠ ㅡ ㅢ ㅣ

(2) 소리

① **된소리** : 한 단어 안에서 뚜렷한 까닭 없이 나는 된소리는 다음 음절의 첫소리를 된소리로 적는다.

예 소쩍새, 움찔, 깍두기 등

② **구개음화** : 'ㄷ, ㅌ' 받침 뒤에 종속적 관계를 가진 '-이(-)'나 '-히-'가 올 적에는, 그 'ㄷ, ㅌ'이 'ㅈ, ㅊ'으로 소리 나더라도 'ㄷ, ㅌ'으로 적는다.

예 해돋이[해도지], 굳이[구지], 맏이[마지] 등

③ **'ㄷ' 소리받침** : 'ㄷ' 소리로 나는 받침 중에서 'ㄷ'으로 적을 근거가 없는 것은 'ㅅ'으로 적는다.

예 덧저고리, 돗자리, 웃어른 등

④ **모음**

㉠ '계, 례, 몌, 폐, 혜'의 'ㅖ'는 'ㅔ'로 소리 나는 경우가 있더라도 'ㅖ'로 적는다.

예 계수[게수], 사례[사레], 혜택[헤택] 등

다만, 다음 말은 본음대로 적는다.

예 게송, 게시판, 휴게실 등

㉡ '의'나 자음을 첫소리로 가지고 있는 음절의 'ㅢ'는 'ㅣ'로 소리 나는 경우가 있더라도 'ㅢ'로 적는다.

예 무늬[무니], 씌어[씨어], 본의[본이] 등

⑤ 두음법칙
  ㉠ 한자음 '녀, 뇨, 뉴, 니'가 단어 첫머리에 올 적에는, 두음법칙에 따라 '여, 요, 유, 이'로 적는다.
    예 여자[녀자], 연세[년세], 요소[뇨소] 등
    • 단어의 첫머리 이외의 경우에는 본음대로 적는다.
      예 남녀(男女), 당뇨(糖尿), 은닉(隱匿) 등
    • 접두사처럼 쓰이는 한자가 붙어서 된 말이나 합성어에서, 뒷말의 첫소리가 'ㄴ' 소리로 나더라도 두음법칙에 따라 적는다.
      예 신여성(新女性), 공염불(空念佛), 남존여비(男尊女卑) 등
  ㉡ 한자음 '랴, 려, 례, 료, 류, 리'가 단어의 첫머리에 올 적에는, 두음법칙에 따라 '야, 여, 예, 요, 유, 이'로 적는다.
    예 양심[량심], 역사[력사], 이발[리발] 등
    • 단어의 첫머리 이외의 경우에는 본음대로 적는다.
      예 개량(改良), 수력(水力), 급류(急流) 등
    • 모음이나 'ㄴ' 받침 뒤에 이어지는 '렬, 률'은 '열, 율'로 적는다.
      예 나열[나렬], 분열[분렬], 전율[전률] 등
    • 접두사처럼 쓰이는 한자가 붙어서 된 말이나 합성어에서, 뒷말의 첫소리가 'ㄴ' 또는 'ㄹ' 소리로 나더라도 두음법칙에 따라 적는다.
      예 역이용(逆利用), 연이율(年利率), 열역학(熱力學) 등
  ㉢ 한자음 '라, 래, 로, 뢰, 루, 르'가 단어의 첫머리에 올 적에는, 두음법칙에 따라 '나, 내, 노, 뇌, 누, 느'로 적는다.
    예 낙원[락원], 노인[로인], 뇌성[뢰성] 등
    • 단어의 첫머리 이외의 경우에는 본음대로 적는다.
      예 쾌락(快樂), 극락(極樂), 지뢰(地雷) 등
    • 접두사처럼 쓰이는 한자가 붙어서 된 단어는 뒷말을 두음법칙에 따라 적는다.
      예 상노인(上老人), 중노동(重勞動), 비논리적(非論理的) 등
⑥ 겹쳐 나는 소리 : 한 단어 안에서 같은 음절이나 비슷한 음절이 겹쳐 나는 부분은 같은 글자로 적는다.
  예 눅눅하다[능눅하다], 꼿꼿하다[꼿곳하다], 씁쓸하다[씁슬하다] 등

(3) 형태

① 사이시옷
  ㉠ '순우리말＋순우리말'의 형태로 합성어를 만들 때 앞말에 받침이 없을 경우
    • 뒷말의 첫소리가 된소리로 나야 한다.
      예 귓밥(귀＋밥), 나뭇가지(나무＋가지), 쇳조각(쇠＋조각) 등
    • 뒷말의 첫소리가 'ㄴ, ㅁ'이고, 그 앞에서 'ㄴ' 소리가 덧나야 한다.
      예 아랫마을(아래＋ㅅ＋마을), 뒷머리(뒤＋ㅅ＋머리), 잇몸(이＋ㅅ＋몸) 등
    • 뒷말의 첫소리 모음 앞에서 'ㄴㄴ' 소리가 덧나야 한다.
      예 깻잎[깬닙], 나뭇잎[나문닙], 댓잎[댄닙] 등

ⓛ '순우리말+한자어' 혹은 '한자어+순우리말'의 형태로 합성어를 만들 때 앞말에 받침이 없을 경우
- 뒷말의 첫소리가 된소리로 나야 한다.
  예 콧병[코뼝], 샛강[새깡], 아랫방[아래빵] 등
- 뒷말의 첫소리가 'ㄴ, ㅁ'이고, 그 앞에서 'ㄴ' 소리가 덧나야 한다.
  예 훗날[훈날], 제삿날[제산날], 툇마루[퇸마루] 등
- 뒷말의 첫소리 모음 앞에서 'ㄴㄴ' 소리가 덧나야 한다.
  예 가욋일[가왼닐], 예삿일[예산닐], 훗일[훈닐] 등

ⓒ 한자어+한자어로 된 두 음절의 합성어 가운데에서는 다음 6개만 인정한다.
  예 곳간(庫間), 숫자(數字), 횟수(回數), 툇간(退間), 셋방(貰房), 찻간(車間)

② 준말
ⓛ 단어의 끝모음이 줄어지고 자음만 남은 것은 그 앞의 음절에 받침으로 적는다.
  예 엊그저께(어제그저께), 엊저녁(어제저녁), 온갖(온가지) 등
ⓛ 체언과 조사가 어울려 줄어지는 경우에는 준 대로 적는다.
  예 그건(그것은), 그걸로(그것으로), 무얼(무엇을) 등
ⓒ 모음 'ㅏ, ㅓ'로 끝난 어간에 '-아/-어, -았-/-었-'이 어울릴 적에는 준 대로 적는다.
  예 가(가아), 갔다(가았다), 폈다(펴었다) 등
ⓡ 모음 'ㅗ, ㅜ'로 끝난 어간에 '-아/-어, -았-/-었-'이 어울려 'ㅘ/ㅝ, 왔/웠'으로 될 적에는 준 대로 적는다.
  예 꽜다(꼬았다), 쐈다(쏘았다), 쒔다(쑤었다) 등
ⓜ 'ㅣ' 뒤에 '-어'가 와서 'ㅕ'로 줄 적에는 준 대로 적는다.
  예 가져(가지어), 버텨(버티어), 치여(치이어) 등
ⓗ 'ㅏ, ㅕ, ㅗ, ㅜ, ㅡ'로 끝난 어간에 '-이-'가 와서 각각 'ㅐ, ㅖ, ㅚ, ㅟ, ㅢ'로 줄 적에는 준 대로 적는다.
  예 쌔다(싸이다), 폐다(펴이다), 씌다(쓰이다) 등
ⓢ 'ㅏ, ㅗ, ㅜ, ㅡ' 뒤에 '-이어'가 어울려 줄어질 적에는 준 대로 적는다.
  예 보여(보이어), 누여(누이어), 트여(트이어) 등
ⓞ 어미 '-지' 뒤에 '않-'이 어울려 '-잖-'이 될 적과 '-하지' 뒤에 '않-'이 어울려 '찮-'이 될 적에는 준 대로 적는다.
  예 그렇잖은(그렇지 않은), 만만찮다(만만하지 않다), 변변찮다(변변하지 않다) 등
ⓩ 어간의 끝음절 '하'의 'ㅏ'가 줄고 'ㅎ'이 다음 음절의 첫소리와 어울려 거센소리로 될 적에는 거센소리로 적는다.
  예 간편케(간편하게), 연구토록(연구하도록), 흔타(흔하다) 등
- 'ㅎ'이 어간의 끝소리로 굳어진 것은 받침으로 적는다.
  예 아무렇다 – 아무렇고 – 아무렇지 – 아무렇든지
- 어간의 끝음절 '하'가 아주 줄 적에는 준 대로 적는다.
  예 거북지(거북하지), 생각건대(생각하건대), 넉넉지 않다(넉넉하지 않다) 등
ⓧ 다음과 같은 부사는 소리대로 적는다.
  예 결단코, 기필코, 무심코, 하여튼, 요컨대 등

③ '-쟁이', '-장이'
　　㉠ 그것이 나타내는 속성을 많이 가진 사람은 '-쟁이'로 적는다.
　　　예 거짓말쟁이, 욕심쟁이, 심술쟁이 등
　　㉡ 그것과 관련된 기술을 가진 사람은 '-장이'로 적는다.
　　　예 미장이, 대장장이, 토기장이 등

틀리기 쉬운 어휘

- 너머 : 높이나 경계로 가로막은 사물의 저쪽
  넘어 : 일정한 시간, 시기, 범위 따위에서 벗어나 지나다.
- 띄다 : 눈에 보이다.
  띠다 : 빛깔이나 성질을 가지다.
- 틀리다 : 바라거나 하려는 일이 순조롭게 되지 못하다.
  다르다 : 비교가 되는 두 대상이 서로 같지 아니하다.
- 가리키다 : 어떤 방향이나 대상을 집어서 보이거나 말하거나 알리다.
  가르치다 : 상대편에게 지식이나 기능, 이치 따위를 깨닫거나 익히게 하다.
- 금새 : 물건의 값
  금세 : 지금 바로
- 어느 : 여럿 가운데 대상이 되는 것이 무엇인지 물을 때 쓰는 말
  여느 : 그 밖의 예사로운. 또는 다른 보통의
- 늘이다 : 본디보다 더 길게 하다.
  늘리다 : 길이나 넓이, 부피 따위를 본디보다 커지게 하다.
- ~던지 : 막연한 의문이 있는 채로 그것을 뒤 절의 사실이나 판단과 관련시킬 때
  ~든지 : 나열된 동작이나 상태, 대상 중에서 어느 것이든 선택될 수 있음을 나타낼 때
- 부치다 : 일정한 수단이나 방법을 써서 상대에게로 보내다.
  붙이다 : 맞닿아 떨어지지 않게 하다.
- 삭이다 : 긴장이나 화가 풀려 마음이 가라앉다.
  삭히다 : 김치나 젓갈 따위의 음식물이 발효되어 맛이 들다.
- 일절 : 아주, 전혀, 절대로의 뜻
  일체 : 모든 것, 모든 것을 다

---

2. 표준어 규정

(1) 자음

① 거센소리를 가진 형태의 단어를 표준어로 삼는다.
　예 끄나풀, 살쾡이, 나팔꽃 등
② 거센소리로 나지 않는 형태의 단어를 표준어로 삼는다.
　예 가을갈이, 거시기, 분침 등
③ 어원에서 멀어진 형태로 굳어져서 널리 쓰이는 것은, 그것을 표준어로 삼는다.
　예 강낭콩, 사글세, 고삿 등

④ 다음 단어들은 의미를 구별함이 없이, 한 가지 형태만을 표준어로 삼는다(다만, '둘째'는 십 단위 이상의 서수사에 쓰일 때에 '두째'로 한다).
　　예 돌, 둘째, 빌리다 등
⑤ 수컷을 이르는 접두사는 '수-'로 통일한다.
　　예 수꿩, 수나사, 수소 등
　　㉠ 다음 단어의 접두사는 '숫-'으로 한다.
　　　　예 숫양, 숫염소, 숫쥐
　　㉡ 다음 단어에서는 접두사 다음에서 나는 거센소리를 인정한다.
　　　　예 수캉아지, 수퇘지, 수평아리, 수키와 등

(2) 모음

① 양성 모음이 음성 모음으로 바뀌어 굳어진 단어는 음성 모음 형태를 표준어로 삼는다.
　　예 깡충깡충, 발가숭이, 오뚝이 등
　　다만, 어원 의식이 강하게 작용하는 단어에서는 양성 모음 형태를 그대로 표준어로 삼는다.
　　예 부조, 사돈, 삼촌 등
② 'ㅣ'역행 동화현상에 의한 발음은 원칙적으로 표준 발음으로 인정하지 아니하되, 그러한 동화가 적용된 형태를 표준어로 삼는다.
　　예 풋내기, 냄비, 동댕이치다 등
③ 모음이 단순화한 형태의 단어를 표준어로 삼는다.
　　예 괴팍하다, 미루나무, 으레, 케케묵다 등
④ 모음의 발음 변화를 인정하여, 발음이 바뀌어 굳어진 형태의 단어를 표준어로 삼는다.
　　예 깍쟁이, 상추, 허드레 등
⑤ '위-, 윗-, 웃-'
　　㉠ '위'를 가리키는 말은 '위-'로 적는 것이 원칙이다.
　　　　예 위층, 위쪽, 위턱 등
　　㉡ '위-'가 뒷말과 결합하면서 된소리가 되거나 'ㄴ'이 덧날 때는 '윗-'으로 적는다.
　　　　예 윗입술, 윗목, 윗눈썹 등
　　㉢ 아래, 위의 대립이 없는 낱말은 '웃-'으로 적는다.
　　　　예 웃돈, 웃어른, 웃옷 등
⑥ 한자 '구(句)'가 붙어서 이루어진 단어는 '귀'로 읽는 것을 인정하지 아니하고, '구'로 통일한다.
　　예 구절(句節), 시구(詩句), 인용구(引用句) 등
　　다음의 단어들은 '귀'로 발음되는 형태를 표준어로 삼는다.
　　예 귀글, 글귀

(3) 단수표준어

비슷한 발음의 몇 형태가 쓰일 경우, 그 의미에 아무런 차이가 없고 그중 하나가 더 널리 쓰이면 그 한 형태만을 표준어로 삼는다.

예 귀고리, 꼭두각시, 우두커니, 천장 등

(4) 복수표준어

① 다음 단어는 앞의 것을 원칙으로 하고, 뒤의 것도 허용한다.

예 네 – 예, 쇠고기 – 소고기 등

② 어감의 차이를 나타내는 단어 또는 발음이 비슷한 단어들이 다 같이 널리 쓰이는 경우에는, 모두를 표준어로 삼는다.

예 거슴츠레하다 – 게슴츠레하다, 고까 – 꼬까, 고린내 – 코린내 등

③ 한 가지 의미를 나타내는 형태 몇 가지가 널리 쓰이며 표준어 규정에 맞으면, 모두를 표준어로 삼는다.

예 넝쿨 – 덩굴, 민둥산 – 벌거숭이산, 살쾡이 – 삵, 어림잡다 – 어림치다, 옥수수 – 강냉이 등

3. 띄어쓰기

① 조사는 그 앞말에 붙여 쓴다.

예 꽃이, 꽃마저, 웃고만 등

② 의존 명사는 띄어 쓴다.

예 아는 것이 힘이다, 나도 할 수 있다, 먹을 만큼 먹어라 등

③ 단위를 나타내는 명사는 띄어 쓴다.

예 한 개, 열 살, 집 한 채 등

다만, 순서를 나타내는 경우나 숫자와 어울려 쓰이는 경우에는 붙여 쓸 수 있다.

예 삼학년, 육층, 80원 등

④ 수를 적을 적에는 '만(萬)' 단위로 띄어 쓴다.

예 십이억 삼천사백오십육만 칠천팔백구십팔 → 12억 3456만 7898

⑤ 두 말을 이어 주거나 열거할 적에 쓰이는 말들은 띄어 쓴다.

예 국장 겸 과장, 열 내지 스물, 청군 대 백군 등

⑥ 단음절로 된 단어가 연이어 나타날 적에는 붙여 쓸 수 있다.

예 그때 그곳, 좀더 큰것, 한잎 두잎 등

⑦ 보조용언은 띄어 씀을 원칙으로 하되, 경우에 따라 붙여 씀도 허용한다.

예 불이 꺼져 간다. / 불이 꺼져간다. 비가 올 성싶다. / 비가 올성싶다. 등

⑧ 성과 이름, 성과 호 등은 붙여 쓰고, 이에 덧붙는 호칭어, 관직명 등은 띄어 쓴다.

예 채영신 씨, 최치원 선생, 충무공 이순신 장군 등

⑨ 성명 이외의 고유명사는 단어별로 띄어 씀을 원칙으로 하되, 단위별로 띄어 쓸 수 있다.

예 대한 중학교 / 대한중학교, 시대 고시 / 시대고시 등

⑩ 전문 용어는 단어별로 띄어 씀을 원칙으로 하되, 붙여 쓸 수 있다.

예 만성 골수성 백혈병 / 만성골수성백혈병 등

4. 로마자 표기법

(1) 자음

ㄱ	ㄲ	ㅋ	ㄷ	ㄸ	ㅌ	ㅂ	ㅃ	ㅍ	ㅈ	ㅉ	ㅊ	ㅅ	ㅆ	ㅎ	ㅁ	ㄴ	ㅇ	ㄹ
g/k	kk	k	d/t	tt	t	b/p	pp	p	j	jj	ch	s	ss	h	m	n	ng	r/l

(2) 모음

ㅏ	ㅐ	ㅑ	ㅒ	ㅓ	ㅔ	ㅕ	ㅖ	ㅗ	ㅘ	ㅙ	ㅚ	ㅛ	ㅜ	ㅝ	ㅞ	ㅟ	ㅠ	ㅡ	ㅢ	ㅣ
a	ae	ya	yae	eo	e	yeo	ye	o	wa	wae	oe	yo	u	wo	we	wi	yu	eu	ui	i

(3) 표기상 유의점

① 음운변화가 일어날 때에는 변화의 결과에 따라 적는다.
　㉠ 자음 사이에서 동화작용이 일어나는 경우
　　예 신문로(Sinmunno), 왕십리(Wangsimni), 신라(Silla) 등
　㉡ 'ㄴ, ㄹ'이 덧나는 경우
　　예 학여울(Hangnyeoul), 알약(Allyak) 등
　㉢ 구개음화가 일어나는 경우
　　예 해돋이(Haedoji), 같이(Gachi), 맞히다(Machida) 등
　㉣ 'ㄱ, ㄷ, ㅂ, ㅈ'이 'ㅎ'과 합하여 거센소리로 소리 나는 경우(단, 된소리는 반영하지 않음)
　　예 좋고(Joko), 잡혀(Japyeo), 압구정(Apgujeong), 낙동강(Nakdonggang) 등
② 발음상 혼동의 우려가 있을 때에는 음절 사이에 붙임표(-)를 쓸 수 있다.
　예 중앙(Jung-ang), 반구대(Ban-gudae), 해운대(Hae-undae) 등
③ 고유명사는 첫소리를 대문자로 적는다.
　예 부산(Busan), 세종(Sejong) 등
④ 인명은 성과 이름의 순서로 쓰되 띄어 쓴다.
　예 민용하(Min Yongha), 송나리(Song Na-ri), 홍빛나(Hong Bit-na) 등
⑤ '도 · 시 · 군 · 구 · 읍 · 면 · 리 · 동'의 행정구역 단위와 거리를 지칭하는 '가'는 'do, si, gun, gu, eup, myeon, ri, dong, ga'로 적고, 그 앞에는 붙임표(-)를 넣는다.
　예 도봉구(Dobong-gu), 종로 2가[Jongno 2(i)-ga]
⑥ 자연지물명, 문화재명, 인공축조물명은 붙임표(-) 없이 붙여 쓴다.
　예 속리산(Songnisan), 경복궁(Gyeongbokgung), 촉석루(Chokseongnu) 등
⑦ 인명, 회사명, 단체명 등은 그동안 써온 표기를 쓸 수 있다.
⑧ 학술, 연구, 논문 등 특수 분야에서 한글 복원을 전제로 표기할 경우에는 한글 표기를 대상으로 적는다.
　예 짚(Jip), 붓꽃(Buskkoch), 조랑말(Jolangmal) 등

5. 외래어 표기법

(1) 외래어 표기법의 기본 원칙

① 외래어는 국어의 현용 24자모만으로 적는다.

② 외래어의 1음운은 원칙적으로 1기호로 적는다.

③ 외래어의 받침에는 'ㄱ, ㄴ, ㄹ, ㅁ, ㅂ, ㅅ, ㅇ'만을 적는다.

④ 파열음 표기에는 된소리를 쓰지 않는 것을 원칙으로 한다.

⑤ 이미 굳어진 외래어는 관용을 존중하되, 그 범위와 용례는 따로 정한다.

(2) 틀리기 쉬운 외래어 표기

- 액세서리(○) / 액세사리(×)
- 비스킷(○) / 비스켓(×)
- 초콜릿(○) / 초콜렛(×)
- 워크숍(○) / 워크샵(×)
- 앙케트(○) / 앙케이트(×)
- 컬렉션(○) / 콜렉션(×)
- 마니아(○) / 매니아(×)
- 바비큐(○) / 바베큐(×)
- 케이크(○) / 케익(×)
- 소시지(○) / 소세지(×)
- 팸플릿(○) / 팜플렛(×)
- 콘텐츠(○) / 컨텐츠(×)
- 앙코르(○) / 앙콜(×)
- 로열(○) / 로얄(×)

6. 높임법

(1) 주체 높임법

① 직접 높임 : '-시-(선어말 어미), -님(접미사), -께서(조사)'에 의해 실현된다.

예 어머니, 선생님께서 오십니다.

② 간접 높임 : '-시-(선어말 어미)'를 붙여 간접적으로 높인다.

예 할아버지는 연세가 많으시다.

(2) 상대 높임법

① 격식체 : 공식적이고 직접적이며, 딱딱하고 단정적인 느낌을 준다.

㉠ 해라체(아주낮춤) : '-ㄴ다, -는다, -다, -는구나, -느냐, -냐, -어라 / 아라, -자'

예 빨리 자거라. 일찍 일어나야 한다.

㉡ 하게체(예사낮춤) : '-네, -이, -ㄹ세, -는구먼, -로구먼, -는가, -ㄴ가, -게, -세'

예 이리 와서 앉게. 자네 혼자 왔나?

㉢ 하오체(예사높임) : '-(으)오, -(으)소, -는구려, -구려, -(으)ㅂ시다'

예 어서 나오시오. 무얼 그리 꾸물거리시오?

㉣ 합쇼체(아주높임) : '-ㅂ니다, -ㅂ(습)니다, -ㅂ니까, -ㅂ(습)니까, -십시오, -시지요'

예 어서 오십시오. 자주 들르겠습니다.

② 비격식체 : 부드럽고 친근하며 격식을 덜 차리는 경우에 쓰인다.
  ㉠ 해체(두루낮춤) : '-어 / 아, -야, -군'
    예 어서 빨리 가. 가방 놓고 앉아.
  ㉡ 해요체(두루높임) : '-어 / 아요, -군요'
    예 안녕히 계세요. 이따 또 오겠어요.

(3) 객체 높임법

말하는 이가 객체, 곧 문장의 목적어나 부사어를 높이는 높임법
예 드리다, 뵙다, 모시다, 여쭙다 등

(4) 공손법과 압존법

① 공손법 : 말하는 이가 자신을 낮추는 공손한 표현을 써서 결과적으로 상대방을 높이는 높임법
  예 변변치 못한 물건이지만, 정성을 생각하셔서 받아 주시옵소서.
② 압존법 : 주체를 높여야 하지만, 듣는 이가 주체보다 높은 경우에는 높임을 하지 않는 것
  예 할아버지, 아버지가 오고 있어요.

---

02 어휘의 의미

1. 의미 관계

(1) 유의 관계

유의어는 두 개 이상의 어휘가 서로 소리는 다르나 의미가 비슷한 경우로, 유의 관계의 대부분은 개념적
의미의 동일성을 전제로 한다.

(2) 반의 관계

반의어는 둘 이상의 단어에서 의미가 서로 짝을 이루어 대립하는 경우로, 어휘의 의미가 서로 대립되는
단어를 말하며, 이러한 어휘들의 관계를 반의 관계라고 한다. 한 쌍의 단어가 반의어가 되려면, 두 어휘
사이에 공통적인 의미 요소가 있으면서도 동시에 하나의 의미 요소만 달라야 한다.

(3) 상하 관계

상하 관계는 단어의 의미적 계층 구조에서 한쪽이 의미상 다른 쪽을 포함하거나 다른 쪽에 포섭되는
관계를 말한다. 상하 관계를 형성하는 단어들은 상위어일수록 일반적이고 포괄적인 의미를 지니며,
하위어일수록 개별적이고 한정적인 의미를 지니므로 하위어는 상위어를 의미적으로 함의하게 된다. 즉,
상위어가 가지고 있는 의미 특성을 하위어가 자동적으로 가지게 된다.

(4) 부분 관계

부분 관계는 한 단어가 다른 단어의 부분이 되는 관계를 말하며, 전체 – 부분 관계라고도 한다. 부분 관계에서 부분을 가리키는 단어를 부분어, 전체를 가리키는 단어를 전체어라고 한다. 예를 들면, '머리, 팔, 몸통, 다리'는 '몸'의 부분어이며, 이러한 부분어들에 의해 이루어진 '몸'은 전체어이다.

2. 다의어와 동음이의어

다의어(多義語)는 뜻이 여러 개인 낱말을 뜻하고, 동음이의어(同音異義語)는 소리는 같으나 뜻이 다른 낱말을 뜻한다. 중심의미(본래의 의미)와 주변의미(변형된 의미)로 나누어지면 다의어이고, 중심의미와 주변의미로 나누어지지 않고 전혀 다른 의미를 지니면 동음이의어라 한다.

03 알맞은 어휘

1. 나이와 관련된 어휘

충년(沖年)	10세 안팎의 어린 나이
지학(志學)	15세가 되어 학문에 뜻을 둠
약관(弱冠)	남자 나이 20세. 스무 살 전후의 여자 나이는 묘령(妙齡), 묘년(妙年), 방년(芳年), 방령(芳齡) 등이라 칭함
이립(而立)	30세, 『논어』에서 공자가 서른 살에 자립했다고 한 데서 나온 말로 인생관이 섰다는 뜻
불혹(不惑)	40세, 세상의 유혹에 빠지지 않음을 뜻함
지천명(知天命)	50세, 하늘의 뜻을 깨달음
이순(耳順)	60세, 경륜이 쌓이고 사려와 판단이 성숙하여 남의 어떤 말도 거슬리지 않음
화갑(華甲)	61세, 회갑(回甲), 환갑(還甲)
진갑(進甲)	62세, 환갑의 이듬해
고희(古稀)	70세, 두보의 시에서 유래. 마음대로 한다는 뜻의 종심(從心)이라고도 함
희수(喜壽)	77세, '喜'자의 초서체가 '七十七'을 세로로 써놓은 것과 비슷한 데서 유래
산수(傘壽)	80세, '傘'자를 풀면 '八十'이 되는 데서 유래
망구(望九)	81세, 90세를 바라봄
미수(米壽)	88세, '米'자를 풀면 '八十八'이 되는 데서 유래
졸수(卒壽)	90세, '卒'의 초서체가 '九十'이 되는 데서 유래
망백(望百)	91세, 100세를 바라봄
백수(白壽)	99세, '百'에서 '一'을 빼면 '白'
상수(上壽)	100세, 사람의 수명 중 최상의 수명
다수(茶壽)	108세, '茶'를 풀면, '十'이 두 개라서 '二十'이고, 아래 '八十八'이니 합하면 108
천수(天壽)	120세, 병 없이 늙어서 죽음을 맞이하면 하늘이 내려 준 나이를 다 살았다는 뜻

2. 단위와 관련된 어휘

길이	자	한 치의 열 배로 약 30.3cm
	마장	5리나 10리가 못 되는 거리
	발	두 팔을 양옆으로 펴서 벌렸을 때 한쪽 손끝에서 다른 쪽 손끝까지의 길이
	길	여덟 자 또는 열 자로 약 2.4m 또는 3m. 사람 키 정도의 길이
	치	한 자의 10분의 1 또는 약 3.03cm
	칸	여섯 자로, 1.81818m
	뼘	엄지손가락과 다른 손가락을 완전히 펴서 벌렸을 때에 두 끝 사이의 거리
넓이	길이	논밭 넓이의 단위. 소 한 마리가 하루에 갈 만한 넓이로, 약 2,000평 정도
	단보	땅 넓이의 단위. 1단보는 남한에서는 300평으로 $991.74m^2$, 북한에서는 30평으로 $99.174m^2$
	마지기	논밭 넓이의 단위. 볍씨 한 말의 모 또는 씨앗을 심을 만한 넓이로, 논은 약 $150\sim300$평, 밭은 약 100평 정도
	되지기	논밭 넓이의 단위. 볍씨 한 되의 모 또는 씨앗을 심을 만한 넓이로 한 마지기의 10분의 1
	섬지기	논밭 넓이의 단위. 볍씨 한 섬의 모 또는 씨앗을 심을 만한 넓이로 한 마지기의 열 배이며 논은 약 2,000평, 밭은 약 1,000평
	간	건물의 칸살의 넓이를 잴 때 사용. 한 간은 보통 여섯 자 제곱의 넓이
부피	홉	곡식, 가루, 액체 따위의 부피를 잴 때 쓰는 단위. 한 되의 10분의 1로 약 180mL
	되	곡식, 가루, 액체 따위의 부피를 잴 때 쓰는 단위. 한 말의 10분의 1, 한 홉의 열 배로 약 1.8L
	말	곡식, 액체, 가루 따위의 부피를 잴 때 쓰는 단위. 한 되의 10배로 약 18L
	섬	곡식, 액체, 가루 따위의 부피를 잴 때 쓰는 단위. 한 말의 10배로 약 180L
	되들이	한 되를 담을 수 있는 분량
	줌	한 손에 쥘 만한 분량
	춤	가늘고 기름한 물건을 한 손으로 쥘 만한 분량
무게	냥	귀금속이나 한약재 따위의 무게를 잴 때 쓰는 단위. 귀금속의 무게를 잴 때는 한 돈의 열 배이고, 한약재의 무게를 잴 때는 한 근의 16분의 1로 37.5g
	돈	귀금속이나 한약재 따위의 무게를 잴 때 쓰는 단위. 한 냥의 10분의 1, 한 푼의 열 배로 3.75g
	푼	귀금속이나 한약재 따위의 무게를 잴 때 쓰는 단위. 한 돈의 10분의 1로, 약 0.375g
	냥쭝	한 냥쯤 되는 무게
	돈쭝	한 돈쯤 되는 무게
묶음	갓	굴비·비웃 따위 10마리, 또는 고비·고사리 따위 10모숨을 한 줄로 엮은 것
	강다리	쪼갠 장작을 묶어 세는 단위. 쪼갠 장작 100개비
	거리	오이나 가지 50개
	고리	소주를 사발에 담은 것을 묶어 세는 단위로, 한 고리는 소주 10사발
	꾸러미	꾸리어 싼 물건을 세는 단위. 달걀 10개를 묶어 세는 단위
	담불	곡식이나 나무를 높이 쌓아 놓은 무더기. 벼 100섬씩 묶어 세는 단위
	동	물건을 묶어 세는 단위. 먹 10정, 붓 10자루, 생강 10접, 피륙 50필, 백지 100권, 곶감 100접, 볏짚 100단, 조기 1,000마리, 비웃 2,000마리
	마투리	곡식의 양을 섬이나 가마로 잴 때, 한 섬이나 한 가마가 되지 못하고 남은 양
	모숨	길고 가느다란 물건의, 한 줌 안에 들어올 만한 분량
	뭇	짚, 장작, 채소 따위의 작은 묶음을 세는 단위. 볏단을 세는 단위. 생선 10마리, 미역 10장
	새	피륙의 날을 세는 단위. 한 새는 날실 여든 올
	쌈	바늘을 묶어 세는 단위. 한 쌈은 바늘 24개
	손	한 손에 잡을 만한 분량을 세는 단위. 고등어 따위의 생선 2마리
	우리	기와를 세는 단위. 한 우리는 기와 2,000장
	접	채소나 과일 따위를 묶어 세는 단위. 한 접은 100개

묶음	제	한약의 분량을 나타내는 단위. 한 제는 탕약 20첩
	죽	옷, 그릇 따위의 열 벌을 묶어 이르는 말
	축	오징어를 묶어 세는 단위. 한 축은 오징어 20마리
	쾌	북어를 묶어 세는 단위. 한 쾌는 북어 20마리
	톳	김을 묶어 세는 단위. 한 톳은 김 100장
	필	명주 40자

3. 절기와 관련된 어휘

봄	입춘	봄의 문턱에 들어섰다는 뜻으로, 봄의 시작을 알리는 절기 [2월 4일경]
	우수	봄비가 내리는 시기라는 뜻 [2월 18일경]
	경칩	개구리가 잠에서 깨어난다는 의미로, 본격적인 봄의 계절이라는 뜻 [3월 5일경]
	춘분	봄의 한가운데로, 낮이 길어지는 시기 [3월 21일경]
	청명	하늘이 맑고 높다는 뜻으로, 전형적인 봄 날씨가 시작되므로 농사 준비를 하는 시기 [4월 5일경]
	곡우	농사에 필요한 비가 내리는 시기라는 뜻 [4월 20일경]
여름	입하	여름의 문턱에 들어섰다는 뜻으로, 여름의 시작을 알리는 절기 [5월 5일경]
	소만	조금씩 차기 시작한다는 뜻으로, 곡식이나 과일의 열매가 생장하여 가득 차기 시작하는 절기 [5월 21일경]
	망종	수염이 있는 곡식, 즉 보리·수수 같은 곡식은 추수를 하고 논에 모를 심는 절기 [6월 6일경]
	하지	여름의 중간으로 낮이 제일 긴 날 [6월 21일경]
	소서	작은 더위가 시작되는 절기로 한여름에 들어선 절기 [7월 7~8일경]
	대서	큰 더위가 시작되는 절기로 가장 더운 여름철이란 뜻 [7월 24일경]
가을	입추	가을의 문턱에 들어섰다는 뜻으로, 가을의 시작을 알리는 절기 [8월 8~9일경]
	처서	더위가 식고 일교차가 커지면서 식물들이 성장을 멈추고 겨울 준비를 하는 절기 [8월 23일경]
	백로	흰 이슬이 내리는 시기로 기온은 내려가고 본격적인 가을이 시작되는 시기 [9월 8일경]
	추분	밤이 길어지는 시기이며 가을의 한가운데라는 뜻 [9월 23일경]
	한로	찬 이슬이 내린다는 뜻 [10월 8일경]
	상강	서리가 내린다는 뜻 [10월 23일경]
겨울	입동	겨울의 문턱에 들어섰다는 뜻으로, 겨울의 시작을 알리는 절기 [11월 8일경]
	소설	작은 눈이 내린다는 뜻으로, 눈이 내리고 얼음이 얼기 시작하는 절기 [11월 22~23일경]
	대설	큰 눈이 내리는 절기 [12월 8일경]
	동지	밤이 가장 긴 날로 겨울의 한가운데라는 뜻 [12월 22~23일경]
	소한	작은 추위라는 뜻으로, 본격적인 추위가 시작되는 절기 [1월 6~7일경]
	대한	큰 추위가 시작된다는 뜻으로, 한겨울 [1월 20일경]

4. 지칭과 관련된 어휘

구분		생존	사망
본인	아버지	가친(家親), 엄친(嚴親), 가군(家君)	선친(先親), 선군(先君), 망부(亡父)
	어머니	자친(慈親)	선비(先妣), 선자(先慈), 망모(亡母)
타인	아버지	춘부장(椿府丈)	선대인(先大人)
	어머니	자당(慈堂)	선대부인(先大夫人)

5. 접속어

순접	앞의 내용을 순조롭게 받아 연결시켜 주는 역할 예 그리고, 그리하여, 그래서, 이와 같이, 그러므로 등
역접	앞의 내용과 상반된 내용을 이어주는 역할 예 그러나, 그렇지만, 하지만, 그래도, 반면에 등
인과	앞뒤의 문장을 원인과 결과로, 또는 결과와 원인으로 연결시켜 주는 역할 예 그래서, 따라서, 그러므로, 왜냐하면 등
환언 · 요약	앞 문장을 바꾸어 말하거나 간추려 짧게 말하며 이어주는 역할 예 즉, 요컨대, 바꾸어 말하면, 다시 말하면 등
대등 · 병렬	앞 내용과 뒤의 내용을 대등하게 이어주는 역할 예 또는, 혹은, 및, 한편 등
전환	뒤의 내용이 앞의 내용과는 다른, 새로운 생각이나 사실을 서술하여 화제를 바꾸어 이어주는 역할 예 그런데, 한편, 아무튼, 그러면 등
예시	앞 문장에 대한 구체적인 예를 들어 설명하며 이어주는 역할 예 예컨대, 이를테면, 가령, 예를 들어 등

04 한자성어

1. 깨끗하고 편안한 마음

- 飮馬投錢(음마투전) : 말에게 물을 마시게 할 때 먼저 돈을 물속에 던져서 물 값을 갚는다는 뜻으로, 결백한 행실을 비유함
- 純潔無垢(순결무구) : 마음과 몸가짐이 깨끗하여 조금도 더러운 티가 없음
- 明鏡止水(명경지수) : 맑은 거울과 잔잔한 물이란 뜻으로, 아주 맑고 깨끗한 심경을 일컫는 말
- 安貧樂道(안빈낙도) : 가난한 생활을 하면서도 편안한 마음으로 분수를 지키며 지냄

2. 계절

- 陽春佳節(양춘가절) : 따뜻하고 좋은 봄철
- 天高馬肥(천고마비) : 하늘은 높고 말은 살찐다는 뜻으로, 가을의 특성을 형용하는 말
- 嚴冬雪寒(엄동설한) : 눈이 오고 몹시 추운 겨울
- 凍氷寒雪(동빙한설) : 얼어붙은 얼음과 차가운 눈. 심한 추위

3. 놀라움 · 이상함

- 茫然自失(망연자실) : 멍하니 정신을 잃음
- 刮目相對(괄목상대) : 눈을 비비고 상대방을 본다는 뜻으로, 남의 학식이나 재주가 놀랄 만큼 갑자기 늘어난 것을 일컫는 말
- 魂飛魄散(혼비백산) : 몹시 놀라 넋을 잃음
- 大驚失色(대경실색) : 몹시 놀라 얼굴빛이 변함

- 傷弓之鳥(상궁지조) : 화살에 상처를 입은 새란 뜻으로, 한 번 혼이 난 일로 인하여 늘 두려운 마음을 품는 일을 비유
- 駭怪罔測(해괴망측) : 헤아릴 수 없이 괴이함

4. 교훈 · 경계

- 好事多魔(호사다마) : 좋은 일에는 흔히 장애물이 들기 쉬움
- 戴盆望天(대분망천) : 화분 등을 머리에 이고 하늘을 바라봄. 한 번에 두 가지 일을 할 수 없음을 비유
- 兵家常事(병가상사) : 전쟁에서 이기고 지는 것은 흔히 있는 일. 실패는 흔히 있는 일이니 낙심할 것이 없다는 말
- 登高自卑(등고자비) : 높은 곳도 낮은 데서부터. 모든 일은 차례를 밟아서 해야 함. 직위가 높아질수록 자신을 낮춤
- 事必歸正(사필귀정) : 무슨 일이나 결국 옳은 이치대로 돌아감
- 堤潰蟻穴(제궤의혈) : 제방도 개미구멍으로 해서 무너진다는 뜻으로, 작은 일이라도 신중을 기하여야 한다는 말
- 他山之石(타산지석) : 다른 산의 돌 자체로는 쓸모가 없으나 다른 돌로 옥을 갈면 옥이 빛난다는 사실에서 하찮은 남의 언행일지라도 자신을 수양하는 데에 도움이 된다는 말
- 孤掌難鳴(고장난명) : 한쪽 손뼉으로는 울리지 못한다는 뜻. 혼자서는 일을 이루기가 어려움. 맞서는 이가 없으면 싸움이 되지 아니함
- 大器晩成(대기만성) : 크게 될 인물은 오랜 공적을 쌓아 늦게 이루어짐
- 識字憂患(식자우환) : 학식이 도리어 근심을 이끌어 옴

5. 근심 · 걱정

- 勞心焦思(노심초사) : 마음으로 애를 써 속을 태움
- 髀肉之嘆(비육지탄) : 재능을 발휘할 기회를 가지지 못하여 헛되이 날만 보냄을 탄식함을 이름
- 坐不安席(좌불안석) : 불안, 근심 등으로 자리에 가만히 앉아 있지를 못함
- 內憂外患(내우외환) : 나라 안팎의 여러 가지 근심과 걱정
- 輾轉反側(전전반측) : 이리저리 뒤척이며 잠을 이루지 못함

6. 기쁨 · 좋음

- 氣高萬丈(기고만장) : 일이 뜻대로 잘 될 때 우쭐하며 뽐내는 기세가 대단함
- 抱腹絶倒(포복절도) : 배를 그러안고 넘어질 정도로 몹시 웃음
- 與民同樂(여민동락) : 임금이 백성과 함께 즐김
- 弄璋之慶(농장지경) : '장(璋)'은 사내아이의 장난감인 구슬이라는 뜻으로, 아들을 낳은 즐거움을 이르는 말
- 弄瓦之慶(농와지경) : 딸을 낳은 즐거움을 이르는 말

- 拍掌大笑(박장대소) : 손뼉을 치며 크게 웃음
- 秉燭夜遊(병촉야유) : 경치가 좋을 때 낮에 놀던 흥이 미진해서 밤중까지 놀게 됨을 일컫는 말. 옛날에는 촛대가 없기 때문에 촛불을 손에 들고 다녔음
- 錦上添花(금상첨화) : 비단 위에 꽃을 놓는다는 뜻으로, 좋은 일이 겹침을 비유 ↔ 설상가상(雪上加霜)
- 多多益善(다다익선) : 많을수록 더욱 좋음

7. 슬픔 · 분노

- 哀而不傷(애이불상) : 슬퍼하되 도를 넘지 아니함
- 兎死狐悲(토사호비) : 토끼의 죽음을 여우가 슬퍼한다는 뜻으로, 같은 무리의 불행을 슬퍼한다는 말
- 目不忍見(목불인견) : 눈으로 차마 볼 수 없음
- 天人共怒(천인공노) : 하늘과 사람이 함께 분노한다는 뜻으로, 도저히 용서 못 함을 비유
- 悲憤慷慨(비분강개) : 슬프고 분한 느낌이 마음속에 가득 차 있음
- 切齒腐心(절치부심) : 몹시 분하여 이를 갈면서 속을 썩임

8. 강박 · 억압

- 焚書坑儒(분서갱유) : 학업을 억압하는 것을 의미하는 것으로, 진나라 시황제가 정부를 비방하는 언론을 봉쇄하기 위하여 서적을 불사르고 선비를 생매장한 일을 일컫는 말
- 盤溪曲徑(반계곡경) : 꾸불꾸불한 길이라는 뜻으로 정당하고 평탄한 방법으로 하지 아니하고 그릇되고 억지스럽게 함을 이르는 말
- 弱肉强食(약육강식) : 약한 자는 강한 자에게 먹힘
- 不問曲直(불문곡직) : 옳고 그른 것을 묻지도 아니하고 함부로 마구 함
- 牽强附會(견강부회) : 이치에 맞지 아니한 말을 끌어 대어 자기에게 유리하게 함

9. 권세

- 左之右之(좌지우지) : 제 마음대로 휘두르거나 다룸
- 僭賞濫刑(참상남형) : 상을 마음대로 주고 형벌을 함부로 내림
- 指鹿爲馬(지록위마) : 사슴을 가리켜 말이라 이른다는 뜻으로, 윗사람을 농락하여 권세를 마음대로 휘두르는 짓의 비유. 모순된 것을 끝까지 우겨 남을 속이려는 짓
- 生殺與奪(생살여탈) : 살리고 죽이고 주고 빼앗음. 어떤 사람이나 사물을 마음대로 쥐고 흔들 수 있음

10. 노력

- 臥薪嘗膽(와신상담) : 불편한 섶에서 자고, 쓴 쓸개를 맛본다는 뜻. 마음먹은 일을 이루기 위하여 온갖 괴로움을 무릅씀을 이르는 말
- 粉骨碎身(분골쇄신) : 뼈는 가루가 되고 몸은 산산조각이 됨. 곧 목숨을 걸고 최선을 다함
- 專心致志(전심치지) : 오로지 한 가지 일에만 마음을 바치어 뜻한 바를 이룸

- 不撤晝夜(불철주야) : 어떤 일에 골몰하느라고 밤낮을 가리지 아니함. 또는 그 모양
- 切磋琢磨(절차탁마) : 옥・돌・뼈・뿔 등을 갈고 닦아서 빛을 낸다는 뜻으로, 학문・도덕・기예 등을 열심히 닦음을 말함
- 不眠不休(불면불휴) : 자지도 아니하고 쉬지도 아니함. 쉬지 않고 힘써 일하는 모양을 말함
- 走馬加鞭(주마가편) : 달리는 말에 채찍질을 계속함. 자신의 위치에 만족하지 않고 계속 노력함

11. 대책

- 一擧兩得(일거양득) : 한 가지 일로 두 가지 이익을 얻음≒一石二鳥(일석이조)
- 三顧草廬(삼고초려) : 인재를 맞아들이기 위해서 온갖 노력을 다함을 이르는 말
- 拔本塞源(발본색원) : 폐단이 되는 근원을 아주 뽑아 버림
- 泣斬馬謖(읍참마속) : 촉한의 제갈량이 군령을 어긴 마속을 눈물을 흘리면서 목을 베었다는 고사에서, 큰 목적을 위하여 자기가 아끼는 사람을 버리는 것을 비유하는 말
- 臨機應變(임기응변) : 그때그때의 사정과 형편을 보아 그에 알맞게 그 자리에서 처리함
- 姑息之計(고식지계) : 당장 편한 것만을 택하는 꾀나 방법
- 苦肉之計(고육지계) : 적을 속이기 위하여, 자신의 희생을 무릅쓰고 꾸미는 계책. 일반적으로는 괴로운 나머지 어쩔 수 없이 쓰는 계책을 이름
- 下石上臺(하석상대) : 아랫돌 빼서 윗돌 괴기. 임시변통으로 이리저리 돌려 맞춤을 이르는 말
- 隔靴搔癢(격화소양) : 신을 신은 채 발바닥을 긁음. 일의 효과를 나타내지 못하고 만족을 얻지 못함
- 窮餘之策(궁여지책) : 궁박한 나머지 생각다 못하여 짜낸 꾀
- 束手無策(속수무책) : 어찌할 도리가 없어 손을 묶은 듯이 꼼짝 못함
- 糊口之策(호구지책) : 겨우 먹고 살아갈 수 있는 방책

12. 평온

- 物外閒人(물외한인) : 번잡한 세상 물정을 벗어나 한가롭게 지내는 사람
- 無念無想(무념무상) : 무아의 경지에 이르러 일체의 상념을 떠나 담담함
- 無障無碍(무장무애) : 마음에 아무런 집착이 없는 평온한 상태

13. 도리 · 윤리

- 世俗五戒(세속오계) : 신라 진평왕 때, 원광 법사가 지은 화랑의 계명
- 事君以忠(사군이충) : 세속오계의 하나. 임금을 섬기기를 충성으로써 함
- 事親以孝(사친이효) : 세속오계의 하나. 어버이를 섬기기를 효도로써 함
- 交友以信(교우이신) : 세속오계의 하나. 벗을 사귀기를 믿음으로써 함
- 臨戰無退(임전무퇴) : 세속오계의 하나. 전장에 임하여 물러서지 아니함
- 殺生有擇(살생유택) : 세속오계의 하나. 생명을 죽일 때에는 가려서 해야 함
- 君爲臣綱(군위신강) : 신하는 임금을 섬기는 것이 근본이다.

- 夫爲婦綱(부위부강) : 아내는 남편을 섬기는 것이 근본이다.
- 父子有親(부자유친) : 아버지와 아들은 친애가 있어야 한다.
- 君臣有義(군신유의) : 임금과 신하는 의가 있어야 한다.
- 夫婦有別(부부유별) : 남편과 아내는 분별이 있어야 한다.
- 長幼有序(장유유서) : 어른과 아이는 순서가 있어야 한다.
- 朋友有信(붕우유신) : 벗과 벗은 믿음이 있어야 한다.
- 夫唱婦隨(부창부수) : 남편이 주장하고 아내가 잘 따르는 것이 부부 사이의 도리라는 말

14. 비교

- 伯仲之勢(백중지세) : 서로 우열을 가리기 힘든 형세
- 難兄難弟(난형난제) : 누구를 형이라 해야 하고, 누구를 아우라 해야 할지 분간하기 어렵다는 뜻으로, 두 사물의 우열을 판단하기 어려움을 비유
- 春蘭秋菊(춘란추국) : 봄의 난초와 가을의 국화는 각각 그 특색이 있으므로, 어느 것이 더 낫다고 말할 수 없다는 것
- 互角之勢(호각지세) : 역량이 서로 비슷비슷한 위세
- 五十步百步(오십보백보) : 오십 보 도망가나 백 보 도망가나 같다는 뜻으로, 좀 낫고 못한 차이는 있으나 서로 엇비슷함을 이르는 말

15. 미인

- 丹脣皓齒(단순호치) : 붉은 입술과 하얀 이란 뜻에서 여자의 아름다운 얼굴을 이르는 말
- 綠鬢紅顔(녹빈홍안) : 윤이 나는 검은 머리와 고운 얼굴이라는 뜻. 젊고 아름다운 여자의 얼굴을 이르는 말
- 傾國之色(경국지색) : 한 나라를 위기에 빠뜨리게 할 만한 미인이라는 뜻

16. 변화

- 塞翁之馬(새옹지마) : 국경에 사는 늙은이[새옹 : 人名]와 그의 말[馬]과 관련된 고사에서, 인생의 길흉화복은 변화가 많아 예측하기 어렵다는 말
- 苦盡甘來(고진감래) : 쓴 것이 다하면 단 것이 온다는 뜻으로, 고생 끝에 즐거움이 옴을 비유
- 桑田碧海(상전벽해) : 뽕나무밭이 푸른 바다가 된다는 뜻으로, 세상이 몰라볼 정도로 바뀐 것을 이르는 말≒동해양진(東海揚塵)
- 轉禍爲福(전화위복) : 언짢은 일이 계기가 되어 오히려 좋은 일이 생김
- 朝令暮改(조령모개) : 아침에 법령을 만들고 저녁에 그것을 고친다는 뜻으로, 자꾸 이리저리 고쳐 갈피를 잡기가 어려움을 이르는 말≒朝令夕改(조령석개)
- 龍頭蛇尾(용두사미) : 머리는 용이나 꼬리는 뱀이라는 뜻으로, 시작이 좋고 나중은 나빠짐의 비유
- 改過遷善(개과천선) : 허물을 고치어 착하게 됨

- 榮枯盛衰(영고성쇠) : 사람의 일생이 성하기도 하고, 쇠하기도 한다는 뜻
- 隔世之感(격세지감) : 그리 오래지 아니한 동안에 아주 바뀌어서 딴 세대가 된 것 같은 느낌
- 一口二言(일구이언) : 한 입으로 두 말을 한다는 뜻. 말을 이랬다저랬다 함≒ 一口兩舌(일구양설)
- 今昔之感(금석지감) : 지금을 옛적과 비교함에 변함이 심하여 저절로 일어나는 느낌
- 換骨奪胎(환골탈태) : 용모가 환하게 트이고 아름다워져 전혀 딴사람처럼 됨

17. 영원함 · 한결같음

- 常住不滅(상주불멸) : 본연 진심이 없어지지 아니하고 영원히 있음
- 晝夜長川(주야장천) : 밤낮으로 쉬지 아니하고 연달아. 언제나
- 搖之不動(요지부동) : 흔들어도 꼼짝 않음
- 萬古常靑(만고상청) : 오랜 세월을 두고 변함없이 언제나 푸름
- 舊態依然(구태의연) : 예나 이제나 조금도 다름이 없음
- 始終一貫(시종일관) : 처음부터 끝까지 한결같이 함
- 堅如金石(견여금석) : 굳기가 금이나 돌같음
- 始終如一(시종여일) : 처음이나 나중이 한결같아서 변함없음
- 一片丹心(일편단심) : 한 조각 붉은 마음. 곧 참된 정성

18. 은혜

- 結草報恩(결초보은) : 은혜를 입은 사람이 혼령이 되어 풀포기를 묶어 적이 걸려 넘어지게 함으로써 은인을 구해 주었다는 고사에서 유래, 죽어서까지도 은혜를 잊지 않고 갚음을 뜻하는 말
- 刻骨難忘(각골난망) : 은덕을 입은 고마움이 마음 깊이 새겨져 잊히지 아니함
- 罔極之恩(망극지은) : 다함이 없는 임금이나 부모의 큰 은혜
- 白骨難忘(백골난망) : 백골이 된 후에도 잊을 수 없다는 뜻으로, 큰 은혜나 덕을 입었을 때 감사의 뜻으로 하는 말

19. 원수

- 誰怨誰咎(수원수구) : 남을 원망하거나 탓할 것이 없음
- 刻骨痛恨(각골통한) : 뼈에 사무치게 맺힌 원한≒ 刻骨之痛(각골지통)
- 徹天之冤(철천지원) : 하늘에 사무치는 크나큰 원한
- 不俱戴天(불구대천) : 하늘을 같이 이지 못한다는 뜻. 이 세상에서 같이 살 수 없을 만큼 큰 원한을 비유하는 말

20. 우정

- 斷金之契(단금지계) : 합심하면 그 단단하기가 쇠를 자를 수 있을 만큼 굳은 우정이나 교제란 뜻으로, 절친한 친구 사이를 말함
- 芝蘭之交(지란지교) : 지초와 난초의 향기와 같이 벗 사이의 맑고도 높은 사귐
- 竹馬故友(죽마고우) : 어렸을 때부터 친하게 사귄 벗
- 水魚之交(수어지교) : 고기와 물과의 사이처럼 떨어질 수 없는 특별한 친분
- 刎頸之交(문경지교) : 목이 잘리는 한이 있어도 마음을 변치 않고 사귀는 친한 사이
- 類類相從(유유상종) : 같은 무리끼리 서로 내왕하며 사귐
- 管鮑之交(관포지교) : 관중과 포숙아의 사귐이 매우 친밀하였다는 고사에서, 우정이 깊은 사귐을 이름
- 金蘭之契(금란지계) : 둘이 합심하면 그 단단하기가 능히 쇠를 자를 수 있고, 그 향기가 난의 향기와 같다는 뜻으로, 친구 사이의 매우 두터운 정의를 이름≒金蘭之交(금란지교)
- 知己之友(지기지우) : 서로 뜻이 통하는 친한 벗
- 莫逆之友(막역지우) : 거스르지 않는 친구란 뜻으로, 아주 허물없이 지내는 친구를 일컬음
- 金蘭之交(금란지교) : 둘이 합심하면 그 단단하기가 능히 쇠를 자를 수 있고, 그 향기가 난의 향기와 같다는 뜻으로, 벗 사이의 깊은 우정을 말함
- 肝膽相照(간담상조) : 간과 쓸개를 보여주며 사귄다는 뜻으로, 서로의 마음을 터놓고 사귐을 이르는 말

21. 원인과 결과

- 因果應報(인과응보) : 선과 악에 따라 반드시 업보가 있는 일
- 結者解之(결자해지) : 맺은 사람이 풀어야 한다는 뜻으로, 자기가 저지른 일은 자기가 해결하여야 한다는 말
- 礎潤而雨(초윤이우) : 주춧돌이 축축해지면 비가 온다는 뜻으로, 원인이 있으면 결과가 있다는 말
- 孤掌難鳴(고장난명) : 손바닥도 마주 쳐야 소리가 난다.
- 矯角殺牛(교각살우) : 빈대 잡으려다 초가 삼간 태운다. 뿔을 바로잡으려다가 소를 죽인다. 곧 조그마한 일을 하려다 큰일을 그르친다는 뜻
- 錦衣夜行(금의야행) : 비단 옷 입고 밤길 가기. 아무 보람 없는 행동
- 金枝玉葉(금지옥엽) : 아주 귀한 집안의 소중한 자식
- 囊中之錐(낭중지추) : 주머니에 들어간 송곳. 재능이 뛰어난 사람은 숨어 있어도 저절로 사람들에게 알려짐을 이르는 말
- 談虎虎至(담호호지) : 호랑이도 제 말 하면 온다. 이야기에 오른 사람이 마침 그 자리에 나타났을 때 하는 말
- 堂狗風月(당구풍월) : 서당개 삼 년에 풍월을 읊는다.
- 螳螂拒轍(당랑거철) : 계란으로 바위치기, 하룻강아지 범 무서운 줄 모른다. 사마귀가 수레에 항거한다는 뜻으로 자기 힘을 생각하지 않고 강적 앞에서 분수없이 날뛰는 것을 비유한 말
- 同價紅裳(동가홍상) : 같은 값이면 다홍치마
- 同族相殘(동족상잔) : 갈치가 갈치 꼬리 문다. 동족끼리 서로 헐뜯고 싸움

- 得隴望蜀(득롱망촉) : 말 타면 경마(말의 고삐) 잡고 싶다. 농서지방을 얻고 또 촉나라를 탐낸다는 뜻으로 인간의 욕심이 무한함을 나타냄
- 登高自卑(등고자비) : 천리길도 한 걸음부터. 일을 하는 데는 반드시 차례를 밟아야 한다.
- 磨斧爲針(마부위침) : 열 번 찍어 안 넘어가는 나무 없다. 도끼를 갈면 바늘이 된다는 뜻으로 아무리 어렵고 험난한 일도 계속 정진하면 꼭 이룰 수가 있다는 말
- 亡羊補牢(망양보뢰) : 소 잃고 외양간 고친다.
- 百聞不如一見(백문불여일견) : 열 번 듣는 것이 한 번 보는 것만 못하다.
- 不入虎穴不得虎子(불입호혈 부득호자) : 호랑이 굴에 가야 호랑이 새끼를 잡는다.
- 牝鷄之晨(빈계지신) : 암탉이 울면 집안이 망한다. 집안에서 여자가 남자보다 활달하여 안팎일을 간섭하면 집안 일이 잘 안 된다는 말
- 三歲之習至于八十(삼세지습 지우팔십) : 세 살 버릇 여든까지 간다.
- 喪家之狗(상가지구) : 상갓집 개. 궁상맞은 초라한 모습으로 이곳저곳 기웃거리며 얻어먹을 것만 찾아다니는 사람을 이름
- 雪上加霜(설상가상) : 엎친 데 덮친다(엎친 데 덮치기), 눈 위에 서리 친다.
- 脣亡齒寒(순망치한) : 입술이 없으면 이가 시리다. 서로 이해관계가 밀접한 사이에 어느 한쪽이 망하면 다른 한쪽도 그 영향을 받아 온전하기 어려움을 이르는 말
- 十伐之木(십벌지목) : 열 번 찍어 아니 넘어 가는 나무 없다.
- 十匙一飯(십시일반) : 열에 한 술 밥이 한 그릇 푼푼하다. 열이 어울려 밥 한 그릇 된다.
- 我田引水(아전인수) : 제 논에 물 대기. 자기 이익을 먼저 생각하고 행동하는 것을 이름
- 吾鼻三尺(오비삼척) : 내 코가 석자. 자기 사정이 급하여 남을 돌보아 줄 겨를이 없음
- 烏飛梨落(오비이락) : 까마귀 날자 배 떨어진다. 아무 관계도 없는 일인데 우연히 때가 같음으로 인하여 무슨 관계가 있는 것처럼 의심을 받게 되는 것
- 牛耳讀經(우이독경) : 쇠귀에 경 읽기. 아무리 가르치고 일러 주어도 알아듣지 못함
- 耳懸鈴鼻懸鈴(이현령비현령) : 귀에 걸면 귀걸이, 코에 걸면 코걸이라는 뜻
- 一魚濁水(일어탁수) : 한 마리의 고기가 물을 흐린다. 한 사람의 잘못이 여러 사람에게 해가 됨
- 以管窺天(이관규천) : 우물 안 개구리. 대롱을 통해 하늘을 봄
- 積小成大(적소성대) : 티끌 모아 태산. 적은 것도 모으면 많아진다는 뜻
- 井底之蛙(정저지와) : 우물 안 개구리. 세상물정을 너무 모름
- 種瓜得瓜種豆得豆(종과득과 종두득두) : 콩 심은 데 콩 나고 팥 심은 데 팥 난다.
- 走馬加鞭(주마가편) : 달리는 말에 채찍질하기. 잘하고 있음에도 불구하고 더 잘되어 가도록 부추기거나 몰아침
- 走馬看山(주마간산) : 수박 겉핥기. 말을 타고 달리면서 산수를 본다는 뜻으로 바쁘게 대충 보며 지나감을 일컫는 말
- 兎死狗烹(토사구팽) : 토끼를 다 잡으면 사냥개도 잡아먹는다.
- 下石上臺(하석상대) : 아랫돌 빼서 윗돌 괴기, 임기응변으로 어려운 일을 처리함
- 漢江投石(한강투석) : 한강에 돌 던지기, 한강에 아무리 돌을 던져도 메울 수 없다는 뜻으로, 아무리 애써도 보람이 없는 일을 비유
- 咸興差使(함흥차사) : 일을 보러 밖에 나간 사람이 오래도록 돌아오지 않을 때 하는 말
- 狐假虎威(호가호위) : 원님 덕에 나팔 분다. 다른 사람의 권세를 빌어서 위세를 부림
- 後生可畏(후생가외) : 후생목이 우뚝하다. 젊은 후학들을 두려워 할 만하다는 뜻

01 어법 · 맞춤법

| 유형분석 |

- 주어진 문장이나 지문에서 잘못 쓰인 단어·표현을 바르게 고칠 수 있는지 평가한다.
- 단어 또는 문장의 띄어쓰기를 판별하는 문제가 출제될 가능성이 있다.

다음 밑줄 친 단어 중 문맥상 쓰임이 옳지 않은 것은?

① 어려운 문제의 답을 <u>맞혀야</u> 높은 점수를 받을 수 있다.

② 공책에 선을 <u>반듯이</u> 긋고 그 선에 맞춰 글을 쓰는 연습을 해.

③ 생선을 간장에 10분 동안 <u>졸이면</u> 요리가 완성된다.

④ 미안하지만 지금은 바쁘니까 <u>이따가</u> 와서 이야기해.

정답 ③

'졸이다'는 '찌개를 졸이다.'와 같이 국물의 양을 적어지게 하는 것을 의미한다.
반면에 '조리다'는 '양념을 한 고기나 생선, 채소 따위를 국물에 넣고 바짝 끓여서 양념이 배어들게 하다.'의 의미를 지닌다.
따라서 ③의 경우 문맥상 '졸이다'가 아닌 '조리다'가 사용되어야 한다.

오답분석

① 맞히다 : 문제에 대한 답을 틀리지 않게 하다.
　맞추다 : 둘 이상의 일정한 대상들을 나란히 놓고 비교하여 살피다.
② 반듯이 : 비뚤어지거나 기울거나 굽지 않고 바르게
　반드시 : 틀림없이 꼭, 기필코
④ 이따 : 조금 지난 뒤에
　있다 : 어느 곳에서 떠나거나 벗어나지 않고 머물다. 또는 어떤 상태를 계속 유지하다.

유형풀이 Tip

- 일상생활 속에서 자주 틀리는 맞춤법을 자연스럽게 터득할 수 있도록 노력해야 한다.
- 신문, 사설 등 독서 습관을 들여 맞춤법 및 올바른 표현에 대해 숙지해 두어야 한다.

01 다음 중 밑줄 친 부분의 맞춤법이 옳지 않은 것은?

① 비가 쏟아지는 <u>그날밤에</u> 사건이 일어났다.

② 교통사고를 낸 상대방이 <u>되레</u> 큰소리를 냈다.

③ 그 일꾼은 땅딸보지만 능력만큼은 <u>일당백이었다.</u>

④ 지속적인 <u>시청률</u> 하락으로 그 드라마는 조기종영을 하였다.

02 다음 중 밑줄 친 부분의 맞춤법이 옳은 것은?

① 추석에는 <u>햅쌀로</u> 송편을 빚는다.

② 언니는 상냥한데 동생은 너무 <u>냉냉하다.</u>

③ <u>요컨데,</u> 행복은 마음 먹기에 달렸다는 것이다.

④ 올해는 모두 건강하리라는 작은 <u>바램을</u> 가져본다.

03 다음 중 띄어쓰기가 옳은 문장은?

① 철수가 떠난지가 한 달이 지났다.

② 드실 수 있는만큼만 가져가 주십시오.

③ 그녀가 사는 데는 회사에서 한참 멀다.

④ KTX를 타면 서울과 목포간에 3시간이 걸린다.

04 다음은 표준어 규정 중의 일부를 제시한 것이다. 이에 대한 구체적 예시 자료를 짝지은 내용으로 적절하지 않은 것은?

> ㄱ. 기술자에게는 '-장이', 그 외에는 '-쟁이'가 붙는 형태를 표준어로 삼는다.
> ㄴ. 준말이 널리 쓰이고 본말이 잘 쓰이지 않는 경우에는, 준말만을 표준어로 삼는다.
> ㄷ. '웃-' 및 '윗-'은 명사 '위'에 맞추어 '윗-'으로 통일하지만, '아래, 위'의 대립이 없는 단어는 '웃-'으로 발음되는 형태를 표준어로 삼는다.
> ㄹ. 양성 모음이 음성 모음으로 바뀌어 굳어진 단어는 음성 모음 형태를 표준어로 삼는다.

① ㄱ : '소금쟁이'를 표준어로 삼고, '소금장이'를 버림

② ㄴ : '솔개'를 표준어로 삼고, '소리개'를 버림

③ ㄷ : '웃도리'를 표준어로 삼고, '윗도리'를 버림

④ ㄹ : '깡충깡충'을 표준어로 삼고, '깡총깡총'을 버림

02 관계유추

| 유형분석 |

- 제시된 단어의 관계를 파악하여 빈칸에 들어갈 단어를 정확하게 유추해낼 수 있는지 평가한다.
- 짝지어진 단어 사이의 관계가 나머지와 다른 것을 찾는 문제 유형이 빈번하게 출제된다.

다음 제시된 단어의 관계와 동일한 것은?

할머니 – 할아버지

① 신문 – 매체   ② 학교 – 학생

③ 높다 – 크다   ④ 탄생 – 죽음

정답 ④

제시된 단어는 성별로 대립되는 반의 관계이다.

- 탄생 : 사람이 태어남
- 죽음 : 죽는 일. 생물의 생명이 없어지는 현상

유형풀이 Tip

어휘의 상관 관계
1) 동의 관계 : 두 개 이상의 어휘가 소리는 다르나 의미가 같은 경우
2) 유의 관계 : 두 개 이상의 어휘가 소리는 다르나 의미가 비슷한 경우
3) 반의 관계 : 두 개 이상의 어휘의 의미가 서로 대립하는 경우
4) 상하 관계 : 어휘의 의미적 계층 구조에서 한쪽이 의미상 다른 쪽을 포함하거나 다른 쪽에 포함되는 의미 관계
5) 부분 관계 : 한 어휘가 다른 어휘의 부분이 되는 관계
6) 인과 관계 : 원인과 결과의 관계
7) 순서 관계 : 위치의 상하 관계, 시간의 흐름 관계

01 다음 단어의 대응 관계가 나머지와 다른 하나는?

① 시종 : 수미   ② 시비 : 선악

③ 추세 : 형편   ④ 원고 : 피고

02 다음 밑줄 친 단어의 관계와 다른 것은?

그녀의 <u>안정</u>되고 일관된 주장에 법정 안 사람들은 <u>동요</u>되기 시작했다.

① 사치 : 검소   ② 운영 : 운용

③ 능멸 : 추앙   ④ 격상 : 강등

03 다음 제시된 단어의 대응 관계에 따라 빈칸에 들어갈 단어로 적절한 것은?

능동 : 수동 = (   ) : 자유

① 자진   ② 범죄

③ 속박   ④ 권리

※ 다음 제시된 단어의 관계와 동일한 것을 고르시오. **[4~5]**

04

실의 – 실망

① 가난 – 곤궁   ② 부 – 명예

③ 도덕 – 배덕   ④ 선의 – 악의

05

사장하다 – 백장하다

① 희박하다 – 농후하다   ② 획득하다 – 상실하다

③ 동원하다 – 구사하다   ④ 이용하다 – 악용하다

| 유형분석 |

• 제시된 단어와 같은 또는 다른 의미를 가진 단어를 구분할 수 있는지 평가한다.

01 다음 제시된 단어와 같거나 유사한 의미를 가진 단어는?

허름하다

① 동조하다   ② 극명하다

③ 결연하다   ④ 너절하다

02 다음 제시된 단어와 반대되는 의미를 가진 단어는?

방임

① 방치   ② 통제

③ 자유   ④ 방관

01

정답 ④

• 허름하다 : 값이 좀 싼 듯하다.
• 너절하다 : 허름하고 지저분하다.

오답분석

① 동조하다 : 남의 주장에 자기의 의견을 일치시키거나 보조를 맞추다.
② 극명하다 : 속속들이 똑똑하게 밝히다.
③ 결연하다 : 마음가짐이나 행동에 있어 태도가 움직일 수 없을 만큼 확고하다.

02

정답 ②

• 방임 : 돌보거나 간섭하지 않고 제멋대로 내버려 둠
• 통제 : 일정한 방침이나 목적에 따라 행위를 제한하거나 제약함

오답분석

① 방치 : 내버려 둠
③ 자유 : 외부적인 구속이나 무엇에 얽매이지 아니하고 자기 마음대로 할 수 있는 상태
④ 방관 : 어떤 일에 직접 나서서 관여하지 않고 곁에서 보기만 함

유형풀이 Tip

• 제시된 단어의 의미를 파악하기 어려운 경우 선택지를 먼저 살펴본 후 의미가 다른 것을 하나씩 소거해 나간다.

※ 다음 제시된 단어와 같거나 유사한 의미를 가진 단어를 고르시오. [1~5]

01

수단

① 수긍 ② 수요
③ 사유 ④ 방법

02

저속

① 저해 ② 저급
③ 가난 ④ 통쾌

03

부랑하다

① 방랑하다 ② 아늑하다
③ 정착하다 ④ 뿌리박다

04

구제하다

① 소원하다 ② 염원하다
③ 공제하다 ④ 구원하다

05

가불하다

① 차용하다 ② 가용하다
③ 체불하다 ④ 선불하다

※ 다음 제시된 단어와 반대되는 의미를 가진 단어를 고르시오. [6~10]

06

원리

① 통용　　　　　　　　　② 이론
③ 응용　　　　　　　　　④ 현상

PART 1

07

득의

① 민의　　　　　　　　　② 실의
③ 호의　　　　　　　　　④ 반의

08

취약하다

① 유약하다　　　　　　　② 유연하다
③ 취합하다　　　　　　　④ 강인하다

09

뜨악하다

① 옹골지다　　　　　　　② 푼푼하다
③ 흐벅지다　　　　　　　④ 마뜩하다

10

풍만하다

① 납신하다　　　　　　　② 궁핍하다
③ 농단하다　　　　　　　④ 몽매하다

04 | 어휘력

| 유형분석 |

- 제시된 의미와 동일한 의미를 가진 단어를 구분할 수 있는지 평가한다.
- 지문의 문맥에 따라 빈칸에 들어갈 단어를 찾는 문제 유형이 출제될 가능성이 있다.

다음 중 제시된 의미를 가진 단어는?

> 마중 나감. 또는 나가서 맞음

① 출영   ② 고별
③ 발신   ④ 출항

정답 ①

오답분석
② 고별 : 같이 있던 사람과 헤어지면서 작별을 알림
③ 발신 : 우편이나 전신, 전화 따위를 보냄. 또는 그런 일
④ 출항 : 배가 항구를 떠나감

유형풀이 Tip

- 평소에 자주 사용하지 않거나 익숙하지 않은 단어의 의미는 반드시 정리하여 숙지해 두어야 한다.

※ 다음 중 제시된 의미를 가진 단어를 고르시오. [1~5]

01

서로 다르다

① 상이하다   ② 상쇄하다
③ 평이하다   ④ 상수하다

02

사람으로서의 따뜻한 정이나 인간미가 없다

① 궁상맞다   ② 괘씸하다
③ 비정하다   ④ 궁색하다

03

후세 사람들이 잊지 않도록 어떤 사실을 적어 세우는 비석

① 척화비   ② 불망비
③ 신도비   ④ 기념비

04

구약 시대에 짐승을 통째로 태워 제물로 바친 제사

① 속죄제   ② 번제
③ 위령제   ④ 추모제

05

평소 닦아 놓은 학문이나 지식

① 습관   ② 박학
③ 소행   ④ 소양

※ 다음 글의 빈칸에 들어갈 단어를 〈보기〉에서 바르게 짝지은 것을 고르시오. [6~7]

06

건축에서 공간이란 건축의 실체로서 가장 중요한 개념이다. 하나의 공간이 존재하기 위해서는 최소한의 물리적 ___(가)___ 이/가 필요한데 이때 이를 결정짓는 것은 벽체 – 바닥 – 천장이라는 3차원 구도를 ___(나)___ 하는 경계요소이다. 1900년대 중반까지 대부분의 서양 건물은 경계요소에 의해 내·외부 공간이 엄격하게 ___(다)___ 되는 형태를 보였다. 공간은 일률적으로 구획되었으며 물리적 구조체와 동일한 것으로 간주되었다. 공간은 기능을 위한 도구로서 의미를 가졌다. 이러한 경향성을 보여주는 대표적인 건축물은 '로스하우스'이다. 이 건물은 지붕과 본체, 기단의 세 부분으로 이루어진 사각의 단순한 ___(라)___ (으)로 지어졌다.

보기

㉠ 구성　㉡ 조성　㉢ 차폐　㉣ 격리　㉤ 구조　㉥ 설계　㉦ 구상　㉧ 구획

	(가)	(나)	(다)	(라)
①	㉤	㉡	㉢	㉦
②	㉤	㉥	㉣	㉦
③	㉧	㉠	㉢	㉤
④	㉧	㉥	㉣	㉤

07

낭만 발레는 19세기 초 프랑스에서 __(가)__ 이/가 잡혔는데, 목가적 분위기의 무대를 배경으로 요 정을 사랑한 인간, 시골 처녀의 비극적인 사랑 등의 낭만적인 줄거리가 __(나)__ 된다. 낭만 발레는 어스름한 조명 아래 창백하고 가녀린 요정들이 공중을 떠다니듯이 춤추는 환상적이고 신비로운 장 면으로 __(다)__ 되어, 정교한 구성보다는 주인공인 여성 무용수를 돋보이게 하는 안무가 우선시되 었다. 이 시기 발레의 __(라)__ 은/는 여성 무용수들이었고, 남성 무용수들은 대개 여성 무용수를 들어 올렸다가 내리거나 회전의 지지대 역할을 하는 보조자에 불과했다.

보기
ㄱ 전개 ㄴ 기틀 ㄷ 조연 ㄹ 상연 ㅁ 터전 ㅂ 주역 ㅅ 전환 ㅇ 연출

	(가)	(나)	(다)	(라)
①	ㄴ	ㄱ	ㅇ	ㅂ
②	ㄴ	ㄹ	ㅅ	ㅂ
③	ㄴ	ㄹ	ㅇ	ㄷ
④	ㅁ	ㄱ	ㅇ	ㅂ

05 한자성어 · 속담

| 유형분석 |

- 실생활에서 활용되는 한자성어나 속담을 이해할 수 있는지 평가한다.
- 제시된 상황과 일치하는 한자성어 또는 속담을 고르거나 한자의 훈음 · 독음을 맞히는 등 다양한 유형이 출제된다.

다음 상황에 가장 적절한 한자성어는?

> A씨는 업무를 정리하다가 올해 초 진행한 프로젝트에 자신의 실수가 있었음을 알게 되었다. 하지만 자신의 실수를 드러내고 싶지 않았고, 그리 큰 문제라고 생각하지 않은 A씨는 이를 무시하였다. 이후 다른 프로젝트를 진행하면서 지난번 실수와 동일한 실수를 다시 저지르게 되었고, 프로젝트에 큰 피해를 입었다.

① 유비무환(有備無患) ② 유유상종(類類相從)

③ 회자정리(會者定離) ④ 개과불린(改過不吝)

정답 ④

'개과불린(改過不吝)'은 '허물을 고침에 인색하지 말라.'는 뜻으로, 잘못된 것이 있으면 고치는 데 주저하지 않고 빨리 바로잡아 반복하지 말라는 의미이다.

오답분석

① 유비무환(有備無患) : 준비가 있으면 근심이 없다.
② 유유상종(類類相從) : 같은 무리끼리 서로 사귄다.
③ 회자정리(會者定離) : 만남이 있으면 헤어짐도 있다.

유형풀이 Tip

- 한자성어나 속담 관련 문제의 경우 일정 수준 이상의 사전지식을 요구하므로, 지원 교육청의 소재지 관련 기사 및 이슈를 틈틈이 찾아보며 한자성어나 속담에 대입해보면 효과적으로 대처할 수 있다.
- 문제에 제시된 한자성어의 의미를 파악하기 어렵다면, 먼저 알고 있는 한자가 있는지 확인한 후 글의 문맥과 상황에 대입하며 선택지를 하나씩 소거해 나가는 것이 효율적이다.

01　다음 제시된 단어 중 한자어는?

① 그제
② 어제
③ 오늘
④ 내일

02　다음 중 나이와 나이를 나타내는 한자어의 연결이 적절하지 않은 것은?

① 100세 – 상수(上壽)
② 90세 – 졸수(卒壽)
③ 80세 – 미수(米壽)
④ 62세 – 진갑(進甲)

※ 다음 밑줄 친 단어의 한자 표기로 옳은 것을 고르시오. **[3~4]**

03

> 처음에 조그마한 세력이었던 이 단체는 급속히 <u>성장</u>하다가 최근 쇠퇴하기 시작하였다.

① 聲張
② 盛裝
③ 盛粧
④ 成長

04

> 사랑의 <u>다문화</u> 학교 청년들

① 多汶化
② 多汶和
③ 多聞化
④ 多文化

05 다음 속담을 의미하는 한자성어는?

소 잃고 외양간 고친다.

① 十伐之木
② 亡牛補牢
③ 見蚊拔劍
④ 鳥足之血

06 다음 한자성어가 의미하는 속담은?

凍足放尿

① 밑 빠진 독에 물 붓기
② 언 발에 오줌 누기
③ 가재는 게 편이다
④ 백지장도 맞들면 낫다

07 다음 중 A씨의 행동을 표현하기에 가장 적절한 한자성어는?

A씨는 매일 아침 사과를 먹는다. A씨는 어느 날 심한 감기에 걸리게 되는데, 감기에 걸린 이유가 자신의 건강이 나빠서이며, 건강이 나빠진 이유는 매일 아침에 사과를 먹었기 때문이라고 생각하였다. 이후 A씨는 아침에 사과를 먹으면 심한 감기에 걸릴 수 있다고 사람들에게 주장하기 시작했다.

① 아전인수(我田引水)
② 견강부회(牽强附會)
③ 지록위마(指鹿爲馬)
④ 사필귀정(事必歸正)

08 다음 중 밑줄 친 ㉠, ㉡의 한자 표기가 바르게 연결된 것은?

> 국보 1호 숭례문은 2층 누각에서 발생한 작은 불씨로 인해 누각을 받치는 석축만 남긴 채 전소하였다. 이는 자신이 소유한 토지보상 문제로 불만을 품은 C씨가 숭례문에 시너를 붓고 불을 지른 사건으로, 원래의 모습을 완벽하게 ㉠ 복구하기는 사실상 불가능할 것으로 판단된다.
> 사건 직후 숭례문 ㉡ 복원 작업에 착수하였는데, 2층 문루 정면에 걸려 있던 숭례문 현판도 떼어내는 과정에서 지면으로 떨어져 심하게 손상되었고, 일부 파편은 유실되었다. 실측 도면이 있으나 주요 부분들이 불에 타버렸거나 손상되었기 때문에 원래의 모습을 되찾기는 어렵다는 것이다.

	㉠	㉡
①	복구(復舊)	복원(復元)
②	복구(復舊)	복원(復員)
③	복구(復仇)	복원(復元)
④	복구(復仇)	복원(復員)

※ 다음 글의 빈칸에 들어갈 한자성어로 가장 적절한 것을 고르시오. [9~10]

09

> 선물이 진솔한 정감을 실어 보내거나 잔잔한 애정을 표현하는 마음의 일단이면 얼마나 좋으랴. 그런데 _____이라는 말도 잊었는지 요즘 사람들은 너도나도 형식화하는 물량 위주로 치닫는 경향이다.

① 과유불급(過猶不及)　　　　② 소탐대실(小貪大失)
③ 안하무인(眼下無人)　　　　④ 위풍당당(威風堂堂)

10

> 최근 1명의 사망자와 1명의 부상자를 낸 ○○교 붕괴사고에 대한 뒤늦은 사태파악이 이루어지고 있다. 지반 약화 또는 불법·부실 시공이 있었는지 파악 중이지만, 30년도 더 된 자료와 당시 관계자의 진술을 확보하는 데 어려움을 겪는 것으로 알려졌다.
> 즉, 어떤 건물이든지 기초를 튼튼히 하기 위하여 지질을 검사하고, 지반부터 다져야 한다. 만약 _____한다면 오래가지 못할 것이며, 완성되기도 전에 무너질 수 있다.

① 혼정신성(昏定晨省)　　　　② 표리부동(表裏不同)
③ 철저성침(鐵杵成針)　　　　④ 사상누각(沙上樓閣)

| 유형분석 |

- 제시된 지문의 앞뒤 문맥을 파악하여 빈칸에 들어갈 접속어를 유추해낼 수 있는지 평가한다.
- 한 지문에 여러 개의 빈칸이 있는 문제 유형이 출제될 가능성이 있다.

다음 글의 빈칸에 들어갈 접속어로 가장 적절한 것은?

> 간은 몸속 화학 공장이라 일컬어질 만큼 다양한 역할을 하고 있다. 체내로 유입되는 독소와 노폐물의 75%가 간에서 해독되며, 몸에 침투되는 세균들은 식균작용을 통해 1% 미만만이 우리 몸속으로 들어오게 된다. 탄수화물 대사, 아미노산 및 단백질 대사, 지방 대사, 비타민 및 무기질 대사, 호르몬 대사, 영양소 합성 등 또한 간의 몫이다. 이처럼 간은 우리 몸에서 하는 일이 500가지가 넘는 중요한 기관이지만 이상 여부를 알아채기는 쉽지 않다. 간의 기능이 저하되면 해독과 대사가 원활하게 진행되지 않아 피로감을 느끼기 쉽다. 실제로 만성피로 환자 중 약 20%는 간 기능 이상 진단을 받는다는 보고도 있다.
>
> 간 손상은 지방간에서 시작된다. 지방간이란 간세포에 지방이 쌓이는 것을 말하며, 간에 지방이 축적되어 전체 간의 5% 이상이 지방이 되면 지방간으로 간주한다. 지방간은 크게 음주로 인한 알코올성 지방간과 지방간을 일으킬 수 있는 기저질환 없이 발생하는 비알코올성 지방간으로 나뉜다. 지방간은 흔히들 과도한 음주로 인해 발생한다고 알려져 있다. _____ 술을 전혀 입에 대지 않아도 서구화된 식습관, 비만을 비롯한 대사증후군 환자의 증가 등으로 인하여 비알코올성 지방간 환자가 지속적으로 증가하는 추세이다. 특히, 한국인의 경우 탄수화물 함량이 높은 흰쌀밥 위주의 식습관으로 인한 지방간 발생 비율이 전체 인구의 약 30%에 이를 정도로 높으므로 각별한 주의가 필요하다.

① 그러므로

② 그리고

③ 그러나

④ 또한

정답 ③

빈칸 앞의 문장에서는 지방간은 과도한 음주로 인해 발생한다고 알려져 있다고 하였으나, 빈칸 뒤에서는 술을 전혀 입에 대지 않아도 다른 이유로 인해 비알코올성 지방간 환자가 지속적으로 증가한다고 하였다.

따라서 빈칸에는 앞의 내용과 뒤의 내용이 상반될 때 쓰는 '그러나'가 들어가는 것이 적절하다.

유형풀이 Tip

- 선택지에 제시된 접속어를 빈칸에 하나씩 대입하며, 의미상 적절하지 않은 것을 소거해 나간다.

※ 다음 글의 빈칸에 들어갈 접속어로 가장 적절한 것을 고르시오. [1~2]

01

사육한 닭에 대한 기록은 청동기 시대부터이지만, 삼계탕에 대한 기록은 조선 시대 문헌에서조차 찾기 힘들다. 조선 시대의 닭 요리는 닭백숙이 일반적이었으며, 일제 강점기에 들어서면서 부잣집에서 닭백숙, 닭국에 가루 형태의 인삼을 넣는 삼계탕이 만들어졌다. 지금의 삼계탕 형태는 1960년대 이후부터 시작되었으며, 대중화된 것은 1970년대 이후부터이다. 삼계탕은 주재료가 닭이고 부재료가 인삼이었기에 본래 '계삼탕'으로 불렸다. 그러다가 닭보다 인삼이 귀하다는 인식이 생기면서부터 지금의 이름인 '삼계탕'으로 불리기 시작했다.

삼계탕은 보통 삼복에 즐겨 먹는데, 삼복은 1년 중 가장 더운 기간으로, 땀을 많이 흘리고 체력 소모가 큰 여름에 몸 밖이 덥고 안이 차가우면 위장 기능이 약해져 기력을 잃고 병을 얻기 쉽다. 이러한 여름철에 닭과 인삼은 열을 내는 음식으로 따뜻한 기운을 내장 안으로 불어넣고 더위에 지친 몸을 회복하는 효과가 있다.

삼계탕과 닭백숙은 조리법에 큰 차이는 없지만, 사용되는 닭이 다르다. 백숙은 육계(고기용 닭)나 10주령 이상의 2kg 정도인 토종닭을 사용한다. 반면, 삼계탕용 닭은 28 ~ 30일 키운 800g 정도의 영계(어린 닭)를 사용한다.

삼계탕에 대한 속설 중 잘못 알려진 속설에는 '대추는 삼계탕 재료의 독을 빨아들이기 때문에 먹으면 안 된다.'는 것이 있다. _____ 대추는 삼계탕 재료의 독이 아닌 국물을 빨아들이는 것에 불과하므로 대추를 피할 필요는 없다.

이처럼 삼계탕에 들어가는 닭과 인삼은 따뜻한 성질을 가진 식품이지만 체질적으로 몸에 열이 많은 사람은 인삼보다 황기를 넣거나 차가운 성질인 녹두를 더해 몸 속의 열을 다스리는 것도 좋다. 또한 여성의 경우 수족 냉증, 생리 불순, 빈혈, 변비에 효과가 있는 당귀를 삼계탕에 넣는 것도 좋은 방법이다.

① 하지만   ② 그리고
③ 왜냐하면   ④ 그래서

02

변혁적 리더십은 리더가 조직 구성원의 사기를 고양하기 위해 미래의 비전과 공동체적 사명감을 강조하고, 이를 통해 조직의 장기적 목표를 달성하는 것을 핵심으로 한다. 거래적 리더십이 협상과 교환을 통해 구성원의 동기를 부여한다면, 변혁적 리더십은 구성원의 변화를 통해 동기를 부여하고자 한다. 또한 거래적 리더십은 합리적 사고와 이성에 호소하는 반면, 변혁적 리더십은 감정과 정서에 호소하는 측면이 크다.

이러한 변혁적 리더십은 조직의 합병을 주도하고 신규 부서를 만들어 내며, 조직문화를 창출해 내는 등 조직 변혁을 주도하고 관리한다. 따라서 오늘날 급변하는 환경과 조직의 실정에 적합한 리더십 유형으로 주목받고 있다. 변혁적 리더는 주어진 목적의 중요성과 의미에 대한 구성원의 인식 수준을 제고시키고, 개인적 이익을 넘어서 구성원 자신과 조직 전체의 이익을 위해 일하도록 만든다. 그리고 구성원의 욕구 수준을 상위 수준으로 끌어올림으로써 구성원을 근본적으로 변혁시킨다. 즉, 거래적 리더십을 발휘하는 리더는 구성원에게서 기대되었던 성과만을 얻어내지만, 변혁적 리더는 기대 이상의 성과를 얻어낼 수 있다.

변혁적 리더가 변화를 이끌어내는 전문적 방법의 하나는 카리스마와 긍정적인 행동 양식을 보여주는 것이다. 이를 통해 리더는 구성원들의 신뢰와 충성심을 얻을 수 있다. 조직의 비전을 구체화하여 알려주고 어떻게 목표를 달성할 것인지를 설명해 주거나 높은 윤리적 기준으로 모범이 되는 것도 좋은 방법이 된다.

지속적으로 구성원의 동기를 부여하는 것도 매우 중요하다. 팀워크를 장려하고, 조직의 비전을 구체화하여 개인의 일상 업무에도 의미를 부여할 수 있도록 해야 한다. 변혁적 리더는 구성원이 조직의 중요한 부분이 될 수 있도록 노력하게 만드는 데에 초점을 둔다. 따라서 높지만 달성 가능한 목표를 세워 구성원의 생산력을 향상시키고, 구성원에게는 성취 경험을 제공하여 그들이 계속 성장할 수 있도록 만들어야 한다.

현재 상황에 대한 의문은 새로운 변화를 일어나게 한다. 변혁적 리더는 구성원들의 지적 자극을 불러일으켜 조직의 이슈에 대해 적극적으로 관심을 갖도록 만들며, 이를 통해서 참신한 아이디어와 긍정적인 변화가 일어날 수 있도록 한다.

변혁적 리더는 개개인의 관점을 소홀히 생각하지 않는다. 각각의 구성원들을 독특한 재능, 기술 등을 보유한 독립된 개인으로 인지한다. 리더가 구성원들을 개개인으로 인지하게 되면 그들의 능력에 적합한 역할을 부여할 수 있으며, 구성원들 역시 개인적인 목표를 용이하게 달성할 수 있게 된다. _____ 리더는 각 구성원의 소리에 귀 기울이고, 구성원 개개인에게 관심을 표현해야 한다.

① 결국   ② 그러나
③ 하지만   ④ 따라서

※ 다음 글의 빈칸 ㉠~㉢에 들어갈 접속어를 바르게 나열한 것을 고르시오. [3~4]

03

다리 저림 증상이 나타나는 이유는 다양하다. 축구 선수들이 경기 중 다리 저림 증상으로 힘들어 하는 모습을 본 적이 있을 것이다. 축구나 수영처럼 하지 근육을 많이 사용하는 운동은 다리 저림 증상을 유발할 수 있다. 평소 운동을 잘 하지 않던 사람이 갑작스럽게 운동을 하면 근육 사용량이 갑자기 늘어나 다리 저림 증상이 나타날 수 있다. ____㉠____ 운동 전 충분한 준비 운동으로 몸과 근육의 긴장을 풀고, 운동 후에도 스트레칭을 통해 근육을 풀어주는 습관을 가지는 것이 좋다. ____㉡____ 피가 제대로 순환되지 않아도 다리 저림 증상이 발생할 수 있다. 혈액 순환이 잘 이루어 지지 않으면 근육의 이완과 수축 운동에 문제가 생긴다. ____㉢____ 장시간 꽉 맞는 바지를 입거나 발이 꽉 끼는 신발을 신게 되면 다리 저림 증상이 나타날 수 있다. 이 밖에도 피로 누적이나 영양소 불균형으로 다리 저림 증상이 나타날 수 있다.

	㉠	㉡	㉢
①	그러나	마침내	그리고
②	그러나	따라서	그리고
③	그러므로	따라서	즉
④	그러므로	또한	따라서

04

세계 각국의 정부와 기업은 의사 결정 지원 시스템과 미래 예측 시스템을 지속적으로 개선하고 있다. ____㉠____ 빠른 변화와 복합적인 세계화로 미래에 대한 정보를 판단하는 것은 점점 어려워지고 있다. 그 결과, 기관은 컴퓨터 시스템에 더욱 의존하게 되었으며, 빅데이터와 연결된 인공지능을 의사 결정에 적극적으로 이용하게 되었다. 이러한 현상을 증폭시킨 것이 적시에 지식을 제공해 의사 결정에 도움을 주는 집단 지성 시스템이다. 이는 인간의 두뇌, 지식 정보 시스템 등의 개체들이 협력 이나 경쟁을 통해 기존의 지적 수준을 뛰어넘는 새로운 지성을 얻는 시스템을 의미한다. ____㉡____ 집단 지성 시스템을 활용하면 재해 예방 및 대응에 관한 의사 결정 과정에서 재해를 예측하고, 재해에 대응하고, 재해로부터 회복하는 복원 시스템을 수립할 수 있다. 미래 전략을 수립하고 분별 있는 결정을 내리기 위해 의사 결정자들은 미래학자에게서 단순히 전망 보고나 브리핑을 받는 데서 그치지 않고, 그들과 정기적으로 장기적인 사안을 논의할 수 있어야 한다. ____㉢____ 장기적 관점의 논의 과정이야말로 빠르고 정확한 의사 결정 수립에 필수적이기 때문이다.

	㉠	㉡	㉢
①	그러므로	또한	그리고
②	그러므로	예를 들어	왜냐하면
③	그러나	예를 들어	왜냐하면
④	그러나	즉	그러나

07 나열하기

| 유형분석 |

- 글의 논리적인 전개 구조를 파악할 수 있는지 평가한다.
- 첫 문단(단락)이 제시되지 않은 문제가 출제될 가능성이 있다.

다음 제시된 문단을 논리적 순서대로 바르게 나열한 것은?

(가) 초연결사회란 사람, 사물, 공간 등 모든 것들이 인터넷으로 서로 연결돼, 모든 것에 대한 정보가 생성 및 수집되고 공유·활용되는 것을 말한다. 즉, 모든 사물과 공간에 새로운 생명이 부여되고 이들의 소통으로 새로운 사회가 열리고 있는 것이다.

(나) 최근 '초연결사회(Hyper Connected Society)'란 말을 주위에서 심심치 않게 들을 수 있다. 인터넷을 통해 사람 간의 연결은 물론 사람과 사물, 심지어 사물 간의 연결 등 말 그대로 '연결의 영역 초월'이 이뤄지고 있다.

(다) 나아가 초연결사회는 단지 기존의 인터넷과 모바일 발전의 맥락이 아닌 우리가 살아가는 방식 전체, 즉 사회의 관점에서 미래사회의 새로운 패러다임으로 큰 변화를 가져올 전망이다.

(라) 초연결사회에서는 인간 대 인간은 물론, 기기와 사물 같은 무생물 객체끼리도 네트워크를 바탕으로 상호 유기적인 소통이 가능해진다. 컴퓨터, 스마트폰으로 소통하던 과거와 달리 초연결 네트워크로 긴밀히 연결되어 오프라인과 온라인이 융합되고, 이를 통해 새로운 성장과 가치 창출의 기회가 증가할 것이다.

① (가) – (나) – (다) – (라)
② (가) – (나) – (라) – (다)
③ (나) – (가) – (다) – (라)
④ (나) – (가) – (라) – (다)

정답 ④

최근 대두되고 있는 '초연결사회'에 대해 언급하는 (나) 문단이 가장 먼저 오는 것이 적절하며, 그다음으로는 초연결사회의 개념에 대해 설명하는 (가) 문단이 적절하다. 그 뒤를 이어 초연결 네트워크를 통해 긴밀히 연결되는 초연결사회의 특징을 설명한 (라) 문단이, 마지막으로는 이러한 초연결사회가 가져올 변화에 대한 전망을 설명한 (다) 문단 순서로 나열되어야 한다.

유형풀이 Tip

- 각 문단에 위치한 지시어와 접속어를 살펴본다. 문두에 접속어가 오거나 문장 중간에 지시어가 나오는 경우 글의 첫 번째 문단이 될 수 없다.
- 각 문단의 첫 문장과 마지막 문장에 집중하면서 글의 순서를 하나씩 맞춰 나간다.
- 선택지를 참고하여 문단의 순서를 생각해 보는 것도 시간을 단축하는 좋은 방법이 될 수 있다.

※ 다음 제시된 문단을 논리적 순서대로 바르게 나열한 것을 고르시오. [1~3]

01

(가) 다만 각자에게 느껴지는 감각질이 뒤집혀 있을 뿐이고 경험을 할 때 겉으로 드러난 행동과 하는 말은 똑같다. 예컨대 그 사람은 신호등이 있는 건널목에서 똑같이 초록 불일 때 건너고 빨간 불일 때는 멈추며, 초록 불을 보고 똑같이 "초록 불이네."라고 말한다. 그러나 그는 자신의 감각질이 뒤집혀 있는지 전혀 모른다. 감각질은 순전히 사적이며 다른 사람의 감각질과 같은지를 확인할 수 있는 방법이 없기 때문이다.

(나) 그래서 어떤 입력이 들어올 때 어떤 출력을 내보낸다는 기능적·인과적 역할로써 정신을 정의하는 기능론이 각광을 받게 되었다. 기능론에서는 정신이 물질에 의해 구현되므로 그 둘이 별개의 것은 아니라고 주장한다는 점에서 이원론과 다르면서도, 정신의 인과적 역할이 뇌의 신경세포에서든 로봇의 실리콘 칩에서든 어떤 물질에서도 구현될 수 있음을 보여 준다는 점에서 동일론의 문제점을 해결할 수 있기 때문이다.

(다) 심신 문제는 정신과 물질의 관계에 대해 묻는 오래된 철학적 문제이다. 정신 상태와 물질 상태는 별개의 것이라고 주장하는 이원론이 오랫동안 널리 받아들여졌으나, 신경 과학이 발달한 현대에는 그 둘은 동일하다는 동일론이 더 많은 지지를 받고 있다. 그러나 똑같은 정신 상태라고 하더라도 사람마다 그 물질 상태가 다를 수 있고, 인간과 정신 상태는 같지만 물질 상태는 다른 로봇이 등장한다면 동일론에서는 그것을 설명할 수 없다는 문제가 생긴다.

(라) 그래도 정신 상태가 물질 상태와 다른 무엇이 있다고 생각하는 이원론에서는 '나'가 어떤 주관적인 경험을 할 때 다른 사람에게 그 경험을 보여줄 수는 없지만 나는 분명히 경험하는 그 느낌에 주목한다. 잘 익은 토마토를 봤을 때의 빨간색의 느낌, 시디신 자두를 먹었을 때의 신 느낌, 꼬집힐 때의 아픈 느낌이 그런 예이다. 이런 질적이고 주관적인 감각 경험, 곧 현상적인 감각 경험을 철학자들은 '감각질'이라고 부른다. 이 감각질이 뒤집혔다고 가정하는 사고 실험을 통해 기능론에 대한 비판이 제기된다. 나에게 빨강으로 보이는 것이 어떤 사람에게는 초록으로 보이고 나에게 초록으로 보이는 것이 그에게는 빨강으로 보인다는 사고 실험이 그것이다.

① (가) – (나) – (다) – (라)
② (나) – (다) – (가) – (라)
③ (다) – (가) – (라) – (나)
④ (다) – (나) – (라) – (가)

(가) 나무를 가꾸기 위해서는 처음부터 여러 가지를 고려해 보아야 한다. 심을 나무의 생육조건, 나무의 형태, 성목이 되었을 때의 크기, 꽃과 단풍의 색, 식재지역의 기후와 토양 등을 종합적으로 생각하고 심어야 한다. 나무의 생육조건은 저마다 다르기 때문에 지역의 환경조건에 적합한 나무를 선별하여 환경에 적응하도록 해야 한다. 동백나무와 석류, 홍가시나무는 남부지방에 키우기 적합한 나무로 알려져 있지만 지구온난화로 남부수종의 생육한계선이 많이 북상하여 중부지방에서도 재배가 가능한 나무도 있다. 부산의 도로 중앙분리대에서 보았던 잎이 붉은 홍가시나무는 여주의 시골집 마당 양지바른 곳에서 3년째 잘 적응하고 있다.

(나) 더불어 나무의 특성을 외면하고 주관적인 해석에 따라 심었다가는 훗날 낭패를 보기 쉽다. 물을 좋아하는 수국 곁에 물을 싫어하는 소나무를 심었다면 둘 중 하나는 살기 어려운 환경이 조성된다. 나무를 심고 가꾸기 위해서는 전체적인 밑그림을 그려보고 생태적 특징을 살펴본 후에 심는 것이 바람직하다.

(다) 나무들이 밀집해있으면 나무들끼리의 경쟁은 물론 바람길과 햇빛의 방해로 성장은 고사하고 병충해에 시달리기 쉽다. 또한 나무들은 성장속도가 다르기 때문에 항상 다 자란 나무의 모습을 상상하며 나무들 사이의 공간 확보를 염두에 두어야 한다. 그러나 묘목을 심고 보니 듬성듬성한 공간을 메꾸기 위하여 자꾸 나무를 심게 되는 실수를 저지른다.

(라) 식재계획의 시작은 장기적인 안목으로 적재적소의 원칙을 염두에 두고 나무를 선정해야 한다. 식물은 햇빛, 물, 바람의 조화를 이루면 잘 산다고 하지 않는가. 그래서 나무의 특성 중에서 햇볕을 좋아하는지 그늘을 좋아하는지, 물을 좋아하는지 여부를 살펴보는 것이 중요하다. 어린 묘목을 심을 경우 실수하는 것은 나무가 자랐을 때의 생육공간을 생각하지 않고 촘촘하게 심는 것이다.

① (가) – (나) – (다) – (라)
② (가) – (나) – (라) – (다)
③ (가) – (라) – (나) – (다)
④ (가) – (라) – (다) – (나)

03

(가) 고전주의 예술관에 따르면 진리는 예술 작품 속에 이미 완성된 형태로 존재한다. 독자는 작가가 담아 놓은 진리를 '원형 그대로' 밝혀내야 하고 작품에 대한 독자의 감상은 언제나 작가의 의도와 일치해야 한다. 결국 고전주의 예술관에서 독자는 작품의 의미를 수동적으로 받아들이는 존재일 뿐이다. 하지만 작품의 의미를 해석하고 작가의 의도를 파악하는 존재는 결국 독자이다. 특히 현대 예술에서는 독자에 따라 작품에 대한 다양한 해석이 가능하다고 여긴다. 바로 여기서 수용미학이 등장한다.

(나) 이저는 텍스트 속에 독자의 역할이 들어있다고 보았다. 그러나 독자가 어떠한 역할을 수행할지는 정해져 있지 않기 때문에 독자는 텍스트를 읽는 과정에서 텍스트의 내용과 형식에 끊임없이 반응한다. 이러한 상호작용 과정을 통해 독자는 작품을 재생산한다. 텍스트는 다양한 독자에 따라 다른 작품으로 태어날 수 있으며, 같은 독자라도 시간과 장소에 따라 다른 작품으로 생산될 수 있는 것이다. 이처럼 텍스트와 독자의 상호작용을 강조한 이저는 작품의 내재적 미학에서 탈피하여 작품에 대한 다양한 해석의 가능성을 열어주었다.

(다) 야우스에 의해 제기된 독자의 역할을 체계적으로 정리한 사람이 '이저'이다. 그는 독자의 능동적 역할을 밝히기 위해 '텍스트'와 '작품'을 구별했다. 텍스트는 독자와 만나기 전의 것을, 작품은 독자가 텍스트와의 상호작용을 통해 그 의미가 재생산된 것을 가리킨다. 그런데 이저는 텍스트에는 '빈틈'이 많다고 보았다. 이 빈틈으로 인해 텍스트는 '불명료성'을 가진다. 텍스트에 빈틈이 많다는 것은 부족하다는 의미가 아니라 독자의 개입에 의해 언제나 새롭게 해석될 수 있다는 것을 의미한다.

(라) 수용미학을 처음으로 제기한 사람은 야우스이다. 그는 "문학사는 작품과 독자 간의 대화의 역사로 쓰여야 한다."고 주장했다. 이것은 작품의 의미는 작품 속에 갇혀 있는 것이 아니라 독자에 의해 재생산되는 것임을 말한 것이다. 이로부터 문학을 감상할 때 작품과 독자의 관계에서 독자의 능동성이 강조되었다.

① (가) – (다) – (라) – (나)   ② (가) – (라) – (다) – (나)
③ (다) – (가) – (나) – (라)   ④ (라) – (가) – (나) – (다)

PART 1

| 유형분석 |

- 논리적인 흐름에 따라 글을 이해할 수 있는지 평가한다.
- 한 문장뿐 아니라 여러 개의 문장이나 문단을 삽입하는 문제가 출제될 가능성이 있다.

다음 글에서 〈보기〉의 문장이 들어갈 위치로 가장 적절한 곳은?

스마트시티란 ICT를 기반으로 주거·교통·편의 인프라를 완벽히 갖추고, 그 안에 사는 모두가 편리하고 쾌적한 삶을 누릴 수 있는 똑똑한 도시를 말한다. (가) 최근 세계 각국에서는 각종 도시 문제를 해결하고, 삶의 질을 개선할 수 있는 지속가능한 도시발전 모델로 스마트시티를 주목하고 있다. (나) 특히 IoT, 클라우드, 빅데이터, AI 등 4차 산업혁명 기술을 활용한 스마트시티 추진에 전방위적인 노력을 기울이고 있다. (다) K시는 행정중심복합도시 전체를 스마트시티로 조성하고자 다양한 시민 체감형 서비스를 도입하고 있으며, 특히 K시 중심의 일원 $2.7km^2$ 면적을 스마트시티 국가 시범도시로 조성하고 있다. (라) 각종 첨단 기술을 집약한 미래형 스마트시티 선도 모델인 K시티 국가 시범도시는 스마트 모빌리티 등 7대 혁신 요소를 도입하여 도시 공간을 조성하고 혁신적인 스마트인프라 및 서비스를 제공할 계획이다.

보기

이에 발맞춰 K시 역시 해외사업 지속 확대, 남북협력사업 수행 등과 함께 스마트시티를 주요 미래사업 분야로 정했다.

① (가)　　　　② (나)
③ (다)　　　　④ (라)

정답 ③

보기에서 K시는 '이에 발맞춰' 스마트시티를 주요 미래사업 분야로 정했으므로 '이'가 가리키는 내용은 스마트시티를 주요 미래사업 분야로 정하게 된 원인이 되어야 한다. 따라서 보기는 세계 각국에서 스마트시티 추진에 전방위적인 노력을 기울이고 있다는 내용의 뒤인 (다)에 들어가는 것이 가장 적절하다.

유형풀이 Tip

- 보기를 먼저 읽고, 선택지로 주어진 빈칸의 앞·뒤 문장을 읽어 본다. 그리고 빈칸 부분에 보기를 넣었을 때 그 흐름이 어색하지 않은 위치를 찾는다.
- 보기 문장의 중심이 되는 단어가 빈칸의 앞뒤에 언급되어 있는지 확인하도록 한다.

※ 다음 글에서 〈보기〉가 들어갈 위치로 가장 적절한 곳을 고르시오. [1~3]

01

오늘날 인류가 왼손보다 오른손을 선호하는 경향은 어디서 비롯되었을까? 오른손을 귀하게 여기고 왼손을 천대하는 현상은 어쩌면 산업화 이전 사회에서 배변 후 사용할 휴지가 없었다는 사실과 관련이 있을 법하다. (가)

맨손으로 배변 뒤처리를 하는 것은 불쾌할 뿐더러 병균을 옮길 위험을 수반하는 일이었다. 이런 위험의 가능성을 낮추는 간단한 방법은 음식을 먹거나 인사할 때 다른 손을 사용하는 것이었다. 기술 발달 이전의 사회는 대개 왼손을 배변 뒤처리에, 오른손을 먹고 인사하는 일에 사용했다. (나)

나는 이런 배경이 인간 사회에 널리 나타나는 '오른쪽'에 대한 긍정과 '왼쪽'에 대한 반감을 어느 정도 설명해 줄 수 있으리라고 생각한다. 그러나 이 설명은 왜 애초에 오른손이 먹는 일에, 그리고 왼손이 배변 처리에 사용되었는지 설명해주지 못한다. 동서양을 막론하고, 왼손잡이 사회는 확인된 바 없다. (다)

한쪽 손을 주로 쓰는 경향은 뇌의 좌우반구의 기능 분화와 관련되어 있는 것으로 보인다. 보고된 증거에 따르면, 왼손잡이는 읽기와 쓰기, 개념적·논리적 사고 같은 좌반구 기능에서 오른손잡이보다 상대적으로 미약한 대신 상상력, 패턴 인식, 창의력 등 전형적인 우반구 기능에서는 상대적으로 기민한 경우가 많다. (라)

나는 이성 대 직관의 힘겨루기, 뇌의 두 반구 사이의 힘겨루기가 오른손과 왼손의 힘겨루기로 표면화된 것이 아닐까 생각한다. 즉, 오른손이 원래 왼손보다 더 능숙했기 때문이 아니라 뇌의 좌반구가 인간의 행동을 지배하는 권력을 갖게 되었기 때문에 오른손 선호에 이르렀다는 생각이다.

> **보기**
> 따라서 근본적인 설명은 다른 곳에서 찾아야 할 것 같다.

① (가)   ② (나)

③ (다)   ④ (라)

02

일반적으로 법률에서는 일정한 법률 효과와 함께 그것을 일으키는 요건을 규율한다. 이를테면, 민법 제750조에서는 불법 행위에 따른 손해 배상 책임을 규정하는데, 그 배상 책임의 성립 요건을 다음과 같이 정한다. '고의나 과실'로 말미암은 '위법 행위'가 있어야 하고, '손해가 발생'하여야 하며, 바로 그 위법 행위 때문에 손해가 생겼다는, 이른바 '인과 관계'가 있어야 한다. 이 요건들이 모두 충족되어야, 법률 효과로서 가해자는 피해자에게 손해를 배상할 책임이 생기는 것이다.

소송에서는 이런 요건들을 입증해야 한다. (가) 어떤 사실의 존재 여부에 대해 법관이 확신을 갖지 못하면, 다시 말해 입증되지 않으면 원고와 피고 가운데 누군가는 패소의 불이익을 당하게 된다. 이런 불이익을 받게 될 당사자는 입증의 부담을 안을 수밖에 없고, 이를 입증 책임이라 부른다. (나) 대체로 어떤 사실이 존재함을 증명하는 것이 존재하지 않음을 증명하는 것보다 쉽다. 이 둘 가운데 어느 한 쪽에 부담을 지워야 한다면, 쉬운 쪽에 지우는 것이 공평할 것이다. 이런 형평성을 고려하여 특정한 사실의 발생을 주장하는 이에게 그 사실의 존재에 대한 입증 책임을 지도록 하였다. (다) 그리하여 상대방에게 불법 행위의 책임이 있다고 주장하는 피해자는 소송에서 원고가 되어, 앞의 민법 조문에서 규정하는 요건들이 이루어졌다고 입증해야 한다. (라)

그런데 이들 요건 가운데 인과 관계는 그 입증의 어려움 때문에 공해 사건 등에서 문제가 된다. 공해에 관하여는 현재의 과학 수준으로도 해명되지 않는 일이 많다. 그런데도 피해자에게 공해와 손해 발생 사이의 인과 관계를 하나하나의 연결 고리까지 자연 과학적으로 증명하도록 요구한다면, 사실상 사법적 구제를 거부하는 일이 될 수 있다. 더구나 관련 기업은 월등한 지식과 기술을 가지고 훨씬 더 쉽게 원인 조사를 할 수 있는 상황이기에, 피해자인 상대방에게만 엄격한 부담을 지우는 데 대한 형평성 문제도 제기된다.

보기

소송에서 입증은 주장하는 사실을 법관이 의심 없이 확신하도록 만드는 일이다.

① (가) ② (나)
③ (다) ④ (라)

03

1950년대 프랑스의 영화 비평계에는 작가주의라는 비평 이론이 새롭게 등장했다. 작가주의란 감독을 단순한 연출자가 아닌 '작가'로 간주하고, 작품과 감독을 동일시하는 관점을 말한다. 이 이론이 대두될 당시, 프랑스에는 유명한 문학 작품을 별다른 손질 없이 영화화하거나 화려한 의상과 세트, 인기 연극배우에 의존하는 제작 관행이 팽배해 있었다. 작가주의는 이렇듯 프랑스 영화에 만연했던 문학적·연극적 색채에 대한 반발로 주창되었다. (가)

작가주의는 상투적인 영화가 아닌 감독 개인의 영화적 세계와 독창적인 스타일을 일관되게 투영하는 작품들을 옹호한다. (나) 감독의 창의성과 개성은 작품 세계를 관통하는 감독의 세계관 혹은 주제 의식, 그것을 표출하는 나름의 이야기 방식, 고집스럽게 되풀이되는 특정한 상황이나 배경 혹은 표현 기법 같은 일관된 문체상의 특징으로 나타난다는 것이다.

한편, 작가주의적 비평은 영화 비평계에 중요한 영향을 끼쳤는데, 그중에서도 주목할 점은 할리우드 영화를 재발견한 것이다. 할리우드에서는 일찍이 미국의 대량 생산 기술을 상징하는 포드 시스템과 흡사하게 제작 인력들의 능률을 높일 수 있는 표준화·분업화한 방식으로 영화를 제작했다. (다) 이는 계량화가 불가능한 창작자의 재능, 관객의 변덕스런 기호 등의 변수로 야기될 수 있는 흥행의 불안정성을 최소화하면서 일정한 품질의 영화를 생산하기 위함이었다.

그러나 작가주의적 비평가들은 할리우드라는 가장 산업화된 조건에서 생산된 상업적인 영화에서도 감독 고유의 표지를 찾아낼 수 있다고 보았다. (라) 작가주의적 비평가들은 제한적인 제작 여건이 오히려 감독의 도전 의식과 창의성을 끌어낸 사례들에 주목한 것이다. 그에 따라 B급 영화(적은 예산으로 단시일에 제작되어 완성도가 낮은 상업적인 영화)와 그 감독들마저 수혜자가 되기도 했다. 이처럼 할리우드 영화의 재평가에 큰 영향을 끼쳤던 작가주의의 영향력은 오늘날까지도 이어지고 있다. 예컨대 작가주의로 인해 '좋은' 영화 혹은 '위대한' 감독들이 선정되었고, 이들은 지금도 영화 교육 현장에서 활용되고 있다.

보기

이에 따라 재정과 행정의 총괄자인 제작자가 감독의 작업 과정에도 관여하게 되었고, 감독은 제작자의 생각을 화면에 구현하는 역할에 머물렀다.

① (가)　　　　　　　　　　　② (나)
③ (다)　　　　　　　　　　　④ (라)

09 주제 · 제목 찾기

| 유형분석 |

- 글의 목적이나 핵심 주장을 정확하게 구분할 수 있는지 평가한다.
- 문단별 주제 · 화제, 글쓴이의 주장 · 생각, 표제와 부제 등 다양한 유형으로 출제될 수 있다.

다음 글의 제목으로 가장 적절한 것은?

많은 경제학자는 제도의 발달이 경제 성장의 중요한 원인이라고 생각해 왔다. 예를 들어 재산권 제도가 발달하면 투자나 혁신에 대한 보상이 잘 이루어져 경제 성장에 도움이 된다는 것이다. 그러나 이를 입증하기는 쉽지 않다. 제도의 발달 수준과 소득 수준 사이에 상관관계가 있다 하더라도, 제도는 경제 성장에 영향을 줄 수 있지만 경제 성장으로부터 영향을 받을 수도 있으므로 그 인과관계를 판단하기 어렵기 때문이다.

① 경제 성장과 소득 수준
② 경제 성장과 제도 발달
③ 경제 성장과 투자 혁신
④ 소득 수준과 제도 발달

정답 ②

제시문은 재산권 제도의 발달에 따른 경제 성장을 예로 들어 제도의 발달과 경제 성장의 상관관계에 대해 설명하고 있다. 더불어 제도가 경제 성장에 영향을 줄 수는 있지만 동시에 경제 성장으로부터 영향을 받을 수도 있다는 점에서 그 인과관계를 판단하기 어렵다는 한계점을 제시하고 있다. 따라서 제목으로 적절한 것은 '경제 성장과 제도 발달'이다.

유형풀이 Tip

- 글의 중심이 되는 내용은 주로 글의 맨 앞이나 맨 뒤에 위치한다. 따라서 글의 첫 문단과 마지막 문단을 먼저 확인한다.
- 첫 문단과 마지막 문단에서 실마리가 잡히지 않은 경우 그 문단을 뒷받침해주는 부분을 읽어가면서 제목이나 주제를 파악해 나간다.

※ 다음 글의 주제로 가장 적절한 것을 고르시오. [1~2]

01

사전적 정의에 의하면 재즈는 20세기 초반 미국 뉴올리언스의 흑인 문화 속에서 발아한 후 미국을 대표하는 음악 스타일이자 문화가 된 음악 장르이다. 서아프리카의 흑인 민속음악이 18세기 후반과 19세기 초반의 대중적이고 가벼운 유럽의 클래식 음악과 만나서 탄생한 것이 재즈다. 그러나 이 정도의 정의로 재즈의 전모를 밝히기에는 역부족이다. 이미 재즈가 미국을 넘어 전 세계에서 즐겨 연주되고 있으며 그 기법 역시 트레이드 마크였던 스윙(Swing)에서 많이 벗어났기 때문이다.

한편 재즈 역사가들은 재즈를 음악을 넘어선 하나의 이상이라고 이야기한다. 그 이상이란 삶 속에서 우러나온 경험과 감정을 담고자 하는 인간의 열정적인 마음이다. 여기에서 영감을 얻은 재즈 작곡가나 연주자는 즉자적으로 곡을 작곡하고 연주해 왔으며, 그러한 그들의 의지가 바로 다사다난한 인생을 관통하여 재즈에 담겨 있다. 초기의 재즈가 미국 흑인들의 한과 고통을 담아낸 흔적이자 역사 그 자체인 점이 이를 증명한다.

억압된 자유를 되찾으려는 그들의 저항 의식은 아름답게 정제된 기존의 클래식 음악의 틀 안에서는 온전하게 표출될 수 없었다. 불규칙적으로 전개되는 과감한 불협화음, 줄곧 어긋나는 듯한 리듬, 정제되지 않은 멜로디, 이들의 총합으로 유발되는 긴장감과 카타르시스……. 당시 재즈 사운드는 충격 그 자체였다. 그렇지만 현 시점에서 이러한 기법과 형식을 담은 장르는 넘쳐날 정도로 많아졌고, 클래식 역시 아방가르드(Avantgarde)라는 새로운 영역을 개척한 지 오래이다. 그러므로 앞에서 언급한 스타일과 이를 가능하게 했던 이상은 더 이상 재즈만의 전유물이라 할 수 없다.

켄 번스(Ken Burns)의 영화 '재즈(Jazz)'에서 윈튼 마살리스(Wynton Marsalis)는 "재즈의 진정한 힘은 사람들이 모여서 즉흥적인 예술을 만들고 자신들의 예술적 주장을 타협해 나가는 것에서 나온다. 이러한 과정 자체가 곧 재즈라는 예술 행위이다."라고 말한다. 그렇다면 우리의 일상은 곧 재즈 연주와 견줄 수 있다. 출생과 동시에 우리는 다른 사람들과 관계를 맺으며 살아간다. 물론 자신과 타인은 호불호나 삶의 가치관이 제각각일 수밖에 없다. 따라서 자신과 타인의 차이가 옳고 그름의 차원이 아닌 '다름'이라는 것을 알아가는 것, 그리고 그러한 차이를 인정하고 그 속에서 서로 이해하고 배려하려는 노력이 필요하다. 이렇듯 자신과 다른 사람과 함께 '공통의 행복'이라는 것을 만들어 간다면 우리 역시 바로 '재즈'라는 위대한 예술을 구현하고 있는 것이다.

① 재즈와 클래식의 차이　　　　　② 재즈의 기원과 본질

③ 재즈의 장르적 우월성　　　　　④ 재즈와 인생의 유사성과 차이점

02

지구 내부는 끊임없이 운동하며 막대한 에너지를 지표면으로 방출하고, 이로 인해 지구 표면에서는 지진이나 화산 등의 자연 현상이 일어난다. 그런데 이러한 자연 현상을 예측하기란 매우 어렵다. 그 이유는 무엇일까?

지구 내부는 지각, 상부 맨틀, 하부 맨틀, 외핵, 내핵이 층상 구조를 이루고 있다. 지구 내부로 들어 갈수록 온도가 증가하는데, 이 때문에 외핵은 액체 상태로 존재한다. 고온의 외핵이 하부 맨틀의 특정 지점을 가열하면 이 부분의 중심부 물질은 상승류를 형성하여 움직이기 시작한다. 아주 느린 속도로 맨틀을 통과한 상승류는 지표면 가까이에 있는 판에 부딪치게 된다. 판은 매우 단단한 암석으로 이루어져 있어 거대한 상승류도 쉽게 뚫지 못한다. 그러나 간혹 상승류가 판의 가운데 부분을 뚫고 곧바로 지표면으로 나오기도 하는데, 이곳을 열점이라 한다. 열점에서는 지진과 화산 활동이 활발히 일어난다.

한편 딱딱한 판을 만난 상승류는 꾸준히 판에 힘을 가하여 거대한 길이의 균열을 만들기도 한다. 결국 판이 완전히 갈라지면 이 틈으로 아래의 물질이 주입되어 올라오고, 올라온 물질은 지표면에서 옆으로 확장되면서 새로운 판을 형성한다. 상승류로 인해 판이 갈라지는 이 부분에서도 지진과 화산 활동이 일어난다.

새롭게 생성된 판은 오랜 세월 천천히 이동하는 동안 식으면서 밀도가 높아지는데, 이미 존재하고 있던 다른 판 중 밀도가 낮은 판과 충돌하면 그 아래로 가라앉게 된다. 가라앉는 판이 상부 맨틀의 어느 정도 깊이까지 들어가면 용융 온도가 낮은 일부 물질은 녹는데, 이 물질이 이미 존재하던 판의 지표면으로 상승하면서 지진을 동반한 화산 활동이 일어나기도 한다. 그러나 녹지 않은 대부분의 물질은 위에서 내리누르는 판에 의해 큰 흐름을 만들면서 맨틀을 통과한다. 이 하강류는 핵과 하부 맨틀 경계면까지 내려와 외핵의 한 부분을 누르게 된다. 외핵은 액체로 되어 있으므로 한 부분을 누르면 다른 부분에서 위로 솟아오르는데, 솟아오른 이 지점에서 또 다른 상승류가 시작된다. 그런데 하강류가 규칙적으로 발생하지 않으므로 상승류가 언제 어디서 발생하는지 알기 어렵다.

지금까지 살펴본 바처럼 화산과 지진 등의 자연 현상은 맨틀의 상승류와 하강류로 인해 일어난다. 맨틀의 상승류와 하강류는 흘러가는 동안 여러 장애물을 만나게 되고 이로 인해 그 흐름이 불규칙하게 진행된다. 그런데 현대과학 기술로 지구 내부에 있는 이 장애물의 성질과 상태를 모두 밝혀내기는 어렵다. 바로 이것이 지진이나 화산과 같은 자연 현상을 쉽게 예측할 수 없는 이유이다.

① 판의 분포   ② 지각의 종류
③ 지구 내부의 구조   ④ 내핵의 구성 성분

03 다음 글의 제목으로 가장 적절한 것은?

'100세 시대' 노인의 큰 고민거리 중 하나가 바로 주변의 도움 없이도 긴 세월을 잘 버텨낼 주거 공간이다. 이미 많은 언론에서 보도되었듯이 우리나라는 '노인이 살기 불편한 나라'인 것이 사실이다. 일본이 고령화 시대의 도시 모델로 의(醫)・직(職)・주(住) 일체형 주거 단지를 도입하고 있는데 비해 우리나라는 아직 노인을 위한 공용 주택도 변변한 게 없는 실정이다.

일본은 우리보다 30년 빠르게 고령화 사회에 당면했다. 일본 정부는 개인 주택을 노인 친화적 구조로 개조하도록 전문 컨설턴트를 붙이고 보조금까지 주고 있다. 또한 사회 전반에는 장애 없는 '유니버설 디자인'을 보편화하도록 노력해 왔다. 그 결과 실내에 휠체어 작동 공간이 확보되고, 바닥에는 턱이 없으며, 손잡이와 미끄럼 방지 장치도 기본적으로 설치되었다. 이 같은 준비는 노쇠해 거동이 불편해져도 익숙한 집, 익숙한 마을에서 끝까지 살고 싶다는 노인들의 바람을 존중했기 때문이다. 그러나 이 정책의 이면에는 기하급수적으로 증가하는 사회 복지 비용을 절감하자는 목적도 있었다. 고령자 입주 시설을 설치하고 운영하는 비용이 재가 복지 비용보다 몇 배나 더 들기 때문이다.

우리나라의 경우 공동 주택인 아파트를 잘 활용하면 의외로 문제를 쉽게 풀 수 있을 것이다. 대규모 주거 단지의 일부를 고령 친화형으로 설계해서 노인 공유 동(棟)을 의무적으로 공급하는 것이다. 그곳에 식당, 욕실, 스포츠센터, 독서실, 오락실, 세탁실, 요양실, 게스트하우스, 육아 시설 등 노인들이 선호하는 시설을 넣으면 된다. 이러한 공유 공간은 가구당 전용 면적을 줄이고 공유 면적을 넓히면 해결된다. 이런 공유 경제가 확산되면 모든 공동 주택이 작은 공동체로 바뀌어갈 것이다. 공유 공간에서의 삶은 노인들만 모여 사는 실버타운과 달리 전체적인 활력도 높아질 것이다.

① 더욱더 빨라지는 고령화 속도를 줄이는 방법
② '유니버설 디자인'의 노인 친화적 주택
③ 소유에서 공유로 바꿔 해결하는 노인 주거 문제
④ 증가하는 사회 복지 비용의 해결 방안

| 유형분석 |

- 글의 전반적인 흐름을 파악하고 있는지 평가한다.
- 첫 문장, 마지막 문장 또는 글의 중간 등 다양한 위치에 빈칸이 주어질 수 있다.

다음 글의 빈칸에 들어갈 내용으로 가장 적절한 것은?

> 경기적 실업이란 경기 침체의 영향으로 기업 활동이 위축되고 이로 인해 노동에 대한 수요가 감소하여 고용량이 줄어들어 발생하는 실업이다. 다시 말해 경기적 실업은 노동 시장에서 노동의 수요와 공급이 균형을 이루고 있는 상태라고 가정할 때, 경기가 침체되어 물가가 하락하게 되면 _____
> 경기적 실업은 다른 종류의 실업에 비해 생산량 측면에서 경제적으로 큰 손실을 발생시킬 수 있기에 경제학자들은 이를 해결하기 위한 정부의 역할을 촉구한다.

① 기업은 생산량을 줄이게 되고 이로 인해 노동에 대한 공급이 감소하여 발생한다.

② 기업은 생산량을 늘리게 되고 이로 인해 노동에 대한 수요가 증가하여 발생한다.

③ 기업은 생산량을 늘리게 되고 이로 인해 노동에 대한 공급이 감소하여 발생한다.

④ 기업은 생산량을 줄이게 되고 이로 인해 노동에 대한 수요가 감소하여 발생한다.

정답 ④

첫 번째 문장에서 경기적 실업이란 '노동에 대한 수요가 감소하여 고용량이 줄어들어 발생하는 실업'이라고 하였으므로, 경기적 실업에 대해 다시 설명하는 빈칸에는 기업이 생산량을 줄임으로써 노동에 대한 수요가 감소한다는 내용이 들어가야 한다.

유형풀이 Tip

- 글을 모두 읽고 풀기에는 시간이 부족하다. 따라서 빈칸의 앞・뒤 문장만을 통해 내용을 파악할 수 있어야 한다.
- 주어진 문장을 각각 빈칸에 넣었을 때 그 흐름이 어색하지 않은지 확인하도록 한다.

대표기출유형 10 기출응용문제

※ 다음 글의 빈칸에 들어갈 내용으로 가장 적절한 것을 고르시오. [1~3]

01

조선 왕조에서 최고의 지위를 갖고 있던 왕들의 모습은 현재의 거울처럼 더욱더 생생하게 다가오고 있다. 조선 왕들에 대한 관심은 서적이나 영화, 드라마 등을 통해서도 상당히 표출되었지만, 영화나 드라마보다 더 극적인 상황 전개가 이루어진 정치 현실과 맞물리면서 조선 시대 왕의 리더십에 대해서는 더욱 통찰력 있는 분석이 요구되고 있다.

조선 왕조는 500년 이상 장수한 왕조였고, 27명의 왕이 재위하였다. 각기 다른 개성을 가진 왕들은 체제의 정비가 요구되던 시기를 살기도 했고, 강력한 개혁이 요구되던 시기를 살기도 했다. 태종이나 세조처럼 자신의 집권 정당성을 위해서 강력한 왕권을 확립해야 했던 왕, 세종이나 성종처럼 체제와 문물의 정비에 총력을 쏟았던 왕이 있었고, 광해군이나 선조처럼 개혁이 시대적 요구가 되던 시대를 살아간 왕도 있었다. 선조와 같이 전란을 겪고 수습해야 했던 왕, 인조처럼 적장에게 항복할 수밖에 없었던 왕, 원인은 달랐지만 부왕의 복수와 명예 회복을 위해 살아간 효종과 정조도 있었다. 시대의 요구가 달랐고 각기 다른 배경 속에서 즉위한 조선의 왕이었지만, 이들은 모두 성리학 이념으로 무장한 신하들과 학자, 왕의 통치력을 믿고 따르는 백성들과 함께 국가를 합리적으로 이끌어갈 임무를 부여받았다. 왕들은 때로는 과감한 개혁 정책을 선보였고, 때로는 왕권에 맞서는 신권에 대응하기도 했으며 조정자의 역할도 하였다. 모두들 백성을 위한 정책을 추진한다고 했지만, 대동법과 균역법처럼 시대의 요청에 부응하는 것들도 있었던 반면, 무리한 토목 공사와 천도처럼 실패한 정책들도 있었다. 체제의 안정, 변화와 개혁의 중심에도 왕의 리더십이 있었고, 왕의 리더십은 국가의 성패를 가늠하는 주요한 기준이었기에 왕으로 산다는 것은 그렇게 쉬운 일이 아니었다. 역사는 현재를 비추는 거울이라고 한다. 왕조 시대가 끝나고 국민이 주인이 되는 민주사회가 도래했다고는 하지만, 적절한 정책의 추진, 여론의 존중, 도덕과 청렴성, 소통과 포용의 리더십, 언론의 존중 등 전통 사회의 왕들에게 요구되었던 덕목들은 오늘날 여전히 유효하다. ＿＿＿＿＿＿＿＿＿＿＿＿＿＿＿

① 조선의 왕은 고대나 고려의 왕들에 비해 절대적인 권력을 누리지는 못하였다.

② 왕을 견제하는 세력을 두어 왕권과 신권의 적절한 조화가 중요하다.

③ 조선의 왕들은 자신의 정치 역량을 최대한 발휘하는 위치에 서 있었다.

④ 조선의 왕이 보인 리더십을 본받아 현재의 리더가 갖추어야 할 덕목들을 생각해 보아야 한다.

02

우리는 도시의 세계에 살고 있다. 2010년에 인류 역사상 처음으로 세계 전체에서 도시 인구수가 농촌 인구수를 넘어섰다. 이제 우리는 도시가 없는 세계를 상상하기 힘들며, 세계 최초의 도시들을 탄생시킨 근본적인 변화가 무엇이었는지를 상상하는 것도 쉽지 않다.

인류는 약 1만 년 전부터 5천 년 전까지 도시가 아닌 작은 농촌 마을에서 살았다. 이 시기 농촌 마을의 인구는 대부분 약 2천 명 정도였다. 약 5천 년 전부터 이라크 남부, 이집트, 파키스탄, 인도 북서부에서 1만 명 정도의 사람이 모여 사는 도시가 출현하였다. 이런 세계 최초의 도시들을 탄생시킨 원인은 무엇인가? 이 질문에 대해서 몇몇 사람들은 약 1만 년 전부터 5천 년 전 사이에 일어난 농업의 발전에 의해서 농촌의 인구가 점차적으로 증가해 도시가 되었다고 말한다. 과연 농촌의 인구는 점차적으로 증가했는가? 고고학적 연구는 그렇지 않다고 말해주는 듯하다. 농업 기술의 발전에 의해서 마을이 점차적으로 거대해졌다면, 거주 인구가 2천 명과 1만 명 사이인 마을들이 빈번하게 발견되어야 한다. 그러나 2천 명이 넘는 인구를 수용한 마을은 거의 발견되지 않았다. 이 점은 약 5천 년 전 즈음 마을의 거주 인구가 비약적으로 증가했다는 것을 보여준다.

무엇 때문에 이런 거주 인구의 비약적인 변화가 가능했는가? 이 질문에 대한 답은 사회적 제도의 발명에서 찾을 수 있다. _____ 따라서 거주 인구가 비약적으로 증가하기 위해서는 사람들을 조직하고, 이웃들 간의 분쟁을 해소하는 것과 같은 문제들을 해결하는 사회적 제도의 발명이 필수적이다. 이런 이유 에서 도시의 발생은 사회적 제도의 발명에 영향을 받았다고 생각할 수 있다. 그리고 이런 사회적 제도의 출현은 이후 인류 역사의 모습을 형성하는 데 결정적인 역할을 한 사건이었다.

① 사회적 제도 없이 사람들이 함께 모여 살 수 있는 인구 규모의 최대치는 2천 명 정도밖에 되지 않는다.

② 농업 기술의 발전에 의해서 마을이 점차적으로 거대해졌다면, 약 1만 년 전 농촌 마을의 거주 인구는 2천 명 정도여야 한다.

③ 거주 인구가 2천 명이 넘지 않는 마을은 도시라고 할 수 없다.

④ 2천 명 정도의 인구를 가진 농촌 마을도 행정조직과 같은 사회적 제도를 가지고 있었다.

03

얼음의 녹는점이 0℃라는 사실은 누구나 알고 있는 보편적인 상식이다. 그런데 얼음이 녹아내리는 과정은 어떠할까? 아마도 대부분의 사람들은 주위의 온도가 0℃보다 높아야 얼음이 녹기 시작하며 물이 될 때까지 지속적으로 녹아내린다고 생각할 것이다. 하지만 실제로 얼음이 녹는 과정의 양상은 이러한 생각과는 조금 다르다.

약 150년 전, 영국의 과학자 마이클 패러데이(Michael Faraday)는 0℃ 이하의 온도에서 얼음의 표면에 액체와 비슷한 얇은 층이 존재한다는 것을 처음 밝혀냈다. 이후 얼음이 미끄러지고 빙하가 움직이는 데 이 층이 중요한 역할을 한다는 사실과 0℃에서는 이 층의 두께가 약 45nm까지 두꺼워지는 것이 밝혀졌다. 하지만 최근까지도 이 층이 몇 ℃에서 생기는지, 온도에 따라 두께가 어떻게 달라지는지에 대해서는 알 수 없었다.

그런데 독일의 막스플랑크 고분자연구소 엘렌 바쿠스 그룹리더팀이 이 문제에 대한 중요한 연구결과를 발표하였다. 연구팀은 단결정 얼음의 표면에서 분자들의 상호작용을 관찰하기 위해, 고체일 때보다 액체일 때 물 분자의 수소결합이 약하다는 점을 이용해 얼음 표면에 적외선을 쏜 뒤 온도에 따라 어떻게 달라지는지를 분석하였다.

그 결과 연구팀은 −38℃에서 이미 얼음 표면의 분자 층 하나가 준 액체로 변해 있는 것을 발견했다. 온도를 더 높이자 −16℃에서 두 번째 분자 층이 준 액체로 변했다. 우리가 흔히 생각하는 것과는 달리 영하의 온도에서 이미 얼음의 표면은 녹아내리기 시작하며 그것이 지속적으로 녹는 것이 아니라 _____

① 특정 온도에 도달할 때마다 한 층씩 녹아내린다는 것이다.

② −38℃와 −16℃ 그리고 0℃에서 각각 녹는다는 것이다.

③ −38℃와 −16℃ 사이에서만 지속적으로 녹지 않는다는 것이다.

④ 준 액체 상태로 유지된다는 것이다.

CHAPTER 02
이해력

| 출제유형 |

독해

주어진 글의 내용과 일치하거나 일치하지 않는 것 고르기, 글을 통해 추론할 수 있는 것이나 없는 것 고르기 등 다양한 유형의 독해 문제가 출제되고 있다.

독해

- 다양한 분야의 지문이 제시되므로 평소 여러 분야의 도서나 신문기사 등을 읽어둔다.
- 단기간의 공부로 성적을 올릴 수 있는 영역이 아니므로 평상시 독서를 통해 꾸준히 연습해야 한다.
- 무작정 지문을 읽고 문제를 풀기보다는 문제와 선택지를 먼저 읽고 지문에서 찾아야 할 내용이 무엇인지를 먼저 파악한 후 글을 읽는다면 시간을 절약할 수 있다.
- 먼저 선택지의 키워드를 체크한 후, 지문의 내용과 비교하며 내용의 일치 유무를 신속히 판단한다.
- 지문의 유형별 특징을 파악하고 이를 바탕으로 내용을 확인한다.

1. 논리구조

논리구조에서는 주로 문장과 문장 간의 관계나 글 전체의 논리적 구조를 정확히 파악했는지를 묻는다. 글의 순서를 바르게 나열하는 유형이 출제되므로 제시문의 전체적인 흐름을 바탕으로 각 문단의 특징, 문단 간의 역할 등을 논리적으로 구조화할 수 있는 능력을 길러야 한다.

(1) 문장과 문장 간의 관계

① 상세화 관계 : 주지 → 구체적 설명(비교, 대조, 유추, 분류, 분석, 인용, 예시, 비유, 부연, 상술 등)

② 문제(제기)와 해결 : 한 문장이 문제를 제기하고, 다른 문장이 그 해결책을 제시하는 관계(과제 제시 → 해결 방안, 문제 제기 → 해답 제시)

③ 선후 관계 : 한 문장이 먼저 발생한 내용을 담고, 다음 문장이 나중에 발생한 내용을 담고 있는 관계

④ 원인과 결과 : 한 문장이 원인이 되고, 다른 문장이 그 결과가 되는 관계(원인 제시 → 결과 제시, 결과 제시 → 원인 제시)

⑤ 주장과 근거 : 한 문장이 필자가 말하고자 하는 바(주장)가 되고, 다른 문장이 그 문장의 증거(근거)가 되는 관계(주장 제시 → 근거 제시, 의견 제안 → 의견 설명)

⑥ 전제와 결론 관계 : 앞 문장에서 조건이나 가정을 제시하고, 뒤 문장에서 이에 따른 결론을 제시하는 관계

(2) 문장의 연결 방식

① 순접 : 원인과 결과, 부연 설명 등의 문장 연결에 쓰임 예 그래서, 그리고, 그러므로 등

② 역접 : 앞글의 내용을 전면적 또는 부분적으로 부정 예 그러나, 그렇지만, 그래도, 하지만 등

③ 대등·병렬 : 앞뒤 문장의 대비와 반복에 의한 접속 예 및, 혹은, 또는, 이에 반하여 등

④ 보충·첨가 : 앞글의 내용을 보다 강조하거나 부족한 부분을 보충하기 위해 다른 말을 덧붙이는 문맥 예 단, 곧, 즉, 더욱이, 게다가, 왜냐하면 등

⑤ 화제 전환 : 앞글과는 다른 새로운 내용을 이야기하기 위한 문맥 예 그런데, 그러면, 다음에는, 이제, 각설하고 등

⑥ 비유·예시 : 앞글에 대해 비유적으로 다시 말하거나 구체적인 예를 보임 예 예를 들면, 예컨대, 마치 등

(3) 논리구조의 원리 접근법

앞뒤 문장의 중심 의미 파악		앞뒤 문장의 중심 내용이 어떤 관계인지 파악		문장 간의 접속어, 지시어의 의미와 기능 파악		문장의 의미와 관계성 파악
각 문장의 의미를 어떤 관계로 연결해서 글을 전개하는지 파악해야 한다.	→	지문 안의 모든 문장은 서로 논리적 관계성이 있다.	→	접속어와 지시어를 음미하는 것은 독해의 길잡이 역할을 한다.	→	문단의 중심 내용을 알기 위한 기본 분석 과정이다.

2. 논리적 이해

(1) 분석적 이해

글의 내용을 분석적으로 파악하는 것으로, 분석적 이해의 핵심은 글의 세부 내용을 파악하고, 이를 바탕으로 글의 중심 내용을 파악하는 것이다.

① 글을 구성하는 각 단위의 내용 관계 파악하기 : 글은 단어, 문장, 문단 등의 단위가 모여 이루어진다. 글을 이해하기 위해서는 각각의 단어와 단어들이 모여 이루어진 문장, 문장들이 모여 이루어진 문단의 내용을 정확하게 파악하고 각각의 의미 관계를 이해하는 것이 필요하다.

② 글의 중심 내용 파악하기 : 글의 작은 단위를 분석하여 부분적인 내용을 파악했더라도 글 전체의 중심 내용을 파악했다고 할 수 없다. 글의 중심 내용을 파악하는 데는 글을 구성하고 있는 각 단위, 특히 문단의 중심 내용이 중요하다. 따라서 글의 전체적인 맥락을 고려해야 하고, 중심 내용을 파악해 내는 기술이 필요하다.

③ 글의 전개 방식과 구조적 특징 파악하기 : 모든 글은 종류에 따라 다양한 전개 방식을 활용하고 있다. 대표적인 전개 방식은 서사, 비교, 대조, 열거, 인과, 논증 등이 있다. 이와 같은 전개 방식을 이해하면 글의 내용을 이해하는 데 큰 도움이 된다.

(2) 추론적 이해

제시문에 나와 있는 정보들의 관계를 파악하거나 글에서 명시되지 않은 생략된 내용을 상상하며 글을 읽고 내용을 파악하는 것이다. 제시문의 정보를 근거로 하여 글에 드러나 있지 않은 정보를 추리해 낼 수 있어야 한다.

① 내용의 추론 : 제시문의 정보를 바탕으로 숨겨진 의미를 찾거나 생략된 의미를 앞뒤 내용의 흐름 및 내용 정보의 관계를 통해서 짐작한 다음, 다른 상황에 적용할 수 있어야 한다.

　㉠ 숨겨진 정보를 추리하기

　㉡ 제시되지 않은 부분의 내용을 추리하기

　㉢ 문맥 속의 의미나 함축적 의미를 추리하기

　㉣ 알고 있는 지식을 다른 상황에 적용하기

② **과정의 추론** : 제시문에 설명된 정보에 대한 가정이나 그것의 전체 또는 대상을 보는 관점, 태도나 입장을 파악하는 것이다.
  ㉠ 정보의 가정이나 전제
  ㉡ 글을 쓰는 관점 추리하기
  ㉢ 글 속에 나타나는 대상 또는 정서·심리 상태, 어조 추리하기
  ㉣ 글을 쓰게 된 동기나 목적 추리하기
③ **구조의 추론**
  ㉠ 구성 방식 : 전체 글의 짜임새 및 단락의 짜임새
  ㉡ 구성 원리 : 정확한 의미 전달을 위한 통일성, 완결성, 일관성

(3) 비판적 이해

제시문의 주요 논지에 대한 비판의 여지를 탐색하고 따져보거나 글이나 자료의 생성 과정 및 그것을 구성한 관점, 태도 등을 파악하는 등 글의 내용으로부터 객관적인 거리를 두고 판단하거나 평가함으로써 도달하는 것이다.

① **핵심어 이해** : 제시문이 객관적인지, 또는 현실과 어떤 연관성이 있는지 등을 판단해 본다. 그리고 핵심 개념을 정의하는 부분에 비논리적 내용이나 주제를 강조하기 위한 의도에서 오류는 없는지를 파악해 본다.
② **쟁점 파악** : 제시문의 핵심 내용을 파악했다면, 주장이 무엇인지, 그리고 타당한지를 비판적으로 고려해 보아야 한다.
③ **주장과 근거** : 제시문의 주제를 비판적으로 고려했다면, 그 주장이 어떤 근거에 바탕을 두고 있는지, 그리고 근거와 주장 사이에 논리적 오류가 없는지 비판적으로 생각해 본다.

얼마나 많은 사람들이 책 한 권을 읽음으로써

인생에 새로운 전기를 맞이했던가.

- 헨리 데이비드 소로 -

| 유형분석 |

• 글의 내용과 일치 또는 불일치하는 선택지를 구분할 수 있는지 평가한다.

다음 글의 내용으로 가장 적절한 것은?

음악에서 화성이나 멜로디가 하나의 음 또는 하나의 화음을 중심으로 일정한 체계를 유지하는 것을 조성(調性)이라 한다. 조성을 중심으로 한 음악은 서양음악에 지배적인 영향을 미쳤는데, 여기에서 벗어나 자유롭게 표현하고 싶은 음악가의 열망이 무조(無調) 음악을 탄생시켰다. 무조 음악에서는 한 옥타브 안의 12음 각각에 동등한 가치를 두어 음들을 자유롭게 사용하였다. 이로 인해 무조 음악은 표현의 자유를 누리게 되었지만 조성이 주는 체계성은 잃게 되었다. 악곡의 형식을 유지하는 가장 기초적인 뼈대가 흔들린 것이다. 이와 같은 상황 속에서 무조 음악이 지닌 자유로움에 체계성을 더하고자 고민한 작곡가 쇤베르크는 '12음 기법'이라는 독창적인 작곡 기법을 만들어 냈다. 쇤베르크의 12음 기법은 12음을 한 번씩 사용하여 만든 기본 음렬(音列)에 이를 '전위', '역행', '역행 전위'의 방법으로 파생시킨 세 가지 음렬을 더해 악곡을 창작하는 체계적인 작곡 기법이다.

① 조성은 하나의 음으로 여러 음을 만드는 것을 말한다.
② 무조 음악은 조성이 발전한 형태라고 말할 수 있다.
③ 무조 음악은 한 옥타브 안의 음 각각에 가중치를 두어서 사용했다.
④ 조성은 체계성을 추구하고, 무조 음악은 자유로움을 추구한다.

정답 ④

오답분석
① 조성은 음악에서 화성이나 멜로디가 하나의 음 또는 하나의 화음을 중심으로 일정한 체계를 유지하는 것이다.
② 무조 음악은 조성에서 벗어나 자유롭게 표현하고자 한 것이므로, 발전한 형태라고 말할 수 없다.
③ 무조 음악은 한 옥타브 안의 음 각각에 동등한 가치를 두었다.

유형풀이 Tip

• 선택지를 먼저 보고 반복되는 키워드를 파악한 후 지문을 읽어 나간다.

※ 다음 글의 내용으로 가장 적절한 것을 고르시오. [1~2]

01

개인의 합리성과 사회의 합리성은 병행할 수 있을까? 이 문제와 관련하여 고전 경제학에서는 개인이 합리적으로 행동하면 사회 전체적으로도 합리적인 결과를 얻을 수 있다고 말한다. 물론 여기에서 '합리성'이란 여러 가지 가능한 대안 가운데 효용의 극대화를 추구하는 방향으로 선택을 한다는 의미의 경제적 합리성을 의미한다. 따라서 개인이 최대한 자신의 이익에 충실하면 모든 자원이 효율적으로 분배되어 사회적으로도 이익이 극대화된다는 것이 고전 경제학의 주장이다.

그러나 개인의 합리적 선택이 반드시 사회적인 합리성으로 연결되지 못한다는 주장도 만만치 않다. 이른바 '죄수의 딜레마' 이론에서는, 서로 의사소통을 할 수 없도록 격리된 두 용의자가 각각의 수준에서 가장 합리적으로 내린 선택이, 오히려 집합적인 결과에서는 두 사람 모두에게 비합리적인 결과를 초래할 수 있다고 설명하고 있다. 즉, 다른 사람을 고려하지 않고 자신의 이익만을 추구하는 개인적 차원의 합리성만을 강조하면, 오히려 사회 전체적으로는 비합리적인 결과를 초래할 수 있다는 것이다. 죄수의 딜레마 이론을 지지하는 쪽에서는, 심각한 환경오염 등 우리 사회에 존재하는 문제의 대부분을 이 이론으로 설명한다.

일부 경제학자들은 이러한 주장에 대하여 강하게 반발한다. 그들은 죄수의 딜레마 현상이 보편적인 현상이라면, 우리 주위에서 흔히 발견할 수 있는 협동은 어떻게 설명할 수 있느냐고 반문한다. 사실 우리 주위를 돌아보면, 사람들은 의외로 약간의 손해를 감수하더라도 협동하는 모습을 곧잘 보여주곤 한다. 그들은 이런 행동들도 합리성을 들어 설명한다. 안면이 있는 사이에서는 오히려 상대방과 협조를 하는 행동이 장기적으로는 이익이 된다는 것을 알기 때문에 협동한다는 것이다. 즉, 협동도 크게 보아 개인적 차원의 합리적 선택이 집합적으로 나타난 결과로 보는 것이다.

그러나 이런 해명에도 불구하고 우리 주변에서는 각종 난개발이 도처에서 자행되고 있으며, 환경오염은 이제 전 지구적으로 만연해 있는 것이 엄연한 현실이다. 자기 집 부근에 도로나 공원이 생기기를 원하면서도 정작 그 비용은 부담하려고 하지 않는다든지, 남에게 해를 끼치는 일인 줄 뻔히 알면서도 쓰레기를 무단 투기하는 등의 행위를 서슴지 않고 한다. '합리적인 개인'이 '비합리적인 사회'를 초래하고 있는 것이다.

그렇다면 죄수의 딜레마와 같은 현상을 극복하고 사회적인 합리성을 확보할 수 있는 방안은 무엇인가? 그것은 개인적으로는 도덕심을 고취하고, 사회적으로는 의사소통 과정을 원활하게 하는 것이라고 할 수 있다. 개인들이 자신의 욕망을 적절하게 통제하고 남을 배려하는 태도를 지니면 죄수의 딜레마 같은 현상에 빠지지 않고도 개인의 합리성을 추구할 수 있을 것이다. 아울러 서로 간의 원활한 의사소통을 통해 공감의 폭을 넓히고 신뢰감을 형성하며, 적절한 의사 수렴과정을 거친다면 개인의 합리성이 보다 쉽게 사회적 합리성으로 이어지는 길이 열릴 것이다.

① 사회의 이익은 개인의 이익을 모두 합한 것이다.
② 사람들은 이기심보다 협동심이 더 강하다.
③ 사회적 합리성을 위해서는 개인의 노력만으로는 안 된다.
④ 전체 사회를 위해 개인의 희생은 감수할 수밖에 없다.

02

풍속화는 문자 그대로 풍속을 그린 그림이다. 세속을 그린 그림이라는 뜻에서 속화(俗畵)라고도 한다. 정의는 이렇게 간단하지만 따져야 할 문제들은 산적해 있다. 나는 풍속화에 대해 엄밀한 학문적 논의를 펼 만큼 전문적인 식견을 갖고 있지는 않다. 하지만 한 가지 확실하게 말할 수 있는 것은, 풍속화가 인간의 모습을 화폭 전면에 채우는 그림이라는 사실이다. 그런데 현재 우리가 접하는 그림에서, 인간의 모습이 그림의 전면을 차지하는 작품은 생각보다 많지 않다. 우리의 일상적인 모습은 더욱 그렇다. 만원 지하철에 시달리며 출근 전쟁을 하고, 직장 상사로부터 핀잔을 듣고, 포장마차에서 소주를 마시고, 노래방에서 스트레스를 푸는 평범한 사람들의 일상의 모습은 그림에 등장하지 않는다. 조선 시대에도 회화의 주류는 산수와 꽃과 새, 사군자와 같은 인간의 외부에 존재하는 대상을 그리는 것이었다. 이렇게 말하면 너무 지나치다고도 할 것이다. 산수화에도 인간이 등장하고 있지 않은가? 하지만 산수화 속의 인간은 산수에 부속된 것일 뿐이다. 산수화에서의 초점은 산수에 있지, 산수 속에 묻힌 인간에 있지 않다. 인간의 그림이라면, 초상화가 있지 않느냐고 물을 수도 있다. 사실 그렇다. 초상화는 인간이 화면 전체를 차지하는 그림이다. 나는 조선 시대 초상화에서 깊은 감명을 받은 적도 있다. 그것은 초상에 그 인간의 내면이 드러나 보일 때인데, 특히 송시열의 초상화를 보고 그런 느낌을 받았다. 하지만 초상화는 아무래도 딱딱하다. 초상화에서 보이는 것은 얼굴과 의복일 뿐, 구체적인 삶의 모습은 아니다. 이에 반해 조선 후기 풍속화는 인간의 현세적·일상적 모습을 중심 제재로 삼고 있다. 조선 사회가 양반 관료 사회인만큼 양반들의 생활이 그려지는 것은 당연하겠지만, 풍속화에 등장하는 인물의 주류는 이미 양반이 아니다. 농민과 어민, 그리고 별감, 포교, 나장, 기생, 뚜쟁이 할미까지 도시의 온갖 인간들이 등장한다. 풍속화를 통하여 우리는 양반이 아닌 인간들을 비로소 만나게 된 것이다. 여성이 그림에 등장하는 것도 풍속화의 시대에 와서이다. 조선 시대는 양반·남성의 사회였다. 양반·남성 중심주의는 양반이 아닌 이들과 여성을 은폐하였다. 이들이 예술의 중심대상이 된 적은 거의 없었다. 특히 그림에서는 인간이 등장하는 일이 드물었고, 여성이 등장하는 일은 더욱 없었다. 풍속화에 와서야 비로소 여성이 회화의 주요대상으로 등장했던 것이다. 조선 시대 풍속화는 18, 19세기에 '그려진 것'이다. 물론 풍속화의 전통을 따지고 들면, 저 멀리 고구려 시대의 고분벽화에 까지 이를 수 있다. 그러나 그것들은 의례적·정치적·도덕적 관념의 선전이란 목적을 가지고 '제작된 것'이다. 좀 더 구체적으로 말하자면, 죽은 이를 위하여, 농업의 중요성을 강조하고 생산력을 높이기 위하여, 혹은 민중의 교화를 위하여 '제작된 것'이다. 이점에서 이 그림들은 18, 19세기의 풍속화와는 구분되어야 마땅하다.

① 풍속화는 인간의 외부에 존재하는 대상을 그리는 것이었다.
② 조선 후기 풍속화에는 양반들의 생활상이 주로 나타나 있다.
③ 조선 시대 산수화 속에 등장하는 인물은 부수적 존재에 불과하다.
④ 조선 시대 회화의 주류는 인간의 내면을 그린 그림이 대부분이었다.

※ 다음 글의 내용으로 적절하지 않은 것을 고르시오. [3~5]

03

> 인간의 삶과 행위를 하나의 질서로 파악하고 개념과 논리를 통해 이해하고자 하는 시도는 소크라테스와 플라톤을 기점으로 시작된 가장 전통적인 방법론이라고 할 수 있다. 이는 결국 경험적이고 우연적인 요소를 배제하여 논리적 필연으로 인간을 규정하고자 한 것이다. 이에 반해 경험과 감각을 중시하고 욕구하는 실체로서의 인간을 파악하고자 한 이들이 소피스트들이다. 이 두 관점은 두 개의 큰 축으로 서구 지성사에 작용해 온 것이 사실이다.
>
> 하지만 이는 곧 소크라테스와 플라톤의 관점에서는 삶과 행위의 구체적이고 실제적인 일상이 무시된 채 본질적이고 이념적인 영역을 추구하였다는 것이며, 소피스트들의 관점에서는 고정적 실체로서의 도덕이나 정당화의 문제보다는 변화하는 실제적 행위만이 인정되었다는 이야기로 환원되어왔다. 그리고 이와 같은 문제를 제대로 파악한 것이 바로 고대 그리스의 웅변가이자 소피스트인 '이소크라테스'이다.
>
> 이소크라테스는 소피스트들에 대해서는 그들의 교육이 도덕이나 시민적 덕성의 함양과는 무관하게 탐욕과 사리사욕을 위한 교육에 그치고 있다고 비판했으며, 동시에 영원불변하는 보편적 지식의 무용성을 주장했다. 그는 시의적절한 의견들을 통해 더 좋은 결과에 이를 수 있는 능력을 얻으려는 자가 바로 철학자라고 주장했다. 그렇기에 이소크라테스의 수사학은 플라톤의 이데아론은 물론 소피스트들의 무분별한 실용성을 지양하면서도, 동시에 삶과 행위의 문제를 이론적이고도 실제적으로 해석하는 것으로 평가할 수 있다.

① 이소크라테스의 주장에 따르면 플라톤의 이데아론은 과연 그것이 현실을 살아가는 이들에게 무슨 의미가 있는가에 대한 필연적인 물음에 맞닥뜨리게 된다.

② 소피스트들의 주장과 관점은 현대사회의 물질만능주의를 이해하기에 적절한 사례가 된다.

③ 소피스트와 이소크라테스는 영원불변하는 보편적 지식의 존재를 부정하며 구체적이고 실제적인 일상을 중요하게 여겼다.

④ 이소크라테스를 통해 절대적인 진리를 추구하지 않는 것이 반드시 비도덕적인 일로 환원된다고는 볼 수 없음을 확인할 수 있다.

04 어떤 사회 현상이 나타나는 경우 그러한 현상은 '제도'의 탓일까, 아니면 '문화'의 탓일까? 이 논쟁은 정치학을 비롯한 모든 사회과학에서 두루 다루는 주제이다. 정치학에서 제도주의자들은 보다 선진화된 사회를 만들기 위해서 제도의 정비가 중요하다고 주장한다. 하지만 문화주의자들은 실제적인 '운용의 묘'를 살리는 문화가 제도의 정비보다 중요하다고 주장한다.

문화주의자들은 문화를 가치, 신념, 인식 등의 총체로서 정치적 행동과 행위를 특정한 방향으로 움직여 일정한 행동 양식을 만들어내는 것으로 정의한다. 이러한 문화에 대한 정의를 바탕으로 이들은 국민이 정부에게 하는 정치적 요구인 투입과 정부가 생산하는 정책인 산출을 기반으로 정치 문화를 편협형, 신민형, 참여형의 세 가지로 유형화하였다.

편협형 정치 문화는 투입과 산출에 대한 개념이 모두 존재하지 않는 정치 문화이다. 투입이 없으며, 정부도 산출에 대한 개념이 없어서 적극적 참여자로서의 자아가 있을 수 없다. 사실상 정치 체계에 대한 인식이 국민들에게 존재할 수 없는 사회이다. 샤머니즘에 의한 신정 정치, 부족 또는 지역 사회 등 전통적인 원시 사회가 이에 해당한다.

다음으로 신민형 정치 문화는 투입이 존재하지 않으며, 적극적 참여자로서의 자아가 형성되지 못한 사회이다. 이런 상황에서 산출이 존재한다는 의미는 국민이 정부가 해주는 대로 받는다는 것을 의미한다. 이들 국민은 정부에 복종하는 성향이 강하다. 하지만 편협형 정치 문화와 달리 이들 국민은 정치 체계에 대한 최소한의 인식은 있는 상태이다. 일반적으로 독재 국가의 정치 체계가 이에 해당한다.

마지막으로 참여형 정치 문화는 국민들이 자신들의 요구 사항을 표출할 줄도 알고, 정부는 그러한 국민들의 요구에 응답하는 사회이다. 따라서 국민들은 적극적인 참여자로서의 자아가 형성되어 있으며, 그러한 적극적 참여자들로 형성된 정치 체계가 존재하는 사회이다. 이는 선진 민주주의 사회로서 현대의 바람직한 민주주의 사회상이다.

정치 문화 유형 연구는 어떤 사회가 민주주의를 제대로 구현하기 위해서 우선적으로 필요한 것이 무엇인가 하는 질문에 대한 답을 제시하고 있다. 문화주의자들은 국가를 특정 제도의 장단점에 의해서가 아니라 국가의 구성 요소들이 민주주의라는 보편적인 목적을 위해 얼마나 잘 기능하고 있는가를 기준으로 평가하고 있는 것이다.

① 문화주의자들은 정치문화를 편협형, 신민형, 참여형으로 나눈다.
② 편협형 정치 문화는 투입과 산출에 대한 개념이 없다.
③ 참여형 정치 문화는 국민과 정부가 소통하는 사회이다.
④ 독재 국가의 정치 체계는 편협형 정치 문화에 해당한다.

05

컴퓨터로 작업을 하다가 전원이 꺼져 작업하던 데이터가 사라져 낭패를 본 경험이 한 번쯤은 있을 것이다. 이는 현재 컴퓨터에서 주 메모리로 D램을 사용하기 때문이다. D램은 전기장의 영향을 받으면 극성을 띠게 되는 물질을 사용하는데 극성을 띠면 1, 그렇지 않으면 0이 된다. 그런데 D램에 사용되는 물질의 극성은 지속적으로 전원을 공급해야만 유지된다. 그래서 D램은 읽거나 쓰기 작업을 하지 않아도 전력이 소모되며, 전원이 꺼지면 데이터가 모두 사라진다는 문제점을 안고 있다. 이러한 D램의 문제를 해결할 수 있는 차세대 램 메모리로 가장 주목을 받고 있는 것은 M램이다. M램은 두 장의 자성 물질 사이에 얇은 절연막을 끼워 넣어 접합한 구조로 되어 있다. 절연막은 일반적으로 전류의 흐름을 막는 것이지만 M램에서는 절연막이 매우 얇아 전류가 통과할 수 있다. 그리고 자성 물질은 자석처럼 일정한 자기장 방향을 가지는데, 아래위 자성 물질의 자기장 방향에 따라 저항이 달라진다. 자기장 방향이 반대일 경우 저항이 커져 전류가 약해지지만 자기장 방향이 같을 경우 저항이 약해져 상대적으로 강한 전류가 흐르게 된다. M램은 이 전류의 강도 차이를 감지해 전류가 상대적으로 약할 때 0, 강할 때 1로 읽게 된다. 자성 물질은, 강한 전기 자극을 가하면 자기장 방향이 바뀌는데 이를 이용해 한쪽 자성 물질의 자기장 방향만 바꿈으로써 쓰기 작업도 할 수 있다.

자성 물질의 자기장 방향은 전기 자극을 가해주지 않는 이상 변하지 않기 때문에 M램에서는 D램에서처럼 지속적으로 전원을 공급할 필요가 없다. 그렇기 때문에 D램에 비해 훨씬 적은 양의 전력을 사용하면서도 속도가 빠르며, 전원이 꺼져도 데이터를 잃어버릴 염려가 없다. 이런 장점들로 인해 M램이 일반화되면 컴퓨터뿐만 아니라 스마트폰이나 태블릿 PC와 같은 모바일 기기들의 성능은 크게 향상될 것이다.

그러나 M램이 일반화되기 위해서는 기술적 과제들도 많다. M램은 매우 얇은 막들을 쌓은 구조이기 때문에 이러한 얇은 막들이 원하는 기능을 하도록 제어하는 것은 기존의 반도체 공정으로는 매우 어렵다. 그리고 현재 사용하고 있는 자성 물질을 고도로 집적할 경우 자성 물질의 자기장이 인접한 자성 물질에 영향을 주는 문제도 있다. 이러한 문제를 해결할 수 있는 새로운 재료의 개발과 제조 공정의 개선이 이루어진다면 세계 반도체 시장의 판도도 크게 바뀔 것으로 보인다.

① D램과 M램 모두 0 또는 1로 정보를 기록한다.
② M램은 자성 물질의 자기장이 강할수록 성능이 우수하다.
③ M램에서는 전류의 강도 차이를 감지해 데이터를 읽는다.
④ D램은 전원을 공급해주지 않으면 0의 값을 가지게 된다.

02 비판적 독해

| 유형분석 |

- 어떠한 견해에 대하여 적절한 반응을 보이거나 타당한 비판을 할 수 있는지 평가한다.

다음 글에 대한 비판으로 가장 적절한 것은?

어떤 경제 주체의 행위가 자신과 거래하지 않는 제3자에게 의도하지 않게 이익이나 손해를 주는 것을 '외부성'이라 한다. 과수원의 과일 생산이 인접한 양봉업자에게 벌꿀 생산과 관련한 이익을 준다든지, 공장의 제품 생산이 강물을 오염시켜 주민들에게 피해를 주는 것 등이 대표적인 사례이다.

외부성은 사회 전체로 보면 이익이 극대화되지 않는 비효율성을 초래할 수 있다. 개별 경제 주체가 제3자의 이익이나 손해까지 고려하여 행동하지는 않을 것이기 때문이다. 예를 들어, 과수원의 이윤을 극대화하는 생산량이 Q_a라고 할 때, 생산량을 Q_a보다 늘리면 과수원의 이윤은 줄어든다. 하지만 이로 인한 과수원의 이윤 감소보다 양봉업자의 이윤 증가가 더 크다면, 생산량을 Q_a보다 늘리는 것이 사회적으로 바람직하다. 하지만 과수원이 자발적으로 양봉업자의 이익까지 고려하여 생산량을 Q_a보다 늘릴 이유는 없다.

전통적인 경제학은 이러한 비효율성의 해결책이 보조금이나 벌금과 같은 정부의 개입이라고 생각한다. 보조금을 받거나 벌금을 내게 되면 제3자에게 주는 이익이나 손해가 더 이상 자신의 이익과 무관하지 않게 되므로, 자신의 이익에 충실한 선택이 사회적으로 바람직한 결과로 이어진다는 것이다.

① 일반적으로 과수원은 양봉업자의 입장을 고려하지 않는다.

② 과수원 생산자는 자신의 의도와 달리 다른 사람들에게 손해를 끼칠 수 있다.

③ 과수원자에게 보조금을 지급한다면 생산량을 Q_a보다 늘리려 할 것이다.

④ 정부의 개입 과정에서 시간과 노력이 많이 들게 되면 비효율성이 늘어날 수 있다.

정답 ④

전통적인 경제학은 외부성의 비효율성을 줄이기 위해 정부의 개입을 해결책으로 제시하고 있다. 따라서 정부의 개입이 오히려 비용을 높일 수 있다는 주장을 비판으로 제시할 수 있다.

오답분석

①·② 외부성에 대한 설명이다.

③ 전통적인 경제학의 주장이다.

유형풀이 Tip

- 일부 견해를 나타내는 특정 문장에 의해 한쪽으로 치우친 판단을 하지 않도록 유의해야 한다.

PART 1

※ 다음 글에 대한 비판으로 가장 적절한 것을 고르시오. [1~2]

01

우리는 우리가 생각한 것을 말로 나타낸다. 또 다른 사람의 말을 듣고, 그 사람이 무슨 생각을 가지고 있는가를 짐작한다. 그러므로 생각과 말은 서로 떨어질 수 없는 깊은 관계를 가지고 있다.

그러면 말과 생각이 얼마만큼 깊은 관계를 가지고 있을까? 이 문제를 놓고 사람들은 오랫동안 여러 가지 생각을 하였다. 그 가운데 가장 두드러진 것이 두 가지 있다. 그 하나는 말과 생각이 서로 꼭 달라붙은 쌍둥이인데 한 놈은 생각이 되어 속에 감추어져 있고 다른 한 놈은 말이 되어 사람 귀에 들리는 것이라는 생각이다. 다른 하나는 생각이 큰 그릇이고 말은 생각 속에 들어가는 작은 그릇이어서 생각에는 말 이외에도 다른 것이 더 있다는 생각이다.

이 두 가지 생각 가운데서 앞의 것은 조금만 깊이 생각해 보면 틀렸다는 것을 즉시 깨달을 수 있다. 우리가 생각한 것은 거의 대부분 말로 나타낼 수 있지만, 누구든지 가슴 속에 응어리진 어떤 생각이 분명히 있기는 한데 그것을 어떻게 말로 표현해야 할지 애태운 경험을 가지고 있을 것이다. 이것 한 가지만 보더라도 말과 생각이 서로 안팎을 이루는 쌍둥이가 아님은 쉽게 판명된다.

인간의 생각이라는 것은 매우 넓고 큰 것이며, 말이란 결국 생각의 일부분을 주워 담는 작은 그릇에 지나지 않는다. 그러나 아무리 인간의 생각이 말보다 범위가 넓고 큰 것이라고 하여도 그것을 가능한 한 말로 바꾸어 놓지 않으면 그 생각의 위대함이나 오묘함이 다른 사람에게 전달되지 않기 때문에 생각이 형님이요, 말이 동생이라고 할지라도 생각은 동생의 신세를 지지 않을 수가 없게 되어 있다.

① 말이 통하지 않아도 생각은 얼마든지 전달될 수 있다.
② 생각을 드러내는 가장 직접적인 수단은 말이다.
③ 말은 생각이 바탕이 되어야 생산될 수 있다.
④ 말과 생각은 서로 영향을 주고받는 긴밀한 관계를 유지한다.

02

생물 다양성(Biodiversity)이란 원래 한 지역에 살고 있는 생물의 종(種)이 얼마나 다양한가를 표현하는 말이었다. 그런데 오늘날에는 종의 다양성은 물론이고, 각 종이 가지고 있는 유전적 다양성과 생물이 살아가는 생태계의 다양성까지를 포함하는 개념으로 확장해서 사용한다. 특히 최근에는 생태계를 유지시키고 인류에게 많은 이익을 가져다준다는 점이 부각되면서 생물 다양성의 가치가 크게 주목받고 있다.

생물 다양성의 가장 기본적인 가치로 생태적 봉사 기능을 들 수 있다. 생물은 생태계의 엔지니어라 불릴 정도로 환경을 조절하고 유지하는 커다란 힘을 가지고 있다. 숲의 경우를 예로 들어 보자. 나무들은 서늘한 그늘을 만들어 주고 땅 속에 있는 물을 끌어 올려 다양한 생물종이 서식할 수 있는 적절한 환경을 제공해 준다. 숲이 사라지면 수분 배분 능력이 떨어져 우기에는 홍수가 나고 건기에는 토양이 완전히 말라 버린다. 이로 인해 생물 서식지의 환경이 급격하게 변화되고 마침내 상당수의 종이 사라지게 된다. 이처럼 숲을 이루고 있는 나무, 물, 흙과 그곳에서 살아가는 다양한 생명체는 서로 유기적인 관계를 형성하면서 생태계의 환경을 조절하고 유지하는 역할을 담당하는 것이다.

또한 생물 다양성은 경제적으로도 커다란 가치가 있다. 대표적인 사례로 의약품 개발을 꼽을 수 있다. 자연계에 존재하는 수많은 식물 중에서 인류는 약 20,000여 종의 식물을 약재로 사용해 왔다. 그 가운데 특정 약효 성분을 추출하여 상용화한 것이 이제 겨우 100여 종에 불과하다는 사실을 고려하면, 전체 식물이 가지고 있는 잠재적 가치는 상상을 뛰어넘는다. 그리고 부전나비의 날개와 사슴벌레의 다리 등에서 항암 물질을 추출한 경우나 야생의 미생물에서 페니실린, 마이신 등 약 3,000여 가지의 항생제를 추출한 경우에서도 알 수 있듯이, 동물과 미생물 역시 막대한 경제적 이익을 가져다준다. 의약품 개발 외에도 다양한 생물이 화장품과 같은 상품 개발에 이용되고 있으며, 생태 관광을 통한 부가가치 창출에도 기여한다.

생물 다양성은 학술적으로도 매우 중요하다. 예를 들어 다윈(C. Darwin)은 현존하는 여러 동물들의 상이한 눈을 비교하여, 정교하고 복잡한 인간의 눈이 진화해 온 과정을 추적하였다. 그에 따르면 인간의 눈은 해파리에서 나타나는 원시적 빛 감지 세포로부터, 불가사리처럼 빛의 방향을 감지할 수 있는 오목한 원시 형태의 눈을 거친 다음, 빛에 대한 수용력과 민감도를 높인 초기 수정체 형태의 눈을 지나, 선명한 상을 제공하는 현재의 눈으로 진화되었다는 것이다. 이 사례에서 보듯이 모든 생물종은 고유한 형태적 특성을 가지고 있어서 생물 진화의 과정을 추적하는 데 중요한 정보를 제공해 준다. 형태적 특성 외에도 각각의 생물종이 지닌 독특한 생리적·유전적 특성 등에 대한 비교 연구를 통해 생물을 더 깊이 있게 이해할 수 있다. 그리고 이렇게 축적된 정보는 오늘날 눈부시게 성장하고 있는 생명과학의 기초가 된다.

이와 같이 인간은 생물 다양성에 기초하여 무한한 생태적·경제적 이익을 얻고 과학 발전의 토대를 구축한다. 그런데 최근 급격한 기후 변화와 산업화 및 도시화에 따른 자연 파괴로 생물 다양성이 크게 감소하고 있다. 따라서 이를 억제하기 위한 생태계 보존 대책을 시급히 마련해야 한다. 동시에 생물 다양성 보존을 위한 연구 기관을 건립하고 전문 인력의 양성 체계를 갖추어야 할 것이다.

① 문제 해결을 위한 실천 의지가 전혀 없다.
② 생물 다양성의 경제적 가치를 지나치게 강조하고 있다.
③ 생물 다양성 문제를 주로 인간 중심적 시각으로 해석하고 있다.
④ 자연을 우선시하여 자연과 인간의 공존 가능성을 모색하고 있다.

03   다음 글에 대한 비판으로 적절하지 않은 것은?

쾌락주의는 모든 쾌락이 그 자체로서 가치가 있으며 쾌락의 증가와 고통의 감소를 통해 최대의 쾌락을 산출하는 행위를 올바른 것으로 간주하는 윤리설이다. 쾌락주의에 따르면 쾌락만이 내재적 가치를 지니며, 모든 것은 이러한 쾌락을 기준으로 가치 평가되어야 한다.

그런데 쾌락주의자는 단기적이고 말초적인 쾌락만을 추구함으로써 결국 고통에 빠지게 된다는 오해를 받기도 한다. 하지만 쾌락주의적 삶을 순간적이고 감각적인 쾌락만을 추구하는 방탕한 삶과 동일시하는 것은 옳지 않다. 쾌락주의는 일시적인 쾌락의 극대화가 아니라 장기적인 쾌락의 극대화를 목적으로 하므로 단기적, 말초적 쾌락만을 추구하는 것은 아니다. 예를 들어 사회적 성취가 장기적으로 더 큰 쾌락을 가져다준다면 쾌락주의자는 단기적 쾌락보다는 사회적 성취를 우선으로 추구한다.

또한 쾌락주의는 쾌락 이외의 것은 모두 무가치한 것으로 본다는 오해를 받기도 한다. 하지만 쾌락주의가 쾌락만을 가치 있는 것으로 보는 것은 아니다. 세상에는 쾌락 말고도 가치 있는 것들이 있으며, 심지어 고통조차도 가치 있는 것으로 볼 수 있다. 발이 불구덩이에 빠져서 통증을 느껴 곧바로 발을 빼낸 상황을 생각해 보자. 이때의 고통은 분명히 좋은 것임에 틀림없다. 만약 고통을 느끼지 못했다면, 불구덩이에 빠진 발을 꺼낼 생각을 하지 못해서 큰 부상을 당했을 수도 있기 때문이다. 물론 이때 고통이 가치 있다는 것은 도구인 의미에서 그런 것이지 그 자체가 목적이라는 의미는 아니다.

쾌락주의는 고통을 도구가 아닌 목적으로 추구하는 것을 이해할 수 없다고 본다. 금욕주의자가 기꺼이 감내하는 고통조차도 종교적·도덕적 성취와 만족을 추구하기 위한 도구인 것이지 고통 그 자체가 목적인 것은 아니기 때문이다. 대부분의 세속적 금욕주의자들은 재화나 명예와 같은 사회적 성취를 위해 당장의 쾌락을 포기하며, 종교적 금욕주의자들은 내세의 성취를 위해 현세의 쾌락을 포기하는데, 그것이 사회적 성취이든 내세적 성취이든지 간에 모두 광의의 쾌락을 추구하고 있는 것이다.

① 쾌락의 원천은 다양한데, 서로 다른 쾌락을 같은 것으로 볼 수 있는가?
② 순간적이고 감각적인 쾌락만을 추구하는 삶을 쾌락주의적 삶이라고 볼 수 있는가?
③ 식욕의 충족에서 비롯된 쾌락과 사회적 명예의 획득에서 비롯된 쾌락은 같은 것인가?
④ 쾌락의 질적 차이를 인정한다면, 이질적인 쾌락을 어떻게 서로 비교할 수 있는가?

04 다음 글을 읽고 인조를 비판할 수 있는 내용으로 적절하지 않은 것은?

> 1636년(인조 14년) 4월 국세를 확장한 후금의 홍타이지(태종)는 스스로 황제라 칭하고, 국호를 청으로, 수도는 심양으로 정하였다. 심양으로의 천도는 명나라를 완전히 압박하여 중원 장악의 기틀을 마련하기 위함이었다. 후금은 명 정벌에 앞서 그 배후가 될 수 있는 조선을 확실히 장악하기 위해 조선에 군신 관계를 맺을 것도 요구해 왔다. 이러한 청 태종의 요구는 인조와 조선 조정을 격분시켰다.
>
> 결국, 강화 회담의 성립으로 전쟁은 종료되었지만, 정묘호란 이후에도 후금에 대한 강경책의 목소리가 높았다. 1627년 정묘호란을 겪으면서 맺은 형제 관계조차도 무효로 하고자 하는 상황에서, 청 태종을 황제로 섬길 것을 요구하는 무례에 분노했던 것이다. 이제껏 오랑캐라고 무시했던 후금을 명나라와 동등하게 대우하여야 한다는 조처는 인조와 서인 정권의 생리에 절대 맞지 않았다. 특히 후금이 통상적인 조건의 10배가 넘는 무역을 요구해 오자 인조의 분노는 폭발하였다.
>
> 전쟁의 여운이 어느 정도 사라진 1634년 인조는 "이기고 짐은 병가의 상사이다. 금나라 사람이 강하긴 하지만 싸울 때마다 반드시 이기지는 못할 것이며, 아군이 약하지만 싸울 때마다 반드시 패하지도 않을 것이다. 옛말에 '의지가 있는 용사는 목이 떨어질 각오를 한다.'고 하였고, 또 '군사가 교만하면 패한다.'고 하였다. 오늘날 무사들이 만약 자신을 잊고 순국한다면 이 교만한 오랑캐를 무찌르기는 어려운 일이 아니다."는 하교를 내리면서 전쟁을 결코 피하지 않을 것임을 선언하였다. 조선은 또다시 전시 체제에 돌입했다.
>
> 신흥 강국 후금에 대한 현실적인 힘을 무시하고 의리와 명분을 고집한 집권층의 닫힌 의식은 스스로 병란을 자초한 꼴이 되었다. 정묘호란 때 그렇게 당했으면서도 내부의 국방력에 대한 철저한 점검이 없이 맞불 작전으로 후금에 맞서는 최악의 길을 택한 것이다.

① 오랑캐의 나라인 후금을 명나라와 동등하게 대우한다는 것은 있을 수 없습니다.
② 감정 따로 현실 따로인 법, 힘과 국력이 문제입니다. 현실을 직시해야 합니다.
③ 그들의 요구를 물리친다면 승산 없는 전쟁으로 결과는 불 보듯 뻔합니다.
④ 명분만 내세워 준비 없이 수행하는 전쟁은 더 큰 피해를 입게 될 것입니다.

기원전 5세기, 헤로도토스는 페르시아 전쟁에 대한 책을 쓰면서 『역사(Historiai)』라는 제목을 붙였다. 이 제목의 어원이 되는 'histor'는 원래 '목격자', '증인'이라는 뜻의 법정 용어였다. 이처럼 어원상 '역사'는 본래 '목격자의 증언'을 뜻했지만, 헤로도토스의 『역사』가 나타난 이후 '진실의 탐구' 혹은 '탐구한 결과의 이야기'라는 의미로 바뀌었다.

헤로도토스 이전에는 사실과 허구가 뒤섞인 신화와 전설, 혹은 종교를 통해 과거에 대한 지식이 전수되었다. 특히 고대 그리스인들이 주로 과거에 대한 지식의 원천으로 삼은 것은 『일리아스』였다. 『일리아스』는 기원전 9세기의 시인 호메로스가 오래전부터 구전되어 온 트로이 전쟁에 대해 읊은 서사시이다. 이 서사시에서는 전쟁을 통해 신들, 특히 제우스 신의 뜻이 이루어진다고 보았다. 헤로도토스는 바로 이런 신화적 세계관에 입각한 서사시와 구별되는 새로운 이야기 양식을 만들어 내고자 했다. 즉, 헤로도토스는 가까운 과거에 일어난 사건의 중요성을 인식하고, 이를 직접 확인·탐구하여 인과적 형식으로 서술함으로써 역사라는 새로운 분야를 개척한 것이다.

「역사」가 등장한 이후, 사람들은 역사 서술의 효용성이 과거를 통해 미래를 예측하게 하여 후세인(後世人)에게 교훈을 주는 데 있다고 인식하게 되었다. 이러한 인식에는 한 번 일어났던 일이 마치 계절처럼 되풀이하여 다시 나타난다는 순환 사관이 바탕에 깔려 있다. 그리하여 오랫동안 역사는 사람을 올바르고 지혜롭게 가르치는 '삶의 학교'로 인식되었다. 이렇게 교훈을 주기 위해서는 과거에 대한 서술이 정확하고 객관적이어야 했다.

물론 모든 역사가들이 정확성과 객관성을 역사 서술의 우선적 원칙으로 앞세운 것은 아니다. 오히려 헬레니즘과 로마 시대의 역사가들 중 상당수는 수사학적인 표현으로 독자의 마음을 움직이는 것을 목표로 하는 역사 서술에 몰두하였고, 이런 경향은 중세시대에도 어느 정도 지속되었다. 이들은 이야기를 감동적이고 설득력 있게 쓰는 것이 사실을 객관적으로 기록하는 것보다 더 중요하다고 보았다. 이런 점에서 그들은 역사를 수사학의 테두리 안에 집어넣은 셈이 된다.

하지만 이 시기에도 역사의 본령은 과거의 중요한 사건을 가감 없이 전달하는 데 있다고 보는 역사가들이 여전히 존재하여, 그들에 대해 날카로운 비판을 가하기도 했다. 더욱이 15세기 이후부터는 수사학적 역사 서술이 역사 서술의 장에서 퇴출되고, ㉠과거를 정확히 탐구하려는 의식과 과거 사실에 대한 객관적 서술 태도가 역사의 척도로 다시금 중시되었다.

① 직접 확인하지 않고 구전에만 의거해 서술했으므로 내용이 정확하지 않을 수 있다.

② 신화와 전설 등의 정보를 후대에 전달하면서 객관적 서술 태도를 배제하지 못했다.

③ 트로이 전쟁의 중요성은 인식하였으나 실제 사실을 확인하는 데까지는 이르지 못했다.

④ 신화적 세계관에 따른 서술로 인해 과거에 대해 정확한 정보를 추출해 내기 어렵다.

03 추론적 독해

| 유형분석 |

• 글의 내용을 바탕으로 논리적인 추론을 전개할 수 있는지 평가한다.

다음 글에 이어질 내용으로 가장 적절한 것은?

제1차 세계대전의 원인은 산업혁명 이후, 제국주의 국가들의 패권주의 성향 속에서 발생하였다. 구체적으로 말하면 영국과 독일의 대립(영국의 3C 정책과 독일의 3B 정책), 프랑스와 독일의 전통적 적대관계, 범슬라브주의와 범게르만주의의 대립, 발칸 문제를 둘러싼 세르비아와 오스트리아의 대립 등을 들 수 있을 것이다. 이러한 국가와 종족 간의 대립 속에서, 1914년 6월 28일 보스니아에서 행해지던 육군 대연습에 임석차 사라예보를 방문한 오스트리아 황태자 페르디난드 대공 부처가 세르비아의 반(反)오스트리아 비밀 결사 소속의 한 청년에 의해서 암살되는 사건이 발생했다. 제1차 세계대전은 제국주의 국가들의 이해관계 속에서 일어날 수밖에 없었다 하더라도, 세르비아 청년에 의해 오스트리아 황태자 부처가 암살되는 돌발적 사건이 발생하지 않았더라면, 아마도 제1차 세계대전의 발생은 또 다른 측면에서 다른 양상으로 전개되었을 가능성을 배제하기 어려울 것이다.

① 전쟁과 민족의 관계　　　　　② 역사의 필연성과 우연성
③ 제국주의와 식민지　　　　　　④ 발칸 반도의 민족 구성

정답 ②

제시문은 제1차 세계대전의 원인을 여러 방면에서 살펴봄과 동시에 방아쇠이자 효시가 되었던 오스트리아 황태자 부처 암살 사건의 중요성에 대해서도 이야기하고 있다. 즉, 제시문은 역사의 전개 양상이 필연적인 요소에 의해서만 흘러가는 것이 아니라 우연적인 요소에 의해서도 좌우된다는 것을 강조하고 있다.
따라서 다음에 이어질 부분의 내용으로 적절한 것은 '역사의 필연성과 우연성'이다.

유형풀이 Tip

• 지문의 전체적인 주제와 세부적인 내용을 정확하게 이해할 수 있어야 한다.

01 다음 글에 이어질 내용으로 가장 적절한 것은?

> 스마트폰의 대중화와 함께 빅데이터·AI 등의 디지털 신기술이 도입됨에 따라 핀테크 스타트업 창업이 활성화되고, 플랫폼 사업자가 금융 분야에 진출하는 등 금융 산업의 구조가 근본적으로 변화하고 있다. 또한 최근 코로나19에 따른 온라인 거래 선호 경향과 금융회사의 재택근무 확대 등이 금융의 비대면화를 심화시키면서 금융의 디지털 전환은 더욱 가속화되고 있다.
>
> 대표적인 비대면 산업의 디지털금융은 전자적 방식의 결제·송금 등에서 신기술과 결합한 금융 플랫폼으로 성장하고 있다. 결제와 송금이 간편해지고 인증이나 신원 확인 기술이 발전함에 따라 금융 플랫폼의 구축 경쟁은 더욱 심화되었고, 이를 통해 이용자 규모도 크게 성장하게 되었다.
>
> 이러한 이용자의 빅데이터를 기반으로 데이터 경제와 연계한 디지털금융은 포스트 코로나의 주요 산업 분야로서 ICT 등 연관 산업의 자극제로 작용하여 선도형 디지털 경제에 기여하고 있다. AI·인증기술 등을 통해 고객에게 맞춤형 금융서비스를 제공할 수 있게 되었고, 디지털 신기술에 따른 생산성 향상은 금융의 경계를 확대시켰다.
>
> 이에 따라 EU 등의 해외 주요 국가는 디지털금융의 중요성을 인식하고, 금융 산업의 경쟁과 혁신을 촉진하기 위해 앞 다투어 법과 제도를 정비하고 있다. 그러나 빠르게 발전하는 글로벌 디지털금융의 흐름에도 불구하고 국내 디지털금융을 규율하는 전자금융거래법은 제정 이후 큰 변화가 없어 아날로그 시대의 규제 체계가 지속되고 있다.

① 디지털금융의 혁신과 안정의 균형적인 발전을 위해서는 전자금융거래법의 전면 개정이 필요하다.

② 디지털금융을 통해 서비스 간의 융·복합이 활성화됨에 따라 통합된 기능이 불필요한 시간을 단축시키고 있다.

③ 디지털금융의 발전으로 공인인증서 위조, 해킹 등을 통한 금융 사고가 증가하면서 개인정보 보호에 대한 필요성이 커지고 있다.

④ 디지털금융의 소외 현상을 방지하고, 세대 간 디지털 정보화 격차를 줄이기 위해서는 고령자 대상의 금융 교육이 필요하다.

02

조선이 임진왜란 중에도 필사적으로 보존하고자 한 서적이 바로 조선왕조실록이다. 실록은 원래 서울의 춘추관과 성주·충주·전주 4곳의 사고(史庫)에 보관되었으나, 임진왜란 이후 전주 사고의 실록만 온전한 상태였다. 전란이 끝난 후 단 1벌 남은 실록을 다시 여러 벌 등서하자는 주장이 제기되었다. 우여곡절 끝에 실록 인쇄가 끝난 시기는 1606년이었다. 재인쇄 작업의 결과 원본을 포함해 모두 5벌의 실록을 갖추게 되었다. 원본은 강화도 마니산에 봉안하고 나머지 4벌은 서울의 춘추관과 평안도 묘향산, 강원도의 태백산과 오대산에 봉안했다.

이 5벌 중에서 서울 춘추관의 것은 1624년 이괄의 난 때 불에 타 없어졌고, 묘향산의 것은 1633년 후금과의 관계가 악화되자 전라도 무주의 적상산에 사고를 새로 지어 옮겼다. 강화도 마니산의 것은 1636년 병자호란 때 청군에 의해 일부 훼손되었던 것을 현종 때 보수하여 숙종 때 강화도 정족산에 다시 봉안했다. 결국 내란과 외적 침입으로 인해 5곳 가운데 1곳의 실록은 소실되었고, 1곳의 실록은 장소를 옮겼으며, 1곳의 실록은 손상을 입었던 것이다.

정족산, 태백산, 적상산, 오대산 4곳의 실록은 그 후 안전하게 지켜졌다. 그러나 일본이 다시 여기에 손을 대었다. 1910년 조선 강점 이후 일제는 정족산과 태백산에 있던 실록을 조선총독부로 이관하고, 적상산의 실록은 구황궁 장서각으로 옮겼으며, 오대산의 실록은 일본 동경제국대학으로 반출했다. 일본으로 반출한 것은 1923년 관동 대지진 때 거의 소실되었다. 정족산과 태백산의 실록은 1930년에 경성제국대학으로 옮겨져 지금까지 서울대학교에 보존되어 있다. 한편 장서각의 실록은 6·25 전쟁 때 북한으로 옮겨져 현재 김일성종합대학에 소장되어 있다.

① 재인쇄하였던 실록은 모두 5벌이다.
② 태백산에 보관하였던 실록은 현재 일본에 있다.
③ 현재 한반도에 남아 있는 실록은 모두 4벌이다.
④ 현존하는 실록 중에서 가장 오래된 것은 서울대학교에 있다.

03

바다 속에 서식했던 척추동물의 조상형 동물들은 체와 같은 구조를 이용하여 물속의 미생물을 걸러 먹었다. 이들은 몸집이 아주 작아서 물속에 녹아 있는 산소가 몸 깊숙한 곳까지 자유로이 넘나들 수 있었기 때문에 별도의 호흡계가 필요하지 않았다. 그런데 몸집이 커지면서 먹이를 거르던 체와 같은 구조가 호흡 기능까지 갖게 되어 마침내 아가미 형태로 변형되었다. 즉, 소화계의 일부가 호흡 기능을 담당하게 된 것이다. 그 후 호흡계의 일부가 변형되어 허파로 발달하고, 그 허파는 위장으로 이어지는 식도 아래쪽으로 뻗어 나갔다. 한편, 공기가 드나드는 통로는 콧구멍에서 입천장을 뚫고 들어가 입과 아가미 사이에 자리 잡게 되었다. 이러한 진화 과정을 보여 주는 것이 폐어(肺魚) 단계의 호흡계 구조이다.

이후 진화 과정이 거듭되면서 호흡계와 소화계가 접하는 지점이 콧구멍 바로 아래로부터 목 깊숙한 곳으로 이동하였다. 그 결과 머리와 목구멍의 구조가 변형되지 않는 범위 내에서 호흡계와 소화계가 점차 분리되었다. 즉, 처음에는 길게 이어져 있던 호흡계와 소화계의 겹친 부위가 점차 짧아졌고, 마침내 하나의 교차점으로만 남게 된 것이다. 이것이 인간을 포함한 고등 척추동물에서 볼 수 있는 호흡계의 기본 구조이다. 따라서 음식물로 인한 인간의 질식 현상은 척추동물 조상형 단계를 지나 자리 잡게 된 허파의 위치 -당시에는 최선의 선택이었을- 때문에 생겨난 진화의 결과라 할 수 있다.

① 진화는 순간순간에 필요한 대응일 뿐 최상의 결과를 내는 과정이 아니다.
② 조상형 동물은 몸집이 커지면서 호흡기능의 중요성이 줄어드는 대신 소화기능이 중요해졌다.
③ 폐어 단계의 호흡계 구조에서 갖고 있던 아가미는 척추동물의 허파로 진화하였다.
④ 지금의 척추동물과는 달리 조상형 동물들은 산소를 필요로 하지 않았다.

04 다음 글을 읽고 추론한 내용으로 적절하지 않은 것은?

세계적으로 저명한 미국의 신경과학자들은 '의식에 관한 케임브리지 선언'을 통해 동물에게도 의식이 있다고 선언했다. 이들은 포유류와 조류 그리고 문어를 포함한 다른 많은 생물도 인간처럼 의식을 생성하는 신경학적 기질을 갖고 있다고 주장하였다. 즉, 동물도 인간과 같이 의식이 있는 만큼 합당한 대우를 받아야 한다는 이야기이다. 그러나 이들과 달리 아직도 동물에게 의식이 있다는 데 회의적인 과학자가 많다.

인간의 동물관은 고대부터 두 가지로 나뉘어 왔다. 그리스의 철학자 피타고라스는 윤회설에 입각하여 동물에게 경의를 표해야 한다는 것을 주장했으나, 아리스토텔레스는 '동물에게는 이성이 없으므로 동물은 인간의 이익을 위해서만 존재한다.'고 주장했다. 이러한 동물관의 대립은 근세에도 이어졌다. 17세기 철학자 데카르트는 '동물은 정신을 갖고 있지 않으며, 고통을 느끼지 못하므로 심한 취급을 해도 좋다.'라고 주장한 반면, 18세기 계몽철학자 루소는 『인간불평등 기원론』을 통해 인간과 동물은 동등한 자연의 일부라는 주장을 처음으로 제기했다.

그러나 인간은 오랫동안 동물의 본성이나 동물답게 살 권리를 무시한 채로 소와 돼지, 닭 등을 사육해왔다. 오로지 더 많은 고기와 달걀을 얻기 위해 '공장식 축산' 방식을 도입한 것이다. 공장식 축산이란 가축 사육 과정이 공장에서 규격화된 제품을 생산하는 것과 같은 방식으로 이루어지는 것을 말하며, 이러한 환경에서는 소와 돼지, 닭 등이 몸조차 자유롭게 움직일 수 없는 좁은 공간에 갇혀 자라게 된다. 가축은 스트레스를 받아 면역력이 떨어지게 되고, 이는 결국 항생제 대량 투입으로 이어질 수밖에 없다. 우리는 그렇게 생산된 고기와 달걀을 맛있다고 먹고 있는 것이다.

이와 같은 공장식 축산의 문제를 인식하고, 이를 개선하려는 동물 복지 운동은 1960년대 영국을 중심으로 유럽에서 처음 시작되었다. 인간이 가축의 고기 등을 먹더라도 최소한의 배려를 함으로써 항생제 사용을 줄이고, 고품질의 고기와 달걀을 생산하자는 것이다. 한국도 2012년부터 산란계를 시작으로 '동물 복지 축산농장 인증제'를 시행하고 있다. 배고픔·영양 불량·갈증으로부터의 자유, 두려움·고통으로부터의 자유 등의 5대 자유를 보장하는 농장만이 동물 복지 축산농장 인증을 받을 수 있다.

동물 복지는 가축뿐만이 아니라 인간의 건강을 위한 것이기도 하다. 따라서 정부와 소비자 모두 동물 복지에 좀 더 많은 관심을 가져야 한다.

① 피타고라스는 동물에게도 의식이 있다고 생각했군.
② 아리스토텔레스와 데카르트의 동물관에는 일맥상통하는 점이 있어.
③ 좁은 공간에 갇혀 자란 돼지는 그렇지 않은 돼지에 비해 면역력이 낮겠네.
④ 동물 복지 축산농장 인증제는 1960년대 영국에서 처음 시행되었어.

05 밑줄 친 (가)의 사례로 적절하지 않은 것은?

> 우리 현대인은 대인 관계에 있어서 가면을 쓰고 살아간다. 물론 그것이 현대 사회를 살아가기 위한 인간의 기본적인 조건인지도 모른다. 어빙 고프만 같은 학자는 사람이 다른 사람과 교제를 할 때, 상대방에 대한 자신의 인상을 관리하려는 속성이 있다는 점을 강조한다. 즉, 사람들은 대체로 남 앞에 나설 때에는 가면을 쓰고 연기를 하는 배우와 같이 행동한다는 것이다.
>
> 왜 그런 상황이 발생하는 것일까? 그것은 주로 대중문화의 속성에 기인한다. 사실 20세기의 대중문화는 과거와는 다른 새로운 인간형을 탄생시키는 배경이 되었다고 할 수 있다. 특히, 광고는 내가 다른 사람의 눈에 어떻게 보일 것인가 하는 점을 끊임없이 반복하고 강조함으로써 (가) 사람들에게 조바심이나 공포감을 불러일으키기까지 한다. 그 중에서도 외모와 관련된 제품의 광고는 개인의 삶의 의미가 '자신이 남에게 어떤 존재로 보이느냐.'라는 것을 무수히 주입시킨다. 역사학자들도 '연기하는 자아'의 개념이 대중문화의 부상과 함께 더욱 의미 있는 것이 되었다고 말한다. 그들은 적어도 20세기 초부터 '성공'은 무엇을 잘하고 열심히 하는 것이 아니라 '인상 관리'를 어떻게 하느냐에 달려 있다고 한다. 이렇게 자신의 일관성을 잃고 상황에 따라 적응하게 되는 현대인들은 대중매체가 퍼뜨리는 유행에 민감하게 반응하는 과정에서 자신의 취향을 형성해 가고 있다.
>
> 이렇듯 현대인의 새로운 타자 지향적인 삶의 태도는 개인에게 다른 사람들의 기대와 순간의 욕구에 의해 채워져야 할 빈 공간이 될 것을 요구했다. 현대 사회에서 각 개인은 사회 적응을 위해 역할 수행자가 되어야 하고, 자기 스스로 자신의 연기를 모니터하면서 상황에 따라 편리하게 '사회적 가면'을 쓰고 살아가게 되었다. 이는 세련되었다는 평을 받는 사람들의 경우에 더욱 그러하다. 흔히 거론되는 '신세대 문화'의 특성 중 하나도 '사회적 가면'의 착용이라고 볼 수 있다. 물론 신세대는 구세대에 비해 훨씬 더 솔직하고 가식이 없다는 장점을 지니고 있다. 여기서 '가면'은 특정한 목적을 위해 자기를 감추거나 누구를 속인다는 부정적인 의미만을 갖고 있는 것은 아니다. 다만, 신세대는 남에게 보이는 자신의 모습에서 만족을 느끼는 정도가 크기 때문에 그런 만족을 얻기 위해 기울이는 노력이 크고, 그것은 자신의 자아를 돌아볼 여유도 없이 '가면'에만 충실하게 되는 것이다.
>
> 과거를 향유했던 사람들은 비교적 사람의 내면세계를 중요시했다. 겉으로 드러나는 모습은 허울에 불과하다고 믿었기 때문이다. 그러나 현시대를 살아가는 사람들의 모습을 보면 인간 관계에 있어, 그 누구도 타인의 내면세계를 깊이 알려고 하지 않거니와 사실 그럴만한 시간적 여유도 없는 경우가 많다. 그런 이유로 무언가 '느낌'으로 와 닿는 것만을 중시하며 살아간다. 그 '느낌'이란 것은 꼭 말로 설명할 수는 없다 하더라도 겉으로 드러난 모습에 의해 영향을 받게 마련이다. 옷차림새나 말투 하나만 보고도 금방 그 어떤 '느낌'이 형성될 수도 있는 것이다. 사람을 단지 순간적으로 느껴지는 겉모습만으로 판단한다는 것은 위험하기 짝이 없는 일임에도 불구하고, 현대인들은 겉모습에서 주어지는 인상에 의해 상대방을 파악하고 인식하는 것을 거부하지 못하는 데에 문제가 있다.

① 홈쇼핑 광고를 보던 주부가 쇼핑 호스트의 말을 듣고 그 물건을 사지 않으면 자기만 손해를 보는 것 같아 상품을 주문하였다.

② 한 여학생이 공포영화에서 화장실에 귀신이 나오는 장면을 본 후로는 화장실 가기가 무서워 꼭 친구들과 함께 가게 되었다.

③ 한 소녀가 살을 빼는 식품 광고에 나오는 나른 소녀의 마른 모습을 본 후, 자신은 살이 많이 쪘다고 생각하여 살을 빼려고 운동을 시작했다.

④ 텔레비전 오락 프로그램에 나온 연예인들이 입고 있는 멋진 옷을 본 사람이 그 옷을 입지 않으면 유행에 뒤떨어질 것이라고 생각하여 그 옷을 샀다.

| 유형분석 |

• 하나의 지문에 두 개 이상의 문제가 주어지는 유형이다.

※ 다음 글을 읽고 이어지는 질문에 답하시오. [1~2]

과학과 종교의 관계를 들여다보면 과학의 이름으로 종교를 비판하는 과학자들이 있는가 하면, 신의 뜻을 알기 위해 혹은 신의 세계를 이해하기 위해 연구하는 과학자들이 있다. 왜 종교라는 하나의 대상에 대해 이렇게 나뉘는 것일까?

영적 측면은 종교와 과학이 통할 수 있는 부분이자 종교의 진정한 가치를 유지할 수 있는 부분이다. 과학자가 무언가를 발견할 때 '영감(Inspiration)'이라는 표현을 사용하는 것을 생각해보면 이를 이해할 수 있다. 예술에서 '영감'을 받았다는 표현과 과학에서 '영감'을 받았다는 표현은 결국 같은 것이라고 할 수 있다. 이는 곧 종교에서 말하는 '영감'과도 다르지 않다. '영감'은 '믿음'과 관련이 있기 때문이다. "이렇게 행동하면 어떤 결과가 나올까?"에 대한 질문에 "이렇게 되어야 한다."라는 예상이 곧 '믿음'에 해당한다.

실험이라는 것은 증명되지 않은 것을 밝히기 위한 과정이다. 즉, 자신이 세운 가설이 맞는지 확인하는 과정으로 과학자는 예상된 결과가 나올 것이라는 '믿음' 때문에 실험을 진행한다. 실험이 실패하더라도 계속해서 실험을 진행하는 것은 바로 '믿음' 때문이다. 이 '믿음'이 새로운 실험을 하게 하는 원동력이자 과학을 발전시키는 또 다른 힘이라고 할 수 있다. 물론 종교적 '믿음'과 과학적 '믿음'은 다르다. 과학자의 믿음은 자연의 법칙이나 우주의 원리를 알아내겠다는 '믿음'인 반면, 종교인들의 믿음은 신이라는 존재에 대한 '믿음'으로 믿음의 대상이 다르다고 할 수 있다. _____ '믿음'이라는 말 외에는 그 어떤 단어로도 대체하기 어려운 것이 사실이다.

아인슈타인이 종교성을 말한 것도 이런 맥락이라고 할 수 있다. 과학자들이 말하는 '우주에 대한 이해 가능성'은 증명되고 실험된 것은 아니다. 단지 이해 가능할 것이라는 '믿음'과 '영감' 때문에 연구하는 것이다. 그래서 아인슈타인은 "과학은 종교에 의존하여 우주를 이해할 수 있는 '믿음'을 소유하고, 종교는 과학에 의존하여 경이로운 우주의 질서를 발견한다."라고 주장했다.

그렇다면 두 영역이 서로 상생하기 위해서는 어떻게 해야 할까. 우선 편견으로부터 자유로워지는 것이 중요하다. 편견에서 벗어나야만 종교인 본연의 자세, 과학자 본래의 마음으로 돌아갈 수 있기 때문이다. 편견에서 자유로워지기 위해 과학자에게는 지성의 겸허함이, 종교인에게는 영혼의 겸허함이 필요하고, 문제를 해결하기까지의 인내도 있어야 한다. 이 두 가지만 있다면 우리가 지동설을 인정하는 것 같이 진화론의 문제도 해결될 것이고, 다른 기타의 문제들도 원만하게 풀어나갈 수 있을 것이다. 하지만 '겸허함과 인내'를 가지기 위해서는 무엇보다 서로의 영역을 인정해주려는 노력이 우선시되어야 한다. 그래야만 함부로 서로 영역을 침범하면서 비난하는 일이 생겨나지 않을 수 있기 때문이다.

01 다음 중 빈칸에 들어갈 접속어로 옳은 것은?

① 그러므로   ② 그리고

③ 그래서   ④ 그러나

02 다음 중 글쓴이의 주장으로 적절한 것은?

① 과학자와 종교인은 편견에서 벗어나 서로의 영역을 존중해야 한다.

② 과학과 종교를 하나의 영역으로 통합하려는 노력이 필요하다.

③ 과학자와 종교인은 서로의 믿음에 대한 대상이 같음을 인정해야 한다.

④ 과학과 종교 두 영역이 상생하기 위해서는 각 영역에 대한 비판적인 평가가 필요하다.

01

정답 ④

빈칸 앞의 문장에서는 과학자의 믿음과 종교인의 믿음이 서로 다르다고 이야기하고 있으나, 빈칸 뒤의 문장에서는 믿음이라는 말 외에 다른 단어로 대체하기 어렵다고 이야기하고 있다.

따라서 빈칸에는 앞의 내용과 뒤의 내용이 상반될 때 쓰는 '그러나'가 들어가는 것이 적절하다.

02

정답 ①

마지막 문단에서 글쓴이는 과학과 종교 두 영역이 서로 상생하려면 겸허함과 인내를 통해 편견에서 벗어나야 한다고 주장하며, 이를 위해서는 서로의 영역을 인정해주려는 노력이 우선시되어야 한다고 이야기하고 있다.

따라서 글쓴이의 주장으로 적절한 것은 ①이다.

유형풀이 Tip

- 제시된 문제와 선택지를 먼저 읽고 반복되는 키워드를 파악한 후 지문에 접근해야 한다.
- 지문을 읽으면서 선택지의 키워드가 포함된 부분을 표시하여 글을 여러 번 읽으며 시간을 낭비하지 않도록 해야 한다.

※ 다음 글을 읽고 이어지는 질문에 답하시오. [1~2]

인지 부조화는 한 개인이 가지는 둘 이상의 사고, 태도, 신념, 의견 등이 서로 일치하지 않거나 상반될 때 생겨나는 심리적인 긴장 상태를 의미한다. 인지 부조화는 불편함을 유발하기 때문에 사람들은 이것을 감소 시키려고 한다. 인지 부조화를 감소시키는 방법은 서로 모순 관계에 있어서 양립할 수 없는 인지들 가운데 하나 이상의 인지가 갖는 내용을 바꾸어 양립할 수 있게 만들거나, 서로 모순되는 인지들 간의 차이를 좁힐 수 있는 새로운 인지를 추가하여 부조화된 인지 상태를 조화된 상태로 전환하는 것이다.

그런데 실제로 부조화를 감소시키는 행동은 비합리적인 면이 있다. 그 이유는 그러한 행동들이 사람들로 하여금 중요한 사실을 배우지 못하게 하고 자신들의 문제에 대해서 실제적인 해결책을 찾지 못하도록 할 수 있기 때문이다. 부조화를 감소시키려는 행동은 자기방어적인 행동이고, 부조화를 감소시킴으로써 우리는 자신의 긍정적인 이미지, 즉 자신이 선하고 현명하며 상당히 가치 있는 인물이라는 긍정적인 측면의 이미지를 유지하게 된다. 비록 자기방어적인 행동이 유용한 것으로 생각될 수 있지만, 이러한 행동은 부정적인 결과를 초래할 수 있다.

한 실험에서 연구자는 인종차별 문제에 대해서 확고한 입장을 보이는 사람들을 선정하였다. 일부는 차별에 찬성하였고, 다른 일부는 차별에 반대하였다. 선정된 사람들에게 인종차별에 대한 찬성과 반대 의견이 실린 글을 모두 읽게 하였는데, 어떤 글은 지극히 논리적이고 그럴듯하였고, 다른 글은 터무니없고 억지스러운 것이었다. 실험에서는 참여자들이 과연 어느 글을 기억할 것인지에 관심이 있었다. 인지 부조화 이론에 따르면, 사람들은 현명한 사람을 자기 편, 우매한 사람을 다른 편이라 생각할 때 마음이 편안해질 것이다. 그렇다면 이 실험에서 인지 부조화 이론은 다음과 같은 ㉠ 결과를 예측할 것이다.

01 윗글의 내용으로 적절한 것은?

① 사람들은 인지 부조화가 일어날 경우 이것을 무시하고 방치하려는 경향이 있다.

② 부조화를 감소시키는 행동은 합리적인 면과 비합리적인 면이 함께 나타난다.

③ 부조화를 감소시키는 행동의 비합리적인 면 때문에 문제에 대한 본질적인 해결책을 찾지 못할 수 있다.

④ 부조화의 감소는 사람들로 하여금 자신의 긍정적인 이미지를 유지할 수 있게 하고, 부정적인 이미지를 감소시킨다.

02 다음 중 ㉠에 해당하는 내용으로 가장 적절한 것은?

① 참여자들은 자신의 의견과 동일한 주장을 하는 모든 글과 자신의 의견과 반대되는 주장을 하는 모든 글을 기억한다.

② 참여자들은 자신의 의견과 동일한 주장을 하는 모든 글과 자신의 의견과 반대되는 주장을 하는 모든 글을 기억하지 못한다.

③ 참여자들은 자신의 의견과 동일한 주장을 하는 형편없는 글과 자신의 의견과 반대되는 주장을 하는 형편없는 글을 기억한다.

④ 참여자들은 자신의 의견과 동일한 주장을 하는 논리적인 글과 자신의 의견과 반대되는 주장을 하는 형편없는 글을 기억한다.

※ 다음 글을 읽고 이어지는 질문에 답하시오. [3~5]

사회 복지 제도는 국민의 안정적인 생활을 보장하기 위한 여러 사업을 조직적으로 행하는 제도를 말한다. 이는 사회 복지를 제도화하려는 것으로, 사회 정책적 차원에서 몇 가지 모델 유형으로 분류된다. 여기서 가장 널리 사용되는 방식은 윌렌스키와 르보가 제안한 '잔여적 복지 모델'과 '제도적 복지 모델'로 구분하는 방법이다.
㉠잔여적 복지 모델은 개인의 욕구를 충족시키고 자원을 배분하는 사회적 기능이 일차적으로 사적 영역인 가족이나 시장 등을 통해 이루어져야 한다고 본다. 다만 이것이 제대로 이루어지지 않을 때 사회 복지 제도가 잠정적이고 일시적으로 그 기능을 대신할 수 있다는 점에서 잔여적 복지 모델은 구호적 성격의 사회 복지 모델이다. 잔여적 복지 모델은 자유주의 이념에 따라 사적 영역에 대한 국가의 관여를 최소 수준으로 제한해야 한다는 입장이며, 사회 복지의 대상도 노동시장에서 소득을 얻지 못하는 사람들과 같이 사적 영역에서 사회적 기능을 보장받지 못한 일부 사람들로 국한되어야 한다고 본다. 그래서 공공 부조와 같이 이 모델을 바탕으로 하여 국가가 제공하는 대부분의 사회 복지 서비스는 소득 조사나 자산 조사의 과정을 반드시 거쳐 제공된다. 또한 국가의 역할이 최소화되면서 가족, 공동체, 민간 자원봉사, 시장 등 민간 부문이 개인 복지의 중요한 역할을 담당하게 된다.
㉡제도적 복지 모델은 각 개인의 욕구 충족과 자기 성취를 돕기 위해서 국가가 사회 제도를 통해 보편적 복지 서비스를 제공하는 것이 필요하다고 본다. 이는 개인들이 자신의 힘만으로는 일상적 위험과 불안에 충분히 대처하기 어려우며, 가족이나 직장도 개인들의 기본적인 필요와 욕구를 충족해 줄 수는 없다고 보기 때문이다. 제도적 복지 모델은 복지 국가의 이념에 따라 개인의 성별, 나이, 지위, 계층 등의 조건과 관계없이 국가가 모든 국민에게 복지 혜택을 제공함으로써, 국민들의 기본적인 욕구를 해결하고 생존의 불안과 위험을 최소화해야 한다고 본다. 따라서 이 모델을 바탕으로 하는 복지 서비스는 '탈상품화'를 특징으로 한다. 탈상품화는 복지 서비스를 시장에서 돈으로 사고파는 상품이 아니라 소득이나 자산에 관계없이 누구나 제공받을 수 있게 하는 것을 말한다. 즉 제도적 복지 모델에서는 국가가 사회 복지를 시장 논리에 내맡기지 않고 개인 또는 가족, 민간 부문에 그 책임을 전가하지 않는다.
오늘날 국가에서 이 두 가지 복지 모델 중 하나만을 택하여 모든 복지 제도에 적용하는 것은 현실적으로 불가능하다. 그래서 대부분의 국가에서는 두 복지 모델을 상호 보완적으로 운영하고 있다. 그리고 복지 모델을 바탕으로 사회 복지를 구현할 때는 운영 방식 차원에서 '보편적 복지'와 '선택적 복지'의 형태로 시행한다. 전자는 국민 모두를 수혜 대상으로 하는 것이고, 후자는 국민 중 일부에게만 복지 혜택을 제공하는 것이다. 우리나라의 경우, 건강보험 제도가 대표적인 보편적 복지라고 할 수 있는데, 국민은 누구나 의무적으로 건강보험에 가입하여 보험료를 납부해야 하고 국가는 건강보험료를 재원으로 모든 국민에게 기본적인 의료 혜택을 제공하고 있다. 그리고 일부 저소득층을 대상으로 최저 소득을 보장해 주는 생계 급여 제도는 선택적 복지의 형태로 제공되고 있다.

03 윗글을 읽고 알 수 있는 내용으로 적절하지 않은 것은?

① 복지 모델들은 상호 보완적으로 운영되는 경우가 많다.
② 복지 모델들은 공통적으로 사회 복지의 제도화를 추구한다.
③ 공공 부조는 국가가 국민에게 제공하는 사회 복지 서비스이다.
④ 국가에서 제공하는 복지 서비스는 반드시 자산 조사 과정을 거친다.

04 다음의 상황에 대해 ㉠, ㉡의 입장에서 주장할 수 있는 복지 정책의 방향으로 적절하지 않은 것은?

> 민간 자선단체가 주로 빈민 구호 역할을 맡고 있는 A국가에서는 최근 경제 상황이 악화되어 빈민들이 크게 늘어났다. 그리고 국가의 의료 복지 제도가 미비하여 빈민들이 개인 비용으로 병원 시설을 이용할 수밖에 없어 상당한 경제적 부담을 느끼고 있는 상황이다. 이에 따라 A국가에서는 빈민들에 대한 사회 복지 제도의 운영 방향에 대한 사회적 논의가 활발하게 이루어지고 있다.

① ㉠ : 국가가 빈민 구호에 나설 수도 있습니다. 하지만 수혜자를 노동시장에서 소득을 얻지 못하는 사람들로 한정해야 합니다.

② ㉠ : 개인의 욕구 충족은 사적 영역에서 이루어져야 합니다. 먼저 현재처럼 민간 자선단체가 빈민 문제를 해결하도록 최대한 유도해야 합니다.

③ ㉡ : 국가에서 빈민 구호법을 제정해서 이 문제를 해결해야 합니다. 이제는 사회 복지의 책임을 민간에 맡겨서는 안 됩니다.

④ ㉡ : 국가가 재정을 확보하여 일시적으로 빈민들을 지원해야 합니다. 빈민들이 겪는 생존의 위험과 불안을 최소화하는 것은 사회 구성원 모두의 의무입니다.

05 다음은 윗글을 읽은 후의 반응이다. (가), (나)에 들어갈 내용으로 가장 적절한 것은?

> "글을 읽고 보니, 사회 정책적 차원의 두 복지 모델은 __(가)__ 에 따라, 운영 방식 차원의 두 복지 제도는 __(나)__ 에 따라 구분한 것으로 볼 수 있겠군"

	(가)	(나)
①	정부의 정책 방향	수혜자의 계층
②	정부의 개입 정도	수혜자의 범위
③	정부의 지원 여부	수혜자의 지위
④	정부의 운영 체제	수혜자의 능력

※ 다음 글을 읽고 이어지는 질문에 답하시오. [6~7]

색채는 상징성과 이미지를 지니는 동시에 인간과 심리적 교감을 나눈다. 과거 노란색은 중국 황제를 상징했고, 보라색은 로마 황제의 색이었다. 또한 붉은색은 공산주의의 상징이었다. 백의민족이라 불린 우리 민족은 태양의 광명인 흰색을 숭상했던 것으로 보여진다. 이처럼 각 색채는 희망·열정·사랑·생명·죽음 등 다양한 상징을 갖고 있다. 여기에 각 색깔이 주는 독특한 자극은 인간의 감성과 심리에 큰 영향을 미치고 있으며, 이는 색채심리학이라는 학문의 등장으로 이어졌다.

색채심리학이란 색채와 관련된 인간의 행동(반응)을 연구하는 심리학을 말한다. 색채심리학에서는 색각(色覺)의 문제로부터 색채가 가지는 인상·조화감 등에 이르는 여러 문제를 다룬다. 그뿐만 아니라 생리학·예술·디자인·건축 등과도 관계를 가진다. 특히 색채가 어떠하며, 우리 눈에 그것이 어떻게 보이고, 어떤 느낌을 주는지는 색채심리학이 다루는 연구대상 중 가장 주요한 부분이다.

우리는 보통 몇 가지의 색을 동시에 보게 된다. 이럴 경우 몇 가지의 색이 상호작용을 하므로, 한 가지의 색을 볼 때와는 다른 현상이 일어난다. 그 대표적인 것이 대비(對比) 현상이다. 색채의 대비는 두 개 이상의 색을 동시에 보거나, 계속해서 볼 때 일어나는 현상이다. 전자를 '동시대비', 후자를 '계속대비'라 한다. 이때 제시되는 색은 서로 영향을 미치며, 각기 지니고 있는 색의 특성을 더욱더 강조하는 경향이 생긴다.

이러한 색의 대비 현상을 살펴보면 색에는 색상·명도(색의 밝기 정도)·채도(색의 선명도)의 세 가지 속성이 있으며, 이에 따라 색상대비·명도대비·채도대비의 세 가지 대비를 볼 수 있다. 색상대비는 색상이 다른 두 색을 동시에 이웃하여 놓았을 때 두 색이 서로의 영향으로 색상 차가 나는 현상이다. 다음으로 명도대비는 명도가 다른 두 색을 이웃하거나 배색하였을 때 밝은색은 더욱 밝게, 어두운색은 더욱 어둡게 보이는 현상으로 볼 수 있다. 그리고 채도대비는 채도가 다른 두 색을 인접시켰을 때 서로의 영향을 받아 채도가 높은 색은 더욱 높아 보이고 채도가 낮은 색은 더욱 낮아 보이는 현상을 말한다.

오늘날 색의 대비 현상은 일상생활에서 많이 활용되고 있다. 색채를 활용하여 먼 거리에서 더 잘 보이게 하거나 뚜렷하게 보이도록 해야 할 때가 있는데, 그럴 경우에는 배경과 그 앞에 놓이는 그림의 속성 차를 크게 해야 한다. 일반적으로 배경색과 그림색의 속성이 다르면 다를수록 그림은 명확하게 인지되고, 멀리서도 잘 보인다. 색의 대비 중 이와 같은 현상에 가장 영향을 미치는 것은 명도대비이며 그 다음이 색상대비, 채도대비의 순이다. 특히 멀리서도 잘 보여야 하는 표지류 등은 대비량이 큰 색을 사용한다.

색이 우리 눈에 보이는 현상으로는 이 밖에도 잔상색·순응색 등이 있다. 흰 종이 위에 빨간 종이를 놓고 잠깐 동안 주시한 다음 빨간 종이를 없애면, 흰 종이 위에 빨간 청록색이 보인다. 이것이 이른바 보색잔상으로서 비교적 밝은 면에서 잔상을 관찰했을 때 나타나는 현상이다. 그러나 암흑 속이나 백광색의 자극을 받을 때는 매우 복잡한 양상을 띤다. 또 조명광이나 물체색(物體色)을 오랫동안 계속 쳐다보고 있으면 그 색에 순응되어 색의 지각이 약해진다. 그래서 조명에 의해 물체색이 바뀌어도 자신이 알고 있는 고유의 색으로 보이게 되는데 이러한 현상을 '색순응'이라고 한다.

06 윗글을 읽고 이해한 내용으로 적절하지 않은 것은?

① 색채의 대비 중 두 개 이상의 색을 계속 보는 경우를 계속대비라고 한다.

② 색을 계속 응시하면 색의 보이는 상태가 변화됨을 알 수 있다.

③ 색채심리학은 색채가 우리에게 어떤 느낌을 주는지도 연구한다.

④ 배경과 그림의 속성 차를 작게 할수록 뚜렷하게 보이는 효과가 있다.

07 윗글을 읽고 추론한 내용으로 가장 적절한 것은?

① 어두운 밝기의 회색이 검은색 바탕 위에 놓일 경우 밝아 보이는데 이는 채도대비로 볼 수 있다.

② 연두색 배경 위에 놓인 노란색은 좀 더 붉은 색을 띠게 되는데 이는 색상대비로 볼 수 있다.

③ 파란색 선글라스를 통해 푸르게 보이던 것이 곧 익숙해져서 본래의 색으로 느끼는 것은 보색잔상으로 볼 수 있다.

④ 색의 물체를 응시한 후 흰 벽으로 눈을 옮기면 전자의 색에 칠하여진 동형의 상을 볼 수 있는데 이는 색순응으로 볼 수 있다.

미적 판단은 대상에 대한 경험에서 생겨나며 감상자의 주관적 반응에 밀접하게 관련되기 때문에 동일한 대상에 대한 미적 판단은 감상자에 따라 다양하게 나타날 수 있다. 그러나 모든 미적 판단이 적절하다거나 옳다는 평가를 받는 것은 아니며, 미적 판단의 차이로 인한 논쟁에서 우리는 어떤 미적 판단이 옳고, 어떤 미적 판단이 그른가에 대한 열띤 토론을 벌이게 된다. 그렇다면 _____ (가) _____

실재론자들은 미적 속성이라는 것이 존재한다는 전제하에 이것이 대상에 실재한다는 주장을 내세우면서, 미적 판단의 객관성을 지지한다. 이들에 의하면 미적 속성 P에 관한 진술인 미적 판단 J가 객관적으로 참일 때, 미적 속성 P가 실재한다. 예컨대 '베토벤의 운명 교향곡이 웅장하다.'는 판단이 객관적 참이라면 '웅장함'이라는 미적 속성이 실재한다는 식이다. 이 경우 '웅장하다'의 미적 판단은 '웅장함'이라는 객관적으로 실재하는 미적 속성에 대한 기술이다. 동일한 미적 대상에 대한 감상자들 간의 판단이 일치하지 않는 것은 그 미적 판단 간에 옳고 그름이 존재한다는 것이며, 그 옳고 그름의 여부는 실재하는 미적 속성에 대한 확인을 통해 밝힐 수 있다.

그러나 반실재론자들은 미적 판단이 단순한 객관적 실재의 기술이라기보다는 이미 주관적 평가가 개입된 경우가 많다는 점을 근거로 실재론에 반론을 제기한다. 이들의 주장에 의하면 미적 판단은 감상자의 주관적 반응에 의존하는 것으로, 앞에서 언급된 '웅장함'이라는 미적 속성은 '웅장하다'는 미적 판단을 내리는 감상자에 의해 발견되는 것이다. 이 주장은 미적 판단의 주관성과 경험성에 주목한다는 점에서 미적 판단의 다양성을 설명하는 데 용이하다. 이에 따르면 미적 판단의 불일치란 굳이 해소해야 하는 문제적 현상이라기보다는 개인의 다양한 경험, 취미와 감수성의 차이에 따라 발생하는 자연스러운 현상이다.

미적 속성과 미적 판단의 관계를 새로이 정립하고자 하였던 레빈슨의 주장에 의하면 미적 대상의 감상 과정에서 감상자들은 일차적으로 대상의 비미적(非美的) 속성에 주목한다. 비미적 속성이란 대상의 선, 색, 모양, 질감, 무게, 리듬, 음색 등의 속성을 가리키는 것으로, 이는 다시 정상 지각자에 의해 관찰이나 지각이 가능한 ⓐ 구조적 속성, 어떤 변화가 일어나더라도 정상적인 지각으로는 그 차이를 포착할 수 없는 ⓑ 하부 구조적 속성, 작품의 발생에 관계하는 주요 요소들, 즉 작품의 창작자나 작품이 속한 경향, 영향 관계 등을 일컫는 ⓒ 맥락적 속성으로 나뉜다.

이러한 비미적 속성을 기저로 하여 발생하는 종합적이고 전체적인 미적 속성을 레빈슨은 '현상적 미적 인상'이라 규정하였다. 레빈슨은 현상적 미적 인상을 실재하는 것으로 간주하고, 여기에는 어떠한 주관적 입장도 개입되어 있지 않기 때문에 동일한 작품의 현상적 미적 인상은 감상자들이 동일하게 지각하는 것이라고 주장하였다. 또한 이 인상의 가치중립적 속성으로 인해, 그 인상의 기술에 적절하다고 인정될 수 있는 술어는 일정 범위 내에서 제한된다. 그런데 감상자들이 제한된 범위 내의 술어 중 하나를 선택하여 이를 미적 판단으로 표현하는 과정에서 감상자의 주관이 개입된다.

예를 들어, 새뮤얼 바버의 '현을 위한 아다지오'를 들은 한 감상자가 이 곡으로부터 현상적 미적 인상을 지각한 후 이 인상을 기술할 수 있는 술어로 '신파적이다'를 선택하고 이를 자신의 미적 판단으로 표현했다고 가정해 보자. 레빈슨에 의하면 이 술어로 이루어진 미적 판단('이 곡은 신파적이다.')은 감상자 자신이 받은 현상적 미적 인상에 대한 지각과 그에 대한 주관적 평가를 모두 반영하는 것이다. 또 다른 감상자가 같은 곡에 대해 '이 곡은 우아하다.'라는 미적 판단을 내리는 경우도 마찬가지이다. 서로가 내린 미적 판단의 차이에도 불구하고 이 감상자들이 받은 인상이 모두 '고음의 현악기 위주의 연주, 느린 템포, 단조 선율의 조합이 불러일으키는 인상'이라면, 그들의 판단은 모두 동일한 현상적 미적 인상에 근거한 것으로 그 적절성과 타당성을 인정받게 된다. 그리고 이들 미적 판단 간의 차이는 동일한 현상적 미적 인상에 대한 주관적 평가가 반영되었기 때문이라고 설명할 수 있다는 것이 레빈슨의 견해이다.

08 윗글에 대한 설명으로 가장 적절한 것은?

① 특정 이론의 역사적 변천 과정을 기술하고 있다.

② 특정 이론의 효용을 밝힌 후 다른 이론과 비교하고 있다.

③ 다양한 분야의 사례와 더불어 이론을 구체적으로 설명하고 있다.

④ 대비되는 두 이론을 설명한 후 이들을 포괄하는 이론을 소개하고 있다.

09 윗글의 빈칸 (가)에 들어갈 질문으로 가장 적절한 것은?

① 미적 판단 간의 불일치가 나타나게 되는 이유는 무엇인가?

② 미적 판단을 이끌어 내는 판단의 주체는 어떠한 태도를 갖추어야 하는가?

③ 미적 판단의 다양성에 대한 논쟁이 합의를 도출할 수 없는 이유는 무엇인가?

④ 동일한 대상에 대한 미적 판단이 모두 동일해야 한다고 주장하는 근거는 어떤 것인가?

10 윗글의 ⓐ ~ ⓒ에 해당하는 사례를 〈보기〉에서 찾아 바르게 연결한 것은?

> **보기**
>
> 〈빨강, 파랑, 노랑의 구성〉은 ㉠ 네덜란드의 추상화가 몬드리안의 작품으로, 직선들의 수직적 교차를 통해 형성된 수많은 직사각형들에 의해 화면이 구성되어 있다. 이 ㉡ 다양한 크기의 직사각형들 중 일부는 선명한 원색으로 채색되어 두드러져 보인다. ㉢ 엄밀한 측정 결과 이들 직사각형에서 서로 평행 관계에 있는 직선들의 길이는 미세한 차이를 보이지만, 이러한 차이는 감상자들이 대상을 직사각형으로 인식하는 데 영향을 끼치지 않는다.

	ⓐ	ⓑ	ⓒ
①	㉠	㉡	㉢
②	㉠	㉢	㉡
③	㉡	㉠	㉢
④	㉡	㉢	㉠

CHAPTER 03
수리력

합격 CHEAT KEY

| 출제유형 |

01 응용수리

수의 관계에 대해 알고 그것을 응용하여 계산할 수 있는지 그리고 미지수를 구하기 위해 필요한 계산식을 세울 수 있는지를 평가하는 유형이다. 기초적인 유형을 정확하게 알고, 이를 활용하는 난도 높은 문제도 연습해야 한다.

02 자료해석

표나 그래프 등 주어진 자료를 보고 필요한 정보를 빠르게 찾아 해석할 수 있는지를 평가하는 유형이다. 자료계산, 자료해석은 그래프 해석이나 변환, 묶음 문제 추리 등 다양한 유형으로 출제하고 있으므로 여러 문제 풀이를 통해 익숙해질 수 있도록 한다.

| 학습전략 |

01 응용수리

- 정형화된 유형을 풀어보고 숙지하여 기본을 튼튼히 해야 한다.
- 정확하게 답을 구하지 않더라도 어림산으로 답을 맞출 수 있으므로 선택지를 기반으로 계산하는 연습을 해야 한다.
- 경우의 수나 확률과 같은 유형은 고등학교 수준의 문제를 풀어 보는 것이 도움이 될 수 있다.

02 자료해석

- 표, 꺾은선그래프, 막대그래프, 원그래프 등 다양한 형태의 자료를 눈에 익힌다. 그래야 실제 시험에서 자료가 제시되었을 때 중점을 두고 파악해야 할 부분이 더욱 선명하게 보일 것이다.
- 자료해석 유형의 문제는 제시되는 정보의 양이 매우 많으므로, 시간을 절약하기 위해서는 문제를 읽은 후 바로 자료분석에 들어가는 것보다는 선택지를 먼저 읽고 필요한 정보만 추출하여 답을 찾는 것이 좋다.

CHAPTER 03 수리력 핵심이론

01 응용수리

1. 수의 관계

(1) 약수와 배수

a가 b로 나누어떨어질 때, a는 b의 배수, b는 a의 약수

> **여러 가지 수의 배수**
> • 2(5)의 배수 : 일의 자리의 수가 0이거나 2(5)의 배수로 되어 있는 수
> • 4의 배수 : 끝의 두 자리의 수가 00이거나 4의 배수로 되어 있는 수
> • 3(9)의 배수 : 각 자리의 숫자의 합이 3(9)의 배수로 되어 있는 수

(2) 소인수분해

① 소수 : 1보다 큰 자연수 중에서 약수가 1과 자기 자신뿐인 수

② 합성수 : 1보다 큰 자연수 중에서 소수가 아닌 수

※ 모든 소수의 약수는 2개, 합성수의 약수는 3개 이상이다.

③ 거듭제곱 : 같은 수나 문자를 여러 번 곱한 것을 간단히 나타낸 것

　㉠ 2^2, 2^3, 2^4, …을 통틀어 2의 거듭제곱이라고 한다.

　㉡ 2^2, 2^3, 2^4, …에서 곱하는 수 2를 거듭제곱의 밑이라고 하고, 곱한 횟수 2, 3, 4, …를 지수라고 한다.

④ 인수와 소인수

　㉠ 자연수 a, b, c에 대하여 $a = b \times c$일 때, a의 약수 b, c를 a의 인수라고 한다.

　㉡ 소인수 : 인수 중에서 소수인 인수

⑤ 소인수분해 : 1보다 큰 자연수를 소인수만의 곱으로 나타내는 것

⑥ 소인수분해 방법 : 몫이 소수가 될 때까지 계속 나누어 소수들만의 곱으로 나타낸다. 같은 소수가 한 번 이상 곱해지면 거듭제곱으로 나타낸다.

　예
```
2 ) 90
3 ) 45
3 ) 15
    5
```
　∴ $90 = 2 \times 3^2 \times 5$

⑦ $a^p \times b^q$의 약수의 개수(a, b는 서로 다른 소수, p, q는 자연수) : $\{(p+1)(q+1)\}$개

(3) 공약수와 최대공약수

① 공약수 : 2개 이상의 자연수의 공통인 약수

② 최대공약수 : 공약수 중에서 가장 큰 수

③ 최대공약수의 성질 : 두 개 이상의 자연수의 공약수는 그 수들의 최대공약수의 약수이다.

④ 서로소 : 최대공약수가 1인 두 자연수

⑤ 최대공약수를 구하는 방법 : 소인수분해를 이용하거나 몫의 공약수가 1이 될 때까지 1이 아닌 공약
수로 각 수를 나누어 나눈 공약수를 곱한다.

> 예
> $\begin{array}{r} 2\,)\ \ 24\ \ 36\ \ 84 \\ 6\,)\ \ 12\ \ 18\ \ 42 \\ \hline 2\ \ \ \ 3\ \ \ \ 7 \end{array}$
>
> ∴ (최대공약수)$=2\times6=12$

(4) 공배수와 최소공배수

① 공배수 : 2개 이상의 자연수의 공통인 배수

② 최소공배수 : 공배수 중에서 가장 작은 수

③ 최소공배수의 성질

 ㉠ 2개 이상의 자연수의 공배수는 그 수들의 최소공배수의 배수이다.

 ㉡ 서로소인 두 자연수의 최소공배수는 두 수의 곱과 같다.

④ 최소공배수를 구하는 방법 : 소인수분해를 이용하거나 공약수로 각 수를 나누어 어느 두 수에서도
공약수가 없게 한 다음, 나눈 공약수와 마지막 몫을 모두 곱한다.

> 예
> $\begin{array}{r} 3\,)\ \ 18\ \ 24\ \ 45 \\ 3\,)\ \ \ 6\ \ \ 8\ \ 15 \\ 2\,)\ \ \ 2\ \ \ 8\ \ \ 5 \\ \hline 1\ \ \ 4\ \ \ 5 \end{array}$
>
> ∴ (최소공배수)$=3\times3\times2\times1\times4\times5=360$

(5) 최대공약수와 최소공배수의 관계

두 자연수 A, B에 대하여, 최소공배수와 최대공약수를 각각 L, G라고 하면 $A\times B=L\times G$가 성립한다.

2. 기본 계산

(1) 곱셈 기호와 나눗셈 기호의 생략

① 문자와 수의 곱에서는 곱셈 기호 ×를 생략하고, 수를 문자 앞에 쓴다.

　예 $x \times 4 = 4x$

② 문자와 문자의 곱에서는 곱셈 기호 ×를 생략하고, 보통 알파벳 순으로 쓴다.

　예 $b \times (-3) \times a = -3ab$

③ 같은 문자의 곱은 거듭제곱의 꼴로 나타낸다.

　예 $x \times x \times x = x^3$

④ 문자가 섞여 있는 나눗셈에서는 나눗셈 기호 ÷는 쓰지 않고 분수의 모양으로 나타낸다.

　예 $a \div 2 = \dfrac{a}{2}$, $a \times b \div c = \dfrac{ab}{c}$ $(c \neq 0)$

(2) 사칙연산

① 덧셈(+)

　㉠ 같은 부호일 때 : 절댓값의 합에 공통인 부호를 붙인다.

　㉡ 서로 다른 부호일 때 : 절댓값의 차에 절댓값이 큰 수의 부호를 붙인다.

② 뺄셈(−) : 빼는 수의 부호를 바꾸어서 덧셈으로 고쳐서 계산한다.

③ 곱셈(×)

　㉠ 같은 부호일 때 : 절댓값의 곱에 양의 부호를 붙인다.

　㉡ 서로 다른 부호일 때 : 절댓값의 곱에 음의 부호를 붙인다.

④ 나눗셈(÷)

　㉠ 같은 부호일 때 : 절댓값의 나눗셈의 몫에 양의 부호를 붙인다.

　㉡ 서로 다른 부호일 때 : 절댓값의 나눗셈의 몫에 음의 부호를 붙인다.

덧셈(+) · 뺄셈(−) · 곱셈(×) · 나눗셈(÷)의 혼합 계산

거듭제곱 → 괄호 → 곱셈 · 나눗셈 → 덧셈 · 뺄셈

※ 괄호 : ( ) → { } → [ ]의 순서

---

⑤ 계산법칙

　㉠ 교환법칙 : $a + b = b + a$

　　　　　　　　$a \times b = b \times a$

　㉡ 결합법칙 : $(a + b) + c = a + (b + c)$

　　　　　　　　$(a \times b) \times c = a \times (b \times c)$

　㉢ 분배법칙 : $a \times (b + c) = a \times b + a \times c$

　　　　　　　　$(a + b) \times c = a \times c + b \times c$

　㉣ 곱셈법칙

　　• $(a + b)^2 = a^2 + 2ab + b^2$

　　　$(a - b)^2 = a^2 - 2ab + b^2$

　　• $(a + b)(a - b) = a^2 - b^2$

　　• $(x + a)(x + b) = x^2 + (a + b)x + ab$

- $(ax+b)(cx+d) = acx^2 + (ad+bc)x + bd$
- $(a+b+c)^2 = \{(a+b)+c\}^2 = (a+b)^2 + 2(a+b)c + c^2 = a^2 + b^2 + c^2 + 2ab + 2bc + 2ca$

(3) 대입과 식의 값

① 대입 : 문자를 사용한 식에서 문자에 어떤 수를 바꾸어 넣는 것

② 식의 값 : 문자를 사용한 식에서 문자에 어떤 수를 대입하여 계산한 값

③ 식의 값 구하기 : 생략된 곱셈기호가 있는 식의 경우 곱셈 기호를 다시 쓴 후, 문자에 주어진 수를 대입하여 계산한다.

(4) 일차식의 계산

① 일차식의 덧셈과 뺄셈 : 괄호가 있으면 분배법칙을 이용하여 괄호를 푼 후, 동류항끼리 모아서 더한다.

예 $(3x+4)-(5x-2) = 3x+4-5x+2$
$$= 3x-5x+4+2$$
$$= (3-5)x+(4+2)$$
$$= -2x+6$$

> 괄호 앞에
> +가 있으면 괄호 안의 부호는 그대로
> −가 있으면 괄호 안의 부호를 반대로

② (수)×(일차식) : 분배법칙을 이용하여 일차식의 각 항에 수를 곱한다.

③ (일차식)÷(수) : 분배법칙을 이용하여 나누는 수의 역수를 이차식의 각 항에 곱한다.

예 $(8x+4) \div \dfrac{4}{3} = 8x \times \dfrac{3}{4} + 4 \times \dfrac{3}{4} = 6x+3$

3. 등식과 방정식

(1) 등식과 방정식

① 등식 : 등호(=)를 사용하여 수량 사이의 관계를 나타낸 식

※ 등호의 왼쪽 부분을 좌변, 등호의 오른쪽 부분을 우변, 좌변과 우변을 합하여 양변이라고 한다.

② 방정식 : x의 값에 따라 참이 되기도 하고, 거짓이 되기도 하는 등식을 x에 관한 방정식이라고 한다.

　㉠ 방정식을 참이 되게 하는 미지수 x의 값을 그 방정식의 '해' 또는 '근'이라고 한다.

　㉡ 방정식의 해(근)를 구하는 것을 '방정식을 푼다.'라고 한다.

③ 항등식 : 미지수에 어떤 값을 대입해도 항상 참이 되는 등식

④ 등식의 성질

　㉠ 양변에 같은 수를 더해도 등식은 성립한다.

　㉡ 양변에서 같은 수를 빼어도 등식은 성립한다.

　㉢ 양변에 같은 수를 곱해도 등식은 성립한다.

　㉣ 양변을 0이 아닌 같은 수로 나누어도 등식은 성립한다.

(2) 일차방정식의 풀이

① 일차방정식 : 등식의 모든 항을 좌변으로 이항하여 정리한 식이 (일차식)=0의 꼴로 나타나는 방정식

> **이항**
> 등식의 성질을 이용하여 등식의 한 변에 있는 항을 그 항의 부호를 바꾸어 다른 변으로 옮기는 것
> [항의 부호]
> $+\triangle$를 이항 → $-\triangle$, $-\triangle$를 이항 → $+\triangle$
> 예 $x-1=5 \qquad x=5+1$

② 일차방정식의 풀이 순서
   ❶ 계수가 분수나 소수이면 정수로 고친다.
     • 소수이면 10, 100, … 을 곱한다.
     • 분수이면 분모의 최소공배수를 곱한다.
   ❷ 괄호가 있으면 분배법칙을 이용하여 괄호를 풀고 정리한다.
   ❸ x를 포함한 항은 좌변으로, 상수항은 우변으로 각각 이항한다.
   ❹ 양변을 x의 계수로 나누어 $x=$(수)의 꼴로 나타낸다.
   ❺ 구한 해가 일차방정식을 참이 되게 하는지 확인한다.

   예 $\dfrac{x}{4}-\dfrac{x-5}{2}=3$

   양변에 분모의 최소공배수 4를 곱하면
   $x-2(x-5)=12, \ x-2x+10=12$
   $\rightarrow -x=2$
   $\therefore \ x=-2$

(3) 일차방정식의 활용 순서

   ❶ 문제의 뜻을 파악한 다음 구하고자 하는 값을 x로 놓는다.
   ❷ 문제의 뜻에 맞게 방정식을 세운다.
   ❸ 일차방정식을 푼다.
   ❹ 구한 해가 문제의 뜻에 맞는지 확인한다.

(4) 연립일차방정식

① 미지수가 2개인 일차방정식 : 미지수가 2개이고, 그 차수가 모두 1인 방정식
② 미지수가 2개인 일차방정식의 해 : 미지수가 x, y인 일차방정식을 참이 되게 하는 x, y의 값 또는 그 순서쌍 (x, y)

(5) 연립방정식의 풀이

① 가감법 또는 대입법을 이용하여 푼다.
   ㉠ 가감법 : 두 방정식을 변끼리 더하거나 빼서 연립방정식을 푸는 방법
   ㉡ 대입법 : 한 방정식을 하나의 미지수에 대한 식으로 나타낸 다음 다른 방정식에 대입하여 푸는 방법

$$\boxed{\text{예}} \begin{cases} 3x - y = -4 & \cdots \text{㉠} \\ x + 2y = 1 & \cdots \text{㉡} \end{cases}$$

가감법

㉠×2를 하면 $6x - 2y = -8 \cdots$ ㉢

㉡+㉢을 하면 $7x = -7$

$\therefore x = -1$

이 값을 ㉠의 식이나 ㉡의 식에 대입하여 풀면 $y = 1$이다.

대입법

㉠의 식을 $y = 3x + 4$로 바꾼 후

㉡의 식에 대입하여 풀면

$x + 2(3x + 4) = 1, \ 7x = -7$

$\therefore x = -1, \ y = 1$

② 괄호가 있는 경우 괄호를 풀고 동류항을 정리하여 푼다.

(6) 해가 특수한 연립방정식의 풀이

$x, \ y$에 관한 연립방정식 $\begin{cases} ax + by + c = 0 \\ a'x + b'y + c' = 0 \end{cases}$ 에서

① $a = a', \ b = b', \ c = c'$ $\left(\dfrac{a}{a'} = \dfrac{b}{b'} = \dfrac{c}{c'} \right)$ 일 때 해가 무수히 많다.

② $a = a', \ b = b', \ c \neq c'$ $\left(\dfrac{a}{a'} = \dfrac{b}{b'} \neq \dfrac{c}{c'} \right)$ 일 때 해가 없다.

③ 계수가 소수나 분수인 경우 계수를 정수로 고쳐서 푼다.

④ $A = B = C$의 꼴인 방정식의 풀이는 다음 중 어느 것을 택하여 풀어도 그 해는 같다.

$$\begin{cases} A = B \\ A = C \end{cases} \quad \begin{cases} A = B \\ B = C \end{cases} \quad \begin{cases} A = C \\ B = C \end{cases}$$

4. 방정식의 활용

(1) 날짜 · 요일 · 시계

① 날짜 · 요일

㉠ 1일 = 24시간 = 1,440분 = 86,400초

㉡ 날짜 · 요일 관련 문제는 대부분 나머지를 이용해 계산한다.

② 시계

㉠ 시침이 1시간 동안 이동하는 각도 : $30°$

㉡ 시침이 1분 동안 이동하는 각도 : $0.5°$

㉢ 분침이 1분 동안 이동하는 각도 : $6°$

(2) 거리 · 속력 · 시간

① (거리)＝(속력)×(시간)

　㉠ 기차가 터널을 통과하거나 다리를 지나가는 경우

　　: (기차가 움직인 거리)＝(기차의 길이)＋(터널 또는 다리의 길이)

　㉡ 두 사람이 반대 방향 또는 같은 방향으로 움직이는 경우

　　: (두 사람 사이의 거리)＝(두 사람이 움직인 거리의 합 또는 차)

② $(속력)=\dfrac{(거리)}{(시간)}$

　㉠ 흐르는 물에서 배를 타는 경우

　　: (하류로 내려갈 때의 속력)＝(배 자체의 속력)＋(물의 속력)

　　(상류로 올라갈 때의 속력)＝(배 자체의 속력)－(물의 속력)

③ $(시간)=\dfrac{(거리)}{(속력)}$

(3) 나이 · 인원 · 개수

구하고자 하는 것을 미지수로 놓고 식을 세운다. 동물의 경우 다리의 개수에 유의해야 한다.

(4) 원가 · 정가

① (정가)＝(원가)＋(이익), (이익)＝(정가)－(원가)

② a원에서 $b\%$ 할인한 가격$=a\times\left(1-\dfrac{b}{100}\right)$

(5) 일률 · 톱니바퀴

① 일률

전체 일의 양을 1로 놓고, 시간 동안 한 일의 양을 미지수로 놓고 식을 세운다.

　• $(일률)=\dfrac{(작업량)}{(작업기간)}$

　• $(작업기간)=\dfrac{(작업량)}{(일률)}$

　• (작업량)＝(일률)×(작업기간)

② 톱니바퀴

(톱니 수)×(회전수)＝(총 맞물린 톱니 수)

즉, A, B 두 톱니에 대하여, (A의 톱니 수)×(A의 회전수)＝(B의 톱니 수)×(B의 회전수)가 성립한다.

(6) 농도

① $(농도)=\dfrac{(용질의 양)}{(용액의 양)}$

② $(용질의 양)=\dfrac{(농도)}{100}\times(용액의 양)$

(7) 수 I

　　① 연속하는 세 자연수 : $x-1$, x, $x+1$

　　② 연속하는 세 짝수(홀수) : $x-2$, x, $x+2$

(8) 수 II

　　① 십의 자릿수가 x, 일의 자릿수가 y인 두 자리 자연수 : $10x+y$

　　　이 수에 대해, 십의 자리와 일의 자리를 바꾼 수 : $10y+x$

　　② 백의 자릿수가 x, 십의 자릿수가 y, 일의 자릿수가 z인 세 자리 자연수 : $100x+10y+z$

(9) 증가・감소에 관한 문제

　　① x가 $a\%$ 증가 : $\left(1+\dfrac{a}{100}\right)x$

　　② y가 $b\%$ 감소 : $\left(1-\dfrac{b}{100}\right)y$

5. 일차부등식

(1) 부등식과 그 해

　　① 부등식 : 부등호 $<$, $>$, $\leq$, $\geq$ 를 사용하여 수 또는 식의 대소 관계를 나타낸 식

　　　$\underbrace{\underset{\text{좌변}}{x+3} \; > \; \underset{\text{우변}}{7}}_{\text{양변}}$

　　② 부등식의 해 : 미지수를 포함한 부등식이 참이 되게 하는 미지수의 값

　　③ 부등식을 푼다 : 부등식의 해를 모두 구하는 것

(2) 부등식의 성질

　　① 부등식의 양변에 같은 수를 더하거나 양변에서 같은 수를 빼어도 부등호의 방향은 변하지 않는다.

　　② 부등식의 양변에 같은 양수를 곱하거나 양변을 같은 양수로 나누어도 부등호의 방향은 변하지 않는다.

　　③ 부등식의 양변에 같은 음수를 곱하거나 양변을 같은 음수로 나누면 부등호의 방향이 반대가 된다.

부등식의 성질

$a < b$일 때

① $a+c < b+c$, $a-c < b-c$

② $c > 0$이면 $ac < bc$, $\dfrac{a}{c} < \dfrac{b}{c}$

③ $c < 0$이면 $ac > bc$, $\dfrac{a}{c} > \dfrac{b}{c}$

이때 부등호 " $<$ "를 " $\leq$ "로 바꾸어도 위의 성질이 성립한다.

---

(3) 일차부등식과 풀이

① 일차부등식 : 부등식의 모든 항을 좌변으로 이항하여 정리한 식이 (일차식) < 0, (일차식) > 0, (일차식) ≤ 0, (일차식) ≥ 0 중 어느 하나의 꼴로 나타나는 부등식

② 일차부등식의 풀이 순서

  ❶ 계수가 소수나 분수이면 계수를 정수로 고친다.

  ❷ 괄호가 있으면 괄호를 푼다.

  ❸ x의 항은 좌변, 상수항은 우변으로 이항한다.

  ❹ $ax > b$, $ax \geq b$, $ax < b$, $ax \leq b$ $(a \neq 0)$의 꼴로 만든다.

  ❺ 양변을 x의 계수 a로 나눈다. 이때, a가 음수이면 부등호의 방향은 바뀐다.

6. 경우의 수 · 확률

(1) 경우의 수

① 경우의 수 : 어떤 사건이 일어날 수 있는 모든 가짓수

② 합의 법칙

  ㉠ 두 사건 A, B가 동시에 일어나지 않을 때, A가 일어나는 경우의 수를 m, B가 일어나는 경우의 수를 n이라고 하면, 사건 A 또는 B가 일어나는 경우의 수는 $m+n$이다.

  ㉡ '또는', '~이거나'라는 말이 나오면 합의 법칙을 사용한다.

③ 곱의 법칙

  ㉠ A가 일어나는 경우의 수를 m, B가 일어나는 경우의 수를 n이라고 하면, 사건 A와 B가 동시에 일어나는 경우의 수는 $m \times n$이다.

  ㉡ '그리고', '동시에'라는 말이 나오면 곱의 법칙을 사용한다.

④ 여러 가지 경우의 수

  ㉠ 동전 n개를 던졌을 때, 경우의 수 : 2^n

  ㉡ 주사위 m개를 던졌을 때, 경우의 수 : 6^m

  ㉢ 동전 n개와 주사위 m개를 던졌을 때, 경우의 수 : $2^n \times 6^m$

  ㉣ n명을 한 줄로 세우는 경우의 수 : $n! = n \times (n-1) \times (n-2) \times \cdots \times 2 \times 1$

  ㉤ n명 중 m명을 뽑아 한 줄로 세우는 경우의 수 : $_nP_m = n \times (n-1) \times \cdots \times (n-m+1)$

  ㉥ n명을 한 줄로 세울 때, m명을 이웃하여 세우는 경우의 수 : $(n-m+1)! \times m!$

  ㉦ 0이 아닌 서로 다른 한 자리 숫자가 적힌 n장의 카드에서, m장을 뽑아 만들 수 있는 m자리 정수의 개수 : $_nP_m$

  ㉧ 0을 포함한 서로 다른 한 자리 숫자가 적힌 n장의 카드에서, m장을 뽑아 만들 수 있는 m자리 정수의 개수 : $(n-1) \times {_{n-1}P_{m-1}}$

  ㉨ n명 중 자격이 다른 m명을 뽑는 경우의 수 : $_nP_m$

  ㉩ n명 중 자격이 같은 m명을 뽑는 경우의 수 : $_nC_m = \dfrac{_nP_m}{m!}$

  ㉪ 원형 모양의 탁자에 n명을 앉히는 경우의 수 : $(n-1)!$

⑤ 최단거리 문제 : A에서 B 사이에 P가 주어져 있다면, A와 P의 최단거리, B와 P의 최단거리를 각각 구하여 곱한다.

(2) 확률

① (사건 A가 일어날 확률)$=\dfrac{\text{(사건 A가 일어나는 경우의 수)}}{\text{(모든 경우의 수)}}$

② 여사건의 확률

    ㉠ 사건 A가 일어날 확률이 p일 때, 사건 A가 일어나지 않을 확률은 $(1-p)$이다.

    ㉡ '적어도'라는 말이 나오면 주로 사용한다.

③ 확률의 계산

    ㉠ 확률의 덧셈

        두 사건 A, B가 동시에 일어나지 않을 때, A가 일어날 확률을 p, B가 일어날 확률을 q라고 하면, 사건 A 또는 B가 일어날 확률은 $(p+q)$이다.

    ㉡ 확률의 곱셈

        A가 일어날 확률을 p, B가 일어날 확률을 q라고 하면, 사건 A와 B가 동시에 일어날 확률은 $(p \times q)$이다.

④ 여러 가지 확률

    ㉠ 연속하여 뽑을 때, 꺼낸 것을 다시 넣고 뽑는 경우 : 처음과 나중의 모든 경우의 수는 같다.

    ㉡ 연속하여 뽑을 때, 꺼낸 것을 다시 넣지 않고 뽑는 경우 : 나중의 모든 경우의 수는 처음의 모든 경우의 수보다 1만큼 작다.

    ㉢ (도형에서의 확률)$=\dfrac{\text{(해당하는 부분의 넓이)}}{\text{(전체 넓이)}}$

02   기초통계

(1) 통계

집단현상에 대한 구체적인 양적 기술을 반영하는 숫자로 특히, 사회집단 또는 자연집단의 상황을 숫자로 나타낸 것이다.

예 서울 인구의 생계비, 한국 쌀 생산량의 추이, 추출 검사한 제품 중 불량품의 개수 등

(2) 통계치

① 빈도 : 어떤 사건이 일어나거나 증상이 나타나는 정도

② 빈도 분포 : 빈도를 표나 그래프로 종합적이면서도 일목요연하게 표시하는 것

③ 평균 : 모든 자료 값의 합을 자료의 개수로 나눈 값

④ 백분율 : 전체의 수량을 100으로 볼 때의 비율

(3) 통계의 계산

① 범위 : (최댓값)$-$(최솟값)

② 평균 : $\dfrac{\text{(자료 값의 총합)}}{\text{(자료의 개수)}}$

③ 편차 : (관찰값) − (평균)

④ 분산 : $\dfrac{[\{(관찰값)-(평균)\}^2 의\ 총합]}{(자료의\ 개수)}$

⑤ 표준편차 : $\sqrt{분산}$(평균으로부터 얼마나 떨어져 있는가를 나타냄)

03 자료해석

(1) 꺾은선(절선)그래프

① 시간적 추이(시계열 변화)를 표시하는 데 적합하다.

　예 연도별 매출액 추이 변화 등

② 경과·비교·분포를 비롯하여 상관관계 등을 나타낼 때 사용한다.

〈한국 자동차부품 수입 국가별 의존도〉

(단위 : %)

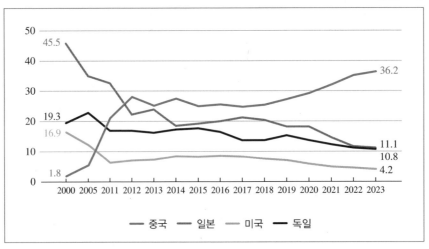

(2) 막대그래프

① 비교하고자 하는 수량을 막대 길이로 표시하고, 그 길이를 비교하여 각 수량 간의 대소 관계를 나타내는 데 적합하다.

　예 영업소별 매출액, 성적별 인원분포 등

② 가장 간단한 형태로 내역·비교·경과·도수 등을 표시하는 용도로 사용한다.

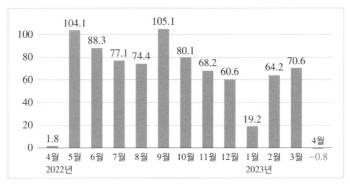

〈경상수지 추이〉

(잠정치, 단위 : 억 달러)

(3) 원그래프

① 내역이나 내용의 구성비를 분할하여 나타내는 데 적합하다.

　예 제품별 매출액 구성비 등

② 원그래프를 정교하게 작성할 때는 수치를 각도로 환산해야 한다.

〈C국의 가계 금융자산 구성비〉

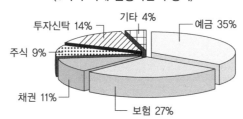

(4) 점그래프

① 지역분포를 비롯하여 도시, 지방, 기업, 상품 등의 평가나 위치, 성격을 표시하는 데 적합하다.
　예 광고비율과 이익률의 관계 등
② 종축과 횡축에 두 요소를 두고, 보고자 하는 것이 어떤 위치에 있는가를 알고자 할 때 사용한다.

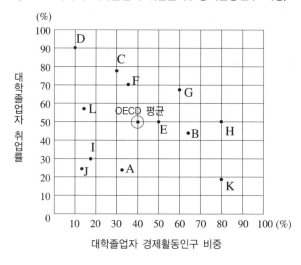

〈OECD 국가의 대학졸업자 취업률 및 경제활동인구 비중〉

(5) 층별그래프

① 합계와 각 부분의 크기를 백분율로 나타내고 시간적 변화를 보는 데 적합하다.
② 합계와 각 부분의 크기를 실수로 나타내고 시간적 변화를 보는 데 적합하다.
　예 상품별 매출액 추이 등
③ 선의 움직임보다는 선과 선 사이의 크기로써 데이터 변화를 나타내는 그래프이다.

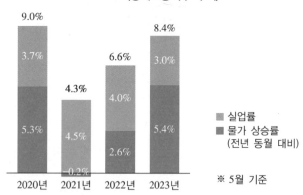

〈경제고통지수 추이〉

(6) 레이더 차트(거미줄그래프)

① 다양한 요소를 비교할 때, 경과를 나타내는 데 적합하다.

    예 매출액의 계절변동 등

② 비교하는 수량을 직경, 또는 반경으로 나누어 원의 중심에서의 거리에 따라 각 수량의 관계를 나타내는 그래프이다.

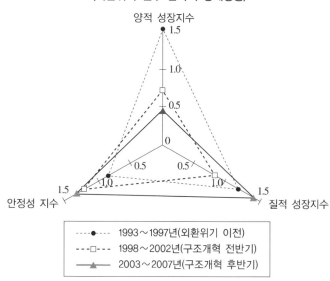

〈외환위기 전후 한국의 경제상황〉

01 기본 계산

| 유형분석 |

- 사칙연산을 활용하여 크고 복잡한 수를 정확하게 계산할 수 있는지 평가한다.
- 괄호연산을 올바른 순서대로 적용하여 주어진 식을 풀이할 수 있는지 평가한다.

다음 식을 계산한 값으로 옳은 것은?

$$0.901 + 5.468 - 2.166$$

① 2.194　　　　　　　　　　　② 4.203

③ 6.206　　　　　　　　　　　④ 8.535

정답　②

$0.901 + 5.468 - 2.166 = 6.369 - 2.166 = 4.203$

유형풀이 Tip

1) 사칙연산 : +, −, ×, ÷
   왼쪽을 기준으로 순서대로 계산하되 ×와 ÷를 먼저 계산한 뒤 +와 −를 계산한다.
   예 $1 + 2 - 3 \times 4 \div 2$
   　→ $1 + 2 - 12 \div 2$
   　→ $1 + 2 - 6$
   　→ $3 - 6 = -3$

2) 괄호연산 : ( ), { }, [ ]
   소괄호 ( ) → 중괄호 { } → 대괄호 [ ]의 순서대로 계산한다.
   예 $[\{(1+2) \times 3 - 4\} \div 5] \times 6$
   　→ $\{(3 \times 3 - 4) \div 5\} \times 6$
   　→ $\{(9-4) \div 5\} \times 6$
   　→ $(5 \div 5) \times 6 = 1 \times 6 = 6$

3) 곱셈법칙
   다항식의 곱들을 공식화한 것으로, 중간 단계의 복잡한 계산을 생략하고 바로 답을 도출하기 위해 사용한다.
   - $a^b \times a^c \div a^d = a^{b+c-d}$
   - $ab \times cd = ac \times bd = ad \times bc$
   - $(a+b)(a-b) = a^2 - b^2$
   - $(a+b)(a^2 - ab + b^2) = a^3 + b^3$
   - $(a-b)(a^2 + ab + b^2) = a^3 - b^3$

※ 다음 식을 계산한 값으로 옳은 것을 고르시오. [1~5]

01

$$39-13\times2+2$$

① 15   ② 16

③ 17   ④ 18

02

$$572\div4+33-8$$

① 144   ② 158

③ 164   ④ 168

03

$$(48^2+16^2)\div16+88$$

① 232   ② 233

③ 247   ④ 248

04

$$(48+48+48+48)\times\frac{11}{6}\div\frac{16}{13}$$

① 286   ② 289

③ 314   ④ 332

05

$$4\times9\times16\times25\times36\div100$$

① 5,172   ② 5,184

③ 5,299   ④ 5,365

| 유형분석 |

• 수의 크기를 정확하게 이해하고 변환할 수 있는지 평가한다.

다음 빈칸에 들어갈 수로 옳은 것은?

$$\sqrt{8} < (\quad) < \sqrt{18}$$

① $\dfrac{7}{2}$

② 2.7

③ $\dfrac{30}{7}$

④ 4.3

정답 ①

$\sqrt{8} = 2\sqrt{2} \fallingdotseq 1.414 \times 2 = 2.828$

$\sqrt{18} = 3\sqrt{2} \fallingdotseq 1.414 \times 3 = 4.242$

$\dfrac{7}{2} = 3.5$

오답분석

③ $\dfrac{30}{7} \fallingdotseq 4.285$

유형풀이 Tip

• 분수, 소수, 루트 등의 개념을 정확히 이해하고 있어야 한다.
• 정확한 값을 계산하기 전 어림값으로 답을 도출해낼 수 있어야 한다.

※ 다음 빈칸에 들어갈 수로 옳은 것을 고르시오. **[1~4]**

01

$$\frac{3}{8} < (\quad) < \frac{7}{12}$$

① $\frac{1}{3}$

② $\frac{3}{5}$

③ $\frac{2}{9}$

④ $\frac{7}{18}$

02

$$0.7 < (\quad) < 0.8$$

① $\frac{2}{3}$

② $\frac{5}{8}$

③ $\frac{7}{9}$

④ $\frac{8}{13}$

03

$$\frac{21}{8} < (\quad) < 3$$

① $\frac{5}{2}$

② $\frac{8}{3}$

③ $\frac{9}{4}$

④ $\frac{18}{7}$

04

$$\sqrt{50} < (\quad) < \sqrt{72}$$

① $\frac{268}{33}$

② $\frac{220}{37}$

③ $\frac{362}{42}$

④ $\frac{298}{45}$

| 유형분석 |

- (거리)=(속력)×(시간), (속력)=$\dfrac{\text{(거리)}}{\text{(시간)}}$, (시간)=$\dfrac{\text{(거리)}}{\text{(속력)}}$
- 시간차를 두고 출발하는 경우, 마주 보고 걷거나 둘레를 도는 경우, 기차가 터널을 지나는 경우 등 추가적인 조건과 결합하여 문제가 출제될 수 있다.

정주는 4km 떨어진 영화관까지 150m/min의 속도로 자전거를 타고 가다가 중간에 내려 50m/min의 속도로 걸어갔다. 집에서 영화관까지 도착하는 데 30분이 걸렸을 때, 정주가 걸어간 시간은 몇 분인가?

① 5분 　　　　　　　　　　② 7분
③ 10분 　　　　　　　　　　④ 15분

정답　①

정주가 걸어간 시간을 x분이라고 하면 자전거를 타고 간 시간은 $(30-x)$분이다.

$150(30-x)+50x=4,000$

$\rightarrow 100x=500$

$\therefore x=5$

따라서 정주가 걸어간 시간은 5분이다.

유형풀이 Tip

- 미지수를 정할 때는 문제에서 묻는 것을 정확하게 파악해야 한다.
- 속력과 시간의 단위를 처음부터 정리하여 계산하면 실수 없이 풀이할 수 있다.
  예 1시간=60분=3,600초
  예 1km=1,000m=100,000cm

01 희경이의 회사는 본사에서 지점까지의 거리가 총 50km이다. 본사에서 나와 버스를 타고 60km/h 의 속력으로 20km를 갔더니 지점에서의 미팅시간이 얼마 남지 않아서, 택시로 바꿔 타고 90km/h 의 속력으로 갔더니 오후 3시에 지점에 도착할 수 있었다. 본사에서 나온 시각은 언제인가?(단, 본사에서 나와 버스를 기다린 시간과 버스에서 택시로 바꿔 탄 시간은 계산하지 않는다)

① 오후 1시 40분   ② 오후 2시
③ 오후 2시 20분   ④ 오후 2시 40분

02 연수는 서울에 살고 민호는 부산에 산다. 두 사람은 만나기 위해 자동차를 타고 연수는 80km/h의 속력으로, 민호는 100km/h의 속력으로 서로를 향해 출발했다. 두 사람이 동시에 출발하여 2시간 후에 만났다면 서울과 부산 사이의 거리는?

① 260km   ② 280km
③ 300km   ④ 360km

03 출발 후 1시간 이내에 10km 떨어진 지점에 있는 결승선을 통과해야 기념품을 받을 수 있는 시합이 있다. 출발 후 처음 12분을 8km/h로 달렸다면, 남은 거리를 적어도 얼마의 평균 속력으로 달려야 기념품을 받을 수 있는가?

① 10.5km/h   ② 11km/h
③ 11.5km/h   ④ 12km/h

| 유형분석 |

- $(\text{농도}) = \dfrac{(\text{용질의 양})}{(\text{용액의 양})} \times 100$, $(\text{소금물의 양}) = (\text{물의 양}) + (\text{소금의 양})$
- 소금물 대신 설탕물로 출제될 수 있으며, 증발된 소금물·농도가 다른 소금물 간 계산 문제 등으로 응용될 수 있다.

농도 12%의 소금물 100g에 소금을 더 넣어 농도 20%의 소금물을 만들었다. 이때 더 넣은 소금의 양은?

① 10g

② 12g

③ 14g

④ 16g

정답 ①

추가해야 할 소금의 양을 xg이라고 하면 다음과 같은 식이 성립한다.

$$\frac{12}{100} \times 100 + x = \frac{20}{100} \times (100 + x)$$

$$\rightarrow 1,200 + 100x = 2,000 + 20x$$

$$\therefore x = 10$$

따라서 더 넣은 소금의 양은 10g이다.

유형풀이 Tip

- 숫자의 크기를 최대한 간소화해야 한다. 특히, 농도의 경우 분수와 정수가 같이 제시되고, 최근에는 비율을 활용한 문제가 많이 출제되고 있으므로 통분이나 약분을 통해 수를 간소화시켜 계산 실수를 줄일 수 있도록 한다.
- 항상 미지수를 구해서 그 값을 계산하여 풀이해야 하는 것은 아니다. 문제에서 원하는 값은 정확한 미지수를 구하지 않아도 풀이 과정에서 답이 제시되는 경우가 있으므로 문제에서 묻는 것을 명확히 해야 한다.

01 농도 10%의 소금물 300g을 농도 15%로 만들기 위해서는 몇 g의 물을 증발시켜야 하는가?

① 75g   ② 100g

③ 125g   ④ 150g

02 농도를 모르는 소금물 300g에 농도 5%의 소금물 200g을 모두 섞었더니 섞은 소금물의 농도는 9%가 되었다. 처음 300g의 소금물에 들어있는 소금은 몇 g인가?

① 30g   ② 32g

③ 35g   ④ 38g

03 농도 5%의 소금물과 10%의 소금물을 혼합시켜 농도 7%의 소금물 600g을 만들려고 할 때, 농도 5%의 소금물은 몇 g이 필요한가?

① 320g   ② 360g

③ 400g   ④ 440g

05 나이 · 수

| 유형분석 |

- $(x$년 후의 나이$)=($기존 나이$)+(x$세$)$
- x년이 흐른 뒤에는 모든 사람이 x살씩 나이를 먹는다.

현재 민수와 아버지의 나이 차는 29세이다. 12년 후 아버지의 나이가 민수 나이의 2배보다 9세 많아진다면 현재 민수의 나이는?

① 6세   ② 7세

③ 8세   ④ 9세

정답 ③

현재 민수의 나이를 x세라고 하면 현재 아버지의 나이는 $(x+29)$세이므로 다음과 같은 식이 성립한다.

$2(x+12)+9=(x+29)+12$

$\therefore x=8$

따라서 현재 민수의 나이는 8세이다.

유형풀이 Tip

- 과거 – 현재 – 미래 중 문제에서 묻고 있는 나이를 정확하게 구분해야 한다.
- 계수가 크다면 약분을 통해 계수의 값을 줄여 계산 실수를 최소화할 수 있다.

01 현재 현우의 나이는 30살이고, 조카의 나이는 5살이다. 현우의 나이가 조카 나이의 2배가 되는 것은 몇 년 후인가?

① 17년 후   ② 18년 후

③ 19년 후   ④ 20년 후

02 아버지, 어머니, 나, 동생의 나이의 합은 132세이다. 어머니의 나이는 가족의 평균 나이보다 10세 더 많고, 나와 동생의 나이의 합보다 2세 더 많다. 아버지의 나이는 동생의 나이의 2배보다 10세 더 많고, 내 나이의 2배보다 4세 더 많다. 이때 동생의 나이는?

① 16세   ② 17세

③ 18세   ④ 19세

03 지금으로부터 4년 전 삼촌의 나이는 민지의 나이의 4배였고, 지금으로부터 3년 후 삼촌의 나이는 민지의 나이의 2배보다 7세 많아진다. 현재 삼촌과 민지의 나이 차는?

① 18세   ② 19세

③ 20세   ④ 21세

06 금액

| 유형분석 |

- (정가)=(원가)+(이익), (이익)=(정가)−(원가), (a원에서 b% 할인한 가격)=$a\times\left(1-\dfrac{b}{100}\right)$원
- 원가, 정가, 할인가, 판매가 등의 개념을 명확히 한다.

원가의 20%를 추가한 금액을 정가로 하는 제품을 15% 할인해서 50개를 판매한 금액이 127,500원일 때, 이 제품의 원가는?

① 1,500원

② 2,000원

③ 2,500원

④ 3,000원

정답 ③

제품의 원가를 x원이라고 하면 제품의 정가는 $(1+0.2)x=1.2x$원이고, 판매가는 $1.2x(1-0.15)=1.02x$원이다.
50개를 판매한 금액이 127,500원이므로, 다음과 같은 식이 성립한다.
$1.02x\times50=127,500$
$\rightarrow 1.02x=2,550$
$\therefore x=2,500$
따라서 제품의 원가는 2,500원이다.

유형풀이 Tip

- 전체 금액을 구하는 것이 아니라 할인된 금액을 구하면 수의 크기도 작아지고, 풀이 과정을 단축시킬 수 있다.
- 난도가 높은 편은 아니지만, 비율을 활용한 계산 문제이기 때문에 실수하지 않도록 유의한다.

01 M영화관 C지점이 설립됐다. C지점에서는 10명이 모여 예매하면 20%를 할인해주는 개업 이벤트를 하고 있다. G고등학교 1학년 2반 학생들은 C지점에서 단체 영화 관람을 하기로 했다. 2반 학생 수가 총 46명일 때, 이벤트 전 금액보다 얼마나 할인을 받을 수 있는가?(단, 청소년 1명의 요금은 8,000원이다)

① 61,000원   ② 64,000원
③ 67,000원   ④ 71,000원

02 원가가 5,000원인 물건을 25% 인상한 가격으로 판매하였으나, 판매가 잘되지 않아 다시 10%를 인하하여 판매하였다. 물건 4개를 판매하였을 때, 이익은 얼마인가?

① 2,000원   ② 2,500원
③ 3,000원   ④ 3,500원

03 어떤 백화점에서 20% 할인해서 팔던 옷을 할인된 가격에서 30% 추가 할인하여 280,000원에 구매하였다면 할인받은 금액은 총 얼마인가?

① 140,000원   ② 180,000원
③ 220,000원   ④ 280,000원

07 점수 계산

| 유형분석 |

- 미지수를 정확하게 설정하고, 연립 방정식을 활용할 수 있는지 평가한다.

양궁 대회에 참여한 진수, 민영, 지율, 보라 네 명의 최고점이 모두 달랐다. 진수의 최고점과 민영이의 최고점의 2배를 합한 점수가 10점이었고, 지율이의 최고점과 보라의 최고점의 2배를 합한 점수는 35점이었다. 진수의 2배, 민영이의 4배와 지율이의 5배를 한 총점이 85점일 때, 보라의 최고점은 몇 점인가?

① 8점   ② 9점
③ 10점   ④ 11점

정답 ④

진수, 민영, 지율, 보라 네 명의 최고점을 각각 a, b, c, d점이라고 하면 다음과 같은 식이 성립한다.

$a+2b=10 \cdots \bigcirc$

$c+2d=35 \cdots \bigcirc\!\!\bigcirc$

$2a+4b+5c=85 \cdots \bigcirc\!\!\bigcirc\!\!\bigcirc$

ⓒ과 ㉠을 연립하면 다음과 같다.

$2 \times 10 + 5c = 85$

$\rightarrow 5c = 65$

$\therefore c = 13$

c의 값을 ㉡에 대입하여 d를 구하면 다음과 같다.

$13 + 2d = 35$

$\rightarrow 2d = 22$

$\therefore d = 11$

따라서 보라의 최고점은 11점이다.

유형풀이 Tip

- 원점수와 평균의 개념에 대해 정확하게 이해하고 있어야 한다.

01   K출판사는 최근에 발간한 서적의 평점을 조사하였다. 그 결과 A사이트에서는 참여자 10명에게 평점 2점을, B사이트에서는 참여자 30명에게 평점 5점, C사이트에서는 참여자 20명에게 평점 3.5점을 받았다고 할 때, A, B, C사이트의 전체 평균 평점은 몇 점인가?

    ① 1점   ② 2점

    ③ 3점   ④ 4점

02   어떤 콘텐츠에 대하여 네티즌 평가를 진행했다. 1,000명이 참여한 A사이트에서는 평균 평점이 5점이었으며, 500명이 참여한 B사이트에서는 평균 평점이 8점이었다. 이 콘텐츠에 대한 두 사이트 전체 참여자의 평균 평점은 몇 점인가?

    ① 4점   ② 5.5점

    ③ 6점   ④ 7.5점

03   남자 대 여자 비율이 3 : 5인 A고등학교에서 수학 선호도를 점수로 평가한 결과 남자 선호도 평균 점수는 3점, 여자는 8점이었다. A고등학교 학생의 전체 수학 선호도 평균은 몇 점인가?(단, 평균은 소수점 둘째 자리에서 버림한다)

    ① 5.2점   ② 6.1점

    ③ 7.2점   ④ 8.1점

PART 1

08 일의 양

| 유형분석 |

- (일률)=$\dfrac{(작업량)}{(작업기간)}$, (작업기간)=$\dfrac{(작업량)}{(일률)}$, (작업량)=(일률)×(작업기간)
- 전체 일의 양을 1로 두고 풀이하는 유형이다.
- 분이나 초 단위 계산이 가장 어려운 유형으로 출제되고 있다.

한 공장에서는 기계 2대를 운용하고 있다. 이 공장의 전체 작업을 수행할 때 A기계로는 12시간이 걸리며, B기계로는 18시간이 걸린다. 이미 절반의 작업이 수행된 상태에서 A기계로 4시간 동안 작업하다가 이후로는 A, B 두 기계를 모두 동원해 작업을 수행했다고 할 때 A, B 두 기계를 모두 동원해 작업을 수행하는 데 소요되는 시간은?

① 1시간
② 1시간 12분
③ 1시간 20분
④ 1시간 30분

정답 ②

전체 일의 양을 1이라고 하면, A기계가 1시간 동안 작업할 수 있는 일의 양은 $\dfrac{1}{12}$ 이고, B기계가 1시간 동안 작업할 수 있는 일의 양은 $\dfrac{1}{18}$ 이다.

이미 절반의 작업이 수행되었으므로 남은 일의 양은 $1-\dfrac{1}{2}=\dfrac{1}{2}$ 이다.

이 중 A기계로 4시간 동안 작업을 수행했으므로 A기계와 B기계가 함께 작업해야 하는 일의 양은 $\dfrac{1}{2}-\left(\dfrac{1}{12}\times4\right)=\dfrac{1}{6}$ 이다.

따라서 A, B 두 기계를 모두 동원해 남은 $\dfrac{1}{6}$ 을 수행하는 데는 $\dfrac{\dfrac{1}{6}}{\left(\dfrac{1}{12}+\dfrac{1}{18}\right)}=\dfrac{\dfrac{1}{6}}{\dfrac{5}{36}}=\dfrac{6}{5}$ 시간, 즉 1시간 12분이 걸린다.

유형풀이 Tip

- 전체의 값을 모르는 상태에서 비율을 묻는 문제의 경우 전체를 1이라고 하면 쉽게 풀이할 수 있다.

  예 1개의 일을 끝내는 데 3시간이 걸린다. 1개의 일을 1이라고 하면, 1시간에 $\dfrac{1}{3}$ 만큼의 일을 끝내는 것이다.

- 난도가 높은 문제의 경우 전체 일의 양을 막대 그림으로 표현하면서 풀이하면 한눈에 파악할 수 있다.

  예

$\dfrac{1}{2}$ 수행됨	A기계로 4시간 동안 작업	A, B 두 기계를 모두 동원해 작업

01 A호스로 750mL인 물통에 물을 채우려고 한다. A호스에서 1분에 2.5mL의 물이 나올 때, 물통을 가득 채울 때까지 걸리는 시간은?

① 150분   ② 200분

③ 250분   ④ 300분

02 갑, 을, 병사원은 고객설문조사 업무를 맡았다. 갑사원이 혼자 할 경우 12일 걸리고, 을사원은 18일, 병사원은 36일이 걸린다고 한다. 3명의 사원이 함께 업무를 진행한다고 할 때, 걸리는 기간은 며칠인가?

① 5일   ② 6일

③ 7일   ④ 8일

03 A사원이 혼자서 작업을 하면 24일이 걸리는 업무가 있다. 해당 업무를 B사원이 혼자서 작업을 진행하면 120일이 걸리며, C사원이 혼자서 작업을 진행하면 20일이 걸린다. 3명의 사원이 함께 업무를 진행할 때, 작업에 소요되는 기간은?

① 6일   ② 10일

③ 12일   ④ 20일

09 날짜 · 요일

| 유형분석 |

- 1일=24시간=1,440(=24×60)분=86,400(=1,440×60)초
- 월별 일수 : 31일 - 1, 3, 5, 7, 8, 10, 12월
                    30일 - 4, 6, 9, 11월
                    28일 또는 29일(윤년, 4년에 1회) - 2월
- 날짜 · 요일 단위별 기준이 되는 숫자가 다르므로 실수하지 않도록 유의한다.

3월 2일이 금요일일 때, 한 달 후인 4월 2일은 무슨 요일인가?

① 월요일   ② 화요일

③ 수요일   ④ 목요일

정답 ①

3월은 31일까지 있고 일주일은 7일이므로, 31÷7=4 … 3
따라서 4월 2일은 금요일로부터 3일이 지난 월요일이다.

유형풀이 Tip

- 일주일은 7일이므로, 전체 일수를 구한 뒤 7로 나누면 빠르게 해결할 수 있다.
- 날짜와 요일의 단위를 처음부터 정리하여 계산하면 실수 없이 풀이할 수 있다.

PART 1

01 철수는 매일 1,000원씩, 영희는 800원씩 저금하기로 했다. 며칠 후 정산을 해보니 철수의 저금액이 영희의 2배가 되어 있었다. 영희가 철수보다 3일 후에 저금하기 시작했다면 정산은 며칠 후에 한 것인가?

① 7일   ② 8일

③ 9일   ④ 10일

02 두 사람이 이번 주 토요일에 함께 미용실에 가기로 약속했다. 약속한 토요일에 함께 미용실에 다녀온 후 한 사람은 20일마다, 한 사람은 15일마다 미용실에 가기로 했다. 두 사람이 처음으로 다시 함께 미용실에 가게 되는 날은 무슨 요일인가?

① 월요일   ② 화요일

③ 수요일   ④ 목요일

03 어느 해의 10월 2일이 월요일이었다면 10월의 네 번째 일요일은 언제인가?

① 10월 21일   ② 10월 22일

③ 10월 25일   ④ 10월 28일

| 유형분석 |

- $_n\mathrm{P}_m = n \times (n-1) \times \cdots \times (n-m+1)$

  $_n\mathrm{C}_m = \dfrac{_n\mathrm{P}_m}{m!} = \dfrac{n \times (n-1) \times \cdots \times (n-m+1)}{m!}$

- 벤 다이어그램을 활용한 문제가 출제되기도 한다.

핸드폰에 찍힌 지문을 통해 비밀번호를 유추하려고 한다. 핸드폰 화면의 1, 2, 5, 8, 9번 위치에 지문이 찍혀 있었으며 면밀히 조사한 결과 지움 버튼에서도 지문이 발견되었다. 핸드폰 비밀번호는 네 자릿수이며, 비밀번호 힌트로 가장 작은 수는 맨 앞에, 가장 큰 수는 맨 뒤라는 것을 알았다. 총 몇 번의 시도를 하면 비밀번호를 반드시 찾을 수 있는가?

① 8번   ② 10번
③ 12번   ④ 24번

정답   ②

5개의 숫자 중 4개의 숫자를 뽑는 경우의 수는 $_5\mathrm{C}_4 = 5$가지이다.
뽑힌 4개의 숫자 중 가장 큰 숫자와 가장 작은 숫자 2개를 제외하고 나머지 숫자 2개의 순서만 정하면 되므로 비밀번호를 찾을 수 있는 경우의 수는 $5 \times 2 = 10$가지이다.

유형풀이 Tip

1) 합의 법칙
   ① 두 사건 A, B가 동시에 일어나지 않을 때, A가 일어나는 경우의 수를 m, B가 일어나는 경우의 수를 n이라고 하면, 사건 A 또는 B가 일어나는 경우의 수는 $m+n$이다.
   ② '또는', '~이거나'라는 말이 나오면 합의 법칙을 사용한다.
2) 곱의 법칙
   ① A가 일어나는 경우의 수를 m, B가 일어나는 경우의 수를 n이라고 하면, 사건 A와 B가 동시에 일어나는 경우의 수는 $m \times n$이다.
   ② '그리고', '동시에'라는 말이 나오면 곱의 법칙을 사용한다.

01 할아버지와 할머니, 아버지와 어머니 그리고 3명의 자녀로 이루어진 가족이 있다. 이 가족이 일렬로 서서 가족사진을 찍으려고 할 때 할아버지가 맨 앞, 할머니가 맨 뒤에 위치하는 경우의 수는?

① 120가지   ② 125가지
③ 130가지   ④ 135가지

02 A상자에는 흰 공 2개가 들어있고, B상자에는 빨간 공 3개가 들어있다. 각 상자에서 공을 1개씩 꺼낸다고 할 때, 가능한 경우의 수는?(단, 중복되는 경우는 고려하지 않는다)

① 3가지   ② 4가지
③ 5가지   ④ 6가지

03 10명의 사원에게 휴가를 나누어주려고 한다. 휴가 기간은 25 ~ 28일이다. 하루에 최대 4명에게 휴가를 줄 수 있을 때, 가능한 경우의 수는?(단, 1명도 휴가를 가지 않는 날은 없다)

① 22가지   ② 32가지
③ 38가지   ④ 44가지

11 확률

| 유형분석 |

- 줄 세우기, 대표 뽑기, 경기 수, 최단 경로 수 등의 유형으로 출제될 가능성이 있다.
- 확률의 덧셈 법칙을 활용해야 하는 문제인지 곱셈 법칙을 활용해야 하는 문제인지 정확히 구분한다.
- 여사건 또는 조건부 확률 문제가 출제되기도 한다.

주머니에 1부터 10까지의 숫자가 적힌 카드 열 장이 들어있다. 주머니에서 카드를 세 번 뽑는다고 할 때, 1, 2, 3이 적힌 카드 중 한 장 이상을 뽑을 확률은?(단, 꺼낸 카드는 다시 넣지 않는다)

① $\dfrac{7}{24}$

② $\dfrac{5}{8}$

③ $\dfrac{17}{24}$

④ $\dfrac{5}{6}$

정답 ③

(1, 2, 3이 적힌 카드 중 한 장 이상을 뽑을 확률)=1−(세 번 모두 4 ~ 10이 적힌 카드를 뽑을 확률)

세 번 모두 4 ~ 10이 적힌 카드를 뽑을 확률은 $\dfrac{7}{10} \times \dfrac{6}{9} \times \dfrac{5}{8} = \dfrac{7}{24}$ 이다.

따라서 1, 2, 3이 적힌 카드 중 한 장 이상을 뽑을 확률은 $1 - \dfrac{7}{24} = \dfrac{17}{24}$ 이다.

유형풀이 Tip

1) 확률의 덧셈
   두 사건 A, B가 동시에 일어나지 않을 때, A가 일어날 확률을 p, B가 일어날 확률을 q라고 하면, 사건 A 또는 B가 일어날 확률은 $p+q$이다.

2) 확률의 곱셈
   A가 일어날 확률을 p, B가 일어날 확률을 q라고 하면, 사건 A와 B가 동시에 일어날 확률은 $p \times q$이다.

3) 여사건 확률
   ① 사건 A가 일어날 확률이 p일 때, 사건 A가 일어나지 않을 확률은 $(1-p)$이다.
   ② '적어도'라는 말이 나오면 주로 사용한다.

4) 조건부 확률
   ① 확률이 0이 아닌 두 사건 A, B에 대하여 사건 A가 일어났다는 조건하에 사건 B가 일어날 확률로, A 중에서 B인 확률을 의미한다.
   ② $P(B \mid A) = \dfrac{P(A \cap B)}{P(A)}$ 또는 $P_A(B)$로 나타낸다.

01 어느 학생이 두 문제 A, B를 푸는데 A문제를 맞히지 못할 확률은 60%, 두 문제를 모두 맞힐 확률은 24%이다. 이 학생이 A문제는 맞히고, B문제는 맞히지 못할 확률은?

① 16%   ② 24%

③ 30%   ④ 32%

02 A~F 6명을 한 줄로 세울 때, A와 B가 나란히 서 있을 확률은?

① $\dfrac{1}{6}$ ② $\dfrac{1}{3}$

③ $\dfrac{1}{2}$ ④ $\dfrac{2}{3}$

03 새로 입사한 사원의 현황이 다음 〈조건〉과 같다. 신입사원 중 여자 1명을 뽑았을 때, 경력자가 뽑힐 확률은?

> **조건**
> • 신입사원의 60%는 여성이다.
> • 신입사원의 20%는 여성 경력직이다.
> • 신입사원의 80%는 여성이거나 경력직이다.

① $\dfrac{1}{3}$ ② $\dfrac{2}{3}$

③ $\dfrac{1}{5}$ ④ $\dfrac{3}{5}$

12 자료계산

| 유형분석 |

- 문제에 주어진 조건과 정보를 활용하여 빈칸에 알맞은 수를 계산해낼 수 있는지 평가한다.
- 빈칸이 여러 개인 경우 계산이 간단한 한두 개의 빈칸의 값을 먼저 찾고, 역으로 대입하여 풀이 시간을 단축한다.
- 교육공무직원 소양평가 수리력의 경우 마지막 자리까지 값을 정확하게 계산하지 않아도 어림값을 구하여 답을 선택할 수 있는 문제가 출제될 가능성이 높다. 그러나 어림값을 통해 섣불리 오답을 선택하는 실수를 범하지 않도록 주의해야 한다.

다음은 시·군지역의 성별 비경제활동 인구를 조사한 자료이다. 빈칸 (가), (다)에 들어갈 수가 바르게 연결된 것은?(단, 인구수는 소수점 첫째 자리에서 반올림한다)

〈성별 비경제활동 인구〉

(단위 : 천 명, %)

구분	합계	남자	비중	여자	비중
시지역	7,800	2,574	(가)	5,226	(나)
군지역	1,149	(다)	33.5	(라)	66.5

	(가)	(다)			(가)	(다)
①	30	385		②	30	392
③	33	378		④	33	385

정답 ④

- (가) : $\dfrac{2,574}{7,800} \times 100 = 33$
- (다) : $1,149 \times 0.335 = 385$

유형풀이 Tip

주요 통계 용어
1) 평균 : 자료 전체의 합을 자료의 개수로 나눈 값
2) 분산 : 변량이 평균으로부터 떨어져 있는 정도를 나타낸 값
3) 표준편차 : 통계집단의 분배정도를 나타내는 수치, 자료의 값이 얼마나 흩어져 분포되어 있는지 나타내는 산포도 값의 한 종류
4) 상대도수 : 도수분포표에서 도수의 총합에 대한 각 계급의 도수의 비율
5) 최빈값 : 자료의 분포 중에서 가장 많은 빈도로 나타나는 변량
6) 중앙값 : 자료를 크기 순서대로 배열했을 때 중앙에 위치하게 되는 값

01　A초등학교의 1학년 입학생 수가 다음과 같은 규칙을 보일 때, 2029년의 A초등학교 입학생 수는?

〈A초등학교 입학생 수 변화〉

(단위 : 명)

구분	2019년	2020년	2021년	2022년	2023년
학생 수	196	182	168	154	140

① 70명　　　　　　　　　　　　② 56명

③ 42명　　　　　　　　　　　　④ 28명

02　다음은 A ~ E과제에 대해 전문가 5명이 평가한 점수를 정리한 표이다. 최종 점수와 평균 점수가 같은 과제로만 짝지어진 것은?

〈과제별 점수 현황〉

(단위 : 점)

구분	A과제	B과제	C과제	D과제	E과제
전문가 1	100	80	60	80	100
전문가 2	70	60	50	100	40
전문가 3	60	40	100	90	( )
전문가 4	50	60	90	70	70
전문가 5	80	60	60	40	80
평균 점수	( )	( )	( )	( )	70

※ 최종 점수는 가장 낮은 점수와 가장 높은 점수를 제외한 평균 점수이다.

① A, B과제　　　　　　　　　　② B, C과제

③ B, D과제　　　　　　　　　　④ B, E과제

※ 다음은 2022 ~ 2023년 초등학교, 중학교, 고등학교를 대상으로 교육비 현황을 조사한 자료이다. 이어지는 질문에 답하시오. [3~4]

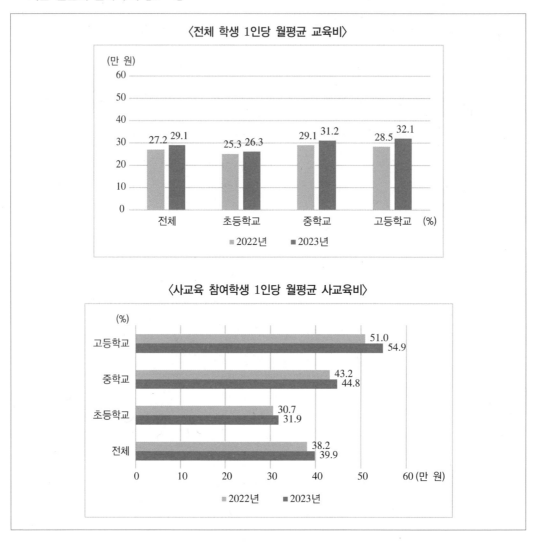

03 2022년 전체 학생 수가 1,500명이고, 초등학생의 수는 800명이었다. 전체 학생의 월간 총교육비 대비 초등학생의 월간 총교육비의 비율은 몇 %인가?(단, 비율은 소수점 둘째 자리에서 반올림한다)

① 44.7% ② 47.3%

③ 48.2% ④ 49.6%

04 2023년 중학교 전체 학생 수가 600명이고, 이 중 40%가 사교육에 참여했다고 한다. 중학교 전체 학생의 월간 총교육비에서 중학교 사교육 참여 학생의 월간 총사교육비가 차지하는 비중은 몇 %인가?(단, 소수점 둘째 자리에서 반올림한다)

① 55.2% ② 57.4%

③ 62.5% ④ 66.8%

| 유형분석 |

- 문제에 주어진 상황과 정보를 적절하게 활용하여 잘못된 내용을 찾아낼 수 있는지 평가한다.
- 비율·증감폭·증감률·수익(손해)율 등의 계산을 요구하는 문제가 출제된다.

다음은 동북아시아 3개국 수도의 30년간의 인구 변화를 나타낸 자료이다. 이에 대한 설명으로 옳지 않은 것은?

〈동북아시아 3개국 수도 인구수〉

(단위 : 십만 명)

구분	1993년	2003년	2013년	2023년
서울	80	120	145	180
베이징	50	80	158	205
도쿄	300	330	356	360

① 2013년을 기점으로 인구수가 2번째로 많은 도시가 바뀐다.

② 세 도시 중 해당 기간 동안 인구가 감소한 도시가 있다.

③ 1993년 대비 2003년의 서울의 인구 증가율은 50%이다.

④ 2003년 대비 2013년의 인구 증가폭은 베이징이 가장 높다.

정답 ②

서울, 베이징, 도쿄 모두 해당 기간 동안 지속적으로 인구가 증가하고 있다.

오답분석

① 2013년을 기점으로 서울과 베이징의 인구 순위가 뒤바뀐다.

③ 1993년 대비 2003년의 서울의 인구 증가율은 $\dfrac{120-80}{80} \times 100 = 50\%$이다.

④ 2003년 대비 2013년의 인구 증가폭은 서울이 25십만 명, 베이징이 78십만 명, 도쿄가 26십만 명으로 베이징이 가장 높다.

유형풀이 Tip

- 각 선택지의 진위 여부를 파악하는 문제이므로, 수치 계산이 필요 없는 선택지부터 소거해 나간다.
- 선택지별로 필요한 정보가 무엇인지 빠르게 파악하고, 자료에서 필요한 부분을 체크하여 계산해야 한다.

01 다음은 A ~ D사의 남녀 직원 비율에 대한 자료이다. 이에 대한 설명으로 옳지 않은 것은?

〈회사별 남녀 직원 비율〉

(단위 : %)

구분	A사	B사	C사	D사
남직원	60	40	45	38
여직원	40	60	55	62

① A사의 남직원이 B사의 여직원보다 많다.
② B, C, D사의 여직원 수의 합은 남직원 수의 합보다 크다.
③ 여직원 대비 남직원 비율이 가장 높은 회사는 A이며, 가장 낮은 회사는 D이다.
④ A, B, C사 각각의 전체 직원 수가 같다면 A, B사 여직원 수의 합은 C사 여직원 수의 2배 미만이다.

02 다음은 X고등학교와 Y고등학교의 A ~ E대학 진학률을 나타낸 자료이다. 이에 대한 설명으로 옳지 않은 것은?

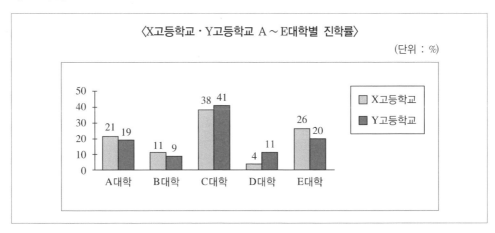

① X고등학교와 Y고등학교의 진학률 1위 대학은 동일하다.
② X고등학교와 Y고등학교의 진학률 5위 대학은 다르다.
③ X고등학교가 Y고등학교에 비해 진학률이 낮은 대학은 C대학뿐이다.
④ X고등학교와 Y고등학교의 E대학교 진학률 차이는 10%p 미만이다.

※ 다음은 2023년의 시도별 질병 환자 현황을 조사한 자료이다. 이어지는 질문에 답하시오. [3~4]

〈시도별 질병 환자 현황〉

(단위 : 명, 개)

구분	질병 환자 수	감기 환자 수	한 명당 가입한 의료보험의 수	발열 환자 수
전국	1,322,412	594,725	1.3	594,412
서울특별시	246,867	96,928	1.3	129,568
부산광역시	77,755	37,101	1.3	33,632
대구광역시	56,985	27,711	1.2	23,766
인천광역시	80,023	36,879	1.3	33,962
광주광역시	35,659	19,159	1.2	16,530
대전광역시	37,736	15,797	1.3	17,166
울산광역시	32,861	18,252	1.2	12,505
세종특별자치시	12,432	5,611	1.3	6,351
경기도	366,403	154,420	1.3	166,778
강원도	35,685	15,334	1.3	15,516
충청북도	40,021	18,556	1.3	17,662
충청남도	56,829	27,757	1.3	23,201
전라북도	38,328	18,922	1.3	16,191
전라남도	40,173	19,691	1.3	15,614
경상북도	61,237	30,963	1.3	24,054
경상남도	85,031	43,694	1.3	33,622
제주특별자치도	18,387	7,950	1.4	8,294

03 다음 〈보기〉에서 자료에 대한 설명으로 옳은 것을 모두 고르면?

> **보기**
> ㄱ. 부산광역시는 경상남도보다 감기 환자의 수가 적다.
> ㄴ. 대구광역시의 질병 환자가 가입한 의료보험의 총수는 6만 5천 개 이상이다.
> ㄷ. 질병 환자 한 명당 발열 환자 수는 강원도가 제일 적다.
> ㄹ. 질병 환자 한 명당 발열 환자 수는 서울특별시가 제일 많다.

① ㄱ, ㄴ
② ㄴ, ㄷ
③ ㄱ, ㄴ, ㄹ
④ ㄴ, ㄷ, ㄹ

04 다음 중 자료를 그래프로 바르게 변환하지 않은 것은?

① 시도별 질병 환자 수(단위 : 명)

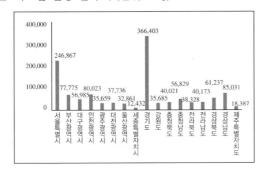

② 시도별 감기 환자 수(단위 : 명)

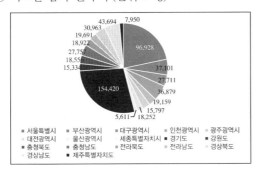

③ 한 명당 가입한 의료보험의 수(단위 : 개)

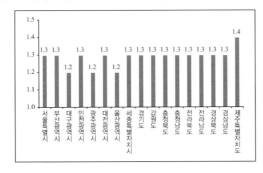

④ 질병 환자 한 명당 발열 환자 수(단위 : 명)

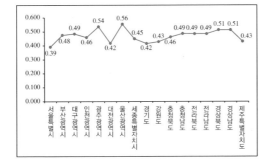

CHAPTER 04
문제해결력

합격 CHEAT KEY

| 출제유형 |

01　수 · 문자추리

나열된 수열이나 문자를 보고 규칙을 찾아서 빈칸에 들어갈 알맞은 숫자나 문자를 고르는 유형으로, 기본적인 수열뿐 아니라 복잡한 형태의 종잡을 수 없는 규칙도 나오는데다가 제한시간도 매우 짧다.

02　언어추리

3 ~ 4개의 주어진 명제나 조건으로부터 결론을 도출하거나, 이를 바탕으로 옳거나 옳지 않은 보기를 고르는 문제가 출제되고 있다.

01 수 · 문자추리

- 눈으로만 규칙을 찾고자 할 경우 변화된 값을 모두 외우기 어려우므로 나열된 수의 변화된 값이나 문자의 규칙을 적어두면 발견하기 용이하다.
- 규칙이 발견되지 않는 경우에는 홀수 항과 짝수 항을 분리해서 파악하거나 군수열을 생각해본다.

02 언어추리

- 세 개 이상의 비교 대상이 등장하며, '~보다', '가장' 등의 표현에 유의해 풀어야 한다.
- '어떤'과 '모든'이 나오는 명제는 벤다이어그램을 활용한다.
- 주어진 규칙과 조건을 파악한 후 이를 도식화(표, 기호 등으로 정리)하여 문제에 접근한다.
- 〈조건〉에 사용된 조사의 의미와 제한사항 등을 제대로 이해해야 정답을 찾을 수 있으므로 문제와 제시된 문장을 꼼꼼히 읽는 습관을 기른다.

01 수추리

(1) 등차수열 : 앞의 항에 일정한 수를 더해 이루어지는 수열

예 1 3 5 7 9 11 13 15
+2 +2 +2 +2 +2 +2 +2

(2) 등비수열 : 앞의 항에 일정한 수를 곱해 이루어지는 수열

예 1 2 4 8 16 32 64 128
×2 ×2 ×2 ×2 ×2 ×2 ×2

(3) 계차수열 : 앞의 항과의 차가 일정하게 증가하는 수열

예 1 2 4 7 11 16 22 29
+1 +2 +3 +4 +5 +6 +7
+1 +1 +1 +1 +1 +1

(4) 피보나치 수열 : 앞의 두 항의 합이 그 다음 항의 수가 되는 수열

$a_n = a_{n-1} + a_{n-2}$ $(n \geq 3, \ a_n = 1, \ a_2 = 1)$

예 1 1 2 3 5 8 13 21
1+1 1+2 2+3 3+5 5+8 8+13

(5) 건너뛰기 수열 : 두 개 이상의 수열이 일정한 간격을 두고 번갈아가며 나타나는 수열

예 1 1 3 7 5 13 7 19

• 홀수 항 : 1 3 5 7
+2 +2 +2

• 짝수 항 : 1 7 13 19
+6 +6 +6

(6) 군수열 : 일정한 규칙성으로 몇 항씩 묶어 나눈 수열

[예] • 1 1 2 1 2 3 1 2 3 4

⇒ $\underset{1+1=2}{\underline{1\ 1\ 2}}\quad \underset{1+2=3}{\underline{1\ 2\ 3}}\quad \underset{1+2+3=4}{\underline{1\ 2\ 3\ 4}}$

• 1 3 4 6 5 11 2 6 8 9 3 12

⇒ $\underset{1+3=4}{\underline{1\ 3\ 4}}\quad \underset{6+5=11}{\underline{6\ 5\ 11}}\quad \underset{2+6=8}{\underline{2\ 6\ 8}}\quad \underset{9+3=12}{\underline{9\ 3\ 12}}$

• 1 3 3 2 4 8 5 6 30 7 2 14

⇒ $\underset{1\times3=3}{\underline{1\ 3\ 3}}\quad \underset{2\times4=8}{\underline{2\ 4\ 8}}\quad \underset{5\times6=30}{\underline{5\ 6\ 30}}\quad \underset{7\times2=14}{\underline{7\ 2\ 14}}$

02 문자추리

(1) 알파벳, 자음, 한자, 로마자

1	2	3	4	5	6	7	8	9	10	11	12	13	14	15	16	17	18	19	20	21	22	23	24	25	26
A	B	C	D	E	F	G	H	I	J	K	L	M	N	O	P	Q	R	S	T	U	V	W	X	Y	Z
ㄱ	ㄴ	ㄷ	ㄹ	ㅁ	ㅂ	ㅅ	ㅇ	ㅈ	ㅊ	ㅋ	ㅌ	ㅍ	ㅎ												
一	二	三	四	五	六	七	八	九	十																
i	ii	iii	iv	v	vi	vii	viii	ix	x																

(2) 일반모음

1	2	3	4	5	6	7	8	9	10
ㅏ	ㅑ	ㅓ	ㅕ	ㅗ	ㅛ	ㅜ	ㅠ	ㅡ	ㅣ

(3) 일반모음 + 이중모음(사전 등재 순서)

1	2	3	4	5	6	7	8	9	10	11	12	13	14	15	16	17	18	19	20	21
ㅏ	ㅐ	ㅑ	ㅒ	ㅓ	ㅔ	ㅕ	ㅖ	ㅗ	ㅘ	ㅙ	ㅚ	ㅛ	ㅜ	ㅝ	ㅞ	ㅟ	ㅠ	ㅡ	ㅢ	ㅣ

1. 연역 추론

이미 알고 있는 판단(전제)을 근거로 새로운 판단(결론)을 유도하는 추론이다. 연역 추론은 진리일 가능성을 따지는 귀납 추론과는 달리, 명제 간의 관계와 논리적 타당성을 따진다. 즉, 연역 추론은 전제들로부터 절대적인 필연성을 가진 결론을 이끌어내는 추론이다.

(1) 직접 추론

한 개의 전제로부터 중간적 매개 없이 새로운 결론을 이끌어내는 추론이며, 대우 명제가 그 대표적인 예이다.

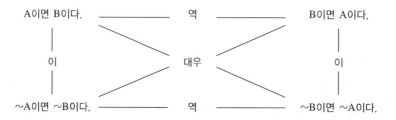

- 한국인은 모두 황인종이다. (전제)
- 그러므로 황인종이 아닌 사람은 모두 한국인이 아니다. (결론 1)
- 그러므로 황인종 중에는 한국인이 아닌 사람도 있다. (결론 2)

(2) 간접 추론

둘 이상의 전제로부터 새로운 결론을 이끌어내는 추론이다. 삼단논법이 가장 대표적인 예이다.

① **정언 삼단논법** : 세 개의 정언명제로 구성된 간접추론 방식이다. 세 개의 명제 가운데 두 개의 명제는 전제이고, 나머지 한 개의 명제는 결론이다. 세 명제의 주어와 술어는 세 개의 서로 다른 개념을 표현한다.

② **가언 삼단논법** : 가언명제로 이루어진 삼단논법을 말한다. 가언명제란 두 개의 정언명제가 '만일 ~이라면'이라는 접속사에 의해 결합된 복합명제이다. 여기서 '만일'에 의해 이끌리는 명제를 전건이라고 하고, 그 뒤의 명제를 후건이라고 한다. 가언 삼단논법의 종류로는 혼합가언 삼단논법과 순수가언 삼단논법이 있다.

○ 혼합가언 삼단논법 : 대전제만 가언명제로 구성된 삼단논법이다. 긍정식과 부정식 두 가지가 있으며, 긍정식은 'A면 B이다. A이다. 그러므로 B이다.'이고, 부정식은 'A면 B이다. B가 아니다. 그러므로 A가 아니다.'이다.

- 만약 A라면 B이다.
- B가 아니다.
- 그러므로 A가 아니다.

○ 순수가언 삼단논법 : 대전제와 소전제 및 결론까지 모두 가언명제들로 구성된 삼단논법이다.

- 만약 A라면 B이다.
- 만약 B라면 C이다.
- 그러므로 만약 A라면 C이다.

③ 선언 삼단논법 : '~이거나 ~이다.'의 형식으로 표현되며 전제 속에 선언 명제를 포함하고 있는 삼단논법이다.

- 내일은 비가 오거나 눈이 온다(A 또는 B이다).
- 내일은 비가 오지 않는다(A가 아니다).
- 그러므로 내일은 눈이 온다(그러므로 B이다).

④ 딜레마 논법 : 대전제는 두 개의 가언명제로, 소전제는 하나의 선언명제로 이루어진 삼단논법으로, 양도추론이라고도 한다.

• 만일 네가 거짓말을 하면, 신이 미워할 것이다.	(대전제)
• 만일 네가 거짓말을 하지 않으면, 사람들이 미워할 것이다.	(대전제)
• 너는 거짓말을 하거나, 거짓말을 하지 않을 것이다.	(소전제)
• 그러므로 너는 미움을 받게 될 것이다.	(결론)

2. 귀납 추론

특수한 또는 개별적인 사실로부터 일반적인 결론을 이끌어 내는 추론을 말한다. 귀납 추론은 구체적 사실들을 기반으로 하여 결론을 이끌어 내기 때문에 필연성을 따지기보다는 개연성과 유관성, 표본성 등을 중시하게 된다. 여기서 개연성이란, 관찰된 어떤 사실이 같은 조건하에서 앞으로도 관찰될 수 있는가 하는 가능성을 말하고, 유관성은 추론에 사용된 자료가 관찰하려는 사실과 관련되어야 하는 것을 일컬으며, 표본성은 추론을 위한 자료의 표본 추출이 공정하게 이루어져야 하는 것을 가리킨다. 이러한 귀납 추론은 일상생활 속에서 많이 사용하고, 우리가 알고 있는 과학적 사실도 이와 같은 방법으로 밝혀졌다.

그러나 전제들이 참이어도 결론이 항상 참인 것은 아니다. 단 하나의 예외로 인하여 결론이 거짓이 될 수 있다.

> • 성냥불은 뜨겁다.
> • 연탄불도 뜨겁다.
> • 그러므로 모든 불은 뜨겁다.

위 예문에서 '성냥불이나 연탄불이 뜨거우므로 모든 불은 뜨겁다.'라는 결론이 나왔는데, 반딧불은 뜨겁지 않으므로 '모든 불이 뜨겁다.'라는 결론은 거짓이 된다.

(1) 완전 귀납 추론

관찰하고자 하는 집합의 전체를 다 검증함으로써 대상의 공통 특질을 밝혀내는 방법이다. 이는 예외 없는 진실을 발견할 수 있다는 장점은 있으나, 집합의 규모가 크고 속성의 변화가 다양할 경우에는 적용하기 어려운 단점이 있다.

예 1부터 10까지의 수를 다 더하여 그 합이 55임을 밝혀내는 방법

(2) 통계적 귀납 추론

통계적 귀납 추론은 관찰하고자 하는 집합의 일부에서 발견한 몇 가지 사실을 열거함으로써 그 공통점을 결론으로 이끌어 내려는 방식을 가리킨다. 관찰하려는 집합의 규모가 클 때 그 일부를 표본으로 추출하여 조사하는 방식이 이에 해당하며, 표본 추출의 기준이 얼마나 적합하고 공정한가에 따라 그 결과에 대한 신뢰도가 달라진다는 단점이 있다.

예 여론조사에서 일부의 국민에 대한 설문 내용을 바탕으로, 이를 전체 국민의 여론으로 제시하는 것

(3) 인과적 귀납 추론

관찰하고자 하는 집합의 일부 원소들이 지닌 인과 관계를 인식하여 그 원인이나 결과를 이끌어 내려는 방식을 말한다.

① 일치법 : 공통적인 현상을 지닌 몇 가지 사실 중에서 각기 지닌 요소 중 어느 한 가지만 일치한다면 이 요소가 공통 현상의 원인이라고 판단

② **차이법** : 어떤 현상이 나타나는 경우와 나타나지 않은 경우를 놓고 보았을 때, 각 경우의 여러 조건 중 단 하나만이 차이를 보인다면 그 차이를 보이는 조건이 원인이 된다고 판단

　　예 현수와 승재는 둘 다 지능이나 학습 시간, 학습 환경 등이 비슷한데 공부하는 태도에는 약간의 차이가 있다. 따라서 두 사람이 성적이 차이를 보이는 것은 학습 태도의 차이 때문으로 생각된다.

③ **일치·차이 병용법** : 몇 개의 공통 현상이 나타나는 경우와 몇 개의 그렇지 않은 경우를 놓고 일치법과 차이법을 병용하여 적용함으로써 그 원인을 판단

　　예 학업 능력 정도가 비슷한 두 아동 집단에 대해 처음에는 같은 분량의 과제를 부여하고 나중에는 각기 다른 분량의 과제를 부여한 결과, 많이 부여한 집단의 성적이 훨씬 높게 나타났다. 이로 보아, 과제를 많이 부여하는 것이 적게 부여하는 것보다 학생의 학업 성적 향상에 도움이 된다고 판단할 수 있다.

④ **공변법** : 관찰하는 어떤 사실의 변화에 따라 현상의 변화가 일어날 때 그 변화의 원인이 무엇인지 판단

　　예 담배를 피우는 양이 각기 다른 사람들의 집단을 조사한 결과, 담배를 많이 피울수록 폐암에 걸릴 확률이 높다는 사실이 발견되었다.

⑤ **잉여법** : 앞의 몇 가지 현상이 뒤의 몇 가지 현상의 원인이며, 선행 현상의 일부분이 후행 현상의 일부분이라면, 선행 현상의 나머지 부분이 후행 현상의 나머지 부분의 원인임을 판단

　　예 어젯밤 일어난 사건의 혐의자는 정은이와 규민이 두 사람인데, 정은이는 알리바이가 성립되어 혐의 사실이 없는 것으로 밝혀졌다. 따라서 그 사건의 범인은 규민이일 가능성이 높다.

3. 유비 추론

두 개의 대상 사이에 일련의 속성이 동일하다는 사실에 근거하여 그것들의 나머지 속성도 동일하리라는 결론을 이끌어내는 추론, 즉 이미 알고 있는 것에서 다른 유사한 점을 찾아내는 추론을 말한다. 그렇기 때문에 유비 추론은 잣대(기준)가 되는 사물이나 현상이 있어야 한다. 유비 추론은 가설을 세우는 데 유용하다. 이미 알고 있는 사례로부터 아직 알지 못하는 것을 생각해 봄으로써 쉽게 가설을 세울 수 있다. 이때 유의할 점은 이미 알고 있는 사례와 이제 알고자 하는 사례가 매우 유사하다는 확신과 증거가 있어야 한다. 그렇지 않은 상태에서 유비 추론에 의해 결론을 이끌어 내면, 그것은 개연성이 거의 없고 잘못된 결론이 될 수도 있다.

- 지구에는 공기, 물, 흙, 햇빛이 있다(A는 a, b, c, d의 속성을 가지고 있다).
- 화성에는 공기, 물, 흙, 햇빛이 있다(B는 a, b, c, d의 속성을 가지고 있다).
- 지구에 생물이 살고 있다(A는 e의 속성을 가지고 있다).
- 그러므로 화성에도 생물이 살고 있을 것이다(그러므로 B도 e의 속성을 가지고 있을 것이다).

01 수추리

| 유형분석 |

- 나열된 수를 분석하여 그 안의 규칙을 찾고 적용할 수 있는지를 평가하는 유형이다.
- 규칙에 분수나 소수가 나오면 어려운 문제인 것처럼 보이지만 오히려 규칙은 단순한 경우가 많다.

※ 일정한 규칙으로 수를 나열할 때, 빈칸에 들어갈 알맞은 수를 고르시오. [1~2]

01

| 5   12   26   54   (   )   222   446 |

① 104
② 106
③ 108
④ 110

02

| 2 4 20   3 5 34   4 5 41   5 6 (   ) |

① 41
② 50
③ 52
④ 61

01

정답 ④

(앞의 항+1)×2를 하는 수열이다.
따라서 (   )=(54+1)×2=110이다.

02

정답 ④

나열된 수를 각각 A, B, C라고 하면
$\underline{A\ B\ C} \to A^2+B^2=C$
따라서 (   )=$5^2+6^2=61$이다.

※ 일정한 규칙으로 수를 나열할 때, 빈칸에 들어갈 알맞은 수를 고르시오. [1~4]

01

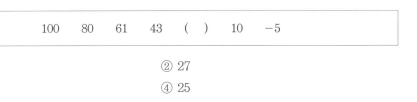

100　80　61　43　( )　10　−5

① 28
② 27
③ 26
④ 25

02

17　−51　153　−459　( )　−4,131

① 1,377
② 1,576
③ 1,722
④ −2,456

03

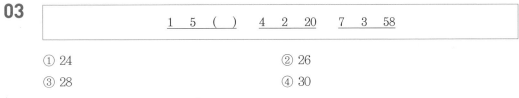

1　5　( )　　4　2　20　　7　3　58

① 24
② 26
③ 28
④ 30

04

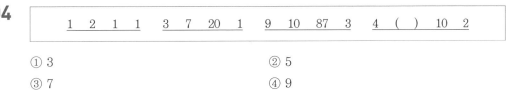

1　2　1　1　　3　7　20　1　　9　10　87　3　　4　( )　10　2

① 3
② 5
③ 7
④ 9

02 문자추리

| 유형분석 |

- 나열된 문자를 분석하여 그 안의 규칙을 찾고 적용할 수 있는지를 평가하는 유형이다.
- 규칙에 알파벳이 나오면 어려운 문제인 것처럼 보이지만 알파벳의 나열 순서를 적용하게 쉽게 해결할 수 있다.

01 일정한 규칙으로 문자를 나열할 때, 빈칸에 들어갈 문자로 옳은 것은?

ㅌ ㄹ ( ) ㅇ I ㄴ

① A ② C
③ G ④ I

02 다음 중 규칙이 다른 하나는?(단, 모음은 일반모음 10개만 세는 것을 기준으로 한다)

① 어오어어 ② 러버러러
③ GNGG ④ 유이유유

01

정답 ③

홀수 항은 2씩 더하고, 짝수 항은 2씩 곱하는 수열이다.

ㅌ	ㄹ	(G)	ㅇ	I	ㄴ
5	4	7	8	9	16(2)

02

정답 ③

앞 문자에 ×2, ÷2, +0으로 나열한 규칙이다.

오답분석
①・②・④ 앞 문자에 +2, −2, +0으로 나열한 것이다.

PART 1

※ 일정한 규칙으로 문자를 나열할 때, 빈칸에 들어갈 문자로 옳은 것을 고르시오. [1~2]

01

A D G J M P ( ) V

① Q   ② S
③ P   ④ T

02

ㄴ D ( ) K ㄴ V

① ㅇ   ② P
③ ㅅ   ④ B

※ 다음 중 규칙이 다른 하나를 고르시오(단, 모음은 일반모음 10개만 세는 것을 기준으로 한다). [3~4]

03 ① ㅁㅁㅅㅊ   ② 듭듭믑읍
        ③ ZZBG   ④ AACF

04 ① BDDH   ② ㄱㄴㄴㅂ
        ③ 냐녀녀뉴   ④ DHHP

03 삼단논법

| 유형분석 |

- '$p \rightarrow q$, $q \rightarrow r$이면 $p \rightarrow r$이다.'형식의 삼단논법과 명제의 대우를 활용하여 푸는 유형이다.
- 전제를 추리하거나 결론을 추리하는 유형이 출제된다.
- 'A○ → B×' 또는 '$p \rightarrow \sim q$'와 같이 명제를 단순화하여 정리하면서 풀어야 한다.

제시된 명제가 모두 참일 때, 빈칸에 들어갈 명제로 가장 적절한 것은?

- 공부를 하지 않으면 시험을 못 본다.
- _____
- 공부를 하지 않으면 성적이 나쁘게 나온다.

① 공부를 한다면 시험을 잘 본다.
② 시험을 잘 본다면 공부를 한 것이다.
③ 성적이 좋다면 공부를 한 것이다.
④ 성적이 좋다면 시험을 잘 본 것이다.

정답 ④

'공부를 함'을 p, '시험을 잘 봄'을 q, '성적이 좋게 나옴'을 r이라 하면 첫 번째 명제는 $\sim p \rightarrow \sim q$, 마지막 명제는 $\sim p \rightarrow \sim r$이다. 따라서 $\sim q \rightarrow \sim r$이 빈칸에 들어가야 $\sim p \rightarrow \sim q \rightarrow \sim r$이 되어 $\sim p \rightarrow \sim r$이 성립한다. 참인 명제의 대우도 역시 참이므로 $\sim q \rightarrow \sim r$의 대우인 '성적이 좋다면 시험을 잘 본 것이다.'가 답이 된다.

유형풀이 Tip

전제 추리 방법	결론 추리 방법
첫 번째 명제가 $p \rightarrow q$일 때 마지막 명제가 $p \rightarrow r$이라면, 각 명제의 앞부분이 같으므로 뒷부분을 $q \rightarrow r$로 이어준다. 만일 형태가 이와 맞지 않는다면 대우 명제를 이용한다.	대우 명제를 활용하여 첫 번째 명제와 두 번째 명제가 $p \rightarrow q$, $q \rightarrow r$의 형태로 만들어진다면 마지막 명제는 $p \rightarrow r$이다.

※ 제시된 명제가 모두 참일 때, 빈칸에 들어갈 명제로 가장 적절한 것을 고르시오. [1~3]

01

- 약속을 지키지 않으면 다른 사람에게 신뢰감을 줄 수 없다.
- 메모하는 습관이 없다면 약속을 지킬 수 없다.
- _____

① 다른 사람에게 신뢰감을 줄 수 없으면 약속을 지키지 않는다.
② 메모하는 습관이 없으면 다른 사람에게 신뢰감을 줄 수 있다.
③ 약속을 지키지 않으면 메모하는 습관이 없다.
④ 다른 사람에게 신뢰감을 주려면 메모하는 습관이 있어야 한다.

02

- 승리했다면 팀플레이가 된다는 것이다.
- _____
- 그러므로 승리했다면 패스했다는 것이다.

① 팀플레이가 된다면 패스했다는 것이다.
② 팀플레이가 된다면 패배한다.
③ 승리했다면 패스했다는 것이다.
④ 팀플레이가 된다면 승리한다.

03

- 너무 많이 먹으면 살이 찐다.
- _____
- 그러므로 너무 많이 먹으면 둔해진다.

① 둔하다면 적게 먹은 것이다.
② 둔하지 않다면 너무 많이 먹지 않은 것이다.
③ 살이 찌면 둔해진다.
④ 너무 많이 먹어도 살이 찌지 않는다.

| 유형분석 |

- 주어진 조건에 따라 한 줄로 세우거나 자리를 배치하는 유형이다.
- 평소 충분한 연습이 되어있지 않으면 풀기 어려운 유형이므로, 최대한 다양한 유형을 접해 보고 패턴을 익혀야 한다.

C그룹 마케팅팀에는 부장 A, 과장 B · C, 대리 D · E, 신입사원 F · G 총 7명이 근무하고 있다. 부장 A는 신입사원 입사 기념으로 팀원들을 데리고 영화관에 갔다. 영화를 보기 위해 다음 〈조건〉에 따라 자리에 앉는다고 할 때, 항상 옳은 것은?

조건

- 7명은 7자리가 일렬로 붙어 있는 좌석에 앉는다.
- 양 끝자리 옆에는 비상구가 있다.
- D와 F는 인접한 자리에 앉는다.
- A와 B 사이에는 1명이 앉아 있다.
- C와 G 사이에는 1명이 앉아 있다.
- G는 왼쪽 비상구 옆 자리에 앉아 있다.

① E는 D와 B의 사이에 앉는다.
② G와 가장 멀리 떨어진 자리에 앉는 사람은 D이다.
③ C의 양옆에는 A와 B가 앉는다.
④ D는 비상구와 붙어 있는 자리에 앉는다.

③

여섯 번째 조건에 의해 G는 첫 번째 자리에 앉고, 다섯 번째 조건에 의해 C는 세 번째 자리에 앉는다.

A와 B가 네 번째·여섯 번째 또는 다섯 번째·일곱 번째 자리에 앉으면 D와 F가 나란히 앉을 수 없다. 따라서 A와 B는 두 번째, 네 번째 자리에 앉는다.

그러면 남은 자리는 다섯·여섯·일곱 번째 자리이므로 D와 F는 다섯·여섯 번째 또는 여섯·일곱 번째 자리에 앉게 되고, 나머지 한 자리에 E가 앉는다.

이를 정리하면 다음과 같다.

구분	1	2	3	4	5	6	7
경우 1	G	A	C	B	D	F	E
경우 2	G	A	C	B	F	D	E
경우 3	G	A	C	B	E	D	F
경우 4	G	A	C	B	E	F	D
경우 5	G	B	C	A	D	F	E
경우 6	G	B	C	A	F	D	E
경우 7	G	B	C	A	E	D	F
경우 8	G	B	C	A	E	F	D

C의 양옆에는 항상 A와 B가 앉으므로 ③은 항상 옳다.

① 경우 3, 경우 4, 경우 7, 경우 8에서만 가능하며, 나머지 경우에는 성립하지 않는다.

②·④ 경우 4와 경우 8에서만 가능하며, 나머지 경우에는 성립하지 않는다.

유형풀이 Tip

• 이 유형에서 가장 먼저 해야 할 일은 고정된 조건을 찾는 것이다. 고정된 조건을 찾아 그 부분을 정해 놓으면 경우의 수가 훨씬 줄어든다.

01 카페를 운영 중인 J씨는 4종류의 음료를 여름 한정 메뉴로 판매하기로 결정하였고, 이를 위해 해당 음료의 재료를 유통하는 업체 두 곳을 선정하려 한다. 선정된 유통업체는 서로 다른 메뉴의 재료를 담당해야 하며, 반드시 담당하는 메뉴에 필요한 재료를 모두 공급해야 한다. 다음 〈조건〉에 따라 J씨가 선정할 두 업체는?

> **조건**
> • A ~ D업체는 각각 5가지 재료 중 3종류의 재료를 유통한다.
> • 모든 업체가 유통하는 재료가 있다.
> • A업체가 유통하는 재료들로 카페라테를 만들 수 있다.
> • B업체가 유통하는 재료들로는 카페라테를 만들 수 있지만, 아포가토는 만들 수 없다.
> • C업체는 딸기를 유통하지 않으나, D업체는 딸기를 유통한다.
> • 팥은 B업체를 제외하고 모든 업체가 유통한다.
> • 우유를 유통하는 업체는 두 곳이다.

〈메뉴에 필요한 재료〉

메뉴	재료
카페라테	커피 원두, 우유
아포가토	커피 원두, 아이스크림
팥빙수	아이스크림, 팥
딸기라테	우유, 딸기

① A업체, B업체 ② A업체, C업체

③ B업체, C업체 ④ B업체, D업체

02 김과장은 건강상의 이유로 다음 〈조건〉에 따라 간헐적 단식을 시작하기로 했다. 김과장이 선택한 간헐적 단식 방법은 월요일부터 일요일까지 일주일 중에 2일을 선택하여 아침 혹은 저녁 한 끼 식사만 하는 것이다. 김과장이 단식을 시작한 첫 주 월요일부터 일요일까지 한 끼만 먹은 요일과 이때 식사를 한 때는?

> **조건**
> • 단식을 하는 날 전후로 각각 최소 2일간은 세 끼 식사를 한다.
> • 단식을 하는 날 이외에는 항상 세 끼 식사를 한다.
> • 2주차 월요일에는 단식을 했다.
> • 1주차에 먹은 아침식사 횟수와 저녁식사 횟수가 같다.
> • 1주차 월요일, 수요일, 금요일은 조찬회의에 참석하여 아침식사를 했다.
> • 1주차 목요일은 업무약속이 있어서 점심식사를 했다.

① 월요일(아침), 목요일(저녁)
② 화요일(아침), 금요일(아침)
③ 화요일(저녁), 금요일(아침)
④ 수요일(아침), 일요일(저녁)

03 진영이가 다니는 유치원에는 서로 다른 크기의 토끼, 곰, 공룡, 기린, 돼지 인형이 있다. 다음 〈조건〉에 근거하여 바르게 추론한 것은?

> **조건**
> • 진영이가 좋아하는 인형의 크기가 가장 크다.
> • 토끼 인형은 곰 인형보다 크다.
> • 공룡 인형은 기린 인형보다 작다.
> • 곰 인형은 기린 인형보다는 크지만 돼지 인형보다는 작다.

① 곰 인형의 크기가 가장 작다.
② 기린 인형의 크기가 가장 작다.
③ 돼지 인형은 토끼 인형보다 작다.
④ 진영이가 좋아하는 인형은 알 수 없다.

| 유형분석 |

- 일반적으로 4∼5명의 진술이 제시되며, 각 진술의 진실 및 거짓 여부를 확인하여 범인을 찾는 유형이다.
- 추리영역 중에서도 체감난이도가 상대적으로 높은 유형으로 알려져 있으나, 문제풀이 패턴을 익히면 시간을 절약할 수 있는 문제이다.
- 각 진술 사이의 모순을 찾아 성립하지 않는 경우의 수를 제거하거나, 경우의 수를 나누어 모든 조건이 들어맞는지를 확인해야 한다.

4명의 취업준비생 갑∼정이 A그룹에 지원하여 그중 1명이 합격하였다. 취업준비생들은 다음과 같이 이야기하였고, 그중 1명이 거짓말을 하였다. 합격한 학생은 누구인가?

- 갑 : 을은 합격하지 않았다.
- 을 : 합격한 사람은 정이다.
- 병 : 내가 합격하였다.
- 정 : 을의 말은 거짓말이다.

① 갑   ② 을
③ 병   ④ 정

정답 ③

을과 정은 상반된 이야기를 하고 있으므로 둘 중 1명은 진실, 다른 1명은 거짓을 말하고 있다.

i) 을이 진실, 정이 거짓을 말한 경우 : 정을 제외한 3명의 말은 모두 참이므로 합격자는 병, 정이 되는데, 합격자는 1명이어야 하므로 모순이다. 따라서 을은 거짓, 정은 진실을 말한다.

ii) 을이 거짓, 정이 진실을 말한 경우 : 정을 제외한 3명의 말은 모두 참이므로 합격자는 병이다.

따라서 합격자는 병이다.

유형풀이 Tip

진실게임 유형 중 90% 이상은 다음 두 가지 방법으로 풀 수 있다. 주어진 진술을 빠르게 훑으며 다음 두 가지 중 어떤 경우에 해당되는지 확인한 후 문제를 풀어나간다.

두 명 이상의 발언 중 한쪽이 진실이면 다른 한쪽이 거짓인 경우
1) A가 진실이고 B가 거짓인 경우, B가 진실이고 A가 거짓인 경우 두 가지로 나눌 수 있다.
2) 두 가지 경우에서 각 발언의 진위 여부를 판단한다.
3) 주어진 조건과 비교한다(범인의 숫자가 맞는지, 진실 또는 거짓을 말한 인원수가 조건과 맞는지 등).

두 명 이상의 발언 중 한쪽이 진실이면 다른 한쪽도 진실인 경우
1) A와 B가 모두 진실인 경우, A와 B가 모두 거짓인 경우 두 가지로 나눌 수 있다.
2) 두 가지 경우에서 각 발언의 진위 여부를 판단한다.
3) 주어진 조건과 비교한다(범인의 숫자가 맞는지, 진실 또는 거짓을 말한 인원수가 조건과 맞는지 등).

01 사무실에 도둑이 들었다. 범인은 2명이고, 용의자로 지목된 A ~ E 5명이 다음과 같이 진술했다. 이 중 2명이 거짓말을 하고 있다고 할 때, 동시에 범인이 될 수 있는 사람끼리 짝지어진 것은?

> • A : B나 C 중에 1명만 범인이에요.
> • B : 저는 확실히 범인이 아닙니다.
> • C : 제가 봤는데 E가 범인이에요.
> • D : A가 범인이 확실해요.
> • E : 사실은 제가 범인이에요.

① A, B
② B, C
③ B, D
④ D, E

02 주차장에 이부장, 박과장, 김대리 세 사람의 차가 나란히 주차되어 있는데, 순서는 알 수 없다. 다음 중 한 사람의 말이 거짓이라고 할 때, 주차장에 주차된 순서로 알맞은 것을 고르면?

> • 이부장 : 내 옆에는 박과장 차가 세워져 있더군.
> • 박과장 : 제 옆에 김대리 차가 있는 걸 봤어요.
> • 김대리 : 이부장님 차가 가장 왼쪽에 있어요.
> • 이부장 : 김대리 차는 가장 오른쪽에 주차되어 있던데.
> • 박과장 : 저는 이부장님 옆에 주차하지 않았어요.

① 김대리 – 이부장 – 박과장
② 박과장 – 김대리 – 이부장
③ 박과장 – 이부장 – 김대리
④ 이부장 – 김대리 – 박과장

03 A ~ E 다섯 명은 점심 식사 후 제비뽑기를 통해 '꽝'을 뽑은 한 명이 나머지 네 명의 아이스크림을 모두 사주기로 하였다. 다음 A ~ E의 대화에서 한 명이 거짓말을 한다고 할 때, 아이스크림을 사야 할 사람은?

> • A : D는 거짓말을 하고 있지 않아.
> • B : '꽝'을 뽑은 사람은 C야.
> • C : B의 말이 사실이라면 D의 말은 거짓이야.
> • D : E의 말이 사실이라면 '꽝'을 뽑은 사람은 A야.
> • E : C는 빈 종이를 뽑았어.

① A   ② B
③ C   ④ D

04 A ~ E사원이 강남, 여의도, 상암, 잠실, 광화문 다섯 지역에 각각 출장을 간다. 다음 대화에서 A ~ E 중 1명은 거짓말을 하고 나머지 4명은 진실을 말하고 있을 때, 반드시 거짓인 것은?

> • A : B는 상암으로 출장을 가지 않는다.
> • B : D는 강남으로 출장을 간다.
> • C : B는 진실을 말하고 있다.
> • D : C는 거짓말을 하고 있다.
> • E : C는 여의도, A는 잠실로 출장을 간다.

① B는 여의도로 출장을 가지 않는다.
② C는 강남으로 출장을 가지 않는다.
③ D는 잠실로 출장을 가지 않는다.
④ E는 상암으로 출장을 가지 않는다.

CHAPTER 05
공간지각력

| 출제유형 |

01 평면도형

종이를 접어 구멍을 뚫은 후 다시 펼쳤을 때의 모습을 찾는 펀칭 문제와 일정 규칙에 따른 도형의 변화를 보고 빈칸에 들어갈 도형을 찾는 패턴 찾기 문제, 전개도를 접었을 때 나올 수 없는 도형을 찾는 전개도 문제 등이 출제되고 있다.

02 입체도형

단면도를 보고 입체도형을 찾는 단면도 문제와 모양이 다른 하나를 찾는 투상도 문제, 블록을 결합했을 때 모습 또는 빈칸에 들어갈 블록을 찾는 블록결합 문제 등이 출제되고 있다.

| 학습전략 |

01 평면도형

- 공부를 하다가 잘 이해가 되지 않는 경우에는 머릿속으로 상상하는 것에 그치지 말고 실제로 종이를 접어 구멍을 뚫어 보거나 잘라 보는 것이 도형을 이해하는 데 도움이 된다.

02 입체도형

- 여러 시점에서 바라본 도형의 모습을 연상하며, 보이지 않는 부분까지도 유추할 수 있는 능력을 키워야 한다.
- 입체도형은 큰 덩어리보다 작고 세밀한 부분에서 답이 나올 확률이 높다. 따라서 눈대중으로 훑어보아서는 안되며, 작은 부분까지 꼼꼼하게 체크하면서 답을 찾아야 한다.

CHAPTER 05

공간지각력 핵심이론

01 평면도형

1. 종이접기

주어진 종이를 조건에 맞게 접은 후 마지막 종이 모양으로 알맞은 모양을 찾거나 조건에 따라 종이를 접었을 때 나올 수 없는 모양을 찾는 유형이 출제된다.

• 종이를 접는 방향을 고려하여 앞면과 뒷면의 모습을 모두 생각하는 연습을 해야 한다.
• 마지막으로 접은 종이의 뒷면은 좌우 반전이 일어나므로 주의해야 한다.
• 이해가 가지 않는 경우에는 실제로 종이를 접어보면서 연습하는 것이 실전에 도움이 된다.

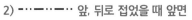

------------------------------------ 앞으로 접기
-·-·-·-·-·-·-·-·-·-·-·-· 뒤로 접기
-··-··-··-··-··-··-·· 앞 또는 뒤로 접기

1) -··-··- 앞, 뒤로 접었을 때 뒷면

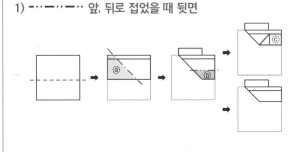

2) -··-··- 앞, 뒤로 접었을 때 앞면

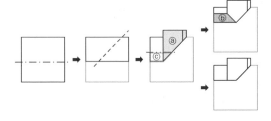

2. 펀칭

주어진 종이를 조건에 맞게 접은 후 구멍을 뚫고 펼쳤을 때 나타나는 모양을 고르는 유형이 출제된다.

• 펀칭 유형은 종이에 구멍을 낸 후 다시 종이를 펼쳐가며 구멍의 위치와 모양을 추적하는 방법으로 해결할 수 있다.

• 종이를 펼쳤을 때 구멍의 개수와 위치를 판별하는 것이 핵심이다. 이를 위해서는 '대칭'에 대한 이해가 필요하다. 구멍은 종이를 접은 선을 기준으로 대칭되어 나타난다는 것에 유의한다.

 - 개수 : 면에 구멍을 뚫으면 종이를 펼쳤을 때 구멍이 2개 나타나고, 접은 선 위에 구멍을 뚫으면 종이를 펼쳤을 때 구멍이 1개 나타난다.

 - 위치 : 종이를 접는 방향을 주의 깊게 살펴야 한다. 종이를 왼쪽에서 오른쪽으로 접은 경우, 구멍의 위치는 오른쪽에서 왼쪽으로 표시하며 단계를 거슬러 올라간다.

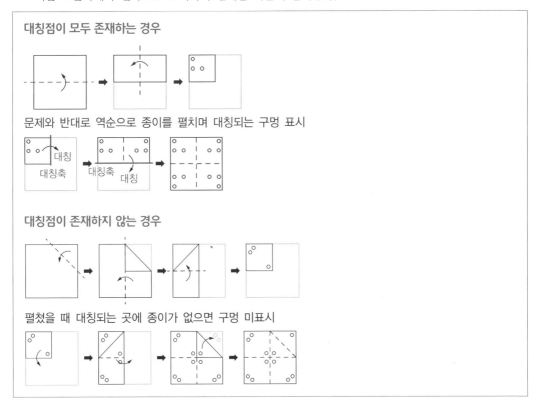

3. 도형의 회전 · 대칭

(1) 180° 회전한 도형은 좌우와 상하가 모두 대칭이 된 모양이 된다.

예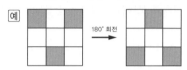

(2) 시계 방향으로 90° 회전한 도형은 시계 반대 방향 270° 회전한 도형과 같다.

예

(3) 좌우 반전 → 좌우 반전, 상하 반전 → 상하 반전은 같은 도형이 된다.

예

(4) 도형을 거울에 비친 모습은 방향에 따라 좌우 또는 상하로 대칭된 모습이 나타난다.

예

1. 전개도

제시된 전개도를 이용하여 만들 수 있는 입체도형을 찾는 문제와 제시된 입체도형의 전개도로 알맞은 것을 고르는 유형이 출제된다.

- 전개도상에서는 떨어져 있지만 입체도형으로 만들었을 때 서로 연결되는 면을 주의 깊게 살핀다.
- 마주보는 면과 인접하는 면을 구분하여 학습한다.
- 평면이었던 전개도가 입체도형이 되면서 면의 그림이 회전되는 모양을 확인한다.
- 많이 출제되는 전개도는 미리 마주보는 면과 인접하는 면, 만나는 꼭짓점을 학습한다.
  - ①~⑥은 접었을 때 마주보는 면을 의미한다. 즉, 두 수의 합이 7이 되는 면끼리 마주 보는 면이다. 또한 각 전개도에서 ①에 위치하는 면이 같다고 할 때, 전개도마다 면이 어떻게 배열되는지도 나타낸다.
  - 1~8은 접었을 때 만나는 점을 의미한다. 즉, 접었을 때 같은 숫자가 적힌 점끼리 만난다.

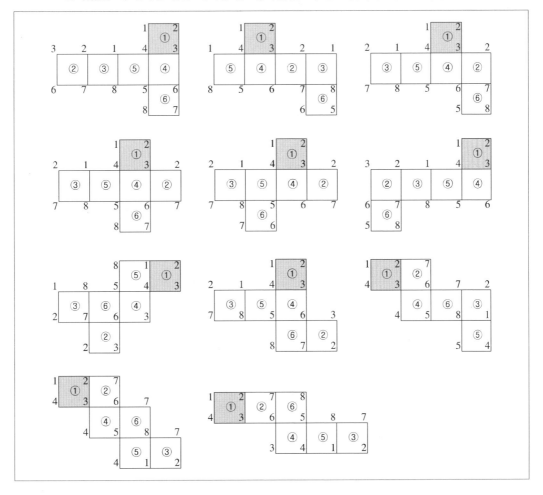

2. 단면도

입체도형을 세 방향에서 봤을 때 나타나는 단면과 일치하는 것을 고르는 유형이 출제된다.

• 제시된 세 단면이 입체도형을 어느 방향에서 바라본 단면인지 파악한다.

• 보기에 제시된 입체도형에서 서로 다른 부분을 표시한다.

• 입체도형에 표시된 부분을 기준으로 제시된 단면과 일치하지 않는 입체도형을 지워나간다.

3. 투상도

여러 방향으로 회전된 입체도형 중에 일치하지 않는 것을 고르는 유형이 출제된다.

• 주로 밖으로 나와 있는 모양이나 안으로 들어가 있는 모양이 반대로 되어 있거나 입체도형을 회전하였을 때 모양이 왼쪽, 오른쪽 반대로 되어 있는 경우가 많으므로 이 부분을 중점으로 확인한다.

4. 블록

(1) 블록의 개수

　① 밑에서 위쪽으로 차근차근 세어간다.

　② 층별로 나누어 세면 수월하다.

　③ 숨겨져 있는 부분을 정확히 찾아내는 연습이 필요하다.

　④ 빈 곳에 블록을 채워서 세면 쉽게 해결된다.

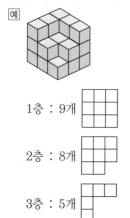

1층 : 9개

2층 : 8개

3층 : 5개

따라서 블록의 총개수는 9+8+5=22개이다.

(2) 블록의 면적

① 사각형 한 단면의 면적은 '(가로)×(세로)'이다.

② 입체도형의 면적을 구할 때는 상하, 좌우, 앞뒤로 계산한다.

③ 각각의 면의 면적을 합치면 전체 블록의 면적이 된다.

예

바닥면의 면적은 제외하고 블록 하나의 면적을 1이라 하자.

윗면 : 9

옆면 : 6×4＝24

따라서 쌓여 있는 블록의 면적은 24＋9＝33이다.

(3) 블록결합

직육면체로 쌓아진 블록을 세 개의 블록으로 분리했을 때 제시되지 않은 하나의 블록을 고르는 유형이 출제된다.

• 쉽게 파악되지 않는 블록의 경우 블록을 한 층씩 나누어 생각한다.

• 블록은 다양한 방향과 각도로 회전하여 결합할 수 있으므로 결합되는 여러 가지 경우의 수를 판단한다.

직육면체의 입체도형을 세 개의 블록으로 분리했을 때, 들어갈 블록의 모양으로 옳은 것을 고르는 유형

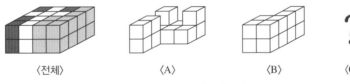

〈전체〉   〈A〉   〈B〉   〈C〉

• 개별 블록과 완성된 입체도형을 비교하여 공통된 부분을 찾는다.

• 완성된 입체도형에서 각각의 블록에 해당되는 부분을 소거한다. 전체 블록은 16개의 정육면체가 2단으로

쌓인 것으로, 〈A〉와 〈B〉를 제하면 윗단은 ⬚ 이 되고, 아랫단은 ⬚ 이 되어 〈C〉에는

 이 들어가야 함을 알 수 있다.

| 유형분석 |

- 종이를 접었을 때, 나올 수 있는 앞면 또는 뒷면의 모양을 유추하는 문제 유형이다.
- 실제로 종이를 접어보면서 연습하는 것이 이해가 되지 않는 문제를 해결하는 데 도움이 된다.

다음 그림과 같이 접었을 때, 나올 수 있는 모양으로 가장 적절한 것은?

--- 앞으로 접기

—·—·—·—·—·—·—·—·—·—·—·—·—·—·—·— 뒤로 접기

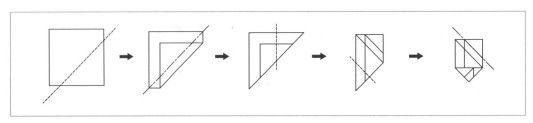

①

②

③

④

정답 ④

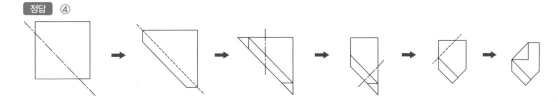

유형풀이 Tip

1) 문제를 읽기 전 선택지의 특징적인 부분을 먼저 체크한다.
   선택지를 보면 큰 모양은 같고 접힌 선의 위치가 다르거나 없다.
2) 종이접기 마지막 단계와 선택지를 비교하여 답을 구한다.
   접는 과정을 보면 두 번째와 마지막 과정에서만 뒤로 접고 나머지는 모두 앞으로 접는다. 뒤로 접는 부분에서 선이 생길 수 있는 부분은 양 끝 모서리인데 이 모서리는 모두 앞으로 접어진다. 따라서 접힌 선이 없는 ④가 답이 된다.

대표기출유형 01 기출응용문제

※ 다음 그림과 같이 접었을 때, 나올 수 있는 뒷면의 모양으로 가장 적절한 것을 고르시오. **[1~4]**

01

------------------------------------	앞으로 접기
-·—·—·—·—·—·—·—·—·—·—·-	뒤로 접기

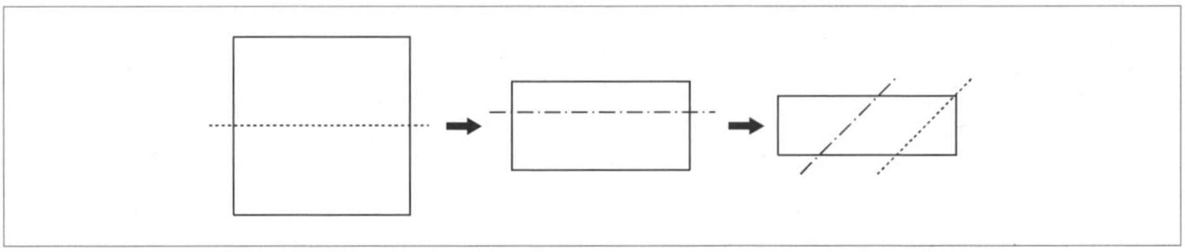

①
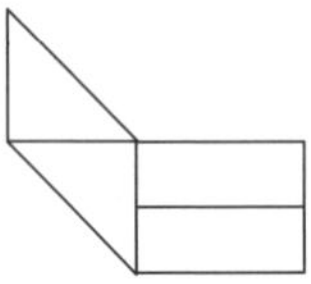

②
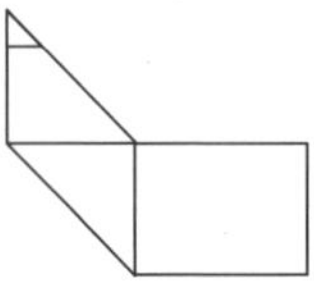

③
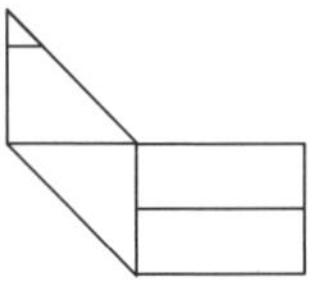

④
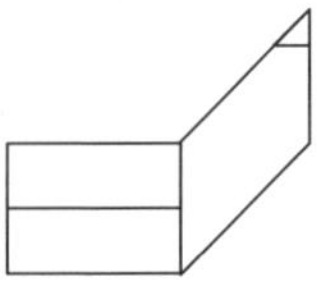

02

------------------------------------	앞으로 접기
-·—·—·—·—·—·—·—·—·—·—·-	뒤로 접기

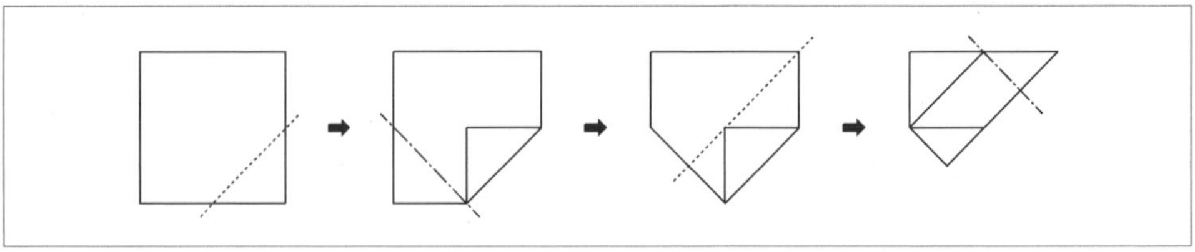

①
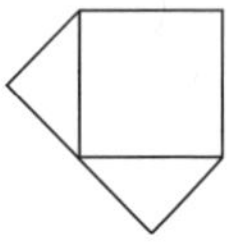

②
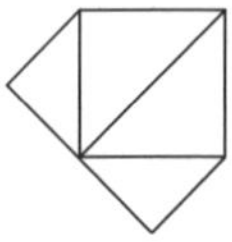

③
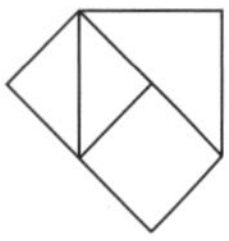

④
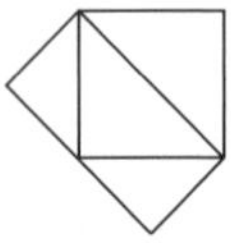

03

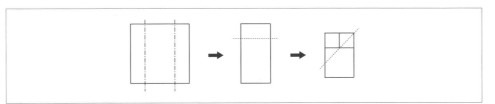

①

②

③

④

04

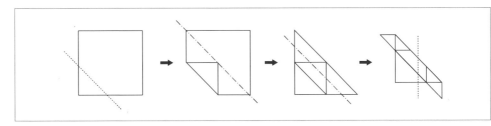

①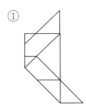

②

③

④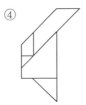

| 유형분석 |

- 주어진 종이를 조건에 맞게 접은 후 면에 구멍을 뚫거나(펀칭) 모서리를 가위로 자르고(자르기), 다시 종이를 완전히 펼쳤을 때 나타나는 모양을 고르는 유형이다.
- 종이에 구멍을 뚫은 상태에서 거꾸로 펼쳐가며 구멍을 역추적하거나 점선에 대하여 대칭으로 구멍의 위치를 표시하며 오답을 제거하면 문제를 푸는 데 훨씬 수월할 것이다.

다음 그림과 같이 화살표 방향으로 종이를 접은 후, 펀치로 구멍을 뚫어 다시 펼쳤을 때의 그림으로 가장 적절한 것은?

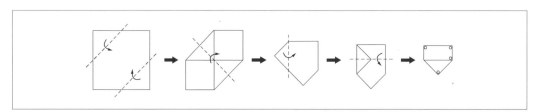

①

②

③

④

정답 ②

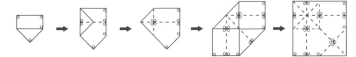

유형풀이 Tip

1) 종이접기 과정을 처음부터 끝까지 빠르게 훑어본다.
   화살표 방향을 주의해서 종이접기 과정을 눈으로 따라간다.
2) 종이에 구멍을 뚫은 상태에서 거꾸로 펼쳐가며 모양을 역추적한다.

   음영으로 표시된 부분이 종이를 접으면서 겹쳐진 부분임을 확인한다.
3) 점선에 대하여 대칭으로 구멍의 위치를 표시하며 오답을 제거하고 정답을 찾는다.

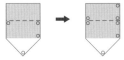

   종이가 겹쳐진 부분에 뚫린 구멍을 점선에 대하여 반대편으로 대칭 이동시킨다. 접힌 부분을 펼치고 구멍을 옮기는 과정을
   반복하면서 따라가면, 종이를 완전히 펼쳤을 때 ②와 같은 모양이 된다.

※ 다음 그림과 같이 화살표 방향으로 종이를 접은 후, 펀치로 구멍을 뚫거나 잘라내어 다시 펼쳤을 때의 그림으로 가장 적절한 것을 고르시오. [1~2]

01

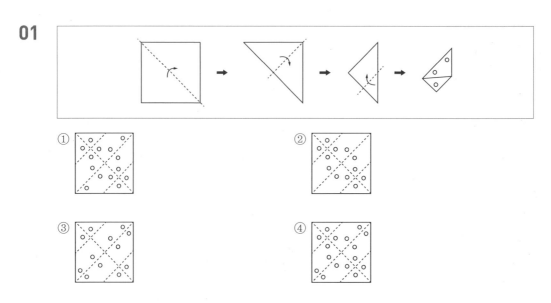

02

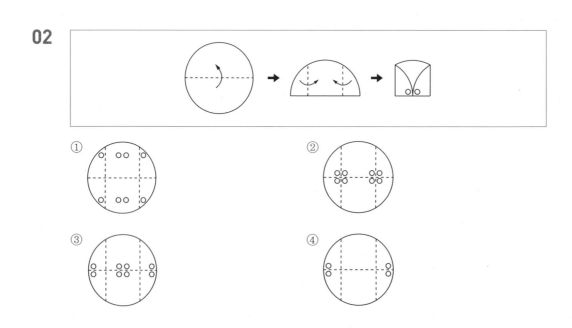

※ 다음과 같은 정사각형의 종이를 화살표 방향으로 접고 〈보기〉의 좌표가 가리키는 위치에 구멍을 뚫었다. 다시 펼쳤을 때 뚫린 구멍의 위치를 좌표로 나타낸 것으로 옳은 것을 고르시오(단, 좌표가 그려진 사각형의 크기와 종이의 크기는 일치하며, 종이가 접힐 때 종이의 위치는 바뀌지 않는다). [3~4]

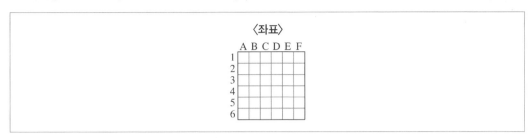

〈좌표〉

	A	B	C	D	E	F
1						
2						
3						
4						
5						
6						

03

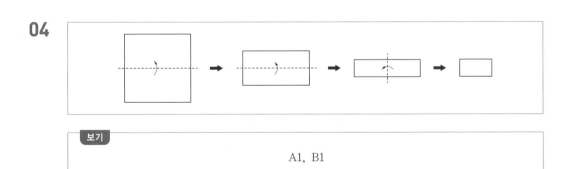

보기

C2

① A1, B4, C1, C4

② B3, B4, C2, C5

③ B4, B6, C2, C5

④ B4, C3, D1, D3

04

보기

A1, B1

① A1, A3, A4, A6, B1, B3, B4, B6, E1, E3, E4, E6, F1, F3, F4, F6

② A1, A2, A5, A6, B1, B2, B5, B6, E1, E2, E5, E6, F1, F2, F5, F6

③ A1, A6, B1, B6, E1, E6, F1, F6

④ A1, A3, A4, A6, F1, F3, F4, F6

| 유형분석 |

- 평면도형에 대한 형태지각 능력과 추리 능력을 평가하는 유형이다.
- 겹치는 부분 지우기 또는 남기기, 색 반전 등 다양한 규칙이 적용된다.

다음 제시된 도형의 규칙을 보고 ?에 들어갈 알맞은 것을 고르면?

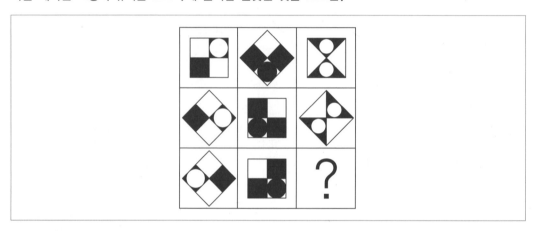

①   ②

③   ④

정답 ③

규칙은 세로 방향으로 적용된다.

첫 번째 도형을 시계 방향으로 45° 회전한 것이 두 번째 도형이고, 이를 y축 기준으로 대칭 이동한 것이 세 번째 도형이다.

1) 규칙 방향 파악
   규칙이 적용되는 방향이 가로인지 세로인지부터 파악한다. 해당 문제처럼 세 도형이 서로 다른 모양일 때에는 쉽게 파악할 수 있지만 아닌 경우도 많다. 모양이 비슷한 경우에는 가로와 세로 모두 확인하여 규칙이 적용된 방향을 유추해야 한다.
2) 규칙 유추
   규칙을 유추하기 쉬운 도형을 기준으로 규칙을 파악한다. 나머지 도형을 통해 유추한 규칙이 맞는지 확인한다.

주요 규칙

규칙		예시
회전	45° 회전	시계 방향
	60° 회전	시계 반대 방향
	90° 회전	시계 반대 방향
	120° 회전	시계 반대 방향
	180° 회전	
색 반전		
대칭	x축 대칭	
	y축 대칭	

※ 다음 제시된 도형의 규칙을 보고 ?에 들어갈 알맞은 것을 고르시오. [1~3]

01

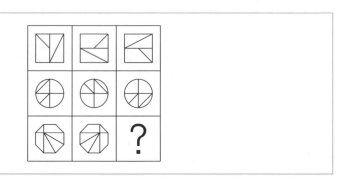

①

②

③

④

02

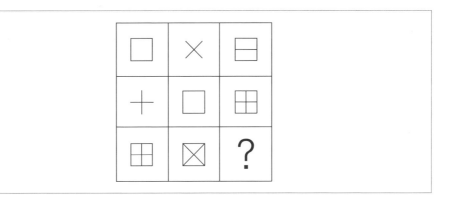

①   ②

③   ④

03

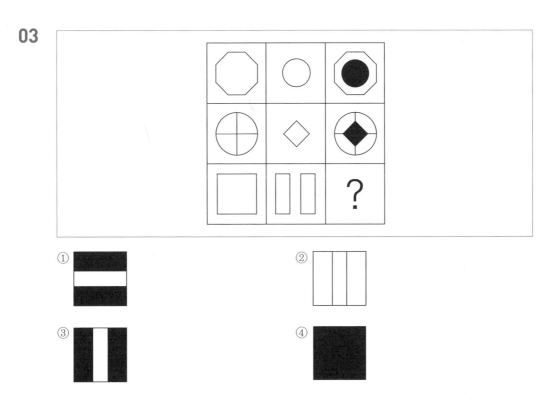

| 유형분석 |

- 평면도형에 대한 형태지각 능력과 추리 능력을 평가하는 유형이다.
- 내부 도형 이동, 색 반전, 회전 등 다양한 규칙이 적용된다.

다음 도형 또는 내부의 기호들은 일정한 패턴을 가지고 변화한다. 다음 중 ?에 들어갈 도형으로 알맞은 것은?

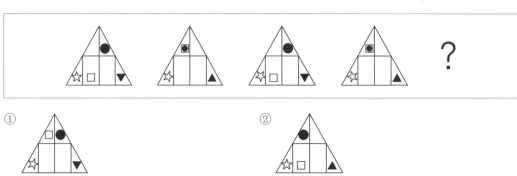

①

②

③

④

정답 ④

도형이 오른쪽의 도형으로 변할 때 ☆은 제자리에서 시계 방향으로 90° 회전, □은 상하 이동, ●은 좌우 이동을 하며, ▼은 제자리에서 180° 회전한다.

또한 도형의 자리가 겹쳐질 경우, 꼭짓점의 개수가 적은 도형이 내부에 위치하게 된다.

따라서 ?에 들어갈 도형은 첫 번째 도형 기준으로 ☆은 시계 방향으로 총 360° 회전, □, ●, ▲은 그대로이다.

※ 다음 도형 또는 내부의 기호들은 일정한 패턴을 가지고 변화한다. 다음 중 ?에 들어갈 도형으로 알맞은 것을 고르시오. [1~4]

01

   ?

①   ②

③   ④

02

   ?

①   ②

③   ④

03

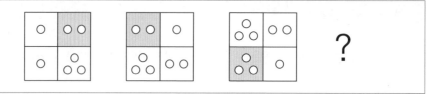

①

②

③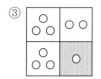

④

04

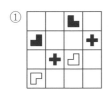 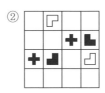 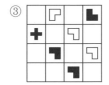 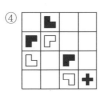

?

① ② ③ ④

| 유형분석 |

- 제시된 각도로 각각 회전시킨 후, 왼쪽 또는 오른쪽 방향에서 투영하여 바라보았을 때 겹쳐 보이는 모양을 찾는 유형이다.
- 접근하기 어려워 보이지만 중심각의 크기와 도형의 상하 좌우 대칭 원리를 파악하면 쉽게 문제를 풀 수 있다.

다음 도형을 시계 반대 방향으로 90° 회전한 후, 상하 반전한 모양은?

①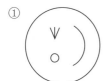

②

③

④

정답 ③

도형을 시계 반대 방향으로 90° 회전하면 , 이를 상하 반전하면 이 된다.

유형풀이 Tip

1) 중심각의 크기를 계산한다.
2) 바라보는 위치에서 같은 쪽에 있는 도형은 그대로, 반대쪽에 있는 도형은 좌우 반전, 위 아래에 있는 도형은 상하 반전으로 겹친 모양을 찾는다.

01 다음 중 제시된 도형과 같은 것은?(단, 도형은 회전이 가능하다)

①

②

③

④

02 다음 도형을 $180°$ 회전한 후, 상하 반전한 모양은?

①

②

③

④

03 다음 도형을 시계 방향으로 90° 회전한 후, 좌우 반전한 모양은?

04 다음 도형을 상하 반전하고, 시계 반대 방향으로 90° 회전한 후, 좌우 반전한 모양은?

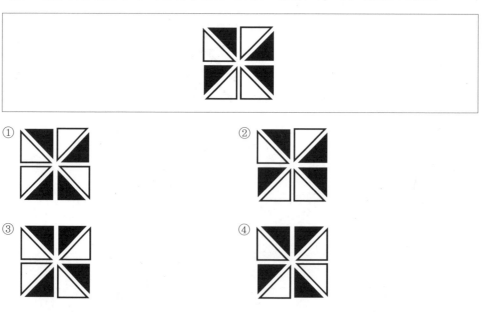

05 다음 도형을 좌우 반전한 후, 시계 방향으로 90° 회전한 모양은?

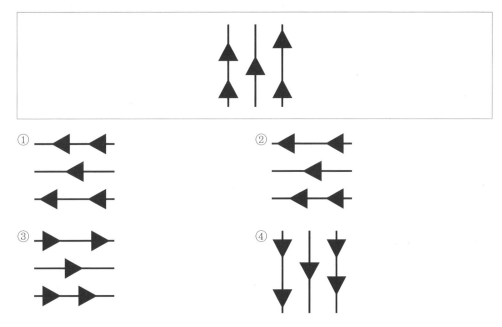

①

②

③

④

| 유형분석 |

- 제시된 그림을 순서대로 자연스럽게 배열하는 문제의 유형이다.

다음 그림을 순서대로 배열한 것은?

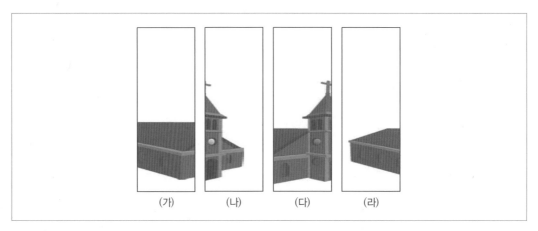

① (나) - (가) - (라) - (다)　　　② (나) - (라) - (다) - (가)
③ (다) - (가) - (라) - (나)　　　④ (라) - (가) - (다) - (나)

정답 ④

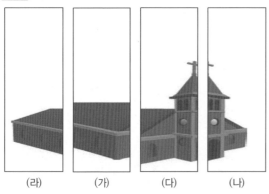

※ 다음 그림을 순서대로 배열한 것을 고르시오. [1~5]

01

(가)   (나)   (다)   (라)

① (가) – (라) – (다) – (나)   ② (나) – (가) – (라) – (다)
③ (나) – (다) – (가) – (라)   ④ (다) – (가) – (라) – (나)

02

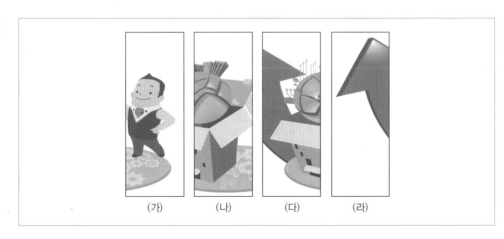

(가)   (나)   (다)   (라)

① (가) – (라) – (다) – (나)   ② (나) – (가) – (라) – (다)
③ (다) – (가) – (나) – (라)   ④ (라) – (다) – (나) – (가)

03

(가)　　(나)　　(다)　　(라)

① (다) – (나) – (가) – (라)　　② (다) – (나) – (라) – (가)
③ (라) – (가) – (나) – (다)　　④ (라) – (나) – (가) – (다)

04

(가)　　(나)　　(다)　　(라)　　(마)

① (나) – (라) – (가) – (마) – (다)　　② (다) – (마) – (라) – (가) – (나)
③ (라) – (다) – (가) – (마) – (나)　　④ (마) – (라) – (나) – (가) – (다)

05

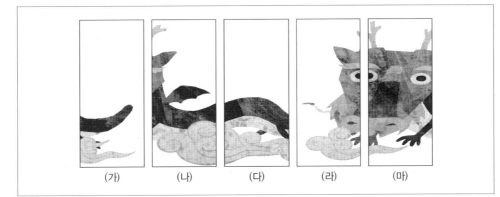

① (다) − (마) − (나) − (가) − (라)　　② (라) − (마) − (나) − (다) − (가)

③ (라) − (마) − (가) − (나) − (다)　　④ (다) − (나) − (마) − (가) − (라)

PART 1

| 유형분석 |

- 입체도형에 대한 형태지각 능력과 추리 능력을 평가하는 유형이다.
- 주어진 전개도를 보고 만들어질 수 있거나 없는 문제를 유추해내는 유형이다.

주어진 전개도로 정육면체를 만들 때, 만들어질 수 없는 것은?

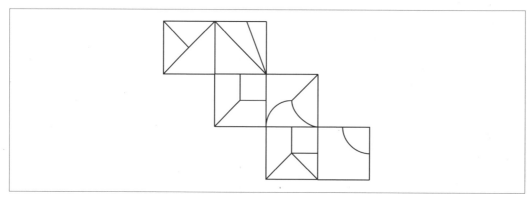

②

③

④

정답 ②

1) 선택지 ①∼④ 사이에 중복되는 면이 존재하는지 확인한다.
 - ②, ③, ④가 세 면씩 서로 중복된다.
2) 중복되는 면이 존재하는 경우 해당 면을 기준으로 인접하는 면을 비교하며 오답을 제거한다.
 - ②의 윗면을 정면으로 놓으면 ③과 윗면의 모양이 달라지지만, ③의 윗면을 정면으로 놓으면 ④와 같아진다.
3) 나머지 선택지의 정면, 측면, 윗면의 그림과 방향을 전개도와 비교한다.
 - ②의 옆면에 위치한 삼각형의 방향이 시계 반대 방향으로 90° 회전되어야 옳다.

유형풀이 Tip

1) 선택지를 보고 필요한 세 면을 전개도에서 찾는다.

선택지	전개도
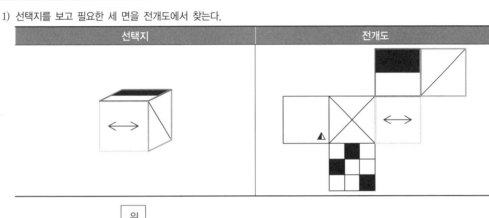	

2) 전개도에서 찾은 세 면을
위
앞 옆
 형태로 만든 후 선택지와 각 면의 모양을 비교한다.

선택지	전개도
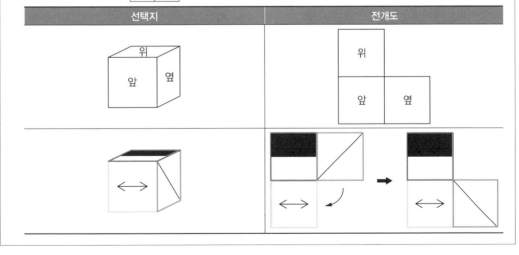	

01 주어진 전개도로 정육면체를 만들 때, 만들어질 수 없는 것은?

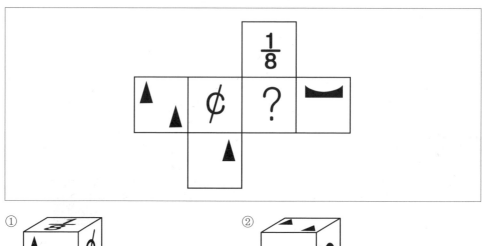

①

②

③

④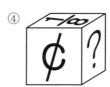

※ 제시된 전개도를 접었을 때 나타나는 입체도형으로 알맞은 것을 고르시오. [2~3]

02

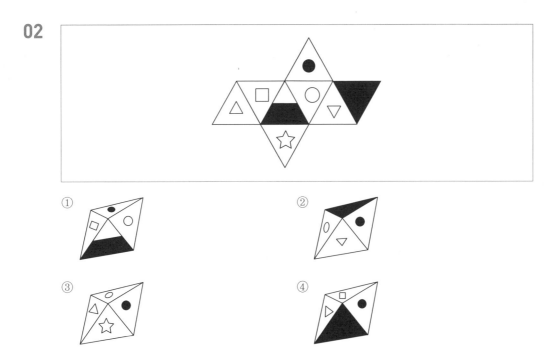

03

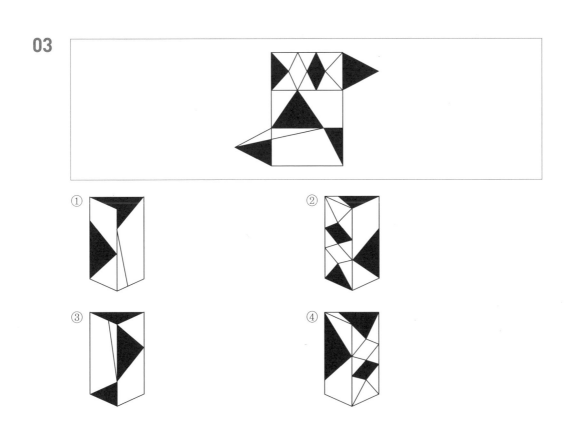

08 블록

| 유형분석 |

- 주어진 블록의 개수를 구하는 문제나 제시된 단면도와 일치하는 입체도형 등을 유추해내는 유형이다.
- 평소 충분한 연습이 되어있지 않으면 풀기 어려운 유형이므로, 최대한 다양한 유형을 접해 보고 익히는 것이 좋다.

다음 블록의 개수는 몇 개인가?(단, 보이지 않는 곳의 블록은 있다고 가정한다)

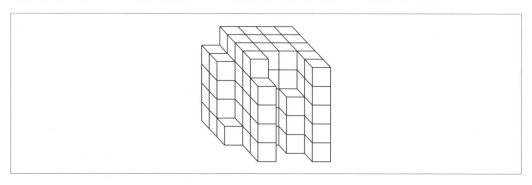

① 85개   ② 87개

③ 89개   ④ 91개

정답 ④

풀이 1
- 1층 : 3+5+3+4+5=20개
- 2층 : 2+5+3+4+5=19개
- 3층 : 2+5+3+4+5=19개
- 4층 : 2+5+3+3+5=18개
- 5층 : 0+4+3+3+5=15개

∴ 20+19+19+18+15=91개

풀이 2
- 1층 : 5×5−5=20개
- 2층 : 25−6=19개
- 3층 : 25−6=19개
- 4층 : 25−7=18개
- 5층 : 25−10=15개

유형풀이 Tip

1) 보이지 않는 블록의 개수도 헤아려서 계산한다.
2) 각 층의 블록을 차례대로 세는 것을 충분히 연습한다면 단시간에 고득점을 얻을 수 있을 것이다.

※ 다음 블록의 개수는 몇 개인지 고르시오(단, 보이지 않는 곳의 블록은 있다고 가정한다). [1~2]

01

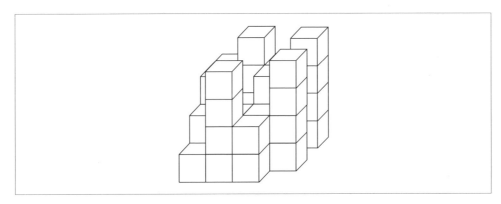

① 42개　　　　　　　　　② 41개
③ 40개　　　　　　　　　④ 39개

02

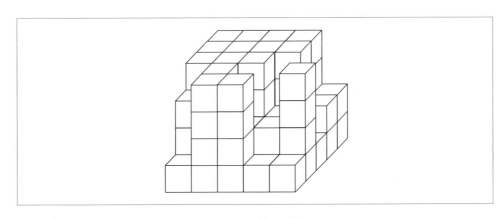

① 76개　　　　　　　　　② 77개
③ 78개　　　　　　　　　④ 79개

※ 다음 제시된 단면과 일치하는 입체도형을 고르시오. [3~4]

03

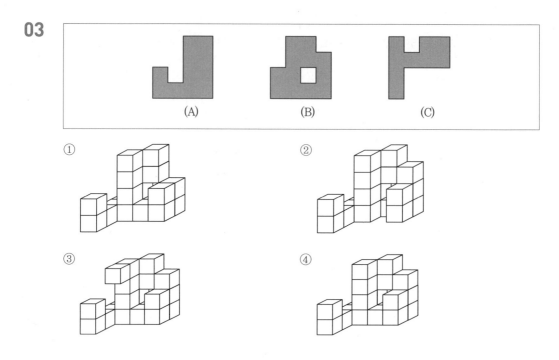

04

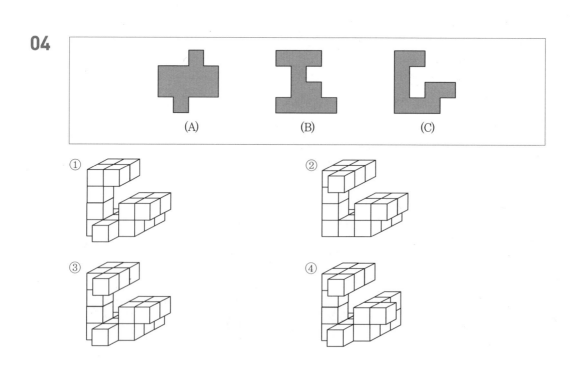

※ 다음 주어진 입체도형 중 다른 모양인 것을 고르시오. [5~6]

05

①

②

③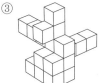

④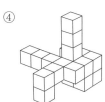

06

①

②

③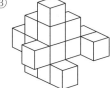

④

※ 맨 왼쪽에 제시된 직육면체 모양의 입체도형은 두 번째, 세 번째와 네 번째를 조합하여 만들 수 있다. 다음 중 물음표에 들어갈 도형으로 가장 적절한 것을 고르시오. [7~8]

07

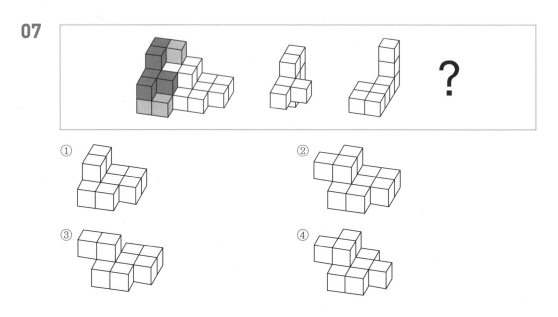

① ② ③ ④

08

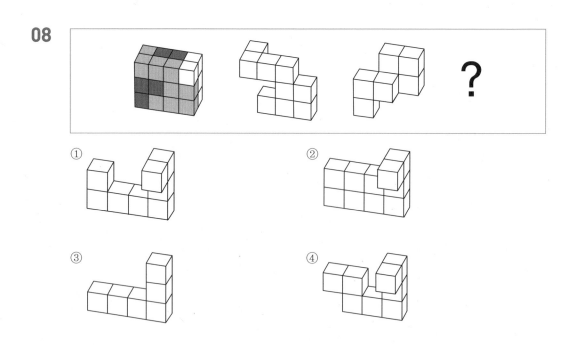

① ② ③ ④

09 왼쪽의 두 입체도형을 합치면 오른쪽의 $3 \times 3 \times 3$ 정육면체가 완성된다. ?에 들어갈 도형을 회전한 모양으로 옳은 것은?

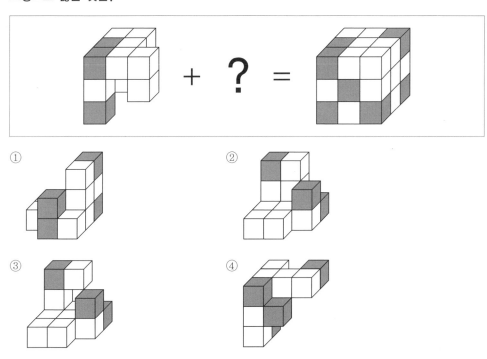

10 다음 두 블록을 합쳤을 때, 나올 수 있는 형태로 옳은 것은?

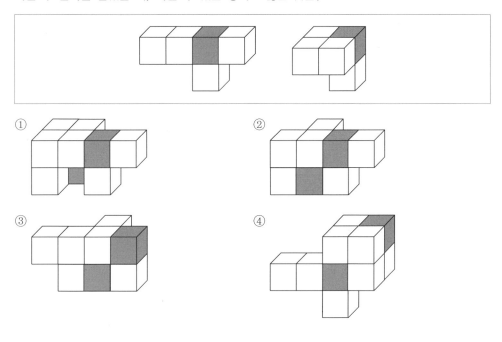

CHAPTER 06
관찰탐구력

| 출제유형 |

과학

힘과 운동, 일과 에너지 등 물리·화학·생활과학 문제가 출제된다. 내용을 깊이 학습해야 풀 수 있는 문제
는 출제되지 않지만, 범위가 넓은 편이다.

과학

- 화학·물리·생명과학·지구과학 등 기본적인 과학 관련 지식을 정리해야 한다.
- 어려운 공식을 활용해야 하는 문제보다는 중·고등학생 수준의 과학 상식 위주로 학습하는 것이 고득점을 받는 데 유리하다.

01 여러 가지 힘

(1) 힘

① 힘 : 물체의 모양이나 운동 상태를 변화시키는 원인이 되는 것

② 힘의 단위 : 힘의 크기를 나타내는 단위로, N(뉴턴)을 사용한다.

③ 힘의 표현

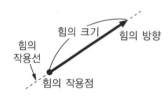

㉠ 힘의 3요소 : 힘의 크기, 힘의 작용점, 힘의 방향

㉡ 힘의 크기 : 화살표의 길이

㉢ 힘의 방향 : 화살표의 방향

㉣ 힘의 작용점 : 화살표 시작점

(2) 중력

① 중력 : 지구와 지구상의 물체 사이에 작용하는 힘이다.

방향	지구 중심 방향
크기	• 같은 장소에서 중력의 크기는 물체의 질량에 비례한다. • 지구와 물체 사이의 거리가 멀어질수록 작아진다. • 지표면뿐만 아니라 공중에 떠 있는 물체에도 작용한다. • kgf(킬로그램 힘) : 지구상에서 질량 1kg의 물체에 작용하는 중력의 크기를 뜻하며 9.8N과 같은 값이다. • 달에서의 중력 : 지구에서 작용하는 중력의 약 6분의 1이다.
예	• 고드름이 아래로 자란다. • 사과가 아래로 떨어진다. • 폭포에서 물이 아래로 떨어진다.

② 무게와 질량

㉠ 무게 : 물체에 작용하는 중력의 크기이다.

단위	힘의 단위와 같은 N(뉴턴)을 사용한다.
측정	• 측정 도구 : 용수철 저울, 가정용 저울, 체중계 등 • 용수철에 매단 물체의 무게에 비례하여 용수철이 늘어나는 성질을 이용하여 무게를 측정

ⓛ 질량 : 물체의 고유한 양이며, 장소에 관계없이 일정하다.

단위	kg(킬로그램), g(그램)
측정	• 측정 도구 : 윗접시 저울, 양팔 저울 등 • 질량은 물체의 고유한 양이므로 장소에 따라 변하지 않는다.

(3) 탄성력과 마찰력

① 탄성력 : 탄성체가 변형되었을 때 원래의 상태로 되돌아가려는 힘이다.

탄성체	용수철, 고무줄, 강철판 등
방향	변형된 방향과 반대로 작용 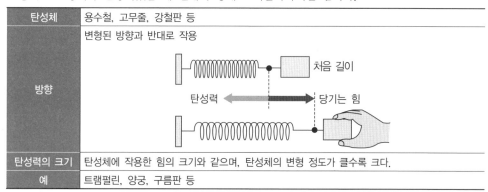
탄성력의 크기	탄성체에 작용한 힘의 크기와 같으며, 탄성체의 변형 정도가 클수록 크다.
예	트램펄린, 양궁, 구름판 등

② 마찰력 : 두 물체의 접촉면 사이에서 물체의 운동을 방해하는 힘이다.

방향	• 운동하는 물체 : 물체의 운동 방향과 반대 • 정지해 있는 물체 : 작용한 힘의 방향과 반대 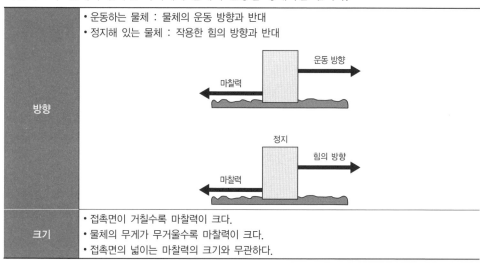
크기	• 접촉면이 거칠수록 마찰력이 크다. • 물체의 무게가 무거울수록 마찰력이 크다. • 접촉면의 넓이는 마찰력의 크기와 무관하다.

(4) 부력

① 부력 : 물체가 액체나 기체 속에서 위쪽으로 받는 힘이다.

부력의 방향	중력과 반대 방향
부력의 이용	튜브, 화물선, 열기구 등

② 부력의 크기

ⓐ 물에 잠긴 물체에 작용하는 부력의 크기

물체가 받는 부력의 크기=공기 중에서 측정한 물체의 무게−물속에서 측정한 물체의 무게

ⓑ 물에 잠긴 물체의 부피와 부력의 크기
- 물체가 물에 절반 정도 잠겼을 때보다 완전히 잠겼을 때 부력이 더 크다.
- 물에 잠긴 물체의 부피가 클수록 부력이 더 크게 작용한다.

02 운동과 에너지

(1) 속력

① 속력 : 단위 시간 동안 이동한 거리

$$속력=\frac{이동\ 거리}{시간}$$

ⓐ 단위 : m/s, km/h

ⓑ 평균속력$=\dfrac{전체\ 이동\ 거리}{걸린\ 시간}$

② 운동의 기록

ⓐ 시간 기록계 : 일정한 시간 간격으로 종이에 타점을 찍도록 만들어진 속력 측정 장치

ⓑ 운동의 기록 : 타점 간격이 점점 넓어지면 속력이 빨라지는 운동, 타점 간격이 점점 좁아지면 속력이 느려지는 운동, 타점 간격이 일정하면 속력이 일정한 운동이다.

(2) 등속 운동과 자유 낙하 운동

① 등속 운동 : 운동하는 물체의 속력이 일정한 운동

※ 시간에 따라 이동 거리가 일정하게 증가한다.

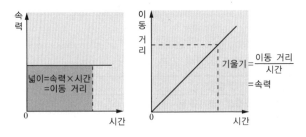

② **자유 낙하 운동** : 정지해 있던 물체가 중력만을 받아 아래로 떨어지는 운동
  ㉠ 물체의 종류에 관계없이 속력이 매초 9.8m/s씩 일정하게 증가한다.
  ㉡ 일정한 시간 동안 이동한 거리가 점점 늘어난다.

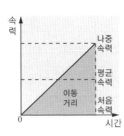

(3) 일과 에너지

① **과학에서의 일** : 물체에 힘을 작용하여 물체가 힘의 방향으로 이동한 경우 물체에 일을 한 것이다.
② **일의 양**

> 일(W)＝힘(F)×힘의 방향으로 이동한 거리(s)

  ※ 일의 단위 : J(줄)을 사용한다.
③ **에너지** : 일을 할 수 있는 능력으로, 단위는 일의 단위와 같은 J(줄)을 쓴다.
  ※ 일과 에너지의 관계 : 물체에 일을 해 주면 물체의 에너지는 증가하고, 에너지를 가진 물체가 일을 하면
    물체의 에너지는 감소한다.
④ **위치 에너지와 운동 에너지**

위치 에너지	• 중력이 있는 곳에서 기준면보다 높은 곳에 놓여 있는 물체가 가지는 에너지 • 위치 에너지는 물체의 질량, 높이에 각각 비례한다. 위치 에너지=$9.8×$질량×높이, $E_p=9.8mh$ (J) • 같은 장소에 있는 물체라도 기준면에 따라 중력에 의한 위치 에너지의 크기가 달라진다. • 물체를 들어 올리는 일을 하면 이 일은 물체가 가지는 위치 에너지로 저장되며, 이 물체가 다시 낙하하면서 일을 할 수 있다.
운동 에너지	• 운동하는 물체가 지니는 에너지 • 운동 에너지는 물체의 질량과 속력의 제곱에 각각 비례한다. 운동 에너지=$\dfrac{1}{2}×$질량×(속력)^2, $E_k=\dfrac{1}{2}mv^2$ (J) • 물체가 자유 낙하 운동을 할 때 중력이 한 일의 양만큼 운동 에너지가 증가한다.

(1) 역학적 에너지 전환과 보존

① 역학적 에너지

역학적 에너지=위치 에너지 + 운동 에너지

② 역학적 에너지의 전환 : 위치 에너지와 운동 에너지 중 어느 한쪽이 증가하면 다른 한쪽은 감소한다.

예 롤러코스터의 운동에서 역학적 에너지 전환

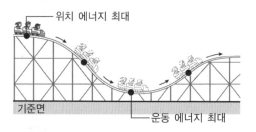

롤러코스터가 내려가는 구간	위치 에너지 → 운동 에너지
롤러코스터가 올라가는 구간	운동 에너지 → 위치 에너지

③ 역학적 에너지의 보존 : 마찰력과 같은 힘이 작용하지 않으면 그 물체의 역학적 에너지는 항상 일정하게 보존된다.

(2) 전기 에너지의 발생과 전환

① 전류의 발생

㉠ 원리 : 코일에 자석을 가까이 하거나 멀리 하면 코일에 전류가 흐른다.

㉡ 에너지 전환 : 역학적 에너지 → 전기 에너지

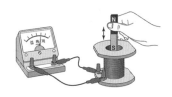

② 발전과 발전기

㉠ 발전 : 역학적 에너지 등을 전기 에너지로 전환하는 것

㉡ 발전기 : 역학적 에너지를 이용하여 전기를 만드는 장치

③ 전기 에너지의 전환

전기 에너지 → 열에너지	전기다리미, 전기밥솥 등
전기 에너지 → 빛 에너지	전구, 텔레비전, 모니터 등
전기 에너지 → 운동 에너지	선풍기, 세탁기 등
전기 에너지 → 화학 에너지	배터리 등

④ 에너지 보존 법칙 : 에너지는 한 형태에서 다른 형태로 전환되지만 새로 생성되거나 소멸되지 않는다.

⑤ 전기 에너지의 양

소비 전력	• 전기 기구가 1초 동안 소비하는 전기 에너지의 양 $$소비 \ 전력(W) = \frac{전기 \ 에너지(J)}{시간(s)}$$ • 단위 : W(와트), kW(킬로와트) 등
전력량	• 전기 기구가 어느 시간 동안 사용하는 전기 에너지의 양 $$전력량(Wh) = 소비 \ 전력(W) \times 시간(h)$$ • 단위 : Wh(와트시), kWh(킬로와트시) 등

04 물질의 구성

(1) 원소

① 원소 : 더 이상 다른 물질로 분해되지 않는 물질을 이루는 기본 성분이다.

※ 현재까지의 원소는 약 110여 종으로 자연계에서 발견된 것이 90여 종이며, 나머지는 인공적으로 만들어진 것이다.

② 주요 원소 기호

원소	기호	원소	기호	원소	기호
수소	H	산소	O	구리	Cu
헬륨	He	플루오린	F	염소	Cl
리튬	Li	나트륨	Na	칼륨	K
탄소	C	마그네슘	Mg	칼슘	Ca
질소	N	알루미늄	Al	철	Fe
인	P	황	S	아연	Zn

(2) 원소의 구별

① 불꽃 반응 : 어떤 물질을 불꽃 속에 넣었을 때, 독특한 불꽃색을 나타내는 반응이다.

원소	불꽃색	원소	불꽃색
리튬	빨간색	구리	청록색
칼륨	보라색	칼슘	주황색
나트륨	노란색	바륨	황록색
스트론튬	빨간색	세슘	파란색

② 스펙트럼 : 빛을 프리즘이나 분광기에 통과시킬 때 나타나는 여러 가지 색깔의 띠이다.

연속 스펙트럼	햇빛을 분광기로 관찰할 때 나타나는 연속적인 색깔의 띠
선 스펙트럼	원소의 불꽃을 분광기로 관찰할 때 나타나는 불연속적인 색깔의 띠(드문드문 밝은 선이 나타나는 스펙트럼) • 원소의 종류에 따라 선의 색, 위치, 개수, 굵기 등이 다르게 나타난다. • 불꽃 반응 색이 비슷한 원소도 쉽게 구별할 수 있다. 　예 리튬과 스트론튬 • 여러 원소가 포함된 물질의 경우 각 원소의 선 스펙트럼이 모두 나타난다.

(3) 원자와 분자

① 원자 : 물질을 구성하는 기본 입자이다.

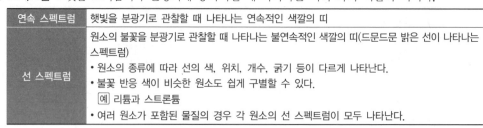

원자의 구조	중심에 (+)전하를 띤 원자핵이 있으며, 그 주위를 (−)전하를 띤 전자가 돌고 있다.
원자의 특징	• 원자는 원자핵의 (+)전하량과 전자의 총 (−)전하량이 같아 전기적으로 중성이다. • 원자는 종류에 따라 원자핵의 (+)전하량이 다르며, 전자의 수도 다르다.

② 분자 : 물질의 성질을 나타내는 가장 작은 입자로, 원자들이 결합하여 이루어진다.

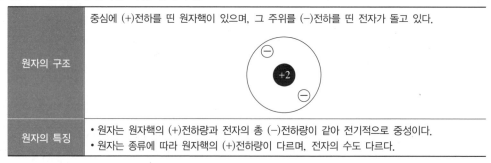

수소 원자 / 수소 분자(H_2)

산소 원자 / 산소 분자(O_2)

산소 원자 / 수소 원자 / 물 분자(H_2O)

산소 원자 / 탄소 원자 / 이산화 탄소 분자(CO_2)

㉠ 분자식의 표현 : 분자를 구성하는 원자의 종류를 원소 기호로 쓰고, 분자를 구성하는 원자의 개수를 원소 기호 오른쪽 아래에 작게 쓴다. 분자의 개수는 분자식 앞에 크게 쓴다(단, 1은 생략).

㉡ 여러 가지 분자식

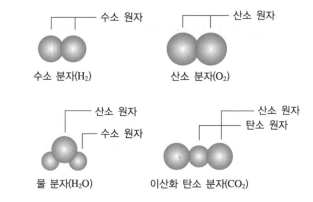

분자	분자식	분자	분자식
수소	H_2	이산화탄소	CO_2
산소	O_2	암모니아	NH_3
과산화 수소	H_2O_2	메테인	CH_4
물	H_2O	에탄올	C_2H_5OH

(4) 전하를 띠는 입자

① 이온 : 중성인 원자가 전자를 잃거나 얻어 전하를 띠게 된 입자이다.

② 이온의 형성

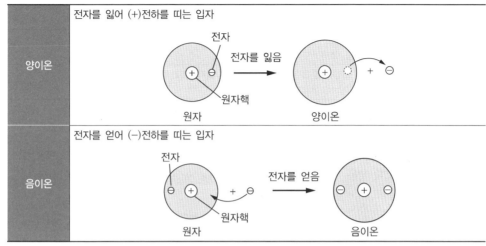

	전자를 잃어 (+)전하를 띠는 입자
양이온	

	전자를 얻어 (−)전하를 띠는 입자
음이온	

③ 이온의 표현 : 원소 기호의 오른쪽 위에 전하의 종류와 양을 표시한다.

이온	이온식	이온	이온식
수소 이온	H^+	염화 이온	Cl^-
칼륨 이온	K^+	플루오린화 이온	F^-
나트륨 이온	Na^+	아이오딘화 이온	I^-
베릴륨 이온	Be^{2+}	브롬화 이온	Br^-
칼슘 이온	Ca^{2+}	산화 이온	O^{2-}
구리 이온	Cu^{2+}	황화 이온	S^{2-}
마그네슘 이온	Mg^{2+}	탄산 이온	CO_3^{2-}
알루미늄 이온	Al^{3+}	질산 이온	NO_3^-
암모늄 이온	NH_4^+	황산 이온	SO_4^{2-}

④ 앙금 생성 반응 : 양이온과 음이온이 결합하여 물에 녹지 않는 앙금을 생성하는 반응이다.

앙금	색깔	앙금	색깔
Ag_2CO_3	흰색	$BaSO_4$	흰색
Ag_2SO_4	흰색	PbI_2	노란색
$CaCO_3$	흰색	CdS	노란색
$CaSO_4$	흰색	PbS	검은색
$BaCO_3$	흰색	CuS	검은색

예 질산 은 수용액과 염화 나트륨 수용액을 섞으면 은 이온(Ag^+)과 염화 이온(Cl^-)이 반응하여 흰색의 염화 은($AgCl$) 앙금을 생성한다.

(1) 순물질과 혼합물

① 순물질과 혼합물

순물질	한 종류의 물질만으로 이루어진 물질 예 물, 금, 소금, 구리 등
혼합물	두 종류 이상의 순물질이 원래의 성질을 잃지 않고 섞여 있는 물질 예 공기, 암석, 우유, 바닷물 등

② 순물질과 혼합물의 구별

　㉠ 순물질(물)은 끓거나 어는 동안 온도가 일정하게 유지된다.

　㉡ 혼합물(소금물)은 물보다 높은 온도에서 끓기 시작하여 끓는 동안에도 온도가 계속 높아지며, 얼 때도 물보다 낮은 온도에서 얼기 시작하여 어는 동안에도 온도가 계속 낮아진다.

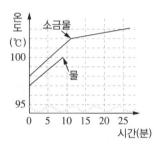

〈소금물의 끓는점〉

(2) 물질의 특성

① 물질의 특성 : 어떤 물질이 다른 물질과 구별되는 고유한 성질

　예 겉보기 성질, 끓는점, 녹는점(어는점), 밀도, 용해도 등

② 끓는점과 녹는점(어는점)

끓는점	• 액체가 끓어 기체가 되는 동안 일정하게 유지되는 온도 • 외부 압력이 높아지면 끓는점이 높아지고, 외부 압력이 낮아지면 끓는점이 낮아짐
녹는점	고체가 녹아 액체로 되는 동안 일정하게 유지되는 온도
어는점	• 액체가 얼어 고체로 되는 동안 일정하게 유지되는 온도 • 순수한 물질의 어는점과 녹는점은 같음

　※ 끓는점, 녹는점, 어는점은 물질의 특성이므로 물질의 종류에 따라 다르며 물질의 양에 관계없이 일정하다.

③ 밀도 : 단위 부피에 해당하는 물질의 질량

$$밀도 = \frac{질량}{부피} \quad (단위 : g/cm^3, \ g/mL, \ kg/m^3 \ 등)$$

　㉠ 대부분 물질의 밀도 : 고체 > 액체 > 기체

　　※ (예외) 물 : 액체 > 고체 > 기체(물 > 얼음 > 수증기)

　㉡ 기체는 온도 증가 시 부피의 증가로 밀도가 크게 감소하며, 압력 증가 시 부피의 감소로 밀도가 크게 증가한다.

　㉢ 밀도가 큰 물질은 가라앉고, 밀도가 작은 물질은 뜬다.

④ 용해도 : 일정한 온도에서 일정량의 용매에 녹을 수 있는 용질의 최대량으로, 보통 용매 100g에 녹
아 들어간 용질의 g수로 나타낸다.

㉠ 일정한 온도에서 같은 용매에 대한 용해도는 물질마다 고유한 값을 가지므로 물질의 특성이다.

㉡ 같은 물질이라도 용매의 종류와 온도에 따라 용해도가 달라진다.

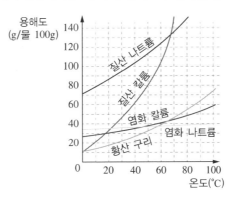

〈용해도 곡선〉

㉢ 대부분의 고체는 온도가 높을수록 용해도가 증가한다.

㉣ 기체의 용해도는 압력이 클수록, 온도가 낮을수록 크다.

(3) 혼합물의 분리

끓는점 차에 의한 분리	증류 : 혼합물을 가열할 때 나오는 기체를 다시 냉각하여 순수한 액체를 얻는 방법 예 탁주로 청주 만들기, 물과 에탄올의 혼합물 증류, 원유의 증류
밀도 차에 의한 분리	• 고체 혼합물의 분리 : 밀도가 다른 혼합물은 두 물질을 녹이지 않고 두 물질의 중간 정도의 밀도를 갖는 액체를 넣어서 분리한다. 예 알찬 볍씨 고르기, 사금 채취 • 액체 혼합물의 분리 : 섞이지 않는 두 액체는 밀도 차이에 의해 두 층으로 분리되므로 분별 깔때기나 스포이트를 이용한다.
용해도 차이를 이용한 분리	재결정 : 불순물이 들어 있는 고체를 용매에 녹인 후, 다시 냉각시켜서 순수한 고체 결정을 얻는 방법 예 정제된 소금 얻기, 염화 나트륨과 붕산의 혼합물 분리
크로마토그래피에 의한 분리	• 크로마토그래피 : 혼합물의 각 성분이 용매를 따라 이동하는 속도 차이를 이용하여 분리하는 방법이다. • 장점 : 매우 적은 양의 혼합물도 분리할 수 있으며, 복잡한 혼합물도 한 번에 분리할 수 있다.

(1) 물질의 세 가지 상태

① 물질의 세 가지 상태 : 고체, 액체, 기체로 구분한다.

② 물질의 세 가지 상태와 입자 배열

구분	고체	액체	기체
모형			
입자 배열	규칙적	불규칙적	매우 불규칙적
입자 운동 상태	제자리에서 진동 운동	자유롭게 자리를 이동	매우 활발하고 불규칙적인 운동

③ 물질의 세 가지 상태의 특징

구분	고체	액체	기체
모양	일정함	용기에 따라 달라짐	용기에 따라 달라짐
부피	일정함	일정함	용기에 따라 달라짐
흐르는 성질	없음	있음	있음
압축되는 성질	쉽게 압축되지 않음	쉽게 압축되지 않음	쉽게 압축됨
예	얼음, 나무, 금, 철 등	물, 식용유, 알코올 등	수증기, 이산화탄소, 공기 등

(2) 물질의 상태 변화

① 고체, 액체, 기체의 상태 변화

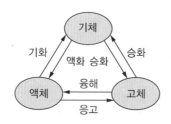

융해	고체가 액체로 변하는 현상 예 얼음이 녹아 물이 됨
응고	액체가 고체로 변하는 현상 예 물이 얼어 얼음이 됨
기화	액체가 기체로 변하는 현상 예 물이 증발하여 수증기가 됨
액화	기체가 액체로 변하는 현상 예 공기 중의 수증기가 이슬이 됨
승화	고체가 바로 기체로 변하거나 기체가 바로 고체로 변하는 현상 예 수증기가 얼어 성에가 생김, 드라이아이스가 작아짐

② 상태 변화와 부피

부피가 늘어나는 상태 변화	융해, 기화, 승화(고체 → 기체)
부피가 줄어드는 상태 변화	액화, 응고, 승화(기체 → 고체)

※ 물은 예외로 얼음이 되면 부피가 증가

③ 상태 변화 시 변하는 것과 변하지 않는 것

상태 변화 시 변하는 것	상태 변화 시 변하지 않는 것
• 입자 배열 • 입사 사이의 거리 • 물질의 부피 • 입자의 운동 속도	• 입자의 모양, 크기, 성질 • 입자의 수 • 물질의 성질 • 물질의 질량

(3) 상태 변화와 열에너지

① 열에너지 : 물질의 온도를 변화시키는 에너지이다. 물질이 열에너지를 잃으면 온도가 내려가고, 열에너지를 얻으면 온도가 올라간다.

② 열에너지를 흡수하는 상태 변화

융해열 흡수 (고체 → 액체)	고체가 열에너지를 흡수하여 액체로 변함 예 얼음 조각상 근처는 시원하다. ➡ 얼음이 녹으면서 주변의 열에너지를 흡수하여 주위 온도를 낮게 만든다.
기화열 흡수 (액체 → 기체)	액체가 열에너지를 흡수하여 기체로 변함 예 더운 여름 아스팔트에 물을 뿌려 시원하게 만든다. ➡ 물이 기화하면서 주변의 열을 흡수하므로 주위 온도가 낮아진다.
승화열 흡수 (고체 → 기체)	고체 상태의 승화성 물질을 가열하면 열에너지를 흡수하여 기체 상태로 변함 예 아이스크림을 포장할 때 드라이아이스를 함께 넣으면 아이스크림이 녹지 않는다. ➡ 드라이아이스가 승화하면서 주변의 열을 흡수하므로 주위 온도를 낮게 만든다.

③ 열에너지를 방출하는 상태 변화

응고열 방출 (액체 → 고체)	액체가 열에너지를 방출하고 고체로 변함 예 이글루 안에 물을 뿌린다. ➡ 물이 얼면서 응고열을 방출하므로 주위가 따뜻해진다.
액화열 방출 (기체 → 액체)	기체가 열에너지를 방출하고 액체로 변함 예 스팀 난방을 한다. ➡ 수증기가 물로 액화하면서 액화열을 방출하므로 주위 온도가 따뜻해진다.
승화열 방출 (기체 → 고체)	기체 상태의 승화성 물질을 냉각시키면 고체로 변함 예 눈이 오는 날 날씨가 포근하다. ➡ 공기 중 수증기가 눈으로 승화하면서 승화열을 방출하므로 주위 온도가 올라간다.

CHAPTER 06 관찰탐구력 • **217**

(4) 상태 변화와 온도 변화

① 녹는점과 어는점

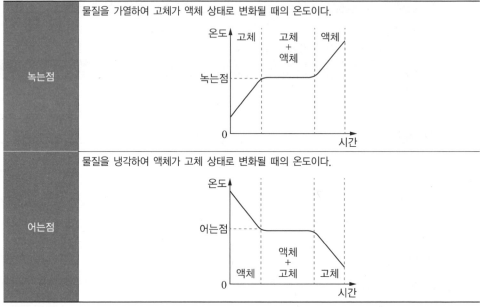

녹는점	물질을 가열하여 고체가 액체 상태로 변화될 때의 온도이다.
어는점	물질을 냉각하여 액체가 고체 상태로 변화될 때의 온도이다.

※ 상태가 변하는 동안에는 열에너지가 상태 변화에 이용되므로 온도의 변화가 없다.

② 끓는점 : 물질을 가열하여 액체가 기체 상태로 변화될 때의 온도이다.

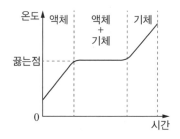

※ 상태가 변하는 동안에는 열에너지가 상태 변화에 이용되므로 온도의 변화가 없다.

07 　열

(1) 순물질과 혼합물

순물질	한 종류의 물질만으로 이루어진 물질 예 물, 금, 소금, 구리 등
혼합물	두 종류 이상의 순물질이 원래의 성질을 잃지 않고 섞여 있는 물질 예 공기, 암석, 바닷물, 우유 등

(2) 온도와 열

① 온도 : 따뜻함과 차가움의 정도를 숫자로 나타낸 것

ㄱ 단위 : 섭씨 온도(℃) 및 절대 온도(K) 사용

ㄴ 절대 온도(K)＝273＋섭씨 온도(℃)

② 열 : 온도가 다른 두 물체의 접촉 시 온도가 높은 물체에서 낮은 물체로 이동하는 에너지

③ 열의 이동 방법

전도	주로 고체에서 일어나며, 분자들의 충돌에 의해 열이 전달됨 예 차가운 겨울, 자전거의 금속 부분을 만지면 플라스틱 부분보다 더욱 차게 느껴진다.
대류	액체나 기체에서 분자들이 직접 순환하여 열을 전달 예 난로를 방 아래쪽에 두면 방 전체가 따뜻해진다.
복사	높은 온도의 물체에서 낮은 온도의 물체로 열이 빛의 형태로 이동 예 햇빛이 강할 때 양산을 쓰면 시원해진다.

(3) 열평형

① 물체의 접촉과 온도 변화 : 온도가 상이한 두 물체를 접촉시키면 온도가 높은 물체는 온도가 내려가고, 온도가 낮은 물체는 온도가 올라간다.

② 열의 이동 : 온도가 높은 물체에서 낮은 물체로 열이 이동한다.

③ 열평형 : 온도가 상이한 두 물체가 접촉하여 같은 온도가 된 이후 더 이상의 온도 변화가 없는 상태이다.

(4) 비열

① 비열 : 단위 질량(1kg)의 물질을 단위 온도(1℃)만큼 높이는 데 필요한 열량

ㄱ 비열의 단위 : kcal/(kg·℃)

ㄴ 온도가 쉽게 변하지 않는 물질은 비열이 큰 물질, 온도가 쉽게 변하는 물질은 비열이 작은 물질이다.

ㄷ 물의 비열은 1kcal/(kg·℃)이다.

② 비열에 따른 온도 변화

ㄱ 물은 식용유에 비해 비열이 커서 가열하기가 쉽지 않고, 가열하면 잘 식지도 않는다.

ㄴ 바닷물은 모래에 비해 비열이 커서 햇빛이 비쳐도 모래에 비해 쉽게 온도가 올라가지 않는다.

(5) 열팽창

① 온도 상승과 열팽창 : 물체의 온도가 높아지면 부피가 커지게 되는데, 이를 열팽창이라고 한다.

② 일상생활에서의 열팽창

ㄱ 찌그러진 탁구공을 뜨거운 물에 넣으면 일순간 펴지는 것처럼 물체에 열을 가하면 분자 또는 원자 운동이 활발해져 팽창이 일어난다.

ㄴ 뚜껑이 잘 열리지 않는 유리병을 뜨거운 물속에 넣었다가 꺼내면 병뚜껑이 잘 열리는데 이것은 같은 고체이지만 유리(병)와 금속(뚜껑)이 열팽창 정도가 다르기 때문이다.

(1) 마찰 전기

① 마찰 전기 : 서로 다른 종류의 물체를 마찰시켰을 때 발생하는 전기이다.

※ 발생 원인 : 물체의 마찰로 인해 전자가 다른 물체로 이동하기 때문이다.

② 대전과 대전체

대전	마찰에 의해 전기적 성질을 띠는 현상
대전체	전기를 띤 물체
대전열	마찰에 의해 물질의 종류에 따라 (+)전하, (−)전하로 대전되는 관계를 나타낸 순서 (+) 털가죽 → 유리 → 명주 → 솜 → 고무 → 셀룰로이드 → 에보나이트 (−)

(2) 전기력

① 전기력 : 전기를 띤 물체 사이에 작용하는 힘이다.

② 전기력의 방향

인력	서로 다른 종류의 전하를 띤 물체가 끌어당기는 힘 $\oplus \rightarrow \leftarrow \ominus$
척력	서로 같은 종류의 전하를 띤 물체가 밀어내는 힘 $\leftarrow \oplus\oplus \rightarrow$ $\leftarrow \ominus\ominus \rightarrow$

③ 전기력의 세기 : 두 대전체 사이의 거리가 가까울수록 세고, 대전체가 띠고 있는 전기의 양이 많을수록 세다.

(3) 전류

① 전류 : 전하의 흐름

② 전류의 방향 : 전지의 (+)극에서 (−)극으로 흐르며, 전자는 (−)극에서 (+)극으로 흐른다(전류의 방향은 전자의 이동 방향과 반대 방향이다).

※ 도선 내에 전류가 흐르지 않을 때는 전자들이 여러 방향으로 불규칙하게 움직인다.

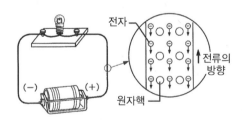

〈전류와 전자의 이동 방향〉

③ 전류의 세기 : 1초에 도선 내의 한 단면을 통과하는 전자의 양

※ 단위 : A(암페어) 또는 mA(밀리암페어) 사용

예 1A = 1,000mA

(4) 전압

① 전압 : 전류를 흐르게 하는 원인
② 전압의 예
  ㉠ 전압에 의해 전류가 흐르는 것은 밸브를 열면 물의 높이 차에 의해 물이 흐르는 것으로 비유할 수 있다.
  ㉡ 전지의 전압은 물의 높이 차와 같은 역할을 하여 전선 내의 전자를 계속 이동시켜 전류가 흐르게 한다.

(5) 전압, 전류, 저항 사이의 관계

① 저항 : 전류가 흐르는 것을 방해하는 정도로, 단위는 Ω (옴)을 사용한다.
② 옴의 법칙

$$V = IR, \ I = \frac{V}{R} \ (I : 전류의 \ 세기, \ V : 전압, \ R : 저항)$$

전류 – 전압 관계	전류 – 저항 관계
저항이 일정할 때 전류는 전압에 비례한다.	전압이 일정할 때 전류는 저항에 반비례한다.

(6) 저항의 연결

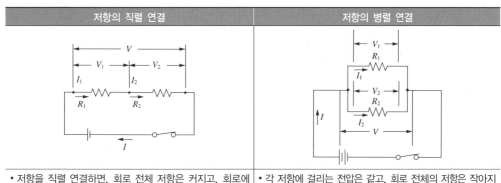

저항의 직렬 연결	저항의 병렬 연결
• 저항을 직렬 연결하면, 회로 전체 저항은 커지고, 회로에 흐르는 전류의 세기는 작아진다. • 여러 개의 전기 기구가 직렬 연결된 회로에서는 한 전기 기구만 고장나도 회로 전체에 전류가 흐르지 않게 된다.	• 각 저항에 걸리는 전압은 같고, 회로 전체의 저항은 작아지므로 회로 전체에 흐르는 전류의 세기는 커진다. • 전기 기구를 병렬 연결하면 다른 전기 기구의 영향을 받지 않고 따로 사용할 수 있다.

(7) 전류 주위의 자기장

① 자기력과 자기장

자기력	자석과 자석 사이에 작용하는 힘
자기장	자기력이 작용하는 공간
자기력선	자기장을 선으로 나타낸 것으로, 자석의 N극에서 나와서 S극으로 들어가는 모양

② 직선 도선 주위의 자기장

자기장의 모양	도선을 중심으로 동심원 모양
자기장의 방향	• 오른손 엄지손가락을 전류의 방향과 일치시키고 네 손가락으로 도선을 감싸 쥘 때 네 손가락이 가리키는 방향 • 전류의 방향이 바뀌면 자기장의 방향도 반대가 된다.

③ 코일 주위의 자기장

코일 내부의 자기장	코일의 내부에는 축에 나란하고 세기가 균일한 자기장이 생긴다.
자기장의 방향	오른손의 네 손가락을 전류의 방향으로 감아쥘 때 엄지손가락이 가리키는 방향이다.

(8) 자기장에서 전류가 흐르는 도선이 받는 힘

① 자기장에서 도선이 받는 힘

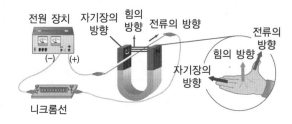

ㄱ 원리 : 자석 내의 전류가 흐르는 도선은 전류에 의한 자기장과 자석의 자기장이 상호 작용하여 서로 자기력이 작용하므로 힘을 받는다.

ㄴ 도선이 받는 자기력의 방향 : 오른손을 이용하여 힘의 방향을 알아볼 수 있다.

ㄷ 전류의 방향이나 자기장의 방향이 바뀌면 도선이 받는 힘의 방향도 바뀐다.

② **전동기** : 자기장 속에서 전류가 흐르는 코일이 받은 힘을 이용하여 코일을 회전시키는 장치이다.

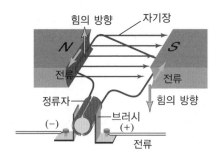

※ 전동기의 이용 : 선풍기, 세탁기, 전기차 등

(1) 광합성

① 광합성 : 녹색 식물이 빛에너지를 이용하여 스스로 양분을 만드는 과정이다.

$$물(H_2O) + 이산화탄소(CO_2) \xrightarrow[\text{엽록체}]{\text{빛에너지}} 포도당 + 산소(O_2)$$

광합성에 필요한 물질	물, 이산화탄소, 빛에너지
광합성으로 생기는 물질	포도당(대부분 녹말로 저장), 산소

② 광합성이 일어나는 장소

   ㉠ 엽록체 : 식물 세포에 있는 녹색의 알갱이로, 광합성이 일어나는 장소이다.

   ㉡ 엽록소 : 엽록체에 들어 있는 녹색의 색소로, 빛에너지를 받아들여 광합성에 필요한 에너지를 엽록체에 제공한다.

③ 광합성에 영향을 미치는 환경 조건 : 빛의 세기, CO_2 농도, 온도

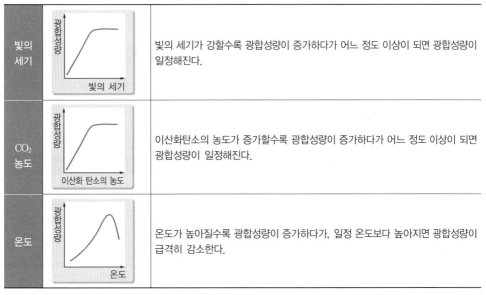

빛의 세기		빛의 세기가 강할수록 광합성량이 증가하다가 어느 정도 이상이 되면 광합성량이 일정해진다.
CO_2 농도		이산화탄소의 농도가 증가할수록 광합성량이 증가하다가 어느 정도 이상이 되면 광합성량이 일정해진다.
온도		온도가 높아질수록 광합성량이 증가하다가, 일정 온도보다 높아지면 광합성량이 급격히 감소한다.

④ 광합성 산물의 이동과 저장 : 잎에 저장되어 있던 녹말이 밤에 포도당으로 분해되고, 체관을 통해 이동하여 뿌리, 줄기, 열매 등에 저장된다.

(2) 증산 작용

① 증산 작용 : 식물체 내의 물이 잎의 기공을 통해 증발되는 현상이다.

② 기공의 구조와 기능

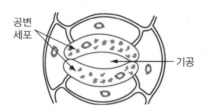

공변
세포

기공

ㄱ 잎의 뒷면에 많이 분포하며, 2개의 공변세포로 형성되어 있다.

ㄴ 주로 낮에 열리고 밤에 닫히며, 산소와 이산화탄소가 출입한다.

ㄷ 공변세포 : 반달 모양으로, 엽록체가 있어 광합성을 할 수 있으며, 기공을 열고 닫아 증산 작용을 조절한다.

③ 증산 작용이 잘 일어나는 조건 : 빛이 강할 때, 온도가 높을 때, 습도가 낮을 때, 바람이 잘 불 때

④ 증산 작용의 의의 : 물의 상승력을 제공하고, 수분량과 체온을 조절한다.

(3) 호흡

① 호흡 : 식물 세포에서 산소를 이용해 포도당을 분해하여 생명 활동에 필요한 에너지를 얻는 작용이다.

$$포도당 + 산소(O_2) \rightarrow 물(H_2O) + 이산화탄소(CO_2) + 에너지$$

② 광합성과 호흡의 비교

구분	광합성	호흡
장소	엽록체	모든 생물
시간	낮	낮과 밤(항상)
기체의 출입	CO_2 흡수, O_2 방출	CO_2 방출, O_2 흡수
물질 변화	무기물 → 유기물	유기물 → 무기물
에너지 출입	에너지 흡수	에너지 방출

※ 광합성은 햇빛이 비칠 때만 일어나지만, 호흡은 밤낮으로 일어난다.

③ 광합성량과 호흡량

ㄱ 낮 : 광합성량이 호흡량보다 많아서 이산화탄소를 흡수하고 산소를 내보낸다.

ㄴ 밤 : 빛이 없어 호흡만이 일어나므로 이산화탄소를 내보내고 산소를 흡수한다.

ㄷ 전체적으로 광합성량이 호흡량보다 많으며, 이산화탄소를 흡수하고 산소를 내보낸다.

④ 식물의 호흡이 왕성할 때 : 꽃이 필 때, 씨가 발아할 때, 생장이 왕성할 때

10　동물과 에너지

(1) 생물의 구성

① 생물체의 구성 단계

㉠ 식물의 구성 단계 : 세포 → 조직 → 조직계 → 기관 → 개체

㉡ 동물의 구성 단계 : 세포 → 조직 → 기관 → 기관계 → 개체

세포	생물체를 구성하는 기본 단위
조직	모양과 기능이 비슷한 세포들의 모임
조직계	• 식물에만 존재하는 단계 • 비슷한 기능을 담당하는 몇몇 조직의 모임
기관	여러 종류의 조직이 모여서 기관을 이룸
기관계	• 동물에만 존재하는 단계 • 서로 관련성 있는 기능을 가진 기관들이 모여 기관계를 이룸
개체	하나의 독립된 생명체

② 사람의 기관계 : 소화계, 순환계, 호흡계, 배설계 등이 있다.

소화계	위, 소장, 대장 등으로 구성
순환계	심장, 혈관, 혈액 등으로 구성
호흡계	코, 기관, 기관지, 폐 등으로 구성
배설계	콩팥, 오줌관, 방광 등으로 구성

(2) 영양소

① 주영양소(3대 영양소) : 에너지원이며, 몸을 이루는 구성 성분이다.

탄수화물	• 대부분 에너지원으로 사용, 사용하고 남은 것은 지방으로 전환되어 몸에 저장된다. • 1g당 4kcal의 에너지를 낸다. 예 녹말, 설탕, 포도당 등
단백질	• 에너지원으로 사용, 근육 등 몸의 주된 구성 성분이다. • 1g당 4kcal의 에너지를 낸다.
지방	• 에너지원으로 사용, 몸의 구성 성분으로 피부 밑에 주로 저장된다. • 1g당 9kcal의 에너지를 낸다.

② 부영양소 : 몸을 구성하는 성분이지만, 에너지원으로 쓰이지 않는다.

무기염류	몸의 구성 성분이며, 생리 기능을 조절한다. • Na, Cl : 삼투압 조절, 신경 흥분 전달에 관계 • P : 뼈와 이의 성분 • Ca : 뼈와 이의 성분. 혈액 응고, 근육 수축 등 • I : 갑상선 호르몬의 성분 • Fe : 헤모글로빈과 시토크롬의 성분
바이타민	• 아주 적은 양으로도 생리 기능을 조절하며 부족 시 결핍증이 발생한다. • 대부분 체내에서 합성할 수 없으므로 음식물을 통해 섭취한다.
물	몸의 60~70 %를 차지하며 체온 조절을 돕고, 영양소, 노폐물 등을 운반한다.

(3) 소화

① 소화 : 소화관에서 흡수할 수 있도록 영양소를 작은 알갱이의 영양소로 분해하는 작용이다.

② 소화의 종류

화학적 소화	소화 효소의 도움으로 고분자 영양소가 저분자 영양소로 변화하는 것
기계적 소화	화학적 소화가 일어나기 쉽도록 잘게 부수거나 소화액과 혼합하는 일

③ 소화 효소 : 생물체 내에서 화학 변화를 촉진하는 물질을 효소라 하고, 소화에 관계하는 효소를 소화 효소라고 한다.

④ 소화 과정

입에서의 소화	이에 의해 잘게 부서지며 침 속의 아밀레이스가 녹말을 엿당으로 분해
위에서의 소화	• 위의 운동(연동 운동)으로 음식물과 위액을 골고루 섞음 • 위샘에서 펩신(단백질을 펩톤으로 분해)과 염산(펩신의 활성화 작용 및 살균 작용)을 분비
소장에서의 소화	• 십이지장에서 쓸개즙, 이자액과 음식물이 섞임 • 쓸개즙 : 간에서 생성, 쓸개에 저장되었다가 분비 됨(소화 효소는 없지만 지방의 소화를 도움) • 이자액 : 주영양소의 분해 효소를 모두 포함(아밀레이스, 트립신, 라이페이스)
대장의 작용	소화액의 분비가 없어 소화 작용은 없으며, 주로 수분을 흡수

⑤ 영양소의 흡수와 이동 : 소장 벽의 융털에서 흡수

모세 혈관	포도당, 아미노산, 무기 염류, 수용성 비타민 흡수
암죽관	지방산, 글리세롤, 지용성 비타민 흡수

(4) 순환

① 혈액의 구성

㉠ 혈장 : 액체 성분으로 영양분, 노폐물, 이산화탄소를 운반한다.

㉡ 혈구 : 세포 성분으로 적혈구, 백혈구, 혈소판으로 구성된다.

적혈구	원반 모양이며 헤모글로빈이 있어 산소를 운반
백혈구	핵이 있으며, 일정한 모양이 없고 식균 작용을 함
혈소판	파편 모양으로 핵이 없고, 혈액을 응고시킴

② 심장의 구조 : 사람의 심장은 2심방 2심실이다.

심방	심장으로 혈액이 들어오는 곳으로, 좌심방과 우심방이 있음
심실	심장에서 혈액을 내보내는 곳으로, 좌심실과 우심실이 있음
판막	심방과 심실, 심실과 동맥 사이에서 혈액이 거꾸로 흐르는 것을 막아 주는 것으로 삼첨판, 이첨판, 반월판으로 구성

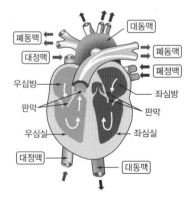

③ 혈관

동맥	심장에서 나오는 혈액이 흐르는 혈관으로, 혈압이 높고 혈관벽이 두꺼우며 탄력성이 강함
정맥	심장으로 들어오는 혈액이 흐르는 혈관으로, 혈압이 낮고 혈관벽이 얇으며 판막이 있음
모세 혈관	동맥과 정맥을 연결하며, 조직 세포와 물질을 교환함

④ 혈액 순환

온몸 순환	좌심실 → 대동맥 → 온몸 → 대정맥 → 우심방
	• 좌심실에서 나온 혈액이 온몸의 거쳐 다시 우심방으로 돌아오는 순환 • 온몸의 조직 세포에 산소와 영양소를 공급하고, 이산화탄소와 노폐물을 받아 심장으로 돌아옴
폐순환	우심실 → 폐동맥 → 폐 → 폐정맥 → 좌심방
	• 우심실에서 나온 혈액이 폐를 거쳐 다시 좌심방으로 돌아오는 순환 • 폐로 가서 이산화탄소를 내보내고, 산소를 받아 심장으로 돌아옴

(5) 호흡

① 사람의 호흡 기관

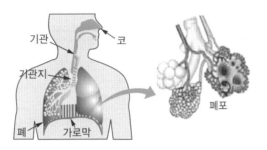

코	공기의 온도를 체온과 비슷하게 해 주고 공기 속의 먼지와 세균을 걸러 냄
기관	점액과 섬모를 통해 먼지와 세균을 다시 한 번 걸러 냄
기관지	기관이 두 개의 기관지로 갈라져 양쪽 폐와 연결 됨
폐	늑골과 횡격막으로 둘러싸여 있으며 수많은 폐포로 구성
폐포	폐를 이루고 있는 얇은 주머니

② 호흡 운동의 원리 : 사람의 폐는 근육이 없어 스스로 운동하지 못하고, 횡격막과 늑골의 상하 운동에 의해 흉강과 폐의 부피와 압력이 변하여 공기가 드나든다.

구분	들숨	날숨
횡격막	내려감	올라감
갈비뼈(늑골)	올라감	내려감
흉강 부피	증가	감소
흉강 압력	감소	증가
공기의 이동 방향	밖 → 폐	폐 → 밖
폐의 부피	증가	감소

(6) 배설

① 노폐물의 생성

ㄱ 탄수화물, 지방＋산소 → 이산화탄소＋물＋에너지

ㄴ 단백질＋산소 → 이산화탄소＋물＋암모니아＋에너지

② 노폐물의 배출

이산화탄소	호흡 운동을 통해 폐에서 배출
물	오줌과 땀으로 배출
암모니아	간에서 독성이 적은 요소로 합성되어 오줌과 땀으로 배출

③ 사람의 배설 기관

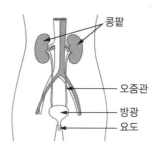

콩팥	혈액 속의 노폐물을 걸러 오줌을 만드는 기관으로, 겉질, 속질, 콩팥 깔때기로 구분
오줌관	콩팥에서 만들어진 오줌을 방광으로 보내는 기관
방광	오줌을 저장했다가 몸 밖으로 내보내는 기관
요도	오줌이 몸 밖으로 빠져나가는 통로

※ 네프론 : 오줌을 생성하는 기본 단위로, 사구체, 보먼주머니, 세뇨관으로 이루어져 있다.

④ 오줌의 생성 과정

여과	• 노폐물을 포함한 혈액이 콩팥 동맥을 지나 사구체로 들어가면 혈압 차로 인해 크기가 작은 물질이 보먼주머니로 빠져나가게 되는 현상 • 물, 포도당, 아미노산, 무기염류, 요소 등은 여과, 혈구, 단백질, 지방 등은 여과되지 않음
재흡수	• 여과된 물질이 세뇨관을 따라 이동하다가 이 중 일부가 세뇨관을 둘러싼 모세 혈관으로 다시 흡수되는 현상 • 포도당, 아미노산은 모두 재흡수, 무기염류, 비타민 등은 필요에 따라 적당량 재흡수 됨
분비	사구체에서 여과되지 못하고 혈액 속에 남아 있는 노폐물의 일부가 모세 혈관에서 세뇨관으로 이동하는 과정

⑤ 오줌의 배설 경로

콩팥 동맥 → 사구체 → 보먼주머니 → 세뇨관 → 콩팥 깔때기 → 오줌관 → 방광 → 요도 → 몸 밖

(7) 소화, 순환, 호흡, 배설의 관계

① 세포 호흡 : 세포에서 산소를 이용해 영양소를 분해하여 에너지를 얻는 과정이다.

> 영양소(포도당)＋산소 → 이산화탄소＋물＋에너지

② 세포 호흡은 우리 몸의 각 기관계가 통합적으로 작동하기 때문에 가능하다.

③ 우리 몸에서 소화, 순환, 호흡, 배설은 각각 독립적으로 일어나는 것이 아니라 서로 밀접하게 연관되어 있다.

11 지권

(1) 지구계

① 지구계 : 대기, 육지, 바다 및 다양한 종류의 생물이 각 영역을 이루며, 상호 작용하는 모임이다.

ㄱ 지구계의 각 요소들은 지구 탄생 이후 끊임없이 상호 작용하고 있다.

ㄴ 지구계의 변화는 짧은 시간 동안 일어나기도 하며(화산, 지진), 서서히 일어나기도 한다(풍화, 침식).

② 지구계의 구성 요소

기권	지구를 둘러싸고 있는 공기층
수권	빙하, 강물, 바닷물 등 지구상에서 물이 존재하는 영역(수증기는 기권)
지권	암석과 흙으로 이루어진 지구의 표면과 내부
생물권	인간을 비롯한 생물이 살고 있는 영역
외권	지구의 기권 바깥에 있는 우주 환경

(2) 지권의 구조

① 지구 내부 조사 방법

직접법	• 시추법 : 지구 내부로 직접 뚫고 들어가는 방법 • 화산 분출물 조사
간접법	• 지진파 분석 : 지진의 파동을 이용해 조사하는 방법으로 가장 효과적인 방법 • 운석 연구 : 지구 내부와 비슷한 운석을 연구하는 방법 • 광물 합성 실험 : 지구 내부와 비슷한 환경에서 광물 합성을 통해 지구 내부 상태를 연구

② 지진파 분석

ㄱ 지구 내부에서 지진이 발생하면 지진파는 모든 방향으로 전달되며, 물질에 따라 전달되는 빠르기가 다르다.

ㄴ 지구 내부를 통과하여 지표에 도달하는 지진파를 연구하면 지구 내부의 구조를 알아낼 수 있다.

③ 지권의 층상 구조

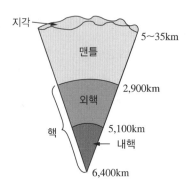

지각	지권의 가장 바깥쪽 층으로, 대륙 지각과 해양 지각으로 구분 • 대륙 지각 : 두께가 약 35km이며, 주로 화강암질 암석으로 구성 • 해양 지각 : 두께가 약 5km이며, 주로 현무암질 암석으로 구성	
맨틀	지각 아래부터 약 2,900km까지의 층 • 지구 전체 부피의 약 80%를 차지함 • 지각보다 무거운 물질로 이루어짐	
핵	외핵	맨틀 아래부터 약 5,100km까지의 층 • 주로 철과 니켈로 이루어짐 • 액체 상태
	내핵	외핵 아래에서부터 지구 중심까지의 층 • 주로 철과 니켈로 이루어짐 • 고체 상태

(3) 지권을 이루는 암석

① 암석의 종류 : 암석의 생성 과정에 따라 화성암, 퇴적암, 변성암으로 구분한다.

② 화성암 : 마그마가 식으면서 만들어진 암석이다.

결정의 크기 / 색	어두운 색	밝은 색
화산암(지표 부근에서 빠르게 식음, 작은 결정)	현무암	유문암
심성암(지하 깊은 곳에서 천천히 식음, 큰 결정)	반려암	화강암

③ 퇴적암 : 자갈, 모래, 진흙 등의 퇴적물이 쌓여 만들어진 암석이다.

　㉠ 퇴적암의 생성 과정 : 운반 작용 → 다지는 작용 → 교결 작용

　㉡ 퇴적암의 분류 : 퇴적물의 종류에 따라 분류한다.

퇴적물	퇴적암
진흙	셰일(이암)
모래	사암
자갈	역암
석회질 물질	석회암
화산재	응회암
소금	암염

　㉢ 퇴적암의 특징 : 층리와 화석이 나타난다.

층리	알갱이 크기나 색이 다른 퇴적물이 번갈아 쌓여 만들어진 줄무늬
화석	과거에 살았던 생물의 유해나 흔적

④ 변성암 : 암석이 높은 열과 압력에 의해 원래의 성질이 변한 암석이다.

변성 전 암석	변성암
화강암	편마암
셰일	편암, 편마암
사암	규암
석회암	대리암

※ 특징 : 엽리(압력 방향에 수직인 줄무늬)나 큰 결정이 나타난다.

⑤ 암석의 순환 : 암석은 주변 환경의 변화에 따라 오랜 시간에 걸쳐 끊임없이 다른 종류의 암석으로 변한다.

(4) 암석을 이루는 광물

① 광물 : 암석을 이루는 작은 알갱이이다.

② 조암 광물 : 암석을 이루는 주된 광물로, 장석, 석영, 휘석, 각섬석, 흑운모, 감람석이 있다.

밝은 색 조암 광물	• 석영, 장석 • 철이나 마그네슘을 포함하지 않아 밝다.
어두운 색 조암 광물	• 흑운모, 각섬석, 휘석, 감람석 • 철이나 마그네슘을 포함하여 어둡다.

③ 광물의 특성

색	• 광물의 겉보기 색 • 석영(무색, 흰색), 방해석(무색, 흰색), 장석(흰색, 분홍색), 흑운모(검은색), 각섬석(녹갈색)					
조흔색	광물을 조흔판에 긁었을 때 나타나는 광물 가루의 색					
	광물	금	황철석	황동석	흑운모	적철석	자철석
	색	노란색			검은색		
	조흔색	노란색	검은색	녹흑색	흰색	붉은색	검은색
굳기	• 광물의 단단한 정도 • 굳기가 서로 다른 광물끼리 긁으면, 덜 단단한 광물에 흠집이 생김					
자성	자석처럼 쇠붙이를 끌어당기는 성질 [예] 자철석					
염산 반응	묽은 염산과 반응하여 기체가 발생하는 성질 [예] 방해석					

(5) 암석의 풍화와 토양

① 풍화 : 암석이 오랜 시간에 걸쳐 잘게 부서지거나 분해되어 자갈이나 모래, 흙 등으로 변하는 현상이다.

② 여러 가지 풍화

　㉠ 암석 틈 사이에 스며든 물이 얼었다 녹았다 하면서 암석이 부서진다.

　㉡ 식물 뿌리가 암석 틈에 자라 틈이 점점 벌어져 암석이 부서진다.

　㉢ 지하수가 암석을 녹여 석회 동굴 등의 지형을 만든다.

　㉣ 공기 중 산소에 의해 약화된 암석이 부서진다.

　㉤ 암석 표면의 이끼가 여러 성분을 배출하면서 암석을 녹인다.

③ 토양 : 암석의 오랜 시간 동안 풍화를 받아 잘게 부서져 생긴 흙이다. 나뭇잎이나 동식물이 썩어서 만들어진 물질을 포함하며, 식물이 자라는 데 중요한 역할을 한다.

(6) 지각 변동

① **대륙 이동설** : 과거에 하나로 모여 있던 거대한 대륙이 여러 대륙으로 갈라지고 이동하여 오늘과 같은 대륙 분포가 되었다는 학설이다.

　ㄱ 대륙 이동의 원인 : 맨틀의 대류에 의한 판의 이동

　ㄴ 대륙 이동의 증거

　　• 해안선 모양의 일치 : 남아메리카 대륙의 동해안과 아프리카 대륙 서해안의 해안선 모양이 거의 일치함

　　• 빙하의 흔적 일치 : 여러 대륙에 남아 있는 빙하의 이동 흔적과 분포가 일치함

　　• 같은 종류의 고생물 화석 발견 : 같은 종류의 고생물 화석이 현재 떨어져 있는 여러 대륙에서 발견됨

　　• 연속적인 지질 구조 : 북아메리카와 유럽 산맥의 지질 구조가 서로 연결됨

② **지진 활동과 화산 활동**

　ㄱ 지진대와 화산대 : 지진대는 지진 활동이 많은 지역, 화산대는 화산 활동이 많은 지역이다.

　ㄴ 지진대와 화산대는 전 세계에 고르게 분포하지 않고, 특정한 지역에 띠 모양으로 분포한다.

　ㄷ 화산 활동의 피해 : 화산재로 인한 지구의 온도 하락, 주변 지역의 화산재와 용암 피해, 화산재가 물과 만나 이류 발생

　ㄹ 화산 활동의 혜택 : 기름진 땅 제공, 온천과 독특한 지형으로 인해 관광지로 개발, 지열 발전소

　ㅁ 지진 해일(쓰나미) : 바다 밑에서 일어난 지진으로 인해 큰 파도가 일어나 바닷가를 덮치는 현상이다.

12	수권

(1) 수권

① 수권 : 지구상에 분포하는 모든 물

② 수권의 분포 : 해수(97.47%, 가장 많은 양 차지) ≫ 빙하 > 지하수 > 하천수과 호수 등

③ 수권의 역할

　ㄱ 기온 유지 : 태양 에너지를 운반·저장한다.

　ㄴ 생명 활동 유지 : 생명체의 주요 성분이다.

　ㄷ 지형 변화 : 물이 순환하면서 지표를 변화시킨다.

　ㄹ 농작물 재배, 공업 제품 생산, 수송, 어업, 휴양 등에 이용된다.

(2) 자원으로서의 물

① 수자원 : 다양한 분야에서 자원으로 이용할 수 있는 물

② 우리나라의 수자원의 특징

　ㄱ 1인당 수자원량이 세계 평균보다 적어 물이 부족한 나라로 분류되어 있다.

　ㄴ 농업용수로 가장 많이 이용하고 있으며, 유지용수(하천)와 생활용수로도 많이 사용한다.

③ 물 부족 문제 해결 방안 : 물 절약, 지하수 개발, 해수 담수화 기술 개발 등

(3) 해수의 특성과 순환

① 해수의 온도

  ㉠ 저위도(적도 지방) : 태양 복사 에너지의 양이 많아 해수의 온도가 높다.

  ㉡ 고위도 : 태양 복사 에너지의 양이 적어 해수의 온도가 낮다.

② 깊이에 따른 해수의 온도 : 깊이에 따른 수온 변화에 따라 세 개의 층으로 구분한다.

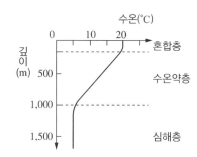

혼합층	해수 표면 부근의 수온 변화가 거의 없는 층
수온 약층	수온이 급변하는 층으로, 하층부의 수온은 낮고 상층부의 수온은 높아 매우 안정하므로 혼합층과 심해층의 경계를 형성해 물질과 에너지 교환이 잘 이루어지지 않음
심해층	연중 수온이 4℃ 이하로 낮으며, 계절이나 위도에 영향을 받지 않는 층

③ 해수의 염분

  ㉠ 염분 : 바닷물 1kg에 함유된 전체 염류의 양을 그램(g) 수로 나타낸다(단위 : 퍼밀, ‰).

  ㉡ 바닷물의 평균 염분은 35‰이며, 건조한 지방은 높고 강어귀나 강수량이 많은 지역은 낮다.

  ㉢ 염류 : 해수에 녹아 있는 여러 가지 물질(염화 나트륨＞염화 마그네슘＞황산 마그네슘 등)

  ㉣ 염분비 일정 법칙 : 바다의 염분은 지역에 따라 조금씩 다르지만, 녹아있는 염류 사이의 비율은 거의 일정하다.

(4) 해수의 운동

① 해류 : 일정한 방향으로 지속적으로 흐르는 해수의 흐름

난류	저위도에서 고위도로 흐르는 따뜻한 해류
한류	고위도에서 저위도로 흐르는 차가운 해류

② 해류의 발생 원인 : 표층 해류의 원인은 바람이며, 아래위 방향의 바닷물 이동은 염분과 수온의 변화에 의해 발생한다.

③ 해류의 영향 : 해류는 저위도 지방의 남는 에너지를 고위도 지방으로 이동해 주어 극지방과 적도 지방의 온도 차이를 줄여 주고, 난류가 흐르는 지역은 겨울철에도 다른 지역보다 따뜻하다.

④ 우리나라 부근의 해류

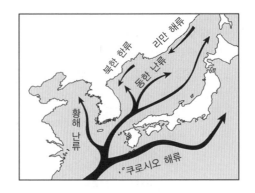

ㄱ 난류와 한류가 모두 흐르고 있다.

ㄴ 우리나라 동해에서는 동한 난류와 북한 한류가 만나 조경 수역(한류성 어종과 난류성 어종이 모
인 좋은 어장)을 이룬다.

(5) 조석 현상

① 조석 현상 : 하루에 두 번씩 바닷물이 규칙적으로 밀려왔다(밀물) 밀려가는(썰물) 현상

ㄱ 만조(밀물) : 바닷물이 해안으로 밀려 들어와서 해수면이 가장 높을 때

ㄴ 간조(썰물) : 바닷물이 빠져나가 해수면이 가장 낮아졌을 때

ㄷ 조차 : 만조와 간조 때 해수면의 높이 차이

② 조석의 이용 : 황해는 깊이가 얕아 밀물과 썰물에 의한 해수면의 높이 차가 매우 커 조력 발전에
유리하다.

13   기권

(1) 기권

① 기권 : 지표면을 둘러싸고 있는 공기의 층(지표로부터 약 1,000km까지)

※ 기권의 성분 : 질소 · 산소가 거의 대부분이고, 대기권은 높이 올라갈수록 지구의 중력이 약하므로 공기
가 점차 희박해진다.

② 기권의 층상 구조 : 높이에 따른 온도 변화를 기준으로 구분

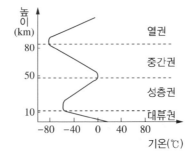

대류권 (지표면~ 약 10km)	대기권에 분포하는 공기의 약 75%가 존재하며, 높이 올라갈수록 지표에서 방출되는 지구 복사 에너지가 적어 기온이 내려가고, 대류 현상과 구름·비·눈 등의 기상 현상이 일어남
성층권 (약 10~50km)	오존층(높이 20~30km 부근)이 자외선을 흡수하므로 올라갈수록 기온이 높아지며, 찬 공기가 따뜻한 공기보다 아래에 있고 공기의 상하 이동이 어려워 대류 현상이 일어나지 않으므로 대기층이 안정적이라 비행기 항로로 이용
중간권 (약 50~80km)	올라갈수록 성층권의 방출 에너지를 적게 받아 기온이 낮아지며, 중간권의 상부는 약 $-90℃$로 대기권 중에서 온도가 가장 낮음. 대류 현상이 일어나지만 수증기가 거의 없어 기상 현상은 안 일어남
열권 (약 80km 이상)	태양 복사 에너지에 의해 올라갈수록 기온도 높아지며, 공기가 희박해 낮과 밤의 기온 차가 극심하고, 극지방에서는 오로라가 나타남

(2) 복사 에너지와 지구 온난화

① 복사 에너지 : 물체의 표면에서 복사에 의해 방출되는 열에너지

② 지구의 복사 평형

  ㉠ 지구에 도달하는 태양 복사 에너지(100%)의 30%는 대기와 지표면에 의해 우주 공간으로 반사되고 70%(대기 20% + 지표면 50%)는 흡수된다.

  ㉡ 지구는 태양 복사 에너지를 흡수한 양만큼 복사 에너지를 방출하며, 지구 전체로 보면 복사 평형을 이루어 지구의 온도가 일정하게 유지된다.

③ 온실 효과

  ㉠ 지구에서 우주로 방출되는 복사 에너지의 일부가 대기 중의 이산화탄소 등 온실 기체에 의해 흡수된 후 지표면으로 재방출되어 지구를 보온하는 현상이다.

  ㉡ 지구에 대기가 없다면 낮은 온도(약 $-18℃$)에서 복사 평형을 이룰 것이다(현재 약 15℃).

④ 지구 온난화 : 온실 효과의 증가로 지구의 평균 기온이 점차 상승하는 현상이다.

  ㉠ 지구 온난화의 원인 : 온실 기체의 양이 점점 많아지기 때문이다.

  ㉡ 온실 기체 : 수증기, 이산화탄소, 메테인 등

  ㉢ 지구 온난화의 영향 : 빙하가 녹고 해수면 상승으로 인해 육지가 줄어들고 있다. 또한 전 세계적으로 폭염, 홍수 등 기상 이변이 자주 나타난다.

(3) 대기 중의 수증기

① 포화 상태 : 어떤 공기가 수증기를 최대로 포함하고 있는 상태

② 포화 수증기량 : 포화 상태의 공기 1kg에 함유된 수증기의 양을 g으로 나타낸 것

  ※ 포화 수증기량은 온도가 높을수록 증가하고 온도가 낮을수록 감소하며, 포화 상태에 이르면 증발이 더 이상 일어나지 않는다.

③ 이슬점과 응결량

  ㉠ 이슬점 : 수증기가 응결하기 시작할 때의 온도

  ㉡ 이슬점은 공기 중에 수증기량이 많을수록 높아진다.

  ㉢ 응결량 : 현재 수증기량−냉각된 온도에서의 포화수증기량

④ 상대 습도 : 공기의 습한 정도를 백분율로 나타낸 것

$$상대\ 습도(\%) = \frac{현재\ 공기의\ 실제\ 수증기량(g/kg)}{현재\ 공기의\ 포화\ 수증기량(g/kg)} \times 100$$

⑤ 상대 습도의 변화

㉠ 기온과 상대 습도

기온이 일정할 때	수증기량이 많아질수록 상대 습도는 높아진다.
기온이 높아질 때	포화 수증기량이 많아지므로 상대 습도는 낮아진다.
기온이 낮아질 때	포화 수증기량이 감소하므로 상대 습도는 높아진다.

㉡ 맑은날 기온, 습도, 이슬점 변화

낮	기온이 높고 습도가 낮다.
밤	기온이 낮고 습도가 높다.

※ 이슬점은 공기 중 수증기량이 거의 일정하기 때문에 크게 변하지 않는다.

(4) 구름과 강수

① **구름** : 물방울이나 얼음 알갱이가 하늘에 떠 있는 것
② **구름의 생성 과정**

> 공기의 상승 → 공기의 단열 팽창 → 기온 하강 → 이슬점 도달 → 수증기의 응결 → 구름 생성

㉠ 공기가 상승하는 경우 : 저기압 중심으로 공기가 모여들 때, 공기가 산의 경사면을 타고 올라갈 때, 지표면이 서로 다르게 가열될 때, 따뜻한 공기와 찬 공기가 만날 때
㉡ 단열 팽창 : 외부로부터의 열 출입 없이 공기 덩어리의 부피가 팽창하면서 내부의 기온이 낮아지는 것
③ **구름의 종류** : 높이에 따라 상층운·중층운·하층운으로, 모양에 따라 상승 운동이 강해 솟아오른 적운형과 상승 운동이 약해 옆으로 퍼진 층운형으로 분류한다.

〈적운형 구름〉

〈층운형 구름〉

④ **강수** : 구름에서 비나 눈 등이 만들어져 지표로 떨어지는 현상

(5) 기압과 바람

① 기압 : 단위 면적을 수직으로 누르는 공기의 힘
② 기압의 측정 : 이탈리아의 토리첼리가 수은을 이용해 최초로 측정함

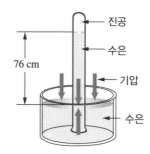

〈토리첼리의 기압 측정〉

ㄱ 76cm 수은 기둥의 압력＝수은 면에 작용하는 공기의 압력
ㄴ 1기압＝76cm 수은 기둥의 압력
　　　　＝1,013hPa(헥토파스칼)
　　　　＝10.3m 물기둥의 압력
　　　　＝평균 해수면에 작용하는 공기 기둥의 압력
ㄷ 기압의 변화 : 기압은 측정 장소·시간·높이에 따라 달라진다.
③ 바람 : 기압이 높은 곳에서 낮은 곳으로 공기가 이동하는 것
ㄱ 바람의 생성 원인 : 두 지점 사이에서 생기는 기압 차이 때문이다.
ㄴ 지표면이 가열된 지역은 공기가 상승하면서 지표면의 기압이 낮아진다.
ㄷ 지표면이 냉각된 지역은 공기가 하강하면서 지표면의 기압이 높아진다.

(6) 기단과 전선

① 기단 : 기온과 습도 등의 성질이 비슷한 커다란 공기 덩어리
② 우리나라 날씨에 영향을 주는 기단

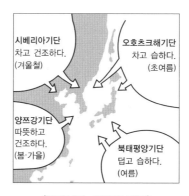

〈우리나라 주변의 기단〉

③ 전선

    ㉠ 전선면 : 성질이 다른 두 기단이 만나는 경계면

    ㉡ 전선 : 전선면과 지표가 만나는 경계선

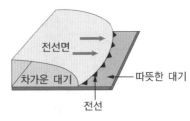

〈전선면과 전선〉

    ㉢ 전선의 종류

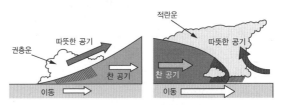

〈온난 전선의 수직 단면도〉　〈한랭 전선의 수직 단면도〉

온난 전선	• 더운 공기가 찬 공기를 타고 올라가는 전선으로서, 전선면 기울기가 완만하며 층운형 구름이 생성된다. • 넓은 지역에 지속적인 비를 내리게 하며 이동 속도가 느리다. • 전선 통과 후에는 기온이 높아진다.
한랭 전선	• 찬 공기가 더운 공기 밑으로 파고들면서 더운 공기를 밀어 올리는 전선으로서 전선면 기울기가 급하며 적운형 구름이 생성된다. • 좁은 지역에 소나기성 비가 내리며, 이동 속도가 빠르다. • 전선 통과 후에는 기온이 낮아진다.
정체 전선	두 전선의 세력이 비슷해 움직이지 않는 전선(장마 전선)이다.
폐색 전선	한랭 전선과 온난 전선이 합쳐진 전선으로서, 대체로 오랫동안 비가 내리고, 기온이 하강한다.

(7) 기압과 날씨 변화

① 고기압과 저기압

고기압	• 주위보다 기압이 높은 곳으로, 바람이 시계 방향으로 돌면서 불어 나가며, 중심부에는 하강 기류가 있어 날씨가 맑다. • '고' 또는 'H'로 표시한다.
저기압	• 주위보다 기압이 낮은 곳으로, 바람이 반시계 방향으로 불어 들어오며, 중심부에는 상승 기류가 있어서 날씨가 흐리다. • '저' 또는 'L'로 표시한다.

② 온대 저기압 : 중위도 지방에 자주 발생하는 저기압으로, 중심에서 남서쪽에는 한랭 전선, 남동쪽에는 온난 전선이 형성된다.

③ 일기도 : 여러 지역의 동일 시각 대기 상태를 수집하여 한눈에 알아보기 쉽게 작성한 지도

(1) 지구와 달의 운동

① 지구의 자전

지구의 자전	지구가 자전축을 중심으로 하루에 한 바퀴씩 서쪽에서 동쪽으로 회전하는 운동이다.
지구의 자전으로 나타나는 현상	• 별의 일주 운동 : 북극성을 중심으로 별들이 하루에 한 바퀴씩 회전하는 겉보기 운동이다. • 태양과 달의 일주 운동 : 태양과 달이 하루 동안 동쪽에서 떠서 서쪽으로 진다. • 낮과 밤이 반복되고, 지역에 따라 일출 시각과 일몰 시각이 다르다.

② 지구의 공전

지구의 공전	지구가 태양을 중심으로 일 년에 한 바퀴씩 서쪽에서 동쪽으로 회전하는 운동이다.
지구의 공전으로 나타나는 현상	태양의 연주 운동, 계절별 별자리 변화

③ 달의 위상 변화

㉠ 달의 위상 : 우리 눈에 보이는 달의 모양이다.

㉡ 달의 위상 변화 : 약 한 달을 주기로 변한다.

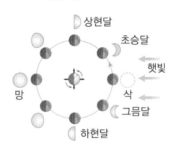

삭	달이 지구와 태양 사이에 있을 때 ➡ 달이 보이지 않는다.
망	달이 지구를 중심으로 태양 반대편에 있을 때 ➡ 보름달이 보인다.
상현	달이 지구, 태양과 직각을 이룰 때 ➡ 오른쪽 반달이 보인다.
하현	달이 지구, 태양과 직각을 이룰 때 ➡ 왼쪽 반달이 보인다.

㉢ 원인 : 약 한 달을 주기로 달이 지구 주위를 서쪽에서 동쪽으로 공전하기 때문이다.

④ 일식과 월식

일식	달이 태양을 가려 지구에서 태양이 보이지 않는 현상 ➡ 태양-달-지구 순으로 일직선을 이룰 때 일어나며, 달이 삭의 위치일 때 일어난다. • 개기 일식 : 달이 태양을 완전히 가리는 현상 • 부분 일식 : 달이 태양의 일부를 가리는 현상
월식	달이 지구의 그림자 속으로 들어가 달이 보이지 않는 현상 ➡ 태양-지구-달 순으로 일직선을 이룰 때 일어나며, 달이 망의 위치일 때 일어난다. • 개기 월식 : 지구의 그림자에 달 전체가 가려지는 현상 • 부분 월식 : 지구의 그림자에 달 일부가 가려지는 현상

(2) 태양계를 구성하는 행성

① 행성 : 태양 주위를 도는 8개의 천체

② 행성의 특징

수성	• 태양에서 가장 가까운 행성 • 태양계의 행성들 중 크기가 가장 작음 • 대기가 거의 없어 낮과 밤의 표면 온도 차가 매우 큼
금성	• 지구에서 가장 가깝고 밝은 행성 • 지구와 크기와 질량이 비슷, 표면 온도는 약 460℃
화성	• 지구와 환경이 가장 비슷한 행성 • 극지방에 흰색의 극관이 있고, 이산화탄소의 대기층이 있음 • 표면이 붉은색을 띠며, 물이 흘렀던 흔적이 있음
목성	• 태양계에서 가장 큰 행성 • 수소, 헬륨 등의 기체로 되어 있으며, 가로줄 무늬와 붉은 점이 있음
토성	• 태양계에서 밀도가 가장 작은 행성 • 얼음과 먼지의 입자로 이루어진 고리가 있음
천왕성	• 주로 수소로 이루어져 있으며, 청록색으로 보임 • 자전축이 거의 누운 채로 자전
해왕성	• 태양계에서 가장 바깥쪽에 있는 행성 • 검은 점이 있는 푸른색 행성

(3) 행성의 구분

① 내행성과 외행성

내행성	• 지구의 공전 궤도보다 안쪽에서 공전하는 행성 　예 수성, 금성 • 초저녁 서쪽 하늘, 새벽 동쪽 하늘에서 관측할 수 있다.
외행성	• 지구의 공전 궤도보다 바깥쪽에서 공전하는 행성 　예 화성, 목성, 토성, 천왕성, 해왕성 • 초저녁, 새벽뿐만 아니라 한밤중에도 관측할 수 있다.

② 지구형 행성과 목성형 행성

구분	지구형 행성	목성형 행성
행성	수성, 금성, 지구, 화성	목성, 토성, 천왕성, 해왕성
반지름	작다	크다
질량	작다	크다
밀도	크다	작다
고리	없다	있다
위성수	없거나 적다	많다
구성 물질	철, 규소	수소, 헬륨
자전 속도	느리다	빠르다

(4) 태양의 특징

① 태양 : 태양계에서 스스로 빛을 내는 유일한 천체
　　㉠ 반지름 : 지구의 약 109배
　　㉡ 질량 : 지구의 약 33만 배
　　㉢ 온도 : 표면은 약 6,000℃, 중심부는 약 1,500만 ℃

② 태양 표면의 특징

광구	눈에 보이는 태양의 둥근 표면
흑점	• 크기와 모양이 불규칙한 어두운 무늬 • 다른 부분보다 검게 보임(낮은 온도 때문) • 11년을 주기로 그 수가 적어졌다 많아지고 함 → 흑점의 수가 많아질 때 오로라 현상과 무선 통신 장애 현상(델린저 현상)이 나타남
쌀알 무늬	광구에 쌀 모양처럼 생긴 무늬로 대류 현상 때문에 나타남
채층	분홍색을 띤 얇은 대기층으로 광구 바깥쪽에 있음
홍염	태양의 가장자리에 보이는 불꽃 모양의 가스
코로나	채층 바깥쪽의 청백색의 희미한 가스층으로 개기 일식 때 관측이 가능함
플레어	흑점 부근에서 폭발이 일어나 순간 매우 밝아지는 현상

15 　별과 우주

(1) 연주 시차와 별의 거리

① 시차 : 관측자가 다른 위치에서 한 물체를 보았을 때 방향의 차이에 따라 생기는 각
② 연주 시차 : 지구와 별을 잇는 직선과 태양과 별을 잇는 직선이 이루는 각으로, 연주 시차는 별까지의 거리와 반비례한다.

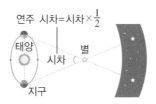

$$별의\ 거리(pc) = \frac{1}{연주\ 시차}$$

※ 연주 시차가 1″인 별까지의 거리를 1 pc(파섹)이라고 한다.

(2) 별의 밝기

① 별의 밝기와 거리

$$별의 \ 밝기 \propto \frac{1}{(별까지의 \ 거리)^2}$$

별까지의 거리가 2배, 3배, …로 멀어지면 별의 밝기는 $\frac{1}{2^2}$배, $\frac{1}{3^2}$배로 어두워진다.

② 별의 밝기와 등급

  ㉠ 그리스의 히파르코스가 별들을 밝은 순서에 따라 6개의 등급으로 분류했다.

  ㉡ 등급이 낮을수록 밝으며, 등급 간 차이는 밝기 2.5배 차이이다.

  ㉢ 1등성은 6등성보다 100배($\fallingdotseq 2.5^5$배) 밝다.

③ 별의 색깔과 온도 : 별의 표면 온도가 높을수록 푸른색(30,000℃)을 띠며, 낮을수록 붉은색(3,000℃)을 나타낸다.

(3) 은하와 우주

① 은하 : 별, 성운, 성단 및 성간 물질로 이루어진 거대한 천체

타원 은하		나선팔이 없으나 구형에 가깝거나 납작한 타원 모양으로 보임
나선 은하	정상 나선 은하	중심에서 나선팔이 휘어져 나온 모양
	막대 나선 은하	중심을 가로지르는 막대의 끝에서 나선팔이 휘어져 나온 모양 – 우리 은하가 해당됨
불규칙 은하		규칙적인 모양이 없음

② 우리 은하 : 태양계가 속해 있는 은하

모양	옆에서 본 모양은 가운데가 볼록한 원반이며, 위에서 본 모양은 막대 나선 모양 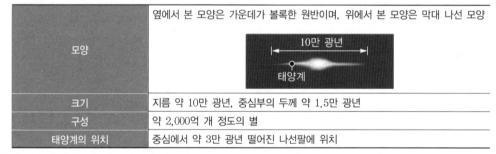
크기	지름 약 10만 광년, 중심부의 두께 약 1.5만 광년
구성	약 2,000억 개 정도의 별
태양계의 위치	중심에서 약 3만 광년 떨어진 나선팔에 위치

③ 은하수 : 밤하늘을 가로지르는 희미한 띠 모양의 별의 집단(우리 은하의 일부)으로, 우리나라에서는 겨울철보다 여름철에 더 넓고 밝게 보인다.

④ 성운과 성단

  ㉠ 성운 : 가스나 티끌 같은 성간 물질이 모여 구름 덩어리와 같은 모양을 하고 있는 것

밝은 성운	발광 성운	주위에 있는 별로부터 빛을 흡수했다가 내보내며 주로 붉은색
	반사 성운	가스나 티끌이 빛을 반사하여 밝게 보이는 성운으로 주로 파란색
암흑 성운		뒤쪽에서 오는 가스나 티끌에 의해 별빛이 차단되어 검은 구름처럼 어둡게 보이는 성운

ⓛ 성단 : 나이나 구성 성분이 비슷한 수많은 별들이 무리를 지어 있는 것

산개 성단	수백 ~ 수천 개의 별들이 엉성하게 흩어져 있는 성단으로, 푸른색 별이 많으며 젊은 별의 집단
구상 성단	수십만 ~ 수백만 개의 별들이 구형으로 빽빽하게 모여 있는 성단으로, 붉은색 별이 많으며 늙은 별의 집단

(4) 우주의 팽창

① 팽창하는 우주

    ㉠ 허블은 외부 은하가 멀어지고 있음을 발견했다.

    ⓛ 은하들은 우주가 팽창함에 따라 서로 멀어지고 있다.

    ⓒ 멀리 떨어져 있는 은하일수록 더 빨리 멀어지고 있다.

    ⓔ 팽창하는 우주에 특별한 중심은 없다.

    ⓜ 우주는 지금도 팽창하고 있다.

② 빅뱅(대폭발) 이론

    ㉠ 우주는 약 138억 년 전에 모든 물질과 에너지가 모인 한 점에서 대폭발로 생겨났다.

    ⓛ 대폭발 이후 계속 팽창하여 현재의 우주가 만들어졌다.

| 유형분석 |

- 상식에 기반하여 평이한 난도로 출제되는 영역이다.
- 핵심이론의 기초 지식을 암기해 두는 것이 좋다.

다음 설명에 해당하는 물질은?

- 끓으면 수증기로 변한다.
- 사람의 체중에서 가장 큰 비율을 차지한다.
- 산소 원자 1개와 수소 원자 2개로 구성된다.

① 물　　　　　　　　　　② 염소
③ 헬륨　　　　　　　　　④ 에탄올

정답　①

물은 산소 원자 1개와 수소 원자 2개로 구성되어 있다.
사람의 체중에서 가장 큰 비율을 차지하고 있으며, 끓으면 수증기로 변하는 성질을 가지고 있다.

01 다음 설명에 해당하는 물질은?

> • 우주에서 가장 풍부한 물질이다.
> • 물을 구성하는 원소 중 하나이다.

① 수소   ② 염소
③ 탄소   ④ 질소

02 다음 설명에 해당하는 현상은?

> • 물질이 산소와 결합하는 것이다.
> • 나무가 타는 것, 철이 녹스는 것이 이에 해당한다.

① 산화   ② 환원
③ 핵융합   ④ 동화작용

03 다음 중 화학 변화로 볼 수 없는 것은?

① 설탕이 물에 녹았다.
② 강철솜을 토치 불꽃으로 가열했다.
③ 철가루와 황가루를 섞어 가열했다.
④ 못을 공기 중에 두었더니 녹이 슬었다.

04 다음 중 색이 변하는 화학 변화를 직접적으로 이용하여 질병을 진단할 때 사용하는 것은?

① 내시경   ② 청진기
③ 소변 검사지   ④ 초음파 진단기

05 다음 설명에 해당하는 합성 의약품은?

> • 해열 및 진통 효과가 있다.
> • 아세틸살리실산이라고 한다.
> • 버드나무 껍질에서 추출한 살리실산의 부작용을 줄인 의약품이다.

① 항생제   ② 제산제
③ 페니실린   ④ 아스피린

06 다음은 수돗물을 만드는 과정에 대한 설명이다. 빈칸에 공통으로 해당하는 것은?

> • _____은/는 물속의 세균을 살균하는 과정이다.
> • _____ 과정에서 염소, 오존 등을 이용한다.

① 소독   ② 여과
③ 응집   ④ 중화

07 용질이 용매에 녹아서 고르게 섞여 용액을 형성할 때 용질의 특성을 무엇이라 하는가?

① 농도
② 혼합물
③ 용해도
④ 밀도

08 다음 중 중화반응의 예시가 아닌 경우는?

① 생선 비린내를 없애기 위해 레몬즙을 뿌린다.
② 위산이 많이 분비되어 속이 쓰릴 때 제산제를 복용한다.
③ 벌에 쏘였을 때 묽은 암모니아수를 바른다.
④ 통조림 표면의 부식을 막기 위해 도금한다.

09 다음 글에서 밑줄 친 부분의 성질과 가장 관련이 깊은 것은?

> 우리 전통의 발효식품인 된장은 곰팡이를 이용해 콩을 발효시킨 식품이다. 이때 온도와 습도를 잘못 조절할 경우 곰팡이의 숫자가 늘어나 장이 부패할 위험이 있다. 하지만 장을 담근 항아리에 숯을 띄우면 장의 부패를 늦출 수 있는데, 이는 <u>숯이 장의 부패를 앞당기는 해로운 미생물들을 흡수하기 때문</u>이다. 숯에는 눈으로는 볼 수 없는 미세한 구멍이 무수히 뚫려 있는데 이곳에 해로운 미생물들이 모여들게 되면서 온도와 습도가 높아져도 장이 부패하지 않게 된다.

① 젓갈
② 세탁기
③ 정수기
④ 주방용 세제

| 유형분석 |

- 상식에 기반하여 평이한 난도로 출제되는 영역이다.
- 힘의 크기 등을 구하는 기본 공식은 암기해 두는 것이 좋다.

해산물을 싣고 직선 도로 위를 달리는 트럭이 있다. 달리는 도중에 트럭의 물탱크에 담겨 있는 물의 수면이 다음 그림과 같이 진행 방향 쪽으로 기울어진 상태를 유지하였다. 이 트럭의 운동 상태에 대한 설명으로 가장 타당한 것은?

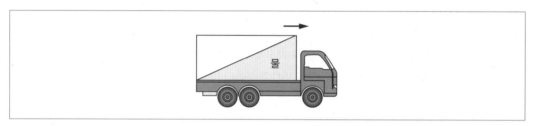

① 일정한 속도로 달리고 있다.
② 속도가 일정하게 증가하고 있다.
③ 속도가 일정하게 감소하고 있다.
④ 가속도가 일정하게 증가하고 있다.

정답 ③

물이 받는 관성력이 트럭의 진행 방향 쪽으로 일정하므로 트럭의 가속도 방향은 진행 방향과 반대이다.
따라서 트럭은 속도가 일정하게 감소하고 있다.

01　다음 설명에 해당하는 것은?

> • 사람이 볼 수 있는 전자기파의 한 종류이다.
> • 텔레비전 영상은 이 빛을 통해 보는 것이다.
> • 연속 스펙트럼의 무지개색 빛이다.

① X선　　　　　　　　　　　② 감마선
③ 적외선　　　　　　　　　　④ 가시광선

02　다음 그림과 같이 쇠구슬이 A에서 D로 레일을 따라 굴러갔다. A ~ D 중, 중력에 의한 쇠구슬의 위치 에너지가 가장 작은 지점은?(단, 지면을 기준으로 한다)

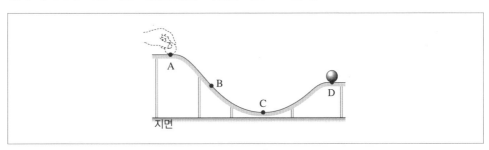

① A　　　　　　　　　　　② B
③ C　　　　　　　　　　　④ D

03　다음 중 자기장을 변화시켜 전류가 유도되는 원리를 이용하지 않는 것은?

① 발전기　　　　　　　　　② 고정 도르래
③ 금속 탐지기　　　　　　　④ 도난 경보기

04 다음 〈보기〉에서 전자기파에 대한 설명으로 옳은 것을 모두 고르면?

> **보기**
>
> ㄱ. 매질이 없는 공간에서도 전파된다.
> ㄴ. 엑스선, 적외선, 자외선 순으로 파장이 짧다.
> ㄷ. 라디오와 텔레비전 방송 등에 이용된다.

① ㄱ   ② ㄴ
③ ㄱ, ㄴ   ④ ㄱ, ㄷ

05 다음 설명에 해당하는 센서는?

> • 빛 신호를 전기 신호로 바꾸어 준다.
> • 텔레비전 리모컨 수신기에 사용된다.

① 광센서   ② 압력 센서
③ 화학 센서   ④ 가속도 센서

06 다음 중 풍력 발전 과정에서 일어나는 에너지 전환으로 옳은 것은?

① 열에너지→빛에너지   ② 열에너지→전기 에너지
③ 운동 에너지→전기 에너지   ④ 화학 에너지→운동 에너지

07 수평면 위에 놓인 물체에 수평 방향으로 8N의 힘을 가하였을 때, 가속도의 크기가 $2m/s^2$이었다. 이 물체의 질량은?(단, 마찰과 공기 저항은 무시한다)

① 1kg   ② 2kg

③ 4kg   ④ 8kg

08 우주에서는 우주인이 조금만 서로 떨어져 있어도 소리를 들을 수 없지만, 서로 헬멧을 맞대면 소리를 들을 수 있다. 이를 통해 알 수 있는 사실을 〈보기〉에서 모두 고르면?

> **보기**
>
> 가. 우주 공간에는 대기가 없다.
> 나. 소리는 고체를 통해서도 전달된다.
> 다. 소리는 진공 상태에서는 전달되지 않는다.

① 가   ② 가, 나

③ 가, 다   ④ 가, 나, 다

09 다음에서 설명하고 있는 원리가 활용된 것은?

> 온도가 높아지면 공기 분자들의 움직임이 빨라지고, 분자들 사이의 거리가 넓어져 부피가 팽창하게 된다. 부피가 넓어짐에 따라 밀도는 낮아지며, 따라서 중력이 작용하는 공간 내에서 고온의 공기는 상승하며, 저온의 공기는 하강하는 대류 현상이 발생한다.

① 증기기관차

② 엘리베이터

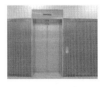

③ 자동차

④ 열기구

| 유형분석 |

- 상식에 기반하여 평이한 난도로 출제되는 유형이다.
- 세포·유전·면역 등 기본적인 지식은 사전에 숙지해 두어야 한다.

다음 설명에 해당하는 현상은?

- 백혈구가 식균 작용을 하였다.
- 항원이 침입하여 항체가 만들어졌다.

① 면역   ② 발생
③ 생식   ④ 생장

정답 ①

면역은 항체가 체내에 있는 동안 특정 항원에 대한 항체와 기억 세포가 생성되어 저항성을 지니게 되는 현상이다.

01 다음 설명에 해당하는 것은?

> • 세포를 싸고 있는 막으로 물질의 출입을 조절한다.
> • 인지질 2중층과 단백질 등으로 구성되어 있다.

① 핵   ② 세포막

③ 엽록체   ④ 세포벽

02 다음 설명에 해당하는 병원체는?

> • 숙주 세포 밖에서는 스스로 증식할 수 없다.
> • 감기, 조류 독감, 에이즈(AIDS) 등의 원인이 된다.

① 곰팡이   ② 대장균

③ 박테리아   ④ 바이러스

03 다음 설명에 해당하는 영양소는?

> • 세포의 주요 에너지원이다.
> • 포도당, 과당, 녹말 등이 이에 속한다.
> • 쌀, 밀, 감자 등에 많이 포함되어 있다.

① 지방   ② 단백질

③ 탄수화물   ④ 비타민

04 다음은 광합성과 세포 호흡 과정이다. (가)와 (나)에 해당하는 것은?

> • 광합성 : 이산화탄소 + 물 → 포도당 + (가)
> • 세포 호흡 : 포도당 + 산소 → (나) + 물

    (가)   (나)
① 헬륨   염소
② 질소   암모니아
③ 산소   이산화탄소
④ 산소   수소

05 다음 중 사람의 감각과 센서의 대응 관계가 옳지 않은 것은?

① 시각 – 광센서   ② 미각 – 이온 센서
③ 청각 – 소리 센서   ④ 후각 – 가속도 센서

06 다음 〈보기〉에서 염색체에 대한 설명으로 옳은 것을 모두 고르면?(단, 돌연변이는 없다)

> **보기**
> ㄱ. 남자의 성염색체는 XY이다.
> ㄴ. 모든 생물의 염색체 수는 같다.
> ㄷ. 사람의 체세포 1개당 염색체 수는 46개이다.

① ㄱ   ② ㄴ
③ ㄱ, ㄷ   ④ ㄴ, ㄷ

07 다음에서 설명하는 호르몬은?

> 이것은 췌장에서 분비되는 호르몬의 일종으로 우리 몸속의 혈당을 일정하게 조절하는 역할을 한다. 혈당이 증가하면 췌장에서 이 호르몬을 분비하여 혈당 내 포도당을 세포로 유입시켜 혈당을 낮춘다. 당뇨병 환자는 이 호르몬의 기능이 정상적으로 작용하지 않으며 일부 환자는 이 호르몬의 분비 자체가 불가능하여 인위적으로 투여해야 한다. 이 과정에서 저혈당 쇼크가 발생할 수 있어 항상 주의를 기울여야 한다.

① 세크레틴   ② 인슐린
③ 아밀레이스   ④ 티록신

08 다음 중 단백질을 구성하는 기본 단위는?

① 녹말   ② 지방산
③ 포도당   ④ 아미노산

09 다음 바이러스에 대한 〈보기〉의 설명 중 옳은 것만을 모두 고르면?

> **보기**
> ㄱ. 비감염성 병원체이다.
> ㄴ. 대장균, 콜레라균 등이 속한다.
> ㄷ. 숙주 세포 밖에서 스스로 증식할 수 없다.

① ㄱ   ② ㄷ
③ ㄱ, ㄴ   ④ ㄴ, ㄷ

| 유형분석 |

- 상식에 기반하여 평이한 난도로 출제되는 유형이다.
- 환경과 관련한 과학 유형의 문제들이 출제되고 있으니 지구 온난화로 인한 기후재해, 오존층 파괴와 같은 환경 관련 주요 이슈에 대한 기본 개념을 미리 알아두는 것이 좋다.

다음 〈보기〉에서 지구 온난화에 대한 설명으로 옳은 것을 모두 고르면?

> **보기**
>
> ㄱ. 지구의 평균 기온이 상승하는 현상이다.
> ㄴ. 가장 큰 영향을 미치는 온실 기체는 수소이다.
> ㄷ. 전 세계의 평균 해수면을 상승시킨다.

① ㄱ   ② ㄴ

③ ㄱ, ㄷ   ④ ㄴ, ㄷ

정답 ③

오답분석

ㄴ. 가장 큰 영향을 미치는 기체는 이산화탄소이다.

01 다음 설명에 해당하는 에너지는?

> • 태양의 표면에서 방출된다.
> • 생명 활동에 이용되는 에너지의 근원이 된다.

① 열 에너지   ② 위치 에너지
③ 지구 복사 에너지   ④ 태양 복사 에너지

02 다음 중 지구 자전에 의한 현상은?

① 낮과 밤이 생긴다.   ② 연주 시차가 발생한다.
③ 계절의 변화가 생긴다.   ④ 계절에 따라 별자리가 다르게 관측된다.

03 다음 설명에 해당하는 자연 현상은?

> • 동태평양 연안의 수온이 평소보다 증가하는 것을 말한다.
> • 호주 등의 서태평양 지역에 심한 가뭄 피해를 입히기도 한다.

① 자기폭풍   ② 엘니뇨
③ 오로라   ④ 라니냐

04 다음은 지구계에서 일어나는 상호 작용의 예이다. 지구계의 어떤 권 사이의 상호 작용인가?

> • 바람에 의하여 파도가 발생한다.
> • 해수 온도가 높아지면 수증기량이 증가하여 태풍이 강력해진다.

① 기권 − 외권   ② 기권 − 수권

③ 수권 − 생물권   ④ 생물권 − 지권

05 다음 중 태양계에서 수소 핵융합 에너지를 방출하는 천체는?

① 달   ② 금성

③ 지구   ④ 태양

06 우주로부터 지구에 유입되는 유해한 요소를 막아 지구의 생명체를 보호하는 역할을 하는 것만을 〈보기〉에서 모두 고른 것은?

> **보기**
> ㄱ. 흑점
> ㄴ. 오존층
> ㄷ. 지구 자기장

① ㄱ, ㄴ   ② ㄱ, ㄷ

③ ㄴ, ㄷ   ④ ㄱ, ㄴ, ㄷ

07 다음 화석 연료에 대한 〈보기〉의 설명 중 옳은 것만을 모두 고르면?

> **보기**
> ㄱ. 석유, 석탄 등이 대표적인 화석 연료이다.
> ㄴ. 지질 시대의 생물이 땅 속에 묻혀 생성되었다.
> ㄷ. 과다하게 사용해도 환경오염을 일으키지 않는다.

① ㄱ, ㄴ   ② ㄱ, ㄷ
③ ㄴ, ㄷ   ④ ㄱ, ㄴ, ㄷ

08 다음 설명에 해당하는 것은?

> • 지권에서 판의 운동을 일으키는 원동력이다.
> • 습곡산맥, 화산, 지진 등 지표면의 변화를 일으키는 원인이 된다.

① 내핵의 운동   ② 대기의 순환
③ 맨틀의 대류   ④ 해류의 순환

09 다음 중 초신성 폭발 후 형성되며, 강한 중력으로 빛조차 빠져나가지 못하는 별의 진화 단계에 해당하는 것은?

① 블랙홀   ② 웜홀
③ 주계열성   ④ 적색 거성

CHAPTER 07
일반상식

합격 CHEAT KEY

| 출제유형 |

상식

통합 사회부터 정치, 문화, 법까지 골고루 출제되고 있다. 통합 사회의 비율이 가장 크고, 간혹 과학 발전과
관련된 지문도 출제된다.

상식

최신 사회 경향을 반영하여 문제가 출제되는 편이므로 평소 뉴스와 신문을 통해 정치, 경제, 사회, 문화적 이슈와 흐름을 파악해야 한다.

1. 정치 · 외교

윤석열 정부의 국민제안

2022년 6월 23일부터 문재인 정부가 운영해온 청와대 '국민청원'을 폐지하고 '국민제안'을 개설했다고 밝히며 "국민과 직접 소통하는 대통령이 되겠다는 윤석열 대통령의 의지를 반영한 대국민 소통창구"라고 설명했다.

기후정의(Climate Justice)

지구온난화에 따른 기후변화의 원인과 영향이 초래하는 일들을 인식하고 그것을 줄이기 위한 움직임 또는 사회활동을 일컫는 말이다. 기후변화가 사회 · 경제적으로 열악한 사람이나 국가에 더 많은 영향을 미칠 수 있음을 인정하는 데서 출발한 개념이다. 주로 급격한 기후변화에 적응하는 데 필요한 기금을 마련하거나, 기후변화에 책임을 지닌 선진국들이 이에 대처할 재정이나 기술이 없는 기후변화 취약국(개발도상국)의 피해를 보상하고 지원하는 일을 한다.

인도 · 태평양 전략(Indo-Pacific)

중국의 '일대일로' 계획 발표가 중국의 패권 획득 전략의 일환이라는 분석이 제기되자 일본 아베 신조 총리는 처음으로 '인도 · 태평양 구상'을 발표했다. 미국과 일본이 중국을 포위해 압박하는 전략으로 이해할 수 있다. 일대일로와 같이 동남아에서 동아프리카에 이르는 국가와 각종 경제 이권에 참여하는 것을 목표로 하며, 한국은 어느 한쪽을 선택해야 할 것으로 예상된다.

대륙간탄도미사일(ICBM; Inter-Continental Ballistic Missile)

1957년 러시아는 세계 최초의 ICBM인 R-7을 발사했고, 미국은 1959년부터 배치하기 시작했다. 초기 ICBM은 추진제 문제와 발사 준비 시간 때문에 사실상 사용이 불가능했던 까닭에 이후 로켓으로 개량되어 우주개발에 사용됐다. 훗날 2세대는 추진제 문제를 해결하고, 발사 준비 시간을 단축시키는 데 초점을 맞춰 개발했다. 1990년대부터 ICBM 개발에 나선 북한은 1998년 대포동 1호를 시작으로 꾸준히 개발을 진행 중이고, 2017년 7월에는 '화성-14형'을 시험 발사한 후 발사 성공을 대대적으로 발표하기도 했다.

북방한계선(NLL; Northern Limit Line)

해양의 북방한계선은 서해 백령도 · 대청도 · 소청도 · 연평도 · 우도의 5개 섬 북단과 북한 측에서 관할하는 옹진반도 사이의 중간선을 말한다. 1953년 이루어진 정전협정에서 남 · 북한 간의 육상경계선만 설정하고 해양경계선은 설정하지 않았는데, 당시 주한 유엔군 사령관이었던 클라크는 정전협정 직후 북한과의 협의 없이 일방적으로 해양경계선을 설정했다. 북한은 1972년까지는 이 한계선에 이의를 제기하지 않았으나 1973년부터 북한이 서해 5개 섬 주변 수역을 북한 연해라고 주장하며 NLL을 인정하지 않고 침범하여 우리 나라 함정과 대치하는 사태가 발생하기도 했다.

키 리졸브(Key Resolve)

'중요한 결의'라는 뜻으로 한반도에 전쟁이 발발했을 때 대규모 미증원군 병력·장비를 신속하고 안전하게 최전방 지역까지 파견·배치하는 절차를 숙달하는 연합전시증원훈련이다. 한미연합사령부가 주관하고 주한 미군사령부, 각 구성군 사령부 요원들이 참여하여 유사시에 미군 증원 전력을 수용·대기하고 전방으로의 이동 및 통합하는 것을 포함하여 전시 상황에 숙달하는 훈련 등을 2주일정으로 컴퓨터 시뮬레이션을 통해 실시한다. 2002년부터 야외 기동훈련인 독수리 훈련과 통합되어 실시되기 시작했고, 2009년부터는 군단급 이상의 대규모 병력과 장비가 동원되면서 실전을 방불케 하는 훈련이 이뤄졌다. 2017년에는 북한의 핵·미사일 기지의 선제타격, 김정은을 비롯한 북한 최고지도부에 대한 '참수작전', 사드 체계를 활용한 북한 미사일 요격 훈련 등이 이루어졌다.

마빈스(MAVINS)

미국 경제 매체인 비즈니스 인사이더가 앞으로 10년간 주목해야 할 시장으로 제시한 6개 국가로 멕시코, 호주, 베트남, 인도네시아, 나이지리아, 남아프리카공화국이 해당된다.

스핀닥터(Spin Doctor)

정부 수반이나 고위 관리들의 최측근 대변인 구실을 하는 사람들을 말하며, 정치적 목적을 위해 사건을 조작하거나 정부 수반의 생각을 여론 정책을 통해 구체화시키고 납득시키는 정치 전문가 또는 홍보 전문가이다.

시리아민주군(SDF)

쿠르드·아랍 연합으로, 시리아 내전에서 IS 및 알누스라 전선(JaN)에 대항하여 만들어진 조직이다. 2015년 시리아민주평의회라는 이름의 정당을 설립하였다.

ISDS(Investor State Dispute Settlement)

외국에 투자한 기업이 상대방 국가의 정책 등으로 이익을 침해당했을 때 해당 국가를 상대로 직접 소송을 제기할 수 있는 분쟁 해결 제도이다.

카탈루냐

스페인 동북부에 있는 카탈루냐는 스페인의 주류라고 할 수 있는 카스티야와 문화적 정체성이 다르며, 언어도 스페인어보다는 프랑스의 프로방스어와 가깝다. 때문에 1714년에 에스파냐에 병합된 이후로 독립을 요구하는 주민들이 많았으나, 스페인 정부는 카탈루냐의 분리독립 찬반 주민투표를 불법으로 규정하고 독립파 정치인들을 탄압하고 있다.

한국형 3축 체계

한국형 3축 체계는 우리 군의 독자적인 억제·대응 능력을 확보하기 위해 추진 중인 체계로서 킬 체인(Kill Chain), 한국형 미사일방어체계(KAMD), 대량응징보복(KMPR)을 의미한다.

한 · 일 군사정보 보호협정(GSOMIA)

한국과 일본 양국 간 군사에 관한 비밀을 공유할 수 있도록 맺은 협정으로 2016년 10월부터 재논의되기 시작하여 국정혼란 속에 졸속 강행한다는 비판을 받았으나, 2016년 11월 23일 양국이 서명하면서 협정은 공식 발효되었다. 협정의 체결로 양국은 북한군과 북한 사회 동향, 핵과 미사일에 관한 정보 등 각종 군사정보를 공유할 수 있게 되었다.

KMPR(Korea Massive Punishment&Retaliation)

대량응징보복. 북한의 핵 공격 징후가 포착되면 북한의 전쟁 지도 본부를 포함한 지휘부를 직접 겨냥해 응징 · 보복하는 체계로 정밀 타격이 가능한 미사일 등의 타격 전력과 정예화된 전담 특수작전부대 등이 동원된다.

대통령 직속 특별감찰관

대통령의 친인척 등 대통령과 특수한 관계의 사람에 대한 비위행위 감찰담당기관이다.

환태평양경제동반자협정(TPP; Trans-Pacific Partnership)

아시아 · 태평양 지역의 관세 철폐와 경제통합을 목표로 미국이 주도하는 협력체제를 말한다.

유엔해양법협약(United Nations Convention on the Law of the Sea)

1982년 12월 10일 자메이카의 몬테고베이에서 열린 제3차 유엔해양법회의에서 채택된 해양법에 관한 조약을 말한다.

핵확산금지조약(NPT; Nuclear nonproliferation Treaty)

핵보유국으로 인정받지 않은 나라가 핵을 보유하거나, 핵보유국이 비핵보유국에게 핵무기나 핵개발 관련 기술을 이전하는 것을 금지하는 조약이다. NPT에서 핵보유국으로 인정하는 나라는 미국, 영국, 러시아, 프랑스, 중국 5개국이다.

아시아 · 태평양 경제협력체(APEC; Asia Pacific Economic Cooperation)

아시아 · 태평양 경제협력체는 역대 지속적인 경제성장과 공동의 번영을 위해 1989년 호주 캔버라에서 12개국 간의 각료회의로 출범했다. 1993년부터 매년 정상회의를 개최하고 있으며, 현재 우리나라를 포함하여 미국, 일본, 중국, 러시아 등 총 21개국이 가입하였다.

바젤협약(Basel Convention)

유해폐기물의 국가 간 이동과 처리 문제의 대책에 대한 협약. 미국 전역을 12개 연방준비구로 나눠 각 지구에 하나씩 연방준비은행을 두고 이것들을 연방준비제도이사회(FRB)가 통합 관리하는 형태를 취한다.

비례성의 원칙

개인의 자유와 권리영역에 대한 공권력의 침해로부터 개인을 보호하는 원칙, 즉 행정의 목적과 그 목적을 실현하기 위한 수단의 관계에서 그 수단은 목적을 실현하는 데에 적합해야 하며 최소 침해를 가져오는 것이어야 할 뿐만 아니라, 그 수단의 도입으로 인해 생겨나는 침해가 의도하는 이익·효과를 능가하여서는 안 된다는 원칙을 말한다.

칼렉시트(Calexit)

캘리포니아(California)와 Exit의 합성어로 미연방의 캘리포니아주에서 일어나고 있는 캘리포니아주 독립운동을 말한다.

아파르트헤이트(Apartheid)

남아프리카공화국에서 시행되었던 인종차별정책으로 국제적으로 비난여론이 일자 동법을 전면 폐지하였으며, 1994년 넬슨 만델라 정권이 출범하면서 백인에 의한 지배는 종언을 고하게 되었다.

게티즈버그 연설(Gettysburg Address)

미국 링컨 대통령이 남북전쟁 중이던 1863년 11월 19일, 미국 펜실베이니아 주 게티즈버그에서 했던 연설로 "국민의, 국민에 의한, 국민을 위한 정치를 지상에서 소멸하지 않도록 하는 것"이야말로 우리의 목적이라고 하였다. 이 연설문은 미국 역사상 가장 많이 인용된 연설 중 하나이자 가장 위대한 연설로 손꼽힌다.

고노 담화

1993년 일본의 고노 료헤이 당시 관방장관이 발표한 담화로, 일본군 위안부 모집에 대해 일본군이 강제 연행했다는 것을 인정하는 내용이다.

네오나치즘(Neo-nazism)

제2차 세계대전 후 서독에서 일어난 우익운동 및 사상으로, 독일 민족의 우위와 반공, 반미, 반유대주의를 내용으로 한다.

네오콘(Neocons)

네오 콘서버티브(Neo-conservatives)의 줄임말로 미국 공화당의 신보수주의자들 또는 그러한 세력을 말한다. 다른 나라 일에 크게 신경을 쓰지 않고 고립을 즐기던 전통적 보수주의자들과는 달리 적극적으로 국제문제에 개입해 새로운 국제질서를 확립해야 한다고 주장한다.

네포티즘(Nepotism)

친족 중용(重用)주의 또는 족벌정치를 이르는 말로, 정치 권력자가 자신의 가족이나 친족들에게 정치적 특혜를 베푸는 것을 말한다. 권력부패의 온상이자 정실인사의 대명사로 인식되고 있다.

독트린(Doctrine)

국제사회에서 공식적으로 표방하는 정책상의 원칙으로 강대국 외교 노선의 기본 지침으로 대내외에 천명될 경우에도 사용된다.

배타적 경제수역(EEZ; Exclusive Economic Zone)

자국 연안으로부터 200해리까지의 모든 자원에 대해 독점적 권리를 행사할 수 있는 수역으로, 영해와 달리 영유권은 인정되지 않는다.

브릭스(BRICS)

브라질(Brazil), 러시아(Russia), 인도(India), 중국(China), 남아공(South Africa) 5국의 영문 머리글자를 딴 것이다. 1990년대 말부터 빠른 성장을 보인 신흥경제국을 가리키며, 2030년 무렵이면 이들이 세계 최대의 경제권으로 도약할 것으로 보고 있다.

아그레망(Agrement)

한 나라에서 특정인물을 외교사절로 임명하기 전에 외교사절을 받아들이는 상대국의 의향을 확인하는데, 상대국이 이의가 없다고 회답하는 것을 '아그레망을 부여한다.'고 하며, 아그레망을 받은 사람을 페르소나 그라타(Persona Grata), 아그레망을 받지 못한 사람을 페르소나 논그라타(Persona non-grata)라고 한다.

2. 법률 · 사회 · 노동

워라밸(Work and Life Balance)

'일과 삶의 균형'을 의미한다. 오늘날 워라밸은 취준생들이 직장을 선택하는 데 중요한 기준이 되는 가치이자 기업 문화이다. 기업들 역시 인재를 유치하고 일 의 효율을 높이기 위해 직원들의 워라밸을 보장하려는 노력을 하고 있다. '저녁이 있는삶, 가족의 날' 등이 기업이나 공공기관에서 실시하고 있는 대표적인 워라밸 제도인데, 성실함을 최고의 미덕으로 누구보다 많이 일하는 것을 추구했던 과거와 달리 자아실현 또는 삶의 질 향상을 중요시하는 현 사회의 모습을 반영한다.

펜스 룰(Pence Rule)

남성이 성적 논란의 예방을 위해 여성과 둘이 남는 것을 피하는 개인적 규칙으로, 미국의 부통령인 마이크 펜스가 2002년 미국 의회 전문지 〈더 힐〉과의 인터뷰에서 자신의 행동 규칙에 관해 발언한 데서 유래한 용어이다. 당시 그는 "아내 외의 여자와는 절대로 단둘이 식사하지 않는다."고 했는데, 이는 오해의 소지가 될 만한 행동을 아예 하지 않음으로써 각종 문제를 사전 차단한다는 의미이다. 각계각층에서 성폭력을 고발하는 미투 캠페인이 확산되면서 펜스 룰이 부각되기 시작했는데, 미투 캠페인으로 남성들의 언행과 처신들이 비난받자 남성들 중심으로 펜스 룰이 확대된 것이다. 한편 펜스 룰의 확대는 사회에서 여성 소외로 이어질 수 있다는 우려도 제기되었다.

노동3권(勞動三權)

근로자는 근로조건의 향상을 위하여 자주적인 단결권·단체교섭권 및 단체행동권을 가진다(헌법 제33조 제1항).

코브라효과(Cobra Effect)

과거 영국이 인도를 식민지배할 때 인도의 코브라를 없애기 위해 추진한 정책에서 유래하였다. 당시 인도에는 코브라가 사람을 해치는 일이 빈번했다고 한다. 이를 해결하기 위해 영국 정부는 코브라를 잡아오면 포상금을 지급하겠다고 발표했는데, 처음에는 코브라가 줄어드는 것 같았지만 시간이 지날수록 코브라는 오히려 증가했다. 포상금을 받기 위해 코브라를 키우는 사람이 생겨났던 것이다. 사실이 밝혀져 정책은 폐기되었지만, 코브라를 키우던 사람들이 이제는 쓸모없어진 코브라를 버리면서 코브라의 수는 더 증가하여 상황은 더 악화되었다고 한다.

칵테일파티효과(Cocktail Party Effect)

칵테일파티에서처럼 여러 사람들이 모여 한꺼번에 이야기하고 있어도 관심 있는 이야기를 골라 들을 수 있는 능력 또는 현상이다. 즉, 다수의 음원이 공간적으로 산재하고 있을 때 그 안에 특정 음원 또는 특정인의 음성에 주목하게 되면 여러 음원으로부터 분리되어 특정 음만 들리게 된다.

유니온숍(Union Shop)

사용자는 노동조합원이든 아니든 관계없이 누구나 채용할 수 있지만, 일단 채용된 사람이 일정 기간 안에 조합에 가입하지 않거나 또 조합원 자격을 상실(제명 혹은 탈퇴 등에 의하여도)하면 해고되는 협정을 말한다.

런치메이트 증후군(Lunch-mate Syndrome)

학교나 직장 등에서 함께 점심식사를 할 상대가 없어서 혼자서 식사를 하는 것에 대해 두려움과 공포를 느끼는 현상을 말한다.

외로운 늑대

자생적 테러리스트를 이르는 말로, 테러의 시점이나 방식에 대한 정보 수집이 어려워 조직에 의한 테러보다 더 큰 위협으로 부상하고 있다. 이들은 테러 단체와 직접 접촉 없이 테러를 계획하고 실행한다.

오버부킹(Overbooking)

항공권 초과 판매를 일컫는 용어이다. 우리나라는 국토교통부에 의해 항공사 약관이 바뀌어 2017년 6월부터 오버부킹으로 좌석이 부족할 때는 안전운항에 필수적이지 않은 항공사 직원부터 내려야 한다.

라운징족

혼자 편하게 휴식을 취하면서 위안을 얻는 부류로 바쁜 일상에서 벗어나 실내 공간에서 빈둥거리거나 가벼운 취미 활동을 하면서 휴식을 취하는 사람을 말한다. 개인의 행복을 가장 중요시하며, 극장이나 카페, 공원 등지에서 혼자 휴식하거나 활동하는 것을 즐긴다.

미니멀 라이프(Minimal Life)

최소한의 일이나 물건만 갖추는 생활양식이다. 최소한의 요소만을 사용하여 대상의 본질을 표현하는 예술 및 문화 사조였던 최소주의가 하나의 트렌드가 되고 일상생활에도 영향을 미치면서 생겨났다. 2010년대 초 유럽 등의 선진국에서 유행하기 시작했으며 물건, 습관, 노력, 인간관계 등 모든 것을 축소시키고자 한다.

해비타트(Habitat)

'주거환경, 거주지, 보금자리'라는 뜻으로, 주거 구호를 목적으로 하는 자선단체로서, 국제적·비영리적 비정부 기구이다.

시한부 기소중지

소재불명(국외 도피 등) 이외에 다른 기소중지 사유가 있을 때 검사가 그 사유가 해소될 때까지 수사를 중지하는 처분을 말한다.

상용근로자

상시 고용되어 있는 근로자를 의미한다. 노동통계조사에서는 3개월을 통산하여 45일 이상 고용된 자까지 사용근로자에 포함하고 있다.

다중이용업소

휴게음식점, 단란주점영업, 비디오물소득장업, 복합영상물제공업 등 불특정 다수인이 이용하는 영업장 중에서 화재 등 재난 발생 시 생명·신체·재산상의 피해가 발생할 우려가 높은 곳을 말한다.

특임검사

2010년도에 도입된 제도로 검사의 범죄 혐의에 대한 의혹이 제기되거나 사회적 이목이 쏠렸다고 판단될 때 검찰총장이 기존 검사 중에서 특임검사를 지명한다. 상급자의 지휘나 감독을 받지 않고 수사 결과만 검찰총장에게 보고한다.

제연설비

연기와 불길을 즉시 차단할 수 있도록 하는 자동방화문, 연기감지기, 송풍기, 방화문 안쪽으로 대피했을 때 안전하게 대피 가능한 비상구 및 유입된 연기가 즉시 빠질 수 있도록 외부공기 유입구와 연기배출구 등의 구조설비 일체를 말한다.

공모공동정범

2인 이상이 공동으로 범죄를 계획하고 그 가운데 일부에게 범죄를 저지르게 했을 경우의 공범을 뜻하며, 범죄의 실행을 담당하지 않은 공모자에게도 공동정범이 성립한다.

국가 책임

국내법상으로 국가가 국민에 대하여 일정 범위 내에서 책임을 지는 것을 뜻한다. 국가배상법에 따라 국가의 권력적 작용뿐만 아니라 비권력적 공행정 작용에 대해서도 일정한 범위 내에서 국가가 배상책임을 진다.

국민법제관

현장의 의견과 실무 지식을 입법, 법령과 제도의 개선 등 법제처 주요 업무에 반영함으로써 국민이 공감하는 법제를 구현하기 위해 2011년에 도입된 제도이다. 임기는 2년이며, 2019년 4월 99명을 새로 또는 다시 위촉했다.

공직선거법

선거에 있어서 부정 및 부패의 소지를 근원적으로 제거하고, 국민의 자유롭고 민주적인 의사표현과 선거의 공정성을 보장하기 위한 각종 선거법을 통합한 법률을 말한다.

징벌적 손해배상

가해자가 불법행위로 이익을 얻은 경우 피해자의 실제 손해액보다 큰 금액을 손해 배상액이나 과징금으로 부과하는 방식을 말한다.

맞춤형 급여

맞춤형 급여는 급여 소득 기준을 '최저생계비'라는 절대적인 기준이 아니라, 상대 기준인 '중위 소득'의 일정 값으로 잡고 생계급여, 주거급여, 의료급여, 교육급여별로 수급 기준을 다르게 선정하는 제도이다.

청렴계약제

행정기관의 건설공사·기술 용역 발주, 물품 구매의 입찰, 계약 체결·이행 등의 과정에서 뇌물을 제공하거나 받으면 제재를 받을 것을 서로 약속하고 이행하는 제도이다.

영조물책임

영조물의 하자에 대한 배상책임으로, 배상책임에는 첫째로 도로 및 하천 기타 공공의 영조물일 것과 둘째로 설치 및 관리에 하자가 있을 것을 요하며, 타인에게 손해가 발생하게 하였을 것이 요구된다.

바나나(Build Absolutely Nothing Anywhere Near Anybody) 현상

환경오염 등을 유발하는 시설이 자기가 사는 지역 내에 설치되는 것을 거부하는 이기주의 현상으로 님비 현상과 유사한 개념이다.

I턴(I-turn) 현상

원래 고향이 도시인 사람들, 특히 젊은 층이 출신지와 무관한 시골에 정착하는 것으로 1980년대 도쿄 북서쪽에 있는 나가노 현에서 샐러리맨들에게 지역 이주를 권유하였는데, 도시에서 시골로 이동하는 동선이 직선 I자와 같아 이러한 이름이 붙었다.

그레이보트(Grey Vote)

노년층이 선거를 좌우하게 되는 경향으로, 전 세계적으로 노령화 추세가 지속됨에 따라 청년층에 비해 노년층의 투표참여율이 높아져 자연스럽게 노년층의 이해관계가 선거결과에 반영되는 것을 말한다.

젠트리피케이션(Gentrification)

낙후된 구도심 지역이 활성화되어 중산층 이상의 계층이 유입됨으로써 기존의 저소득층 원주민을 대체하는 현상으로 영국의 지주 및 신사계급을 뜻하는 젠트리(Gentry)에서 파생되었으며, 1964년 영국의 사회학자 루스 글래스(Ruth Glass)가 처음 사용하였다.

기본소득제도

모든 개인에게 조건 없이 지급하는 기본소득으로 가구 단위가 아니라 개인 단위로 지급되며, 노동요구나 노동의사와 무관하게 자산이나 다른 소득의 심사 없이 보장하는 것이다. 최근 핀란드가 기본소득제도를 실험적으로 실시하면서 뜨거운 관심사로 떠올랐으며 우리나라에서도 일부 학자들이 이에 대한 연구를 진행하고 있다.

코쿠닝 현상(Cocooning Syndrome)

가정을 중시하는 최근의 경향으로 청소년 범죄, 이혼의 급증 등 전통적 가치체계가 상실된 현대에 가족의 소중함을 되찾고 이를 결속력으로 해소하려는 현상을 가리키며 독일의 사회심리학자 팝콘(S.Popcon)이 이름 붙였다.

가면 증후군(Masked Depression)

가면을 쓰고 있는 것처럼 겉으로 별로 드러나지 않는 우울증을 말한다. 표면적으로는 우울증상이 나타나지 않는 것으로 타인의 높은 기대 속에서 실패의 두려움을 갖고 있는 사람들이 최악의 상황이 발생할 때의 충격을 사전에 완화하려는 방어기제에서 비롯된다.

제노비스 신드롬(Genovese Syndrome)

범죄 현장을 지켜보고도 쉬쉬하며 덮어버리는 현상으로 '방관자 효과'라고도 하며, 미국 뉴욕에서 발생한 '키티 제노비스 살해사건'에서 유래되었다.

서번트 증후군(Savant Syndrome)

뇌기능 장애를 가진 사람들이 특정 분야에서 천재적인 능력을 가지는 현상으로, 정상적인 교육을 받지 않았음에도 특정한 분야에서 전문가 이상의 실력을 발휘하는 경우를 말한다. 특히 음악이나 색채감각을 포함한 예술 쪽의 능력으로 많이 나타난다.

사일로 효과(Silos Effect)

다른 부서와 교류하지 않고 자기 부서 내부의 이익만을 추구하는 조직 간 이기주의 현상으로, 어떠한 조직 내의 각 부서들이 다른 부서와 벽을 쌓고, 자신이 속한 부서의 이익만을 추구하는 부서이기주의와 같은 현상을 말한다.

메디치 효과(Medici Effect)

전혀 다른 역량의 융합으로 생겨나는 창조와 혁신의 빅뱅 현상으로, 서로 다른 이질적인 분야들이 결합할 때 각 요소가 지니는 에너지의 합보다 더 큰 에너지를 분출하여 창조적이고 혁신적 시너지를 창출하는 효과를 말한다.

링겔만 효과(Ringelmann Effect)

집단에 참여하는 개인이 늘어날수록 성과에 대한 1명의 공헌도가 오히려 떨어지는 현상을 말한다.

기본 6법

헌법·민법·형법·상법·민사소송법·형사소송법이 기본 6법이다.

헌법 개정절차

제안(헌법 제128조) → 공고 → 국회의결(헌법 제130조 제1항) → 국민투표(헌법 제130조 제2항) → 공포(헌법 제130조 제3항) → 시행(헌법 부칙 제1조)

헌법소원(憲法訴願)

기본권을 침해받은 국민이 직접 헌법재판소에 구제를 제기하는 기본권 구제수단으로, 권리구제형 헌법소원과 위헌심사형 헌법소원으로 나뉜다. 헌법소원의 청구기간은 그 사건이 발생한 날로부터 1년 이내, 그리고 기본권 침해 사유를 안 날로부터 90일 이내이다.

헌법재판소의 권한

탄핵심판권·위헌법률심판권·정당해산심판권·기관쟁의심판권·헌법소원심판권 등이 있다.

신의성실의 원칙

모든 사람은 사회공동생활을 영위함에 있어서 상대방의 신뢰를 헛되이 하지 아니하도록 신의와 성실로서 행동하여야 한다는 원칙을 말한다.

고령화 사회(高齡化社會, Aging Society)

전체 인구 중에서 65세 이상의 인구가 7% 이상을 차지하는 사회이다. 우리나라는 2000년에 고령 인구가 전체인구의 7%인 '고령화 사회'에 진입하였다.

노모포비아(Nomophobia)

'no', 'mobile(휴대폰)', 'phobia(공포)'를 합성한 신조어로 휴대폰이 가까이에 없으면 불안감을 느끼는 증상을 말한다. CNN은 노모포비아의 대표적인 증상이 권태, 외로움, 불안함이며 하루 세 시간 이상 휴대폰을 사용하는 사람들은 노모포비아에 걸릴 가능성이 높고, 스마트폰 때문에 인터넷 접속이 늘어나면서 노모포비아가 늘어나고 있다고 보도했다.

노블레스 오블리주(Noblesse Oblige)

사회지도층의 책임 있는 행동을 강조하는 프랑스어로, 초기 로마시대에 투철한 도덕의식을 갖추고 솔선수범하던 왕과 귀족들의 행동에서 비롯되었다. 자신들의 지위를 지키기 위한 수단으로 볼 수도 있지만, 도덕적 책임과 의무를 다하려는 사회지도층의 노력으로서 결과적으로 국민들을 결집시키는 긍정적인 효과를 기대할 수 있다.

디지털 디바이드(Digital Divide)

디지털기기를 사용하는 사람과 사용하지 못하는 사람 사이에 정보 격차와 갈등이 발생하는 것을 의미한다. 전문가들은 디지털 디바이드를 극복하지 못하면 사회 안정에 해가 될 수 있다고 지적한다.

베드타운(Bed Town)

대도시 주변에 형성된 주거 밀집지역으로, 주거기능이 중심인 도시로 주거의 기능만을 담당하기 때문에 야간에는 인구가 많지만 주간 인구는 적은 것이 특징이다. 우리나라에서는 위례, 판교와 같은 위성도시들을 말한다.

스프롤현상(Sprawl Phenomena)

도시의 급격한 팽창에 따라 대도시의 교외가 무질서·무계획적으로 발전하는 현상으로, 우리나라에서는 1970년대부터 스프롤현상이 문제되기 시작했다.

소시오패스(Sociopath)

사회를 뜻하는 '소시오(Socio)'와 병리 상태를 의미하는 '패시(Pathy)'의 합성어로 법규 무시, 인권침해 행위 등을 반복해 저지르는 정신질환이다. 범죄를 저지르는 행태 등에서 사이코패스와 혼동되기도 하지만, 감정 조절을 못하고 충동적으로 범죄를 저지르는 사이코패스와 달리, 소시오패스는 자신의 감정을 조절하고 타인의 감정을 이용한다.

파랑새증후군(Bluebird Syndrome)

자신이 처해있는 환경에 만족하지 못하고 높은 이상만 꿈꾸며 살아가는 병적인 증세로, 빠르게 변해가는 현대사회에 적응하지 못하는 현대인들에게 나타나고 있다.

헤일로 효과(Halo Effect)

특정인물을 평가할 때 능력 자체보다 그 사람에 대한 인상이나 고정관념 등이 평가에 중요한 영향을 미치는 현상으로 후광효과라고도 한다.

갤러리(Gallery)족

골프 구경꾼처럼 주인의식 없이 회사의 상황에 따라 적절히 처신하다가, 더 나은 직장이 생기면 미련 없이 다른 직장으로 떠나는 직장인들을 가리킨다.

넷셔널리즘(Netionalism)

인터넷상에서 상대국가를 비하하거나 자국 우월주의를 드러내는 집단적 움직임으로 인터넷의 'Net'과 민족주의를 뜻하는 'Nationalism'의 합성어이다.

네카시즘(Netcarthyism)

다수의 누리꾼들이 인터넷, SNS 공간에서 특정 개인을 공격하며 사회의 공공의 적으로 삼고 매장해버리는 현상이다. 누리꾼들의 집단행동이 사법제도의 구멍을 보완할 수 있는 요소라는 공감대에서 출발했으나, 누리꾼들의 응징 대상이 대부분 힘없는 시민이라는 점에서 문제가 되고 있으며, 인터넷 문화는 사실 확인이 어렵다는 점에서 잘못된 정보가 기반이 되어 피해를 보는 사람이 생길 수 있다.

모라토리엄 인간(Moratorium Man)

사회적 책임감을 져야 할 성인이 되는 것에 거부감을 느끼며 이를 유예하는 사람으로, 어려서부터 성인이 될 때까지 문제가 생기면 부모가 나서서 해결해줬기 때문에 직장 선택이나 결혼은 물론 자신의 자녀를 키우는 일까지 부모에게 기대게 된다.

유리천장(Glass Ceiling)

충분한 능력이 있는 여성에게 승진의 최상한선을 두거나 승진 자체를 막는 상황을 비유적으로 표현한 용어이다.

타임오프(Time-Off)제도

노조 전임자가 실제로 회사 일을 하지 않으면서도 회사로부터 임금을 받고 노조 활동을 할 수 있는 근로시간 면제제도로, 타임오프제에 따라 전임자 수가 정해지며 타임오프 상한선을 어기면 사용주가 처벌을 받는다.

노동귀족(Labor Aristocrat)

노동자 계급 중에서 권력 또는 자본가에게 매수되어 상대적으로 높은 임금과 특권적 지위를 누리는 사람들을 말한다. 노조와 사측 간의 원활한 의사소통을 담당해야 할 노조 간부들이 각종 특권을 누리며 노동자들을 지배함을 의미한다.

퍼플칼라(Purple Collar)

근무시간과 장소가 자유로워 일과 가정을 함께 돌보면서 일할 수 있는 노동자를 말하며, 적은 시간 동안 일하면 보수가 적지만 정규직으로서의 직업안정성과 경력을 보장받는다는 점에서 파트 타임, 비정규직과는 다르다.

잡 셰어링(Job Sharing)

1인당 근무시간을 단축하여 여러 사람이 그 일을 처리하도록 함으로써 고용을 창출하는 정책이다. 잡 셰어링을 실현하는 방식은 초과근무를 축소하는 방법, 무급휴가의 확대, 주4일 근무제 등이 있으며 이를 시행한 기업에는 정부가 세제지원 혜택을 준다.

ILO(International Labour Organization)

노동조건의 개선과 노동자들의 기본적인 생활을 보장하기 위한 국제노동기구로, 국제적으로 노동자들을 보호하기 위해 설립되어 1946년 최초의 유엔전문기구로 인정받았다. 국제노동입법 제정을 통해 고용·노동조건·기술원조 등 노동자를 위한 다양한 활동을 하고 있다.

니트(NEET)족

'Not in Education, Employment or Training'의 준말로, 취업연령의 인구 중에 취업의욕이 전혀 없거나, 의욕은 있지만 일자리를 구하지 못하는 청년들을 말한다. 경제상황이 악화되고 고용환경은 더욱 나빠져 어쩔 수 없이 취업을 포기하는 청년 실업자들이 늘어나고 있는 상황으로, 이는 경제·사회적으로 심각한 문제가 될 수 있다.

로제타 플랜(Rosetta Plan)

1990년대 후반 벨기에에서 실시해 큰 성공을 거둔 청년 실업 대책 중 하나로, 종업원 50명 이상의 기업에서는 전체 인원의 3%에 한해 청년 구직자들에게 의무적으로 일자리를 마련해줘야 한다는 내용이 핵심이다. 벨기에에서는 제도 시행 첫 해에 약 5만 개의 일자리가 증가할 정도로 큰 성공을 거뒀다.

번아웃 증후군(Burnout Syndrome)

한 가지 일에 몰두하던 사람이 극도의 신체·정서적 피로로 인해 무기력증이나 자기혐오·직무거부 등에 빠지는 것으로, 생각대로 일이 실현되지 않거나 육체적·정신적 피로가 쌓였을 때 나타난다.

플렉스타임제(Flexible Working Hours System)

획일적·강제적인 근로시간에서 벗어나 직원들 각자가 원하는 근무시간에 일할 수 있도록 하는 제도이다.

3. 과학 · 컴퓨터 · IT · 환경

AI 동맹

메타와 IBM을 비롯해 50개 이상 인공지능(AI) 관련 기업과 기관이 결성한 연합체로 2023년 12월 5일 출범했다. 오픈소스 AI모델에 대한 협업, AI연구를 위한 자본 기여 등을 목표로 한다. 이들은 AI의 미래가 근본적으로 개방형 과학적 아이디어 교환과 개방형 혁신을 기반으로 구축될 것이라는 점을 분명히 하고 있으며, 이는 곧 AI의 선두주자로 꼽히는 챗GPT 개발사 오픈AI와 구글에 공동대응하기 위한 전략으로 분석되고 있다.

케미포비아(Chemifobia)

화학(Chemical)과 혐오(Fobia)을 더해 만든 단어로, 화학 물질에 대한 공포에 빠진 소비자 또는 화학제품 공포증을 말한다. 가습기 살균제부터 살충제 달걀과 유해물질 생리대, 비스페놀 영수증 사건까지 줄줄이 터지면서 소비자들은 일상에서 자주 쓰는 생필품이나 식품의 안전성을 신뢰할 수 없게 됐다. 현재 밝혀진 것뿐만 아니라 다른 제품들에도 문제가 있을 가능성이 충분하기 때문에 케미포비아는 급속히 확산되고 있다.

구조적 질의 언어(SQL; Structured Query Language)

관계 데이터베이스를 위한 표준 질의어로 많이 사용되는 언어다. SQL은 사용자가 처리를 원하는 데이터가 무엇인지만 제시하고 데이터를 어떻게 처리해야하는지를 언급할 필요가 없어 비절차적 데이터 언어의 특징을 띤다고 할 수 있다. SQL은 관계형 데이터베이스 관리 시스템에서의 자료 검색과 관리, 데이터베이스 관리 시스템에서 데이터 구조와 표현 기술을 수용하는 데이터베이스 스키마 파일의 생성과 수정, 데이터베이스 객체의 접근 조정관리를 위해 고안되었다. 대다수의 데이터베이스 관련 프로그램들이 이 언어를 표준으로 채택하고 있다.

하이퍼루프(Hyperloop)

진공에 가까운 튜브 안에서 차량을 살짝 띄운 상태로 이동시켜 공기 저항과 마찰을 줄이는 방식으로 작동되는 열차이다. 우리나라에서는 한국철도기술연구원이 진공압축 기술과 자기부상 기술을 융합하여 2016년에 한국형 하이퍼루프를 개발했고, 시속 700km 시험 작동에 성공하기도 했다. 하이퍼루프를 개발 중인 민간기업 HHT의 최고경영자 더크 알본은 CNBC에 출연해 앞으로 3~4년 뒤 아시아 국가에서 하이퍼루프가 운행될 것이라고 말했다. 또 서울-부산 노선에 채택하기를 원하는 한국과는 라이선스 협약을 맺은 상태라고 덧붙여 하이퍼루프의 현실화 가능성이 주목되고 있다.

유전자 재조합 식품(GMO; Genetically Modified Organism)

제초제와 병충해에 대한 내성과 저항력을 갖게 하거나 영양적인 가치와 보존성을 높이기 위해 해당 작물에 다른 동식물이나 미생물과 같은 외래 유전자를 주입하는 등 식물 유전자를 변형하여 생산한 농작물을 일컫는다. 1994년 무르지 않는 토마토를 시작으로 유전자 재조합이 시작되었고, 몬샌토사에 의해 본격적으로 상품화되었다. 우리나라는 연간 1,000만 톤의 GMO수입국으로, GMO의 안전성이 검증되지 않아 그 표시 문제가 논란이 되고 있다.

5G(5th Generation Mobile Communications)

28GHz의 초고대역 주파수를 사용하는 이동통신기술로, 현재의 이동통신 속도보다 70배가 빠르고 일반 LTE와 비교했을 때는 280배 빠른 수준이다. 2019년 4월 3일 오후 11시 우리나라에서 세계 최초로 시작되었으며, 2023년 7월 기준 가입자가 3,110만 명을 돌파하였다.

네이처 저널

영국의 순수과학 저널로서, 전 세계의 과학저널 가운데 영향력이 큰 저널 중 하나이다. 물리학·의학·생물학 등 과학 전반을 다루며, 미국의 전문 과학 저널인 사이언스와 함께 과학계의 대표적인 저널로 꼽힌다.

팝콘 브레인(Popcorn Brain)

첨단 디지털기기의 즉각적 자극에만 반응하고, 현실의 생활이나 인간관계 등에는 둔감한 반응을 보이도록 변형된 뇌구조를 말한다. 컴퓨터와 스마트폰 등 전자기기를 지나치게 사용하거나 여러 기기로 멀티태스킹을 반복할 때 심해진다.

랜섬웨어(Ransomware)

악성코드(Malware)의 일종으로, 이에 감염된 컴퓨터에 시스템에 대한 접근을 제한시키고 이를 해제하기 위해서 대가로 금전을 요구하는 악성 프로그램을 말한다.

UHD(Ultra-HD)

Full-HD 화면보다 4배 높은 해상도를 통해 보다 선명한 화질로 동영상, 사진을 감상할 수 있다.

롤러블 디스플레이(Rollable Display)

두루마리처럼 둘둘 말 수 있는 디스플레이로, 2025년 정도에는 상용 모바일 제품에 적용될 것으로 전망하고 있다.

유전자가위

유전자의 특정 부위를 절단해 유전체 교정을 가능하게 하는 인공 제한 효소로 유전자가위를 이용해 질병과 관련된 유전자의 기능을 없애는 질병 치료에도 응용할 수 있다.

OTT(Over the Top)

단말기를 통해 인터넷으로 제공하는 콘텐츠를 말한다.

스마트 원자로

한국원자력연구원이 세계 최초로 개발한 중소형 일체형 원자로로, 주요 기기들을 하나의 압력 용기에 구성하였다. 규모 7.0의 지진을 견딜 수 있으며, 2015년 사우디아라비아와 스마트 원자로의 공통 상용화를 위한 양해각서(MOU)를 체결하여 세계 최초 중소형 원자로의 수출 사례로 평가된다.

하이퍼 로컬(Hyper-Local)

지역 구성원 간의 직접 소통을 의미하며, 언론에서는 지역에 속한 개인이 지역의 뉴스를 직접 전파하는 시스템을 뜻한다.

인포테인먼트(Infotainment)

정보(Information)와 오락(Entertainment)의 합성어로 내비게이션(Navigation) 시스템 등이 고객을 위한 주요 명소, 맛집, 동영상, 맞춤형 광고 등 다양한 콘텐츠가 제공하는 등 고객 부가 서비스가 확충되어 있는 것을 말한다.

직접 메탄올형 연료전지(DMFC)

메탄올과 산소의 전기화학반응으로 전기를 만드는 에너지 변환 시스템이다. 액상 연료를 사용하기 때문에 에너지 밀도가 높고, 기존 수소 연료전지보다 연료 저장·취급도 쉽다.

소형 태양광 발전기

휴대용 태양광 발전기로, 빛에너지를 전기에너지로 변환할 수 있는 태양전지 셀을 조립이 간편한 독립형의 모듈로 구성하거나 이동성 물체의 외장에 부착함으로써 태양광으로 전기를 생산한다.

프러버(Frubber)

피부 고무라는 뜻의 Flesh Rubber의 줄임말로 질감이 피부와 흡사하다고 알려진 실리콘 계열의 소재이다.

불의 고리(Ring of Fire)

지진과 화산 활동이 활발한 세계 최대의 화산대 중첩지대인 환태평양 조산대로 4만km에 이른다.

메칼프의 법칙(Metcalfe's Law)

네트워크 효과를 설명하는 법칙으로, 통신망 사용자에 대한 효용성을 나타내는 망의 가치는 대체로 사용자 수의 제곱에 비례한다는 내용이다.

그리드 패리티(Grid Parity)

대체에너지(태양광, 풍력)로 전기를 만드는 데 드는 발전원가가 화석원료(석유, 석탄) 발전원가와 같아지는 시점을 말한다.

사물인터넷(IoT; Internet of Things)

인터넷을 기반으로 사물에 센서를 부착해 실시간으로 데이터를 주고받는 기술 및 서비스로, 우리가 이용하는 사물(전자제품, 모바일, 컴퓨터 등)에 센서와 통신 기능을 내장하여 인터넷에 연결하고 서로 데이터를 주고받아 자체적으로 분석·학습한 정보를 사용자에게 제공함으로써 이를 원격조정으로 사용할 수 있게 한 인공지능 기술이다.

딥러닝(Deep Learning)

데이터를 조합·분석·분류하는 데 사용하여 학습하는 과정으로, 컴퓨터가 다양한 데이터를 이용해 마치 사람처럼 스스로 학습할 수 있게 하기 위해 만든 인공신경망(ANN; Artificial Neural Network)을 기반으로 하는 기계 학습 기술이다.

크라우드 펀딩(Crowd Funding)

불특정 다수의 개인으로부터 인터넷이나 소셜미디어를 통해 자금을 모으는 것으로, 군중(Crowd)으로부터 투자(Funding)를 받는다는 의미이다. 소셜미디어를 통해 이루어지는 경우가 많아 소셜 펀딩이라고 불리기도 한다.

스피어 피싱(Spear Phishing)

조직 내의 신뢰받는 특정인을 목표로 개인정보를 훔치는 피싱 공격이다. 이때 피싱 공격자들은 특정 기업과 거래한 적이 있는 기업이나 아는 사람을 가장해 송금 등을 요청하는 탓에 범죄로 의심하기가 쉽지 않다.

도그 이어(Dog Year)

정보통신의 눈부신 기술 혁신 속도를 일컫는 말로 10년 안팎인 개의 수명을 사람과 비교할 때, 개의 1년이 사람의 7년과 비슷한 것을 비유하였으며, IT업계의 1년이 보통 사람이 생각하는 7년과 맞먹는 성장 속도로 급변하고 있다는 의미이다.

바이오시밀러(Biosimilar)

특허기간이 끝난 오리지널 의약품을 모방하여 만든 약품으로, 본래와 다른 방식으로 비슷한 성분이나 함량 등을 유지하여 만든다. 기존의 특허 받은 의약품에 비해 약값이 저렴하다는 특징이 있다.

4차 산업혁명

현재의 생산설비에 정보통신기술을 융합시켜 경쟁력을 제고하는 차세대 산업혁명으로 '지능적 가상 물리 시스템'이 핵심 키워드라 할 수 있다. 우리나라에서는 '제조업 혁신 3.0 전략'이 같은 선상의 개념이다.

카오스 이론

무질서해 보이는 현상 배후에 질서정연한 현상이 감추어져 있음을 전제로 하는 이론으로 1920년 미국의 수리생물학자인 로버트 메이로부터 시작되었다. 예측 불가능한 현상 뒤의 알려지지 않은 법칙을 밝혀내는 것을 목적으로 한다.

플루토늄(Plutonium)

주기율표 3족에 속하는 악티늄족 원소. 원소기호는 Pu로 금속 상태에서는 은빛이지만, 산화된 상태에서는 황갈색이 된다. 또, 우라늄-235보다 핵분열 특성이 우수하고, 사용 후 핵연료의 재처리를 통해 보다 대량으로 쉽고 값싸게 얻을 수 있어 원자력 발전 연료가 될 수 있다. 그러나 잘못 쓰이면 인류를 파멸로 이끄는 핵무기 원료가 될 수도 있다.

프레온가스

염화불화탄소(CFC)로 염소와 불소를 포함한 일련의 유기 화합물을 총칭한다. 가연성·부식성이 없는 무색·무미의 화합물로, 독성이 적으면서 휘발하기 쉽지만 잘 타지 않고 화학적으로 안정되어 있어 냉매, 발포제, 분사제, 세정제 등으로 산업계에서 폭넓게 사용되고 있다. 그러나 대기권에서 분해되지 않고, 오존이 존재하는 성층권에 올라가서 자외선에 의해 분해되어 오존층 파괴의 원인이 된다.

엘니뇨

페루와 칠레 연안에서 일어나는 해수 온난화 현상이다. 남미 연안은 남풍에 의해 호주 연안으로 바람이 불고 심층으로부터 차가운 해수가 솟는 지역으로, 연중 수온이 낮기 때문에 좋은 어장이 형성되어 있다. 그런데 무역풍이 알 수 없는 이유로 인해 약해지게 될 때 차가운 해수가 솟는 양이 줄어들어 엘니뇨가 발생한다. 엘니뇨 현상으로 태평양 적도 부근에서 따뜻한 해수가 밀려와 표층 수온이 평년보다 올라가고, 어획량도 줄어들며, 특히 호주 지역에 가뭄이 일어나 농업과 수산업에 피해를 입힌다.

온실 효과

대기를 빠져나가야 하는 지표에서 반사된 복사 에너지가 대기를 빠져나가지 못하고 재흡수되어 지구의 기온이 상승하는 현상으로, 대기 자체가 온실의 유리와 같은 기능을 하기 때문에 붙은 이름이다.

온난화 현상

지구의 평균 온도를 상승시키는 온실가스에는 이산화탄소, 메탄, 프레온가스가 있다. 지구의 기온이 점차 상승함으로 인해 해수면이 상승하고 해안선이 바뀌며 생태계에 변화를 가져오게 된다. 이로 인해 많은 환경 문제들이 야기되고 있어 전 세계적으로 이산화탄소 저감 정책이 확산되고 있다.

그래핀(Graphene)

탄소원자 1개의 두께로 이루어진 아주 얇은 막으로 활용도가 뛰어난 신소재이다. 구리보다 100배 이상 전기가 잘 통하고 실리콘보다 100배 이상 전자를 빠르게 이동시킨다. 강도는 강철보다 200배 이상 강하고, 열전도성은 다이아몬드보다 2배 이상 높다. 또한 탄성이 뛰어나 늘리거나 구부려도 전기적 성질을 잃지 않아 활용도가 아주 높다.

힉스 입자(Higgs Boson)

우주 모든 공간에 가득차 있는 입자로, 물질을 구성하는 기본입자 중에서 유일하게 관측되지 않은 가상의 입자이며 '신의 입자'라고도 불린다.

블랙아웃(Black-out)

전기수요가 공급능력을 넘을 때 발생하는 대규모 정전사태이다. 전력망은 서로 연결이 되어 있기 때문에 만일 블랙아웃을 방치하면 한 지역에서 그치지 않고 정전 범위가 점점 더 확대된다. 냉방 수요가 급증하는 여름과 난방수요가 많은 겨울에 발생할 가능성이 높다.

리튬폴리머 전지(Lithium Polymer Battery)

외부전원을 이용해 충전하여 반영구적으로 사용하는 고체 전해질 전지로, 안정성이 높고 에너지 효율이 높은 2차 전지이다. 전해질이 고체 또는 젤 형태이기 때문에 사고로 인해 전지가 파손 되어도 발화하거나 폭발할 위험이 없어 안정적이다. 또한 제조공정이 간단해 대량생산이 가능하며 대용량으로 만들 수 있다. 노트북, 캠코더 등에 주로 사용되며 전기자동차에도 쓰이고 있다.

탄소포인트제

온실가스 감소정도에 따라 탄소포인트를 받고 이에 대한 인센티브를 제공받는 제도로 인센티브는 포인트당 2원 이내로 지급하며, 그린카드 가입자에게는 그린카드 포인트, 미가입자에게는 현금, 상품권, 종량제 쓰레기봉투 등 지자체별로 단수 또는 복수로 선택하여 지급한다.

커넥티드 카(Connected Car)

주변 사물들과 인터넷으로 연결돼 운행에 필요한 각종 교통 정보는 물론 다른 차량의 운행 정보도 실시간으로 확인할 수 있는 스마트 자동차이다. 2016년 11월에 SK텔레콤과 BMW코리아는 5G 통신망을 이용한 커넥티드 카 'T5'를 공개하고 세계 최초로 미래 주행 기술을 선보이기도 했다.

데이터마이닝(Data Mining)

대규모의 데이터베이스로부터 유용한 상관관계를 발견하고, 미래에 실행 가능한 정보를 추출하여 중요한 의사결정에 활용하는 과정으로 기존의 축적된 다양한 데이터에서 기업의 경쟁력을 높일 수 있는 유용한 정보를 찾아내는 작업이다.

디도스(DDoS)

특정 사이트를 마비시키기 위해 수십 대에서 수백만 대의 컴퓨터가 일제히 접속하여 과부하를 일으키는 수법을 말한다.

바이오컴퓨터(Bio Computer)

인간의 뇌에서 이루어지는 학습·기억·추리·판단 등의 고차원적인 정보처리 기능을 컴퓨터에 적용한 것을 말한다. 보통의 컴퓨터는 실리콘을 이용한 반도체 소자를 주요부품으로 해서 만들지만, 바이오컴퓨터는 단백질과 유기분자, 아미노산을 결합한 결합물을 바이오칩으로 만들어 컴퓨터 소자로 이용한다.

스풀(Spool)

데이터를 주고받는 과정에서 중앙처리장치와 주변장치의 처리 속도가 달라 발생하는 속도 차이를 극복하여 지체현상 없이 프로그램을 처리하는 기술을 말한다.

그리드컴퓨팅(Grid Computing)

모든 컴퓨터 기기를 하나의 초고속 네트워크로 연결시켜 중요한 업무에 집중적으로 사용할 수 있게 하는 기술을 말한다.

90 : 9 : 1 법칙

인터넷 이용자 중 90%는 관망하고, 9%는 재전송이나 댓글로 정보확산에 기여하며, 극소수인 1%만이 콘텐츠를 창출한다는 법칙이다. 덴마크의 인터넷 전문가인 제이콥 닐슨(Jakob Nielsen)은 이 법칙을 통해 인터넷 사용이 일반화될수록 쌍방향 소통이 활발해질 것이라고 예상되는 한편으로 참여불균등이 심해질 수 있다고 지적했다.

스트리밍(Streaming)

스트리밍은 '흐르다', '흘러내리다' 등의 의미로 인터넷상에서 데이터가 실시간으로 전송될 수 있도록 하는 기술을 말한다. 음성, 동영상 등 용량이 큰 파일을 한 번에 다운로드하거나 전송하는 것이 쉽지 않기 때문에 파일의 일부를 조금씩 실시간으로 전송하는 것이다. 스트리밍의 발달은 인터넷 방송이 활성화될 수 있는 계기가 됐다.

광대역 통합망(BcN)

음성·데이터, 유·무선 등 통신·방송·인터넷이 융합된 광대역 멀티미디어 서비스를 언제 어디서나 안전하게 이용할 수 있는 차세대 통합 네트워크를 말한다.

반크(VANK; Voluntary Agency Network of Korea)

한국의 이미지를 바르게 알리기 위해 인터넷상에서 활동하는 비정부 민간단체로 우리나라에 대한 잘못된 정보를 바로잡는 등 폭넓게 활동하고 있으며, 동해와 독도의 국제 표기 수정 활동도 벌이고 있다.

아이핀(i-PIN, Internet Personal Identification Number)

주민번호를 대체해 인터넷상에서 개인의 신원을 확인할 수 있도록 부여하는 식별번호로, 하나의 아이핀을 발급받으면 아이핀을 사용하는 사이트에서 모두 이용 가능하며, 언제든지 변경이 가능하다는 것도 장점이다. 13자리 난수의 형태를 취한다.

DRM(Digital Rights Management)

DRM은 허가된 사용자만 디지털콘텐츠에 접근할 수 있도록 제한하여 비용을 지불한 사람만 콘텐츠를 사용할 수 있도록 하는 서비스이다. 인터넷상에서는 각종 디지털콘텐츠들이 불법복제돼 다수에게 확산될 위험성이 크다. 불법복제는 콘텐츠 생산자들의 권리와 이익을 위협하고 출판, 음악, 영화 등 문화산업 발전에 심각한 해가 될 수 있다는 점에서 DRM, 즉 디지털 저작권 관리가 점점 더 중요해지고 있다.

디지로그(Digilog)

디지털(Digital)과 아날로그(Analog)의 합성어로, 기본적으로는 아날로그 시스템이지만 디지털의 장점을 살려 구성된 새로운 제품이나 서비스를 말한다. 빠르고 편리한 디지털화도 좋지만 최근에는 아날로그적이고 따뜻한 감성, 느림과 여유의 미학을 필요로 하는 사람들이 늘고 있어서 사회, 문화, 산업 전반에서 디지털과 아날로그의 융합인 디지로그에 주목하고 있다.

디지털 컨버전스(Digital Convergence)

방송과 통신, 유선과 무선 등의 구분이 모호해지면서 등장한 새로운 형태의 융합상품과 서비스이다. 정보통신 분야뿐만 아니라 사회, 경제 모든 분야에서 주목받고 있으며, 유비쿼터스 사회로 진입하는 데 있어서의 핵심적인 전제가 된다.

IPv6(Internet Protocol version 6)

현재 사용되고 있는 IP주소체계인 IPv4의 단점을 개선하기 위해 개발된 새로운 IP주소체계를 말한다. IPv4와 비교할 때 IP주소의 길이가 128비트로 늘어났다는 점과 헤더 확장을 통한 데이터 무결성 및 비밀 보장이 특징이다.

m-VoIP(mobile Voice over Internet Protocol)

모바일 인터넷 전화 서비스로 전송 속도가 느리다는 것이 단점이지만, 스마트폰이 대중화되면서 가입자가 빠른 속도로 늘어나고 있다.

N스크린(N-Screen)

하나의 콘텐츠를 다양한 정보통신 기기에서 이용할 수 있는 기술이다. 'N'은 수학에서 아직 결정되지 않은 미지수를 뜻하는데, 하나의 콘텐츠를 이용할 수 있는 스크린의 숫자를 한정짓지 않는다는 의미에서 N스크린이라고 부른다.

증강현실(AR; Augmented Reality)

실제 환경에 가상의 사물이나 정보를 합성하여 원래의 환경에 존재하는 사물처럼 보이도록 하는 컴퓨터 그래픽 기법을 말한다.

LAN(Local Area Network)

한정된 공간 안에서 컴퓨터와 주변장치들 간에 정보와 프로그램을 공유할 수 있도록 하는 네트워크를 말한다.

RFID(Radio Frequency IDentification)

IC칩을 내장해 무선으로 다양한 정보를 관리할 수 있는 차세대 인식기술로 대형할인점 계산, 도서관의 도서 출납관리, 대중교통 요금 징수 시스템 등 활용범위가 다양하며 향후 여러 분야로 확산될 것으로 예상된다.

4. 문화 · 스포츠 · 미디어

노벨 문학상

6개의 노벨상 분야 중 하나로, 이상적인 방향으로 문학 분야에서 가장 눈에 띄는 기여를 한 사람에게 수여하라는 알프레드 노벨의 유언에 따라 1901년부터 매해 전 세계 작가 중 한 사람에게 주어지는 상이다. 스웨덴 한림원에서 수상자를 결정하여 10월 초에 발표하며, 2024년 수상자로 대한민국 한강 작가가 선정되었다.

엔시티피케이션(Enshittification)

사용자에게 양질의 콘텐츠와 편익을 제공하던 플랫폼이 점차 더 많은 이익을 창출하는 것에 몰두하면서 플랫폼의 품질과 사용자 경험이 모두 저하되는 현상을 말한다. 배설물을 뜻하는 'Shit'을 써서 플랫폼의 변질을 꼬집은 용어로 '열화(劣化)'라고도 한다. 페이스북, 인스타그램 같은 플랫폼들이 본래 추구하던 콘텐츠보다 광고나 가짜뉴스 같은 스팸성 게시글이 넘쳐나면서 전체적으로 플랫폼의 질이 떨어지고, 이에 따라 사용자가 이탈하고 있는 현상을 설명하기 위해 제시된 개념이다.

주크박스 뮤지컬(Jukebox Musical)

'팝 뮤지컬(Pop Musical)'이라고도 하는데, 이는 과거 대중에게 인기가 높았던 인기곡을 뮤지컬의 소재로 활용했기 때문에 붙여진 이름이다. 대표적인 작품으로는 아바(ABBA)의 노래들로 꾸며진 〈맘마미아!〉로 미국 브로드웨이뿐 아니라 전 세계적으로 약 6,000만 명 이상의 관객을 동원했다. 우리나라의 대표적인 주크박스 뮤지컬에는 〈그날들〉, 〈올슉업(All Shook Up)〉, 〈광화문 연가〉 등이 있다.

미닝아웃(Meaning Out)

소비가 상품의 질과 실용적 필요성, 경제성만을 기준으로 이뤄지던 게 전 시대의 방식이었다면, 현대사회에서 소비는 조금 다른 의미를 지닐 수도 있다. 조금 경제적이지 않더라도 자신이 사는 물건을 통해 자신의 사회적 신념을 보여줄 수 있기 때문이다. 이러한 소비 신념으로는 환경 보호, 동물복지, 친환경 등의 윤리적 신념과 위안부, 반전 등의 사회적 신념이 있다. 이러한 선택 뒤에는 SNS 활동 등이 이어진다.

미슐랭가이드(Michelin Guide)

프랑스의 타이어 회사 미쉐린이 발간하는 세계 최고 권위의 여행정보 안내서로, 타이어 구매 고객에게 서비스로 배포한 자동차 여행 안내책자에서 출발했다. 숙박시설과 식당에 관한 정보를 제공해 주는 '레드'와 박물관, 자연경관 등 관광 정보를 제공해주는 부록 형태의 '그린'이 있다. '레드'의 평가원은 일반 고객으로 가장해 동일한 식당을 연간 5 ~ 6회 방문하여 평가를 하는데, 별점을 부여하는 방식(최고 별 3개)으로 등급을 나눈다(별 1개 : 요리가 훌륭한 식당, 별 2개 : 요리를 먹기 위해 멀리 찾아갈 만한 식당, 별 3개 : 그 요리를 위해 그곳으로 여행을 떠날 만한 식당). '그린' 역시 별점을 부여하는 방식으로 평가한 후 소개한다.

카메오(Cameo)

관객의 시선을 끌 수 있는 유명 인사가 단역을 맡아 출연하는 것을 말한다. 한 장면으로 중요한 포인트가 되기도 하지만, 과할 경우 이야기의 몰입을 방해하는 부작용이 있다.

타이포그라피(Typography)

서체와 글자의 배치를 구성하는 디자인 요소를 말한다. 활자를 배치하고 간격을 조절하는 일, 활자의 모양을 구성하는 일 등이 있으며 지면의 레이아웃을 다루는 일까지 포함된다.

다중이용시설

실내공기 질 관리법에 따른 불특정 다수인이 이용하는 시설로서 지하역사, 지하도상가, 철도역사의 대합실, 여객자동차터미널의 대합실 외 광범위한 종류의 시설을 아우른다.

코드 셰이빙(Cord Shaving)

기존에 사용하던 유료방송을 보다 저렴한 서비스로 갈아타는 것으로 최근에는 기존에 비싼 가격으로 유료 IPTV·케이블TV를 보던 이용자들이 코드 셰이빙(Cord Shaving)을 선택하고 있다.

루핑효과(Looping Effect)

평소에 인지하지 못했던 것이 언론 미디어의 보도를 통해 더욱 확대되는 현상으로 언론의 책임의식과 신중한 보도 태도를 강조한 말이다.

타운홀미팅(Town Hall Meeting)

미국식 공동체 자유토론 방식으로 어떤 원칙이나 규정도 없으며, 다수의 사람들이 참가할 때에는 소그룹 식으로 나누어 토론을 하기도 하며, 자격을 갖춘 참가자라면 누구라도 자신의 의견을 제시할 수 있으나 투표로 의견을 결정하지는 않는다. 특히 인터넷을 사용하는 e-타운홀미팅의 경우 네티즌들이 문자, 동영상 등으로 정책에 관한 질문을 올리고 자신들의 의견을 표명하기도 한다.

팩 저널리즘(Pack Journalism)

취재 방식이나 취재시각 등이 획일적이어서 개성 없는 저널리즘을 말한다.

빈지뷰잉(Binge Viewing)

드라마를 첫 회부터 끝까지 한 번에 몰아보는 시청 방식으로 스마트폰과 같이 콘텐츠 소비에 최적화된 디바이스가 보편화되고, 개인 여가를 즐기는 문화가 강해지면서 이러한 시청 방식은 더욱 늘어나고 있다.

맨부커상(Man Booker Prize)

노벨 문학상, 프랑스의 공쿠르 문학상과 함께 세계 3대 문학상 중의 하나로 해마다 영국연방 국가에서 출판된 영어 소설들을 대상으로 시상한다. 2016년 인터내셔널 부문에 한국소설 『채식주의자』가 선정돼 이 소설의 작가인 한강 씨와 영국인 번역가 데보라 스미스가 상을 수상했다.

스토브리그(Stove League)

야구 비시즌에 팀 전력 보강을 위해 선수 영입과 연봉 협상에 나서는 것으로 팬들이 난로(stove) 주위에 모여 선수의 소식 등을 이야기하며 흥분하는 모습이 마치 실제의 경기를 보는 것 같다는 뜻에서 유래한 말이다.

바이애슬론(Biathlon)

크로스컨트리 스키와 소총 사격을 결합한 겨울 스포츠로, 1958년 제1회 세계선수권대회가 개최되고, 1960년 동계올림픽 정식종목으로 채택되었다.

루즈벨트 스코어(Roosevelt Score)

야구경기에서 9 : 8로 스코어가 끝나는 경기. 프로야구에서도 1점 차에 의해 승패가 결정되는 스코어인 케네디 스코어나 루즈벨트 스코어는 100회 경기에서 한두 번 나올까 말까 한 점수인데, 야구경기가 그만큼 긴장감이 넘치고 재미있다는 뜻에서 붙여졌다.

할랄 푸드(Halal Food)

이슬람 율법에 따라 식물성 음식, 해산물, 육류 등을 가공한 음식으로 무슬림이 먹을 수 있도록 허용된 식품이다. 이슬람식 알라의 이름으로 도살된 고기와 이를 원료로 한 화장품 등이 이에 해당된다. 반면 술이나 마약류처럼 정신을 흐리게 하는 식품은 물론 돼지고기·개·고양이 등의 동물, 자연사했거나 잔인하게 도살된 짐승의 고기는 금지된 품목이다.

와하비즘(Wahhabism)

엄격한 율법을 강조하는 이슬람 근본주의를 의미하는데 사우디아라비아의 건국이념이기도 하다. 여성의 종속화, 이교도들에 대한 무관용적인 살상 등이 주요 내용으로 폭력적이고 배타적이다. 이슬람국가(IS)와 알카에다, 탈레반, 보코하람, 알샤바브 등 국제적인 이슬람 테러조직들이 모두 와하비즘을 모태로 하고 있다.

애드버토리얼(Advertorial)

'Advertisement'와 'Editorial'을 합성한 말로 신문이나 잡지 등에서 기사 형식으로 표현한 광고기법을 말한다. 이러한 기법으로 만들어진 광고는 보통 신문이나 잡지에 기사 형태로 실리지만 그 내용은 특정 브랜드나 제품을 광고하는 내용이다.

블레임룩(Blame Look)

'비난하다'의 뜻인 '블레임(Blame)'과 '외관', '스타일'을 일컫는 '룩(Look)'의 합성어로 사회적으로 문제를 일으킨 사람들의 패션, 액세서리 등이 이슈가 되거나 유행하는 현상을 말한다.

스낵컬처(Snack Culture)

'짧은 시간에 문화콘텐츠를 소비한다.'는 뜻으로 패션, 음식, 방송 등 사회 여러 분야에서 나타나는 현상이다. 즉 제품과 서비스에 소요되는 비용이 부담스럽지 않아, 항상 새로운 것을 열망하는 소비자들이 많은 것을 소비할 수 있도록 하는 하나의 문화 트렌드로 웹툰, 웹 소설과 웹 드라마가 대표적이다.

아방가르드(Avant-garde)

기존의 전통과 인습을 타파하고 새로운 경향이나 운동을 선보이는 전위 예술로 제1차 세계대전 이후 등장하였다. 군대 중에서도 맨 앞에 서서 가는 '선발대(Vanguard)'를 일컫는 프랑스어로, 문화적 맥락에서 당연한 것으로 받아들여졌던 경계를 허무는 초현실주의 예술운동과 표현의 일종이다.

카피레프트(Copyleft)

지적 창작물에 대한 권리를 모든 사람이 공유할 수 있도록 하는 것으로 1984년 리처드 스톨먼이 주장하였다. 저작권(Copyright)에 반대되는 개념이며 정보의 공유를 위한 조치이다.

세계 3대 영화제

베니스영화제·칸영화제·베를린영화제를 말한다.

미장센(Mise-en-scene)

영화에서 연출가가 모든 시각적 요소를 배치하여 단일한 쇼트로 영화의 주제를 만들어내는 작업으로, 몽타주와 상대적인 개념으로 쓰인다. 특정 장면을 찍기 시작해서 멈추기까지 한 화면 속에 담기는 모든 영화적 요소와 이미지가 주제를 드러내도록 한다.

선댄스영화제

세계 최고의 권위를 지닌 독립영화제로 미국의 감독 겸 배우 로버트 레드포드가 할리우드의 상업주의에 반발하여 독립영화 제작에 활기를 불어넣기 위해 이름 없는 영화제를 후원하고 선댄스협회를 설립한 뒤, 1985년 미국영화제를 흡수하며 만들어졌다.

스크린쿼터(Screen Quarter)

자국영화 의무상영일수제도로 영화 상영관의 경영자는 매년 1월 1일부터 12월 31일까지 연간 상영일수의 5분의 1(73일) 이상 한국영화를 상영하여야 한다. 본래 146일이었으나 한·미 FTA 협상 전제 조건에 따라 50% 축소되었다.

르네상스 3대 거장

1480~1520년까지를 르네상스 회화의 전성기로 보는데, 이 시기에 활동한 레오나르도 다빈치, 미켈란젤로, 라파엘로를 르네상스의 3대 거장이라 부른다.

팝아트(Pop Art)

대중문화적 시각이미지를 미술의 영역 속에 수용한 구상미술의 경향이다. 1950년대 영국에서 시작된 팝아트는 추상표현주의의 주관적 엄숙성에 반대하며 TV, 광고, 매스미디어 등 주위의 소재들을 예술의 영역 안으로 받아들였다.

프레타포르테(Pret-a-porter)

오트쿠튀르(Haute Couture)와 함께 세계 양대 의상 박람회를 이루는 기성복 박람회로, '고급 기성복'이라는 의미를 지닌다. 제2차 세계대전 이후 오트쿠튀르보다는 저렴하면서도 비슷한 질의 기성복을 원하는 사람들이 늘어나면서 생겨났다.

4대 통신사

AP(미국 연합통신사), UPI(미국 통신사), AFP(프랑스 통신사), 로이터(영국 통신사)를 말한다.

디지털 디톡스(Digital Detox)

디지털 중독 치유를 위해 디지털 분야에 적용하는 디톡스 요법으로 스마트폰 등 첨단 정보기술의 보급으로 인해 디지털 기기가 우리의 일상생활에 깊이 파고듦에 따라, 디지털 홍수에 빠진 현대인들이 전자기기를 멀리하고 명상과 독서 등을 통해 심신을 치유하자는 운동이다.

매스미디어 효과 이론

매스 커뮤니케이션이 끼치는 효과의 총체적 크기에 관한 이론으로 '강효과', '중효과', '소효과' 이론으로 분류한다.

게이트키핑(Gate Keeping)

뉴스가 대중에게 전해지기 전에 기자나 편집자와 같은 뉴스 결정권자(게이트키퍼)가 대중에게 전달하고자 하는 뉴스를 취사선택하여 전달하는 것이다. 보도의 공정성과 관련한 논의에서 자주 등장한다.

발롱 데세(Ballon D'essai)

여론의 방향을 탐색하기 위해 정보나 의견을 흘려보내는 것을 말한다.

스쿠프(Scoop)

일반적으로 특종기사를 다른 신문사나 방송국에 앞서 독점 보도하는 것을 말하며 비트(Beat)라고도 한다.

엠바고(Embargo)

본래 특정 국가에 대한 무역·투자 등의 교류 금지를 뜻하지만 언론에서는 뉴스기사의 보도를 한시적으로 유보하는 것을 말한다.

IPTV(Internet Protocol Television)

인터넷망을 이용해 멀티미디어 콘텐츠를 제공하는 방송·통신 융합서비스로, TV 수상기에 셋톱박스를 설치하면 인터넷 검색은 물론 다양한 동영상 콘텐츠 및 부가서비스를 제공받을 수 있다.

미디어렙(Media Representative)

Media(매체)와 Representative(대표)의 합성어로, 방송사의 위탁을 받아 광고주에게 광고를 판매하고 판매 대행 수수료를 받는 회사이다.

퍼블리시티(Publicity)

광고주가 회사·제품·서비스 등과 관련된 뉴스를 신문·잡지 등의 기사나 라디오·방송 등에 제공하여 무료로 보도하도록 하는 PR방법이다. 직접적인 유료 광고를 통해 구매 욕구를 자극하는 것이 아니라, 사실보도 형식의 기사 속에 회사나 상점에 대한 언급을 포함하는 광고활동을 말한다.

트리플더블(Triple Double)

농구의 한 경기에서 한 선수가 득점, 어시스트, 리바운드, 스틸, 블록슛 중 2자리 수 이상의 기록을 세 부문에서 달성하는 것을 말한다. 네 부문에서 달성하면 쿼드러플더블(Quadruple Double)이라고 한다.

퍼펙트게임(Perpect Game)

한 명의 투수가 선발로 출전하여 단 한 명의 주자도 출루하는 것을 허용하지 않은 게임을 말한다.

프리에이전트(FA; Free Agent)

프로야구 등 여러 스포츠 경기 규약에 따라 어떤 팀과도 자유롭게 교섭할 권리를 얻은 선수를 말한다.

골프 4대 메이저대회

남자골프(PGA)에는 PGA챔피언십(PGA Championship, 1860 ~) · US오픈(US Open, 1895 ~) · 브리티시오픈(British Open, 1916 ~) · 마스터스(Masters, 1930 ~) 등이 있고, 여자골프(LPGA)에는 브리티시오픈(British Open, 1860 ~) · US여자오픈(US Women's Open, 1946 ~) · LPGA챔피언십(LPGA Champion-ship, 1955 ~) · 크래프트 나비스코 챔피언십(Kraft Nabisco Championship, 1972 ~) 등이 있다.

세계 4대 메이저 테니스 대회

윔블던(Wimbledon) · 전미오픈(US Open) · 프랑스오픈(French Open) · 호주오픈(Australian Open)을 말한다.

세계 4대 모터쇼

프랑크푸르트, 디트로이트, 파리, 도쿄 모터쇼가 메이저급을 대표하는 모터쇼를 말한다.

유니버시아드(Universiade)

국제대학 스포츠 연맹이 주관하는 대학생 종합 운동경기 대회를 말한다.

패럴림픽(Paralympic)

신체 · 감각 장애가 있는 운동선수가 참가하는 국제 스포츠 대회로 1988년 서울 올림픽 대회 이후부터 매 4년마다 올림픽이 끝나고 난 후 올림픽을 개최한 도시에서 국제패럴림픽위원회(IPC)의 주관하에 개최된다. 원래 패럴림픽은 척추 상해자들끼리의 경기에서 비롯되었기 때문에 Paraplegic(하반신 마비)과 Olympic(올림픽)의 합성어였지만 다른 장애인들도 경기에 포함되면서, 현재는 그리스어의 전치사 Para(나란히)를 사용하여 올림픽과 나란히 개최됨을 의미한다.

| 유형분석 |

- 정치·외교부터 문화·스포츠·미디어 등 다양한 상식의 문제들이 출제되는 유형이다.
- 최근 기사화된 상식 용어를 고르는 문제나 용어에 대한 설명을 이해하는 유형이 출제된다.

다음 중 기사의 빈칸에 공통으로 들어갈 용어로 가장 적절한 것은?

> 2023년 10월 중국 시진핑 주석이 베이징에서 열린 일대일로 포럼 개막식에서 "중국은 일방적 제재와 경제적 억압, _____에 반대한다."고 말했다. 미국은 반도체, 배터리 등 첨단 산업의 핵심 공급망을 보호한다는 목표 아래 중국에 대해 _____ 전략을 펼쳐오고 있다. _____은/는 한 국가가 경제에 있어 이웃 국가나 세계적 흐름에 동조하지 않고 독자적으로 움직이는 현상을 의미한다. 크게는 국가 경제 전체에서, 작게는 금리나 주가 등 일부 요소에서 나타나기도 한다. 일반적으로 미국 주가가 오르면 한국 주가도 오르고, 미국 주가가 하락하면 한국 주가도 하락하곤 하는데, 이와 반대로 한국 주가가 미국 주가 영향에서 벗어나 독자적으로 움직이면 이를 _____(이)라고 한다.

① 마일스톤 징크스(Milestone Jinx)
② 리디노미네이션(Redenomination)
③ J-커브(J-Curve) 효과
④ 디커플링(Decoupling)

정답 ④

한 국가의 경제가 인근 국가나 세계 경제와 비슷한 방향으로 움직이는 커플링(동조화) 현상과 상대되는 개념으로, 인접한 다른 국가나 보편적인 세계 경제의 흐름과는 달리 독자적인 흐름을 보이는 현상을 말한다. 흔히 '탈동조화', '관계 단절'이라고 표현하기도 한다.

오답분석

① 마일스톤 징크스(Milestone Jinx) : 마일스톤은 이정표, 획기적인 사실·사건을 뜻하며, 마일스톤 징크스는 주가지수가 특정 분기점 도달을 앞두고 큰 단위의 지수가 바뀌는 것에 대한 두려움으로 지수가 하락하는 현상을 말한다.
② 리디노미네이션(Redenomination) : 한 국가 안에서 통용되는 화폐의 실질 가치를 낮은 비율로 변경하는 것을 말한다. 인플레이션과 경제규모의 확대 등으로 거래가격이 높아짐에 따라 숫자의 자릿수가 늘어나면서 계산상의 불편과 그로 인한 문제점들을 해소하기 위해 도입된다.
③ J-커브(J-Curve) 효과 : 무역수지 개선을 위해 환율 상승을 유도하는 경우 초기에는 오히려 무역수지가 악화되다가 상당 기간이 경과한 후 개선되는 현상으로, 무역수지가 변동되는 모습이 마치 알파벳 J와 유사하여 붙은 명칭이다.

유형풀이 Tip

- 최신 사회 경향을 반영하여 문제가 출제되는 편이므로 최신 이슈화되는 다양한 주제의 상식이나 교육 관련 정보를 평소 뉴스와 신문을 통해 파악하는 것이 도움될 것이다.

01   다음 중 인공지능(AI)에 대한 설명으로 적절하지 않은 것은?

① AI가 발달해 인간의 지능을 뛰어넘는 기점을 '세렌디피티(Serendipity)'라고 한다.

② AI는 인공신경망(ANN), 자연어 처리(NLP), 컴퓨터 비전(CV), 로봇공학(Robotics), 패턴 인식 (PR) 등의 분야에 응용된다.

③ 2000년대 들어 컴퓨팅 파워의 성장, 우수 알고리즘의 등장, 스마트폰 보급 및 네트워크 발전에 따른 데이터 축적으로 AI가 급격히 진보했다.

④ AI 기술의 활용과 AI 기반의 제품·서비스 확산에 따라 사이버 침해, 보안 위협의 증가뿐만 아니라 딥페이크와 같은 새로운 형태의 역기능도 초래되고 있다.

02   다음 기사의 빈칸에 공통으로 들어갈 용어로 적절한 것은?

> 패션·금융·IT 등 시장에서 중년층이 주요 축으로 부상하고 있다. 만 45 ~ 64세 중년층 가운데 소득·학력이 높고 자신에게 적극적으로 투자하는 _____다. 국내 백화점 3사의 VIP 고객 절반 정도가 50대 이상이며, _____는 구매력은 물론 브랜드 충성도가 높기 때문에 기업들은 _____를 끌어들이기에 열을 올리고 있다.

① A세대   ② 림보세대

③ 실감세대   ④ 알파세대

03   다음 탄소중립에 대한 〈보기〉의 설명 중 적절하지 않은 것을 모두 고르면?

> **보기**
>
> ㄱ. 한국은 2030년까지 국가 온실가스 배출량을 2015년 대비 30% 감축하는 목표를 정했다.
> ㄴ. 탄소중립을 실행하는 방안으로는 숲을 조성하기, 재생에너지 개발하기, 탄소배출권 구매하기 등이 있다.
> ㄷ. 탄소중립의 감축 목표 대상이 되는 온실가스는 이산화탄소(CO_2)와 메테인(CH_4) 등의 2가지 기체뿐이다.
> ㄹ. 직접 공기 포집(DAC)과 탄소 포집 및 저장(CCS) 기술은 탄소중립을 실현하는 가스 포집 기술이다.
> ㅁ. 한국은 탄소중립 사회로의 이행을 효과적으로 추진하기 위해 환경부장관 소속으로 2050 탄소 중립녹색성장위원회를 설치했으며, 이에 필요한 재원 마련을 위해 설치된 기후대응기금 또한 환경부장관이 관리한다.

① ㄱ, ㄴ, ㄷ   ② ㄱ, ㄷ, ㅁ

③ ㄴ, ㄷ, ㄹ   ④ ㄷ, ㄹ, ㅁ

04 클라우드 컴퓨팅의 특징에 대한 설명으로 적절하지 않은 것은?

① PC·스마트폰 같은 정보통신 기기 등의 클라이언트가 언제 어디서든 정보를 이용할 수 있다는 개념이다.

② 모든 컴퓨팅 기기를 네트워크로 연결하여 컴퓨터의 계산능력을 극대화한 분산 컴퓨팅을 의미한다.

③ 클라우드 컴퓨팅 서비스 제공자는 수많은 서버를 한곳에 모아 데이터를 운영함으로써 규모의 경제를 통한 자원의 공유를 극대화한다.

④ 정보를 인터넷상의 서버에 저장하므로 정보를 손실 없이 안전하게 보관할 수 있고, 저장 공간의 제약도 거의 없으며, 언제 어디서나 열람·수정할 수 있다.

05 다음 중 국제적 공중보건 비상사태(PHEIC)를 선포할 수 있는 주체는?

① 국제연합(UN) 사무총장

② 유엔 인구활동기금(UNPFA) 사무총장

③ 유엔 환경계획(UNEP) 사무총장

④ 세계보건기구(WHO) 사무총장

06 코로나19 장기화 사태, 러시아 – 우크라이나 전쟁 발발 이후 경쟁국을 견제하기 위한 프렌드쇼어링을 가장 주도적으로 추진하고 있는 국가는?

① 중국   ② 미국
③ 일본   ④ 러시아

07 다음 정보통신에 대한 〈보기〉의 설명 중 적절하지 않은 것을 모두 고르면?

> **보기**
>
> ㄱ. 광통신은 신호가 변형될 우려가 없으며, 별도의 전환 과정도 필요하지 않다.
> ㄴ. 머드(MUD)는 컴퓨터 통신상에서 사용자들이 함께 사용하는 게임, 프로그램을 뜻한다.
> ㄷ. 컴퓨터에 주변장치를 연결하기 위한 접선 규격 중 하나인 'USB'의 'S'는 'Security'의 약자이다.
> ㄹ. 퀀텀점프는 양자 컴퓨터 시스템에서 사용되는 최소 정보 단위로서, 두 개의 상태를 가진 양자계(System)을 뜻한다.

① ㄱ, ㄹ   ② ㄴ, ㄷ
③ ㄷ, ㄹ   ④ ㄱ, ㄷ, ㄹ

08 다음 중 상황을 조작해 타인의 마음에 스스로에 대한 의심을 갖게 해 현실감과 판단력을 잃게 만드는 것을 뜻하는 용어로 적절한 것은?

① 원 라이팅　　　　　　　　　　② 가스라이팅

③ 언더라이팅　　　　　　　　　　④ 브레인 라이팅

09 다음 중 고통지수에 대한 〈보기〉의 설명 중 옳지 않은 것을 모두 고르면?

> **보기**
> ㄱ. 각국의 국민들이 느끼는 삶의 고통을 수치로 계량화할 수 있는 지표이다.
> ㄴ. 고통지수는 소득증가율, 분배 상황 등이 거의 반영되지 않는다는 한계가 있다.
> ㄷ. 고통지수는 국민이 체감하고 있는 경제 여건을 다른 국가와 비교해 이해하는 근거가 될 수 있다.
> ㄹ. 소비자물가 상승률과 실업률을 토대로 측정하며, 이 지수가 낮을수록 국민의 겪는 경제적 고통이 크다고 볼 수 있다.

① ㄱ, ㄴ　　　　　　　　　　② ㄱ, ㄹ

③ ㄴ, ㄷ　　　　　　　　　　④ ㄷ, ㄹ

10 다음 중앙은행 디지털화폐(CBDC)에 대한 〈보기〉의 설명 중 옳은 것과 옳지 않은 것을 바르게 구분한 것은?

> **보기**
> ㄱ. CBDC는 중앙은행에서 발행하는 전자적 형태의 법정화폐이다.
> ㄴ. CBDC는 일반적인 다른 암호화폐보다 안정성·신뢰성이 높다.
> ㄷ. CBDC는 화폐의 위조 우려가 없고, 현금 같은 화폐 발행에 드는 비용을 절감할 수 있다.
> ㄹ. CBDC는 은행의 자금 조달(중개) 기능을 더욱 강화시켜 저신용자들에 대한 '대출 문턱'을 낮출 것으로 기대된다.
> ㅁ. CBDC는 거래를 추적하기 어렵고 암시장을 억제하는 것 또한 어려워 자금세탁 등에 악용될 우려가 있다.

	옳은 것	옳지 않은 것
①	ㄱ, ㄴ, ㄷ	ㄹ, ㅁ
②	ㄴ, ㄷ, ㄹ	ㄱ, ㅁ
③	ㄱ, ㄹ, ㅁ	ㄴ, ㄷ
④	ㄱ, ㅁ	ㄴ, ㄷ, ㄹ

CHAPTER 08

한국사

합격 CHEAT KEY

| 출제유형 |

한국사

한국사의 전체적 난이도는 어렵지 않은 편으로, 지금까지의 출제유형을 살펴보면 각 시기의 지배세력을 등장 순서에 따라 나열하는 문제나 주어진 나라를 건국 순서대로 나열하는 문제, 국가와 해당 국가의 건국자를 찾는 문제, 시대별 유물 사진을 제시하고 순서대로 나열하는 문제 등이 출제되었다.

| 학습전략 |

한국사

- 짧은 시간 안에 모든 범위를 공부하기 어렵기 때문에 한국사의 주요한 역사적 사건이나 흐름 위주로 공부하는 것이 좋다.
- 고조선, 삼국시대, 고려시대, 조선시대 등을 시대별로 정리해두면 좋을 것이다.

1. 선사시대와 고조선

(1) 정치

① 정치제도

군장 중에서 왕을 추대 → 왕의 권력 취약

② 지방행정

군장세력이 각기 자기 부족 통치 : 군장의 관료 명칭이 왕의 관료와 동일한 명칭으로 사용 → 왕의
권력 취약

③ 군사제도 : 군장세력이 독자적으로 지휘

(2) 사회

① 신분제

㉠ 구석기 : 무리 생활, 평등사회(이동 생활)

㉡ 신석기 : 부족사회, 평등사회(정착 생활 시작)

㉢ 청동기 : 사유재산제, 계급 발생(고인돌), 군장국가(농경 보편화)

㉣ 초기 철기 : 연맹왕국 형성

② 사회조직

㉠ 구석기 : 가족 단위의 무리 생활

㉡ 신석기 : 씨족이 족외혼을 통해 부족 형성

㉢ 청동기 : 부족 간의 정복활동, 군장사회

㉣ 초기 철기 : 군장이 부족을 지배하면서 국왕 선출

(3) 경제

① 구석기

㉠ 빙하기 : 고기잡이와 사냥, 채집 생활 → 무리 생활 → 이동 생활 → 동굴과 막집 생활(뗀석기,
골각기)

㉡ 주먹도끼 : 연천군 전곡리 출토 → 서구 우월적인 모비우스 학설 논파

② 신석기

㉠ 농경의 시작 → 정착 생활 → 강가나 해안가(물고기 잡이 병행) : 움집 생활, 씨족 공동체사회(부
족·평등사회)

㉡ 빗살무늬 토기, 간석기 사용, 원시 신앙 발달

③ 청동기

    ㉠ 청동기 사용 → 전반적인 기술의 급격한 발달 → 부와 권력에 의한 계급 발생 → 국가(고조선) 등장

    ㉡ 비파형 동검과 미송리식 토기(고조선의 세력 범위와 일치)

    ㉢ 벼농사의 시작과 농경의 보편화 → 구릉지대 생활

〈동이족과 고조선의 세력 범위〉

④ 철기

    ㉠ 세형동검, 명도전과 거푸집, 암각화

    ㉡ 연맹왕국이 나타나기 시작

    ㉢ 배산임수의 취락 구조 정착, 장방형 움집, 지상가옥화

(4) 문화

① 신석기 : 애니미즘, 샤머니즘, 토테미즘, 영혼숭배와 조상숭배(원시신앙)

② 청동기 : 선민사상(정치이념)

(5) 고조선

① 청동기 문화를 바탕으로 기원전 2333년에 건국

② 만주의 요령 지방과 한반도 서북 지방의 여러 부족을 통합

③ 건국이념 : 홍익인간(弘益人間, 널리 인간을 이롭게 한다)

④ 변천과정 : 건국 → 중국의 연과 대립으로 쇠퇴 → 철기 도입 → 위만조선 건국(기원전 194년) → 철기와 중계무역으로 성장 → 한의 침입으로 멸망

⑤ 의의 : 민족사의 유구성과 독자성

⑥ 사회 모습

    ㉠ 선민사상 : 환인과 환웅의 후손

    ㉡ 농경사회 : 농사에 필요한 비, 바람, 구름을 주관

    ㉢ 토테미즘 : 곰과 호랑이 숭배

    ㉣ 제정일치 사회

(6) 여러 나라의 성장

① 고조선이 멸망할 무렵 철기 문화를 바탕으로 성립 → 각 부족의 연합 또는 전쟁을 통해 국가 형성
② 만주지방 : 부여, 고구려
③ 한반도 북부 동해안 : 옥저, 동예
④ 한반도 남부 : 마한, 변한, 진한
   ㉠ 마한 : 54개의 소국, 목지국의 지배자가 마한의 왕으로 행세
   ㉡ 진한과 변한 : 각각 12개의 소국으로 구성

2. 삼국시대와 남북국시대(통일신라와 발해)

(1) 정치

① 삼국시대(민족 문화의 동질적 기반 확립)
   ㉠ 정치제도(왕권강화와 중앙 집권화)
      • 왕위세습, 율령반포, 관등제
      • 귀족합의제도 : 제가, 정사암, 화백회의는 국가 중대사 결정 → 왕권 중심의 귀족국가정치
   ㉡ 지방행정
      • 군사적 성격, 부족적 전통
      • 고구려 : 5부(욕살)
      • 백제 : 5방(방령)
      • 신라 : 5주(군주)
   ㉢ 군사제도 : 군사조직은 지방제도와 관련, 국왕이 직접 군사를 지휘
② 남북국시대
   ㉠ 정치제도(왕권의 전제화 – 신라 중대)
      • 집사부 시중의 권한 강화
      • 국학설치 : 유교정치이념 수용
      ※ 발해 : 왕위의 장자상속, 독자적 연호 사용
   ㉡ 지방행정(지방 제도 정비)
      • 신라
        – 9주(도독) : 행정 중심
        – 5소경 : 지방세력 통제
      • 발해 : 5경 · 15부 · 62주
   ㉢ 군사제도
      • 신라 : 9서당(왕권강화, 민족 융합), 10정(지방군)
      • 발해 : 8위

(2) 경제

① 토지제도

    ㉠ 왕토사상 : 토지 공유

    ㉡ 통일신라의 토지 분급, 녹읍(귀족의 농민 징발도 가능) → 관료전 지급(신문왕, 왕권 강화) → 녹읍의 부활(신라 하대, 왕권 약화)

    ㉢ 농민에게 정전 분급

② 조세제도

    ㉠ 조세 : 생산량의 1/10

    ㉡ 역 : 군역과 요역

    ㉢ 공물 : 토산물세

③ 산업

    ㉠ 신석기 : 농성 시작

    ㉡ 청동기 : 벼농사 시작, 농경의 보편화

    ㉢ 철기 : 철제농기구 사용 → 경작지 확대

    ㉣ 지증왕 : 우경 시작

    ㉤ 신라 통일 후 상업 발달, 아라비아 상인 출입(울산항)

(3) 사회

① 신분제(신분제도 성립)

    ㉠ 지배층 특권을 유지하기 위해 율령제도, 신분제도 마련

    ㉡ 신분은 친족의 사회적 위치에 따라 결정

      • 귀족 : 권력과 경제력 독점

      • 평민 : 생산 활동에 참여, 조세 부담

      • 천민 : 노비, 부곡민

    ㉢ 신라 골품제

      • 골품은 개인의 신분과 정치활동 제한

      • 관등조직은 골품제와 연계 편성, 복색은 관등에 따라 지정

② 사회조직

    ㉠ 골품제도 : 중앙집권국가 성립시기에 군장세력 재편 → 신라 하대에 골품제도의 모순 노출

    ㉡ 귀족합의기구 : 화백, 정사암, 제가회의 → 왕권 견제

    ㉢ 화랑제도 : 교육의 기능, 계급갈등을 조절

    ㉣ 진골 귀족의 왕위 쟁탈전

    ㉤ 반신라 세력 : 호족, 6두품, 도당유학생, 선종, 풍수지리설

    ㉥ 신라 하대 전국적 농민 봉기

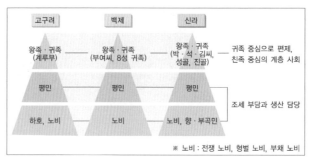

고구려	백제	신라	
왕족·귀족 (계루부)	왕족·귀족 (부여씨, 8성 귀족)	왕족·귀족 (박·석·김씨, 성골, 진골)	귀족 중심으로 편제, 친족 중심의 계층 사회
평민	평민	평민	조세 부담과 생산 담당
하호, 노비	노비	노비, 향·부곡민	

※ 노비 : 전쟁 노비, 형벌 노비, 부채 노비

〈삼국의 신분 구조〉

(4) 문화

① 삼국시대

ㄱ 불교
- 수용 : 중앙 집권 체제 확립과 통합
- 발전 : 왕실불교, 귀족불교

ㄴ 유교
- 고구려 : 태학, 경당(모든 계층 망라)
- 백제 : 5경 박사
- 신라 : 임신서기석

ㄷ 전통사상 및 도교
- 시조신 숭배 : 지배층
- 샤머니즘, 점술 : 민중
- 도교 : 사신도, 산수무늬 벽돌, 사택지적비, 백제 봉래산 향로

② 남북국시대

ㄱ 불교
- 원효의 정토종 : 불교의 대중화, 화쟁 사상(불교 통합)
- 의상의 화엄종 : 전제왕권 지지
- 교종 : 경전, 귀족 – 신라 중대
- 선종 : 참선, 호족 – 신라 하대(반신라), 개인의 정신 중시 → 신라 중대에 탄압
- 발해 : 고구려 불교 계승

ㄴ 유교
- 유교이념 수용 : 국학, 독서삼품과(귀족의 반대로 실패)
- 강수 : 외교 문서
- 설총 : 이두 문자 집대성
- 김대문 : 주체적
- 최치원 : 사회개혁

ㄷ 전통사상 및 도교
- 도교 : 최치원의 난랑비, 정효공주 묘비
- 풍수지리설 : 중국에서 전래, 국토 재편론(호족 지지) → 신라 왕권의 약화

3. 고려시대

(1) 정치

① 정치제도

    ㉠ 최승로의 시무28조 : 중앙집권적, 귀족정치, 유교정치이념 채택

    ㉡ 귀족제 : 공음전과 음서제

    ㉢ 합좌기구 : 도병마사 → 도평의사사(귀족연합체제)

    ㉣ 지배계급 변천 : 호족 → 문벌귀족 → 무신 → 권문세족 → 신진사대부

    ㉤ 서경제 : 관리임명 동의, 법률개폐 동의

② 지방행정

    ㉠ 지방제도의 불완전성(5도 양계 : 이원화)

    ㉡ 중앙집권의 취약성(속군, 속현)

    ※ 속군과 속현 : 지방관이 파견 안 된 곳으로 향리가 실제 행정을 담당. 이들 향리가 후에 신진
       사대부로 성장

    ㉢ 중간행정기구의 미숙성(임기 6개월, 장관품계의 모순)

    ㉣ 지방의 향리세력이 강함

③ 군사제도

    ㉠ 중앙 : 2군 6위(직업군인)

    ㉡ 지방 : 주현군, 주진군(국방담당)

    ㉢ 특수군 : 광군, 별무반, 삼별초

    ㉣ 합의기구 : 중방

(2) 경제

① 토지제도(전시과 체제 정비)

    ㉠ 역분전(공신)

    ㉡ 전시과 제도 : 수조권만 지급, 시정전시과 → 개정전시과(직·산관) → 경정전시과(직관)

    ㉢ 귀족의 경제 기반 : 공음전

    ㉣ 고려 후기 : 농장 발달(권문세족)

② 조세제도

    ㉠ 전세 : 민전은 1/10세

    ㉡ 공납 : 상공, 별공

    ㉢ 역 : 정남(16 ~ 60세), 강제노동

    ㉣ 잡세 : 어세, 염세, 상세

③ 산업

    ㉠ 농업 중심의 자급자족사회 : 유통경제 부진

    ㉡ 농업 : 심경법, 2년 3작, 시비법, 목화

    ㉢ 상업 : 화폐주조

    ㉣ 무역발달(송, 여진, 거란, 일본, 아랍), 예성강 입구의 벽란도

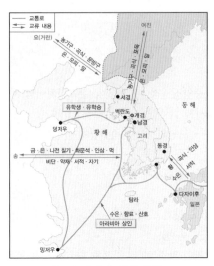

〈고려 전기의 대외 무역〉

(3) 사회

① 신분제(신분제도의 재편성)

    ㉠ 골품제도의 붕괴 : 호족 중심의 중세 사회 형성

    ㉡ 호족의 문벌귀족화

    ㉢ 중간계층의 대두

       • 귀족 : 왕족, 문무고위 관리

       • 중간계층 : 남반, 서리, 향리, 군인

       • 양인 : 농, 상, 공 – 조세부담

       • 천민 : 노비, 향·소·부곡민

    ㉣ 여성의 지위가 조선시대보다 높음

② 사회조직

    ㉠ 법률 : 대가족 제도를 운영하는 관습법 중심

    ㉡ 지배층의 성격 비교

       • 문벌귀족(고려 중기) : 과거나 음서를 통해 권력 장악

       • 권문세족(몽골간섭기) : 친원파로 권력 독점, 농장소유

       • 신진사대부(무신집권기부터) : 성리학자, 지방 향리 출신, 중소지주

    ㉢ 사회시설

       • 의창·제위보 : 빈민구제

       • 상평창 : 물가 조절

(4) 문화

① 불교
  ㉠ 숭불정책(훈요 10조 : 연등회, 팔관회)
  ㉡ 연등회, 팔관회 : 왕실 권위 강화
  ㉢ 불교의 통합운동(원효 화쟁론의 영향)
    • 의천의 천태종 : 교종 중심, 귀족적(중기)
    • 지눌(돈오점수, 정혜쌍수)의 조계종 : 선종 중심, 무신정권기
    • 혜심의 유불일치설

② 유교
  ㉠ 유교정치이념 채택(최승로의 시무 28조)
  ㉡ 유학성격 변화 : 자주적(최승로) → 보수적(김부식) → 쇠퇴(무신)
  ㉢ 성리학의 수용(몽골간섭기) : 사대부의 정치사상으로 수용, 사회개혁 촉구
  ㉣ 이제현의 사략(성리학적 사관)

③ 전통사상 및 도교
  ㉠ 도교행사 빈번 : 장례
  ㉡ 풍수지리설 : 서경길지설(북진정책 기반 – 묘청의 서경천도 운동)
  ㉢ 묘청의 서경천도 운동 : 귀족사회의 구조적 모순에서 비롯됨

〈묘청의 서경천도 운동〉

4. 조선시대(전기)

(1) 정치

① 정치제도(15C : 훈구파 주도, 16C : 사림파의 성장과 주도)

  ㉠ 왕권과 신권의 균형(성리학을 바탕으로 한 왕도정치)

  ㉡ 의정부 : 합의기구, 왕권강화

  ㉢ 6조 : 행정분담

  ㉣ 3사 : 왕권견제

  ㉤ 승정원·의금부 : 왕권강화

② 지방행정(중앙집권과 지방자치의 조화)

  ㉠ 8도(일원화) : 부, 목, 군, 현 – 면, 리, 통

  ㉡ 모든 군현에 지방관 파견

  ㉢ 향리의 지위 격하(왕권강화)

  ㉣ 향·소·부곡 소멸 : 양인 수 증가

  ㉤ 유향소·경재소 운영 : 향촌자치를 인정하면서도 중앙집권강화

  ㉥ 사림은 향약과 서원을 통해 향촌지배

③ 군사제도(양인개병제, 농병일치제)

  ㉠ 중앙 : 5위, 궁궐 수비·수도 방비

  ㉡ 지방 : 영진군

  ㉢ 잡색군 : 전직 관리, 서리, 노비로 구성된 예비군

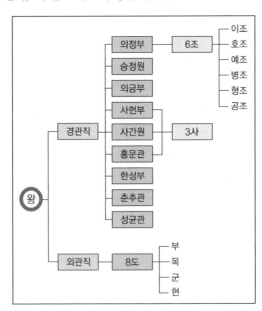

〈조선의 통치 체제〉

(2) 경제

① 토지제도(과전법 체제)

⊙ 과전법 : 사대부의 경제기반 마련

ⓛ 직전법(세조, 직관) : 농장의 출현

ⓒ 관수관급제(성종) : 국가의 토지 지배 강화, 양반의 농장 보편화 촉진

ⓔ 녹봉제(명종) : 과전법 체제의 붕괴, 지주 전호제 강화, 농민 토지 이탈
→ 부역제와 수취제의 붕괴(임란과 병란이 이를 촉진시킴)

② 조세제도

⊙ 전세 : 수확의 1/10세, 영정법(4두)

ⓛ 공납 : 호구세, 상공과 별공

ⓒ 군역 : 양인개병제, 농병일치제

③ 산업(중농억상 정책으로 상공업 부진)

⊙ 농업 : 이앙법 시작, 이모작 보급

ⓛ 상업 : 시전 중심, 지방 중심, 화폐유통 부진

ⓒ 수공업 : 장인은 관청에 부역

ⓔ 무역 : 조공무역 중심

(3) 사회

① 신분제(양반 관료제 사회)

⊙ 양인 수 증가 : 향·소·부곡의 해체, 다수의 노비 해방

ⓛ 양천제 실시(양인과 천민)

ⓒ 과거를 통한 능력 중심의 관료 선발

ⓔ 16C 이후 양반, 중인, 상민, 천민으로 구별

② 사회조직

⊙ 법률 : 경국대전 체제(성리학적 명분질서의 법전화)

ⓛ 종법적 가족제도 발달 : 유교적 가족제도로 가부장의 권한 강화, 적서차별

ⓒ 사회시설

• 환곡 : 의창 → 상평창(1/10)

• 사창 : 양반지주층 중심의 자치적인 구제기구

ⓔ 사회통제책 : 오가작통법, 호패법

(4) 문화

① 불교

⊙ 불교의 정비 : 유교주의적 국가 기초 확립

ⓒ 재정확보책 : 도첩제, 사원전 몰수, 종파의 통합

※ 고대 : 불교, 중세 : 유·불교, 근세 : 유교

② 유교

⊙ 훈구파(15C) : 중앙집권, 부국강병, 사장 중시, 과학기술 수용, 단군 숭배

ⓒ 사림파(16C) : 향촌자치, 왕도정치, 경학 중시, 과학기술 천시, 기자 숭배

ⓒ 주리론 : 이황(영남학파, 남인, 도덕 중시)

ⓒ 주기론 : 이이(기호학파, 서인, 현실 중시)

③ 전통사상 및 도교

⊙ 도교 행사 정비 : 소격서(중종 때 조광조에 의해 폐지)

ⓒ 풍수지리설 : 한양천도(왕권강화), 풍수·도참사상 – 관상감에서 관리

ⓒ 민간신앙의 국가신앙화

※ 기타 종교와 사상에 대한 국가 관리는 유교사회를 확립하려는 의도

5. 조선시대(후기)

(1) 정치

① 정치제도

⊙ 임란을 계기로 비변사의 강화 → 왕권의 약화(상설기구 전환)

ⓒ 정쟁의 심화 → 서인의 일당 독재화, 영·정조의 탕평책 실패 → 세도정치의 등장 → 대원군의 개혁(왕권강화, 농민 안정책)

② 군사제도

⊙ 중앙 : 5군영(용병제), 임란과 병란으로 인한 부역제의 해이로 실시

ⓒ 지방 : 속오군(향촌자체방위, 모든 계층)

ⓒ 조선 초기(진관체제) → 임란(제승방략체제) → 조선 후기(진관체제 복구, 속오군 편성)

(2) 경제

① 토지제도

중농학파 "농민의 토지 이탈과 부역제의 붕괴를 막는 것은 체제의 안정을 유지하는 것"

⊙ 유형원 : 균전제(계급 차등분배)

ⓒ 이익 : 한전제(영업전 지급)

ⓒ 정약용 : 여전제(급진적 내용, 공동생산과 공동분배)

② 조세제도

농민의 불만 해소와 재정 확보를 위해, 궁극적으로는 양반지배체제의 유지를 위하여 수취제도를 개편

  ㉠ 영정법(전세) : 1결 4두 → 지주 유리

  ㉡ 대동법(공납) : 공납의 전세화, 토지 결수로 징수

  ㉢ 균역법 : 2필 → 1필, 선무군관포, 결작

      ※ 조세의 전세화, 금납화 → 화폐경제, 도시와 시장 발달 → 수요 증대 → 상품경제와 상공업 발달 ⇒ 자본주의 맹아

③ 산업

서민경제의 성장 → 서민의식의 향상

  ㉠ 농업 : 이앙법, 견종법의 보급 → 광작 → 농촌사회의 계층 분화

  ㉡ 상업 : 사상, 도고의 성장 → 상인의 계층 분화, 장시의 발달 → 도시의 발달

  ㉢ 민영수공업 발달 : 납포장, 선대제

  ㉣ 광업

   • 17C : 사채의 허용과 은광 개발이 활발(대청 무역)

   • 18C : 상업 자본의 광산 경영 참여로 잠채 성행(금·은광)

   • 자본과 경영의 분리 : 덕대가 채굴 노동자 고용

〈조선 후기의 상업〉

(3) 사회

① 신분제(신분제도의 동요)

ㄱ 양반 수의 증가 : 납속책, 공명첩, 족보 위조

ㄴ 중인층의 지위 향상 : 서얼의 규장각 등용, 역관

ㄷ 평민의 분화 : 농민(경영형 부농, 임노동자), 상인(도고상인, 영세상인)

ㄹ 노비 수의 감소 : 공노비 해방(순조), 양인 확보

② 사회조직(사회 불안의 고조)

ㄱ 신분제 동요 : 몰락양반의 사회개혁 요구

ㄴ 삼정(전정, 군정, 환곡)의 문란 : 서민의식의 향상(비판의식)

ㄷ 위기의식의 고조 : 정감록 유행, 도적의 출현, 이양선의 출몰

〈19세기의 농민 운동〉

(4) 문화

① 불교 : 불교의 민간 신앙화

② 유교

ㄱ 양명학의 수용 : 정제두의 강화학파

※ 실학 : 통치 질서의 붕괴와 성리학의 한계, 서학의 전래, 고증학의 영향으로 등장

ㄴ 중농학파 : 토지제도 개혁

ㄷ 중상학파 : 상공업 진흥책, 박제가(소비론), 박지원(화폐유통론)

ㄹ 국학 : 동사강목(한국사의 정통론), 해동역사(다양한 자료 이용), 동사·발해고(반도 사관 극복), 연려실기술(실증적 연구)

③ 전통사상 및 도교(사회의 동요)

천주교 수용, 동학의 발전, 정감록 등 비기도참 사상, 미륵신앙 유행 → 현실 비판(서민문화의 발달)

6. 근·현대

(1) 정치

Ⅰ. 개항과 근대 변혁 운동

① 흥선대원군의 정책

　㉠ 19세기 중엽의 상황 : 세도정치의 폐단, 민중 세력의 성장, 열강의 침략적 접근

　㉡ 흥선대원군의 집권(1863 ~ 1873)

　　• 왕권강화정책 : 서원 철폐, 삼정의 문란 시정, 비변사 폐지, 의정부와 삼군부의 기능 회복, 『대전회통』 편찬

　　• 통상수교거부정책 : 병인양요, 신미양요, 척화비 건립

② 개항과 개화정책

　㉠ 개항 이전의 정세

　　• 개화 세력의 형성

　　• 흥선대원군의 하야와 민씨 세력의 집권(1873)

　　• 운요호 사건(1875)

　㉡ 문호개방

　　• 강화도 조약(1876) : 최초의 근대적 조약, 불평등 조약

　　• 조·미 수호통상조약(1882) : 서양과의 최초 수교, 불평등 조약(최혜국 대우)

③ 갑신정변(1884) : 최초의 근대화 운동(정치적 – 입헌군주제, 사회적 – 신분제 폐지 주장)

　㉠ 전개 : 급진개화파(개화당) 주도

　㉡ 실패원인 : 민중의 지지 부족, 개혁 주체의 세력 기반 미약, 외세 의존, 청의 무력간섭

　㉢ 결과 : 청의 내정 간섭 심화

　㉣ 1880년대 중반 조선을 둘러싼 열강의 대립 심화

④ 동학농민운동의 전개

　㉠ 배경

　　• 대외적 : 열강의 침략 경쟁에 효과적으로 대응하지 못함

　　• 대내적 : 농민 수탈, 일본의 경제적 침투

　　• 농민층의 상황 : 불안과 불만 팽배 → 농촌 지식인들과 농민들 사이에서 사회 변화 움직임 고조

　㉡ 전개 과정

　　• 고부 봉기 : 전봉준 중심으로 봉기

　　• 1차 봉기 : 보국안민과 제폭구민을 내세움 → 정읍 황토현 전투의 승리 → 전주 점령

　　• 전주 화약기 : 폐정개혁 12개조 건의, 집강소 설치

　　• 2차 봉기 : 항일 구국 봉기 → 공주 우금치 전투에서 패배

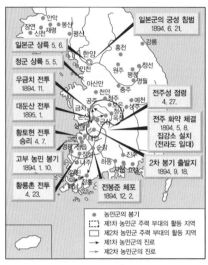

〈동학농민운동의 전개〉

⑤ 갑오개혁과 을미개혁

　㉠ 갑오개혁(1894)

　　• 군국기무처 설치 : 초정부적 회의 기관으로 개혁 추진

　　• 내용 : 내각의 권한 강화, 왕권 제한, 신분제 철폐

　　• 과정 : 홍범 14조 반포

　　• 한계 : 군사적 측면에서의 개혁이나 농민들의 요구에 소홀

　㉡ 을미개혁(1895)

　　• 과정 : 일본의 명성 황후 시해 → 친일 내각을 통해 개혁 추진

　　• 내용 : 단발령, 태양력 사용 등

⑥ 독립협회와 대한제국

　㉠ 독립협회(1896 ~ 1898)

　　• 배경 : 아관파천으로 인한 국가 위신 추락

　　• 활동 : 국권·이권수호 운동, 민중계몽운동, 입헌군주제 주장

　　• 만민공동회(1898) : 최초의 근대식 민중대회

　　• 관민공동회 : 헌의 6조 결의

　㉡ 대한제국 성립(1897)

　　• 배경 : 고종의 환궁 여론 고조

　　• 자주 국가 선포 : 국호 – 대한제국, 연호 – 광무

　　• 성격 : 구본신참의 복고주의, 전제 황권 강화

⑦ 일제의 국권 강탈

　㉠ 러·일 전쟁(1904 ~ 1905) : 일본의 승리(한반도에 대한 일본의 독점적 지배권)

　㉡ 을사조약(1905, 제2차 한·일 협약)

⑧ 항일의병전쟁과 애국계몽운동
   ㉠ 항일의병운동
      • 을미의병(1895) : 한말 최초의 의병봉기(을미사변과 단발령이 원인)
      • 을사의병(1905) : 평민의병장 신돌석의 활약
      • 정미의병(1907) : 고종의 강제퇴위와 군대 해산에 대한 반발, 13도 창의군 조직, 서울진공작전
   ㉡ 애국계몽운동(교육과 산업)
      • 신민회(1907) : 비밀결사 조직, 문화적·경제적 실력양성운동, 105인 사건으로 해산

Ⅱ. 민족의 수난과 항일 민족 운동

① 일제의 식민정책
   ㉠ 1910년대(1910 ~ 1919) : 무단통치(헌병경찰제 – 즉결처분권 부여)
   ㉡ 1920년대(1919 ~ 1931) : 문화통치(민족 분열 정책, 산미증식계획)
   ㉢ 1930년대(1931 ~ 1945) : 민족말살통치(병참기지화 정책, 내선일체, 황국신민화, 일본식 성명 강요)
② 3·1운동(1919)
   ㉠ 배경 : 미국 윌슨 대통령의 '민족자결주의'와 2·8독립선언
   ㉡ 3·1운동은 대한민국 임시정부가 세워진 계기가 됨
③ 대한민국 임시정부(1919. 9. 상하이)
   ㉠ 한성정부의 법통 계승
   ㉡ 연통제, 교통국, 외교활동(구미위원부)
④ 국내외 항일민족운동
   ㉠ 국내 항일운동
      • 신간회(1927) : 비타협적 민족주의자와 사회주의 세력 연합 → 노동·소작쟁의, 동맹 휴학 등을 지원
      • 학생운동 : 6·10만세운동(1926), 광주학생 항일운동(1929)
   ㉡ 국외 항일운동 : 간도와 연해주 중심
      • 대표적 전과 : 봉오동 전투, 청산리 전투(1920)
      • 간도 참변(1920) : 봉오동·청산리 전투에 대한 일제의 보복
      • 자유시 참변(1921) : 러시아 적군에 의한 피해
      • 3부의 성립(1920년대) : 정의부, 참의부, 신민부
      • 중국군과 연합하여 항일전 전개(1930년대)
      • 한국광복군(1940, 충칭)
   ㉢ 사회주의 세력 : 중국 공산당과 연계 – 화북 조선 독립 동맹 결성, 조선 의용군 조직

Ⅲ. 대한민국의 성립과 발전

① 광복 직후의 국내 정세
   ㉠ 모스크바 3상 회의(1945) : 한반도 신탁통치 결정
   ㉡ 미·소 공동위원회(1946) : 남북한 공동 정부 수립 논의 – 결렬
② 대한민국 정부의 수립(1948) : 5·10 총선거 → 제헌국회 → 대통령 선출 → 정부 수립

(2) 경제

① 토지제도

㉠ 동학농민운동에서만 토지의 평균 분작 요구

㉡ 대한제국 : 지계발급

㉢ 일제의 수탈

- 토지조사사업(1910 ~ 1918) : 조선의 토지약탈을 목적으로 실시
- 산미증식계획(1920 ~ 1935) : 농지개량, 수리시설 확충 비용 소작농이 부담
- 병참기지화 정책(1930 ~ 1945) : 중화학공업, 광업 생산에 주력(기형적 산업구조) – 군사적 목적

② 조세제도

㉠ 갑신정변 : 지조법 개정

㉡ 동학농민운동 : 무명잡세 폐지

㉢ 갑오·을미개혁 : 조세 금납화

㉣ 독립협회 : 예산공표 요구

③ 산업

㉠ 근대적 자본의 성장

㉡ 일제 강점기 : 물산장려운동

(3) 사회

① 신분제(평등 사회로의 이행)

㉠ 갑신정변(1884) : 문벌폐지, 인민평등권

㉡ 동학농민운동(1894) : 노비제 폐지, 여성지위 상승

㉢ 갑오개혁(1894) : 신분제 폐지, 봉건폐습 타파

㉣ 독립협회(1896) : 민중의식 변화, 민중과 연대

㉤ 애국계몽운동(1905) : 민족교육운동, 실력양성

② 사회조직

㉠ 개혁 세력 : 민권사상을 바탕으로 평등사회 추구

㉡ 위정척사파 : 양반 중심의 봉건적 신분질서 유지

㉢ 동학농민운동 : 반봉건, 반제국주의의 개혁 요구

㉣ 독립협회 : 자주, 자유, 자강 개혁 요구

㉤ 광무개혁 : 전제 군주제를 강화하기 위한 개혁

㉥ 의병활동 : 반제국주의의 구국 항전

㉦ 애국계몽단체 : 자주독립의 기반 구축 운동

(4) 문화

① **동도서기(東道西器)** : 우리의 정신문화는 지키고 서양의 과학 기술을 받아들이자는 주장(중체서용, 구본신참) → 양무운동, 대한제국

② **불교 유신론** : 미신적 요소를 배격하고 불교의 쇄신을 주장

③ 민족사학의 발전 : 신채호, 박은식, 최남선

④ 기독교계는 애국계몽운동에 힘씀

(5) 광복 전후의 국제 논의

① 카이로 회담(1943)

　　㉠ 일본에 대한 장래 군사행동 협정

　　㉡ 한국을 자유국가로 해방시킬 것을 약속

② 얄타 회담(1945)

　　㉠ 한국에 대한 신탁통치 약속

　　㉡ 한국 38도 군사경계선 확정

③ 포츠담 회담(1945)

　　㉠ 일본 군대 무장 해제

　　㉡ 한국 자유국가 해방 약속 재확인(카이로 회담의 선언)

④ 모스크바 3상 회의(1945)

　　㉠ 5년간 미국, 영국, 소련, 중국 등 4개국 정부의 한국 신탁통치 결정

　　㉡ 미국, 소련 공동 위원회(임시정부) 설치

(6) 대한민국 정부 수립

① 5 · 10 총선거(1948)

　　㉠ 남한 단독 선거

　　㉡ 남북 협상파 불참

　　㉢ 이승만, 한민당 압승

　　㉣ 제헌국회 구성 및 민주공화국 체제의 헌법 제정

② 대한민국 정부 수립(1948)

　　㉠ 대통령은 이승만, 부통령에 이시영 선출

　　㉡ 대한민국 성립 선포

③ 반민족 행위 처벌법 제정(1948)

　　㉠ 일제강점기 시대에 친일 행위를 한 자를 처벌하기 위한 법

　　㉡ 이승만의 소극적 태도로 처벌 실패

④ 6 · 25 전쟁(1950)

　　㉠ 북한의 무력 통일 정책

　　㉡ 이승만의 정치 · 경제 불안

　　㉢ 과정

　　　　• 무력 남침 → 서울 함락, 낙동강까지 후퇴 → 유엔국 참전 및 인천상륙작전 → 서울 탈환, 압록강까지 전진 → 중공군 개입 → 후퇴 → 휴전 협정

　　㉣ 경제적 · 인적 피해 및 한미상호방위조약 체결(1953)

| 유형분석 |

- 선사시대부터 현대사의 정치 · 사회 · 경제 · 문화 등 다양한 유형이 출제된다.
- 시대 순으로 나열하는 문제나 주어진 사료를 이해하고 해결하는 유형이 출제된다.

다음 중 선사시대에 대한 설명으로 옳지 않은 것은?

① 구석기시대에는 뗀석기를 사용하였는데, 처음에는 찍개, 주먹도끼 등과 같이 하나의 도구를 여러 용도로 사용했으나 점차 자르개, 밀개, 찌르개 등 쓰임새가 정해진 도구를 만들어 사용하였다.

② 청동기시대에는 일부 지역에서 벼농사가 시작되는 등 농경이 더 발달했으며, 농경의 발달에 따라 토지와 생산물에 대한 사유재산 개념이 발생하면서 빈부의 차가 생기고 계급이 분화되었다.

③ 신석기시대에는 사람들이 돌을 갈아 다양한 모양의 간석기를 만들고 조리나 식량 저장에 사용할 수 있는 토기를 만들었다.

④ 신석기시대부터 도구와 불을 사용하기 시작했고, 언어를 구사하였다.

정답 ④

인간이 불을 이용하고 언어를 구사하게 된 것은 신석기시대가 아니라 구석기시대부터이므로 ④는 옳지 않은 설명이다.

오답분석

② 청동기시대에 벼농사가 시작되었다는 것은 여주 흔암리 유적과 충남 부여 송국리의 탄화미 유적으로 알 수 있다.

유형풀이 Tip

- 방대한 양의 한국사 내용을 한 번에 습득하기는 어려우므로 한국사의 흐름을 파악하여 시대별 중요한 사건 중심으로 학습해야 한다.

01 다음 중 우리나라 청동기시대의 유적과 유물에 대한 설명으로 가장 적절한 것은?

① 불에 탄 쌀이 여주 흔암리, 부여 송국리 유적에서 발견되었다.

② 청동기시대 유적은 한반도 지역에 국한하여 주로 분포되어 있다.

③ 청동기시대에는 조개껍데기 가면 등의 예술품도 많이 제작되었다.

④ 청동기시대 토기로는 몸체에 덧띠를 붙인 덧무늬 토기가 대표적이다.

02 다음 빈칸에 공통으로 들어갈 국가의 사회 모습으로 가장 적절한 것은?

> • _____은/는 장성(長城)의 북쪽에 있는데, 현토에서 천 리쯤 떨어져 있다. 남쪽은 고구려와, 동쪽은 읍루와, 서쪽은 선비와 접해 있고, 북쪽에는 약수(弱水)가 있다. 사방 2천 리가 되며, 호수(戶數)는 8만이다.
>
>   - 『삼국지』 동이전
>
> • 온조는 하남 위례성에 도읍을 정하였다. …… 나라 이름을 백제로 고쳤다. 그 세계(世系)가 고구려와 함께 _____에서 나온 것이므로 이 때문에 _____을/를 성씨로 삼았다.
>
>   - 『삼국사기』

① 신지, 읍차 등의 지배자가 있었다.

② 12월에 영고라는 제천 행사를 열었다.

③ 사회 질서를 유지하기 위한 범금 8조가 있었다.

④ 제사장인 천군과 신성 지역인 소도가 존재하였다.

03 다음 〈보기〉의 내용을 시기 순으로 바르게 나열한 것은?

> **보기**
>
> ㄱ. 신라가 한강 유역과 함경도 일부 지역까지 영토를 확장하였다.
> ㄴ. 백제가 마한의 잔여 세력을 복속시키고 전라도 지역 전체를 확보하였다.
> ㄷ. 백제가 신라의 대야성을 비롯한 40여 성을 빼앗았다.
> ㄹ. 고구려가 남한강 유역까지 진출하면서 중원고구려비를 세웠다.

① ㄴ - ㄷ - ㄹ - ㄱ   ② ㄴ - ㄹ - ㄱ - ㄷ

③ ㄹ - ㄱ - ㄴ - ㄷ   ④ ㄹ - ㄴ - ㄱ - ㄷ

04 다음 왕릉의 특징에 대한 설명으로 가장 적절한 것은?

> 이 왕릉은 송산리 고분군의 배수로 공사 중에 우연히 발견되었다. 이 왕릉은 피장자가 누구인지를 알려주는 묘지석이 발견되어 연대를 확실히 알 수 있는 무덤이다.

① 왕릉 내부에 사신도 벽화가 그려져 있다.
② 왕릉 주위 둘레돌에 12지 신상을 조각하였다.
③ 왕릉의 천장은 모줄임 구조를 지니고 있다.
④ 무덤의 구조는 중국 남조의 영향을 받았다.

05 다음 중 고려시대 정치기구에 대한 〈보기〉의 설명 중 옳은 것을 모두 고르면?

> **보기**
> ㄱ. 도병마사 – 변경의 군사문제를 의논하던 회의기관
> ㄴ. 상서성 – 백관을 총령하던 중앙관청
> ㄷ. 정방 – 최고위 무신 합좌기구
> ㄹ. 중추원 – 왕명 출납·숙위·군국기무 등의 정무를 담당한 중앙관청
> ㅁ. 식목도감 – 법제 및 격식 제정에 대한 문제를 의논한 회의기관

① ㄱ, ㄴ, ㄷ   ② ㄷ, ㄹ, ㅁ
③ ㄱ, ㄴ, ㄹ, ㅁ   ④ ㄴ, ㄷ, ㄹ, ㅁ

06 다음 〈보기〉의 (가) ~ (라)를 시대 순으로 바르게 나열한 것은?

> **보기**
> (가) 삼별초가 몽골에 대항하여 반기를 들었다.
> (나) 위화도 회군으로 실권을 잡은 이성계는 신진사대부와 힘을 합쳐 새로운 왕조를 건설했다.
> (다) 정중부 등은 문신들을 제거하고 의종을 귀양 보낸 뒤 정권을 장악하였다.
> (라) 별무반을 거느리고 여진을 토벌한 윤관은 동북 9성을 쌓았다.

① (가) – (라) – (나) – (다)   ② (나) – (다) – (라) – (가)
③ (다) – (라) – (나) – (가)   ④ (라) – (다) – (가) – (나)

07 다음 밑줄 친 '이 농서'가 처음 편찬된 시기의 문화에 대한 설명으로 적절하지 않은 것은?

> 『농상집요』는 중국 화북 지방의 농사 경험을 정리한 것으로서 기후와 토질이 다른 조선에는 도움이
> 될 수 없었다. 이에 농사 경험이 풍부한 각 도의 농민들에게 물어서 조선의 실정에 맞는 농법을 소개
> 한 이 농서가 편찬되었다.

① 『석보상절』, 『월인천강지곡』 등의 서적을 편찬하였다.
② 수시력과 회회력을 참고하여 한양을 기준으로 새로운 역법(曆法)을 만들었다.
③ 성현이 당시의 음악을 집대성하여 『악학궤범』을 편찬하였다.
④ 측우기를 한양과 각 도의 군현에 설치하였다.

08 다음 자료의 상황이 나타난 시기의 경제 모습으로 옳은 것을 〈보기〉에서 모두 고르면?

> 금점 5곳 가운데 두 곳의 금맥은 이미 다 되어 거의 철폐하기에 이르렀고, 세 곳의 금맥은 넉넉하고
> 많습니다. … (중략) … 총인원은 일정하지 않아 세금을 걷는 수 역시 그에 따라 늘었다 줄었다 하는
> 데, 가장 왕성하게 점을 설치하였을 때는 하루아침에 받는 세금이 수천여 냥이나 되며, 그중 7백
> 냥은 화성부에 상납하고 50여 냥은 점 안의 소임 등의 급료 값으로 제하고, 1천 냥은 차인(差人)이
> 차지합니다.

보기

ㄱ. 해동통보가 주조되어 유통되었다.
ㄴ. 담배와 면화 등이 상품 작물로 재배되었다.
ㄷ. 시전을 감독하기 위해 경시서가 설치되었다.
ㄹ. 송상이 청과 일본 사이의 중계 무역으로 부를 축적하였다.

① ㄱ, ㄴ   ② ㄱ, ㄷ
③ ㄴ, ㄷ   ④ ㄴ, ㄹ

09 다음은 3 · 1 운동 당시 일본 헌병대의 보고서이다. 이러한 투쟁 양상이 나타나게 된 원인으로 가장 적절한 것은?

> 그중 과격한 사람은 낫, 곡괭이, 몽둥이 등을 가지고 전투 준비를 갖추었으며, 군중들은 오직 지휘자의 명령에 따라 마치 훈련받은 정규병처럼 움직였다. 그리고 그들은 집합하자마자 우선 독립 만세를 고창하여 그 기세를 올리고, 나아가 면사무소, 군청 등 비교적 저항력이 약한 데를 습격함으로써 군중의 사기를 고무시킨 다음 마침내 경찰서를 습격하여 무력 투쟁을 전개하였다.
>
> – 『독립 운동사 자료집 6』

① 간도 참변에 자극받은 민중들의 봉기
② 자치론자들의 등장에 대한 민중들의 불만 고조
③ 사회주의 계열이 중심이 된 농민과 노동자들의 계급투쟁
④ 토지 조사 사업으로 심한 수탈을 당했던 농민들의 시위 주도

10 다음 〈보기〉의 사건을 순서대로 나열했을 때 두 번째로 발생한 사건은?

> **보기**
> ㄱ. 국민건강보험 실시   ㄴ. 4 · 19 혁명
> ㄷ. IMF 외환위기   ㄹ. 남북한 유엔 동시 가입

① ㄱ   ② ㄴ
③ ㄷ   ④ ㄹ

PART 2

2024 ~ 2023년
주요 교육청 기출복원문제

01 다음 중 제시된 단어와 그 뜻이 바르게 연결되지 않은 것은?

① 천학하다 : 가난하고 천하다.

② 가붓하다 : 조금 가벼운 듯하다.

③ 부산하다 : 급하게 서두르거나 시끄럽게 떠들어 어수선하다.

④ 가녀리다 : 물건이나 사람의 신체 부위 따위가 몹시 가늘고 연약하다.

02 다음 중 제시된 문장에 사용되지 않는 단어는?

> • 그는 나에게 언제나 _____이/가 되는 사람이다.
> • 부모에 대한 지나친 _____은/는 좋지 않다.
> • 두 사람은 서로서로 불쌍히 여기면서 _____하여 살아가지 않을 수 없었다.
> • 약의 힘에 _____하는 습관은 끊기 어렵다.

① 의지 　　　　　　　　　　　② 의존

③ 의식 　　　　　　　　　　　④ 의탁

03 다음 글의 빈칸에 들어갈 접속어로 가장 적절한 것은?

> 신용카드를 사용하면 연말정산 시 15%를 공제받지만, 체크카드를 사용할 경우 두 배 더 공제받을 수 있다. 대신 1년간 사용한 액수가 소득공제 기준에 미치지 못하면 오히려 그만큼을 더 납부해야 한다. _____ 얼마 남지 않은 연말까지 연 소득의 25% 이상을 써야 한다면 신용카드를 사용하는 것이 좋다.

① 그러므로   ② 그러나
③ 마침내   ④ 그리고

04 다음 기사의 주제로 가장 적절한 것은?

> 정부는 조직 구성원의 다양성 확보와 포용 사회 구현을 위해 공공부문 여성 대표성 제고 5개년 계획을 수립하고, 내후년까지 고위공무원 여성의 비율 10%, 공공기관 임원 여성의 비율 20% 달성 등 각 분야의 목표치를 설정하였다.
>
> 12개 분야 가운데 고위공무원단은 지난해 목표치의 6.8%밖에 못 미쳤으나, 나머지 11개 분야는 목표치를 달성했다. 국가직 고위공무원단 여성 비율은 지난해 6.5%에서 올해 6.7%로 상승했다. 국가직 본부 과장급 공무원 여성 비율은 같은 기간 14.8%에서 17.5%로, 공공기관 임원은 11.8%에서 17.9%로 확대됐다. 여성 국립대 교수는 15.8%에서 16.6%로, 여성 교장·교감은 40.6%에서 42.7%로 늘었다. 또한 여성군인 간부 비율은 5.5%에서 6.2%로 상승했으며, 일반 경찰 중 여성 비율은 10.9%에서 11.7%로, 해경은 11.3%에서 12.0%로 늘었다. 정부위원회 위촉직 여성 참여율은 41.9%까지 높아졌다.
>
> 정부는 올해 여성 고위공무원이 없는 중앙부처에 1명 이상의 임용을 추진하고, 범정부 균형 인사 추진계획을 마련할 예정이다. 또한 여성 임원이 없는 공공기관에 여성 임원을 최소 1인 이상 선임하도록 독려할 방침이다. 여성 관리직 목표제 적용 대상은 300인 이상 기업에서 전체 지방공기업으로 확대된다. 국립대 교수 성별 현황 조사를 위한 양성평등 실태조사 법적 근거를 마련하고, 여성군인·경찰 신규 채용을 늘릴 계획이다. 헌법기관·중앙행정기관 위원회 성별 참여 조사 결과도 처음으로 공표한다. 그 외 여성의 실질적인 의사결정 권한 정도가 측정되도록 정부혁신평가 지표를 개선하고 자문단 운영, 성 평등 교육도 계속 시행한다.
>
> 여성가족부 장관은 "의사결정 영역에서의 성별 균형적 참여는 결과적으로 조직의 경쟁력 제고에 도움이 된다."라며 "이에 대해 공감대를 갖고 자율적으로 조직 내 성별 균형성을 확보해 나가려는 민간부문에 대해서도 지원할 계획"이라고 말했다.

① 성차별 없는 블라인드 채용
② 여성 고위관리직 확대를 위한 노력
③ 고위공무원단의 여성 비율이 낮은 이유
④ 유리천장, 여성들의 승진을 가로막는 장애물

05 다음 중 제시된 도형을 만들기 위해 필요하지 않은 조각은?

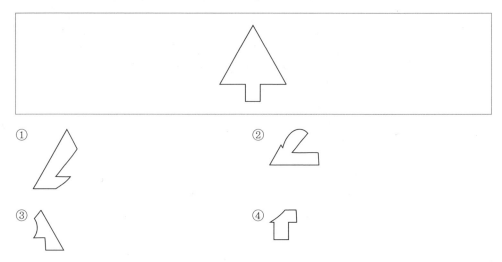

① ② ③ ④

06 다음 A ~ E 다섯 사람 중 두 사람만 진실을 말하고 있다고 할 때, 진실을 말하는 두 사람은 누구인가?

- A : B는 거짓말을 하지 않아.
- B : C의 말은 거짓이야.
- C : D의 말은 진실이야.
- D : C는 진실을 말하고 있어.
- E : D는 거짓말을 하지 않아.

① A, B ② A, C

③ B, D ④ C, E

07 다음 중 제시된 사례와 비슷한 원리가 아닌 것은?

> 얼음에 소금을 넣으면 주변 온도가 내려간다.

① 이글루 안에 물을 뿌리면 따뜻해진다.
② 알코올 솜으로 손등을 문지르면 시원해진다.
③ 가스버너를 사용하면 가스통이 차가워진다.
④ 손난로를 흔들거나 주무르면 손난로가 따뜻해진다.

08 다음 제시된 단어의 대응 관계로 볼 때, 빈칸에 들어갈 알맞은 단어는?

> 승용차 : 기차 = 헬스클럽 : (   )

① 병원   ② 단련
③ 수영장   ④ 러닝머신

09 올해 U교육청 교육공무직원 25명의 평균 나이는 38세이다. 다음 달에 52세의 팀원이 퇴사하고 27세의 신입사원이 입사할 예정일 때, 내년 교육공무직원 25명의 평균 나이는?(단, 주어진 조건 외에 다른 인사이동은 없다)

① 35세   ② 36세
③ 37세   ④ 38세

10 다음은 B식당의 연도별 하루 평균 판매량을 나타낸 그래프이다. 전년 대비 하루 평균 판매량 증가율이 가장 높은 해는?

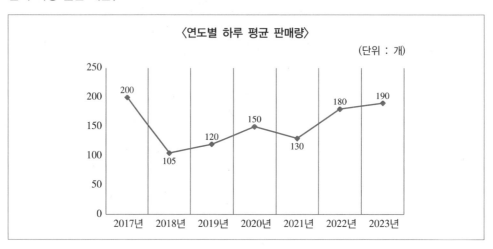

① 2019년
② 2020년
③ 2022년
④ 2023년

11 제시된 전개도로 정육면체를 만들 때, 나올 수 없는 것은?

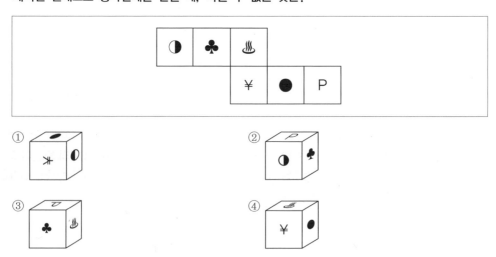

12 A ~ E 다섯 명이 100m 달리기를 했다. 기록 측정 결과가 나오기 전에 그들끼리의 대화를 통해 순위를 예측해 보려고 한다. 그들의 대화는 다음과 같고, 이 중 한 사람이 거짓말을 하고 있다. A ~ E 다섯 명의 순위로 알맞은 것은?

- A : 나는 1등이 아니고, 3등도 아니야.
- B : 나는 1등이 아니고, 2등도 아니야.
- C : 나는 3등이 아니고, 4등도 아니야.
- D : 나는 A와 B보다 늦게 들어왔어.
- E : 나는 C보다는 빠르게 들어왔지만, A보다는 늦게 들어왔어.

---

① E－C－B－A－D ② E－A－B－C－D
③ C－E－B－A－D ④ C－A－D－B－E

13 다음 중 강철로 된 배가 바다 위에 떠 있을 수 있는 이유는?

① 배 전체의 평균 밀도가 물의 밀도보다 높다.
② 하부 구조가 물의 표면장력을 깨뜨리지 않는다.
③ 바닷물 속의 배가 배의 무게와 같은 크기의 수직 아래 방향의 힘을 받는다.
④ 배가 밀어낸 물의 무게가 배 자체의 무게보다 무겁다.

14 다음 중 밑줄 친 단어의 맞춤법이 옳은 것은?

① 손을 꼭 <u>깨끗히</u> 닦아야 합니다.

② 세심하게 모든 과정을 <u>일일이</u> 챙겼다.

③ <u>오랫만에</u> 친구를 만나 반가웠다.

④ 그는 <u>희안한</u> 버릇을 갖고 있었다.

15 다음 중 빈칸에 들어갈 단어로 적절한 것은?

> • 그는 부인에게 자신의 친구를 ㉠ <u>소개시켰다 / 소개했다</u>.
> • 이 소설은 실제 있었던 일을 바탕으로 ㉡ <u>쓰인 / 쓰여진</u> 것이다.
> • 자전거가 마주 오던 자동차와 ㉢ <u>부딪혔다 / 부딪쳤다</u>.

	㉠	㉡	㉢
①	소개시켰다	쓰인	부딪혔다
②	소개시켰다	쓰여진	부딪혔다
③	소개했다	쓰인	부딪쳤다
④	소개했다	쓰인	부딪혔다

16 다음 글에서 비음화가 일어난 횟수는?

> 나는 국문학을 전공하는 대학교 1학년 학생이다. 학술 답사로 경주에 방문하여 방언을 조사한 후 진평왕릉을 보았다. 답사 중에 조원들과 작은 문제가 생겼는데, 학과장의 도움으로 해결하였다. 이후 순조롭게 답사를 마무리하고 학교로 돌아왔다.

① 1회   ② 2회

③ 3회   ④ 4회

17 다음 글을 읽고 추론한 내용으로 적절하지 않은 것은?

> 외래어는 원래의 언어에서 갖고 있던 모습을 잃어버리고 새 언어에 동화되는 속성을 가지고 있다. 외래어의 동화양상을 음운, 형태, 의미적 측면에서 살펴보자.
>
> 첫째, 외래어는 국어에 들어오면서 국어의 음운적 특징을 띠게 되어 외국어 본래의 발음이 그대로 유지되지 못한다. 자음이든 모음이든 국어에 없는 소리는 국어의 가장 가까운 소리로 바꾸고 만다. 프랑스의 수도 'Paris'는 원래 프랑스어인데 국어에서는 [파리]가 된다. 프랑스어 [r] 발음은 국어에 없는 소리여서 비슷한 소리인 [ㄹ]로 바뀌는 것이다. 그 외에 장단이나 강세, 성조와 같은 운율적 자질도 원래 외국어의 모습을 잃어버리고 만다.
>
> 둘째, 외래어는 국어의 형태적인 특징을 갖게 된다. 외래어의 동사와 형용사는 '−하다'가 반드시 붙어서 쓰이게 된다. 영어 형용사 smart가 국어에 들어오면 '스마트하다'가 된다. '아이러니하다'라는 말도 있는데 이는 명사에 '−하다'가 붙어 형용사처럼 쓰인 경우이다.
>
> 셋째, 외래어는 원래 언어의 의미와 다른 의미로 쓰일 수 있다. 일례로 프랑스어 'madame'이 국어에 와서는 '마담'이 되는데, 프랑스어에서의 '부인'의 의미가 국어에서는 '술집이나 다방의 여주인'의 의미로 쓰이고 있다.

① 원래의 외국어와 이에 대응하는 외래어는 의미가 전혀 다를 수 있다.

② 서울의 로마자 표기 'Seoul'은 실제 우리말 발음과 다르게 읽어야 한다.

③ '−하다'는 외국어의 형용사와 명사에 붙어 형용사를 만드는 기능이 있다.

④ 외래어로 만들고자 하는 외국어의 발음이 국어에 없는 소리일 때는 국어에 있는 비슷한 성질의 음운으로 바뀐다.

18 다음 글의 내용에 가장 적절한 한자성어는?

> 부채위기를 해결하겠다고 나선 유럽 국가들의 움직임이 당장 눈앞에 닥친 위기 상황을 모면하려는 미봉책이라서 안타깝다. 이것은 유럽중앙은행(ECB)의 대차대조표에서 명백한 정황으로 드러난다. ECB에 따르면 지난해 말 대차대조표는 2조 730억 유로로 사상 최고치를 기록했다. 3개월 전에 비해 5,530억 유로 늘어난 수치이다. 문제는 ECB의 장부가 대폭 부풀어 오른 배경이다. 유로존 주변국의 중앙은행은 채권을 발행해 이를 담보로 ECB에서 자금을 조달한다. 이렇게 ECB의 자금을 손에 넣은 중앙은행은 정부가 발행한 국채를 사들인다. 금융시장에서 '팔기 힘든' 국채를 소화하기 위한 임기응변인 셈이다.

① 피발영관(被髮纓冠)　　　　　　② 탄주지어(吞舟之魚)
③ 양상군자(梁上君子)　　　　　　④ 하석상대(下石上臺)

19 다음 중 맞춤법이 옳지 않은 문장은?

① 과녁에 화살을 맞추다.
② 오랜만에 친구를 만났다.
③ 그는 저기에 움츠리고 있었다.
④ 단언컨대 내 말이 맞다.

20 다음 글의 내용으로 적절하지 않은 것은?

> 역사란 무엇인가 하는 대단히 어려운 물음에 아주 쉽게 답한다면, 그것은 인간 사회의 지난날에 일어난 사실(事實) 자체를 가리키기도 하고, 또 그 사실에 대해 적어 놓은 기록을 가리키기도 한다고 말할 수 있다. 그러나 지난날의 인간 사회에서 일어난 사실이 모두 역사가 되는 것은 아니다. 쉬운 예를 들면, 김 총각과 박 처녀가 결혼한 사실은 역사가 될 수 없고, 한글이 만들어진 사실, 임진왜란이 일어난 사실 등은 역사가 된다.
>
> 이렇게 보면 사소한 일, 일상적으로 반복되는 일은 역사가 될 수 없고, 거대한 사실, 한 번만 일어나는 사실만이 역사가 될 것 같지만, 반드시 그런 것도 아니다. 고려 시대의 경우를 예로 들면, 주기적으로 일어나는 자연 현상인 일식과 월식은 모두 역사로 기록되었지만, 우리는 지금 세계 최고(最古)의 금속 활자를 누가 몇 년에 처음으로 만들었는지 모르고 있다. 일식과 월식은 자연 현상이면서도 하늘이 인간 세계의 부조리를 경고하는 것이라고 생각했기 때문에 역사가 되었지만, 목판(木版)이나 목활자 인쇄술이 금속 활자로 넘어가는 중요성이 인식되지 않았기 때문에 금속 활자는 역사가 될 수 없었다. 이렇게 보면 또 역사라는 것은 지난날의 인간 사회에서 일어난 사실 중에서 누군가에 의해 중요한 일이라고 인정되어 뽑힌 것이라고 할 수 있다. 이 경우 그것을 뽑은 사람은 기록을 담당한 사람, 곧 역사가라고 할 수 있으며, 뽑힌 사실이란 곧 역사책을 비롯한 각종 기록에 남은 사실들이다. 다시 말하면 역사란 결국 기록에 남은 것이며, 기록에 남지 않은 것은 역사가 아니라고 할 수 있다. 일식과 월식은 과학이 발달한 오늘날에는 역사로서 기록에 남지 않게 되었다. 금속 활자의 발견은 그 중요성을 안 훗날 사람들의 노력에 의해 최초로 발명한 사람과 정확한 연대(年代)는 모른 채 고려 말기의 중요한 역사로 추가 기록되었다. '지난날의 인간 사회에서 일어난 수많은 사실 중에서 누군가가 기록해 둘 만한 중요한 일이라고 인정하여 기록한 것이 역사이다.'라고 생각해 보면, 여기에 좀 더 깊이 생각해 보아야 할 몇 가지 문제가 있다.
>
> 첫째는 '기록해 둘 만한 중요한 사실이란 무엇을 말하는 것인가?' 하는 문제이고, 둘째는 '과거에 일어난 일들 중에서 기록해 둘 만한 중요한 사실을 가려내는 사람의 생각과 처지'의 문제이다. 먼저 '무엇이 기록해 둘 만한 중요한 문제인가? 기록해 둘 만하다는 기준(基準)이 무엇인가?'라고 생각해 보면, 후세(後世) 사람들에게 어떤 참고가 될 만한 일이라고 말할 수 있겠다. 다시 말해 오늘날의 역사책에 남아 있는 사실들은 모두 우리가 살아나가는 데 참고가 될 만한 일들이라고 할 수 있다. 다음으로, 참고가 될 만한 일과 그렇지 않은 일을 가려 내는 것은 사람에 따라 다를 수 있고 또 시대에 따라 다를 수 있다. 고려 시대나 조선 시대 사람들은 일식과 월식을 정치를 잘못한 왕이나 관리들에 대한 하늘의 노여움이라고 생각했기 때문에 역사에 기록되었지만, 오늘날에는 그렇지 않다는 것을 알게 되었기 때문에 역사에 기록되지 않는다.

① 인간 사회에서 일어난 모든 사실이 역사가 될 수는 없다.

② 역사라는 것은 역사가의 관점에 의하여 선택된 사실이다.

③ 역사의 가치는 시대나 사회의 흐름과 무관한 절대적인 것이다.

④ 역사는 기록에 남은 것이며, 기록된 것은 가치가 있는 것이어야 한다.

21 두 개의 주사위가 있다. 주사위를 굴려서 눈의 합이 2 이하가 나오는 확률은?

① $\dfrac{1}{36}$

② $\dfrac{1}{18}$

③ $\dfrac{1}{12}$

④ $\dfrac{1}{9}$

22 인쇄소에 M1과 M2 두 대의 인쇄기가 있다. 하루에 M1은 50,000장을 인쇄하고, M2는 40,000장을 인쇄할 수 있다. M1의 불량률은 5%이고 M2의 불량률은 4%일 때, 방금 나온 오류 인쇄물이 M1에서 나온 인쇄물일 확률은?(단, 소수점 첫째 자리에서 반올림한다)

① 60%

② 61%

③ 62%

④ 63%

23 다음과 같이 일정한 규칙에 따라 문자를 나열할 때, 빈칸에 들어갈 문자로 적절한 것은?

H ㄷ ( ) ㅂ ㄴ ㅌ

① B

② D

③ I

④ J

24 다음 글과 관련된 한자성어로 가장 적절한 것은?

> 2019년부터 시작된 코로나바이러스의 발병률 및 치명률이 감소하고, 사회적 거리두기 등 각종 봉쇄 정책이 점차 완화되면서 팬데믹 퍼피(Pandemic Puppy) 문제가 발생하고 있다.
>
> 팬데믹 퍼피는 코로나바이러스로 인해 사람들의 교류가 줄어들고 집에서 지내는 시간이 많아짐에 따라 입양된 반려동물들이다. 그러나 팬데믹 기간 동안 외로움을 달래기 위해 입양된 반려동물들은 각종 봉쇄조치가 풀리고 일상회복이 이루어지면서 파양률이 급증하고 있다. 영국의 반려동물 보험 회사인 펫플랜의 조사에 따르면 팬데믹 기간에 반려동물을 입양한 18 ∼ 34세 응답자 중 46%가 입양을 한 것에 후회한다고 답변하였다. 특히 강아지들의 경우 봉쇄기간에는 사람들과 오랜 시간을 함께 보내다가 빈집에 혼자 남게 되면서 분리불안과 같은 문제 행동이 자주 발생하고, 이것이 파양의 주요 원인으로 작용하고 있다.
>
> 이처럼 팬데믹 퍼피는 기나긴 봉쇄기간 동안 사람들의 외로움을 달래주고 정서적 안정을 주었지만, 일상이 회복됨에 따라 반려동물의 필요성을 느끼지 못하게 된 사람에 의해 많은 수가 유기견 보호소로 보내지고 있다.

① 토사구팽   ② 죽마고우
③ 화룡점정   ④ 지록위마

25 다음 문장들을 논리적 순서대로 바르게 나열한 것은?

> (가) 가언적 명령과 달리, 우리가 이상적 인간으로서 가지는 일정한 의무를 정언적 명령이라고 한다.
> (나) 칸트는 이와 같은 정언적 명령들의 체계가 곧 도덕이라고 보았다.
> (다) 칸트는 우리가 특정한 목적을 달성하기 위해 준수해야 할 일, 또는 어떤 처지가 되지 않기 위해 회피해야 할 일에 대한 것을 가언적 명령이라고 했다.
> (라) 이는 절대적이고 무조건적인 의무이며, 이에 복종함으로써 뒤따르는 결과가 어떠하든 그와 상관없이 우리가 따라야 할 명령이다.

① (가) – (나) – (라) – (다)
② (나) – (다) – (라) – (가)
③ (다) – (가) – (라) – (나)
④ (다) – (라) – (가) – (나)

26 G사는 창립일을 맞이하여 초대장을 준비하려고 한다. VIP 초대장을 완성하는데 혼자서 만들 경우 A대리는 6일, B사원은 12일이 걸린다. A대리와 B사원이 함께 VIP 초대장을 만들 경우, 완료할 때까지 며칠이 걸리는가?

① 2일   ② 3일
③ 4일   ④ 5일

27 새로운 원유의 정제비율을 조사하기 위해 상압증류탑을 축소한 Pilot Plant에 새로운 원유를 투입해 사전분석실험을 시행했다. 다음과 같은 실험 결과를 얻었다고 할 때, 아스팔트는 최초 투입한 원유의 양 대비 몇 % 생산되는가?

〈사전분석실험 결과〉

생산제품	생산량
LPG	투입한 원유량의 5%
휘발유	LPG를 생산하고 남은 원유량의 20%
등유	휘발유를 생산하고 남은 원유량의 50%
경유	등유를 생산하고 남은 원유량의 10%
아스팔트	경유를 생산하고 남은 원유량의 4%

① 1.168%   ② 1.368%
③ 1.568%   ④ 1.768%

28 다음 제시된 명제가 모두 참일 때 결론으로 옳은 것은?

- 딸기에는 비타민 C가 키위의 2.6배 정도 함유되어 있다.
- 귤에는 비타민 C가 키위의 1.6배 정도 함유되어 있다.
- 키위에는 비타민 C가 사과의 5배 정도 함유되어 있다.

① 키위의 비타민 C 함유량이 가장 많다.
② 딸기의 비타민 C 함유량이 가장 많다.
③ 귤의 비타민 C 함유량이 가장 많다.
④ 사과의 비타민 C 함유량이 가장 많다.

29 어느 호텔 라운지에 둔 화분이 투숙자 중의 1명에 의하여 깨진 사건이 발생했다. 이 호텔에는 A ~ D 4명의 투숙자가 있었으며, 각 투숙자는 다음과 같이 진술하였다. 4명의 투숙자 중 3명은 진실을 말하고, 1명이 거짓말을 하고 있다면 화분을 깬 범인은 누구인가?

> • A : 나는 깨지 않았다. B도 깨지 않았다. C가 깨뜨렸다.
> • B : 나는 깨지 않았다. C도 깨지 않았다. D도 깨지 않았다.
> • C : 나는 깨지 않았다. D도 깨지 않았다. A가 깨뜨렸다.
> • D : 나는 깨지 않았다. B도 깨지 않았다. C도 깨지 않았다.

① A   ② B
③ C   ④ D

30 다음과 같은 정사각형의 종이를 화살표 방향으로 접고 〈보기〉의 좌표가 가리키는 위치에 구멍을 뚫었다. 다시 펼쳤을 때 뚫린 구멍의 위치를 좌표로 나타낸 것으로 옳은 것을 고르면?(단, 좌표가 그려진 사각형의 크기와 종이의 크기는 일치하며, 종이가 접힐 때 종이의 위치는 바뀌지 않는다)

〈좌표〉

	A	B	C	D	E	F
1						
2						
3						
4						
5						
6						

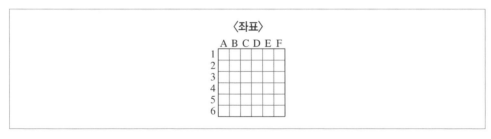

보기

C5

① A3, A4, C5, D6   ② A5, B4, B6, C5
③ A5, B6, C5, D2   ④ B4, C5, C6, D2

31 다음과 같은 모양을 만드는 데 사용된 블록의 개수를 고르면?(단, 보이지 않는 곳의 블록은 있다고 가정한다)

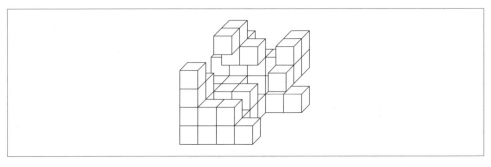

① 46개   ② 47개

③ 48개   ④ 49개

32 다음 중 밑줄 친 단어의 맞춤법이 바르게 쓰인 것끼리 짝지어진 것은?

> 오늘은 <u>웬지</u> 아침부터 기분이 좋지 않았다. 회사에 가기 싫은 마음을 다독이며 출근 준비를 하였다. 회사에 겨우 도착하여 업무용 컴퓨터를 켰지만, 모니터 화면에는 아무것도 보이지 않았다. 심각한 바이러스에 노출된 컴퓨터를 힘들게 복구했지만, <u>며칠</u> 동안 힘들게 작성했던 문서가 <u>훼손</u>되었다. 당장 오늘까지 제출해야 하는 문서인데, 이 문제를 <u>어떡게</u> 해결해야 할지 걱정이 된다. 문서를 다시 <u>작성하든지</u>, 팀장님께 사정을 <u>말씀드리던지</u> 해결책을 찾아야만 한다. 현재 나의 간절한 <u>바램</u>은 이 문제가 무사히 해결되는 것이다.

① 웬지, 며칠, 훼손   ② 며칠, 어떡게, 바램

③ 며칠, 훼손, 작성하든지   ④ 며칠, 말씀드리던지, 바램

33 다음 글의 내용으로 적절하지 않은 것은?

우리나라만이 갖는 선과 형태의 특성은 부드러움 속에 담긴 넉넉한 아름다움으로 요약할 수 있다. 이러한 형태미가 발생하게 된 가장 중요한 배경은 우리의 독특한 자연 조건과 정서에 있다. 정서는 환경과 생활 속에서 늘 보고 듣고 체험하는 데서 자연스럽게 형성되는데, 거칠고 척박한 곳에서의 생활은 거칠고 투박한 심성을 만들고 파생되는 미의 형태도 투박하게 된다. 반대로 따뜻하고 부드러운 환경에서 가꾸어진 여유로운 심성은 부드러운 그림의 형태로 나타날 것이다. 이처럼 환경의 영향이 크기 때문에 맹자의 어머니도 교육을 위해서 세 번씩이나 이사했던 것이다.

한편 우리나라의 자연은 노년기 지형으로서 완만한 선과 다양한 형태를 지니고 있다. 지리산처럼 웅장한 모습이 있는가 하면, 설악산처럼 힘 있는 선을 나타내는 형태도 있다. 그러나 전체적으로는 부드러움을 지녔다고 할 수 있으며, 강함은 전체적인 부드러움 속에서 적절하게 조화를 이룬다고 볼 수 있다. 이러한 자연환경 속에서 우리 민족은 부드럽고 따뜻한 정서를 지니게 되었고, 그에 따라 미술에서도 부드러운 곡선과 넉넉한 형태감이 나타나게 된 것이다.

우리의 전통 가옥인 초가집 지붕의 선과 형태를 생각해 보자. 자연스러운 곡선으로 마치 주변의 야산을 옮겨다 놓은 듯한 낯익은 형태감을 지니고 있다. 이처럼 우리 주변에서 흔히 볼 수 있는 자연의 선과 형태가 생활 속에서 나타나게 되었고, 자연스럽게 미의식에도 커다란 영향을 미쳐 작품에도 그러한 선과 형태가 나타난 것이다.

우리의 따뜻한 정서가 살아 있는 조선백자도 마찬가지이다. 중국의 자기처럼 '대칭과 완벽'의 아름다움을 찾을 수는 없지만, 보름달을 닮았다고 하여 '달 항아리'라는 예쁜 이름을 갖게 된 백자는 넉넉한 곡선과 비대칭의 아름다움, 그러면서도 여유 있고 균형잡힌 형태감으로 우리에게 다가온다. 중국의 완벽한 자기(瓷器)나 기교적인 일본의 자기에서는 결코 느낄 수 없는 아름다움이다.

이러한 아름다움은 우리의 한복뿐 아니라 풍속화의 선이나 산수화의 부드러우면서도 때로는 힘찬 선과 형태감, 수수하면서도 때로는 파격적인 민화 등 다양한 분야에서 나타나는 것이다. 즉, 우리의 정서가 담겨 있는 선과 형태의 전반적인 특징은 '부드러움'이었으며, 자연과의 조화를 드러내는 아름다움이었던 것이다.

선과 형태에 관한 전통적인 개념이 현대 미술에까지 계승되고 있다고 자신 있게 말하지는 못하지만 우리 자신의 것을 바탕으로 하지 않는 문화는 사상누각에 불과하다. 우리는 우리 문화의 근원이라 할 수 있는 우리의 자연에 관심을 가져야 한다. 쉼 없이 이어지는 산의 부드러우면서도 때로는 힘 있는 곡선과 자연 그대로의 오솔길, 산 따라 골 따라 순응하면서 흘러가는 냇물의 흐름과 뚜렷한 사계절의 흐름을 우리의 그림과 도자기, 생활 문화와 비교해 보면 우리 미의 근원이 자연임을 알 수 있을 것이다.

① 한국의 자연은 완만한 선과 다양한 형태를 지니고 있다.

② 부드러움 속에 넉넉함이 담긴 것이 한국의 아름다움이다.

③ 한복이나 민화에서도 한국적인 아름다움을 발견할 수 있다.

④ 조선백자는 세련된 기교와 대칭의 아름다움을 지니고 있다.

34 다음과 같은 모양을 만드는 데 사용된 블록의 개수는?(단, 보이지 않는 곳의 블록은 있다고 가정한다)

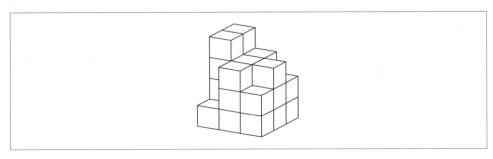

① 22개
② 23개
③ 24개
④ 25개

35 다음 중 제시된 도형과 같은 것은?

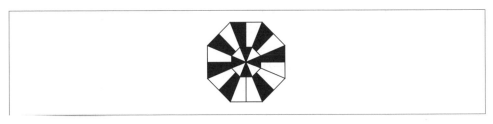

①

②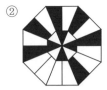

③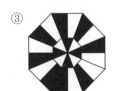

④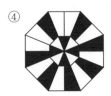

36 다음 글에서 나타난 문제해결 기법은?

> • 문제상황 : 교내 도서관의 도서가 지속적으로 분실되고 있음
> • 문제해결과정
>   1. 왜 교내 도서관의 도서가 분실되는가?
>   → 도서를 빌려간 학생들이 반납을 하지 않았기 때문
>   2. 왜 학생들이 빌려간 도서를 반납하지 않는가?
>   → 반납 기일에 대해 자주 잊어버리기 때문
>   3. 왜 학생들은 반납 기일을 자주 잊어버리는가?
>   → 임박한 반납 기일을 인지할 장치가 없기 때문
>   4. 왜 반납 기일을 인지할 장치가 없는가?
>   → 도서를 빌려줄 당시에 구두로만 반납 기일을 알려주기 때문
>   5. 왜 구두로만 반납 기일을 알려주는가?
> • 문제해결 : 학생들이 반납 기일을 인지할 수 있도록 반납 기일 하루 전 문자로 통보

① TRIZ

② Brainstorming

③ Synectics

④ 5Why

37 다음 중 작용·반작용의 사례에 해당하지 않는 것은?

① 영수가 운동장을 걷는다.

② 높은 곳에서 떨어질 때 몸을 굴렀다.

③ 물로켓이 물을 뿜으며 발사되었다.

④ 풍선을 불은 후 손을 놓으니 앞으로 나아갔다.

38 다음 설명에 해당하는 물질은?

> - 암모니아 합성에 사용된다.
> - 반응성이 낮아 과자 봉지의 충전재로 사용된다.
> - 지구 대기 조성(부피비) 중 약 78%를 차지한다.

① 산소   ② 탄소
③ 질소   ④ 아르곤

39 다음 밑줄 친 단어의 쓰임이 가장 적절한 것은?

① 김팀장님, 여기 서류에 <u>결제</u> 부탁드립니다.
② 한국 남자 수영팀이 10년 만에 한국 신기록을 <u>갱신</u>했다.
③ 일제강점기 독립운동가들은 일제 경찰에게 갖은 <u>곤혹</u>을 당했다.
④ 그녀는 솔직하고 <u>담백하게</u> 자신의 마음을 표현했다.

40 다음 문단을 논리적 순서대로 바르게 나열한 것은?

> (가) 근대에 접어들어 모든 사물이 생명력을 갖지 않는 일종의 기계라는 견해가 강조되면서, 아리스토텔레스의 목적론은 비과학적이라는 이유로 많은 비판에 직면한다.
> (나) 대표적인 근대 사상가인 갈릴레이는 목적론적 설명이 과학적 설명으로 사용될 수 없다고 주장했고, 베이컨은 목적에 대한 탐구가 과학에 무익하다고 평가했으며, 스피노자는 목적론이 자연에 대한 이해를 왜곡한다고 비판했다.
> (다) 일부 현대 학자들은 근대 사상가들이 당시 과학에 기초한 기계론적 모형이 더 설득력이 있다는 일종의 교조적 믿음에 의존했을 뿐, 아리스토텔레스의 목적론을 거부할 충분한 근거를 제시하지 못했다고 비판한다.
> (라) 이들의 비판은 목적론이 인간 이외의 자연물도 이성을 갖는 것으로 의인화한다는 것이다. 그러나 이런 비판과는 달리 아리스토텔레스는 자연물을 생물과 무생물로, 생물을 식물·동물·인간으로 나누고, 인간만이 이성을 지닌다고 생각했다.

① (가) – (나) – (라) – (다)   ② (가) – (라) – (나) – (다)
③ (나) – (다) – (라) – (가)   ④ (나) – (라) – (다) – (가)

41 다음과 같이 일정한 규칙에 따라 수와 문자를 나열할 때, 빈칸에 들어갈 것은?

| ㄹ | 5 | 六 | ㅠ | ( ) | 11 | ㅊ | N |

① ㅠ ② P

③ ㅎ ④ 九

42 학생 5명과 어른 6명이 놀이공원에 가는 데 어른의 입장료는 학생의 입장료보다 2배 더 비싸다고 한다. 11명의 입장료를 합하여 51,000원을 냈다면 어른 한 명의 입장료는?

① 2,500원 ② 3,000원

③ 6,000원 ④ 5,000원

43 다음은 J신도시 쓰레기 처리 관련 통계 자료이다. 이에 대한 설명으로 옳지 않은 것은?

〈J신도시 쓰레기 처리 관련 통계〉

구분	2019년	2020년	2021년	2022년
1kg 쓰레기 종량제 봉투 가격	100원	200원	300원	400원
쓰레기 1kg당 처리비용	400원	400원	400원	400원
J신도시 쓰레기 발생량	5,013톤	4,521톤	4,209톤	4,007톤
J신도시 쓰레기 관련 적자 예산	15억 원	9억 원	4억 원	0원

① 쓰레기 종량제 봉투 가격이 100원이었던 2019년에 비해 400원이 된 2022년에는 쓰레기 발생량이 약 20%나 감소하였고 쓰레기 관련 적자 예산은 0원이 되었다.

② 연간 쓰레기 발생량 감소 곡선보다 쓰레기 종량제 봉투 가격의 인상 곡선이 더 가파르다.

③ 쓰레기 1kg당 처리비용이 인상될수록 J신도시의 쓰레기 발생량과 쓰레기 관련 적자가 급격히 감소하는 것을 볼 수 있다.

④ 봉투 가격이 인상됨으로써 주민들은 비용에 부담을 느끼고 쓰레기 배출량을 줄였다고 추측할 수 있다.

44 다음 글의 주제로 가장 적절한 것은?

> 우리는 주변에서 신호등 음성 안내기, 휠체어 리프트, 점자 블록 등의 장애인 편의 시설을 많이 볼 수 있다. 우리는 이런 편의 시설을 장애인들이 지니고 있는 국민으로서의 기본 권리를 인정한 것이라는 시각에서 바라보고 있다. 물론, 장애인의 일상생활 보장이라는 측면에서 이 시각은 당연한 것이다. 하지만 이를 바라보는 또 다른 시각이 필요하다. 그것은 바로 장애인만을 위한 것이 아니라 일상생활에서 활동에 불편을 겪는 모두를 위한 것이라는 시각이다. 편리하고 안전한 시설은 장애인뿐만 아니라 우리 모두에게 유용하기 때문이다. 예를 들어, 건물의 출입구에 설치되어 있는 경사로는 장애인들의 휠체어만 다닐 수 있도록 설치해 놓은 것이 아니라, 몸이 불편해서 계단을 오르내릴 수 없는 노인이나 유모차를 끌고 다니는 사람들도 편하게 다닐 수 있도록 만들어 놓은 시설이다. 결국 이 경사로는 우리 모두에게 유용한 시설인 것이다.
>
> 그런 의미에서, 근래에 대두되고 있는 '보편적 디자인', 즉 '유니버설 디자인(Universal Design)'이라는 개념은 우리에게 좋은 시사점을 제공해 준다. 보편적 디자인이란 가능한 모든 사람이 이용할 수 있도록 제품, 건물, 공간을 디자인한다는 의미를 가지고 있기 때문이다. 이러한 시각으로 바라본다면 장애인 편의 시설이 우리 모두에게 편리하고 안전한 시설로 인식될 것이다.

① 우리 주변에서는 장애인 편의 시설을 많이 볼 수 있다.
② 보편적 디자인은 근래에 대두되고 있는 중요한 개념이다.
③ 어떤 집단의 사람들이라도 이용할 수 있는 제품을 만들어야 한다.
④ 보편적 디자인이라는 관점에서 장애인 편의 시설을 바라볼 필요가 있다.

45 다음 글을 바탕으로 한 추론으로 옳은 것은?

> 예술의 각 사조는 특정한 역사적 현실 위에서, 특정한 이데올로기를 표현하기 위하여 등장한다. 따라서 특정한 예술 사조를 받아들일 때, 그 예술의 형식 뒤에 숨은 이데올로기를 충분히 소화하고 있느냐가 문제가 된다. 그렇지 못한 모방행위는 형식 미학 또는 관념 미학이 갖는 오류에서 벗어나지 못한다. 가령 어느 예술가가 인상파의 영향을 받았다면, 동시에 그는 그것의 시대적 한계와 약점까지 추적해야 한다. 그리고 그것을 자신이 사는 시대에 접목하였을 경우 현실의 문화적 풍토 위에서 성장할 수 있는가를 가늠해야 한다.

① 모방행위는 예술 사조에 포함되지 않는다.
② 예술 사조는 역사적 현실과 불가분의 관계이다.
③ 예술 사조는 현실적 가치만을 반영한다.
④ 예술 사조는 예술가가 현실과 조율한 타협점이다.

46 다음 제시된 도형을 조합하였을 때 만들 수 없는 것은?(단, 도형은 회전만 가능하다)

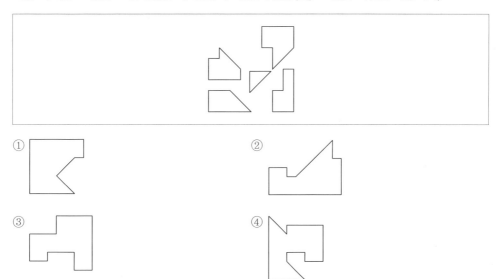

① ② ③ ④

47 다음과 같은 모양을 만드는 데 사용된 블록의 개수는?(단, 보이지 않는 곳의 블록은 있다고 가정한다)

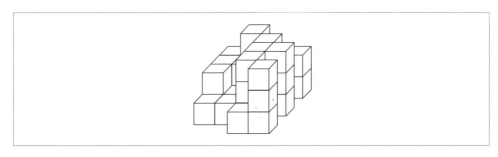

① 34개   ② 35개
③ 36개   ④ 37개

48 행정실무원인 S는 공휴일 체험학습 진행을 위해 인근의 가게 A ~ F에서 필요한 물품을 구매하고자 한다. 제시된 〈조건〉을 근거로 할 때, 공휴일에 영업하는 가게의 수는?

> **조건**
> • C는 공휴일에 영업하지 않는다.
> • B가 공휴일에 영업하지 않으면, C와 E는 공휴일에 영업한다.
> • E 또는 F가 영업하지 않는 날이면, D는 영업한다.
> • B가 공휴일에 영업하면, A와 E는 공휴일에 영업하지 않는다.
> • B와 F 중 한 곳만 공휴일에 영업한다.

① 2개   ② 3개

③ 4개   ④ 5개

49 A ~ E 5명은 각각 월 ~ 금요일 중 하루씩 돌아가며 당직을 선다. 이 중 2명이 거짓말을 하고 있다고 할 때, 이번 주 수요일에 당직을 서는 사람은?

> • A : 이번 주 화요일은 내가 당직이야.
> • B : 나는 수요일 당직이 아니야. D가 이번 주 수요일 당직이야.
> • C : 나와 D는 이번 주 수요일 당직이 아니야.
> • D : B는 이번 주 목요일 당직이고, C는 다음 날인 금요일 당직이야.
> • E : 나는 이번 주 월요일 당직이야. 그리고 C의 말은 모두 사실이야.

① A   ② B

③ C   ④ D

50 원가가 4,000원인 공책을 정가의 20%를 할인해서 팔아도 원가보다 5%의 이익을 남길 수 있다면 정가는 얼마인가?

① 4,750원   ② 5,250원

③ 5,750원   ④ 6,250원

51 다음 중 밑줄 친 어휘가 한글 맞춤법상 옳은 것은?

① A주임은 이번 달 지출결의서를 전무님께 <u>결제</u>받았다.

② B주임은 주변 정리를 <u>깔끔히</u> 하는 사람이야.

③ C사원의 취미는 모형 자동차를 <u>소집</u>하는 것이다.

④ D사원은 능력을 인정받아 관련 프로젝트에 <u>개입</u>되었다.

52 다음 글에서 ㉠~㉣의 수정 방안으로 가장 적절한 것은?

우울증을 잘 초래하는 성향은 창조성과 결부되어 있기 때문에 생존에 유리한 측면이 있었다. 따라서 우울증과 관련이 있는 유전자는 오랜 역사를 거쳐 오면서도 사멸하지 않고 살아남아 오늘날 현대인에게도 그 유전자가 상당수 존재할 가능성이 있다. 베토벤, 뉴턴, 헤밍웨이 등 위대한 음악가, 과학자, 작가들의 상당수가 우울한 성향을 갖고 있었다. ㉠ <u>천재와 우울증은 어찌 보면 동전의 양면으로, 인류 문명의 진보를 이끈 하나의 동력이자 그 부산물이라 할 수 있을지도 모른다.</u>

우울증은 일반적으로 자기 파괴적인 질환으로 인식되어 왔지만 실은 자신을 보호하고 미래를 준비하기 위한 보호 기제일 수도 있다. 달성할 수 없거나 달성하기 매우 어려운 목표에 도달하기 위해 엄청난 에너지를 소모하는 것은 에너지와 자원을 낭비할 뿐만 아니라, 정신과 신체를 소진시킴으로써 사회적 기능을 수행할 수 없게 하고 주위의 도움이 없으면 생명을 유지하기 어려운 상태에 ㉡ <u>이르게도 할 수 있다.</u> 이를 막기 위한 기제가 스스로의 자존감을 낮추고 그 목표를 포기하게 만드는 것이다. 이를 통해 고갈된 에너지를 보충하고 다시 도전할 수 있는 기회를 모색할 수 있다. ㉢ <u>또한 지금과 같은 경쟁 사회는 새로운 기술이나 생각에 대한 사회적 요구가 커지기 때문에 정신적 소진 상태를 초래하기 쉬운 환경이 되고 있다.</u>

오늘날 우울증은 왜 이렇게 급격하게 늘어나는 것일까? 창조성이란 그 사회에 존재하고 있는 기술이나 생각에 대한 도전이자 대안 제시이며, 기존의 기술이나 생각을 엮어서 새로운 조합을 만들어 내는 것이다. 과거에 비해 현대 사회는 경쟁이 심화되고 혁신적일수록 더 가치를 인정받기 때문에 창조성이 있는 사람은 상당히 큰 선택적 이익을 갖게 된다. ㉣ <u>그렇지만</u> 현대 사회처럼 기존에 존재하는 기술이나 생각이 엄청나게 많아 우리의 뇌가 그것을 담기에도 벅찬 경우에는 새로운 조합을 만들어 내는 일은 무척이나 많은 에너지를 요한다. 결국 경쟁은 창조성을 발휘하게 하지만 지나친 경쟁은 정신적 소진을 초래하기 때문에 우울증이 많이 발생할 수 있다.

① ㉠ : 문단과 관련 없는 내용이므로 삭제한다.

② ㉡ : 문장의 주어와 호응되지 않으므로 '이른다'로 수정한다.

③ ㉢ : 두 번째 문단의 내용과 어울리지 않으므로 세 번째 문단으로 옮긴다.

④ ㉣ : 뒤 문장이 앞 문장의 결과이므로 '그리하여'로 수정한다.

53 다음 그림과 같이 화살표 방향으로 종이를 접어 펀치로 구멍을 뚫은 후, 다시 펼쳤을 때의 그림으로 옳은 것은?

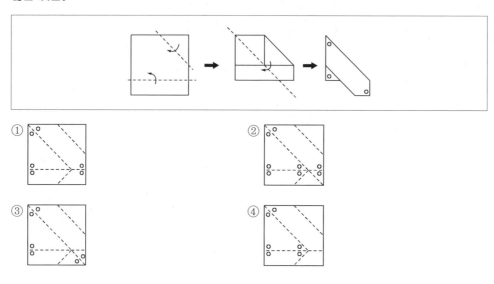

① ② ③ ④

54 다음 중 주어진 전개도로 정육면체를 만들 때, 만들어질 수 없는 것은?

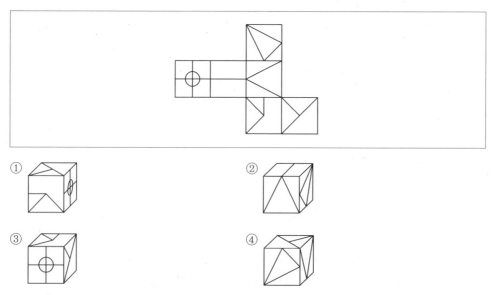

① ② ③ ④

55 다음 중 제시된 도형과 다른 것은?

①

②

③

④

56 다음 밑줄 친 단어와 같은 의미로 사용된 단어는?

아무래도 말을 꺼내기가 조심스럽다.

① 아이가 말을 배우기 시작했다.
② 빈칸에 들어갈 적절한 말을 찾으시오.
③ 민지와 슬기는 서로 말을 놓기로 하였다.
④ 경서는 무료해 보이는 연주에게 말을 건넸다.

57 다음 글에 나타난 언어의 특징으로 가장 적절한 것은?

'철 그른 동남풍'이라는 말이 있다. 버스가 떠난 뒤에 손 든다는 식으로 때를 놓쳤을 때 흔히 하는 말이다. 우리말 '철'은 계절을 지칭하기도 하고, '철들다, 철나다'에서와 같이 사리를 분별하는 힘을 가리키기도 한다. 제철을 모르고서는 제대로 농사를 지을 수 없다는 뜻에서 의미가 확장된 것으로 보인다. 이처럼 우리말은 농경문화의 특성이 반영되어 절후에 대한 인식이나 그것을 부르는 명칭도 농사일과 관련되어 있다.

'어정 칠월, 동동 팔월'이란 속담이 있다. 우리네 농가에서 7월 한 달은 하릴없이 어정거리지만 8월이 오면 갑자기 바빠져서 동동거린다고 하여 이르는 말이다. '동동 팔월'을 '건들 팔월'이라고도 하는데, 이는 바쁘긴 해도 건들바람처럼 훌쩍 지나가 버린다는 뜻이다.

'오월 농부, 팔월 신선'이란 말도 있다. 보릿고개의 절정인 음력 5월은 농사짓는 사람으로서 더할 나위 없이 어려운 시기이다. 그러나 한가위가 있는 음력 8월은 그 풍족함이 어느 신선도 부럽지 않다는 뜻에서 이런 말이 유래했다.

보릿고개는 지난해의 묵은 곡식이 이미 바닥나고, 보리는 아직 여물지 않은 음력 4～5월경을 뜻한다. 흔히 춘궁기라 불리는 이때야말로 가장 춥고 배고픈 시기였다. 넘기 힘들다는 이 보릿고개를 넘으면서 우리 조상들은 '깐깐 오월'이란 별칭을 붙여 주었다. 춥고 배고픈 시기를 지내면서도 그 어려움을 직설적으로 표현하지 않고 돌려서 표현하는 품위와 여유를 잃지 않았다.

한편, 우리말은 감각어가 많이 발달되어 있다. 우리 민족은 본래 풍류를 즐기는 낙천적인 민족으로 정서적이고 감각적인 편이었다. 이러한 특징이 언어에 반영되어 우리말에 감각적인 어휘가 풍부해졌다.

계절 감각을 드러내는 몇 가지 예를 들어보면, 이른 봄의 쌀랑한 추위를 이르는 '꽃샘'이라는 말이 있다. 한겨울 추위보다 더 고약스런 봄추위에 우리는 이처럼 멋진 이름을 붙여주었다. 일종의 감정 이입으로 꽃에 대한 동장군의 시샘을 표현한 것이다. 눈부신 설경을 일러 '눈꽃'이라고 하고, 차창에 증기가 서려 생긴 무늬를 '서리꽃'이라고 하는 것도 이와 유사한 표현이다.

우리말의 감각성은 추위를 나타내는 표현에서도 잘 드러난다. 우선 '춥다'와 '차다'의 의미부터 구분이 된다. 찬 기운을 온몸으로 느낄 경우 전자의 '춥다'로 표현하고, 신체 일부에서 감지될 때 후자의 '차다'를 사용한다. 약간의 추위를 느낄 때는 '썰렁하다'라고 하는데, 이 말은 한 가지 상황에서만 쓰이는 표현이 아니다. "참 썰렁하네……."라고 하면 의도적으로 남을 웃기려고 했으나 반응이 좋지 않은 경우를 뜻한다. '산산하다, 선선하다, 오싹하다, 살랑거리다, 설렁대다, 선뜻하다, 쌀랑하다, 으스스하다' 등의 어휘들도 그 쓰임이 유사하다.

① 구체적 대상을 추상적으로 표현한다.
② 음성과 의미가 결합한 기호체계이다.
③ 형식과 내용 사이에는 필연적 관계가 없다.
④ 민족의 사고방식과 삶의 모습을 반영한다.

58 다음 글의 내용으로 가장 적절한 것은?

> 사람의 목숨을 좌우할 수 있는 형벌문제는 군현(郡縣)에서 항상 일어나는 것이고 지방 관리가 되면
> 늘 처리해야 하는 일인데도, 사건을 조사하는 것이 항상 엉성하고 죄를 결정하는 것이 항상 잘못된다.
> 옛날에 자산이라는 사람이 형벌규정을 정한 형전(刑典)을 새기자 어진 사람들이 그것을 나무랐고,
> 이회가 법률서적을 만들자 후대의 사람이 그를 가벼이 보았다. 그 뒤 수(隋)나라와 당(唐)나라 때에
> 와서는 이를 절도(竊盜)·투송(鬪訟)과 혼합하고 나누지 않아서, 세상에서 아는 것은 오직 한패공
> (漢沛公, 한고조 유방)이 선언한 '사람을 죽인 자는 죽인다.'라는 규정뿐이었다.
> 그런데 선비들은 어려서부터 머리가 희어질 때까지 오직 글쓰기나 서예 등만 익혔을 뿐이므로 갑자
> 기 지방관리가 되면 당황하여 어찌할 바를 모른다. 그래서 간사한 아전에게 맡겨 버리고는 스스로
> 알아서 처리하지 못하니, 저 재화(財貨)만을 숭상하고 의리를 천히 여기는 간사한 아전이 어찌 이치
> 에 맞게 형벌을 처리할 수 있겠는가?
>
> — 정약용, 『흠흠신서(欽欽新書)』 서문

① 고대 중국에서는 형벌 문제를 중시하였다.
② 아전을 형벌 전문가로서 높이 평가하고 있다.
③ 조선 시대의 사대부들은 형벌에 대해 잘 알지 못한다.
④ 지방관들은 인명을 다루는 사건을 현명하게 처리하고 있다.

59 다음 글에서 ㉠ ~ ㉣의 수정 방안으로 적절하지 않은 것은?

> 사회복지와 근로 의욕과의 관계에 대한 설문 조사 결과를 보면 '사회복지와 근로 의욕이 관계가 있
> 다.'라는 응답과 '그렇지 않다.'라는 응답의 비율이 비슷하게 나타난다. 하지만 기타 의견에 ㉠ 따라
> 과도한 사회복지는 근로 의욕을 떨어뜨릴 수 있다는 응답이 많았던 것으로 조사되었다. 예를 들어
> 정부 지원금을 받으나 아르바이트를 하나 비슷한 돈이 나온다면 ㉡ 더군다나 일하지 않고 정부
> 지원금으로만 먹고사는 사람들이 많이 있다는 것이다. 여기서 주목해야 할 점은 과도한 복지 때문이
> 아닌 정책상의 문제라는 의견도 있다는 사실이다. 현실적으로 일을 할 수 있는 능력이 있는 사람에
> 게는 ㉢ 최대한의 생계 비용 이외의 수입을 인정하고, 빈곤층에서 벗어날 수 있도록 지원해주는 것
> 이 개인에게도, 국가에도 바람직한 방식이라는 것이다.
> 이 설문 조사 결과에서 주목해야 할 또 다른 측면은 사회복지 체제가 잘되어 있을수록 근로 의욕이
> 떨어진다고 응답한 사람의 과반수 이상이 중산층 이상의 경제력을 가지고 있었다는 점이다. 재산이
> 많은 사람에게는 약간의 세금 확대도 ㉣ 영향이 적을 수 있기 때문에 경제 발전을 위한 세금 확대는
> 찬성하더라도 복지 정책을 위한 세금 확대는 반대하는 것이다. 이러한 점을 고려해보면 소득 격차
> 축소를 원하는 국민보다 복지 정책을 위한 세금 확대에 반대하는 국민이 많은 다소 모순된 설문 결
> 과에 대한 설명이 가능하다.

① ㉠ : 호응 관계를 고려하여 '따르면'으로 수정한다.
② ㉡ : 앞뒤 내용의 관계를 고려하여 '오히려'로 수정한다.
③ ㉢ : 전반적인 내용의 흐름을 고려하여 '최소한의'로 수정한다.
④ ㉣ : 일반적인 사실을 말하는 것이므로 '영향이 적기 때문에'로 수정한다.

60 하이킹을 하는데 올라갈 때는 시속 10km로 달리고, 내려올 때는 올라갈 때보다 10km 더 먼 길을 시속 20km로 달렸다. 올라갔다가 내려오는 데 총 5시간이 걸렸다면, 올라갈 때 달린 거리는?

① 15km

② 20km

③ 25km

④ 30km

61 다음과 같은 모양의 직각삼각형 ABC가 있다. 변 AB의 길이는 18cm이고 직각삼각형의 둘레가 72cm일 때, 직각삼각형 ABC의 넓이는?

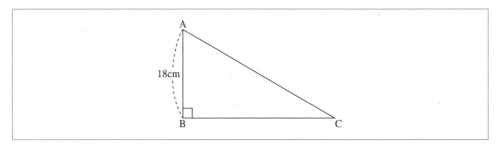

① 182cm^2

② 186cm^2

③ 210cm^2

④ 216cm^2

62 A ~ D부서에서 신입사원을 1명씩 선발하였다. 지원자는 총 5명이었으며, 선발 결과에 대해 다음과 같이 진술하였다. 이 중 1명의 진술만 거짓으로 밝혀졌을 때, 항상 참인 것은?

- 지원자 1 : 지원자 2가 A부서에 선발되었다.
- 지원자 2 : 지원자 3은 A 또는 D부서에 선발되었다.
- 지원자 3 : 지원자 4는 C부서가 아닌 다른 부서에 선발되었다.
- 지원자 4 : 지원자 5는 D부서에 선발되었다.
- 지원자 5 : 나는 D부서에 선발되었는데, 지원자 1은 선발되지 않았다.

① 지원자 1은 B부서에 선발되었다.

② 지원자 2는 A부서에 선발되었다.

③ 지원자 3은 D부서에 선발되었다.

④ 지원자 4는 B부서에 선발되었다.

63 다음 〈조건〉을 참고할 때, 〈보기〉에 대한 판단으로 옳은 것은?

> **조건**
> • 월요일부터 일요일까지 4형제가 돌아가면서 어머니 병간호를 하기로 했다.
> • 첫째, 둘째, 셋째는 이틀씩, 넷째는 하루씩 병간호를 하기로 했다.
> • 어머니가 혼자 계시도록 두는 날은 없다.
> • 첫째는 화요일과 목요일에 병간호를 할 수 없다.
> • 둘째는 평일에 하루, 주말에 하루 병간호를 하기로 했다.
> • 셋째는 일요일과 평일에 병간호를 하기로 했다.
> • 넷째는 수요일에 병간호를 하기로 했다.

> **보기**
> 셋째는 목요일과 일요일에 병간호를 할 것이다.

① 확실히 아니다.　　　　　　　　② 확실하지 않지만 틀릴 확률이 높다.
③ 확실히 맞다.　　　　　　　　　④ 알 수 없다.

64 다음 중 표준 발음법상 발음 표기가 옳은 단어는?

① 고랭지[고냉지]　　　　　　　　② 널찍하다[널찌카다]
③ 설거지물[설거진물]　　　　　　④ 휘발유[휘발뉴]

65 다음과 같은 의미를 가진 한자성어는?

> 재앙과 화난이 바뀌어 오히려 복이 된다.

① 복과화생(福過禍生)　　　　　　② 길흉화복(吉凶禍福)
③ 전화위복(轉禍爲福)　　　　　　④ 복생어미(福生於微)

66 다음 글의 내용으로 가장 적절한 것은?

우리 몸에 이상이 생기면 약물을 투여함으로써 이상 부위를 치료하게 된다. 약물을 투여하는 일반적인 방법으로는 약물을 바르거나 복용하거나 주사하는 것 등이 있는데, 이것들은 약물의 방출량이나 시간 등을 능동적으로 조절하기 어려운 '단순 약물 방출'의 형태이다. 단순 약물 방출의 경우에는 약물이 정상 조직에 작용하여 부작용을 일으키기도 하는데, 특히 항암제나 호르몬제와 같은 약물은 정상 조직에 작용할 경우 심각한 부작용을 초래할 수도 있다. 따라서 치료가 필요한 국부적인 부위에만 약물을 투여할 수 있도록 하는 방안의 필요성이 대두되고 있다.

이에 최근에는 약물의 방출량이나 시간 등을 능동적으로 조절할 수 있는 '능동적 약물 방출'의 연구가 활발하게 이루어지고 있다. 그중 대표적인 것으로 전도성 고분자를 활용하는 연구가 진행 중인데, 특히 '폴리피롤'이라는 전도성 고분자의 활용이 유력시되고 있다. 폴리피롤은 생체 적합성이 우수하고 안정성이 뛰어날 뿐만 아니라 전압에 의해 이온들의 출입이 가능한 특징이 있기 때문이다.

폴리피롤에 전압을 가하면 부피가 변하게 된다. 폴리피롤에는 이온 형태의 도판트*가 들어 있는데, 이 도판트의 크기에 따라 부피 변화 양상은 달라지게 된다. 예를 들어 도판트의 크기가 작을 경우, 폴리피롤에 음의 전압을 가하면 폴리피롤 내에 음전자가 늘어나는 환원 반응이 일어나게 되고, 전기적 중성을 유지하기 위해 크기가 작은 도판트 음이온이 밖으로 빠져 나오게 된다. 이에 따라 폴리피롤의 부피는 줄어든다.

한편 도판트의 크기가 큰 경우에는 환원 반응이 일어나더라도 도판트가 밖으로 나가지 못한다. 대신 폴리피롤 외부에 있는 양이온이 전기적 중성을 맞추기 위하여 폴리피롤 내부로 들어오게 되어 폴리피롤의 부피는 커지게 된다.

이처럼 폴리피롤에서 도판트가 방출되는 원리를 이용하면, 도판트를 이온 상태의 약물로 대체할 경우 전압에 의해 방출량이 제어되는 능동적 약물 방출 시스템으로의 응용도 가능해진다. 이 시스템은 크게 두 가지로 구분된다. 우선, 폴리피롤 합성 과정에서 약물을 직접 도판트로 사용하는 경우이다. 이 경우는 약물의 방출량은 많지만 도판트로 합성이 가능한 약물의 종류에는 제한이 있다. 다른 방법으로는 약물이 이온 형태로 존재하는 전해질 내에서 도판트와 약물을 치환하는 경우이다. 이 경우는 치환되는 전해질 내의 약물 이온의 밀도가 높아야 다양한 약물을 폴리피롤 내에 넣는 것이 가능하다. 그러나 도판트 전부가 치환되지는 않기 때문에 첫 번째 방법보다 약물의 방출량은 적어지고, 제조 공정이 다소 복잡하다.

*도판트 : 전기 전도도를 변화시키기 위해 의도적으로 넣어주는 불순물

① 약물은 정상 조직에 작용하더라도 문제가 발생되지 않게 만들어진다.
② 단순 약물 방출은 원하는 때에 필요한 만큼의 약물을 투여할 수 있다.
③ 능동적 약물 방출의 대표적인 방법이 적용된 사례는 연고나 주사제 등이 있다.
④ 폴리피롤을 사용하려는 이유는 생체 적합성이 우수하고 안정성이 뛰어나기 때문이다.

67 운송업체에서 택배 기사로 일하고 있는 B씨는 5곳에 배달을 할 때, 첫 배송지에서 마지막 배송지까지 총 1시간 20분이 걸린다. 이와 같은 속도로 12곳에 배달을 하려고 할 때, 첫 배송지에서 출발해 마지막 배송지까지 택배를 마치는 데 걸리는 시간은?(단, 배송지에서 머무는 시간은 고려하지 않는다)

① 3시간 12분
② 3시간 25분
③ 3시간 36분
④ 3시간 40분

68 다음은 어느 국가의 A ~ C지역 가구 구성비를 나타낸 자료이다. 이에 대한 설명으로 옳은 것은?

〈A ~ C지역 가구 구성비〉

(단위 : %)

구분	부부 가구	2세대 가구		3세대 이상 가구	기타 가구	합계
		부모＋미혼 자녀	부모＋기혼 자녀			
A지역	5	65	16	2	12	100
B지역	16	55	10	6	13	100
C지역	12	40	25	20	3	100

※ 기타 가구 : 1인 가구, 형제 가구, 비친족 가구
※ 핵가족 : 부부 또는 (한)부모와 그들의 미혼 자녀로 이루어진 가족
※ 확대가족 : (한)부모와 그들의 기혼 자녀로 이루어진 2세대 이상의 가족

① 핵가족 가구의 비중이 가장 높은 지역은 A이다.
② 1인 가구의 비중이 가장 높은 지역은 B이다.
③ 확대가족 가구 수가 가장 많은 지역은 C이다.
④ A, B, C지역 모두 핵가족 가구 수가 확대가족 가구 수보다 많다.

69 다음 중 입체도형을 만들었을 때, 나머지와 모양이 다른 것은?

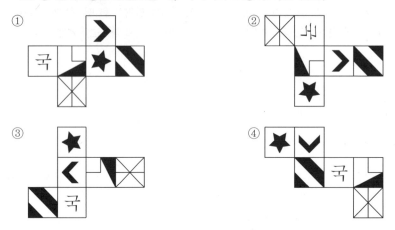

70 다음 그림과 같이 화살표 방향으로 종이를 접은 후 잘라 다시 펼쳤을 때의 그림으로 가장 적절한 것은?

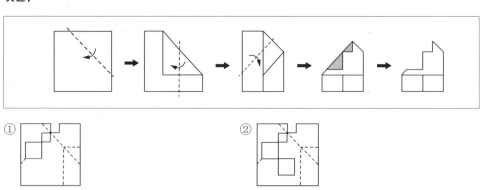

PART 3

최종점검 모의고사

제1회
최종점검 모의고사
(50문항 유형)

■ 취약영역 분석

번호	O/×	영역
1		
2		
3		
4		
5		
6		
7		
8		언어논리력
9		
10		
11		
12		
13		
14		
15		
16		
17		
18		이해력
19		
20		

번호	O/×	영역
21		이해력
22		
23		
24		
25		
26		
27		
28		
29		
30		수리력
31		
32		
33		
34		
35		
36		
37		
38		문제해결력
39		
40		

번호	O/×	영역
41		문제해결력
42		
43		
44		
45		공간지각력
46		
47		
48		
49		관찰탐구력
50		

문항 수	50문항	응시시간	50분
시작시간	:	종료시간	:
취약영역			

※ 광주·대전·세종의 경우 해당 교육청의 출제영역을 확인한 후 모의고사에 응시하기 바랍니다.

🕐 응시시간 : 50분　📋 문항 수 : 50문항　　　　　　　　　정답 및 해설 p.068

01 다음 제시된 단어와 같거나 유사한 의미를 가진 것은?

모순

① 단초　　　　　　　　　② 관용
③ 당착　　　　　　　　　④ 임시

02 다음 제시된 단어와 반대되는 의미를 가진 것은?

집중

① 우량　　　　　　　　　② 정착
③ 전체　　　　　　　　　④ 분산

03 다음에 어울리는 한자성어로 가장 적절한 것은?

대규모 댐 건설 사업 공모에 ○○건설회사가 참여하였다. 해당 사업은 막대한 자금과 고도의 건설 기술이 필요했기에 ○○건설회사가 감당하기 어려운 것이었다. 많은 사람들은 무리하게 공모에 참여한 ○○건설회사에 대해 무모하다고 여겼다.

① 각골난망(刻骨難忘)　　　　② 난공불락(難攻不落)
③ 빈천지교(貧賤之交)　　　　④ 당랑거철(螳螂拒轍)

04 다음 제시된 의미를 가진 단어로 가장 적절한 것은?

글이나 말, 곡선 따위가 거침없이 미끈하고 아름답다.

① 의미하다   ② 주문하다
③ 알뜰하다   ④ 유려하다

05 다음 짝지어진 단어 사이의 관계가 나머지와 다른 하나는?

① 성공 – 노력   ② 타인 – 생각
③ 인재 – 육성   ④ 소설 – 집필

06 다음 제시된 단어의 관계와 동일한 것은?

음주 – 건강악화

① 감기 – 멀미   ② 추위 – 동상
③ 동의 – 거부   ④ 운동 – 수영

07 다음 밑줄 친 단어의 표기가 어법상 옳은 것은?

① 각 분야에서 <u>내로라하는</u> 사람들이 모였다.
② <u>생각컨대</u> 그가 거짓말을 하는 것이 분명했다.
③ 철수야, 친구를 괴롭히면 <u>안 되요</u>.
④ 그를 <u>만난지</u> 한 달이 지났다.

08 다음 〈보기〉에서 맞춤법이 옳지 않은 문장을 모두 고르면?

> 보기
>
> ㄱ. 시간이 있으면 제 사무실에 들리세요.
> ㄴ. 나무를 꺽으면 안 됩니다.
> ㄷ. 사람은 누구나 옳바른 행동을 해야 한다.
> ㄹ. 좋은 물건을 고르려면 이쪽에서 고르세요.

① ㄱ, ㄴ   ② ㄴ, ㄹ
③ ㄷ, ㄹ   ④ ㄱ, ㄴ, ㄷ

09 다음 글의 빈칸에 들어갈 접속어로 가장 적절한 것은?

> 수험생들은 영역별 등급을 고려하여 지원 가능한 대학의 범위를 결정해야 한다. _____ 대학마다 영역별 반영 비율이 다르므로 이를 고려하여 최종 지원 여부를 판단해야 한다.

① 따라서   ② 그러나
③ 즉   ④ 마침내

10 다음 문장들을 논리적 순서대로 바르게 나열한 것은?

> (가) 인간의 도덕적 자각과 사회적 실천을 강조한 개인 윤리로 '충서(忠恕)'가 있다. 충서란, 공자의 모든 사상을 꿰뚫고 있는 도리로서, 인간 개인의 자아 확립과 이를 통한 만물일체의 실현을 위한 것이다.
> (나) 또한 '서(恕)'란 '여심'이다. '내 마음과 같이 한다.'는 말이다. '공자는 내가 하고자 하지 않는 것을 남에게 베풀지 말라 내가 서고자 하면 남도 서게 하고 내가 이루고자 하면 남도 이루게 하라.'고 하였다.
> (다) 이때, '충(忠)'이란 '중심'이다. 주희는 충을 '자기의 마음을 다하는 것'이라고 설명하였다. 이것은 자신의 내면에 대한 충실을 의미한다. 이는 자아의 확립이며 본성에 대한 깨달음이다.
> (라) 즉, 역지사지(易地思之)의 마음을 지닌 상태가 '서'의 상태인 것이며 인간의 자연스러운 마음이라는 것이다.

① (가) – (다) – (나) – (라)
② (가) – (라) – (나) – (다)
③ (나) – (가) – (다) – (라)
④ (다) – (가) – (나) – (라)

11 다음 제시된 문단을 읽고, 이어질 문단을 논리적 순서대로 바르게 나열한 것은?

> 오늘날과 달리 과거에는 마을에서 일어난 일들을 '원님'이 조사하고 그에 따라서 자의적으로 판단하여 형벌을 내렸다. 현대에서 법에 의하지 않고 재판행위자의 입장에서 이루어진다고 생각되는 재판을 비판하는 '원님재판'이라는 용어의 원류이다.

> (가) 죄형법정주의는 앞서 말한 원님재판을 법적으로 일컫는 죄형전단주의와 대립되는데, 범죄와 형벌을 미리 규정하여야 한다는 것으로서, 서구에서 권력자의 가혹하고 자의적인 법 해석에 따른 반발로 등장한 것이다.
> (나) 앞서 살펴본 죄형법정주의가 정립되면서 파생원칙 또한 등장하였는데, 관습형법금지의 원칙, 명확성의 원칙, 유추해석금지의 원칙, 소급효금지의 원칙, 적정성의 원칙 등이 있다. 이러한 파생원칙들은 모두 죄와 형벌은 미리 설정된 법에 근거하여 정확하게 내려져야 한다는 죄형법정주의의 원칙과 연관하여 쉽게 이해될 수 있다.
> (다) 그러나 현대에서 원님재판은 이루어질 수 없다. 형사법의 영역에 논의를 한정하여 보자면, 형사법을 전반적으로 지배하고 있는 대원칙은 형법 제1조에 규정되어있는 소위 죄형법정주의이다.
> (라) 그 반발은 프랑스 혁명의 결과물인 인간 및 시민의 권리선언 제8조에서 '누구든지 범죄 이전에 제정·공포되고 또한 적법하게 적용된 법률에 의하지 아니하고는 처벌되지 아니한다.'라고 하여 실질화되었다.

① (가) – (나) – (라) – (다)
② (가) – (다) – (라) – (나)
③ (다) – (가) – (라) – (나)
④ (다) – (라) – (가) – (나)

12 다음 글의 제목으로 가장 적절한 것은?

서양에서는 아리스토텔레스가 중용을 강조했다. 하지만 우리의 중용과는 다르다. 아리스토텔레스가 말하는 중용은 균형을 중시하는 서양인의 수학적 의식에 기초했으며 또한 우주와 천체의 운동을 완벽한 원과 원운동으로 이해한 우주관에 기초한 것이다. 그러므로 그것은 명백한 대칭과 균형의 의미를 갖는다. 팔씨름에 비유해 보면 아리스토텔레스는 똑바로 두 팔이 서 있을 때 중용이라고 본 데 비해 우리는 팔이 한쪽으로 완전히 기울었다 해도 아직 승부가 나지 않았으면 중용이라고 보는 것이다. 그러므로 비대칭도 균형을 이루면 중용을 이룰 수 있다는 생각은 분명 서양의 중용관과는 다르다.

이러한 정신은 병을 다스리고 약을 쓰는 방법에도 나타난다. 서양의 의학은 병원체와의 전쟁이고 그 대상을 완전히 제압하는 데 반해, 우리 의학은 각 장기 간의 균형을 중시한다. 만약 어떤 이가 간장이 나쁘다면 서양 의학은 그 간장의 능력을 회생시키는 방향으로만 애를 쓴다. 그런데 우리는 만약 더 이상 간장 기능을 강화할 수 없다고 할 때 간장과 대치되는 심장의 기능을 약하게 만드는 방법을 쓰는 것이다. 한쪽의 기능이 치우치면 병이 심해진다고 보기 때문이다. 우리는 의학 처방에 있어서조차 중용관에 기초해서 서양의 그것과는 다른 가치관과 세계관을 적용하면서 살아온 것이다.

① 서양과 우리의 가치관   ② 아리스토텔레스의 중용의 의미
③ 서양 의학과 우리 의학의 차이   ④ 서양 중용관과 우리 중용관의 차이

13 다음 글의 주제로 가장 적절한 것은?

누구나 깜빡 잊어버리는 증상을 겪을 수 있다. 나이가 들어서 자꾸 이런 증상이 나타난다면 치매가 아닐까 걱정하게 마련인데 이 중 정말 치매인 경우와 단순 건망증을 어떻게 구분해 낼 수 있을까? 치매란 기억력 장애와 함께 실행증, 집행기능의 장애 등의 증상이 나타나며 이런 증상이 사회적, 직업적 기능에 중대한 지장을 주는 경우라고 정의한다. 증상은 원인 질환의 종류 및 정도에 따라 다른데 아주 가벼운 기억장애부터 매우 심한 행동장애까지 다양하게 나타난다. 일상생활은 비교적 정상적으로 수행하지만 뚜렷한 건망증이 있는 상태를 '경도인지장애'라고 하는데 경도인지장애는 매년 10 ~ 15%가 치매로 진행되기 때문에 치매의 위험인자로 불린다. 모든 치매 환자에게서 공통으로 보이는 증상은 기억장애와 사고력, 추리력, 언어능력 등의 영역에서 동시에 장애를 보이는 것이며 인격 장애, 공격성, 성격의 변화와 비정상적인 행동들도 치매가 진행됨에 따라 나타날 수 있는 증상들이다. 국민건강보험 I병원 신경과 교수는 "치매를 예방하기 위해서는 대뇌(Cerebrum) 활동 참여, 운동, 뇌졸중 예방, 식습관 개선 및 음주, 흡연을 자제해야 한다."고 말했다.

한편 치매는 시간이 지나면 악화가 되고 여러 행동이상(공격성, 안절부절 못함, 수면장애, 배회 등)을 보이며 기억력 저하 등의 증상보다는 이런 행동이상에 의한 문제가 더 크기 때문에 행동이상에 대한 조사도 적절히 시행돼야 한다.

① 치매의 의미   ② 치매의 종류
③ 건망증의 분류   ④ 인지장애단계 구분

14 다음 글의 빈칸에 들어갈 문장을 〈보기〉에서 찾아 순서대로 바르게 나열한 것은?

묵자(墨子)의 '겸애(兼愛)'는 '차별이 없는 사랑' 그리고 '서로 간의 사랑'을 의미한다. 얼핏 묵자의 이런 겸애는 모든 사람이 평등한 지위에서 서로를 존중하고 사랑하는 관계를 뜻하는 듯 보이지만, 이는 겸애를 잘못 이해한 것이다. 겸애는 "남의 부모를 나의 부모처럼 여기고, 남의 집안을 내 집안처럼 여기고, 남의 국가를 나의 국가처럼 여기는 것"이다. 그것은 '나'와 '남'이라는 관점의 차별을 지양하자는 것이지 사회적 위계질서를 철폐하자는 것이 아니다. 겸애는 정치적 질서나 위계적 구조를 긍정한다는 특징을 지니고 있다. _____

또 겸애의 개념에는 일종의 공리주의적 요소가 들어있다. _____ 겸애는 단지 아끼고 사랑하는 마음이나 감정을 넘어선다. 묵자가 살았던 전국시대에 민중의 삶은 고통 그 자체였다. 묵자는 "굶주린 자가 먹을 것을 얻지 못하고, 추운 자가 옷을 얻지 못하며, 수고하는 자가 휴식을 얻지 못하는 것, 이 세 가지가 백성들의 커다란 어려움이다."라고 했다. 군주의 겸애는 백성을 향한 사랑의 마음만으로 결코 완성될 수 없다. _____ 이처럼 백성에게 요긴한 이익을 베풀 수 있는 사람이 바로 군주이다. 이런 까닭에 묵자는 "윗사람을 높이 받들고 따라야 한다."는 이념을 세울 수 있었다. 군주는 그런 이익을 베풀 수 있는 재력과 힘을 지니고 있었기 때문이다.

보기

ㄱ. 이런 의미에서 묵자의 겸애는 평등한 사랑이라기보다 불평등한 위계질서 속에서의 사랑이라고 규정할 수 있다.

ㄴ. 군주는 굶주린 백성에게 먹을 것을 주어야 하고, 추운 자에게 옷을 주어야 하며, 노동이나 병역으로 지친 자는 쉬게 해 주어야 한다.

ㄷ. 즉, 묵자에게 있어 누군가를 사랑한다는 것은 그 사람을 현실적으로 이롭게 하겠다는 의지를 함축한다.

① ㄱ, ㄴ, ㄷ   ② ㄱ, ㄷ, ㄴ

③ ㄴ, ㄱ, ㄷ   ④ ㄴ, ㄷ, ㄱ

PART 3

15 다음 글의 빈칸에 들어갈 내용으로 가장 적절한 것은?

최근 미국 국립보건원은 벤젠 노출과 혈액암 사이에 연관이 있다고 보고했다. 직업안전보건국은 작업장에서 공기 중 벤젠 노출 농도가 1ppm을 넘지 말아야 한다는 한시적 긴급 기준을 발표했다. 당시 법규에 따른 기준은 10ppm이었는데, 직업안전보건국은 이 엄격한 새 기준이 영구적으로 정착되길 바랐다. 그런데 벤젠 노출 농도가 10ppm 이상인 작업장에서 인명피해가 보고된 적은 있지만, 그보다 낮은 노출 농도에서 인명피해가 있었다는 검증된 데이터는 없었다. 그럼에도 불구하고 직업안전보건국은 벤젠이 발암물질이라는 이유를 들어, 당시 통용되는 기기로 쉽게 측정할 수 있는 최소치인 1ppm을 기준으로 삼아야 한다고 주장했다. 직업안전보건국은 직업안전보건법의 구체적 실행에 관여하는 핵심 기관인데, 이 법은 '직장생활을 하는 동안 위험물질에 업무상 주기적으로 노출되더라도 그로 인해 어떤 피고용인도 육체적 손상이나 작업 능력의 손상을 입어서는 안 된다.'고 규정하고 있다.

이후 대법원은 직업안전보건국이 제시한 1ppm의 기준이 지나치게 엄격하다고 판결하였다. 대법원은 '직업안전보건법이 비용 등 다른 조건은 무시한 채 전혀 위험이 없는 작업장을 만들기 위한 표준을 채택하도록 직업안전보건국에게 무제한의 재량권을 준 것은 아니다.'라고 밝혔다. _____ _____ 직업안전보건국은 과학적 불확실성에도 불구하고 사람의 생명이 위험에 처할 수 있는 경우에는 더욱 엄격한 기준을 시행하는 것이 옳다면서, 자신들에게 책임을 전가하는 것에 반대했다. 또한 노동자를 생명의 위협이 될 수 있는 화학 물질에 노출시키는 사람들이 그 안전성을 입증해야 한다고 보았다.

① 여러 가지 과학적 불확실성으로 인해, 직업안전보건국의 기준이 합당하다는 것을 대법원이 입증할 수 없으므로 이를 수용할 수 없다는 것이다.

② 대법원은 벤젠의 노출 수준이 1ppm을 초과할 경우 노동자의 건강에 실질적으로 위험하다는 것을 직업안전보건국이 입증해야 한다고 주장했다.

③ 대법원은 재량권의 범위가 클수록 그만큼 더 신중하게 사용해야 한다는 점을 환기시키면서, 10ppm 수준의 벤젠 농도가 노동자의 건강에 정확히 어떤 손상을 가져오는지를 직업안전보건국이 입증해야 한다고 주장했다.

④ 직업안전보건국은 발암물질이 함유된 공기가 있는 작업장들 가운데서 전혀 위험이 없는 환경과 미미한 위험이 있는 환경을 구별해야 한다고 주장했는데, 대법원은 이것이 무익하고 무책임한 일이라고 지적했다.

16 다음 글의 내용으로 가장 적절한 것은?

이슬람사회에서 결혼은 계약관계로 간주된다. 따라서 부부관계는 계약사항이 위반될 때 해제될 수 있다. 결혼식 전 신랑 측과 신부 측이 서로 합의하에 결혼계약서를 작성하며, 결혼식에서 신랑과 신부 집안의 가장(家長), 양가의 중재자, 양쪽 집안에서 정한 증인이 결혼계약서에 각각 서명해야 하는 점은 이를 반영한다. 결혼계약서에 서명이 없거나, 이슬람의 관습에 따라 결혼식이 진행되지 않았거나, 서명이 끝난 결혼계약서가 정부에 등록되지 않으면 결혼은 무효로 간주되어 법적 효력이 없다.

결혼식은 아랍어로 '시가'라고 하는 결혼서약으로 시작된다. 이는 결혼식 날 주례로서 결혼을 주관하는 '마우준'이 신랑 측과 신부 측에 결혼 의사를 묻고 동의 의사를 듣는 것으로 이루어진다. 이슬람사회의 관습에 따르면 결혼식에서 직접 동의 의사를 공표하는 신랑과 달리, 신부는 스스로 자신의 결혼 의사를 공표할 수 없다. 신부의 후견인인 '왈리'가 신부를 대신해 신부의 결혼 의사를 밝힌다. 보통 아버지가 그 역할을 담당하지만 아버지의 부재 시 삼촌이나 오빠가 대신한다. 당사자 혹은 대리인의 동의 없는 결혼서약은 무효로 간주된다.

결혼에 대한 양가의 의사 이외에도 이슬람사회에서 결혼이 성립되기 위한 필수조건으로 '마흐르'라고 불리는 혼납금이 있어야 한다. 이슬람사회의 관습에 따르면 혼납금은 신부의 개인 재산으로 간주된다. 혼납금은 결혼계약서를 작성하면서 신랑이 신부에게 지급해야 한다.

증인 또한 중요하다. 결혼식의 증인으로는 믿을 만한 양가 친척이나 부모의 친구가 선택된다. 양가를 대표하는 두 명의 증인은 결혼계약서에 서명함으로써 결혼에 거짓이 없음을 증명한다. 결혼식에서 증인이 확인하는 내용은 신랑이나 신부가 친남매 간이나 수양남매 관계가 아니라는 것, 양가의 사회적 지위가 비슷하며 종교가 같다는 것, 이전에 다른 결혼관계가 있었는지 여부, 신부가 '잇다' 기간에 있지 않다는 것 등이다. '잇다' 기간이란 여성이 이전 결혼관계가 해제된 후 다음 결혼 전까지 두어야 하는 결혼 대기 기간으로, 이 기간 동안 전 결혼에서 발생했을지 모를 임신 여부를 확인한다.

① 이슬람사회에서 남성은 전처의 잇다 기간 동안에는 재혼할 수 없다.

② 이슬람사회에서 결혼은 계약관계로 간주되기 때문에 결혼의 당사자가 직접 결혼계약서에 서명해야 법적 효력이 있다.

③ 이슬람 사회의 결혼계약서에는 신랑과 신부의 가족관계, 양가의 사회적 배경, 양가의 결합에 대한 정부의 승인 등의 내용이 들어 있다.

④ 이슬람사회에서 대리인을 통하지 않고 법적으로 유효하게 결혼 동의 의사를 밝힌 결혼 당사자는 상대방에게 혼납금을 지급하였을 것이다.

17 다음 글의 주장에 대한 비판으로 가장 적절한 것은?

스피노자의 윤리학을 이해하기 위해서는 코나투스(Conatus)라는 개념이 필요하다. 스피노자에 따르면 실존하는 모든 사물은 자신의 존재를 유지하기 위해 노력하는데, 이것이 바로 그 사물의 본질인 코나투스라는 것이다. 정신과 신체를 서로 다른 것이 아니라 하나로 보았던 그는 정신과 신체에 관계되는 코나투스를 충동이라 부르고, 다른 사물들과 같이 인간도 자신을 보존하고자 하는 충동을 갖고 있다고 보았다. 특히 인간은 자신의 충동을 의식할 수 있다는 점에서 동물과 차이가 있다며 인간의 충동을 욕망이라고 하였다. 즉, 인간에게 코나투스란 삶을 지속하고자 하는 욕망을 의미한다.

스피노자는 선악의 개념도 코나투스와 연결 짓는다. 그는 사물이 다른 사물과 어떤 관계를 맺느냐에 따라 선이 되기도 하고 악이 되기도 한다고 말한다. 코나투스의 관점에서 보면 선이란 자신의 신체적 활동 능력을 증가시키는 것이며, 악은 자신의 신체적 활동 능력을 감소시키는 것이다. 이를 정서의 차원에서 설명하면 선은 자신에게 기쁨을 주는 모든 것이며, 악은 자신에게 슬픔을 주는 모든 것이다. 한마디로 인간의 선악에 대한 판단은 자신의 감정에 따라 결정된다는 것을 의미한다.

이러한 생각을 토대로 스피노자는 코나투스인 욕망을 긍정하고 욕망에 따라 행동하라고 이야기한다. 슬픔은 거부하고 기쁨을 지향하라는 것, 그것이 곧 선의 추구라는 것이다. 그리고 코나투스는 타자와의 관계에 영향을 받으므로 인간에게는 타자와 함께 자신의 기쁨을 증가시킬 수 있는 공동체가 필요하다고 말한다. 그 안에서 자신과 타자 모두의 코나투스를 증가시킬 수 있는 기쁨의 관계를 형성하라는 것이 스피노자의 윤리학이 우리에게 하는 당부이다.

① 욕망은 채우고 채워도 완전히 충족될 수 없으므로 욕망의 결핍이 주는 고통으로부터 벗어나기 위해 욕망을 절제해야 한다.

② 자신의 힘을 능동적으로 발휘하여 욕망을 성취할 수 있을 때 비로소 진정한 자유의 기쁨을 누릴 수 있다.

③ 인간의 모든 행동은 욕망에 의해 생겨나며, 욕망이 없다면 무기력한 존재가 될 수밖에 없다.

④ 인간을 포함한 모든 동물은 삶에 대한 본능적 의지인 코나투스를 가지고 있다.

18 다음 글 뒤에 이어질 내용으로 가장 적절한 것은?

> 언론 보도에 노출된 범죄 피의자는 경제적·직업적·가정적 불이익을 당할 뿐만 아니라, 인격이 심하게 훼손되거나 심지어는 생명을 버리기까지도 한다. 따라서 사회적 공기(公器)인 언론은 개인의 초상권을 존중하고 언론 윤리에 부합하는 범죄 보도가 될 수 있도록 신중을 기해야 한다. 범죄 보도가 초래하는 법적·윤리적 논란은 언론계 전체의 신뢰도에 치명적인 손상을 가져올 수도 있다.

① 다시 말해, 기자정신을 갖지 않는 기자가 많아졌다는 말이다.

② 범죄 보도를 통하여 국민들에게 범죄에 대한 경각심을 키워줄 수 있다.

③ 이는 범죄가 언론에는 매혹적인 보도 소재이지만, 자칫 부메랑이 되어 언론에 큰 문제를 일으킬 수 있다는 말이다.

④ 언론에 의한 초상권 침해의 유형으로는 본인의 동의를 구하지 않은 무단 촬영·보도, 승낙의 범위를 벗어난 촬영·보도, 몰래 카메라를 동원한 촬영·보도 등을 들 수 있다.

PART 3

19 다음 글을 읽고 추론한 내용으로 가장 적절한 것은?

> 미국 사회에서 동양계 미국인 학생들은 '모범적 소수 인종(Model Minority)'으로, 즉 미국의 교육 체계 속에서 뚜렷하게 성공한 소수 인종의 전형으로 간주되어 왔다. 그리고 그들은 성공적인 학교생활을 통해 주류 사회에 동화되고 이것에 의해 사회적 삶에서 인종주의의 영향을 약화시킨다는 주장으로 이어졌다. 하지만 동양계 미국인 학생들이 이렇게 정형화된 이미지처럼 인종주의의 장벽을 넘어 미국 사회의 구성원으로 참여하고 있는가는 의문이다. 미국 사회에서 동양계 미국인 학생들의 인종적 정체성은 다수자인 '백인'의 특성이 장점이라고 생각하는 것과 소수자인 동양인의 특성이 단점이라고 생각하는 것의 사이에서 구성된다. 그리고 이것은 그들에게 두 가지 보이지 않는 결과를 제공한다. 하나는 대부분의 동양계 미국인 학생들이 인종적인 차이에 대한 그들의 불만을 해소하고 인종 차이에서 발생하는 차별을 피하고자 백인이 되기를 원하는 것이다. 다른 하나는 다른 사람들이 자신을 동양인으로 연상하지 않도록 자신 스스로 동양인들의 전형적인 모습에서 벗어나려고 하는 것이다. 그러므로 모범적 소수 인종으로서의 동양계 미국인 학생은 백인에 가까운 또는 동양인에서 먼 '미국인'으로 성장할 위험 속에 있다.

① '동양계 미국인 학생들'의 성공은 일시적이고 허구적인 것이다.

② '모범적 소수 인종'은 특유의 인종적 정체성을 내면화하고 있다.

③ 여러 집단의 인종은 사회에서 한정된 자원의 배분을 놓고 갈등하고 있다.

④ 여러 소수 인종 집단은 인종 차이가 초래할 부정적인 효과에 대해 의식하고 있다.

옛날 해전은 대개 적함에 나란히 기대어 적함으로 넘어가 칼싸움을 하는 전술로 로마해군은 이를 위한 사다리까지 준비하고 다녔다. 이런 전술은 16세기 유럽은 물론 전 세계 어디에서나 가장 흔한 전법이었다. 물론 왜군도 당연히 이런 전법을 썼는데, 중종실록에 "왜적이 칼을 빼어 들고 배 안에 뛰어들면 맹사가 아무리 많아도 당해낼 수 없다."고 한 대목이나, 임진왜란 때 왜의 큰 전함인 대흑주에는 대포가 겨우 3문, 그것도 구경 3cm짜리가 장치된 반면 일본도가 200자루나 되는 점들은 역시 왜 수군이 접전에 능하며 단병접전 전술을 채택한 때문이다.

그러나 우리나라의 해전술은 주로 궁시에 의한 적선의 소각이 첫 번째 전법이었다. 따라서 우리 수군은 많은 함포를 사용했는데, 그 구경도 왜의 것보다 커서 보통 90~130mm 정도였다. 때문에 적이 우리 배에 올라오지 못하게 하는 게 중요했다. 따라서 고려 말에 뱃전에 칼을 꽂아 만든 검선이라든가 과선 등이 나오게 된 것도 검술에 익숙지 못한 우리의 해군을 보호하고 2층의 높은 곳에서 활로 공격하기 위함이다. 따라서 적은 판옥선의 2층 높이에 오르기가 어렵고 반면에 판옥선의 입장에선 적을 내려다보며 공격할 수 있다.

이처럼 적의 장기인 접전을 막고 우리의 장기인 궁시에 의한 공격효율을 높이기 위해 만들어진 것이 판옥선이다. 전통적인 궁술이 포격으로 발전하여 판옥선의 천자총통은 산탄 100발을 쏠 수도 있었다. 당연히 사정거리도 월등히 길어서 왜군의 조총이 대개 200m 사거리에 유효사거리 50m인 데 비해 세종 때 기록을 보면 천자포가 1,500보, 지자포가 900보, 현자포가 800보 정도이다. 비교가 안 될 만큼 큰 것이다.

이처럼 판옥선은 우리의 장기인 궁술과 포격전을 유리하게 이끌기 위한 충분한 장소 제공과 적의 단병접전을 방지할 높은 보루의 역할을 할 판옥을 배 위에 만들어 적의 전술을 무용지물로 만들고 아군을 유리한 위치에서 싸울 수 있도록 만들었다.

20 윗글의 주제로 가장 적절한 것은?

① 판옥선의 용도　　　　　　　② 판옥선의 정의
③ 판옥선의 역사　　　　　　　④ 판옥선의 해전술

21 윗글의 내용으로 적절하지 않은 것은?

① 판옥선은 많은 화포로 무장함과 동시에 함포도 월등히 컸으나, 사거리가 짧다는 단점이 있다.
② 판옥선은 2층으로 만들어져 적군을 보다 유리한 위치에서 공격할 수 있었다.
③ 우리나라 해전술의 특성상 적이 배에 올라타지 못하도록 하는 것이 중요했다.
④ 우리나라의 해전술은 궁시에서 포격으로 발전되었다.

※ 다음 제시된 식의 값을 구하시오. **[22~23]**

22

$$1,223+2,124+5,455-6,751$$

① 2,021   ② 2,031

③ 2,041   ④ 2,051

23

$$512,745-425,427+23,147$$

① 107,465   ② 108,465

③ 109,465   ④ 110,465

24 38의 4할 1푼 3리는 얼마인가?

① 15.694   ② 156.94

③ 16.384   ④ 163.84

25 다음 빈칸에 들어갈 수로 가장 적절한 것은?

$$0.3598 < (\quad) < 0.9584$$

① $\dfrac{7}{20}$ ② $\dfrac{10}{9}$

③ $\dfrac{8}{15}$ ④ $\dfrac{35}{33}$

26 다음 A, B에 대하여 대소를 비교하면?

- A : $(8.5^2 - 7.3^2) \times \dfrac{2}{5}$

- B : $81.25 \div 10 - \dfrac{1}{8}$

① A > B   ② A = B
③ A < B   ④ 알 수 없다.

27 효진이가 집에서 서점까지 갈 때에는 시속 4km의 속력으로 걷고 집으로 되돌아올 때에는 시속 3km의 속력으로 걸어왔더니 이동시간만 7시간이 걸렸다고 한다. 집에서 서점까지의 거리는?

① 10km   ② 11km
③ 12km   ④ 13km

28 수영장에 오염농도가 5%인 물 20kg이 있다. 이 물에 깨끗한 물을 넣어 오염농도를 1%p 줄이려고 한다. 이때 물을 얼마나 넣어야 하는가?

① 3kg ② 4kg
③ 5kg ④ 6kg

29 첫째와 둘째, 둘째와 셋째의 터울이 각각 3살인 A, B, C 삼 형제가 있다. 3년 후면 막내 C의 나이는 첫째 A의 나이의 $\frac{2}{3}$가 된다고 한다. A, B, C의 나이를 모두 더하면 얼마인가?

① 33 ② 36
③ 39 ④ 45

30 철수는 2,000원, 영희는 2,400원을 가지고 있었다. 같은 가격의 공책을 1권씩 사고 나니 영희의 돈이 철수의 2배가 되었다. 이때 공책의 가격은?

① 1,000원 ② 1,200원
③ 1,400원 ④ 1,600원

31 K빌딩 시설관리팀에서 건물 화단 보수를 위해 두 팀으로 나누었다. 한 팀은 작업 하나를 마치는 데 15분이 걸리지만 작업을 마치면 도구 교체를 위해 5분이 걸린다. 다른 한 팀은 작업 하나를 마치는 데 30분이 걸리지만 한 작업을 마치면 도구 교체 없이 바로 다른 작업을 시작한다고 한다. 오후 1시부터 두 팀이 쉬지 않고 작업한다고 할 때, 두 팀이 세 번째로 동시에 작업을 시작하는 시각은?

① 오후 3시 30분 ② 오후 4시
③ 오후 4시 30분 ④ 오후 5시

32 A ~ G 7명의 사람이 일렬로 설 때, A와 G는 서로 맨 끝에 서고, C, D, E는 서로 이웃하여 서는 경우의 수는?

① 24가지　　　　　　　　　　② 36가지
③ 48가지　　　　　　　　　　④ 72가지

33 내일은 축구경기가 있는 날인데 비가 올 확률은 $\dfrac{2}{5}$ 이다. 비가 온다면 이길 확률이 $\dfrac{1}{3}$, 비가 오지 않는다면 이길 확률이 $\dfrac{1}{4}$ 일 때, 이길 확률은?

① $\dfrac{4}{15}$　　　　　　　　　② $\dfrac{17}{60}$

③ $\dfrac{3}{10}$　　　　　　　　　④ $\dfrac{19}{60}$

34 다음은 주요 국가별 자국 영화 점유율을 나타낸 자료이다. 이에 대한 설명으로 옳지 않은 것은?

〈주요 국가별 자국 영화 점유율〉

(단위 : %)

구분	2020년	2021년	2022년	2023년
한국	50	42	48	46
일본	47	51	58	53
영국	28	31	16	25
프랑스	36	45	36	35
미국	90	91	92	91

① 자국 영화 점유율에서 프랑스가 한국을 앞지른 해는 2021년뿐이다.
② 4년간 자국 영화 점유율이 매년 꾸준히 상승한 국가는 하나도 없다.
③ 2020년 대비 2023년 자국 영화 점유율이 가장 많이 하락한 국가는 한국이다.
④ 2022년 자국 영화 점유율이 해당 국가의 4년간 통계에서 가장 높은 경우가 절반이 넘는다.

※ 다음은 2018 ~ 2022년 연도별 해양사고 발생 현황에 대한 자료이다. 이어지는 질문에 답하시오.
[35~36]

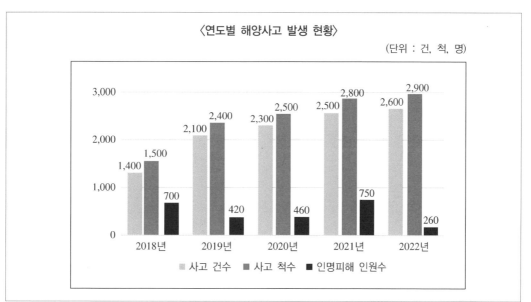

35 다음 중 2018년 대비 2019년 사고 척수의 증가율과 사고 건수의 증가율이 순서대로 나열된 것은?

① 40%, 45% ② 45%, 50%

③ 60%, 50% ④ 60%, 55%

36 다음 중 사고 건수당 인명피해 인원수가 가장 많은 연도는?

① 2018년 ② 2019년

③ 2020년 ④ 2021년

37 다음과 같이 일정한 규칙으로 수를 나열할 때, 빈칸에 들어갈 수로 가장 적절한 것은?

	4	6	12	24	( )	96	108	384

① 10   ② 9

③ 28   ④ 36

38 다음과 같이 일정한 규칙으로 문자를 나열할 때, 빈칸에 들어갈 문자로 가장 적절한 것은?

F	G	E	H	D	( )	C

① B   ② I

③ J   ④ K

39 다음 명제가 모두 참일 때, 반드시 참인 명제는?

- 테니스를 좋아하는 사람은 가족 여행을 싫어한다.
- 가족 여행을 좋아하는 사람은 독서를 좋아한다.
- 독서를 좋아하는 사람은 쇼핑을 싫어한다.
- 쇼핑을 좋아하는 사람은 그림 그리기를 좋아한다.
- 그림 그리기를 좋아하는 사람은 테니스를 좋아한다.

① 그림 그리기를 좋아하는 사람은 가족 여행을 좋아한다.

② 쇼핑을 싫어하는 사람은 그림 그리기를 좋아한다.

③ 쇼핑을 좋아하는 사람은 가족 여행을 싫어한다.

④ 테니스를 좋아하는 사람은 독서를 좋아한다.

40 A ~ E 5명은 ○○시에서 개최하는 마라톤에 참가하였다. 제시된 내용이 모두 참일 때, 다음 중 항상 참이 아닌 것은?

- A는 B와 C보다 앞서 달리고 있다.
- D는 A보다 뒤에 달리고 있지만, B보다는 앞서 달리고 있다.
- C는 D보다 뒤에 달리고 있지만, B보다는 앞서 달리고 있다.
- E는 C보다 뒤에 달리고 있지만, 5명 중 꼴찌는 아니다.

① 현재 1등은 A이다.
② 현재 꼴찌는 B이다.
③ E는 C와 B 사이에서 달리고 있다.
④ 현재 순위에서 변동 없이 결승점까지 달린다면 C가 4등을 할 것이다.

41 어느 편의점에서 도난 사건이 발생했다. CCTV 확인을 통해 그 시각 편의점에 들렀던 용의자 A ~ F가 검거됐다. 이들 중 범인인 두 사람이 거짓말을 하고 있다면, 거짓말을 한 사람은?

- A : F가 성급한 모습으로 편의점에서 나가는 것을 봤어요.
- B : C가 가방 속에 무언가 넣는 모습을 봤어요.
- C : 나는 범인이 아닙니다.
- D : B 혹은 A가 훔치는 것을 봤어요.
- E : F가 범인인 게 확실해요. CCTV를 자꾸 신경 쓰고 있었거든요.
- F : 얼핏 봤는데, 제가 본 도둑은 C 아니면 E예요.

① A, C
② B, C
③ B, F
④ D, E

42 다음 중 1명만 거짓말을 할 때, 항상 참인 것은?(단, 한 층에 1명만 내린다)

- A : B는 1층에서 내렸다.
- B : C는 1층에서 내렸다.
- C : D는 적어도 3층에서 내리지 않았다.
- D : A는 4층에서 내렸다.
- E : A는 4층에서 내리고 나는 5층에 내렸다.

① C는 1층에서 내렸다.

② A는 4층에서 내리지 않았다.

③ D는 3층에서 내렸다.

④ A는 D보다 높은 층에서 내렸다.

43 다음 그림과 같이 접었을 때 나올 수 있는 뒷면의 모양으로 가장 적절한 것은?

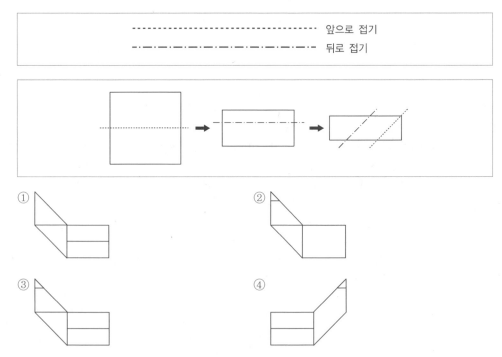

----------------------------------- 앞으로 접기

-·-·-·-·-·-·-·-·-·-·-·-·-·-·-·- 뒤로 접기

①

②

③

④

44 다음 제시된 도형의 규칙을 보고 ?에 들어갈 도형으로 알맞은 것을 고르면?

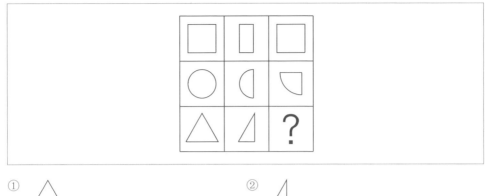

①   ②

③   ④

45 다음 제시된 전개도로 정육면체를 만들 때, 만들어질 수 없는 것은?

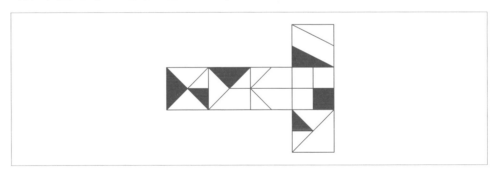

46 다음 제시된 단면과 일치하는 입체도형을 고르면?

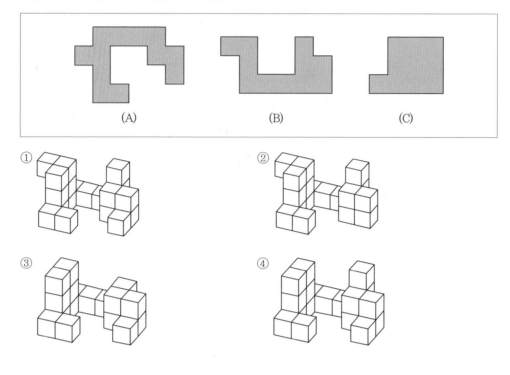

47 다음 블록의 개수는 몇 개인가?(단, 보이지 않는 곳의 블록은 있다고 가정한다)

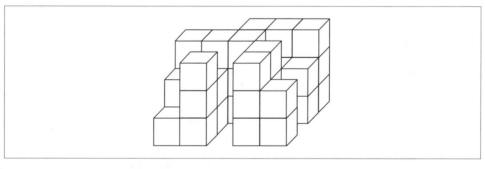

① 45개   ② 44개

③ 43개   ④ 42개

48 다음 전자기파 종류 중 에너지가 가장 큰 것은?

① X선

② 가시광선

③ 자외선

④ 적외선

49 다음 중 원소, 원자 및 분자에 대한 설명으로 옳지 않은 것은?

① 2가지 이상의 서로 다른 원소들이 결합하여 만들어진 순물질을 화합물이라 한다.

② 원소는 1가지 성분으로 이루어진 순물질이다.

③ 원자는 원소를 구성하는 기본적인 입자이다.

④ 분자는 원자 1개로 이루어질 수 없다.

50 다음 중 지구의 위도별 태양 복사 에너지와 지구 복사 에너지의 불균형으로 인해 생겨난 저위도의 과잉 에너지를 고위도로 보내는 현상은?

① 오로라

② 맨틀 대류

③ 대기 대순환

④ 지구 온난화

제2회
최종점검 모의고사
(45문항 유형)

■ 취약영역 분석

번호	O/×	영역
1		
2		
3		
4		
5		
6		
7		
8		언어논리력
9		
10		
11		
12		
13		
14		
15		
16		
17		이해력
18		
19		
20		

번호	O/×	영역
21		
22		
23		
24		
25		
26		
27		
28		수리력
29		
30		
31		
32		
33		
34		
35		
36		
37		
38		문제해결력
39		
40		

번호	O/×	영역
41		
42		공간지각력
43		
44		관찰탐구력
45		

문항 수	45문항	응시시간	50분 / 45분
시작시간	:	종료시간	:
취약영역			

※ 지원하는 교육청의 응시시간에 따라 모의고사에 응시하기 바랍니다.

🕐 응시시간 : 50분 / 45분   📑 문항 수 : 45문항   정답 및 해설 p.077

01 다음 제시된 단어와 같거나 유사한 의미를 가진 단어는?

거부

① 솔직   ② 억제
③ 거절   ④ 지도

02 다음 글의 내용과 관련 있는 한자성어로 가장 적절한 것은?

> 패스트푸드 M사 사장은 국내 최고령 직원인 A씨를 축하하기 위해 서울의 한 매장을 찾았다. 일제
> 강점기에 태어난 A씨는 6·25전쟁에 참전하여 제대 후 은행원으로 일했고, 55세에 정년으로 퇴임
> 한 뒤 2003년부터 M사의 한 매장에서 제2의 인생을 살고 있다. 그는 매주 일~수요일 오전 9시부
> 터 오후 1시 30분까지 근무하며, 매장 청소와 뒷정리 등을 돕는 일을 하고 있다. 고령의 나이에도
> 불구하고 16년간 지각 및 무단결근을 한 적이 없으며, 변하지 않는 성실함으로 다른 직원들의 귀감
> 이 되고 있다.

① 거재두량(車載斗量)   ② 득롱망촉(得隴望蜀)
③ 교주고슬(膠柱鼓瑟)   ④ 시종여일(始終如一)

03 다음 제시된 의미를 가진 단어로 가장 적절한 것은?

벌어지는 사태를 잘 살펴서 필요한 대책을 세워 행하다.

① 주저하다   ② 실신하다
③ 일치하다   ④ 조치하다

04 다음 중 짝지어진 단어 사이의 관계가 나머지와 다른 하나는?

① 맷돌 – 믹서기 – 절구
② 연고 – 로션 – 반창고
③ 볼펜 – 연필 – 붓
④ 치마 – 바지 – 원피스

05 다음 제시된 단어의 관계와 동일한 것은?

> 진귀하다 – 흔하다

① 돕다 – 구제하다
② 척척하다 – 건조하다
③ 유린하다 – 침해하다
④ 눅눅하다 – 녹녹하다

06 다음 중 밑줄 친 단어의 표기가 어법상 옳지 않은 것은?

① 그는 쥐꼬리만 한 수입으로 <u>근근히</u> 살아간다.
② 우리는 <u>익히</u> 알고 지내는 사이다.
③ <u>어차피</u> 죽을 바엔 밥이라도 배불리 먹고 싶다.
④ 그들은 모두 배가 고팠던 터라 자장면을 <u>곱빼기</u>로 시켜 먹었다.

07 다음 글에서 어법상 틀린 단어의 개수는?

프랑스 리옹대학 심리학과 스테파니 마차 교수팀은 학습 시간 사이에 잠을 자면 복습 시간이 줄어들고 더 오랫동안 기억할 수 있다는 점을 발견했다고 발표했다. 마차 교수팀은 성인 40명을 두 집단으로 나누어 단어 학습과 기억력을 검사했는데, 한 집단은 오전에 1차 학습을 한 후 오후에 복습을 시켰고 다른 한 집단은 저녁에 1차 학습을 한 후 잠을 자고 다음 날 오전 복습을 시킨 결과 수면 집단이 비수면 집단에 비해 획기적으로 학습 효과가 올라간 것을 볼 수 있었다. 이는 수면 집단이 상대적으로 짧은 시간에 좋은 성과를 얻은 것으로 '수면이 기억을 어떻한 방식으로인가 전환한 것으로 보인다.'고 설명했다. 학령기 자녀를 둔 부모라면 수면과 학습 효과의 상관성을 더욱 관심 있게 지켜봐야 할 것 같다.

① 없음　　　　　　　　　　　② 1개
③ 2개　　　　　　　　　　　④ 3개

08 다음 글의 빈칸에 들어갈 접속어로 가장 적절한 것은?

환경부는 폐기물 선별 업체의 폐기물 선별 과정을 지원하기 위해 지급하는 선별지원금을 내년부터 등급에 따라 차등화할 계획이다. 등급 기준은 선별품 내 페트병 이외의 이물질이나 다른 재질의 혼합 정도, 선별 업체의 페트병 관리체계 등을 고려해 마련될 예정이다. _____ 선별 업체의 등급 결과를 매년 환경부 누리집을 통해 공표하여 제도 운영의 투명성을 확보할 계획이다.

① 또한　　　　　　　　　　　② 그러므로
③ 따라서　　　　　　　　　　④ 그러나

09 다음 문장들을 논리적 순서대로 바르게 나열한 것은?

(가) 이번에 개소한 은퇴연구소는 연구조사팀, 퇴직연금팀 등 5개팀 외에 학계 인사와 전문가로 구성된 10명 내외의 외부 자문위원단도 포함된다.
(나) 은퇴연구소는 일반인들의 안정된 노후준비를 돕는 지식 기반으로서, 은퇴 이후의 건강한 삶에 대한 다양한 정보를 제공하는 쌍방향의 소통 채널로 적극 활용할 계획이다.
(다) A회사는 우리나라의 급격한 고령화 진전상황에 따라 범사회적으로 바람직한 은퇴준비의 필요성을 부각하고, 선진형 은퇴설계 모델의 개발과 전파를 위한 국내 최대 규모의 '은퇴연구소'를 개소했다.
(라) 마지막으로 은퇴연구소는 은퇴 이후의 생활에 대한 의식과 준비 수준이 아직 선진국에 비해 크게 취약한 우리의 인식 변화를 위해 사회적 관심과 참여를 유도할 계획이다.

① (나) – (가) – (라) – (다)　　　② (다) – (가) – (나) – (라)
③ (다) – (나) – (라) – (가)　　　④ (라) – (다) – (가) – (나)

10 다음 제시된 문단을 읽고, 이어질 문단을 논리적 순서대로 바르게 나열한 것은?

> 우리가 익숙하게 먹는 음식인 피자는 이탈리아에서 시작된 음식으로, 고대 로마에서도 이와 비슷한 음식을 먹었다는 기록은 있지만 현대적 의미에서 피자의 시작은 19세기 말에 이탈리아에서 등장했다고 볼 수 있다.

(가) 그러나 나폴리식 피자는 재료의 풍족하지 못함을 철저한 인증제도의 도입으로 메꿈으로써 그 영향력을 발휘하고 있는데, 나폴리식 피자의 인증을 받기 위해서는 밀가루부터 피자를 굽는 과정까지 철저한 검증을 받아야 한다.

(나) 피자의 본토인 이탈리아나 피자가 유명한 미국 등에서 피자가 간편하고 저렴한 음식으로 인식되고 있는 것에 비해, 한국에서 피자는 저렴한 음식이라고는 볼 수 없는데, 이는 피자의 도입과 확산의 과정과 무관하다고 하기는 어려울 것이다.

(다) 이탈리아의 피자는 남부의 나폴리식 피자와 중북부의 로마식 피자로 나뉘는데, 이탈리아의 남부는 예전부터 중북부에 비해 가난한 지역이었기 때문에 로마식 피자에 비해 나폴리식 피자의 토핑은 풍족하지 못한 편이다.

(라) 한국의 경우 피자가 본격적으로 자리 잡기 시작한 것은 1960년대부터로, 한국에서 이탈리아 음식을 최초로 전문적으로 팔기 시작한 '라 칸티나'의 등장과 함께였다. 이후 피자는 호텔을 중심으로 퍼져나가게 되었다.

① (가) – (다) – (라) – (나)
② (나) – (다) – (라) – (가)
③ (다) – (가) – (라) – (나)
④ (라) – (나) – (가) – (다)

11 다음 글의 주제로 가장 적절한 것은?

동양 사상이라 해서 언어와 개념을 무조건 무시하는 것은 결코 아니다. 만약 그렇다면 동양 사상은 경전이나 저술을 통해 언어화되지 않고 순전히 침묵 속에서 전수되어 왔을 것이다. 물론 이것은 사실이 아니다. 동양 사상도 끊임없이 언어적으로 다듬어져 왔으며 논리적으로 전개되어 왔다. 흔히 동양 사상은 신비주의적이라고 말하지만, 이것은 동양 사상의 한 면만을 특정 짓는 것이지 결코 동양의 철인(哲人)들이 사상을 전개함에 있어 논리를 무시했다거나 항시 어떤 신비적인 체험에 호소해서 자신의 주장들을 폈다는 것을 뜻하지는 않는다. 그러나 역시 동양 사상은 신비주의적임에 틀림없다. 거기서는 지고(至高)의 진리란 언제나 언어화될 수 없는 어떤 신비한 체험의 경지임이 늘 강조되어 왔기 때문이다. 최고의 진리는 언어 이전 혹은 언어 이후의 무언(無言)의 진리이다. 엉뚱하게 들리겠지만, 동양 사상의 정수(精髓)는 말로써 말이 필요 없는 경지를 가리키려는 데에 있다고 해도 과언이 아니다. 말이 스스로를 부정하고 초월하는 경지를 나타내도록 사용된 것이다. 언어로써 언어를 초월하는 경지를 나타내고자 하는 것이야말로 동양 철학이 지닌 가장 특징적인 정신이다. 동양에서는 인식의 주체를 심(心)이라는 매우 애매하면서도 포괄적인 말로 이해해 왔다. 심(心)은 물(物)과 항시 자연스러운 교류를 하고 있으며, 이성은 단지 심(心)의 일면일 뿐인 것이다. 동양은 이성의 오만이라는 것을 모른다. 지고의 진리, 인간을 살리고 자유롭게 하는 생동적 진리는 언어적 지성을 넘어선다는 의식이 있었기 때문일 것이다. 언어는 언제나 마음을 못 따르며 둘 사이에는 항시 괴리가 있다는 생각이 동양인들의 의식 저변에 깔려 있는 것이다.

① 동양 사상은 신비주의적인 요소가 많다.
② 언어와 개념을 무시하면 동양 사상을 이해할 수 없다.
③ 동양 사상은 언어적 지식을 초월하는 진리를 추구한다.
④ 인식의 주체를 심(心)으로 표현하는 동양 사상은 이성적이라 할 수 없다.

12 다음 글의 제목으로 가장 적절한 것은?

> 동물성 지방은 혈중 콜레스테롤을 높일 수 있으므로 특히 주의하는 것이 좋습니다. 콜레스테롤은 두 종류가 있는데, LDL 콜레스테롤은 나쁜 콜레스테롤이라고 부르며, HDL 콜레스테롤은 혈관 건강에 도움이 되는 착한 콜레스테롤로 알려져 있습니다. 소고기, 돼지고기 등 육류와 튀김을 먹으면 LDL 콜레스테롤이 몸에 흡수되어 혈중 콜레스테롤 농도를 높입니다. 하지만 몸속 콜레스테롤 농도에 가장 많은 영향을 미치는 것은 음식보다 간에서 합성되는 LDL 콜레스테롤입니다. 이때 간의 LDL 콜레스테롤 합성을 촉진하는 것이 포화지방입니다. LDL 콜레스테롤이 들어간 음식을 적게 먹어도, 포화지방을 많이 먹으면 혈중 LDL 콜레스테롤 수치가 높아지게 됩니다. 불포화지방은 포화지방과 달리 간세포의 기능을 높여 LDL 콜레스테롤의 분해를 도와 혈중 수치를 낮추는 데 도움이 됩니다. 특히 생선기름에 들어있는 불포화지방인 EPA, DHA는 콜레스테롤을 감소시키는 효과가 있습니다. 트랜스지방은 불포화지방에 수소를 첨가하여 구조를 변형시켜 만든 것입니다. 식물성 기름을 고형화시키면 액상 기름보다 운송과 저장이 손쉽고 빨리 상하지 않기 때문에 트랜스지방이 생기게 되는 거죠. 트랜스지방은 혈중 LDL 콜레스테롤을 상승하게 하고, HDL 콜레스테롤을 감소하게 만들어 심혈관질환의 발생위험을 높입니다.

① 혈중 콜레스테롤의 비밀
② 비만의 원인, 지방을 줄여라
③ 심혈관질환의 적, 콜레스테롤
④ 몸에 좋은 지방과 좋지 않은 지방

PART 3

13 다음 중 〈보기〉의 문장이 들어갈 위치로 적절한 곳은?

자본주의 경제 체제는 이익을 추구하려는 인간의 욕구를 최대한 보장해주고 있다. 기업 또한 이익 추구라는 목적에서 탄생하여, 생산의 주체로서 자본주의 체제의 핵심적 역할을 수행하고 있다. 곧, 이익은 기업가로 하여금 사업을 시작하게 하는 동기가 된다. (가) 이익에는 단기적으로 실현되는 이익과 장기간에 걸쳐 지속적으로 실현되는 이익이 있다. 기업이 장기적으로 존속, 성장하기 위해서는 단기 이익보다 장기 이익을 추구하는 것이 더 중요하다. 실제로 기업은 단기 이익의 극대화가 장기 이익의 극대화와 상충할 때에는 단기 이익을 과감히 포기하기도 한다. (나) 자본주의 초기에는 기업이 단기 이익과 장기 이익을 구별하여 추구할 필요가 없었다. 소자본끼리의 자유 경쟁 상태에서는 단기든 장기든 이익을 포기하는 순간에 경쟁에서 탈락하기 때문이다. 그에 따라 기업은 치열한 경쟁에서 살아남기 위해 주어진 자원을 최대한 효율적으로 활용하여 가장 저렴한 가격으로 좋은 품질의 상품을 소비자에게 공급하게 되었다. (다) 이 단계에서는 기업의 소유자가 곧 경영자였기 때문에 기업의 목적은 자본가의 이익을 추구하는 것으로 집중되었다.

그러나 기업의 규모가 점차 커지고 경영 활동이 복잡해지면서 전문적인 경영 능력을 갖춘 경영자가 필요하게 되었다. (라) 이에 따라 소유와 경영이 분리되어 경영의 효율성이 높아졌지만, 동시에 기업이 단기 이익과 장기 이익 사이에서 갈등을 겪게 되는 일도 발생하였다. 주주의 대리인으로 경영을 위임받은 전문 경영인은 기업의 장기적 전망보다 단기 이익에 치중하여 경영 능력을 과시하려는 경향이 있기 때문이다. 주주는 경영자의 이러한 비효율적 경영 활동을 감시함으로써 자신의 이익은 물론 기업의 장기 이익을 극대화하고자 하였다.

보기

이는 기업의 이익 추구가 결과적으로 사회 전체의 이익도 증진시켰다는 의미이다.

---

① (가)   ② (나)

③ (다)   ④ (라)

14 다음 빈칸에 들어갈 내용으로 가장 적절한 것은?

멋이라는 것도 일상생활의 단조로움이나 생활의 압박에서 해방되려는 노력의 하나일 것이다. 끊임없이 일상의 복장, 그 복장이 주는 압박감으로부터 벗어나기 위해 옷을 잘 차려 입는 사람은 그래도 멋쟁이다. 또는 삶을 공리적 계산으로서가 아니라 즐김의 대상으로 볼 수 있게 해 주는 활동, 가령 서도(書道)라든가 다도(茶道)라든가 꽃꽂이라든가 하는 일을 과외로 즐길 줄 아는 사람을 우리는 생활의 멋을 아는 사람이라고 말한다. 그러나 그렇다고 해서 값비싸고 화려한 복장, 어떠한 종류의 스타일과 수련을 전제하는 활동만이 멋을 나타내는 것이 아니다. 경우에 따라서는 털털한 옷차림, 아무런 세련도 거죽에 내세울 것이 없는 툭툭한 생활 태도가 멋있게 생각될 수도 있다. 기준적인 것에 변화를 더하는 것이 중요한 것이다. 그러나 기준으로부터 편차가 너무 커서는 안 된다. 혐오감을 불러일으킬 정도의 몸가짐, 몸짓 또는 생활 태도는 멋이 있는 것으로 생각되지 않는다. 편차는 어디까지나 기준에 의해서만 존재하는 것이다. 따라서 ＿＿＿＿＿＿＿＿＿＿＿＿＿＿＿＿＿＿＿＿＿＿＿＿＿＿＿＿＿＿＿＿＿＿＿＿＿＿

① 멋은 어떤 의도가 결부되지 않았을 때 자연스럽게 창조되는 것이다.
② 멋은 다른 사람의 관점을 존중하며 사회적 관습에 맞게 창조해야 한다.
③ 멋은 일상적인 것을 뛰어넘는 비범성을 가장 본질적인 특징으로 삼는 것이다
④ 멋은 나와 남의 눈이 부딪치는 사회적 공간에서 형성되는 것이라고 할 수 있다.

15 다음 글의 내용으로 가장 적절한 것은?

일반적으로 동식물에서 종(種)이란 '같은 개체끼리 교배하여 자손을 남길 수 있는' 또는 '외양으로 구분이 가능한' 집단을 뜻한다. 그렇다면 세균처럼 한 개체가 둘로 분열하여 번식하며 외양의 특징도 많지 않은 미생물에서는 종을 어떤 기준으로 구분할까?

미생물의 종 구분에는 외양과 생리적 특성을 이용한 방법이 사용되기도 한다. 하지만 이러한 특성들은 미생물이 어떻게 배양되는지에 따라 변할 수 있으며, 모든 미생물에 적용될 만한 공통적 요소가 되기도 어렵다. 이런 문제를 극복하기 위해 오늘날 미생물 종의 구분에는 주로 유전적 특성을 이용하고 있다. 미생물의 유전체는 DNA로 이루어진 많은 유전자로 구성되는데, 특정 유전자를 비교함으로써 미생물들 간의 유전적 관계를 알 수 있다. 종의 구분에는 서로 간의 차이를 잘 나타내 주는 유전자를 이용한다. 유전자 비교를 통해 미생물들이 유전적으로 얼마나 가깝고 먼지를 확인할 수 있는데, 이를 '유전거리'라 한다. 유전거리가 가까울수록 같은 종으로 묶일 가능성이 커진다.

하지만 유전자 비교로 확인한 유전거리만으로는 두 미생물이 같은 종에 속하는지를 명확히 판별하기 어렵다. 특정 유전자가 해당 미생물의 전체적인 유전적 특성을 대변하지는 못하기 때문이다. 이러한 문제를 보완하기 위한 것이 미생물들 간의 유전체 유사도를 측정하는 방법이다. 유전체 유사도를 정확히 측정하기 위해서는 모든 유전자를 대상으로 유전적 관계를 살펴야 하지만, 수많은 유전자를 모두 비교하는 것은 현실적으로 어렵다. 따라서 유전체의 특성을 화학적으로 비교하는 방법이 주로 사용되고 있다. 이렇게 얻어진 유전체 유사도는 종의 경계를 확정하는 데 유용한 기준을 제공한다.

① 외양과 생리적 특성을 이용한 종 구분 방법은 미생물의 종 구분 시 일절 사용하지 않는다.

② 유전체 유사도를 이용한 방법은 비교대상이 되는 유전자를 모두 비교해야만 가능하다.

③ 유전거리보다는 유전체의 비교가 종을 구분하는 데 더 명확한 기준을 제시한다.

④ 유전체의 특성을 물리적으로 비교하는 방법이 널리 사용되고 있다.

16 다음 글의 주장에 대한 반박으로 가장 적절한 것은?

> 비타민D 결핍은 우리 몸에 심각한 건강 문제를 일으킬 수 있다. 비타민D는 칼슘이 체내에 흡수되어 뼈와 치아에 축적되는 것을 돕고 가슴뼈 뒤쪽에 위치한 흉선에서 면역세포를 생산하는 작용에 관여하는데, 비타민D가 부족할 경우 칼슘과 인의 흡수량이 줄어들고 면역력이 약해져 뼈가 약해지거나 신체 불균형이 일어날 수 있다.
> 비타민D는 주로 피부가 중파장 자외선에 노출될 때 형성된다. 중파장 자외선은 피부와 혈류에 포함된 7-디하이드로콜레스테롤을 비타민D로 전환시키는데, 이렇게 전환된 비타민D는 간과 신장을 통해 칼시트리올(Calcitriol)이라는 호르몬으로 활성화된다. 바로 이 칼시트리올을 통해 우리는 혈액과 뼈에 흡수될 칼슘과 인의 흡수를 조절하는 것이다.
> 이러한 기능을 담당하는 비타민D를 함유하고 있는 식품은 자연에서 매우 적기 때문에, 우리의 몸은 충분한 비타민D를 생성하기 위해 주기적으로 태양빛에 노출될 필요가 있다.

① 비타민D 보충제만으로는 체내에 필요한 비타민D를 얻을 수 없다.

② 태양빛에 노출될 경우 피부암 등의 질환이 발생하여 도리어 건강이 더 악화될 수 있다.

③ 비타민D 결핍으로 인해 생기는 부작용은 주기적인 칼슘과 인의 섭취를 통해 해결할 수 있다.

④ 태양빛에 직접 노출되지 않거나 자외선 차단제를 사용했음에도 체내 비타민D 수치가 정상을 유지한다는 연구결과가 있다.

17 다음 글 뒤에 이어질 내용으로 가장 적절한 것은?

> 5세기 장수왕의 남하로 한강 유역을 빼앗긴 백제는 수도를 사비로 옮기고 국호를 남부여로 고친 뒤 고구려로부터 잃어버린 한강 유역을 되찾기 위해 신라와 연합했다. 551년 나제 동맹군은 고구려를 공격해 한강 유역을 차지했다. 그러나 신라의 제24대 임금인 진흥왕은 553년 백제와의 동맹을 일방적으로 파기하고 백제군을 급습해 한강 유역을 차지했다. 한강 유역은 황해를 통해 중국과 직접 교류할 수 있는 교두보이며, 고구려와 백제에 모두 압박을 가할 수 있는 전략적 요충지이다. 이를 시작으로 진흥왕은 건국 이후로 한반도 동쪽에 치우쳐 있던 신라의 영토를 크게 확장하는 데 성공했다.

① 한강 유역의 중요성

② 장수왕의 남하 정책

③ 진흥왕의 영토 확장

④ 백제 성왕의 전사

18 다음 글을 읽고 추론한 내용으로 적절하지 않은 것은?

미세먼지가 피부의 염증 반응을 악화시키고, 재생을 둔화시키는 등 피부의 적이라는 연구 결과가 지속적으로 발표되고 있다. 최근 어떤 연구 결과에 따르면 초미세먼지 농도가 짙은 지역에 거주하는 사람은 공기가 가장 깨끗한 지역에 사는 사람보다 잡티나 주름이 생길 확률이 높았고, 고령일수록 그 확률은 증가했다.

그렇다면 미세먼지 차단 화장품은 효과가 있을까? 정답은 '제대로 된 제품을 고른다면 어느 정도 효과가 있다.'이다. 그러나 식품의약품안전처에서 발표한 내용에 따르면 미세먼지에 효과가 있다고 광고하는 제품 중 절반 이상이 효과가 없는 것으로 드러났다. 무엇보다 미세먼지 차단지수가 표준화 되어 있지 않고, 각 나라와 회사별로 다른 지수를 제안하고 있어서 이를 검증하고 표준화시키는 데는 좀 더 시간이 걸릴 것으로 보고 있다.

피부를 미세먼지로부터 보호하는 방법은 애초에 건강한 피부를 유지하는 것이다. 미세먼지가 가장 많이 침투하는 부위를 살펴보면 피부가 얇거나 자주 갈라지는 눈 근처, 코 옆, 입술 등이다. 평소 세안을 깨끗이 하고, 보습제와 자외선 차단제를 잘 바르는 생활습관만으로도 피부를 보호할 수 있다. 특히, 메이크업을 즐겨하는 사람들은 색조 제품의 특성상 노폐물이 더 잘 붙을 수밖에 없으므로 주의해야 한다.

다음으로 체내 면역력을 높이는 것이다. 미세먼지는 체내의 면역체계를 약하게 만들어서 비염, 편도 선염, 폐질환, 피부염 등의 원인이 된다. 이를 막기 위해서는 건강한 음식과 꾸준한 운동으로 체내의 면역력을 높이면 미세먼지를 방어하는 데 효과적이다.

① 나이가 많은 사람일수록 미세먼지에 취약하다.
② 미세먼지는 피부가 약한 부위일수록 침투하기 쉽다.
③ 메이크업을 즐겨하는 사람은 그렇지 않은 사람보다 미세먼지에 더 많이 노출되어 있다.
④ 국가별로 표준화된 미세먼지 차단지수를 발표했지만, 세계적으로 표준화하는 데는 시간이 걸릴 것이다.

※ 다음 글을 읽고 이어지는 질문에 답하시오. [19~20]

(가) 1772년 프랑스 기행작가인 피에르 장 그로슬리가 쓴 '런던여행'이라는 책에 샌드위치 백작의 관련 일화가 나온다. 이 책에는 샌드위치 백작이 도박을 하다가 빵 사이에 소금에 절인 고기를 끼워 먹는 것을 보고 옆에 있던 사람이 '샌드위치와 같은 음식을 달라.'고 주문한 것에서 샌드위치라는 이름이 생겼다고 적혀있다. 하지만 샌드위치 백작의 일대기를 쓴 전기 작가 로저는 이와 다른 주장을 한다. 샌드위치 백작이 각료였을 때 업무에 바빠서 제대로 된 식사를 못 하고 책상에서 빵 사이에 고기를 끼워 먹었다는 데서 샌드위치 이름이 유래되었다는 것이다.

(나) 샌드위치는 사람의 이름이 아니고, 영국 남동부 도버 해협에 있는 중세풍 도시로 지금도 많은 사람이 찾는 유명 관광지이다. 도시명이 음식 이름으로 널리 알려진 이유는 18세기 사람으로, 이 도시의 영주였던 샌드위치 백작 4세, 존 몬태규 경 때문이다. 샌드위치 백작은 세계사에 큰 발자취를 남긴 인물로 세계 곳곳에서 그의 흔적을 찾을 수 있다.

(다) 샌드위치는 빵과 빵 사이에 햄과 치즈, 달걀 프라이와 채소 등을 끼워 먹는 것이 전부인 음식으로 도박꾼이 노름하다 만든 음식이라는 소문까지 생겼을 정도로 간단한 음식이다. 그러나 사실 샌드위치의 유래에는 복잡한 진실이 담겨 있으며, 샌드위치가 사람 이름이라고 생각하는 경우가 많지만 그렇지 않다.

(라) 샌드위치의 기원에 대해서는 이야기가 엇갈리는데, 그 이유는 _____ 일부에서는 샌드위치 백작을 유능한 정치인이며 군인이었다고 말하지만 또 다른 한편에서는 무능하고 부패했던 도박꾼에 지나지 않았다고 평가한다.

19 다음 중 (가) ~ (라) 문단을 논리적 순서대로 나열한 것은?

① (가) – (다) – (나) – (라)
② (나) – (가) – (라) – (다)
③ (다) – (나) – (가) – (라)
④ (라) – (가) – (나) – (다)

20 윗글의 빈칸에 들어갈 내용으로 가장 적절한 것은?

① 음식 이름의 주인공 직업과 관계가 있다.
② 많은 대중들이 즐겨 먹었던 음식이기 때문이다.
③ 음식 이름의 주인공에 대한 상반된 평가와 관계가 있다.
④ 샌드위치와 관련된 다양한 일화가 전해지고 있기 때문이다.

※ 다음 제시된 식의 값을 구하시오. [21~22]

21

$$457+55\times429\div33$$

① 1,142   ② 1,152
③ 1,162   ④ 1,172

22

$$3.432+2.121-0.878-1.271$$

① 3.204   ② 3.304
③ 3.404   ④ 3.504

23 467의 6푼 5리는 얼마인가?

① 30.35   ② 30.355
③ 27.25   ④ 27.255

※ 다음 빈칸에 들어갈 수로 가장 적절한 것을 고르시오. [24~25]

24

$$\frac{1}{7} < (\quad) < \frac{4}{21}$$

① $\frac{1}{28}$

② $\frac{1}{6}$

③ $\frac{1}{3}$

④ $\frac{3}{7}$

25

$$\frac{3}{11} < (\quad) < \frac{36}{121}$$

① $\frac{1}{11}$

② $\frac{35}{121}$

③ $\frac{4}{11}$

④ $\frac{32}{121}$

26 일정한 속력으로 달리는 기차가 길이 480m인 터널을 완전히 통과하는 데 걸리는 시간이 36초이고 같은 속력으로 길이 600m인 철교를 완전히 통과하는 데 걸리는 시간이 44초일 때, 기차의 속력은?

① 15m/s

② 18m/s

③ 20m/s

④ 24m/s

27 농도가 14%로 오염된 물 50g이 있다. 깨끗한 물을 채워서 오염농도를 4%p 줄이려고 한다. 깨끗한 물을 얼마나 넣어야 하는가?

① 5g

② 10g

③ 15g

④ 20g

28 현재 아버지의 나이는 45세이고, 아들의 나이는 13세이다. 아버지의 나이가 아들의 나이의 3배가 되는 것은 몇 년 후인가?

① 1년 후 ② 2년 후
③ 3년 후 ④ 4년 후

29 원가가 5,000원인 튜브를 20% 할인하여 팔다가 너무 잘 팔려서 다시 10%의 이익을 붙여서 팔았을 경우, 판매가는 얼마인가?

① 4,000원 ② 4,200원
③ 4,400원 ④ 4,600원

30 서주임과 김대리는 공동으로 프로젝트를 끝내고 보고서를 제출하려 한다. 이 프로젝트를 혼자 할 때 서주임은 24일이 걸리고, 김대리는 16일이 걸린다. 처음 이틀은 같이 하고, 이후엔 김대리 혼자 프로젝트를 하다가 보고서 제출 하루 전부터 같이 하였다. 보고서를 제출할 때까지 총 며칠이 걸렸는가?

① 11일 ② 12일
③ 13일 ④ 14일

31 A씨는 추석을 맞이하여 귀성길에 오르는데, 친가와 외가를 한 번에 가려고 한다. 친가는 대전, 외가는 부산에 있으며, 서울에서 출발하려고 한다. 서울에서 대전까지는 승용차, 버스, 기차, 대전에서 부산 또는 부산에서 대전까지는 버스, 기차, 서울에서 부산까지는 비행기, 기차, 버스로 갈 수 있다. A씨가 친가와 외가를 가는 방법은 모두 몇 가지인가?(단, 돌아오는 방법은 생각하지 않는다)

① 10가지   ② 12가지

③ 14가지   ④ 16가지

32 올림픽 양궁 시합에서 우리나라 선수가 10점 만점 중 10점을 쏠 확률은 $\dfrac{1}{5}$ 이다. 화살을 4번 쐈을 때 4번 중 2번은 10점, 나머지 2번은 10점을 쏘지 못할 확률은?

① $\dfrac{16}{125}$ ② $\dfrac{24}{125}$

③ $\dfrac{16}{625}$ ④ $\dfrac{96}{625}$

33 다음은 2021년 상반기부터 2023년 하반기까지 내용별 이메일 수신량 비율 추이를 나타낸 자료이다. 이에 대한 설명으로 옳은 것은?

〈내용별 이메일 수신량 비율 추이〉

(단위 : %)

구분	2021년 상반기	2021년 하반기	2022년 상반기	2022년 하반기	2023년 상반기	2023년 하반기
성인 스팸 이메일	14.0	11.5	26.5	49.0	21.0	29.5
대출·금융 스팸 이메일	1.0	2.0	10.5	8.0	2.0	0.5
일반 이메일	85.0	86.5	63.0	43.0	77.0	70.0
합계	100	100	100	100	100	100

① 일반 이메일의 경우 2022년 하반기부터 수신량 비율이 계속 증가하고 있다.

② 성인 스팸 이메일 수신량은 2021년 상반기보다 2023년 하반기에 더 많았다.

③ 2022년 하반기 대출·금융 스팸 이메일 수신량 비율은 전년 동기 수신량 비율의 4배이다.

④ 성인 스팸 이메일 수신량 비율은 2021년 상반기 대비 2023년 상반기에 60% 이상 증가하였다.

※ 다음은 각 국가에 2023년 방문한 관광객 수와 관광객들의 평균 여행일수를 나타낸 자료이다. 이어지는 질문에 답하시오. [34~35]

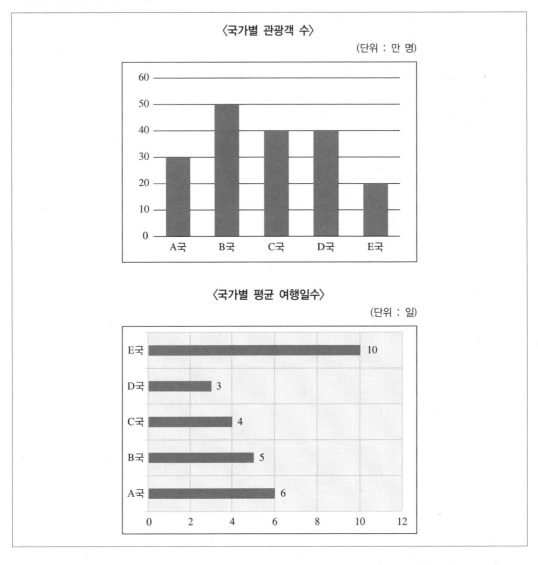

〈국가별 관광객 수〉

(단위 : 만 명)

〈국가별 평균 여행일수〉

(단위 : 일)

34 A ~ E국 중 2023년에 방문한 관광객 수가 가장 많은 국가와 가장 적은 국가의 관광객 수의 차이는?

① 30만 명 ② 25만 명

③ 35만 명 ④ 20만 명

35 A ~ E국 중 2023년 동안 관광객 수가 같은 국가들의 평균 여행일수 합은?

① 13일

② 11일

③ 9일

④ 7일

36 다음과 같이 일정한 규칙으로 수를 나열할 때, 빈칸에 들어갈 수로 가장 적절한 것은?

9	10	13	18	( )	34	45

① 19

② 20

③ 25

④ 28

37 다음과 같이 일정한 규칙으로 문자를 나열할 때, 빈칸에 들어갈 문자로 가장 적절한 것은?(단, 모음은 일반모음 10개만 세는 것을 기준으로 한다)

ㅑ	ㅓ	ㅗ	ㅠ	( )

① ㅑ

② ㅕ

③ ㅛ

④ ㅣ

38 S교육청에서는 사내 직원들의 친목 도모를 위해 산악회를 운영하고 있다. A ~ D 중 최소 1명 이상이 산악회 회원이라고 할 때, 다음 내용에 따라 항상 참인 것은?

- C가 산악회 회원이면 D도 산악회 회원이다.
- A가 산악회 회원이면 D는 산악회 회원이 아니다.
- D가 산악회 회원이 아니면 B가 산악회 회원이 아니거나 C가 산악회 회원이다.
- D가 산악회 회원이면 B는 산악회 회원이고 C도 산악회 회원이다.

① A는 산악회 회원이다.
② B는 산악회 회원이 아니다.
③ C는 산악회 회원이 아니다.
④ B와 D의 산악회 회원 여부는 같다.

39 다음 명제가 모두 참일 때, 반드시 참인 명제는?

- A가 외근을 나가면 B도 외근을 나간다.
- A가 외근을 나가면 D도 외근을 나간다.
- D가 외근을 나가면 E도 외근을 나간다.
- C가 외근을 나가지 않으면 B도 외근을 나가지 않는다.
- D가 외근을 나가지 않으면 C도 외근을 나가지 않는다.

① B가 외근을 나가면 A도 외근을 나간다.
② D가 외근을 나가면 C도 외근을 나간다.
③ A가 외근을 나가면 E도 외근을 나간다.
④ C가 외근을 나가지 않으면 D도 외근을 나가지 않는다.

40 S병원에는 현재 5명의 심리상담사 A ~ E가 근무 중이다. 얼마 전 시행한 감사 결과 이들 중 1명이 근무시간에 자리를 비운 것이 확인되었다. 5명의 심리상담사 중 3명이 진실을 말하고 2명이 거짓을 말한다고 할 때, 다음 중 거짓을 말하고 있는 심리상담사를 모두 고르면?

- A : B는 진실을 말하고 있어요.
- B : 제가 근무시간에 C를 찾아갔을 때, C는 자리에 없었어요.
- C : 근무시간에 자리를 비운 사람은 A입니다.
- D : 저는 C가 근무시간에 밖으로 나가는 것을 봤어요.
- E : D는 어제도 근무시간에 자리를 비웠어요.

① A, B

② A, D

③ B, C

④ C, E

41 다음 제시된 도형의 규칙을 보고 ?에 들어갈 도형으로 알맞은 것을 고르면?

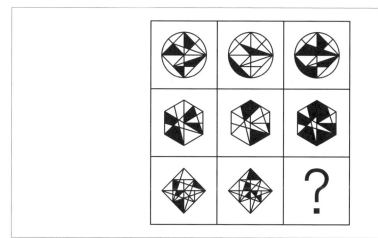

①

③

②

④

42 다음 그림과 같이 화살표 방향으로 종이를 접은 후, 색칠한 부분을 잘라내어 다시 펼쳤을 때의 그림으로 가장 적절한 것은?

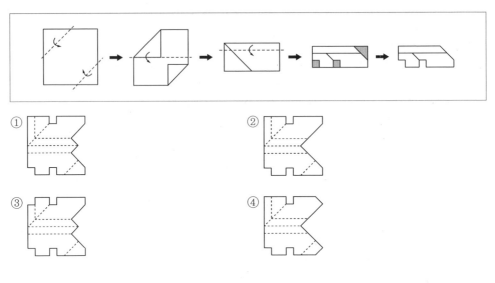

① ② ③ ④

43 다음 블록의 개수는 몇 개인가?(단, 보이지 않는 곳의 블록은 있다고 가정한다)

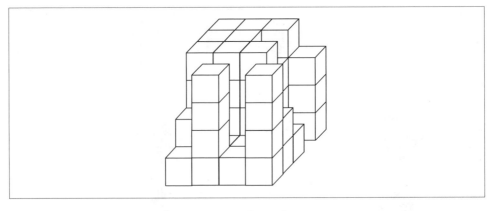

① 55개   ② 54개

③ 53개   ④ 52개

44 다음 중 물질의 상태 변화에서 열을 흡수하는 경우는 언제인가?

① 수증기가 물로 액화되었다.

② 수증기가 얼음으로 승화되었다.

③ 물이 얼음으로 되었다.

④ 얼음이 녹아 물로 되었다.

45 다음 〈보기〉에서 산에 대한 설명으로 옳은 것을 모두 고르면?

> **보기**
>
> ㄱ. 수용액에서 수소 이온을 내놓는 물질이다.
> ㄴ. 금속과 반응하여 수소 기체를 발생시킨다.
> ㄷ. 탄산칼슘($CaCO_3$)과 반응하여 이산화탄소(CO_2) 기체를 발생시킨다.
> ㄹ. 붉은색 리트머스 종이를 푸르게 변화시킨다.

① ㄱ, ㄴ

② ㄴ, ㄹ

③ ㄱ, ㄴ, ㄷ

④ ㄴ, ㄷ, ㄹ

우리가 해야 할 일은 끊임없이 호기심을 갖고
새로운 생각을 시험해보고 새로운 인상을 받는 것이다.

- 월터 페이퍼 -

PART 4

인성검사

CHAPTER 01 인성검사 소개

개인이 업무를 수행하면서 능률적인 성과물을 만들기 위해서는 개인의 능력과 경험 그리고 회사에서의 교육 및 훈련 등이 필요하지만, 개인의 성격이나 성향 역시 중요하다. 여러 직무분석 연구에서 나온 결과들에 따르면, 직무에서의 성공과 관련된 특성들 중 최고 70% 이상이 능력보다는 성격과 관련이 있다고 한다. 따라서 최근 교육청을 포함한 대부분의 기업들은 인성검사의 비중을 높이고 있는 추세이다.

01 인성검사의 개요

1. 인성검사의 의의

인성검사는 1943년 미국 미네소타 대학교의 임상심리학자 Hathaway 박사와 정신과 의사 Mckinley 박사가 제작한 MMPI(Minnesota Multiphasic Personality Inventory)를 원형으로 한 다면적 인성검사를 말한다.

다면적이라 불리는 것은 여러 가지 정신적인 증상들을 동시에 측정할 수 있도록 고안되어 있기 때문이다. 풀이하자면, 개인이 가지고 있는 다면적인 성격을 많은 문항수의 질문을 통해 수치로 나타내는 것이다. 그렇다면 성격이란 무엇인가?

성격은 일반적으로 개인 내부에 있는 특징적인 행동과 생각을 결정해 주는 정신적·신체적 체제의 역동적 조직이라고 말할 수 있으며, 환경에 적응하게 하는 개인적인 여러 가지 특징과 행동양식의 잣대라고 정의할 수 있다.

다시 말하면, 성격이란 한 개인이 환경적 변화에 적응하는 특징적인 행동 및 사고유형이라고 할 수 있으며, 인성검사란 그 개인의 행동 및 사고유형을 서면을 통해 수치적·언어적으로 기술하거나 예언해 주는 도구라 할 수 있다.

신규 채용 또는 평가에 활용하는 인성검사로 MMPI 원형을 그대로 사용하는 기업도 있지만, 대부분의 기업에서는 MMPI 원형을 기준으로 연구, 조사, 정보수집, 개정 등의 과정을 통해서 자체 개발한 유형을 사용하고 있다.

인성검사의 구성은 여러 가지 하위 척도로 구성되어 있는데, MMPI 다면적 인성검사의 척도를 살펴보면 기본 척도가 8개 문항으로 구성되어 있고, 2개의 임상 척도와 4개의 타당성 척도를 포함, 총 14개 척도로 구성되어 있다.

캘리포니아 심리검사(CPI; California Psychological Inventory)의 경우는 48개 문항, 18개의 척도로 구성되어 있다.

2. 인성검사의 해석단계

해석단계는 첫 번째, 각 타당성 및 임상 척도에 대한 피검사자의 점수를 검토하는 방법으로 각 척도마다 피검사자의 점수가 정해진 범위에 속하는지 여부를 검토하게 된다.

두 번째, 척도별 연관성에 대한 분석으로 각 척도에서의 점수 범위가 의미하는 것과 그것들이 나타낼 가설들을 종합하고, 어느 특정 척도의 점수를 근거로 하여 다른 척도들에 대한 예측을 시도하게 된다.

세 번째, 척도 간의 응집 또는 분산을 찾아보고 그에 따른 해석적 가설을 형성하는 과정으로 두 개 척도 간의 관계만을 가지고 해석하게 된다.

네 번째, 매우 낮은 임상 척도에 대한 검토로서, 일부 척도에서 낮은 점수가 특별히 의미 있는 경우가 있기 때문에 신중히 다뤄지게 된다.

다섯 번째, 타당성 및 임상 척도에 대한 형태적 분석으로서, 타당성 척도들과 임상 척도들 전체의 형태적 분석이다. 주로 척도들의 상승도와 기울기 및 굴곡을 해석해서 피검사자에 대한 종합적이고 총체적인 추론적 해석을 하게 된다.

02 척도구성

1. MMPI 척도구성

(1) 타당성 척도

타당성 척도는 피검사자가 검사에 올바른 태도를 보였는지, 또 피검사자가 응답한 검사 문항들의 결론이 신뢰할 수 있는 결론인가를 알아보는 라이스케일(허위척도)이라 할 수 있다. 타당성 4개 척도는 잘못된 검사 태도를 탐지하게 할 뿐만 아니라, 임상 척도와 더불어 검사 이외의 행동에 대하여 유추할 수 있는 자료를 제공해 줌으로써, 의미 있는 인성요인을 밝혀주기도 한다.

〈타당성 4개 척도구성〉

무응답 척도 (?)	무응답 척도는 피검사자가 응답하지 않은 문항과 '그렇다'와 '아니다'에 모두 답한 문항들의 총합이다. 척도점수의 크기는 다른 척도점수에 영향을 미치게 되므로, 빠뜨린 문항의 수를 최소로 줄이는 것이 중요하다.
허구 척도 (L)	L 척도는 피검사자가 자신을 좋은 인상으로 나타내 보이기 위해 하는 고의적이고 부정직하며 세련되지 못한 시도를 측정하는 허구 척도이다. L 척도의 문항들은 정직하지 못하거나 결점들을 고의적으로 감춰 자신을 좋게 보이려는 사람들의 장점마저도 부인하게 된다.
신뢰성 척도 (F)	F 척도는 검사 문항에 빗나간 방식의 답변을 응답하는 경향을 평가하기 위한 척도로 정상적인 집단의 10% 이하가 응답한 내용을 기준으로 일반 대중의 생각이나 경험과 다른 정도를 측정한다.
교정 척도 (K)	K 척도는 분명한 정신적인 장애를 지니면서도 정상적인 프로파일을 보이는 사람들을 식별하기 위한 것이다. K 척도는 L 척도와 유사하게 거짓 답안을 확인하지만 L 척도보다 더 미세하고 효과적으로 측정한다.

(2) 임상 척도

임상 척도는 검사의 주된 내용으로써 비정상 행동의 종류를 측정하는 10가지 척도로 되어 있다. 임상 척도의 수치는 높은 것이 좋다고 해석하는 경우도 있지만, 개별 척도별로 해석을 참고하는 경우가 대부분이다.

건강염려증(Hs) Hypochondriasis	개인이 말하는 신체적 증상과 이러한 증상들이 다른 사람을 조정하는 데 사용되고 있지는 않은지 여부를 측정하는 척도로서, 측정 내용은 신체의 기능에 대한 과도한 집착 및 이와 관련된 질환이나 비정상적인 상태에 대한 불안감 등이다.
우울증(D) Depression	개인의 비관 및 슬픔의 정도를 나타내는 기분상태의 척도로서, 자신에 대한 태도와 타인과의 관계에 대한 태도, 절망감, 희망의 상실, 무력감 등을 원인으로 나타나는 활동에 대한 흥미의 결여, 불면증과 같은 신체적 증상 및 과도한 민감성 등을 표현한다.
히스테리(Hy) Hysteria	현실에 직면한 어려움이나 갈등을 회피하는 방법인 부인기제를 사용하는 경향 정도를 진단하려는 것으로서 특정한 신체적 증상을 나타내는 문항들과 아무런 심리적·정서적 장애도 가지고 있지 않다고 주장하는 것을 나타내는 문항들의 두 가지 다른 유형으로 구성되어 있다.
반사회성(Pd) Psychopathic Deviate	가정이나 일반사회에 대한 불만, 자신 및 사회와의 격리, 권태 등을 주로 측정하는 것으로서 반사회적 성격, 비도덕적인 성격 경향 정도를 알아보기 위한 척도이다.
남성-여성특성(Mf) Masculinity-Femininity	직업에 관한 관심, 취미, 종교적 취향, 능동·수동성, 대인 감수성 등의 내용을 담고 있으며, 흥미 형태의 남성 특성과 여성 특성을 측정하고 진단하는 검사이다.
편집증(Pa) Paranoia	편집증을 평가하기 위한 것으로서 정신병적인 행동과 과대의심, 관계망상, 피해망상, 과대망상, 과민함, 비사교적 행동, 타인에 대한 불만감 같은 내용의 문항들로 구성되어 있다.
강박증(Pt) Psychasthenia	병적인 공포, 불안감, 과대근심, 강박관념, 자기 비판적 행동, 집중력 곤란, 죄책감 등을 검사하는 내용으로 구성되어 있으며, 주로 오랫동안 지속된 만성적인 불안을 측정한다.
정신분열증(Sc) Schizophrenia	정신적 혼란을 측정하는 척도로서 가장 많은 문항에 내포하고 있다. 이 척도는 별난 사고방식이나 행동양식을 지닌 사람을 판별하는 것으로서 사회적 고립, 가족관계의 문제, 성적 관심, 충동억제불능, 두려움, 불만족 등의 내용으로 구성되어 있다.
경조증(Ma) Hypomania	정신적 에너지를 측정하는 것으로서, 사고의 다양성과 과장성, 행동 영역의 불안정성, 흥분성, 민감성 등을 나타낸다. 이 척도가 높으면 무엇인가를 하지 않고는 못 견디는 정력적인 사람이다.
내향성(Si) Social Introversion	피검사자의 내향성과 외향성을 측정하기 위한 척도로서, 개인의 사회적 접촉 회피, 대인관계의 기피, 비사회성 등의 인성요인을 측정한다. 이 척도의 내향성과 외향성은 어느 하나가 좋고 나쁨을 나타내는 것이 아니라, 피검사자가 어떤 성향의 사람인가를 알아내는 것이다.

2. CPI 척도구성

〈18 척도〉

지배성 척도 (Do)	강력하고 지배적이며, 리더십이 강하고 대인관계에서 주도권을 잡는 지배적인 사람을 변별하고자 하는 척도이다.
지위능력 척도 (Cs)	현재의 개인 자신의 지위를 측정하는 것이 아니라, 개인의 내부에 잠재되어 있어 어떤 지위에 도달하게끔 하는 자기 확신, 야심, 자신감 등을 평가하기 위한 척도이다.
사교성 척도 (Sy)	사교적이고 활달하며 참여 기질이 좋은 사람과 사회적으로 자신을 나타내기 싫어하고 참여 기질이 좋지 않은 사람을 변별하고자 하는 척도이다.
사회적 태도 척도 (Sp)	사회생활에서의 안정감, 활력, 자발성, 자신감 등을 평가하기 위한 척도로서, 사교성과 밀접한 관계가 있다. 고득점자는 타인 앞에 나서기를 좋아하고, 타인의 방어기제를 공격하여 즐거움을 얻고자 하는 성격을 가지고 있다.
자기수용 척도 (Sa)	자신에 대한 믿음, 자신의 생각을 수용하는 자기확신을 가지고 있는 사람을 변별하기 위한 척도이다.
행복감 척도 (Wb)	근본 목적은 행복감을 느끼는 사람과 그렇지 않은 사람을 변별해 내는 척도 검사이지만, 긍정적인 성격으로 가장하기 위해서 반응한 사람을 변별해 내는 타당성 척도로서의 목적도 가지고 있다.
책임감 척도 (Re)	법과 질서에 대해서 철저하고 양심적이며 책임감이 강해 신뢰할 수 있는 사람과 인생은 이성에 의해서 지배되어야 한다고 믿는 사람을 변별하기 위한 척도이다.
사회성 척도 (So)	사회생활에서 이탈된 행동이나 범죄의 가능성이 있는 사람을 변별하기 위한 척도로서 범죄자 유형의 사람은 정상인보다 매우 낮은 점수를 나타낸다.
자기통제 척도 (Sc)	자기통제의 유무, 충동, 자기중심에서 벗어날 수 있는 통제의 적절성, 규율과 규칙에 동의하는 정도를 측정하는 척도로서, 점수가 높은 사람은 지나치게 자신을 통제하려 하며, 낮은 사람은 자기통제가 잘 안되므로 충동적이 된다.
관용성 척도 (To)	침묵을 지키고 어떤 사실에 대하여 성급하게 판단하기를 삼가고 다양한 관점을 수용하려는 사회적 신념과 태도를 재려는 척도이다.
좋은 인상 척도 (Gi)	타인이 자신에 대해 어떻게 반응하는가, 타인에게 좋은 인상을 주었는가에 흥미를 느끼는 사람을 변별하고, 자신을 긍정적으로 보이기 위해 솔직하지 못한 반응을 하는 사람을 찾아내기 위한 타당성 척도이다.
추종성 척도 (Cm)	사회에 대한 보수적인 태도와 생각을 측정하는 척도검사이다. 아무렇게나 적당히 반응한 피검사자를 찾아내는 타당성 척도로서의 목적도 있다.
순응을 위한 성취 척도 (Ac)	강한 성취욕구를 측정하기 위한 척도로서 학업성취에 관련된 동기요인과 성격요인을 측정하기 위해서 만들어졌다.
독립성을 통한 성취 척도 (Ai)	독립적인 사고, 창조력, 자기실현을 위한 성취능력의 정도를 측정하는 척도이다.
지적 능률 척도 (Ie)	지적 능률성을 측정하기 위한 척도이며, 지능과 의미 있는 상관관계를 가지고 있는 성격특성을 나타내는 항목을 제공한다.
심리적 예민성 척도 (Py)	동기, 내적 욕구, 타인의 경험에 공명하고 흥미를 느끼는 정도를 재는 척도이다.
유연성 척도 (Fx)	개인의 사고와 사회적 행동에 대한 유연성, 순응성 정도를 나타내는 척도이다.
여향성 척도 (Fe)	흥미의 남향성과 여향성을 측정하기 위한 척도이다.

인성검사는 특별한 수검요령이 없다. 다시 말하면 모범답안이 없고, 정답이 없다는 이야기이다. 국어 문제처럼 말의 뜻을 풀이하는 것도 아니다. 군이 수검요령을 말하자면, 진실하고 솔직한 내 생각을 답하는 것이라고 할 수 있다.

인성검사에서 가장 중요한 것은 첫째, 솔직한 답변이다. 지금까지 경험을 통해서 축적된 내 생각과 행동을 거짓 없이 솔직하게 기재하는 것이다. 예를 들어, "나는 타인의 물건을 훔치고 싶은 충동을 느껴 본 적이 있다."라는 질문에 피검사자들은 많은 생각을 하게 된다. 생각해 보라. 유년기에 또는 성인이 되어서도 타인의 물건을 훔치는 일을 저지른 적은 없더라도, 훔치고 싶은 충동은 누구나 조금이라도 다 느껴보았을 것이다. 그런데 간혹 이 질문에 고민을 하는 사람이 있다. 과연 이 질문에 "예"라고 대답하면 담당 검사관들이 나를 사회적으로 문제가 있는 사람으로 여기지는 않을까 하는 생각에 "아니요"라는 답을 기재하게 된다. 이런 솔직하지 않은 답변이 답변의 신뢰와 솔직함을 나타내는 타당성 척도에 좋지 않은 점수를 주게 된다. 둘째, 일관성 있는 답변이다. 인성검사의 수많은 질문 중에는 비슷한 내 용의 물음이 여러 개 숨어 있는 경우가 많이 있다. 그 질문들은 피검사자의 '솔직한 답변'과 '심리적인 상태'를 알아보기 위해 반복적으로 나오는 것이다. 가령 "나는 유년 시절 타인의 물건을 훔친 적이 있다."라는 질문에 "예"라고 대답했는데, "나는 유년 시절 타인의 물건을 훔쳐보고 싶은 충동을 느껴본 적이 있다."라는 질문에는 "아니요"라는 답을 기재한다면 어떻겠는가. 일관성 없이 '대충 기재하자'라는 식의 심리적 무성의성 답변이 되거나, 정신적으로 문제가 있는 사람으로 보일 수 있다.

인성검사는 많은 문항을 풀어야 하기 때문에 피검사자들은 지루함과 따분함을 느낄 수 있고 반복된 내용의 질문 때문에 인내심이 바닥날 수도 있다. 그럴수록 인내를 가지고 솔직하게 내 생각을 대답하는 것이 무엇보다 중요한 요령이 될 것이다.

(1) 충분한 휴식으로 불안을 없애고 정서적인 안정을 취한다. 심신이 안정되어야 자신의 마음을 표현할 수 있다.

(2) 생각나는 대로 솔직하게 응답한다. 자신을 너무 과대포장하지도, 너무 비하시키지도 마라. 답변을 꾸며서 하면 앞뒤가 맞지 않게끔 구성돼 있어 불리한 평가를 받게 되므로 솔직하게 답하도록 한다.

(3) 검사 문항에 대해 지나치게 생각해서는 안 된다. 지나치게 몰두하면 엉뚱한 답변이 나올 수 있으므로 불필요한 생각은 삼간다.

(4) 인성검사는 대개 문항 수가 많기에 자칫 건너뛰는 경우가 있는데, 가능한 한 모든 문항에 답해야 한다. 응답하지 않은 문항이 많을 경우 평가자가 정확한 평가를 내리지 못해 불리한 평가를 내릴 수 있기 때문이다.

유형 1

※ 다음 질문을 읽고, '예', '아니요' 중 자신에게 해당하는 응답에 ○표 하시오. [1~30]

번호	질문	응답	
1	조심스러운 성격이라고 생각한다.	예	아니요
2	사물을 신중하게 생각하는 편이라고 생각한다.	예	아니요
3	동작이 기민한 편이다.	예	아니요
4	포기하지 않고 노력하는 것이 중요하다.	예	아니요
5	일주일의 예정을 만드는 것을 좋아한다.	예	아니요
6	노력의 여하보다 결과가 중요하다.	예	아니요
7	자기주장이 강하다.	예	아니요
8	장래의 일을 생각하면 불안해질 때가 있다.	예	아니요
9	소외감을 느낄 때가 있다.	예	아니요
10	훌쩍 여행을 떠나고 싶을 때가 자주 있다.	예	아니요
11	대인관계가 귀찮다고 느낄 때가 있다.	예	아니요
12	자신의 권리를 주장하는 편이다.	예	아니요
13	낙천가라고 생각한다.	예	아니요
14	싸움을 한 적이 없다.	예	아니요
15	자신의 의견을 상대에게 잘 주장하지 못한다.	예	아니요
16	좀처럼 결단하지 못하는 경우가 있다.	예	아니요
17	하나의 취미를 오래 지속하는 편이다.	예	아니요
18	한 번 시작한 일은 끝을 맺는다.	예	아니요
19	행동으로 옮기기까지 시간이 걸린다.	예	아니요
20	다른 사람들이 하지 못하는 일을 하고 싶다.	예	아니요
21	해야 할 일은 신속하게 처리한다.	예	아니요
22	병이 아닌지 걱정이 들 때가 있다.	예	아니요
23	다른 사람의 충고를 기분 좋게 듣는 편이다.	예	아니요
24	다른 사람에게 의존적이 될 때가 많다.	예	아니요
25	타인에게 간섭받는 것은 싫다.	예	아니요
26	의식 과잉이라는 생각이 들 때가 있다.	예	아니요
27	수다를 좋아한다.	예	아니요
28	잘못된 일을 한 적이 한 번도 없다.	예	아니요
29	모르는 사람과 이야기하는 것은 용기가 필요하다.	예	아니요
30	끙끙거리며 생각할 때가 있다.	예	아니요

※ 다음 질문을 읽고, A, B 중 자신에게 해당하는 응답에 ○표 하시오. [1~15]

번호	질문	응답	
1	A 사람들 앞에서 잘 이야기하지 못한다. B 사람들 앞에서 이야기하는 것을 좋아한다.	A	B
2	A 엉뚱한 생각을 잘한다. B 비현실적인 것을 싫어한다.	A	B
3	A 친절한 사람이라는 말을 듣고 싶다. B 냉정한 사람이라는 말을 듣고 싶다.	A	B
4	A 예정에 얽매이는 것을 싫어한다. B 예정이 없는 상태를 싫어한다.	A	B
5	A 혼자 생각하는 것을 좋아한다. B 다른 사람과 이야기하는 것을 좋아한다.	A	B
6	A 정해진 절차에 따르는 것을 싫어한다. B 정해진 절차가 바뀌는 것을 싫어한다.	A	B
7	A 친절한 사람 밑에서 일하고 싶다. B 이성적인 사람 밑에서 일하고 싶다.	A	B
8	A 그때그때의 기분으로 행동하는 경우가 많다. B 미리 행동을 정해두는 경우가 많다.	A	B
9	A 다른 사람과 만났을 때 화제를 찾는 데 고생한다. B 다른 사람과 만났을 때 화제에 부족함이 없다.	A	B
10	A 학구적이라는 인상을 주고 싶다. B 실무적이라는 인상을 주고 싶다.	A	B
11	A 친구가 돈을 빌려달라고 하면 거절하지 못한다. B 본인에게 도움이 되지 않는 차금은 거절한다.	A	B
12	A 조직 안에서는 독자적으로 움직이는 타입이라고 생각한다. B 조직 안에서는 우등생 타입이라고 생각한다.	A	B
13	A 문장을 쓰는 것을 좋아한다. B 이야기하는 것을 좋아한다.	A	B
14	A 직감으로 판단한다. B 경험으로 판단한다.	A	B
15	A 다른 사람이 어떻게 생각하는지 신경 쓰인다. B 다른 사람이 어떻게 생각하든 신경 쓰지 않는다.	A	B

※ 다음 질문을 읽고, '아니다', '대체로 아니다', '대체로 그렇다', '그렇다'에 체크하시오. [1~30]

번호	질문	아니다	대체로 아니다	대체로 그렇다	그렇다
1	충동구매는 절대 하지 않는다.				
2	컨디션에 따라 기분이 잘 변한다.				
3	옷 입는 취향이 오랫동안 바뀌지 않고 그대로이다.				
4	남의 물건이 좋아 보인다.				
5	반성하는 일이 거의 없다.				
6	남의 말을 호의적으로 받아들인다.				
7	혼자 있을 때가 편안하다.				
8	친구에게 불만이 있다.				
9	남의 말을 좋은 쪽으로 해석한다.				
10	남의 의견을 절대 참고하지 않는다.				
11	일을 시작할 때 계획을 세우는 편이다.				
12	부모님과 여행을 자주 간다.				
13	쉽게 짜증을 내는 편이다.				
14	사람을 상대하는 것을 좋아한다.				
15	컴퓨터로 일을 하는 것을 좋아한다.				
16	하루 종일 말하지 않고 지낼 수 있다.				
17	감정조절이 잘 안되는 편이다.				
18	평소 꼼꼼한 편이다.				
19	다시 태어나고 싶은 순간이 있다.				
20	운동을 하다가 다친 적이 있다.				
21	다른 사람의 말보다는 자신의 믿음을 믿는다.				
22	귀찮은 일이 있으면 먼저 해치운다.				
23	정리 정돈하는 것을 좋아한다.				
24	다른 사람의 대화에 끼고 싶다.				
25	카리스마가 있다는 말을 들어본 적이 있다.				
26	미래에 대한 고민이 많다.				
27	친구들의 성공 소식에 씁쓸한 적이 있다.				
28	내가 못하는 것이 있으면 참지 못한다.				
29	계획에 없는 일을 시키면 짜증이 난다.				
30	화가 나면 물건을 집어 던지는 버릇이 있다.				

※ 다음 질문을 읽고, ① ~ ⑥ 중 자신에게 해당하는 것을 고르시오. [1~3]

01 최대리가 신약을 개발했는데 치명적이지는 않지만 유해한 부작용이 발견됐다. 그런데 최대리는 묵인하고 신약을 유통시켰다.

1-(1) 당신은 이 상황에 대해 얼마나 동의하는가?
① 0%　　② 20%　　③ 40%　　④ 60%　　⑤ 80%　　⑥ 100%

1-(2) 자신이라도 그렇게 할 것인가?
① 0%　　② 20%　　③ 40%　　④ 60%　　⑤ 80%　　⑥ 100%

02 같은 팀 최대리가 자신의 성과를 높이기 위해 중요한 업무를 상사에게 요구한다.

2-(1) 다른 팀원도 그 상황에 동의할 것 같은가?
① 0%　　② 20%　　③ 40%　　④ 60%　　⑤ 80%　　⑥ 100%

2-(2) 자신이라도 그렇게 할 것인가?
① 0%　　② 20%　　③ 40%　　④ 60%　　⑤ 80%　　⑥ 100%

03 최대리가 회계 보고서 작성 후 오류를 발견했지만 바로잡기엔 시간이 부족하여 그냥 제출했다.

3-(1) 다른 직원들도 그 상황에 동의할 것 같은가?
① 0%　　② 20%　　③ 40%　　④ 60%　　⑤ 80%　　⑥ 100%

3-(2) 자신이라도 그렇게 할 것인가?
① 0%　　② 20%　　③ 40%　　④ 60%　　⑤ 80%　　⑥ 100%

※ 각 문항을 읽고, ① ~ ⑥ 중 자신의 성향과 가까운 정도에 따라 ① 전혀 그렇지 않다, ② 그렇지 않다, ③ 조금 그렇지 않다, ④ 조금 그렇다, ⑤ 그렇다, ⑥ 매우 그렇다 중 하나를 선택하시오. 그리고 3개의 문장 중 자신의 성향에 비추어볼 때 가장 먼 것(멀다)과 가장 가까운 것(가깝다)을 하나씩 선택하시오. [1~4]

01

질문	답안 1						답안 2	
	①	②	③	④	⑤	⑥	멀다	가깝다
1. 사물을 신중하게 생각하는 편이라고 생각한다.	☐	☐	☐	☐	☐	☐	☐	☐
2. 포기하지 않고 노력하는 것이 중요하다.	☐	☐	☐	☐	☐	☐	☐	☐
3. 자신의 권리를 주장하는 편이다.	☐	☐	☐	☐	☐	☐	☐	☐

02

질문	답안 1						답안 2	
	①	②	③	④	⑤	⑥	멀다	가깝다
1. 노력의 여하보다 결과가 중요하다.	☐	☐	☐	☐	☐	☐	☐	☐
2. 자기주장이 강하다.	☐	☐	☐	☐	☐	☐	☐	☐
3. 어떠한 일이 있어도 출세하고 싶다.	☐	☐	☐	☐	☐	☐	☐	☐

03

질문	답안 1						답안 2	
	①	②	③	④	⑤	⑥	멀다	가깝다
1. 다른 사람의 일에 관심이 없다.	☐	☐	☐	☐	☐	☐	☐	☐
2. 때로는 후회할 때도 있다.	☐	☐	☐	☐	☐	☐	☐	☐
3. 진정으로 마음을 허락할 수 있는 사람은 없다.	☐	☐	☐	☐	☐	☐	☐	☐

04

질문	답안 1						답안 2	
	①	②	③	④	⑤	⑥	멀다	가깝다
1. 타인에게 간섭받는 것은 싫다.	☐	☐	☐	☐	☐	☐	☐	☐
2. 신경이 예민한 편이라고 생각한다.	☐	☐	☐	☐	☐	☐	☐	☐
3. 난관에 봉착해도 포기하지 않고 열심히 해본다.	☐	☐	☐	☐	☐	☐	☐	☐

※ 다음 질문을 읽고, ① ~ ⑤ 중 자신에게 해당하는 것을 고르시오(① 전혀 그렇지 않다, ② 그렇지 않다, ③ 보통이다, ④ 그렇다, ⑤ 매우 그렇다). 그리고 4개의 문장 중 자신과 가장 먼 것(멀다)과 가장 가까운 것(가깝다)을 하나씩 선택하시오. [1~4]

01

						멀다	가깝다
A. 야망이 있다.	①	②	③	④	⑤	☐	☐
B. 평소 사회 문제에 관심이 많다.	①	②	③	④	⑤	☐	☐
C. 친구들의 생일을 잘 잊는 편이다.	①	②	③	④	⑤	☐	☐
D. 누군가를 챙겨주는 것에 행복을 느낀다.	①	②	③	④	⑤	☐	☐

02

						멀다	가깝다
A. 지시하는 것보다 명령에 따르는 것이 편하다.	①	②	③	④	⑤	☐	☐
B. 옆에 사람이 있는 것이 싫다.	①	②	③	④	⑤	☐	☐
C. 친구들과 남의 이야기를 하는 것을 좋아한다.	①	②	③	④	⑤	☐	☐
D. 모두가 싫증을 내는 일에도 혼자서 열심히 한다.	①	②	③	④	⑤	☐	☐

03

						멀다	가깝다
A. 완성된 것보다 미완성인 것에 흥미가 있다.	①	②	③	④	⑤	☐	☐
B. 능력을 살릴 수 있는 일을 하고 싶다.	①	②	③	④	⑤	☐	☐
C. 내 분야에서는 최고가 되고 싶다.	①	②	③	④	⑤	☐	☐
D. 다른 사람의 충고를 잘 받아들이지 못한다.	①	②	③	④	⑤	☐	☐

04

						멀다	가깝다
A. 다소 산만한 편이라는 이야기를 자주 듣는다.	①	②	③	④	⑤	☐	☐
B. 주변에 호기심이 많고, 새로운 상황에 잘 적응한다.	①	②	③	④	⑤	☐	☐
C. 타인의 의견을 잘 듣는 편이다.	①	②	③	④	⑤	☐	☐
D. 단체 생활을 좋아하지는 않지만 적응하려고 노력한다.	①	②	③	④	⑤	☐	☐

02 모의테스트

※ 인성검사 모의테스트는 질문 및 답변 유형 연습용이므로 실제 시험과 다를 수 있으며, 인성검사에는 정답이 존재하지 않습니다.

제1회 | 인성검사

※ 다음 질문을 읽고, ①~⑤ 중 자신에게 해당하는 것을 고르시오(① 전혀 그렇지 않다, ② 약간 그렇지 않다, ③ 보통이다, ④ 약간 그렇다, ⑤ 매우 그렇다). [1~200]

번호	질문	응답				
01	결점을 지적받아도 아무렇지 않다.	①	②	③	④	⑤
02	피곤할 때도 명랑하게 행동한다.	①	②	③	④	⑤
03	실패했던 경험을 생각하면서 고민하는 편이다.	①	②	③	④	⑤
04	언제나 생기가 있다.	①	②	③	④	⑤
05	선배의 지적을 순수하게 받아들일 수 있다.	①	②	③	④	⑤
06	매일 목표가 있는 생활을 하고 있다.	①	②	③	④	⑤
07	열등감으로 자주 고민한다.	①	②	③	④	⑤
08	남에게 무시당하면 화가 난다.	①	②	③	④	⑤
09	무엇이든지 하면 된다고 생각하는 편이다.	①	②	③	④	⑤
10	자신의 존재를 과시하고 싶다.	①	②	③	④	⑤
11	사람을 많이 만나는 것을 좋아한다.	①	②	③	④	⑤
12	보고 들은 것을 문장으로 옮기는 것을 좋아한다.	①	②	③	④	⑤
13	특정한 사람과 교제를 하는 편이다.	①	②	③	④	⑤
14	친구에게 먼저 말을 하는 편이다.	①	②	③	④	⑤
15	친구만 있으면 된다고 생각한다.	①	②	③	④	⑤
16	많은 사람 앞에서 말하는 것이 서툴다.	①	②	③	④	⑤
17	반 편성과 교실 이동을 싫어한다.	①	②	③	④	⑤
18	다과회 등에서 자주 책임을 맡는다.	①	②	③	④	⑤
19	새로운 환경에 쉽게 적응하지 못하는 편이다.	①	②	③	④	⑤
20	누구하고나 친하게 교제한다.	①	②	③	④	⑤

번호	질문	응답
21	충동구매는 절대 하지 않는다.	① ② ③ ④ ⑤
22	컨디션에 따라 기분이 잘 변한다.	① ② ③ ④ ⑤
23	옷 입는 취향이 오랫동안 바뀌지 않고 그대로이다.	① ② ③ ④ ⑤
24	남의 물건이 좋아보인다.	① ② ③ ④ ⑤
25	광고를 보면 그 물건을 사고 싶다.	① ② ③ ④ ⑤
26	자신이 낙천주의자라고 생각한다.	① ② ③ ④ ⑤
27	에스컬레이터에서 걷지 않는다.	① ② ③ ④ ⑤
28	꾸물대는 것을 싫어한다.	① ② ③ ④ ⑤
29	고민이 생겨도 심각하게 생각하지 않는다.	① ② ③ ④ ⑤
30	반성하는 일이 거의 없다.	① ② ③ ④ ⑤
31	남의 말을 호의적으로 받아들인다.	① ② ③ ④ ⑤
32	혼자 있을 때가 편안하다.	① ② ③ ④ ⑤
33	친구에게 불만이 있다.	① ② ③ ④ ⑤
34	남의 말을 좋은 쪽으로 해석한다.	① ② ③ ④ ⑤
35	남의 의견을 절대 참고하지 않는다.	① ② ③ ④ ⑤
36	기분 나쁜 일은 금세 잊는 편이다.	① ② ③ ④ ⑤
37	선배와 쉽게 친해진다.	① ② ③ ④ ⑤
38	슬럼프에 빠지면 좀처럼 헤어나지 못한다.	① ② ③ ④ ⑤
39	자신의 소문에 관심을 기울인다.	① ② ③ ④ ⑤
40	주위 사람에게 인사하는 것이 귀찮다.	① ② ③ ④ ⑤
41	기호에 맞지 않으면 거절하는 편이다.	① ② ③ ④ ⑤
42	여간해서 흥분하지 않는 편이다.	① ② ③ ④ ⑤
43	옳다고 생각하면 밀고 나간다.	① ② ③ ④ ⑤
44	항상 무슨 일이든지 해야만 한다.	① ② ③ ④ ⑤
45	휴식시간에도 일하고 싶다.	① ② ③ ④ ⑤
46	걱정거리가 생기면 머릿속에서 떠나지 않는 편이다.	① ② ③ ④ ⑤
47	매일 힘든 일이 너무 많다.	① ② ③ ④ ⑤
48	시험 전에도 노는 계획을 세운다.	① ② ③ ④ ⑤
49	슬픈 일만 머릿속에 남는다.	① ② ③ ④ ⑤
50	사는 것이 힘들다고 느낀 적은 없다.	① ② ③ ④ ⑤

번호	질문	응답
51	처음 만난 사람과 이야기하는 것이 피곤하다.	① ② ③ ④ ⑤
52	비난을 받으면 신경이 쓰인다.	① ② ③ ④ ⑤
53	실패해도 또 다시 도전한다.	① ② ③ ④ ⑤
54	남에게 비판을 받으면 불쾌하다.	① ② ③ ④ ⑤
55	다른 사람의 지적을 순수하게 받아들일 수 있다.	① ② ③ ④ ⑤
56	자신의 프라이드가 높다고 생각한다.	① ② ③ ④ ⑤
57	자신의 입장을 잊어버릴 때가 있다.	① ② ③ ④ ⑤
58	남보다 쉽게 우위에 서는 편이다.	① ② ③ ④ ⑤
59	목적이 없으면 마음이 불안하다.	① ② ③ ④ ⑤
60	일을 할 때에 자신이 없다.	① ② ③ ④ ⑤
61	상대방이 말을 걸어오기를 기다리는 편이다.	① ② ③ ④ ⑤
62	친구 말을 듣는 편이다.	① ② ③ ④ ⑤
63	싸움으로 친구를 잃은 경우가 있다.	① ② ③ ④ ⑤
64	모르는 사람과 말하는 것은 귀찮다.	① ② ③ ④ ⑤
65	아는 사람이 많아지는 것이 즐겁다.	① ② ③ ④ ⑤
66	신호 대기 중에도 조바심이 난다.	① ② ③ ④ ⑤
67	매사에 심각하게 생각하는 것을 싫어한다.	① ② ③ ④ ⑤
68	자신이 경솔하다고 자주 느낀다.	① ② ③ ④ ⑤
69	상대방이 통화 중이어도 자꾸 전화를 건다.	① ② ③ ④ ⑤
70	충동적인 행동을 하지 않는 편이다.	① ② ③ ④ ⑤
71	칭찬도 나쁘게 받아들이는 편이다.	① ② ③ ④ ⑤
72	자신이 손해를 보고 있다고 생각한다.	① ② ③ ④ ⑤
73	어떤 상황에서나 만족할 수 있다.	① ② ③ ④ ⑤
74	무슨 일이든지 자신의 생각대로 하지 못한다.	① ② ③ ④ ⑤
75	부모님에게 불만을 느낀다.	① ② ③ ④ ⑤
76	깜짝 놀라면 당황하는 편이다.	① ② ③ ④ ⑤
77	주위의 평판이 좋다고 생각한다.	① ② ③ ④ ⑤
78	자신이 소문에 휘말려도 좋다.	① ② ③ ④ ⑤
79	긴급사태에도 당황하지 않고 행동할 수 있다.	① ② ③ ④ ⑤
80	윗사람과 이야기하는 것이 불편하다.	① ② ③ ④ ⑤

번호	질문	응답
81	정색하고 화내기 쉬운 화제를 올릴 때가 있다.	① ② ③ ④ ⑤
82	자신이 좋아하는 연예인을 남들이 욕해도 화가 나지 않는다.	① ② ③ ④ ⑤
83	남을 비판할 때가 있다.	① ② ③ ④ ⑤
84	주체할 수 없을 만큼 여유가 많은 것은 싫어한다.	① ② ③ ④ ⑤
85	의견이 어긋날 때는 한발 양보한다.	① ② ③ ④ ⑤
86	싫은 사람과도 협력할 수 있다.	① ② ③ ④ ⑤
87	사람은 너무 고통거리가 많다고 생각한다.	① ② ③ ④ ⑤
88	걱정거리가 있으면 잠을 잘 수가 없다.	① ② ③ ④ ⑤
89	즐거운 일보다는 괴로운 일이 더 많다.	① ② ③ ④ ⑤
90	싫은 사람이라도 인사를 한다.	① ② ③ ④ ⑤
91	사소한 일에도 신경을 많이 쓰는 편이다.	① ② ③ ④ ⑤
92	누가 나에게 말을 걸기 전에 내가 먼저 말을 걸지 않는다.	① ② ③ ④ ⑤
93	이따금 결심을 빨리 하지 못하기 때문에 손해 보는 경우가 많다.	① ② ③ ④ ⑤
94	사람들은 누구나 곤경에서 벗어나기 위해 거짓말을 할 수 있다.	① ② ③ ④ ⑤
95	어떤 일을 실패하면 두고두고 생각한다.	① ② ③ ④ ⑤
96	비교적 말이 없는 편이다.	① ② ③ ④ ⑤
97	기왕 일을 한다면 꼼꼼하게 하는 편이다.	① ② ③ ④ ⑤
98	지나치게 깔끔한 척을 하는 편에 속한다.	① ② ③ ④ ⑤
99	나를 기분 나쁘게 한 사람을 쉽게 잊지 못하는 편이다.	① ② ③ ④ ⑤
100	수줍음을 많이 타서 많은 사람 앞에 나서길 싫어한다.	① ② ③ ④ ⑤
101	혼자 지내는 시간이 즐겁다.	① ② ③ ④ ⑤
102	주위 사람이 잘되는 것을 보면 상대적으로 내가 실패한 것 같다.	① ② ③ ④ ⑤
103	어떤 일을 시도하다가 잘 안되면 금방 포기한다.	① ② ③ ④ ⑤
104	이성 친구와 웃고 떠드는 것을 별로 좋아하지 않는다.	① ② ③ ④ ⑤
105	낯선 사람과 만나는 것을 꺼리는 편이다.	① ② ③ ④ ⑤
106	밤낮없이 같이 다닐 만한 친구들이 거의 없다.	① ② ③ ④ ⑤
107	연예인이 되고 싶은 마음은 조금도 가지고 있지 않다.	① ② ③ ④ ⑤
108	여럿이 모여서 이야기하는 데 잘 끼어들지 못한다.	① ② ③ ④ ⑤
109	사람들은 이득이 된다면 옳지 않은 방법이라도 쓸 것이다.	① ② ③ ④ ⑤
110	사람들이 정직하게 행동하는 것은 다른 사람의 비난이 두렵기 때문이다.	① ② ③ ④ ⑤

번호	질문	응답
111	처음 보는 사람들과 쉽게 이야기하거나 친해지는 편이다.	① ② ③ ④ ⑤
112	모르는 사람들이 많이 모여 있는 곳에서도 활발하게 행동하는 편이다.	① ② ③ ④ ⑤
113	여기저기에 친구나 아는 사람들이 많이 있다.	① ② ③ ④ ⑤
114	모임에서 말을 많이 하고 적극적으로 행동한다.	① ② ③ ④ ⑤
115	슬프거나 기쁜 일이 생기면 부모나 친구에게 이야기하는 편이다.	① ② ③ ④ ⑤
116	활발하고 적극적이라는 말을 자주 듣는다.	① ② ③ ④ ⑤
117	시간이 걸리는 일이나 놀이에 싫증을 내고, 새로운 놀이나 활동을 원한다.	① ② ③ ④ ⑤
118	혼자 조용히 있거나 책을 읽는 것보다는 사람들과 어울리는 것을 좋아한다.	① ② ③ ④ ⑤
119	새로운 유행이 시작되면 다른 사람보다 먼저 시도해 보는 편이다.	① ② ③ ④ ⑤
120	기분을 잘 드러내기 때문에 남들이 본인의 기분을 금방 알게 된다.	① ② ③ ④ ⑤
121	비유적이고 상징적인 표현보다는 구체적이고 정확한 표현을 더 잘 이해한다.	① ② ③ ④ ⑤
122	주변 사람들의 외모나 다른 특징들을 자세히 기억한다.	① ② ③ ④ ⑤
123	꾸준하고 참을성이 있다는 말을 자주 듣는다.	① ② ③ ④ ⑤
124	공부할 때 세부적인 내용을 암기할 수 있다.	① ② ③ ④ ⑤
125	손으로 직접 만지거나 조작하는 것을 좋아한다.	① ② ③ ④ ⑤
126	상상 속에서 이야기를 잘 만들어 내는 편이다.	① ② ③ ④ ⑤
127	종종 물건을 잃어버리거나 어디에 두었는지 기억을 못하는 때가 있다.	① ② ③ ④ ⑤
128	창의력과 상상력이 풍부하다는 이야기를 자주 듣는다.	① ② ③ ④ ⑤
129	다른 사람들이 생각하지도 않는 엉뚱한 행동이나 생각을 할 때가 종종 있다.	① ② ③ ④ ⑤
130	이것저것 새로운 것에 관심이 많고 새로운 것을 배우고 싶어 한다.	① ② ③ ④ ⑤
131	'왜'라는 질문을 자주 한다.	① ② ③ ④ ⑤
132	의지와 끈기가 강한 편이다.	① ② ③ ④ ⑤
133	궁금한 점이 있으면 꼬치꼬치 따져서 궁금증을 풀고 싶어 한다.	① ② ③ ④ ⑤
134	참을성이 있다는 말을 자주 듣는다.	① ② ③ ④ ⑤
135	남의 비난에도 잘 견딘다.	① ② ③ ④ ⑤
136	다른 사람의 감정에 민감하다.	① ② ③ ④ ⑤
137	자신의 잘못을 쉽게 인정하는 편이다.	① ② ③ ④ ⑤
138	싹싹하다는 소리를 잘 듣는다.	① ② ③ ④ ⑤
139	쉽게 양보를 하는 편이다.	① ② ③ ④ ⑤
140	음식을 선택할 때 쉽게 결정을 못 내릴 때가 많다.	① ② ③ ④ ⑤

PART 4

번호	질문	응답
141	계획표를 세밀하게 짜 놓고 그 계획표에 따라 생활하는 것을 좋아한다.	① ② ③ ④ ⑤
142	대체로 할 일을 먼저 해 놓고 나서 노는 편이다.	① ② ③ ④ ⑤
143	시험보기 전에 미리 여유 있게 공부 계획표를 짜 놓는다.	① ② ③ ④ ⑤
144	마지막 순간에 쫓기면서 일하는 것을 싫어한다.	① ② ③ ④ ⑤
145	계획에 따라 규칙적인 생활을 하는 편이다.	① ② ③ ④ ⑤
146	자기 것을 잘 나누어주는 편이다.	① ② ③ ④ ⑤
147	자심의 소지품을 덜 챙기는 편이다.	① ② ③ ④ ⑤
148	신발이나 옷이 떨어져도 무관심한 편이다.	① ② ③ ④ ⑤
149	자기 것을 덜 주장하고, 덜 고집하는 편이다.	① ② ③ ④ ⑤
150	활동이 많으면서도 무난하고 점잖다는 말을 듣는 편이다.	① ② ③ ④ ⑤
151	몇 번이고 생각하고 검토한다.	① ② ③ ④ ⑤
152	여러 번 생각한 끝에 결정을 내린다.	① ② ③ ④ ⑤
153	어떤 일이든 따지려 든다.	① ② ③ ④ ⑤
154	일단 결정하면 행동으로 옮긴다.	① ② ③ ④ ⑤
155	앞에 나서기를 꺼린다.	① ② ③ ④ ⑤
156	규칙을 잘 지킨다.	① ② ③ ④ ⑤
157	나의 주장대로 행동한다.	① ② ③ ④ ⑤
158	지시나 충고를 받는 것이 싫다.	① ② ③ ④ ⑤
159	급진적인 변화를 좋아한다.	① ② ③ ④ ⑤
160	규칙은 반드시 지킬 필요가 없다.	① ② ③ ④ ⑤
161	혼자서 일하기를 좋아한다.	① ② ③ ④ ⑤
162	미래에 대해 별로 염려를 하지 않는다.	① ② ③ ④ ⑤
163	새로운 변화를 싫어한다.	① ② ③ ④ ⑤
164	조용한 분위기를 좋아한다.	① ② ③ ④ ⑤
165	도전적인 직업보다는 안정적인 직업이 좋다.	① ② ③ ④ ⑤
166	친구를 잘 바꾸지 않는다.	① ② ③ ④ ⑤
167	남의 명령을 듣기 싫어한다.	① ② ③ ④ ⑤
168	모든 일에 앞장서는 편이다.	① ② ③ ④ ⑤
169	다른 사람이 하는 일을 보면 답답하다.	① ② ③ ④ ⑤
170	남을 지배하는 사람이 되고 싶다.	① ② ③ ④ ⑤

번호	질문			응답		
171	규칙적인 것이 싫다.	①	②	③	④	⑤
172	매사에 감동을 자주 받는다.	①	②	③	④	⑤
173	새로운 물건과 일에 대한 생각을 자주 한다.	①	②	③	④	⑤
174	창조적인 일을 하고 싶다.	①	②	③	④	⑤
175	나쁜 일은 오래 생각하지 않는다.	①	②	③	④	⑤
176	사람들의 이름을 잘 기억하는 편이다.	①	②	③	④	⑤
177	외딴 곳보다는 사람들이 북적거리는 곳에 살고 싶다.	①	②	③	④	⑤
178	제조업보다는 서비스업이 마음에 든다.	①	②	③	④	⑤
179	농사를 지으면서 자연과 더불어 살고 싶다.	①	②	③	④	⑤
180	예절 같은 것은 별로 신경 쓰지 않는다.	①	②	③	④	⑤
181	거칠고 반항적인 사람보다 예의바른 사람들과 어울리고 싶다.	①	②	③	④	⑤
182	대인관계에서 상황을 빨리 파악하는 편이다.	①	②	③	④	⑤
183	계산에 밝은 사람은 꺼려진다.	①	②	③	④	⑤
184	친구들과 노는 것보다 혼자 노는 것이 편하다.	①	②	③	④	⑤
185	교제범위가 넓은 편이라 사람을 만나는 데 많은 시간을 소비한다.	①	②	③	④	⑤
186	손재주는 비교적 있는 편이다.	①	②	③	④	⑤
187	기획과 섭외 중 기획을 더 잘할 수 있을 것 같다.	①	②	③	④	⑤
188	도서실 등에서 책을 정리하고 관리하는 일을 싫어하지 않는다.	①	②	③	④	⑤
189	선입견으로 판단하지 않고 이론적으로 판단하는 편이다.	①	②	③	④	⑤
190	예술제나 미술전 등에 관심이 많다.	①	②	③	④	⑤
191	행사의 사회나 방송 등 마이크를 사용하는 분야에 관심이 많다.	①	②	③	④	⑤
192	하루 종일 방에 틀어 박혀 연구하거나 몰두해야 하는 일은 싫다.	①	②	③	④	⑤
193	공상이나 상상을 많이 하는 편이다.	①	②	③	④	⑤
194	모르는 사람과도 마음이 맞으면 쉽게 마음을 터놓고 바로 친해진다.	①	②	③	④	⑤
195	물건을 만들거나 도구를 사용하는 일이 싫지는 않다.	①	②	③	④	⑤
196	새로운 아이디어를 생각해내는 일이 좋다.	①	②	③	④	⑤
197	회의에서 사회나 서기를 맡는다면 서기 쪽이 맞을 것 같다.	①	②	③	④	⑤
198	사건 뒤에 숨은 본질을 생각해 보기를 좋아한다.	①	②	③	④	⑤
199	색채감각이나 미적 센스가 풍부한 편이다.	①	②	③	④	⑤
200	다른 사람들의 눈길을 끌고 주목을 받는 것이 아무렇지도 않다.	①	②	③	④	⑤

PART 4

※ 다음 질문을 읽고, ① ~ ⑤ 중 자신에게 해당하는 것을 고르시오(① 전혀 그렇지 않다, ② 약간 그렇지 않다, ③ 보통이다, ④ 약간 그렇다, ⑤ 매우 그렇다). [1~200]

번호	질문	응답				
01	문화재 위원과 체육대회 위원 중 체육대회 위원을 하고 싶다.	①	②	③	④	⑤
02	보고 들은 것을 문장으로 옮기기를 좋아한다.	①	②	③	④	⑤
03	남에게 뭔가 가르쳐 주는 일이 좋다.	①	②	③	④	⑤
04	많은 사람과 장시간 함께 있으면 피곤하다.	①	②	③	④	⑤
05	엉뚱한 일을 하기 좋아하고 발상도 개성적이다.	①	②	③	④	⑤
06	전표 계산 또는 장부 기입 같은 일을 싫증내지 않고 할 수 있다.	①	②	③	④	⑤
07	책이나 신문을 열심히 읽는 편이다.	①	②	③	④	⑤
08	신경이 예민한 편이며, 감수성도 풍부하다.	①	②	③	④	⑤
09	연회석에서 망설임 없이 노래를 부르거나 장기를 보이는 편이다.	①	②	③	④	⑤
10	즐거운 캠프를 위해 계획 세우기를 좋아한다.	①	②	③	④	⑤
11	데이터를 분류하거나 통계내는 일을 싫어하지는 않는다.	①	②	③	④	⑤
12	드라마나 소설 속 등장인물의 생활과 사고방식에 흥미가 있다.	①	②	③	④	⑤
13	자신의 미적 표현력을 살리면 상당히 좋은 작품이 나올 것 같다.	①	②	③	④	⑤
14	화려한 것을 좋아하며 주위의 평판에 신경을 쓰는 편이다.	①	②	③	④	⑤
15	여럿이서 여행할 기회가 있다면 즐겁게 참가한다.	①	②	③	④	⑤
16	여행 소감 쓰기를 좋아한다.	①	②	③	④	⑤
17	상품 전시회에서 상품 설명을 한다면 잘할 수 있을 것 같다.	①	②	③	④	⑤
18	변화가 적고 손이 많이 가는 일도 꾸준히 하는 편이다.	①	②	③	④	⑤
19	신제품 홍보에 흥미가 있다.	①	②	③	④	⑤
20	열차 시간표 한 페이지 정도라면 정확하게 옮겨 쓸 자신이 있다.	①	②	③	④	⑤
21	자신의 장래에 대해 자주 생각한다.	①	②	③	④	⑤
22	혼자 있는 것에 익숙하다.	①	②	③	④	⑤
23	별 근심이 없다.	①	②	③	④	⑤
24	나의 환경에 아주 만족한다.	①	②	③	④	⑤
25	상품을 고를 때 디자인과 색에 신경을 많이 쓴다.	①	②	③	④	⑤
26	극단이나 연기학원에서 공부해 보고 싶다는 생각을 한 적이 있다.	①	②	③	④	⑤
27	외출할 때 날씨가 좋지 않아도 그다지 신경 쓰지 않는다.	①	②	③	④	⑤
28	손님을 불러들이는 호객행위도 마음만 먹으면 할 수 있을 것 같다.	①	②	③	④	⑤
29	신중하고 주의 깊은 편이다.	①	②	③	④	⑤
30	하루 종일 책상 앞에 앉아 있어도 지루해하지 않는 편이다.	①	②	③	④	⑤

번호	질문	응답
31	알기 쉽게 요점을 정리한 다음 남에게 잘 설명하는 편이다.	① ② ③ ④ ⑤
32	생물 시간보다는 미술 시간에 흥미가 있다.	① ② ③ ④ ⑤
33	남이 자신에게 상담을 해오는 경우가 많다.	① ② ③ ④ ⑤
34	친목회나 송년회 등의 총무 역할을 좋아하는 편이다.	① ② ③ ④ ⑤
35	실패하든 성공하든 그 원인은 꼭 분석한다.	① ② ③ ④ ⑤
36	실내 장식품이나 액세서리 등에 관심이 많다.	① ② ③ ④ ⑤
37	남에게 보이기 좋아하고 지기 싫어하는 편이다.	① ② ③ ④ ⑤
38	대자연 속에서 마음대로 몸을 움직이는 일이 좋다.	① ② ③ ④ ⑤
39	파티나 모임에서 자연스럽게 돌아다니며 인사하는 성격이다.	① ② ③ ④ ⑤
40	무슨 일에 쉽게 빠져드는 편이며 주인의식도 강하다.	① ② ③ ④ ⑤
41	우리나라 분재를 파리에서 파는 방법 따위를 생각하기 좋아한다.	① ② ③ ④ ⑤
42	하루 종일 거리를 돌아다녀도 그다지 피로를 느끼지 않는다.	① ② ③ ④ ⑤
43	컴퓨터의 키보드 조작도 연습하면 잘할 수 있을 것 같다.	① ② ③ ④ ⑤
44	자동차나 모터보트 등의 운전에 흥미를 갖고 있다.	① ② ③ ④ ⑤
45	연예인의 인기 비결을 곧잘 생각해 본다.	① ② ③ ④ ⑤
46	과자나 빵을 판매하는 일보다 만드는 일이 나에게 맞을 것 같다.	① ② ③ ④ ⑤
47	대체로 걱정하거나 고민하지 않는다.	① ② ③ ④ ⑤
48	비판적인 말을 들어도 쉽게 상처받지 않는다.	① ② ③ ④ ⑤
49	초등학교 선생님보다는 등대지기가 더 재미있을 것 같다.	① ② ③ ④ ⑤
50	남의 생일이나 명절에 선물을 사러 다니는 일은 귀찮다.	① ② ③ ④ ⑤
51	조심스러운 성격이라고 생각한다.	① ② ③ ④ ⑤
52	훌쩍 여행을 떠나고 싶을 때가 자주 있다.	① ② ③ ④ ⑤
53	사물을 신중하게 생각하는 편이라고 생각한다.	① ② ③ ④ ⑤
54	다른 사람들이 하지 못하는 일을 하고 싶다.	① ② ③ ④ ⑤
55	소외감을 느낄 때가 있다.	① ② ③ ④ ⑤
56	노력의 여하보다 결과가 중요하다.	① ② ③ ④ ⑤
57	다른 사람에게 의존적이 될 때가 많다.	① ② ③ ④ ⑤
58	타인에게 간섭받는 것은 싫다.	① ② ③ ④ ⑤
59	동작이 기민한 편이다.	① ② ③ ④ ⑤
60	다른 사람에게 항상 움직이고 있다는 말을 듣는다.	① ② ③ ④ ⑤

번호	질문	응답
61	해야 할 일은 신속하게 처리한다.	① ② ③ ④ ⑤
62	일주일의 예정을 만드는 것을 좋아한다.	① ② ③ ④ ⑤
63	잘하지 못하는 게임은 하지 않으려고 한다.	① ② ③ ④ ⑤
64	자기주장이 강하다.	① ② ③ ④ ⑤
65	의식 과잉이라는 생각이 들 때가 있다.	① ② ③ ④ ⑤
66	포기하지 않고 노력하는 것이 중요하다.	① ② ③ ④ ⑤
67	어떠한 일이 있어도 출세하고 싶다.	① ② ③ ④ ⑤
68	대인관계가 귀찮다고 느낄 때가 있다.	① ② ③ ④ ⑤
69	수다를 좋아한다.	① ② ③ ④ ⑤
70	장래의 일을 생각하면 불안해질 때가 있다.	① ② ③ ④ ⑤
71	쉽게 침울해 한다.	① ② ③ ④ ⑤
72	한 번 시작한 일은 끝을 맺는다.	① ② ③ ④ ⑤
73	막무가내라는 말을 들을 때가 많다.	① ② ③ ④ ⑤
74	자신의 권리를 주장하는 편이다.	① ② ③ ④ ⑤
75	쉽게 싫증을 내는 편이다.	① ② ③ ④ ⑤
76	하나의 취미를 오래 지속하는 편이다.	① ② ③ ④ ⑤
77	옆에 사람이 있으면 싫다.	① ② ③ ④ ⑤
78	자신의 의견을 상대에게 잘 주장하지 못한다.	① ② ③ ④ ⑤
79	토론에서 이길 자신이 있다.	① ② ③ ④ ⑤
80	좀처럼 결단하지 못하는 경우가 있다.	① ② ③ ④ ⑤
81	남과 친해지려면 용기가 필요하다.	① ② ③ ④ ⑤
82	활력이 있다.	① ② ③ ④ ⑤
83	다른 사람의 일에 관심이 없다.	① ② ③ ④ ⑤
84	통찰력이 있다고 생각한다.	① ② ③ ④ ⑤
85	다른 사람에게 위해를 가할 것 같은 기분이 든 때가 있다.	① ② ③ ④ ⑤
86	지루하면 마구 떠들고 싶어진다.	① ② ③ ④ ⑤
87	매사에 느긋하고 차분하게 매달린다.	① ② ③ ④ ⑤
88	친구들이 진지한 사람으로 생각하고 있다.	① ② ③ ④ ⑤
89	때로는 후회할 때도 있다.	① ② ③ ④ ⑤
90	친구들과 남의 이야기를 하는 것을 좋아한다.	① ② ③ ④ ⑤

번호	질문	응답
91	사소한 일로 우는 일이 많다.	① ② ③ ④ ⑤
92	내성적이라고 생각한다.	① ② ③ ④ ⑤
93	당황하면 갑자기 땀이 나서 신경 쓰일 때가 있다.	① ② ③ ④ ⑤
94	어떤 일이 있어도 의욕을 가지고 열심히 하는 편이다.	① ② ③ ④ ⑤
95	진정으로 마음을 허락할 수 있는 사람은 없다.	① ② ③ ④ ⑤
96	집에서 가만히 있으면 기분이 우울해진다.	① ② ③ ④ ⑤
97	굳이 말하자면 시원시원하다.	① ② ③ ④ ⑤
98	난관에 봉착해도 포기하지 않고 열심히 해본다.	① ② ③ ④ ⑤
99	기다리는 것에 짜증내는 편이다.	① ② ③ ④ ⑤
100	감정적으로 될 때가 많다.	① ② ③ ④ ⑤
101	눈을 뜨면 바로 일어난다.	① ② ③ ④ ⑤
102	친구들로부터 줏대 없는 사람이라는 말을 듣는다.	① ② ③ ④ ⑤
103	리더로서 인정을 받고 싶다.	① ② ③ ④ ⑤
104	누구나 권력자를 동경하고 있다고 생각한다.	① ② ③ ④ ⑤
105	다른 사람들이 남을 배려하는 마음씨가 있다는 말을 한다.	① ② ③ ④ ⑤
106	인간관계가 폐쇄적이라는 말을 듣는다.	① ② ③ ④ ⑤
107	누구와도 편하게 이야기할 수 있다.	① ② ③ ④ ⑤
108	몸으로 부딪혀 도전하는 편이다.	① ② ③ ④ ⑤
109	가만히 있지 못할 정도로 침착하지 못할 때가 있다.	① ② ③ ④ ⑤
110	사물을 과장해서 말하지 않는 편이다.	① ② ③ ④ ⑤
111	그룹 내에서는 누군가의 주도하에 따라가는 경우가 많다.	① ② ③ ④ ⑤
112	굳이 말하자면 자의식 과잉이다.	① ② ③ ④ ⑤
113	무슨 일이든 자신을 가지고 행동한다.	① ② ③ ④ ⑤
114	여행을 가기 전에는 세세한 계획을 세운다.	① ② ③ ④ ⑤
115	다른 사람에게 자신이 소개되는 것을 좋아한다.	① ② ③ ④ ⑤
116	차분하다는 말을 듣는다.	① ② ③ ④ ⑤
117	몸을 움직이는 것을 좋아한다.	① ② ③ ④ ⑤
118	의견이 다른 사람과는 어울리지 않는다.	① ② ③ ④ ⑤
119	계획을 생각하기보다 빨리 실행하고 싶어한다.	① ② ③ ④ ⑤
120	스포츠 선수가 되고 싶다고 생각한 적이 있다.	① ② ③ ④ ⑤

번호	질문	응답
121	융통성이 없는 편이다.	① ② ③ ④ ⑤
122	자신을 쓸모없는 인간이라고 생각할 때가 있다.	① ② ③ ④ ⑤
123	완성된 것보다 미완성인 것에 흥미가 있다.	① ② ③ ④ ⑤
124	작은 소리도 신경 쓰인다.	① ② ③ ④ ⑤
125	굳이 말하자면 장거리 주자에 어울린다고 생각한다.	① ② ③ ④ ⑤
126	모두가 싫증을 내는 일에도 혼자서 열심히 한다.	① ② ③ ④ ⑤
127	커다란 일을 해보고 싶다.	① ② ③ ④ ⑤
128	주위의 영향을 받기 쉽다.	① ② ③ ④ ⑤
129	잘하지 못하는 것이라도 자진해서 한다.	① ② ③ ④ ⑤
130	나는 완고한 편이라고 생각한다.	① ② ③ ④ ⑤
131	타인의 일에는 별로 관여하고 싶지 않다고 생각한다.	① ② ③ ④ ⑤
132	휴일은 세부적인 예정을 세우고 보낸다.	① ② ③ ④ ⑤
133	번화한 곳에 외출하는 것을 좋아한다.	① ② ③ ④ ⑤
134	능력을 살릴 수 있는 일을 하고 싶다.	① ② ③ ④ ⑤
135	자주 깊은 생각에 잠긴다.	① ② ③ ④ ⑤
136	지인을 발견해도 만나고 싶지 않을 때가 많다.	① ② ③ ④ ⑤
137	나는 자질구레한 걱정이 많다.	① ② ③ ④ ⑤
138	가만히 있지 못할 정도로 불안해질 때가 많다.	① ② ③ ④ ⑤
139	이유도 없이 화가 치밀 때가 있다.	① ② ③ ④ ⑤
140	이유도 없이 다른 사람과 부딪힐 때가 있다.	① ② ③ ④ ⑤
141	나는 다른 사람보다 기가 세다.	① ② ③ ④ ⑤
142	친절한 사람 밑에서 일하고 싶다.	① ② ③ ④ ⑤
143	다른 사람이 나를 어떻게 생각하는지 궁금할 때가 많다.	① ② ③ ④ ⑤
144	직접 만나는 것보다 전화로 이야기하는 것이 편하다.	① ② ③ ④ ⑤
145	침울해지면서 아무 것도 손에 잡히지 않을 때가 있다.	① ② ③ ④ ⑤
146	이성적인 사람 밑에서 일하고 싶다.	① ② ③ ④ ⑤
147	다른 사람보다 쉽게 우쭐해진다.	① ② ③ ④ ⑤
148	시를 많이 읽는다.	① ② ③ ④ ⑤
149	성격이 밝다는 말을 듣는다.	① ② ③ ④ ⑤
150	실무적이라는 인상을 주고 싶다.	① ② ③ ④ ⑤

번호	질문	응답
151	어색해지면 입을 다무는 경우가 많다.	① ② ③ ④ ⑤
152	커피가 있어야 안심이 된다.	① ② ③ ④ ⑤
153	어린 시절로 돌아가고 싶을 때가 있다.	① ② ③ ④ ⑤
154	무모할 것 같은 일에 도전하고 싶다.	① ② ③ ④ ⑤
155	하루의 행동을 반성하는 경우가 많다.	① ② ③ ④ ⑤
156	학구적이라는 인상을 주고 싶다.	① ② ③ ④ ⑤
157	내가 아는 것을 남에게 알려주고 싶다.	① ② ③ ④ ⑤
158	굳이 말하자면 기가 센 편이다.	① ② ③ ④ ⑤
159	일의 보람보단 결과를 중요시 한다.	① ② ③ ④ ⑤
160	격렬한 운동도 그다지 힘들어하지 않는다.	① ② ③ ④ ⑤
161	가능성보단 현실성에 눈을 돌린다.	① ② ③ ④ ⑤
162	부탁을 잘 거절하지 못한다.	① ② ③ ④ ⑤
163	앞으로의 일을 생각하지 않으면 진정이 되지 않는다.	① ② ③ ④ ⑤
164	상상이 되는 것을 선호한다.	① ② ③ ④ ⑤
165	빌려준 것을 받지 못하는 편이다.	① ② ③ ④ ⑤
166	인생에서 중요한 것은 높은 목표를 갖는 것이다.	① ② ③ ④ ⑤
167	잠을 쉽게 자는 편이다.	① ② ③ ④ ⑤
168	다른 사람이 부럽다고 생각하지 않는다.	① ② ③ ④ ⑤
169	학문보다는 기술이다.	① ② ③ ④ ⑤
170	무슨 일이든 선수를 쳐야 이긴다고 생각한다.	① ② ③ ④ ⑤
171	SNS를 좋아하는 편이다.	① ② ③ ④ ⑤
172	뉴스를 자주 보는 편이다.	① ② ③ ④ ⑤
173	불우이웃을 돕는 편이다.	① ② ③ ④ ⑤
174	취미활동에 돈을 아끼지 않는다.	① ② ③ ④ ⑤
175	혼자서 밥을 먹어도 이상하지 않다.	① ② ③ ④ ⑤
176	기획하는 것보다 영업하는 것이 편하다.	① ② ③ ④ ⑤
177	나만의 특기를 가지고 있다.	① ② ③ ④ ⑤
178	토론자와 사회 중에서 토론자가 더 어울린다.	① ② ③ ④ ⑤
179	아기자기한 것을 좋아한다.	① ② ③ ④ ⑤
180	통계가 맞지 않으면 신경이 쓰인다.	① ② ③ ④ ⑤

번호	질문	응답				
181	100년 전의 풍습에 흥미가 있다.	①	②	③	④	⑤
182	신제품 개발보다 기존 상품을 개선하는 것을 선호한다.	①	②	③	④	⑤
183	손으로 쓴 글씨에 자신이 있다.	①	②	③	④	⑤
184	현재의 삶에 만족한다.	①	②	③	④	⑤
185	내 미래가 밝다고 생각한다.	①	②	③	④	⑤
186	과학보다는 철학에 관심이 있다.	①	②	③	④	⑤
187	원인을 알 수 없으면 반드시 찾아야 한다.	①	②	③	④	⑤
188	무언가에 흥미를 느끼는 데 오래 걸린다.	①	②	③	④	⑤
189	처음 보는 사람에게 물건을 잘 팔 수 있다.	①	②	③	④	⑤
190	언어가 안 통하는 나라에서 잘 생활할 수 있다.	①	②	③	④	⑤
191	시각보다는 청각에 민감한 편이다.	①	②	③	④	⑤
192	큰 건물이 작은 건물보다 좋다.	①	②	③	④	⑤
193	음식을 만드는 것이 물건을 전시하는 것보다 쉽다.	①	②	③	④	⑤
194	안 쓰는 물건을 잘 버리는 편이다.	①	②	③	④	⑤
195	사람의 인상착의나 이름을 잘 외운다.	①	②	③	④	⑤
196	지시를 받는 것보다 지시를 하는 것이 어울린다.	①	②	③	④	⑤
197	규칙적으로 생활한다.	①	②	③	④	⑤
198	처음 격는 상황에도 빠르게 대처할 수 있다.	①	②	③	④	⑤
199	내가 할 수 있는 것은 스스로 한다.	①	②	③	④	⑤
200	이성하고 이야기하는 것이 어렵지 않다.	①	②	③	④	⑤

PART 5

면접

CHAPTER 01 면접 소개

01 면접 주요사항

면접의 사전적 정의는 면접관이 지원자를 직접 만나보고 인품(人品)이나 언행(言行) 따위를 시험하는 일로, 흔히 필기시험 후에 최종적으로 심사하는 방법이다.

최근 주요 기관의 인사담당자들을 대상으로 한 설문조사에서 채용 시 면접이 차지하는 비중이 50~80% 이상이라고 답한 사람은 전체 응답자의 80%를 넘었다. 이와 대조적으로 지원자들을 대상으로 취업 시험에서 면접을 준비하는 기간을 물었을 때, 대부분의 응답자가 2~3일 정도라고 대답했다.

지원자는 서류전형과 직무적성검사를 통과해야만 면접을 볼 수 있기 때문에 자연스럽게 면접은 그 비중이 작아질 수밖에 없다. 하지만 아이러니하게도 실제 채용 과정에서 면접이 차지하는 비중은 절대적이라고 해도 과언이 아니다.

기관들은 채용 과정에서 토론 면접, 인성 면접, 프레젠테이션 면접, 역량 면접 등의 다양한 면접을 실시한다. 1차 커트라인이라고 할 수 있는 서류전형을 통과한 지원자들의 스펙이나 능력은 서로 엇비슷하다고 판단하기 때문에 지원자의 인성을 파악하기 위해 면접을 더욱 강화하는 것이다.

면접의 기본은 자기 자신을 면접관에게 알기 쉽게 표현하는 것이다. 이러한 표현을 바탕으로 자신의 단점을 극복할 수 있는 연습을 한다면 좋은 결과를 얻을 수 있을 것이다.

1. 자기소개

자기소개를 시키는 이유는 면접자가 지원자의 자기소개서를 압축해서 듣고, 지원자의 첫인상을 평가할 시간을 가질 수 있기 때문이다. 면접을 위한 워밍업이라고 할 수 있으며, 첫인상을 결정하는 과정이므로 매우 중요한 순간이다. 자신을 잘 소개할 수 있는 문구의 1분 자기소개를 미리 준비해서 연습해야 한다.

2. 1분 자기소개 시 주의사항

면접에서 바른 자세가 중요하다는 것은 익히 알고 있다. 하지만 문제는 무의식적으로 나오는 흐트러진 자세 때문에 나쁜 인상을 줄 수 있다는 것이다. 이러한 습관을 고칠 수 있는 가장 좋은 방법은 캠코더로 녹화하거나 스터디를 통해 모의 면접을 해 보면서 끊임없이 피드백을 받는 것이다.

3. 대화법

전문가들이 말하는 대화법의 핵심은 '상대방을 배려하면서 이야기하라.'는 것이다. 대화는 나와 다른 사람의 소통이다. 내용에 대한 공감이나 이해가 없다면 대화는 더 이상 진전되지 않는다.

4. 첫인상

취업을 위해 성형수술을 받는 지원자들에 대한 이야기는 더 이상 뉴스거리가 되지 않는다. 그만큼 많은 사람이 좁은 취업문을 뚫기 위해 이미지 향상에 신경을 쓰고 있다. 하지만 외모와 첫인상을 절대적인 관계로 이해하는 것은 잘못된 판단이다. 외모가 첫인상에서 많은 부분을 차지하지만, 외모 외에 다른 결점이 발견된다면 그로 인해 장점들이 가려질 수도 있다. 첫인상은 말 그대로 한 번밖에 기회가 주어지지 않으며 몇 초 안에 결정된다. 첫인상을 결정짓는 요소 중 시각적인 요소가 80% 이상을 차지한다. 첫눈에 들어오는 생김새나 복장, 표정 등에 의해서 결정되는 것이다. 면접을 시작할 때 자기소개를 시키는 것도 지원자별로 첫인상을 평가하기 위해서이다. 첫인상이 중요한 이유는 만약 첫인상이 부정적으로 인지될 경우, 지원자의 다른 좋은 면까지 거부당하기 때문이다. 이러한 현상을 심리학에서는 초두효과(Primacy Effect)라고 한다.

이는 먼저 제시된 정보가 추후 알게 된 정보보다 더 강력한 영향을 미치는 현상으로, 앞서 제시된 정보가 나중의 것보다 기억이 더 잘 되고, 인출도 더 잘 된다는 것이다. 예를 들어 첫인상이 착하게 기억되면 나중에 나쁜 행동을 하더라도 순간의 실수로 생각되는 반면, 첫인상이 나쁘다면 착한 행동을 하더라도 그 진위에 의심을 사게 되는 것이다. 이처럼 한 번 형성된 첫인상은 여간해서 바꾸기 힘들다. 따라서 평소에 첫인상을 좋게 만들기 위한 노력을 꾸준히 해야만 한다.

깔끔한 옷차림과 부드러운 표정 그리고 말과 행동 등에 의해 전반적인 이미지가 만들어진다. 누구나 한두 가지 단점은 가지고 있지만 이미지 컨설팅을 통해서 자신의 단점들을 보완하는 지원자도 있다. 특히, 표정이 밝지 않은 지원자는 평소 웃는 연습을 의식적으로 하여 면접을 받는 동안 계속해서 여유 있는 표정을 짓는 것이 중요하다. 성공한 사람들은 인상이 좋다는 것을 명심하자.

PART 5

---

02 면접의 유형 및 실전 대책

1. 면접의 유형

과거 천편일률적인 일대일 면접과 달리 현재는 면접에 다양한 유형이 도입되어 "면접은 이렇게 보는 것이다."라고 말할 수 있는 정해진 유형이 없어졌다. 그러나 대부분의 기관에서 현재까지는 집단 면접과 다대일 면접이 진행되고 있으므로 어느 정도 유형을 파악하여 사전에 대비가 가능하다. 면접의 기본인 단독 면접부터 다대일 면접, 집단 면접, PT면접 유형과 그 대책에 대해 알아보자.

(1) 단독 면접

단독 면접이란 응시자와 면접관이 일대일로 마주하는 형식을 말한다. 면접위원 한 사람과 응시자 한사람이 마주 앉아 자유로운 화제를 가지고 질의응답을 되풀이하는 방식이다. 이 방식은 면접의 가장 기본적인 방법으로 소요시간은 10 ~ 20분 정도가 일반적이다.

① 단독 면접의 장점

필기시험 등으로 판단할 수 없는 성품이나 능력을 알아내는 데 가장 적합하다고 평가받아 온 면접방식으로 응시자 한 사람 한 사람에 대해 여러 면에서 비교적 폭넓게 파악할 수 있다. 응시자의 입장에서는 한 사람의 면접관만을 대하는 것이므로 상대방에게 집중할 수 있으며, 긴장감도 다른 면접방식에 비해서는 적은 편이다.

② 단독 면접의 단점

면접관의 주관이 강하게 작용해 객관성을 저해할 소지가 있으며, 면접 평가표를 활용한다 하더라도 일면적인 평가에 그칠 가능성을 배제할 수 없다. 또한 시간이 많이 소요되는 것도 단점이다.

> **단독 면접 준비 Point**
>
> 단독 면접에 대비하기 위해서는 평소 일대일로 논리 정연하게 대화를 나눌 수 있는 능력을 기르는 것이 중요하다. 그리고 면접장에서는 면접관을 선배나 선생님 혹은 아버지를 대하는 기분으로 면접에 임하는 것이 부담도 훨씬 적고 실력을 발휘할 수 있는 방법이 될 것이다.

(2) 다대일 면접

다대일 면접은 일반적으로 가장 많이 사용되는 면접방법으로 보통 2~5명의 면접관이 1명의 응시자에게 질문하는 형태의 면접방법이다. 면접관이 여러 명이므로 다각도에서 질문을 하여 응시자에 대한 정보를 많이 알아낼 수 있다는 점 때문에 선호하는 면접방법이다.

하지만 응시자의 입장에서는 면접관에 따라 질문도 각양각색이고 동료 응시자가 없으므로 숨 돌릴 틈도 없게 느껴진다. 또한 관찰하는 눈도 많아서 조그만 실수라도 지나치는 법이 없기 때문에 정신적 압박과 긴장감이 높은 면접방법이다. 따라서 응시자는 긴장을 풀고 한 명의 면접관이 질문하더라도 면접관 전원을 향해 대답한다는 기분으로 또박또박 대답하는 자세가 필요하다.

① 다대일 면접의 장점

면접관이 집중적인 질문과 다양한 관찰을 통해 응시자가 과연 조직에 필요한 인물인가를 완벽히 검증할 수 있다.

② 다대일 면접의 단점

면접시간이 보통 10~30분 정도로 긴 편이고 응시자에게 지나친 긴장감을 조성하는 면접방법이다.

> **다대일 면접 준비 Point**
>
> 질문을 들을 때 시선은 면접위원을 향하고 다른 데로 돌리지 말아야 하며, 대답할 때에도 고개를 숙이거나 입속에서 우물거리는 소극적인 태도는 피하도록 한다. 면접위원과 대등하다는 마음가짐으로 편안한 태도를 유지하면 대답도 자연스러운 상태에서 좀 더 충실히 할 수 있고, 이에 따라 면접위원이 받는 인상도 달라진다.

(3) 집단 면접

집단 면접은 다수의 면접관이 여러 명의 응시자를 한꺼번에 평가하는 방식으로 짧은 시간에 능률적으로 면접을 진행할 수 있다. 각 응시자에 대한 질문 내용, 질문 횟수, 시간 배분이 똑같지는 않으며, 모두에게 같은 질문이 주어지기도 하고, 각각 다른 질문을 받기도 한다.

또 어떤 응시자가 한 대답에 대한 의견을 묻는 등 그때그때의 분위기나 면접관의 의향에 따라 변수가 많다. 집단 면접의 경우 응시자의 입장에서는 개별 면접에 비해 긴장감은 다소 덜한 반면에 다른 응시자들과 확실하게 비교되므로 응시자는 몸가짐이나 표현력·논리성 등이 결여되지 않도록 자신의 생각이나 의견을 솔직하게 발표하여 집단 속에 묻히거나 밀려나지 않도록 주의해야 한다.

① 집단 면접의 장점

집단 면접의 장점은 면접관이 응시자 한 사람에 대한 관찰시간이 상대적으로 길고, 비교 평가가 가능하기 때문에 결과적으로 평가의 객관성과 신뢰성을 높일 수 있다는 점이며, 응시자는 동료들과 함께 면접을 받기 때문에 긴장감이 다소 덜하다는 것을 들 수 있다. 또한 동료가 답변하는 것을 들으며, 자신의 답변 방식이나 자세를 조정할 수 있다는 것도 큰 이점이다.

② 집단 면접의 단점

응답하는 순서에 따라 응시자마다 유리하고 불리한 점이 있고, 면접위원의 입장에서는 각각의 개인적인 문제를 깊게 다루기가 곤란하다는 것이 단점이다.

> **집단 면접 준비 Point**
>
> 너무 자기 과시를 하지 않는 것이 좋다. 대답은 자신이 말하고 싶은 내용을 간단명료하게 말해야 한다. 내용이 없는 발언을 한다거나 대답을 질질 끄는 태도는 좋지 않다. 또 말하는 중에 내용이 주제에서 벗어나거나 자기중심적으로만 말하는 것도 피해야 한다. 집단 면접에 대비하기 위해서는 평소에 설득력을 지닌 자신의 논리력을 계발하는 데 힘써야 하며, 다른 사람 앞에서 자신의 의견을 조리 있게 개진할 수 있는 발표력을 갖추는 데에도 많은 노력을 기울여야 한다.
> • 실력에는 큰 차이가 없다는 것을 기억하라.
> • 동료 응시자들과 서로 협조하라.
> • 답변하지 않을 때의 자세가 중요하다.
> • 개성 표현은 좋지만 튀는 것은 위험하다.

(4) 집단 토론식 면접

집단 토론식 면접은 집단 면접과 형태는 유사하지만 질의응답이 아니라 응시자들끼리의 토론이 중심이 되는 면접방법으로 최근 들어 급증세를 보이고 있다.

이는 공통의 주제에 대해 다양한 견해들이 개진되고 결론을 도출하는 과정, 즉 토론을 통해 응시자의 다양한 면에 대한 평가가 가능하다는 집단 토론식 면접의 장점이 널리 확산된 데 따른 것으로 보인다. 사실 집단 토론식 면접을 활용하면 주제와 관련된 지식 정도와 이해력, 판단력, 설득력, 협동성은 물론 리더십, 조직 적응력, 적극성과 대인관계 능력 등을 파악하는 것이 용이하다고 한다. 토론식 면접에서는 자신의 의견을 명확히 제시하면서도 상대방의 의견을 경청하는 토론의 기본자세가 필수적이며, 지나친 경쟁심이나 자기 과시욕은 접어두는 것이 좋다.

또한 집단 토론의 목적이 결론을 도출해 나가는 과정에 있다는 것을 감안하여 무리하게 자신의 주장을 관철시키기보다 오히려 토론의 질을 높이는 데 기여하는 것이 좋은 인상을 줄 수 있다는 점을 알아야 한다. 취업 희망자들은 토론식 면접이 급속도로 확산되는 추세임을 감안해 특히 철저한 준비를 해야 한다.

평소에 신문의 사설이나 매스컴 등의 토론 프로그램을 주의 깊게 보면서 논리 전개 방식을 비롯한 토론 과정을 익히도록 하고, 친구들과 함께 간단한 주제를 놓고 토론을 진행해 볼 필요가 있다. 또한 사회·시사문제에 대해 자기 나름대로의 관점을 정립해두는 것도 꼭 필요하다.

- 토론은 정답이 없다는 것을 명심한다.
- 내 주장을 강조하지 않는다.
- 남이 말할 때 끼어들지 않는다.
- 필기구를 준비하여 메모하면서 면접에 임한다.
- 주제에 자신이 없다면 첫 번째 발언자가 되지 않는다.
- 자신의 입장을 먼저 밝힌다.
- 상대측의 사소한 발언에 집착하지 않고 전체적인 의미에 초점을 놓치지 않아야 한다.
- 남의 의견을 경청한다.
- 예상 밖의 반론에 당황스럽다 하더라도 유연함을 잃지 않아야 한다.

(5) PT 면접

PT 면접, 즉 프레젠테이션 면접은 최근 들어 집단 토론 면접과 더불어 그 활용도가 점차 커지고 있다. PT 면접은 기관마다 특성이 다르고 인재상이 다른 만큼 인성 면접만으로는 알 수 없는 지원자의 문제해결능력, 전문성, 창의성, 기본 실무능력, 논리성 등을 관찰하는 데 중점을 두는 면접으로, 지원자 간의 변별력이 높아 대부분의 기관에서 적용하고 있으며, 확산되는 추세이다.

면접 시간은 기관별로 차이가 있지만, 전문지식, 시사성 관련 주제를 제시한 다음 보통 20 ~ 50분 정도 준비하여 5분가량 발표할 시간을 준다. 단순히 질의응답으로 이루어지는 것이 아니라 면접관은 주제에 대해 일정 시간 동안 지원자의 발언과 발표하는 모습 등을 관찰하게 된다. 정확한 답이나 지식보다는 논리적 사고와 의사표현력이 더 중시되기 때문에 자신의 생각을 어떻게 설명하느냐가 매우 중요하다. PT 면접에서 같은 주제라도 직무별로 평가요소가 달리 나타난다. 예를 들어, 영업직은 설득력과 의사소통능력에 중점을 둘 수 있겠고, 관리직은 신뢰성과 창의성 등을 더 중요하게 평가한다.

- 면접관의 관심과 주의를 집중시키고, 발표 태도에 유의한다.
- 모의 면접이나 거울 면접으로 미리 점검한다.
- PT 내용은 세 가지 정도로 정리해서 말한다.
- PT 내용에는 자신의 생각이 담겨 있어야 한다.
- PT 중간에 자문자답 방식을 활용한다.
- 평소 지원하는 분야의 동향이나 직무에 대한 전문지식을 쌓아둔다.
- 부적절한 용어 사용이나 무리한 주장 등은 하지 않는다.

2. 면접의 실전 대책

(1) 면접 대비사항

① 지원한 기관에 대한 사전지식을 충분히 갖는다.

필기시험 또는 서류전형의 합격통지가 온 후 면접시험 날짜가 정해지는 것이 보통이다. 이때 지원자는 면접시험을 대비해 사전에 본인이 지원한 기관 또는 부서에 대해 폭넓은 지식을 가질 필요가 있다.

> **지원 기관에 대해 알아두어야 할 사항**
>
> - 지원 기관의 연혁
> - 지원 기관의 장
> - 지원 기관의 경영목표와 방침
> - 지원 분야의 업무 내용
> - 지원 기관의 인재상
> - 지원 기관의 비전

② 충분한 수면을 취한다.

충분한 수면으로 안정감을 유지하고 첫 출발의 신선한 마음가짐을 갖는다.

③ 면접 당일 아침에 인터넷으로 신문을 읽는다.

그날의 뉴스가 질문 대상에 오를 수가 있다. 특히 경제면, 정치면, 문화면 등을 유의해서 봐둘 필요가 있다.

> **출발 전 확인할 사항**
>
> 스케줄표, 지갑, 신분증(주민등록증), 손수건, 휴지, 필기도구, 예비스타킹(여성의 경우) 등을 준비하자.

(2) 면접 시 옷차림

면접에서 옷차림은 간결하고 단정한 느낌을 주는 것이 가장 중요하다. 색상과 디자인 면에서 지나치게 화려한 색상이나, 노출이 심한 디자인은 자칫 면접관의 눈살을 찌푸리게 할 수 있다. 단정한 차림을 유지하면서 자신만의 독특한 멋을 연출하는 것, 지원 기관의 분위기를 파악했다는 센스를 보여주는 것 등이 면접 복장의 포인트다.

> **복장 점검**
>
> - 구두는 잘 닦여 있는가?
> - 옷은 깨끗이 다려져 있으며 스커트 길이는 적당한가?
> - 손톱은 길지 않고 깨끗한가?
> - 머리는 흐트러짐 없이 단정한가?

(3) 면접요령

① 첫인상을 중요시한다.

상대에게 인상을 좋게 주지 않으면 어떠한 얘기를 해도 충분히 전달되지 않을 수 있다. 예를 들면 '저 친구는 표정이 없고 무엇을 생각하고 있는지 전혀 알 길이 없다.'라고 생각하게 만들면 최악의 상태다. 청결한 복장과 바른 자세로 면접장에 침착하게 들어가 건강하고 신선한 이미지를 주도록 한다.

② 좋은 표정을 짓는다.

얘기할 때의 표정은 중요한 사항 중 하나다. 거울 앞에서 웃는 연습을 해본다. 웃는 얼굴은 상대를 편안하게 만들고 특히 면접 등 긴박한 분위기에서는 큰 효과를 나타낼 것이다. 그렇다고 하여 항상 웃고만 있어서는 안 된다. 본인이 할 얘기를 진정으로 전하고 싶을 때는 진지한 표정으로 상대의 눈을 바라보며 얘기한다.

③ 결론부터 이야기한다.

본인의 의사나 생각을 상대에게 정확하게 전달하기 위해서는 먼저 무엇을 말하고자 하는가를 명확히 결정해 두어야 한다. 대답을 할 경우에는 결론을 먼저 이야기하고 나서 그에 따르는 설명과 이유를 나중에 덧붙이면 논지(論旨)가 명확해지고 이야기가 깔끔하게 정리된다. 보통 한 가지 사실을 이야기하거나 설명하는 데는 3분이면 충분하다. 복잡한 이야기도 어느 정도의 길이로 요약해서 이야기하면 상대도 이해하기 쉽고 자기도 정리할 수 있다. 긴 이야기는 오히려 상대를 불쾌하게 할 수가 있다.

④ 질문의 요지를 파악한다.

면접 때의 이야기는 간결성만으로 부족하다. 상대의 질문이나 이야기에 대해 적절하고 필요한 대답을 하지 않으면 대화는 끊어지고 자기의 생각도 제대로 표현하지 못한다. 이는 면접관이 지원자의 인품이나 사고방식 등을 명확히 파악할 수 없도록 만들게 된다. 면접에서는 면접관이 무엇을 묻고 있는지, 무슨 이야기를 하고 있는지 그 요점을 정확히 알아내야 한다.

(4) 면접 시 주의사항

① 지각은 있을 수 없다.

면접 당일에 시간을 맞추지 못하여 지각하는 것은 있을 수 없는 일이다. 약속을 못 지키는 사람은 좋은 평가를 받을 수 없다. 면접 당일에는 지정시간 10 ~ 20분쯤 전에 미리 면접장에 도착해 마음을 가라앉히고 준비해야 한다.

② 손가락을 움직이지 마라.

면접 시에 손가락을 까딱거리거나 만지작거리는 행동은 유난히 눈에 띌 뿐만 아니라 면접관의 눈에 거슬리기 마련이다. 다리를 떠는 행동은 말할 것도 없다. 불안정하거나 산만하다는 느낌을 줄 수 있으므로 주의할 필요가 있다.

③ 옷매무새를 자주 고치지 마라.

여성의 경우 외모에 너무 신경 쓴 나머지 머리를 계속 쓸어 올리거나, 깃과 치마 끝을 만지작거리는 경우가 많다. 짧은 미니스커트를 입고 와서 면접시간 내내 치마 끝을 내리는 행위는 면접관으로 하여금 인상을 찌푸리게 만든다. 인사담당자의 말에 의하면 이런 사람이 의외로 많다고 한다.

④ 적당한 목소리 톤으로 말해라.

면접관과의 거리가 어느 정도 떨어져 있기 때문에 작은 소리로 웅얼거리는 것은 좋지 않다. 그러나 너무 크게 소리를 질러가며 말하는 사람은 오히려 거북하게 느껴진다.

⑤ 성의 있는 응답 자세를 보여라.

질문에 대해 너무 '예, 아니요'로만 답변하면 성의 없다는 인상을 심어주게 된다. 따라서 설명을 덧붙일 수 있는 질문에 대해서는 지루하지 않을 만큼의 설명을 붙인다.

⑥ 구두를 깨끗이 닦는다.

앉아있는 사람의 구두는 면접관의 위치에서 보면 눈에 잘 띈다. 그러나 의외로 구두에 대해 신경써서 미리 깨끗이 닦아둔 사람은 드물다. 면접 전날 반드시 구두를 깨끗이 닦아준다.

⑦ 지나친 화장은 피한다.

여성의 경우 지나치게 화장을 짙게 하면 거부감을 불러일으킬 수 있다. 또한 머리도 단정히 정리해서 이마가 가급적이면 드러나 보이게 하는 것이 좋다. 여기저기 흘러나온 머리는 지저분하고 답답한 느낌을 준다. 지나친 액세서리도 금물이다.

⑧ 기타 사항

㉠ 앉으라고 할 때까지 앉지 마라. 의자로 재빠르게 다가와 앉으면 무례한 사람처럼 보이기 쉽다.

㉡ 응답 시 너무 말을 꾸미지 마라.

㉢ 질문이 떨어지자마자 답변을 외운 것처럼 바쁘게 대답하지 마라.

㉣ 혹시 잘못 대답하였다고 해서 혀를 내밀거나 머리를 긁지 마라.

㉤ 머리카락에 손대지 마라. 정서불안으로 보이기 쉽다.

㉥ 면접실에 다른 지원자가 들어올 때 절대로 일어서지 마라.

㉦ 동종업계나 라이벌 회사에 대해 비난하지 마라.

㉧ 면접관 책상에 있는 서류를 보지 마라.

㉨ 농담을 하지 마라. 쾌활한 것은 좋지만 지나치게 경망스러운 태도는 의지가 부족해 보인다.

㉩ 질문에 대해 대답할 말이 생각나지 않는다고 천장을 쳐다보거나 고개를 푹 숙이고 바닥을 내려다 보지 마라.

㉪ 면접관이 서류를 검토하는 동안 말하지 마라.

㉫ 과장이나 허세로 면접관을 압도하려 하지 마라.

㉬ 은연중에 연고를 과시하지 마라.

면접 전 마지막 체크 사항

• 지원 기관의 소재지(본사·지사·공장 등)를 정확히 알고 있다.
• 지원 기관의 정식 명칭(Full Name)을 알고 있다.
• 약속된 면접시간 10분 전에 도착하도록 스케줄을 짤 수 있다.
• 면접실에 들어가서 공손히 인사한 후 또렷한 목소리로 자기 수험번호와 성명을 말할 수 있다.
• 앉으라고 할 때까지는 의자에 앉지 않는다는 것을 알고 있다.
• 자신에 대해 3분간 이야기할 수 있는 준비가 되어 있다.
• 자신의 긍정적인 면을 상대방에게 바르게 전달할 수 있다.

PART 5

CHAPTER 02

전국 시 · 도교육청 면접 질문

01 경상남도교육청 교육공무직 면접 예상 질문

- 1분 동안 자신을 소개해 보시오.
- 교육공무직에 지원하게 된 동기를 말해 보시오.
- 경상남도교육청의 교육정책을 말해 보시오.
- 경상남도교육 브랜드 슬로건을 말해 보시오.
- 경상남도교육 브랜드 슬로건의 표현 의미를 설명해 보시오.
- 교육이란 무엇이라고 생각하는지 말해 보시오.
- 교육공무직원이 하는 일을 설명해 보시오.
- 교육공무직의 8가지 의무를 4가지 이상 말해 보시오.
- 교육공무직원의 업무를 3가지 이상 말해 보시오.
- 교육공무직원이 갖춰야 할 자세를 3가지 이상 말해 보시오.
- 교육공무직원이 필요한 이유를 4가지 이상 설명해 보시오.
- 교육공무직을 수행하는 데 있어 가장 중요한 것이 무엇이라고 생각하는지 말해 보시오.
- 교육공무제도의 장·단점을 설명해 보시오.
- 경상남도교육청 행정서비스헌장에 대하여 설명해 보시오.
- 공무원과 교육공무직원의 공통점과 차이점을 말해 보시오.
- 교육청에서 하는 업무에 대하여 아는 대로 설명해 보시오.
- 학교에서 하는 업무를 아는 대로 말해 보시오.
- 교육청과 학교 근무의 차이점에 대하여 설명해 보시오.
- 지원한 직렬에서 수행하는 업무에 대하여 아는 대로 설명해 보시오.
- 2명의 상급자로부터 업무를 지시받았을 때 어떻게 해결할 것인지 말해 보시오.
- 업무를 수행하는 과정에서 상급자의 실수를 발견하였다면 어떻게 할 것인지 말해 보시오.
- 갈등이 있을 때 어떻게 해결하는지 말해 보시오.
- 채용 후 본인 업무 외 다른 업무를 시킬 경우 어떻게 대처할 것인지 말해 보시오.
- 민원 처리 방법에 대하여 설명해 보시오.
- 방문 민원 응대 방법에 대하여 설명해 보시오.
- 전화 응대 방법에 대하여 설명해 보시오.
- 폭언을 하는 민원인의 민원을 어떻게 해결할 것인지 말해 보시오.
- 부정청탁 금품 수수에 해당하는 사례를 말해 보시오.
- 최근 교육 관련 이슈에 대하여 소개하고, 자신의 의견을 말해 보시오.
- 교무행정사가 되면 무엇을 잘할 수 있는지 말해 보시오.
- 학부모가 화를 내면서 찾아온다면 어떻게 할 것인지 말해 보시오.
- 지인이나 친구들에게 어떤 친구로 기억되고 싶은지 말해 보시오.
- 직장 내 동료와 갈등이 발생한다면 어떻게 해결하겠는지 말해 보시오.

- 1분 동안 자신을 소개해 보시오.
- 경상북도교육청 교육공무직에 지원하게 된 동기를 말해 보시오.
- 경상북도교육청의 교육비전을 말해 보시오.
- 경상북도교육 브랜드 슬로건을 말해 보시오.
- 경상북도교육 브랜드 슬로건의 표현 의미를 설명해 보시오.
- 교육이란 무엇이라고 생각하는지 말해 보시오.
- 교육공무직원이 하는 일을 설명해 보시오.
- 교육공무직의 8가지 의무를 4가지 이상 말해 보시오.
- 교육공무직원의 업무를 3가지 이상 말해 보시오.
- 교육공무직원이 갖춰야 할 자세를 3가지 이상 말해 보시오.
- 교육공무직원이 필요한 이유를 4가지 이상 설명해 보시오.
- 교육공무직을 수행하는 데 있어 가장 중요한 것이 무엇이라고 생각하는지 말해 보시오.
- 교육공무제도의 장·단점을 설명해 보시오.
- 경상북도교육청 행정서비스헌장에 대하여 설명해 보시오.
- 공무원과 교육공무직원의 공통점과 차이점을 말해 보시오.
- 교육청에서 하는 업무에 대하여 아는 대로 설명해 보시오.
- 학교에서 하는 업무를 아는 대로 말해 보시오.
- 교육청과 학교 근무의 차이점에 대하여 설명해 보시오.
- 지원한 직렬에서 수행하는 업무에 대하여 아는 대로 설명해 보시오.
- 2명의 상급자로부터 업무를 지시받았을 때 어떻게 해결할 것인지 말해 보시오.
- 업무를 수행하는 과정에서 상급자의 실수를 발견하였다면 어떻게 할 것인지 말해 보시오.
- 갈등이 있을 때 어떻게 해결하는지 말해 보시오.
- 채용 후 본인 업무 외 다른 업무를 시킬 경우 어떻게 대처할 것인지 말해 보시오.
- 민원 처리 방법에 대하여 설명해 보시오.
- 방문 민원 응대 방법에 대하여 설명해 보시오.
- 전화 민원 응대 방법에 대하여 설명해 보시오.
- 폭언을 하는 민원인의 민원을 어떻게 해결할 것인지 말해 보시오.
- 부정청탁 금품 수수에 해당하는 사례를 말해 보시오.
- 최근 교육 및 교육현장과 관련한 이슈에 대하여 자신의 의견을 말해 보시오.
- 교무 행정사가 되면 무엇을 잘할 수 있는지 말해 보시오.
- 학부모가 화를 내면서 찾아온다면 어떻게 할 것인지 말해 보시오.
- 지인이나 친구들에게 어떤 친구로 기억되고 싶은지 말해 보시오.
- 직장 내 동료와 갈등이 발생한다면 어떻게 해결하겠는지 말해 보시오.
- 하교를 지도하는 중 학부모가 상담 요청 시 어떻게 해야 하는지 말해 보시오.
- 1분 정도 시간이 남았는데 하고 싶은 말이 있으면 말해 보시오.

- 1분 동안 자신을 소개해 보시오.
- 광주광역시교육청 교육공무직에 지원하게 된 동기를 말해 보시오.
- 교육이란 무엇이라고 생각하는지 말해 보시오.
- 교육공무직원이 하는 일을 설명해 보시오.
- 교육공무직원이 갖춰야 할 자세를 3가지 이상 말해 보시오.
- 교육공무직을 수행하는 데 있어 가장 중요한 것이 무엇이라고 생각하는지 말해 보시오.
- 교육공무제도의 장·단점을 설명해 보시오.
- 광주광역시교육청 행정서비스헌장에 대하여 설명해 보시오.
- 교육청에서 하는 업무에 대하여 아는 대로 설명해 보시오.
- 학교에서 하는 업무를 아는 대로 말해 보시오.
- 학교 발전을 위해서 본인이 할 수 있는 일을 말해 보시오.
- 교육청과 학교 근무의 차이점에 대하여 설명해 보시오.
- 지원한 직렬에서 수행하는 업무에 대하여 아는 대로 설명해 보시오.
- 만약 상급자가 부당한 일을 시킨다면 본인은 어떻게 해결할 것인지 말해 보시오.
- 업무를 수행하는 과정에서 상급자의 실수를 발견하였다면 어떻게 할 것인지 말해 보시오.
- 갈등이 있을 때 어떻게 해결하는지 말해 보시오.
- 채용 후 본인 업무 외 다른 업무를 시킬 경우 어떻게 대처할 것인지 말해 보시오.
- 방문 및 전화 민원 응대 방법에 대하여 설명해 보시오.
- 폭언을 하는 민원인의 민원을 어떻게 해결할 것인지 말해 보시오.
- 부정청탁 금품 수수에 해당하는 사례를 말해 보시오.
- 최근 교육 및 교육현장과 관련한 이슈에 대하여 자신의 의견을 말해 보시오.
- 공문서가 무엇인지 설명해 보시오.
- 합격하게 되면 무엇을 잘할 수 있는지 말해 보시오.
- 학교에서 여러 선생님들이 일을 주었을 때, 처리하는 순서를 말해 보시오.
- 학교에서 본인이 주어진 일 이외의 일에 할 수 있는 일이 무엇인지 말해 보시오.
- 선생님이 부당한 일을 시켰을 때, 어떻게 대처할 것인지 말해 보시오.
- 학교로 전화가 왔을 때, 어떻게 전화를 받을 것인지 설명해 보시오.
- 학부모가 화를 내면서 찾아온다면 어떻게 할 것인지 말해 보시오.
- 지인이나 친구들에게 어떤 친구로 기억되고 싶은지 말해 보시오.
- 하교를 지도하는 중 학부모가 상담 요청 시 어떻게 해야 하는지 말해 보시오.
- 마지막으로 하고 싶은 말이 있으면 말해 보시오.

- 1분 동안 자신을 소개해 보시오.
- 대전광역시교육청 교육공무직에 지원하게 된 동기를 말해 보시오.
- 대전광역시교육청의 교육비전을 말해 보시오.
- 대전광역시교육청의 기본방향을 말해 보시오.
- 대전광역시교육청의 심벌마크에 대해 설명해 보시오.
- 대전광역시교육청의 마스코트에 대해 설명해 보시오.
- 교육이란 무엇이라고 생각하는지 말해 보시오.
- 교육공무직원이 하는 일을 설명해 보시오.
- 교육공무직의 8가지 의무를 4가지 이상 말해 보시오.
- 교육공무직원의 업무를 3가지 이상 말해 보시오.
- 교육공무직원이 갖춰야 할 자세를 3가지 이상 말해 보시오.
- 교육공무직원이 필요한 이유를 4가지 이상 설명해 보시오.
- 교육공무직을 수행하는 데 있어 가장 중요한 것이 무엇이라고 생각하는지 말해 보시오.
- 교육공무제도의 장·단점을 설명해 보시오.
- 대전광역시교육청 행정서비스헌장에 대하여 설명해 보시오.
- 공무원과 교육공무직원의 공통점과 차이점을 말해 보시오.
- 교육청에서 하는 업무에 대하여 아는 대로 설명해 보시오.
- 학교에서 하는 업무를 아는 대로 말해 보시오.
- 교육청과 학교 근무의 차이점에 대하여 설명해 보시오.
- 지원한 직렬에서 수행하는 업무에 대하여 아는 대로 설명해 보시오.
- 2명의 상급자로부터 업무를 지시받았을 때 어떻게 해결할 것인지 말해 보시오.
- 업무를 수행하는 과정에서 상급자의 실수를 발견하였다면 어떻게 할 것인지 말해 보시오.
- 갈등이 있을 때 어떻게 해결하는지 말해 보시오.
- 채용 후 본인 업무 외 다른 업무를 시킬 경우 어떻게 대처할 것인지 말해 보시오.
- 민원 처리 방법에 대하여 설명해 보시오.
- 방문 민원 응대 방법에 대하여 설명해 보시오.
- 전화 응대 방법에 대하여 설명해 보시오.
- 폭언을 하는 민원인의 민원을 어떻게 해결할 것인지 말해 보시오.
- 부정청탁 금품 수수에 해당하는 사례를 말해 보시오.
- 최근 교육 관련 이슈에 대하여 소개하고, 자신의 의견을 말해 보시오.
- 교무행정사가 되면 무엇을 잘할 수 있는지 말해 보시오.
- 학부모가 화를 내면서 찾아온다면 어떻게 할 것인지 말해 보시오.
- 지인이나 친구들에게 어떤 친구로 기억되고 싶은지 말해 보시오.
- 직장 내 동료와 갈등이 발생한다면 어떻게 해결할 것인지 말해 보시오.
- 먼 거리에 직장을 배정받았을 때, 어떻게 할 것인지 말해 보시오.
- 교사가 자신을 무시했을 때 어떻게 대처할 것인지 말해 보시오.

- 1분 동안 자신을 소개해 보시오.
- 교육공무직원의 자질을 3가지 말해 보시오.
- 지원한 직렬에서 가장 중요하게 생각하는 것을 말해 보시오.
- 업무에 임하는 데 있어 중요하다고 생각하는 가치관을 3가지 이상 말해 보시오.
- 급식, 안전, 귀가지도 중 가장 중요하게 생각하는 분야 1가지와 지도방법을 5가지 이상 말해 보시오.
- 학부모 만족도를 높일 수 있는 운영방안을 4가지 이상 말해 보시오.
- 문제 행동을 하는 아이의 지도방법에 대해 말해 보시오.
- 아이가 다쳤을 경우 대처방안에 대해 말해 보시오.
- 생활 수칙 중 본인이 중요하다고 생각하는 것을 5가지 이상 말해 보시오.
- 다양한 사람들과 어울려서 업무를 하는 데 있어 자신만의 노하우를 말해 보시오.
- 학교 기록물 종류와 관리법에 대해 말해 보시오.
- 교육공무직에 지원하게 된 동기를 말해 보시오.
- 부산광역시교육청의 교육정책을 말해 보시오.
- 부산광역시교육 브랜드 슬로건을 말해 보시오.
- 부산광역시교육 브랜드 슬로건의 표현 의미를 설명해 보시오.
- 교육이란 무엇이라고 생각하는지 말해 보시오.
- 교육공무직원이 하는 일을 설명해 보시오.
- 교육공무직의 8가지 의무를 4가지 이상 말해 보시오.
- 교육공무직원의 업무를 3가지 이상 말해 보시오.
- 교육공무직원이 갖춰야 할 자세를 3가지 이상 말해 보시오.
- 교육공무직원이 필요한 이유를 4가지 이상 설명해 보시오.
- 교육공무직을 수행하는 데 있어 가장 중요한 것이 무엇이라고 생각하는지 말해 보시오.
- 교육공무제도의 장·단점을 설명해 보시오.
- 부산광역시교육청 행정서비스헌장에 대하여 설명해 보시오.
- 공무원과 교육공무직원의 공통점과 차이점을 말해 보시오.
- 교육청에서 하는 업무에 대하여 아는 대로 설명해 보시오.
- 학교에서 하는 업무를 아는 대로 말해 보시오.
- 교육청과 학교 근무의 차이점에 대하여 설명해 보시오.
- 지원한 직렬에서 수행하는 업무에 대하여 아는 대로 설명해 보시오.
- 2명의 상급자로부터 업무를 지시받았을 때 어떻게 해결할 것인지 말해 보시오.
- 업무를 수행하는 과정에서 상급자의 실수를 발견하였다면 어떻게 할 것인지 말해 보시오.
- 갈등이 있을 때 어떻게 해결하는지 말해 보시오.
- 채용 후 본인 업무 외 다른 업무를 시킬 경우 어떻게 대처할 것인지 말해 보시오.
- 민원 처리 방법에 대하여 설명해 보시오.
- 방문 민원 응대 방법에 대하여 설명해 보시오.
- 전화 응대 방법에 대하여 설명해 보시오.
- 폭언을 하는 민원인의 민원을 어떻게 해결할 것인지 말해 보시오.
- 부정청탁 금품 수수에 해당하는 사례를 말해 보시오.
- 최근 교육 관련 이슈에 대하여 소개하고, 자신의 의견을 말해 보시오.

- 1분 동안 자신을 소개해 보시오.
- 교육공무직에 지원하게 된 동기를 말해 보시오.
- 부정청탁 및 금품 등 수수의 금지에 관한 법률이 필요한 이유는 무엇인가?
- 부정청탁 및 금품 등 수수의 금지에 관한 법률에서 음식물, 경조사비, 선물은 각각 한도가 얼마까지인가?
- 상사의 지시에 따라야 하는 이유는?
- 상사의 어떤 지시까지 따를 수 있겠는가?
- 본인의 업무역량을 어떤 방법으로 강화할 것인가?
- 코로나 의심환자가 나타났다. 본인이 할 수 있는 일 5가지를 말해 보시오.
- 아동학대 의심 아이가 있다. 아동학대 신고를 하고, 아동을 보호할 수 있는 5가지 단계에 대해 설명해 보시오.
- 세종특별자치시교육청의 교육지표 및 교육비전에 대해 말해 보시오.
- 김영란법의 목적과 상한가를 예를 들어 설명해 보시오.
- 2월에 해야 할 일을 4가지 이상 말해 보시오.
- 합격 후 역량강화를 위해 해야 할 일은 무엇인가?
- 상사의 부당한 지시에 공무직으로서 어떻게 대처할 것인가?
- 신속하게 업무를 해결할 수 있는 방법에는 무엇이 있는가?
- 교육공무직원에게 필요한 덕목은 무엇인가?
- 교내에서 아이가 다쳤는데 보건교사가 없는 상황이다. 어떻게 대처할 것인가?
- 폭언을 하는 민원인의 민원을 어떻게 해결할 것인지 4가지 방안을 말해 보시오.
- 학교에서 공문서의 기능은 무엇인지 3가지를 말해 보시오.
- 지인이나 친구들에게 어떤 친구로 기억되고 싶은지 말해 보시오.
- 직장 내 동료와 갈등이 발생한다면 어떻게 해결하겠는지 말해 보시오.
- 학교 행사와 개인적인 중요한 일이 겹쳤을 때 어떻게 할 것인지 말해 보시오.
- 교육공무직원이 갖추어야 할 자질 3가지를 말해 보시오.
- 행사 운영을 대비하여 안전사고 예방을 위한 전략을 제시하시오.
- 교육공무직원으로서 자신의 강점을 2가지 이상 제시하시오.
- 업무와 관련된 인력을 관리하기 위한 자신만의 전략을 4가지 이상 제시하시오.

PART 5

- 1분 동안 자신을 소개해 보시오.
- 교육공무직에 지원하게 된 동기를 말해 보시오.
- 울산광역시교육청의 교육정책을 말해 보시오.
- 울산광역시교육 브랜드 슬로건을 말해 보시오.
- 울산광역시교육 브랜드 슬로건의 표현 의미를 설명해 보시오.
- 교육이란 무엇이라고 생각하는지 말해 보시오.
- 교육공무직원이 하는 일을 설명해 보시오.
- 교육공무직의 8가지 의무를 4가지 이상 말해 보시오.
- 교육공무직원의 업무를 3가지 이상 말해 보시오.
- 교육공무직원이 갖춰야할 자세를 3가지 이상 말해 보시오.
- 교육공무직원이 필요한 이유를 4가지 이상 설명해 보시오.
- 교육공무직을 수행하는 데 있어 가장 중요한 것이 무엇이라고 생각하는지 말해 보시오.
- 교육공무제도의 장·단점을 설명해 보시오.
- 울산광역시교육청 행정서비스헌장에 대하여 설명해 보시오.
- 공무원과 교육공무직원의 공통점과 차이점을 말해 보시오.
- 교육청에서 하는 업무에 대하여 아는 대로 설명해 보시오.
- 학교에서 하는 업무를 아는 대로 말해 보시오.
- 교육청과 학교 근무의 차이점에 대하여 설명해 보시오.
- 지원한 직렬에서 수행하는 업무에 대하여 아는 대로 설명해 보시오.
- 2명의 상급자로부터 업무를 지시받았을 때 어떻게 해결할 것인지 말해 보시오.
- 업무를 수행하는 과정에서 상급자의 실수를 발견하였다면 어떻게 할 것인지 말해 보시오.
- 갈등이 있을 때 어떻게 해결하는지 말해 보시오.
- 채용 후 본인 업무 외 다른 업무를 시킬 경우 어떻게 대처할 것인지 말해 보시오.
- 민원 처리 방법에 대하여 설명해 보시오.
- 방문 민원 응대 방법에 대하여 설명해 보시오.
- 전화 응대 방법에 대하여 설명해 보시오.
- 폭언을 하는 민원인의 민원을 어떻게 해결할 것인지 말해 보시오.
- 부정청탁 금품 수수에 해당하는 사례를 말해 보시오.
- 최근 교육 관련 이슈에 대하여 소개하고, 자신의 의견을 말해 보시오.
- 교육공무직원이 되면 무엇을 잘할 수 있는지 말해 보시오.
- 학부모가 화를 내면서 찾아온다면 어떻게 할 것인지 말해 보시오.
- 지인이나 친구들에게 어떤 친구로 기억되고 싶은지 말해 보시오.
- 직장 내 동료와 갈등이 발생한다면 어떻게 해결하겠는지 말해 보시오.
- 울산광역시교육청의 교육방향을 말하고, 이것을 어떻게 적용시켜 운영할 것인지 말해 보시오.
- 울산광역시교육청의 기본방향 교육복지 업무가 어떤 영향을 미칠 수 있는지 말해 보시오.
- 동료와의 관계에서 가장 중요한 것은 무엇인지 말해 보시오.
- 동료와의 협업을 이루기 위해 본인이라면 어떻게 할 것인지 말해 보시오.

- 1분 동안 자신을 소개해 보시오.
- 교육공무직에 지원하게 된 동기를 말해 보시오.
- 전라북도교육청의 교육비전을 말해 보시오.
- 전라북도교육 브랜드 슬로건을 말해 보시오.
- 전라북도교육 브랜드 슬로건의 표현 의미를 설명해 보시오.
- 교육이란 무엇이라고 생각하는지 말해 보시오.
- 교육공무직원이 하는 일을 설명해 보시오.
- 교육공무직의 8가지 의무를 4가지 이상 말해 보시오.
- 교육공무직원의 업무를 3가지 이상 말해 보시오.
- 교육공무직원이 갖춰야할 자세를 3가지 이상 말해 보시오.
- 교육공무직원이 필요한 이유를 4가지 이상 설명해 보시오.
- 교육공무직을 수행하는 데 있어 가장 중요한 것이 무엇이라고 생각하는지 말해 보시오.
- 교육공무제도의 장·단점을 설명해 보시오.
- 전라북도교육청 행정서비스헌장에 대하여 설명해 보시오.
- 공무원과 교육공무직원의 공통점과 차이점을 말해 보시오.
- 교육청에서 하는 업무에 대하여 아는 대로 설명해 보시오.
- 학교에서 하는 업무를 아는 대로 말해 보시오.
- 교육청과 학교 근무의 차이점에 대하여 설명해 보시오.
- 지원한 직렬에서 수행하는 업무에 대하여 아는 대로 설명해 보시오.
- 2명의 상급자로부터 업무를 지시받았을 때 어떻게 해결할 것인지 말해 보시오.
- 업무를 수행하는 과정에서 상급자의 실수를 발견하였다면 어떻게 할 것인지 말해 보시오.
- 갈등이 있을 때 어떻게 해결하는지 말해 보시오.
- 채용 후 본인 업무 외 다른 업무를 시킬 경우 어떻게 대처할 것인지 말해 보시오.
- 민원 처리 방법에 대하여 설명해 보시오.
- 방문 민원 응대 방법에 대하여 설명해 보시오.
- 전화 응대 방법에 대하여 설명해 보시오.
- 폭언을 하는 민원인의 민원을 어떻게 해결할 것인지 말해 보시오.
- 부정청탁 금품 수수에 해당하는 사례를 말해 보시오.
- 최근 교육 관련 이슈에 대하여 소개하고, 자신의 의견을 말해 보시오.
- 합격하게 되면 무엇을 잘할 수 있는지 말해 보시오.
- 학부모가 화를 내면서 찾아온다면 어떻게 할 것인지 말해 보시오.
- 지인이나 친구들에게 어떤 친구로 기억되고 싶은지 말해 보시오.
- 직장 내 동료와 갈등이 발생한다면 어떻게 해결하겠는지 말해 보시오.
- 하교를 지도하는 중 학부모가 상담 요청 시 어떻게 해야 하는지 말해 보시오.
- 마지막으로 하고 싶은 말이 있으면 말해 보시오.

- 1분 동안 자신을 소개해 보시오.
- 교육공무직에 지원하게 된 동기를 말해 보시오.
- 충청남도교육청의 교육비전을 말해 보시오.
- 충청남도교육청의 기본방향을 말해 보시오.
- 충청남도교육청의 심벌마크에 대해 설명해 보시오.
- 충청남도교육청의 마스코트에 대해 설명해 보시오.
- 교육이란 무엇이라고 생각하는지 말해 보시오.
- 교육공무직원이 하는 일을 설명해 보시오.
- 교육공무직의 8가지 의무를 4가지 이상 말해 보시오.
- 교육공무직원의 업무를 3가지 이상 말해 보시오.
- 교육공무직원이 갖춰야 할 자세를 3가지 이상 말해 보시오.
- 교육공무직원이 필요한 이유를 4가지 이상 설명해 보시오.
- 교육공무직을 수행하는 데 있어 가장 중요한 것이 무엇이라고 생각하는지 말해 보시오.
- 교육공무제도의 장·단점을 설명해 보시오.
- 충청남도교육청 행정서비스헌장에 대하여 설명해 보시오.
- 공무원과 교육공무직원의 공통점과 차이점을 말해 보시오.
- 교육청에서 하는 업무에 대하여 아는 대로 설명해 보시오.
- 학교에서 하는 업무를 아는 대로 말해 보시오.
- 교육청과 학교 근무의 차이점에 대하여 설명해 보시오.
- 지원한 직렬에서 수행하는 업무에 대하여 아는 대로 설명해 보시오.
- 2명의 상급자로부터 업무를 지시받았을 때 어떻게 해결할 것인지 말해 보시오.
- 업무를 수행하는 과정에서 상급자의 실수를 발견하였다면 어떻게 할 것인지 말해 보시오.
- 갈등이 있을 때 어떻게 해결하는지 말해 보시오.
- 채용 후 본인 업무 외 다른 업무를 시킬 경우 어떻게 대처할 것인지 말해 보시오.
- 민원 처리 방법에 대하여 설명해 보시오.
- 방문 민원 응대 방법에 대하여 설명해 보시오.
- 전화 응대 방법에 대하여 설명해 보시오.
- 폭언을 하는 민원인의 민원을 어떻게 해결할 것인지 말해 보시오.
- 부정청탁 금품 수수에 해당하는 사례를 말해 보시오.
- 최근 교육 관련 이슈에 대하여 소개하고, 자신의 의견을 말해 보시오.
- 합격하게 되면 무엇을 잘할 수 있는지 말해 보시오.
- 학부모가 화를 내면서 찾아온다면 어떻게 할 것인지 말해 보시오.
- 지인이나 친구들에게 어떤 친구로 기억되고 싶은지 말해 보시오.
- 직장 내 동료와 갈등이 발생한다면 어떻게 해결할 것인지 말해 보시오.
- 먼 거리에 직장을 배정받았을 때, 어떻게 할 것인지 말해 보시오.
- 인성이 바르지 않은 교사가 자신을 무시했을 때 어떻게 대처할 것인지 말해 보시오.

남에게 이기는 방법의 하나는 예의범절로 이기는 것이다.

- 조쉬 빌링스 -

얼마나 많은 사람들이 책 한 권을 읽음으로써
인생에 새로운 전기를 맞이했던가.

- 헨리 데이비드 소로 -

교육공무직 합격!

시대에듀에서 제안하는

교육공무직
합격 로드맵

교육공무직 어떻게 준비하세요? 핵심만 짚어주는 교재! 시대에듀의 교육공무직 교재로 합격을 준비하세요.

더 이상의
교육청 시리즈는 없다!

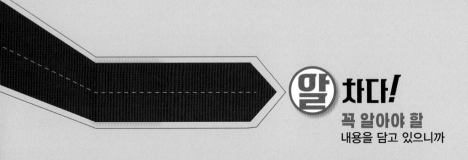

알 차다!
꼭 알아야 할
내용을 담고 있으니까

친 절하다!
핵심 내용을 쉽게
설명하고 있으니까

핵 심을 뚫는다!
시험 유형에 적합한
문제를 다루니까

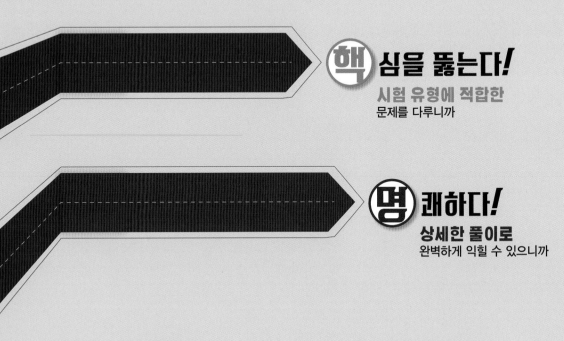

명 쾌하다!
상세한 풀이로
완벽하게 익힐 수 있으니까

시대에듀가 신뢰와 책임의 마음으로 수험생 여러분에게 다가갑니다.

최신판 2025

교육공무직원 전 직종 채용 대비

전국 시·도교육청

경상남도교육청 | 경상북도교육청 | 광주광역시교육청
대전광역시교육청 | 부산광역시교육청 | 세종특별자치시교육청
울산광역시교육청 | 전라북도교육청 | 충청남도교육청

교육공무직원 소양평가

인성검사 3회+모의고사 4회+면접+무료공무직특강

핵심통합서

편저 | SDC(Sidae Data Center)

정답 및 해설

SDC

SDC는 시대에듀 데이터 센터의 약자로 약 30만 개의 NCS · 적성 문제 데이터를
바탕으로 최신 출제경향을 반영하여 문제를 출제합니다.

시대에듀

PART 1

직무능력검사

끝까지 책임진다! 시대에듀!

QR코드를 통해 도서 출간 이후 발견된 오류나 개정법령, 변경된 시험 정보, 최신기출문제, 도서 업데이트 자료 등이 있는지 확인해 보세요! **시대에듀 합격 스마트 앱**을 통해서도 알려 드리고 있으니 구글 플레이나 앱 스토어에서 다운받아 사용하세요. 또한, 파본 도서인 경우에는 구입하신 곳에서 교환해 드립니다.

대표기출유형 01 기출응용문제

01
정답 ①

'그날'은 관형사인 '그'와 '자정에서 다음 자정까지 동안'을 뜻하는 명사 '날'이 합쳐져서 만들어진 합성어로 붙여 써야 하며, '밤'은 하나의 단어로 '그날'과 각각의 단어이므로 띄어 써야 한다. 따라서 '그날 밤에'라고 써야 옳다.

02
정답 ①

오답분석

② 냉냉하다 → 냉랭하다
③ 요컨데 → 요컨대
④ 바램 → 바람

03
정답 ③

'데'는 '장소'를 의미하는 의존 명사이므로 띄어 쓴다.

오답분석

① 떠난지가 → 떠난 지가 : '지'는 '어떤 일이 있었던 때로부터 지금까지의 동안'을 나타내는 의존 명사이므로 띄어 쓴다.
② 있는만큼만 → 있는 만큼만 : '만큼'은 '정도'를 의미하는 의존 명사이므로 띄어 쓴다.
④ 목포간에 → 목포 간에 : '간'은 '한 대상에서 다른 대상까지의 사이'를 나타내는 의존 명사이므로 띄어 쓴다.

04
정답 ③

윗도리가 맞는 표현이다. '위, 아래'의 대립이 있는 단어는 '윗'으로 발음되는 형태를 표준어로 삼는다.

01

'원고'는 '법원에 민사 소송을 제기한 사람'이라는 뜻이므로 '민사 소송에서 소송을 당한 측의 당사자'라는 뜻인 '피고'과 반의 관계이고, 나머지는 유의 관계이다.

오답분석

① • 시종 : 처음과 끝을 아울러 이르는 말
  • 수미 : 일의 시작과 끝
② • 시비 : 옳음과 그름
  • 선악 : 착한 것과 악한 것을 아울러 이르는 말
③ • 추세 : 어떤 형상이 일정한 방향으로 나아가는 경향
  • 형편 : 일이 되어 가는 상태나 경로 또는 결과

02

제시된 문장에서 밑줄 친 단어 '안정'과 '동요' 그리고 ①·③·④는 반의 관계이다.
반면, ②의 '운영'과 '운용'은 유의 관계이므로, 다른 단어 관계와 동일하지 않다.

03

제시된 단어는 반의 관계이다.
• 능동 : 스스로 움직이지 않고 다른 것의 작용을 받아 움직임. '수동'의 반의어
• 자유 : 어떤 행위나 권리의 행사를 자유로이 하지 못하도록 강압적으로 얽어매거나 제한함. '속박'의 반의어

04

제시된 단어는 유의 관계이다.
• 가난 : 살림살이가 넉넉하지 못함. 또는 그런 상태
• 곤궁 : 가난하여 살림이 구차함

05

제시된 단어는 유의 관계이다.
• 사장하다·백장하다 : 사물 따위를 필요한 곳에 활용하지 않고 썩혀 두다.
• 동원하다 : 일정한 목적을 달성하고자 사람이나 물건, 수단 등을 집중하다.
• 구사하다 : 말이나 수사법, 기교, 수단 따위를 능숙하게 마음대로 부려 쓰다.

01
• 수단 : 어떤 목적을 이루기 위한 방법. 또는 그 도구
• 방법 : 어떤 일을 해 나가거나 목적을 이루기 위하여 취하는 수단이나 방식

오답분석
① 수긍 : 옳다고 인정함
② 수요 : 어떤 재화나 용역을 일정한 가격으로 사려고 하는 욕구
③ 사유 : 대상을 두루 생각하는 일

02
• 저속 : 품위가 낮고 속됨
• 저급 : 내용, 성질, 품질 따위의 정도가 낮음

오답분석
① 저해 : 막아서 못 하도록 해침
③ 가난 : 살림살이가 넉넉하지 못함. 또는 그런 상태
④ 통쾌 : 아주 즐겁고 시원하여 유쾌함

03
• 부랑하다 : 일정하게 사는 곳과 하는 일 없이 이리저리 떠돌아다니다.
• 방랑하다 : 정한 곳 없이 이리저리 떠돌아다니다.

오답분석
② 아늑하다 : 포근하게 감싸안기듯 편안하고 조용한 느낌이 있다.
③ 정착하다 : 일정한 곳에 자리를 잡아 붙박이로 있거나 머물러 살다.
④ 뿌리박다 : 어떤 것을 토대로 하여 깊이 자리를 잡다.

04
• 구제하다 : 자연적인 재해나 사회적인 피해를 당하여 어려운 처지에 있는 사람을 도와주다.
• 구원하다 : 어려움이나 위험에 빠진 사람을 구하여 주다.

오답분석
① 소원하다 : 어떤 일이 이루어지기를 바라다.
② 염원하다 : 마음에 간절히 생각하고 기원하다.
③ 공제하다 : 받을 몫에서 일정한 금액이나 수량을 빼다.

05
• 가불하다 : 과목(科目)이나 금액이 확정되지 않았을 때에, 뒤에 명세를 밝히기로 하고 임시로 지불하다.
• 선불하다 : 일이 끝나기 전이나 물건을 받기 전에 미리 돈을 치르다.

오답분석
① 차용하다 : 돈이나 물건 따위를 빌려서 쓰다.
② 가용하다 : 정한 분량보다 더 쓰다.
③ 체불하다 : 마땅히 지급하여야 할 것을 지급하지 못하고 미루다.

06

- 원리 : 사물의 근본이 되는 이치
- 응용 : 어떤 이론이나 이미 얻은 지식을 구체적인 개개의 사례나 다른 분야의 일에 적용하여 이용함

오답분석

① 통용 : 일반적으로 두루 씀
② 이론 : 사물의 이치나 지식 따위를 해명하기 위하여 논리적으로 정연하게 일반화한 명제의 체계
④ 현상 : 인간이 지각할 수 있는, 사물의 모양과 상태

07

정답 ②

- 득의 : 일이 뜻대로 이루어져 만족해하거나 뽐냄
- 실의 : 뜻이나 의욕을 잃음

오답분석

① 민의 : 국민의 뜻
③ 호의 : 친절한 마음씨
④ 반의 : 일정한 뜻을 반대하거나 어김

08

정답 ④

- 취약하다 : 무르고 약하다.
- 강인하다 : 억세고 질기다.

오답분석

① 유약하다 : 부드럽고 약하다.
② 유연하다 : 부드럽고 연하다.
③ 취합하다 : 모아서 합치다.

09

정답 ④

- 뜨악하다 : 마음이 선뜻 내키지 않아 꺼림칙하고 싫다. 또는 마음이나 분위기가 맞지 않아 서먹하다.
- 마뜩하다 : 제법 마음에 들 만하다.

오답분석

① 옹골지다 : 실속이 있게 속이 꽉 차 있다.
② 푼푼하다 : 모자람이 없이 넉넉하다. 또는 옹졸하지 아니하고 시원스러우며 너그럽다.
③ 흐벅지다 : 탐스럽게 두툼하고 부드럽다. 또는 푸지거나 만족스럽다.

10

정답 ②

- 풍만하다 : 풍족하여 그득하다. 또는 몸에 살이 탐스럽게 많다.
- 궁핍하다 : 몹시 가난하다.

오답분석

① 납신하다 : 윗몸을 가볍고 빠르게 구부리다. 또는 입을 빠르고 경망스럽게 놀려 말하다.
③ 농단하다 : 이익이나 권리를 독차지하다.
④ 몽매하다 : 어리석고 사리에 어둡다.

01
정답 ①

오답분석

② 상쇄하다 : 상반되는 것에 서로 영향을 주어 효과가 없어지게 만들다.

③ 평이하다 : 까다롭지 않고 쉽다.

④ 상수하다 : 늘 일정한 임무를 띠고 따라다니다.

02
정답 ③

오답분석

① 궁상맞다 : 꾀죄죄하고 초라하다.

② 괘씸하다 : 남에게 예절이나 신의에 어긋난 짓을 당하여 분하고 밉살스럽다.

④ 궁색하다 : 아주 가난하다.

03
정답 ②

오답분석

① 척화비 : 조선 고종 8년(1871년)에 흥선 대원군이 척양(斥洋)을 결의하며 서울과 지방 각처에 세운 비석

③ 신도비 : 임금이나 종이품 이상의 벼슬아치의 무덤 동남쪽의 큰길가에 세운 석비

④ 기념비 : 어떤 뜻깊은 일이나 훌륭한 인물 등을 오래도록 잊지 아니하고 마음에 간직하기 위하여 세운 비

04
정답 ②

오답분석

① 속죄제 : 하느님에게 지은 죄를 속죄하려고 드리는 제사

③ 위령제 : 죽은 사람의 영혼을 위로하기 위하여 지내는 제사

④ 추모제 : 죽은 사람을 그리며 지내는 제사

05
정답 ④

오답분석

① 습관 : 어떤 행위를 오랫동안 되풀이하는 과정에서 저절로 익혀진 행동 방식

② 박학 : 배운 것이 많고 학식이 넓음

③ 소행 : 이미 해 놓은 일이나 짓

06
정답 ③

• 구획 : 토지 따위를 경계를 지어 가름. 또는 그런 구역

• 구성 : 몇 가지 부분이나 요소들을 모아서 일정한 전체를 짜 이룸. 또는 그 이룬 결과

• 차폐 : 외부로부터 전기적 및 자기적 영향을 받지 않도록 보호하는 일

• 구조 : 부분이나 요소가 어떤 전체를 짜 이룸. 또는 그렇게 이루어진 얼개

ⓒ 조성 : 만들어서 이룸

ⓔ 격리 : 다른 것과 통하지 못하게 사이를 막거나 떼어 놓음

ⓗ 설계 : 건축·토목·기계 제작 따위에서, 그 목적에 따라 실제적인 계획을 세워 도면 따위로 명시하는 일

ⓢ 구상 : 앞으로 이루려는 일에 대하여 그 일의 내용이나 규모, 실현 방법 따위를 어떻게 정할 것인지 이리저리 생각함 또는 그 생각

07
정답 ①

• 기틀 : 어떤 일의 가장 중요한 계기나 조건

• 전개 : 내용을 진전시켜 펴 나감

• 연출 : 연극이나 방송극 따위에서, 각본을 바탕으로 배우의 연기, 무대 장치, 의상, 조명, 분장 따위의 여러 부분을 종합적으로 지도하여 작품을 완성하는 일

• 주역 : 주된 역할

ⓒ 조연 : 한 작품에서 주역을 도와 극을 전개해 나가는 역할을 함

ⓔ 상연 : 연극 따위를 무대에서 하여 관객에게 보이는 일

ⓜ 터전 : 집터가 되는 땅

ⓢ 전환 : 다른 방향이나 상태로 바뀌거나 바꿈

대표기출유형 05 │ 기출응용문제

01
정답 ④

내일(來日)은 '오늘의 바로 다음 날'을 뜻하는 한자어이다.

①·②·③ 순우리말이다.

02
정답 ③

• 미수(米壽) : 88세

• 산수(傘壽) : 80세

03
정답 ④

성장(成長)은 '사물의 규모나 세력 따위가 점점 커짐. 사람이나 동식물 따위가 자라서 점점 커짐'을 뜻한다.

① 성장(聲張) : 1. 소리를 크게 지름. 2. 남을 비평함

② 성장(盛裝) : 잘 차려입음. 또는 그런 차림

③ 성장(盛粧) : 얼굴과 몸의 꾸밈을 화려하게 함

04

다문화(多文化)는 '한 사회 안에 여러 민족이나 여러 국가의 문화가 혼재함'을 이르는 말이다.

05

망우보뢰(亡牛補牢)는 '소 잃고 외양간 고친다.'는 뜻으로, 실패(失敗)한 후(後)에 일을 대비(對備)함을 이르는 말이다.

오답분석

① 십벌지목(十伐之木) : '열 번 찍어 베는 나무'라는 뜻으로, 열 번 찍어 안 넘어가는 나무가 없음을 이르는 말
③ 견문발검(見蚊拔劍) : '모기를 보고 칼을 뺀다.'는 뜻으로, 보잘것없는 작은 일에 지나치게 큰 대책(對策)을 세움을 이르는 말
④ 조족지혈(鳥足之血) : '새발의 피'란 뜻으로, 극히 적은 분량(分量)을 이르는 말

06

동족방뇨(凍足放尿)는 '언 발에 오줌 누기'라는 뜻으로, 임시변통은 될 수 있어도 그 효력이 오래가지 못하며 결국 사태가 더 나빠짐을 비유적으로 이르는 말이다.

오답분석

① 밑 빠진 독에 물 붓기 : 노력이나 비용을 아무리 들여도 한이 없고 들인 보람도 없는 사물이나 상태를 비유적으로 이르는 말
③ 가재는 게 편이다 : 모양이나 형편이 비슷하고, 인연이 있는 것끼리 서로 잘 어울리고 감싸 주기 쉽다는 뜻
④ 백지장도 맞들면 낫다 : 아무리 쉬운 일이라도 서로 힘을 합하면 훨씬 쉽다는 뜻

07

견강부회(牽强附會)는 '이치에 맞지 않는 말을 억지로 끌어 붙여 자기에게 유리하게 함'을 뜻한다. A씨의 경우 아침에 먹는 사과와 감기의 상관관계가 없음에도 불구하고, 이치에 맞지 않는 주장을 억지로 주장하고 있다. 따라서 가장 적절한 한자성어는 ②이다.

오답분석

① 아전인수(我田引水) : 자기 논에 물 대기라는 뜻으로, 자기에게만 이롭게 되도록 생각하거나 행동함을 이르는 말
③ 지록위마(指鹿爲馬) : 윗사람을 농락하여 권세를 마음대로 함을 이르는 말
④ 사필귀정(事必歸正) : 모든 일은 반드시 바른길로 돌아감을 뜻하는 말

08

㉠ 복구(復舊) : 회복할 복(復)+옛 구(舊) → 손실 이전의 상태로 회복함
㉡ 복원(復元) : 회복할 복(復)+으뜸 원(元) → 원래대로 회복함

오답분석

• 복구(復仇) : 회복할 복(復)+원수 구(仇) → 원수를 되갚아 줌
• 복원(復員) : 회복할 복(復)+인원 원(員) → 전시 체제에 있던 군대를 평상 체제로 돌려 군인의 소집을 해제하는 일

09

과유불급(過猶不及)은 '지나침은 부족함과 마찬가지'라는 뜻이다.

오답분석

② 소탐대실(小貪大失) : 작은 것을 탐하다가 큰 손실을 입는다는 뜻
③ 안하무인(眼下無人) : 눈 아래 사람이 아무도 없는 것처럼 행동함
④ 위풍당당(威風堂堂) : 위엄이 넘치고 거리낌 없이 떳떳함

10

사상누각(沙上樓閣)은 '모래 위에 세워진 누각'이라는 뜻으로, 기초가 튼튼하지 못하면 곧 무너지고 만다는 것을 의미한다. 따라서 빈칸에 들어갈 한자성어로 가장 적절한 것은 ④이다.

[오답분석]
① 혼정신성(昏定晨省) : 밤에는 부모의 잠자리를 보아 드리고 이른 아침에는 부모의 안부를 여쭈어 본다는 뜻으로, 부모님께 효성을 다하는 모습을 나타내는 말
② 표리부동(表裏不同) : 겉으로 드러나는 언행과 속으로 가지는 생각이 다르다는 말
③ 철저성침(鐵杵成針) : 철 절굿공이로 바늘을 만든다는 뜻으로, 아주 오래 노력하면 성공한다는 말

대표기출유형 06   기출응용문제

01

빈칸 앞에서는 삼계탕에 대해 잘못 알려진 속설인 대추가 독을 빨아들이기에 먹으면 안 된다는 이야기를 하고 있고, 빈칸 뒤에서는 그와 반대로 대추는 그저 국물을 빨아들이는 것이기에 먹는 것을 피할 이유가 없다고 설명한다. 따라서 앞뒤 내용이 서로 반대되므로 빈칸에는 역접의 접속어인 '하지만'이 들어가는 것이 적절하다.

02

제시문은 변혁적 리더가 조직의 성장을 장려하는 것에 대해 개개인의 관점을 소홀히 여기지 않고 각각의 능력을 인정해야 함을 이야기하고 있다. 빈칸 뒤에 이러한 주장을 강화하며 글의 결론에 해당하는 내용이 나오므로 빈칸에는 '따라서'가 들어가는 것이 적절하다.

03

운동 전 충분한 준비 운동과 운동 후 스트레칭을 통해 근육을 풀어줘야 한다고 이야기하는 ㉠ 뒤 문장은 앞 내용을 근거로 하는 주장이 되므로 ㉠에는 '그러므로'가 적절하다. 다음으로 ㉡ 뒤 문장은 ㉡ 앞 문장에서 이야기하는 다리 저림 증상의 또 다른 이유에 대해 이야기하므로 ㉡에는 '또한'이 적절하다. 마지막으로 혈액 순환 장애가 근육의 이완과 수축 운동을 방해하여 다리 저림 증상이 발생할 수 있다는 ㉢ 앞 문장은 뒤 문장의 원인이 되므로 ㉢에는 '따라서'가 적절하다.

04

㉠ 앞 문장에서의 정부와 기업의 시스템 개선 노력에도 불구하고 ㉠ 뒤 문장에서는 미래에 대한 정보 판단이 어려워지고 있다고 하였으므로 ㉠에는 역접의 접속어 '그러나'가 적절하다. 다음으로 ㉡ 뒤 문장에서는 앞 문장에서 언급하는 집단 지성 시스템의 활용 방안을 예시를 통해 이야기하므로 ㉡에는 '예를 들어'가 적절하다. 마지막으로 ㉢ 뒤 문장의 '~때문이다.'를 통해 ㉢에는 이와 호응하는 '왜냐하면'이 적절한 것을 알 수 있다.

01

정답 ④

먼저 정신과 물질의 관계에 관한 이원론과 동일론을 언급하며 동일론의 문제점을 이야기하는 (다) 문단이 오는 것이 적절하다. 다음으로는 그러한 동일론의 문제점을 해결할 수 있는 기능론에 관해 설명하는 (나) 문단이 오는 것이 적절하고, 그 뒤를 이어 기능론을 비판하는 이원론의 입장에서 감각질과 관련한 사고 실험에 대해 설명하는 (라) 문단이 오는 것이 적절하다. 마지막으로는 그러한 사고 실험에서 감각질이 뒤집혀도 겉으로 드러난 행동과 말이 똑같은 이유를 설명하는 (가) 문단의 순서로 배열하는 것이 적절하다.

02

정답 ④

제시문은 나무를 가꾸기 위해 고려해야 하는 사항에 대해 서술하는 글이다. 그러므로 고려해야 할 사항들을 나열하고 그중 제일 먼저 생육조건에 대해 설명하는 (가) 문단이 처음으로 오는 것이 적절하다. 그 다음으로 (라) 문단은 나무를 양육할 때 주로 저지르는 실수로 나무 간격을 촘촘하게 심는 것을 언급하고 있다. 따라서 그 이유를 설명하는 (다) 문단이 다음으로 이어지는 것이 옳다. 그리고 (나) 문단 역시 또 다른 식재계획 시 주의점에 대해서 이야기하고 있으므로 (다) 문단 뒤에 나열하는 것이 적절하다.

03

정답 ②

제시문은 고전주의의 예술관을 설명한 후 이에 반하는 수용미학의 등장을 설명하고, 수용미학을 처음 제시한 야우스의 주장을 제시한다. 그리고 이것을 체계화한 이저의 주장을 소개하고 이저가 생각한 독자의 역할을 제시한 뒤 이것의 의의에 대해 설명하고 있는 글이다. 따라서 (가) 고전주의 예술관과 이에 반하는 수용미학의 등장 – (라) 수용미학을 제기한 야우스의 주장 – (다) 야우스의 주장을 정리한 이저 – (나) 이저의 이론 속 텍스트와 독자의 상호작용의 의의로 연결되어야 한다.

01

정답 ③

보기의 내용으로 볼 때 보기의 이후에는 이전의 내용과 다른 근본적인 설명의 예가 나와야 한다. (다) 앞의 문단은 왜 왼손이 배변 처리에 사용되었는지 설명해주지 못한다고 하였고, (다) 뒤의 문단은 뇌의 좌우반구 기능 분화의 내용을 다루는 다른 설명이 이어진다. 따라서 (다)가 보기의 문장이 들어갈 곳으로 가장 적절하다.

02

정답 ①

보기는 소송에서의 '입증'이라는 용어를 정의한 것이므로 제시문에서 '입증'이라는 용어가 가장 먼저 나온 곳의 바로 뒤에 나와야 하고, 보기 뒤에서는 법관의 확신에 대해 이야기하고 있어야 한다. 따라서 보기의 위치는 (가)가 가장 적절하다.

03

정답 ③

보기의 '이에 따라'에서 지시 대명사 '이'가 가리키는 내용은 (다) 바로 앞의 문장에서 언급한 '할리우드의 표준화 · 분업화된 영화 제작 방식'이다. 또한 (다)의 바로 뒤의 문장 '이는 계량화가 불가능한 ……'에서 지시 대명사 '이'가 가리키는 내용은 보기의 문장 전체를 가리킨다. 따라서 (다)가 보기의 문장이 들어갈 곳으로 가장 적절하다.

대표기출유형 09 기출응용문제

01
정답 ②

제시문은 재즈가 어떻게 생겨났고 재즈가 어떠한 것들을 표현해내는 음악인지에 대해 설명하고 있으므로 주제로 ②가 가장 적절하다.

02
정답 ③

제시문은 자연 현상이 예측하기 어려운 이유가 무엇인지 질문을 던진 뒤 지구 내부의 구조에 대해 설명하면서 그 이유를 밝히고 있다. 따라서 글의 주제로 ③이 가장 적절하다.

03
정답 ③

제시문은 고령화 시대에 발생하는 노인 주거 문제에 대한 일본의 정책을 제시하여 우리나라의 부족한 대처 방안을 문제 삼고 있으며, 이러한 문제를 해결하기 위해 공동 주택인 아파트의 공유 공간을 활용하자는 방안을 제시하고 있다. 따라서 노인 주거 문제를 공유를 통해 해결하자는 ③이 글의 제목으로 가장 적절하다.

오답분석

① 고령화 속도에 대한 내용은 글에 나타나 있지 않다.
② 일본의 정책으로 '유니버설 디자인'의 노인 친화적 주택을 언급하고 있으나, 글의 일부 내용이므로 제목으로 적절하지 않다.
④ 글에서 주로 문제 삼고 있는 것은 사회 복지 비용의 증가가 아닌 부족한 노인 주거 정책이며, 그에 대한 해결 방안을 제시하고 있다.

대표기출유형 10 기출응용문제

01
정답 ④

제시문은 조선 왕들의 모습을 제시하고 있다. 그리고 각기 다른 시대 배경 속에서 백성들과 함께 국가를 이끌어나갈 임무를 부여받던 전통 사회의 왕들에게 필요한 덕목들은 오늘날에도 여전히 유효하다고 설명한다. 따라서 빈칸에 들어갈 내용으로는 ④가 적절하다.

02
정답 ①

빈칸 뒤가 '따라서'로 연결되어 있으므로, '사회적 제도의 발명이 필수적이다.'를 결론으로 낼 수 있는 논거인 ①이 빈칸에 들어가야 한다.

03
정답 ①

첫 번째 문단에서 얼음이 물이 될 때까지 지속적으로 녹아내릴 것이라는 상식이 사실과 다르다는 것을 제시하였으므로, 빈칸에는 이와 반대되는 내용이 들어가는 것이 적절하다.

오답분석

② 실험 결과에서 $-38℃$와 $-16℃$에서 하나의 분자 층이 준 액체로 변한 것을 알 수 있지만, 그 다음 녹는 온도는 언급하지 않았다.
③ $-16℃$ 이상의 온도에 대한 결과는 나와 있지 않다.

대표기출유형 01 | 기출응용문제

01
정답 ③

제시문을 가장 적절하게 이해한 것은 사회적 합리성을 위해서는 개인의 노력도 중요하지만 그것만으로는 안 되고 '공동'의 노력이 필수라는 것이다.

02
정답 ③

'하지만 산수화 속의 인간은 산수에 부속된 것일 뿐이다. 산수화에서의 초점은 산수에 있지, 산수 속에 묻힌 인간에 있지 않다.'라는 문장을 통해 확인할 수 있다.

오답분석

① 조선 시대 회화의 주류가 인간의 외부에 존재하는 대상을 그리는 것이 대부분이었다면, 조선 후기에 등장한 풍속화는 인간의 모습을 화폭 전면에 채우는 그림으로 인간을 중심으로 하고, 현세적이고 일상적인 생활을 소재로 한다.
② 풍속화에 등장하는 인물의 주류는 양반이 아닌 농민과 어민, 그리고 별감, 포교, 나장, 기생, 뚜쟁이 할미까지 도시의 온갖 인간들이 등장한다.
④ 조선 시대 회화의 주류는 산수화였다.

03
정답 ③

이소크라테스는 영원불변하는 보편적 지식의 무용성을 주장했을 뿐, 존재 자체를 부정한다는 내용은 제시문에서 확인할 수 없다.

오답분석

① 플라톤의 이데아론은 삶과 행위의 구체적이고 실제적인 일상이 무시된 채 본질적이고 이념적인 영역을 추구하고 있다는 비판을 받고 있다.
② 물질만능주의는 모든 관계를 돈과 같은 가치에 연관시켜 생각하는 행위로, 탐욕과 사리사욕을 위한 교육에 매진하는 소피스트들과 일맥상통하는 면이 있다.
④ 이소크라테스는 이데아론의 무용성을 주장하면서 동시에 비도덕적이고 지나치게 사리사욕을 위한 소피스트들의 교육을 비판했다.

04
정답 ④

네 번째 문단의 마지막 두 문장을 보면 편협형 정치 문화와 달리 최소한의 인식이 있는 신민형 정치 문화의 예로 독재 국가를 언급하고 있으므로 ④는 적절하지 않다.

05
정답 ②

제시된 글에서는 자성 물질의 자기장이 강할수록 성능이 우수해진다는 내용은 언급되어 있지 않다.

오답분석

①은 첫 번째와 두 번째 문단, ③은 두 번째 문단, ④는 첫 번째 문단을 통해 확인할 수 있다.

01

정답　①

제시문에서는 인간의 생각과 말은 깊은 관계를 가지고 있으며, 생각이 말보다 범위가 넓고 큰 것은 맞지만 그것을 말로 표현하지 않으면 그 생각이 다른 사람에게 전달되지 않는다고 주장한다. 즉, 생각은 말을 통해서만 다른 사람에게 전달될 수 있다는 것이다. 따라서 이러한 주장에 대한 비판으로 ①이 가장 적절하다.

02

정답　③

제시문은 인간에게 어떠한 이익을 주는가에 초점을 맞춰 생물 다양성의 가치를 논하고 있다. 즉, 인간 자신의 이익을 위해 생물 다양성을 보존해야 한다는 것이다. 따라서 ③에서처럼 인간 중심적인 시각에 대해 비판할 수 있다.

[오답분석]
① 마지막 문단에 문제 해결의 구체적 실천 방안이 제시되었다.
② 생물 다양성의 경제적 가치뿐만 아니라 생태적 봉사 기능, 학술적 가치 등을 설명하며 동등하게 언급하였다.
④ 자연을 우선시하고 있지는 않지만, 마지막 문단에서 인간 중심에 따른 생태계 파괴의 문제를 지적하고 보존 대책을 제시하는 등 인간과 자연이 공존할 수 있는 길을 모색하고 있다.

03

정답　②

제시문의 쾌락주의자들은 최대의 쾌락을 산출하는 행위를 올바른 것으로 간주하고, 쾌락을 기준으로 가치를 평가하였다. 또한 이들은 장기적인 쾌락을 추구하였으며, 순간적이고 감각적인 쾌락만을 추구하는 삶은 쾌락주의적 삶으로 여기지 않았다. 따라서 ②는 이러한 쾌락주의자들의 주장에 대한 비판으로 적절하지 않다.

04

정답　①

제시문의 내용은 청나라에 맞서 싸우자는 척화론이다. ①은 척화론과 동일한 주장을 하고 있으므로 비판 내용으로 적절하지 않다.

05

정답　②

『일리아스』는 오래전부터 구전되어 온 트로이 전쟁에 대해 읊은 서사시이므로 객관적 서술 태도와는 거리가 멀다고 할 수 있다.

01

제시문에서는 금융의 디지털 전환이 가속화됨에 따라 디지털금융의 중요성이 커지고 있음을 이야기한다. 마지막 문단에서는 디지털 금융의 중요성을 인식하여 법과 제도를 정비하고 있는 해외 국가들에 비해 국내의 전자금융거래법은 이렇다 할 변화가 없음을 지적한다. 따라서 다음에 이어질 내용으로는 디지털금융의 발전을 위해서 전자금융거래법의 개정이 필요하다는 내용의 ①이 가장 적절하다.

02

현존하는 가장 오래된 실록은 전주에 전주 사고에 보관되어 있던 것으로, 강화도 마니산에 봉안되었다가 1936년 병자호란에 의해 훼손된 것을 현종 때 보수하여 숙종 때 강화도 정족산에 다시 봉안했다가 현재 서울대에서 보관하고 있다.

오답분석
① 원본을 포함해 모두 5벌의 실록을 갖게 되었으므로 재인쇄하였던 실록은 모두 4벌이다.
② 강원도 태백산에 보관하였던 실록은 서울대에 있다.
③ 현재 한반도에 남아 있는 실록은 강원도 태백산, 강화도 정족산, 장서각의 것으로 모두 3벌이다.

03

제시문에서는 조상형 동물의 몸집이 커지면서 호흡의 필요성에 따라 아가미가 생겨났고, 호흡계 일부가 변형된 허파는 식도 아래쪽 으로 생성되었으며, 이후 폐어 단계에서 척추동물로 진화하면서 호흡계와 소화계가 겹친 부위가 분리되기 시작하여 결국 하나의 교차점을 남기면서 인간의 음식물로 인한 질식 현상과 같은 단점을 남겼다고 설명하고 있다. 또한 마지막 문장에서 이러한 과정이 '당시에는 최선의 선택'이었다고 하였으므로, 진화는 순간순간에 필요한 대응일 뿐 최상의 결과를 내는 과정이 아님을 알 수 있다.

04

네 번째 문단에 따르면 공장식 축산의 문제를 개선하기 위한 동물 복지 운동은 1960년대 영국을 중심으로 시작되었으며, 한국에서 도 2012년부터 '동물 복지 축산농장 인증제'를 시행하고 있다고 하였다. 따라서 동물 복지 축산농장 인증제는 2012년부터 영국이 아닌 한국에서 시행하고 있는 제도이다.

05

글쓴이는 현대인들이 대중문화 속에서 '내가 다른 사람의 눈에 어떻게 보일까'에 대해 '조바심과 공포감'을 가지고 있으며, 이것은 특히 광고에 의해 많이 생겨난다고 말한다. 하지만 ②의 '극장에서 공포영화를 보고 화장실에 가기를 무서워한다.'라는 내용은 일차적인 공포심을 나타내므로 (가)의 예로 적절하지 않다.

오답분석
①·③·④ 대중매체를 통해 정보를 얻고, 그 정보대로 실행하지 않으면 남들보다 열등한 상태에 놓이게 될 것으로 여겨 대중매체가 요구하는 대로 행동하는 사례들이다.

01

정답 ③

두 번째 문단에서 부조화를 감소시키는 행동은 비합리적인 면이 있는데, 그러한 행동들이 자신들의 문제에 대해 실제적인 해결책을 찾지 못하도록 할 수 있다고 하였다.

[오답분석]
① 인지 부조화는 불편함을 유발하기 때문에 사람들은 이것을 감소시키려고 한다.
② 제시문에는 부조화를 감소시키는 행동의 합리적인 면이 나타나 있지 않다.
④ 부조화를 감소시키는 행동으로 사람들은 자신의 긍정적인 측면의 이미지를 유지하게 되는데, 이를 통해 부정적인 이미지를 감소시키는지는 알 수 없다.

02

정답 ④

앞의 내용에 따르면 인지 부조화 이론에서 '사람들은 현명한 사람을 자기 편, 우매한 사람을 다른 편이라 생각할 때 마음이 편안해질 것이다.'라고 하였다. 따라서 자신의 의견과 동일한 주장을 하는 글은 논리적인 글을 기억하고, 자신의 의견과 반대되는 주장을 하는 글은 형편없는 글을 기억할 것이라 예측할 수 있다.

03

정답 ④

④는 잔여적 복지 모델을 따른 경우이다. 제도적 복지 모델의 경우, 소득이나 자산에 관계없이 누구나 복지를 제공받을 수 있도록 한다.

[오답분석]
① 오늘날 국가에서 하나의 복지 모델만을 선택하여 모든 제도에 적용하는 것은 현실적으로 불가능하므로 대부분의 국가에서는 두 복지 모델을 상호 보완적으로 운영하고 있다고 하였다.
② 사회 복지 제도는 국민의 안정적인 생활을 보장하기 위한 여러 사업을 조직적으로 행하는 제도를 말하며 이는 사회 복지를 제도화하려는 것이다. 따라서 복지 모델은 공통적으로 사회 복지의 제도화를 추구한다고 볼 수 있다.
③ 공공 부조는 잔여적 복지 모델을 바탕으로 한 국가가 제공하는 사회 복지 서비스이며, 소득 조사나 자산 조사의 과정을 반드시 거쳐 제공된다.

04

정답 ④

일시적으로 빈민들을 지원하는 방법은 잔여적 복지 모델(㉠)의 입장이다. 잔여적 복지 모델은 개인의 욕구를 충족시키고 자원을 배분하는 사회적 기능이 사적 영역에서 제대로 이루어지지 않을 때 사회 복지 제도가 잠정적이고 일시적으로 그 기능을 대신할 수 있다고 본다.

[오답분석]
① 잔여적 복지 모델은 사회 복지의 대상이 사적 영역에서 사회적 기능을 보장받지 못한 일부 사람들로 국한되어야 한다고 본다.
② 잔여적 복지 모델은 개인의 욕구를 충족시키고 자원을 배분하는 사회적 기능이 일차적으로 사적 영역인 가족이나 시장 등을 통해 이루어져야 한다고 본다.
③ 제도적 복지 모델은 개인의 욕구 충족과 자기 성취를 돕기 위해서 국가가 사회 제도를 통해 보편적 복지 서비스를 제공하는 것이 필요하다고 본다.

05

정답 ②

(가)는 사회 정책적 차원으로 구분하는 것이므로 잔여적 복지 모델과 제도적 복지 모델로 구분된다. 두 모델의 가장 큰 차이점은 '정부의 개입 정도'이다. 전자는 일차적으로 개인과 가족이 해결하지만, 후자는 처음부터 정부가 직접적으로 개입한다.
(나)는 운영 방식 차원으로 구분하는 것이므로 보편적 복지와 선택적 복지로 구분한다. 두 모델의 큰 차이점은 '수혜자의 범위'이다. 전자는 모든 국민이 수혜자가 되지만, 후자는 일정한 기준을 두고 기준을 충족하는 사람만이 수혜자가 될 수 있다.

06

정답 ④

색채를 활용하여 먼 거리에서 더 잘 보이게 하거나 뚜렷하게 보이도록 해야 할 때가 있다. 그럴 경우에는 배경과 그 앞에 놓이는 그림의 속성 차를 크게 해야 한다.

오답분석

① 색채의 대비는 두 개 이상의 색을 동시에 보거나 계속해서 볼 때 일어나는 현상이다. 전자를 '동시대비', 후자를 '계속대비'라 한다.
② 어떤 색을 계속 응시하면 시간의 경과에 따라 그 색의 보이는 상태가 변화한다.
③ 색채가 어떠하며, 우리 눈에 그것이 어떻게 보이고, 어떤 느낌을 주는지는 색채심리학이 다루는 연구대상 중 가장 주요한 부분이다.

07

정답 ②

연두색과 노란색의 두 색이 서로의 영향으로 색상 차가 나는 것으로, 이는 색상대비로 볼 수 있다.

오답분석

① 명도대비에 대한 설명이다.
③ 색순응에 대한 설명이다.
④ 보색잔상에 대한 설명이다.

08

정답 ④

제시문은 실재론자와 반실재론자의 의견을 각각 설명하고 레빈슨의 주장을 통해 이 둘을 포괄하고 있다.

오답분석

① 특정 이론이 아닌 각각 다른 이론을 대비하여 설명하고 있다.
② 특정 이론의 효용보다는 동등하게 상응하는 의견을 대비하고 있다.
③ 먼저 이론을 설명하고 그에 알맞은 사례를 서술하는 형식을 취하고 있다.

09

정답 ①

빈칸의 앞 부분에서 미적 판단의 차이에 따라 열띤 토론이 일어난다고 하였으므로 그 차이의 발생 원인을 살펴보는 것이 적절하다.

오답분석

② 다음 문단에 이어지는 내용이 미적 판단의 발생 원인에 대해 설명하고 있으므로 적절하지 않다.
③ 제시문은 미적 판단의 근본적인 개입 요소를 살펴보고 있기 때문에 적절하지 않다.
④ 화자는 미적 판단이 모두 동일해야 한다고 생각하지 않는다.

10

정답 ④

ⓐ '구조적 속성'이란 정상 지각자에 의해 관찰이나 지각이 가능한 것이라 하였으므로 ⓛ이 적절하다.
ⓑ '하부 구조적 속성'이란 정상적 지각으로 판단할 수 없는 것이므로 ⓒ이 적절하다.
ⓒ '맥락적 속성'이란 창작자나 작품이 속한 경향, 영향 관계를 일컫는 것이므로 ㉠이 적절하다.

CHAPTER
03 수리력

대표기출유형 01 기출응용문제

01
 정답 ①

$39-(13\times2)+2$
$=39-26+2$
$=15$

02
정답 ④

$572\div4+33-8$
$=143+33-8$
$=168$

03
정답 ④

$48^2=(4\times12)^2=4^2\times12^2$
$16^2=4^2\times4^2$
$(48^2+16^2)\div16+88=(12^2+4^2)+88=(144+16)+88=160+88$
$=248$

04
정답 ①

$(48+48+48+48)\times\dfrac{11}{6}\div\dfrac{16}{13}$
$=48\times4\times\dfrac{11}{6}\times\dfrac{13}{16}$
$=2\times11\times13$
$=286$

05
정답 ②

$4\times9\times16\times25\times36\div100$
$=2^2\times3^2\times4^2\times5^2\times6^2\div100$
$=720^2\div100$
$=5,184$

01 정답 ④

$\dfrac{3}{8} = 0.375$

$\dfrac{7}{12} \fallingdotseq 0.58$

$\dfrac{7}{18} \fallingdotseq 0.39$

오답분석

① $\dfrac{1}{3} \fallingdotseq 0.33$

② $\dfrac{3}{5} = 0.6$

③ $\dfrac{2}{9} \fallingdotseq 0.22$

02 정답 ③

$\dfrac{7}{9} \fallingdotseq 0.78$

오답분석

① $\dfrac{2}{3} \fallingdotseq 0.67$

② $\dfrac{5}{8} = 0.625$

④ $\dfrac{8}{13} \fallingdotseq 0.62$

03 정답 ②

$\dfrac{21}{8} = 2.625$

$\dfrac{8}{3} \fallingdotseq 2.67$

오답분석

① $\dfrac{5}{2} = 2.5$

③ $\dfrac{9}{4} = 2.25$

④ $\dfrac{18}{7} \fallingdotseq 2.57$

04

$\sqrt{50}=5\sqrt{2}\fallingdotseq5\times1.414=7.07$

$\sqrt{72}=6\sqrt{2}\fallingdotseq6\times1.414=8.484$

$\dfrac{268}{33}\fallingdotseq8.121$

오답분석

② $\dfrac{220}{37}\fallingdotseq5.946$

③ $\dfrac{362}{42}\fallingdotseq8.619$

④ $\dfrac{298}{45}\fallingdotseq6.622$

PART 1

대표기출유형 03 | 기출응용문제

01

희경이가 본사에서 나온 시각은 오후 3시에서 본사에서 지점까지 걸린 시간을 제하면 된다.

본사에서 지점까지 가는 데 걸린 시간은 $\dfrac{20}{60}+\dfrac{30}{90}=\dfrac{2}{3}$ 시간, 즉 40분이다.

따라서 오후 2시 20분에 본사에서 나왔다는 것을 알 수 있다.

02

서울과 부산 사이의 거리는 연수와 민호가 각각 이동한 거리의 합과 같다.

따라서 서울과 부산 사이의 거리는 $(80\times2)+(100\times2)=360$km이다.

03

남은 거리를 달리는 평균 속력을 $x$km/h라고 하면 다음 식이 성립한다.

$8\times\dfrac{12}{60}+x\times\dfrac{48}{60}\geq10$

$\rightarrow 96+48x\geq600$

$\rightarrow 48x\geq504$

$\therefore x\geq10.5$

따라서 적어도 평균 10.5km/h로 달려야 기념품을 받을 수 있다.

01

증발시키기 전과 후의 소금의 양은 같으므로 증발시키는 물의 양을 xg이라고 하면 다음 식이 성립한다.

$300 \times \dfrac{10}{100} = (300-x) \times \dfrac{15}{100}$

→ $3,000 = 4,500 - 15x$

→ $15x = 1,500$

∴ $x = 100$

따라서 농도 10%의 소금물 300g을 농도 15%로 만들기 위해서는 100g의 물을 증발시켜야 한다.

02

농도 5%의 소금물 200g에 들어있는 소금의 양은 $200 \times \dfrac{5}{100} = 10$g이다.

처음 300g의 소금물에 들어있는 소금의 양을 xg이라고 하면 다음 식이 성립한다.

$\dfrac{x+10}{300+200} \times 100 = 9$

→ $x + 10 = 45$

∴ $x = 35$

따라서 처음 300g의 소금물에 들어있는 소금의 양은 35g이다.

03

농도 5%인 소금물의 양을 xg이라고 하면, 농도 10%인 소금물의 양은 $(600-x)$g이므로 다음 식이 성립한다.

$\dfrac{5}{100} \times x + \dfrac{10}{100} \times (600-x)$

→ $\dfrac{7}{100} \times 600$

→ $5x = 1,800$

∴ $x = 360$

따라서 농도 5%의 소금물은 360g이 필요하다.

01

x년 후에 현우와 조카의 나이는 각각 $(30+x)$살, $(5+x)$살이므로 다음 식이 성립한다.

$30+x=2(5+x)$

$\rightarrow 30+x=10+2x$

$\therefore x=20$

따라서 현우의 나이가 조카 나이의 2배가 되는 것은 20년 후이다.

02

가족의 평균 나이는 $132 \div 4 = 33$세이므로, 어머니의 나이는 $33+10=43$세이다.

나, 동생, 아버지의 나이를 각각 x세, y세, z세라고 하면 다음 식이 성립한다.

$x+y=41 \cdots \text{㉠}$

$z=2y+10 \cdots \text{㉡}$

$z=2x+4 \cdots \text{㉢}$

㉡, ㉢을 연립하여 정리하면 다음과 같다.

$x-y=3 \cdots \text{㉣}$

㉠, ㉣을 연립하여 정리하면 $x=22$, $y=19$이다.

따라서 동생의 나이는 19세이다.

03

현재 삼촌의 나이를 x세, 민지의 나이를 y세라고 하면 다음 식이 성립한다.

$x-4=4(y-4) \cdots \text{㉠}$

$x+3=2(y+3)+7 \cdots \text{㉡}$

㉠, ㉡을 연립하여 정리하면 다음과 같다.

$-7=2y-29$

$\therefore y=11$, $x=32$

삼촌의 나이는 32세이고 민지의 나이는 11세이다.

따라서 현재 삼촌과 민지의 나이 차는 $32-11=21$세이다.

01

정답 ②

- 이벤트 전 가격 : $8,000 \times 46 = 368,000$원
- 이벤트 가격 : $8,000 \times \left(1 - \dfrac{20}{100}\right) \times 40 + (8,000 \times 6) = 304,000$원

따라서 할인받을 수 있는 금액은 $368,000 - 304,000 = 64,000$원이다.

02

정답 ②

- 인상 가격 : $5,000 \times 1.25 = 6,250$원
- 인하 가격 : $6,250 \times (1 - 0.1) = 5,625$원
- 제품 1개당 이익 : $5,625 - 5,000 = 625$원

따라서 물건 4개를 판매하였을 때의 이익은 $625 \times 4 = 2,500$원이다.

03

정답 ③

옷의 정가를 x원이라고 하면 다음 식이 성립한다.

$x(1 - 0.2)(1 - 0.3) = 280,000$

$\rightarrow 0.56x = 280,000$

$\therefore x = 500,000$

따라서 할인받은 금액은 총 $500,000 - 280,000 = 220,000$원이다.

01

정답 ④

$$\frac{(10 \times 2) + (30 \times 5) + (20 \times 3.5)}{10 + 30 + 20} = \frac{240}{60} = 4$$

따라서 A, B, C사이트의 전체 평균 평점은 4점이다.

02

정답 ③

두 사이트 전체 참여자의 평균 평점은 전체 평점의 합을 전체 인원으로 나눈 값이다.

따라서 전체 참여자의 평균 평점은 $\dfrac{(1,000 \times 5) + (500 \times 8)}{1,000 + 500} = 6$점이다.

03

정답 ②

전체 인원을 a명이라고 가정하면 성별에 따른 선호도 점수 총합은 다음과 같다.

• 남자 선호도 점수 총합 : $3 \times \dfrac{3}{8} a = \dfrac{9}{8} a$ 점

• 여자 선호도 점수 총합 : $8 \times \dfrac{5}{8} a = \dfrac{40}{8} a$ 점

따라서 전체 평균 점수는 $\dfrac{(40+9)a}{8} \times \dfrac{1}{a} \fallingdotseq 6.1$점이다.

대표기출유형 08   기출응용문제

01

정답 ④

1분에 2.5mL가 나오므로 750mL인 물통을 가득 채우는 데 걸리는 시간을 x분이라고 하면 다음 식이 성립한다.

$x \times 2.5 = 750$

$\rightarrow x = \dfrac{750}{2.5}$

$\therefore x = 300$

따라서 물통을 채우는 데 걸리는 시간은 300분이다.

02

정답 ②

업무량을 1이라고 하면 갑, 을, 병사원이 하루에 할 수 있는 업무량은 각각 $\dfrac{1}{12}$, $\dfrac{1}{18}$, $\dfrac{1}{36}$ 이다.

3명이 함께 일할 경우 하루에 끝내는 업무량은 다음과 같다.

$\dfrac{1}{12} + \dfrac{1}{18} + \dfrac{1}{36} = \dfrac{3+2+1}{36} = \dfrac{6}{36} = \dfrac{1}{6}$

따라서 3명의 사원이 함께 업무를 진행할 때 걸리는 기간은 6일이다.

03

정답 ②

작업량을 1이라고 하면 1=(작업 시간)×(작업 속도)이므로 A, B, C사원의 작업 속도는 각각 $\dfrac{1}{24}$, $\dfrac{1}{120}$, $\dfrac{1}{20}$ 이다.

3명의 작업 속도를 더하면 다음과 같다.

$\dfrac{1}{24} + \dfrac{1}{120} + \dfrac{1}{20} = \dfrac{12}{120} = \dfrac{1}{10}$

따라서 3명의 사원이 함께 업무를 진행하면 10일이 소요된다.

01

정답 ②

정산을 x일 후 했다고 하면 다음 식이 성립한다.

$1,000x=2\times800\times(x-3)$

$\rightarrow 1,000x=1,600x-4,800$

$\therefore x=8$

따라서 정산은 8일 후에 했다.

02

정답 ③

두 사람은 이번 주 토요일 이후에 각각 15일, 20일마다 미용실에 간다.

15와 20의 최소공배수를 구하면 60이므로 60일마다 두 사람은 미용실에 함께 가게 된다.

따라서 두 사람이 처음으로 다시 미용실에 같이 가는 요일은 $60\div7=8\cdots4$이므로, 토요일의 4일 후인 수요일이다.

03

정답 ②

10월 2일이 월요일이므로 10월 1일은 일요일이다. 즉, 10월 1일이 10월의 첫 번째 일요일이다.

따라서 10월의 네 번째 일요일은 10월 1일에서 3주(21일)가 지난 10월 22일이다.

01

정답 ①

맨 앞의 할아버지와 맨 뒤의 할머니를 제외한 5명이 일렬로 서는 경우의 수를 구하면 된다.

따라서 $5!=120$이므로, 할아버지가 맨 앞, 할머니가 맨 뒤에 위치하는 경우의 수는 120가지이다.

02

정답 ④

A상자에서 공을 꺼내는 경우의 수는 2가지이고, B상자에서 공을 꺼내는 경우의 수는 3가지이다.

따라서 가능한 경우의 수는 $2\times3=6$가지이다.

03

정답 ④

하루 최대 4명까지 휴가를 줄 수 있다고 했으므로 4일 동안 10명의 사원에게 휴가를 줄 수 있는 방법은 다음과 같다.

$(4,\ 4,\ 1,\ 1),\ (4,\ 3,\ 2,\ 1),\ (4,\ 2,\ 2,\ 2),\ (3,\ 3,\ 2,\ 2),\ (3,\ 3,\ 3,\ 1)$

날짜 순서가 바뀌는 경우까지 고려하여 각각의 경우의 수를 구하면 $_4C_2=6$가지, $4!=24$가지, $_4C_1=4$가지, $_4C_2=6$가지, $_4C_1=4$가지이다.

따라서 $6+24+4+6+4=44$이므로, 구하는 경우의 수는 44가지이다.

01

정답 ①

B문제를 맞힐 확률을 p라고 하면 다음 식이 성립한다.

$$\left(1-\frac{3}{5}\right) \times p = \frac{24}{100}$$

$$\rightarrow \frac{2}{5}p = \frac{6}{25}$$

$$\therefore p = \frac{3}{5}$$

따라서 A문제는 맞히고 B문제는 맞히지 못할 확률은 $\left(1-\frac{3}{5}\right) \times \left(1-\frac{3}{5}\right) = \frac{4}{25}$ 이므로 16%이다.

02

정답 ②

• 전체 경우의 수 : $6!$가지
• A와 B가 나란히 서 있는 경우의 수 : $5! \times 2$

따라서 A와 B가 나란히 서 있을 확률은 $\frac{5! \times 2}{6!} = \frac{1}{3}$ 이다.

03

정답 ①

임의로 전체 신입사원을 100명이라 가정하고 성별과 경력 유무로 구분하여 표를 작성하면 다음과 같다.

(단위 : 명)

구분	여성	남성	합계
경력 없음	$60-20=40$	20	60
경력 있음	$100 \times 0.2 = 20$	20	$100 \times 0.8 - 60 + 20 = 40$
합계	$100 \times 0.6 = 60$	40	100

따라서 신입사원 중 여자 1명을 뽑았을 때, 경력자가 뽑힐 확률은 $\frac{20}{60} = \frac{1}{3}$ 이다.

01

A초등학교 입학생 수는 매년 14명씩 감소하고 있다.

2019년으로부터 n년 후 입학생 수를 a_n명이라 하면 $a_n=(196-14n)$명이다.

따라서 2029년은 2019년으로부터 10년 후이므로, 2029년의 A초등학교 입학생 수는 $196-(14\times10)=56$명이다.

02

E과제에 대한 전문가 3의 점수는 $(70\times5)-(100+40+70+80)=60$점이다.

A ~ E과제의 평균 점수와 최종 점수를 구하면 다음과 같다.

구분	평균 점수	최종 점수
A과제	$\dfrac{100+70+60+50+80}{5}=72$점	$\dfrac{70+60+80}{3}=70$점
B과제	$\dfrac{80+60+40+60+60}{5}=60$점	$\dfrac{60+60+60}{3}=60$점
C과제	$\dfrac{60+50+100+90+60}{5}=72$점	$\dfrac{60+90+60}{3}=70$점
D과제	$\dfrac{80+100+90+70+40}{5}=76$점	$\dfrac{80+90+70}{3}=80$점
E과제	70점	$\dfrac{60+70+80}{3}=70$점

따라서 평균 점수와 최종 점수가 같은 과제는 B, E과제이다.

03

전체 학생의 월간 총교육비 대비 초등학생의 월간 총교육비의 비율은 다음과 같다.

$$\frac{800\times25.3}{1,500\times27.2}\times100$$

$$\rightarrow \frac{20,240}{40,800}\times100 ≒ 49.6\%$$

따라서 구하는 값은 49.6%이다.

04

중학교 전체 학생의 월간 총교육비에서 중학교 사교육 참여 학생의 월간 총사교육비가 차지하는 비중은 다음과 같다.

$$\frac{600\times0.4\times44.8}{600\times31.2}\times100$$

$$\rightarrow \frac{0.4\times44.8}{31.2}\times100 ≒ 57.4\%$$

따라서 구하는 값은 57.4%이다.

01

A사와 B사의 전체 직원 수를 알 수 없으므로, 비율만으로는 판단할 수 없다.

오답분석

② B, C, D사 각각 남직원보다 여직원의 비율이 높으므로, 남직원 수보다 여직원 수가 많다는 것을 추론할 수 있다. 따라서 B, C, D사의 여직원 수의 합은 남직원 수의 합보다 크다.

③ 여직원 대비 남직원 비율은 여직원 비율이 높을수록, 남직원 비율이 낮을수록 값이 작아진다. 따라서 여직원 비율이 가장 높으면서 남직원 비율이 가장 낮은 D사의 비율이 가장 낮고, 남직원 비율이 여직원 비율보다 높은 A사의 비율이 가장 높다.

④ A, B, C사 각각의 전체 직원 수를 a명이라 하면, 여직원의 수는 각각 $0.4a$명, $0.6a$명, $0.55a$명이다. 따라서 A, B사 여직원 수의 합은 $0.4a+0.6a=a$명으로, C사 여직원 수 $0.55a$명의 2배인 $1.1a$명 미만이다.

02

X고등학교가 Y고등학교에 비해 진학률이 낮은 대학은 C대학과 D대학이다.

오답분석

① X고등학교와 Y고등학교의 진학률 1위 대학은 C대학으로 동일하다.

② X고등학교와 Y고등학교의 진학률 5위 대학은 각각 D대학과 B대학으로 다르다.

④ X고등학교와 Y고등학교의 E대학교 진학률 차이는 $26-20=6\%$p이다.

03

ㄱ. 부산광역시의 감기 환자 수는 37,101명으로 경상남도의 감기 환자 수인 43,694명보다 적다.

ㄴ. 대구광역시의 질병 환자가 가입한 의료보험의 총수는 $56,985\times1.2=68,382$로, 6만 5천 개 이상이다.

ㄹ. 질병 환자 한 명당 발열 환자 수는 서울이 $\frac{129,568}{246,867}≒0.52$로 가장 많고, 세종특별자치시가 $\frac{6,351}{12,432}≒0.51$로 두 번째로 많다.
　　그 외 지역들은 발열 환자 수가 전체 질병 환자의 반이 되지 않는다.

오답분석

ㄷ. 질병 환자 한 명당 발열 환자 수는 강원도의 경우 $\frac{15,516}{35,685}≒0.43$이지만, 울산의 경우 $\frac{12,505}{32,861}≒0.38$이므로 옳지 않다.

04

해당 그래프는 질병 환자 한 명당 발열 환자 수가 아닌 질병 환자 한 명당 감기 환자 수를 나타낸 그래프이다.

대표기출유형 01 기출응용문제

01
정답 ③

앞의 항에 -20, -19, -18, -17, -16, …인 수열이다.
따라서 (   )$=43-17=26$이다.

02
정답 ①

앞의 항에 $\times(-3)$이 적용되는 수열이다.
따라서 (   )$=-459\times(-3)=1{,}377$이다.

03
정답 ②

나열된 수를 각각 A, B, C라고 하면
$\underline{A\ B\ C} \rightarrow A^2+B^2=C$
따라서 (   )$=1+25=26$이다.

04
정답 ①

나열된 수를 각각 A, B, C라고 하면
$\underline{A\ B\ C\ D} \rightarrow A\times B=C+D$
따라서 (   )$=(10+2)\div4=3$이다.

01

정답 ②

앞의 항에 3씩 더하는 수열이다.

A	D	G	J	M	P	(S)	V
1	4	7	10	13	16	(19)	22

02

정답 ③

앞의 항에 2, 3, 4, 5, 6, …을 더하는 수열이다.

ㄴ	D	(ㅅ)	K	ㄴ	V
2	4	(7)	11	16	22

03

정답 ③

앞 문자에 +0, +2, +5로 나열된다.

오답분석

① · ② · ④ 앞 문자에 +0, +2, +3으로 나열된다.

04

정답 ②

앞 문자에 ×2, ×1, ×3으로 나열된다.

오답분석

① · ③ · ④ 앞 문자에 ×2, ×1, ×2로 나열된다.

대표기출유형 03 기출응용문제

01

정답 ④

'약속을 지킨다.'를 A, '다른 사람에게 신뢰감을 준다.'를 B, '메모하는 습관'을 C라고 하면, 첫 번째 명제는 ~A → ~B, 두 번째 명제는 ~C → ~A이므로 ~C → ~A → ~B가 성립한다. 따라서 ~C → ~B의 대우인 B → C 또한 참이므로 마지막 명제로는 '다른 사람에게 신뢰감을 주려면 메모하는 습관이 있어야 한다.'가 적절하다.

02

정답 ①

첫 번째 명제의 대우 명제는 '팀플레이가 안 되면 패배한다.'이다. 삼단논법이 성립하려면 '팀플레이가 된다면 패스했다는 것이다.'라는 명제가 필요하므로 빈칸에 가장 적절한 것은 ①이다.

03

정답 ③

세 번째 명제는 '너무 많이 먹으면 둔해진다.'이다. 삼단논법이 성립하려면 '살이 찌면 둔해진다.'라는 두 번째 명제가 필요하다.

01

주어진 조건에 따라 A ~ D업체가 유통하는 재료를 정리하면 다음과 같다.

구분	A업체	B업체	C업체	D업체
커피 원두	○	○	○	
우유	○	○	×	×
아이스크림	×	×	○	
팥	○	×	○	○
딸기	×	○	×	○

이를 통해 D업체가 유통하는 재료가 전부 정해지지 않았어도, 모든 업체가 유통하는 재료는 커피 원두임을 알 수 있다. 그러므로 D업체는 커피 원두를 유통하고, 아이스크림을 유통하지 않는다.

이를 바탕으로 A ~ D업체가 담당할 수 있는 메뉴는 다음과 같다.

• A업체 : 카페라테
• B업체 : 카페라테, 딸기라테
• C업체 : 아포가토, 팥빙수
• D업체 : 없음

따라서 서로 다른 메뉴를 담당하면서 4가지 메뉴의 재료를 유통할 수 있는 업체는 B업체와 C업체뿐이므로 J씨는 B업체와 C업체를 선정한다.

02

정답 ③

김과장이 2주차 월요일에 단식을 했기 때문에, 1주차 토요일과 일요일은 반드시 세 끼 식사를 해야 한다. 또한 목요일은 업무약속으로 점심식사를 했으므로 단식을 할 수 없다.

구분	월	화	수	목	금	토	일
아침	○		○	○	○	○	○
점심				○		○	○
저녁				○		○	○

• 월요일에 단식을 했을 경우
  화·수요일은 세 끼 식사를 해야 한다. 그러면 금요일이 단식일이 되는데, 이 경우 네 번째 조건을 만족하지 못한다.
• 화요일(아침에 식사)에 단식을 했을 경우
  월·수·목요일은 세 끼 식사를 해야 한다. 그러면 금요일이 단식일이 되는데, 이 경우 네 번째 조건을 만족하지 못한다.
• 화요일(저녁에 식사)에 단식을 했을 경우
  월·수·목요일은 세 끼 식사를 해야 한다. 그러면 금요일이 단식일이고, 아침에 식사를 했으므로 모든 조건을 만족한다.

03

정답 ④

돼지 인형과 토끼 인형의 크기를 비교할 수 없으므로 크기가 큰 순서대로 나열하면 '돼지 – 토끼 – 곰 – 기린 – 공룡' 또는 '토끼 – 돼지 – 곰 – 기린 – 공룡'이 된다. 따라서 가장 큰 크기의 인형을 정확히 알 수 없으므로 진영이가 좋아하는 인형 역시 알 수 없다.

01

정답 ④

A의 진술이 참인 경우와 거짓인 경우로 나눌 수 있는데, 만약 A의 진술이 거짓이라면 B와 C 모두 범인인 경우와 모두 범인이 아닌 경우로 나눌 수 있고, A의 진술이 참이라면 B가 범인인 경우와 C가 범인인 경우로 나눌 수 있다.

• A의 진술이 거짓이고 B와 C가 모두 범인인 경우
 B, C, D, E의 진술이 모두 거짓이 되어 5명이 모두 거짓말을 한 것이 되므로 조건에 어긋난다.
• A의 진술이 거짓이고 B와 C가 모두 범인이 아닌 경우
 B의 진술이 참이 되므로 C, D, E 중 1명만 거짓, 나머지는 참을 말한 것이 되어야 한다. C의 진술이 참이면 E도 반드시 참, C의 진술이 거짓이면 E도 반드시 거짓이므로 D가 거짓, C, E가 참을 말하는 것이 되어야 한다. 이 경우 D와 E가 범인이 된다.
• A의 진술이 참이고 B가 범인인 경우
 B의 진술이 거짓이 되기 때문에 C, D, E 중 1명의 진술만 거짓, 나머지는 참이 되어야 하므로 C, E가 참, D가 거짓을 말한 것이 된다. 이 경우 B와 E가 범인이 된다.
• A의 진술이 참이고 C가 범인인 경우
 B의 진술이 참이 되기 때문에 C, D, E 중 1명의 진술만 참, 나머지는 거짓이 되어야 하므로 C, E가 거짓, D가 참을 말한 것이 된다. 이 경우 A와 C가 범인이 된다.

따라서 선택지 중 ④만 동시에 범인이 될 수 있다.

02

정답 ④

한 사람의 말이 거짓이므로 서로 상반된 주장을 하고 있는 박과장과 이부장의 말을 비교해본다.

• 박과장의 말이 거짓일 경우
 김대리와 이부장의 말이 참이므로 이부장의 차는 가장 왼쪽에, 김대리의 차는 가장 오른쪽에 주차하게 된다. 이 경우 김대리의 차가 자신의 차 옆에 있었다는 박과장의 말은 참이므로 모순이 된다.
• 이부장의 말이 거짓일 경우
 김대리와 박과장의 말이 참이므로 이부장의 차는 가장 왼쪽에 주차하고, 이부장의 말은 거짓이므로 김대리의 차는 가운데, 박과장의 차는 가장 오른쪽에 주차하게 된다. 이 경우 이부장의 차 옆에 주차하지 않았으며 김대리 차 옆에 주차했다는 박과장의 말과도 일치한다.

따라서 주차장에 주차된 순서는 이부장 – 김대리 – 박과장이다.

03

정답 ①

B와 E의 말이 서로 모순되므로 둘 중 한 명은 반드시 거짓을 말하고 있다.

• B의 말이 거짓일 경우
 E의 말이 참이 되므로 D의 말에 따라 아이스크림을 사야 할 사람은 A가 된다. 또한 나머지 A, C, D의 말 역시 모두 참이 된다.
• E의 말이 거짓일 경우
 B의 말이 참이 되므로 아이스크림을 사야 할 사람은 C가 된다. 그러나 B의 말이 참이라면 참인 C의 말에 따라 D의 말은 거짓이 된다. 결국 D와 E 두 명이 거짓을 말하게 되므로 한 명만 거짓말을 한다는 조건이 성립하지 않으며, A의 말과도 모순된다.

따라서 거짓말을 하는 사람은 B이며, 아이스크림을 사야 할 사람은 A이다.

04

정답 ④

5명 중 단 1명만이 거짓말을 하고 있으므로 C와 D 중 1명은 반드시 거짓을 말하고 있다. C의 진술이 거짓일 경우 B와 C의 말이 모두 거짓이 되므로 1명만 거짓말을 하고 있다는 조건이 성립하지 않는다. 그러므로 D의 진술이 거짓이며, 이를 정리하면 다음과 같다.

구분	A	B	C	D	E
출장지역	잠실		여의도	강남	

이때, B는 상암으로 출장을 가지 않는다는 A의 진술에 따라 상암으로 출장을 가는 사람은 E임을 알 수 있다.
따라서 ④는 반드시 거짓이 된다.

대표기출유형 01   기출응용문제

01

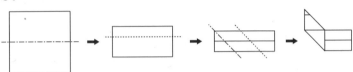

02

정답 ①

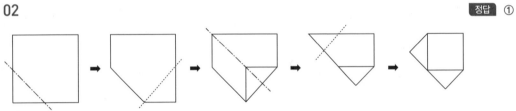

03

정답 ①

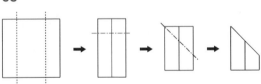

04

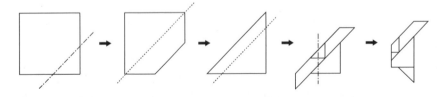

01

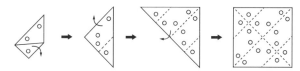

정답 ④

02

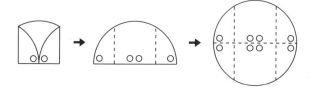

정답 ③

03

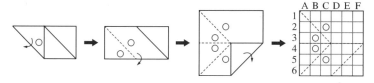

정답 ②

04

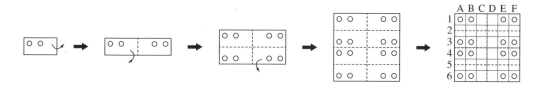

정답 ①

01

규칙은 가로 방향으로 적용된다.
첫 번째 도형을 시계 방향으로 90° 회전시킨 도형이 두 번째 도형이고, 두 번째 도형을 x축 대칭시킨 도형이 세 번째 도형이다.

02

규칙은 세로 방향으로 적용된다.
첫 번째 도형과 두 번째 도형을 합친 것이 세 번째 도형이다.

03

규칙은 가로 방향으로 적용된다.
첫 번째 도형과 두 번째 도형을 합친 후, 겹치는 부분을 색칠한 도형이 세 번째 도형이다.

01

사각형 안의 이등변삼각형은 시계 반대 방향으로 45° 회전하고, 사각형 안의 직각삼각형은 시계 반대 방향으로 90° 회전하며 사각형 안의 반원은 시계 방향으로 90° 회전한다. 또한 색상은 흰색 → 검은색 → 회색 순서로 순환한다.

02

선분은 시계 방향으로 45° 회전하며 색 반전하고, 원의 색은 회색 → 검은색 → 흰색 순서로 순환한다. 또한 사각형의 색은 검은색 → 회색 → 흰색 순서로 순환하며 원 안의 선은 검은색과 흰색을 반복한다.

03

정사각형 4개의 칸에 있는 작은 원들은 시계 방향으로 이동하고 있으며, 정사각형 4개의 칸은 시계 반대 방향으로 한 칸씩 이동한다. 이동이 끝난 후 회색 칸에 있는 작은 원은 한 개 증가하게 된다.

04

흰색 도형은 아래로 1칸씩 내려오면서 시계 방향으로 90° 회전하며, 검은색 도형은 위로 1칸씩 올라가면서 시계 반대 방향으로 90° 회전한다. 이때 같은 칸에서 도형끼리 만나게 되면 검은색 십자가 모양으로 바뀌며, 십자가 모양 이후에는 합쳐지기 전의 도형으로 다시 분리되어 1칸씩 움직이며 각각 시계 방향 및 반대 방향으로 90° 회전하게 된다.

01

정답 ④

오답분석

① ② ③

02

정답 ④

도형을 180° 회전하면 , 이를 상하 반전하면 이 된다.

03

정답 ④

도형을 시계 방향으로 90° 회전하면 , 이를 좌우 반전하면 이 된다.

04

정답 ④

도형을 상하 반전하면 , 이를 시계 반대 방향으로 90° 회전하면 , 이를 좌우 반전하면 이 된다.

05

정답 ③

도형을 좌우 반전하면 , 이를 시계 방향으로 90° 회전하면 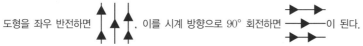이 된다.

01

(나)　(다)　(가)　(라)

02

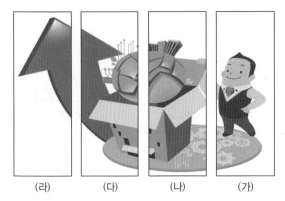

(라)　(다)　(나)　(가)

03

(다)　(나)　(가)　(라)

04

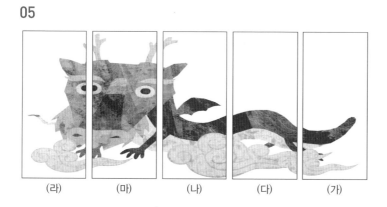

(마)   (라)   (나)   (가)   (다)

05

정답 ②

(라)   (마)   (나)   (다)   (가)

01　　　　　　　　　　　　　　　　　　　　　　　정답　①

02　　　　　　　　　　　　　　　　　　　　　　　정답　①

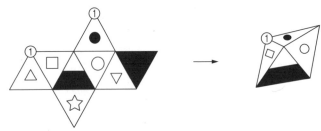

03　　　　　　　　　　　　　　　　　　　　　　　정답　④

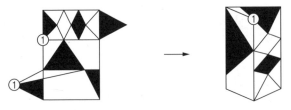

01　　　　　　　　　　　　　　　　　　　　　　　정답　④

- 1층 : $4 \times 4 - 2 = 14$개
- 2층 : $16 - 3 = 13$개
- 3층 : $16 - 8 = 8$개
- 4층 : $16 - 12 = 4$개
- ∴ $14 + 13 + 8 + 4 = 39$개

02

정답 ②

- 1층 : 5×5=25개
- 2층 : 25−4=21개
- 3층 : 25−9=16개
- 4층 : 25−10=15개
- ∴ 25+21+16+15=77개

03

정답 ④

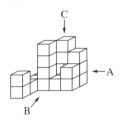

04

정답 ③

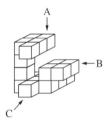

05

정답 ④

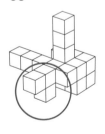

06

정답 ④

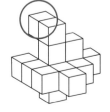

07

정답 ②

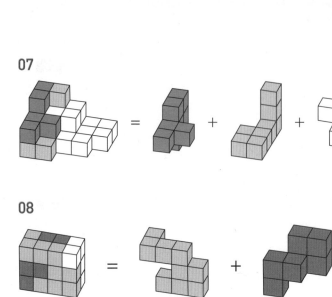

08

정답 ①

09

정답 ②

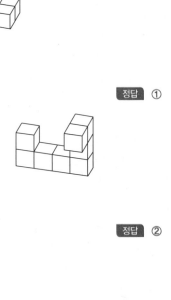

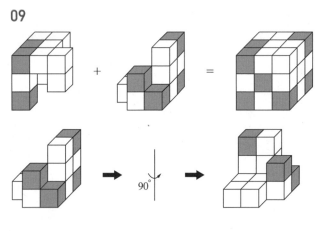

90°

10

정답 ④

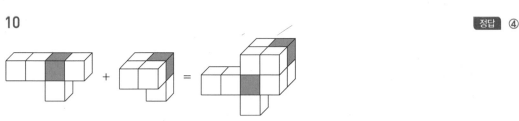

CHAPTER

06 관찰탐구력

대표기출유형 01 　 기출응용문제

01
정답 ①

우주에서 가장 풍부한 물질은 '수소, 헬륨, 산소, 탄소, 질소'이며, 이 중에서 물을 구성하는 원소는 '수소'와 '산소'이다.

02
정답 ①

오답분석

② 환원 : 산화의 반대로 산소를 잃거나 수소를 얻는 것이다.

③ 핵융합 : 높은 온도와 높은 압력하에서 두 개의 가벼운 원소가 충돌하여 하나의 무거운 핵으로 변할 때 질량 결손에 의해서 많은 양의 에너지가 방출되는 현상이다.

④ 동화작용 : 생물이 외부에서 받아들인 저분자를 고분자화합물로 합성하는 작용이다.

03
정답 ①

화학 변화는 어떤 물질이 성질이 전혀 다른 새로운 물질로 변하는 현상으로, ①은 물리 변화에 해당한다.

04
정답 ③

화학적 진단이란 체내 화학 물질을 분석하여 질병의 종류와 정도를 진단하는 것이다.

소변 검사는 요 검사지의 색깔 변화나 성분 분리를 통하여 질병을 검사한다.

05
정답 ④

제시된 내용은 아스피린에 대한 설명이다. 아세틸살리실산이라고도 하는데 살리실산은 버드나무 껍질에 함유되어 있는 성분으로 의학적인 효과는 있지만 위벽을 자극하여 설사를 일으키는 부작용이 있다. 아스피린은 이 살리실산의 부작용을 감소시켜 만든 것으로 해열제와 진통제로 쓰이며 심혈관질환이나 심장마비 예방약으로도 쓰인다.

06
정답 ①

소독은 병원균을 멸살하는 것으로, 약품, 일광, 증기 등을 이용하며 보통 병의 감염이나 전염을 예방하기 위해 사용된다.

07
정답 ③

용해도는 용질이 용매에 녹아서 고르게 섞이는 현상을 말한다. 큰 입자들 사이에 작은 입자들이 들어가 부피는 감소하지만 입자 수는 반응 전후가 같으므로 질량은 일정하다.

[오답분석]
① 농도 : 용액의 묽고 진함의 정도를 말한다.
② 혼합물 : 두 종류 이상의 물질이 화학적 반응을 일으키지 않고 단순히 섞여있는 물질이다.
④ 밀도 : 물질의 단위 부피당 질량이다.

08
정답 ④

통조림 표면의 부식을 막기 위해 도금한 것은 산화 – 환원 반응의 예시이다. 철의 부식은 산소와 물에 의해 일어나므로 통조림 표면에 도금을 하여 철이 산소 또는 물과 직접 접촉하지 못하게 함으로써 부식을 방지한다.

09
정답 ③

숯은 나무를 불완전 연소시켜 만든 것으로 스펀지보다 더 많은 미세한 구멍들이 있어 흡입력이 강한 것이 특징이다. 숯은 실내에 두었을 때 습도가 높다면 습기를 흡수하고, 반대로 실내가 건조하다면 수분을 내보내는 가습·제습 기능과 함께 미세구멍으로 물 속 이물질을 빨아들이고 미생물의 번식을 막아 물을 깨끗하게 정화하는 정수 기능을 지니고 있어 정수기에 활용되기도 한다.

대표기출유형 02 기출응용문제

01
정답 ④

[오답분석]
① X선 : 고속전자의 흐름을 물질에 충돌시켰을 때 생기는 파장이 짧은 전자기파이다.
② 감마선 : 파장이 X선보다 짧은 영역의 전자기파이며, 방사성원소로부터 나오는 자연 방사선이다.
③ 적외선 : 가시광선보다 파장이 길며, 0.75μm에서 1mm 범위에 속하는 전자기파이다.

02
정답 ③

지구에서의 위치 에너지는 지표면과 멀어질수록 증가하게 된다. 따라서 위치 에너지가 가장 작은 지점은 지면과 가장 가까이 있는 C이다.

03
정답 ②

고정 도르래는 물체에 가해주는 힘의 방향을 바꿔주는 원리로 전류가 유도되는 원리와는 관계가 없다.

04

정답 ④

전자기파는 전자기적인 진동이 주변으로 퍼지는 파동으로, 매질이 없어도 파동이 전파되며 무선전화, 라디오, 텔레비전 방송 등 무선통신에 이용된다.

오답분석

ㄴ. 전자기파의 종류를 파장이 짧은 순으로 나열하면 감마선 – 엑스선 – 자외선 – 적외선 – 마이크로파 – 전파이다.

05

정답 ①

오답분석

② 압력 센서 : 압력 변화에 따른 저항값을 읽는 센서로, 압력밥솥 등에 쓰인다.
③ 화학 센서 : 화학물질을 측정대상으로 하는 센서로, 가스 센서나 습도 센서, 바이오 센서 등이 있다.
④ 가속도 센서 : 관성의 법칙을 이용해서 가속도를 계산하는 센서이다.

06

정답 ③

풍력 발전은 바람이 발전기 날개를 돌려 생기는 운동 에너지를 통해 전기 에너지를 생산한다.

07

정답 ③

$[\text{힘}(F)] = [\text{질량}(\text{m})] \times [\text{가속도}(a)]$

$\therefore \ \text{m} = \dfrac{F}{a} = \dfrac{8}{2} = 4\text{kg}$

08

정답 ④

소리는 고체, 액체, 기체 속에서 모두 전달이 되지만, 진공 상태에서는 전달되지 않는다. 우주 공간은 진공 상태로, 소리를 전달할 매질이 없기 때문에 두 우주인은 대화를 나눌 수 없다. 하지만 헬멧을 맞대면 소리가 전달되므로 대화를 나눌 수 있다.

09

정답 ④

열기구는 대류 현상에 따라 발생하는 상승기류를 활용하여 하늘로 떠오른다.

01 정답 ②

오답분석

① 핵 : 세포에서 핵막에 쌓인 부분을 통칭한다.
④ 세포벽 : 세포막 밖에서 세포를 외부로부터 보호하고 세포의 모양을 유지하는 벽이다.

02 정답 ④

오답분석

① 곰팡이 : 포자로 번식하며, 다른 유기물을 분해하여 영양을 섭취하는 하등 균류이다.
② 대장균 : 사람이나 동물의 장, 특히 대장에 많이 존재하는 세균이다.
③ 박테리아 : 단세포 미생물로, 핵이 없고 단순한 세포 분열을 하는 생명체이다.

03 정답 ③

제시된 내용은 탄수화물에 대한 설명이다. 탄수화물은 식물 속 영양소 중 가장 많은 부분을 차지하며, 에너지를 내는 데 주로 쓰이지만 과도하게 섭취하면 에너지원으로 다 쓰지 못하고 남아 체지방으로 바뀌어 축적된다. 탄수화물의 종류에는 포도당, 과당, 맥아당, 녹말 등이 있으며, 감자, 고구마, 국수, 쌀 등에 많이 포함되어 있다.

04 정답 ③

• 광합성 : 이산화탄소+물 → 포도당+산소
• 세포 호흡 : 포도당+산소 → 이산화탄소+물

05 정답 ④

감각 기관에 대응하는 센서

감각 기관		센서
눈 – 시각		광센서
코 – 후각		가스 센서
혀 – 미각		이온 센서
피부 – 촉각		압력·온도 센서
귀 – 청각	청각	소리 센서
	평형 감각	가속도 센서

06 정답 ③

ㄱ. 남성의 성염색체는 XY, 여성의 성염색체는 XX이다.
ㄷ. 사람의 염색체는 총 23쌍(46개)으로, 상염색체 22쌍, 성염색체 1쌍을 가진다.

오답분석

ㄴ. 생물의 염색체 수는 다르다.

07

제시문은 인슐린에 대한 설명이다. 인슐린은 췌장에서 분비되는 호르몬으로 주로 혈당을 조절하는 역할을 한다.

[오답분석]

① 세크레틴 : 십이지장 벽에서 분비되는 소화 호르몬이다.
③ 아밀레이스 : 입에서 분비되는 소화효소이다.
④ 티록신 : 갑상선에서 분비되는 물질 대사 호르몬이다.

08

아미노산은 단백질의 기본 구성 단위이다. 아미노산은 펩타이드 결합으로 연결되어 수많은 단백질을 형성한다.

09

바이러스는 아주 작은 크기의 감염성 입자로, 다른 생명체들처럼 스스로의 힘으로 자라지 못하고, 사람을 비롯한 동물과 식물 등 다른 생명체에 들어가야만 살아갈 수 있다. 바이러스와 세균은 비슷한 것 같지만, 크기나 구조, 증식 방법, 치료법 등에서 큰 차이가 있다.

[오답분석]

ㄴ. 대장균과 콜레라균은 박테리아에 속한다.

대표기출유형 04   기출응용문제

01

태양 복사 에너지는 태양 에너지 중 지구에 오는 에너지로 태양의 표면에서 방출되며, 생명 활동에 이용되는 거의 모든 에너지의 근원이 된다.

02

지구 자전에 의한 현상으로 낮과 밤이 생기며, 낮과 밤에 기온차가 생긴다.

[오답분석]

연주 시차, 계절의 변화, 별의 연주 운동 등은 지구 공전에 의한 현상이다.

> **연주 시차**
> 어떤 천체를 바라보았을 때 지구의 공전으로 생기는 시차로, 각도로 값을 나타내며 이것으로 천체의 거리를 측정한다.
> **연주 운동**
> 지구의 공전 운동 때문에 천체가 1년을 주기로 지구의 둘레를 한 바퀴 도는 것처럼 보이는 현상을 말한다.

03

엘니뇨는 동태평양 해역의 월평균 해수면 온도가 6개월 이상 지속적으로 평년보다 0.5℃ 이상 높은 상태를 말한다. 이로 인해 정상적인 해에 다우지였던 서태평양 지역에서는 평년보다 강수량이 적어 가뭄이 나타나며, 중태평양이나 동태평양 지역에서 많은 비가 내린다.

04

기권 – 수권의 상호 작용
• 바람에 의하여 파도가 발생하여 파도의 침식 작용으로 해식 동굴이 생긴다.
• 해수 온도가 높아지면 수증기량이 증가하여 우리나라에 오는 태풍이 크고 강력해진다.

05

태양은 태양계에서 유일하게 에너지를 방출하는 별로, 태양계 전체에 에너지를 공급한다.

06

ㄴ. 오존층은 자외선을 흡수하여 산소로 되기 때문에 자외선이 지구로 그대로 들어오는 것을 막는다. 과도한 자외선은 피부암을 유발하며 백내장을 일으키고 면역체계에 이상을 초래한다.
ㄷ. 자기장이 없었다면 태양풍이 대기에 닿게 되고, 땅 위의 생명체는 강한 에너지에 직접 노출되며, 결국 지구는 금성처럼 생명체가 존재할 수 없는 환경으로 변했을 것이다.

07

화석 연료는 현재 전 세계적으로 가장 널리 쓰이는 에너지 자원으로 석탄과 석유가 대표적이다. 지질 시대 생물의 사체가 지층에 퇴적되어 생성되었다. 하지만 머지않은 미래에 고갈될 유한한 자원이며, 화석 연료의 과다 사용으로 지구 온난화와 환경오염 같은 전 지구적 문제가 유발된다.

08

지각 아래에 있는 맨틀에서의 대류가 일어나고 맨틀 위에 떠 있는 판은 여러 조각으로 나뉘어져 맨틀 대류에 따라 움직인다. 판의 이동에 따라 대륙들도 분리되고 합쳐지는 과정을 반복해 왔으며, 판의 운동에 의해 화산 활동, 습곡산맥, 지진 등이 일어나 지표면의 모습이 바뀐다.

09

거대한 별은 수명을 다하게 되면 폭발하는데, 별이 폭발한 후에는 질량은 그대로 보존된 채, 크기가 줄어든다. 이때 빛도 빠져나갈 수 없게 되는데, 엄청난 중력을 가지고 있어서 빛을 포함하여 모든 물질을 빨아들이게 된다. 이를 검은 구멍이라는 뜻의 블랙홀(Black Hole)이라고 한다. 질량이 큰 별의 진화 과정은 '주계열성 → 거성 → 초신성 폭발 → 중상자별 또는 블랙홀'로 진행된다.

[오답분석]
② 웜홀 : 우주에서 먼 거리를 가로질러 지름길로 여행할 수 있다고 하는 가설적 통로이다.
③ 주계열성 : 별의 일생의 90%로 중심에서 헬륨을 생성하며 질량이 클수록 수소가 빨리 소모되어 수명이 짧고, 표면 온도가 높다.
④ 적색 거성 : 주계열성의 외층이 팽창하며 반지름이 크고, 표면 온도가 낮아 붉은 색을 띤다.

46 • 전국 시·도교육청 교육공무직원 소양평가

대표기출유형 01 기출응용문제

01

정답 ①

싱귤래리티(Singularity, 특이점)에 대한 설명이다. 미래학자이자 인공지능 연구가인 미국의 레이 커즈와일은 인공지능이 인류의 지능을 넘어서는 순간을 싱귤래리티라고 정의하였다. 세렌디피티(Serendipity)는 '뜻밖의 재미 · 발견'라는 뜻으로, 과학 연구에서 는 플레밍이 페니실린을 발견한 것처럼 순전히 우연으로부터 중대한 발견 · 발명이 이루어지는 것을 가리킨다.

02

정답 ①

A세대는 'Ageless(나이 초월)'와 'Accomplished(성취한)', 'Alive(생동감 있는)' 등의 특징을 가진 세대로 각 단어의 첫 글자에서 유래한 말로, 경제적으로 구매력이 있고 자기 만족을 위한 투자에 적극적인 만 45 ~ 64세의 중장년층을 가리킨다.

오답분석

② 림보세대 : 고등교육을 받고도 어려운 경제 상황 때문에 경력을 쌓지 못한 채 가능성이 없는 일에 내몰리고 있는 청년들을 가리킨다. 2008년 글로벌 금융위기 이후 전 세계적인 사회현상으로 대두된 개념이다.

③ 실감세대 : 소비에 있어서 오감을 만족시키는 콘텐츠와 제품을 선호하는 밀레니얼 세대(1980년대 초반 ~ 2000년대 초반 출생) 와 Z세대(1990년대 중반 ~ 2000년대 초반 출생)를 가리킨다.

④ 알파세대 : 밀레니얼 세대(1980년대 초반 ~ 2000년대 초반 출생한 세대)의 자녀 세대로서, 스마트폰이 보편화된 2010년 이후 태어나 인공지능(AI), 로봇 기술 등 최첨단 기술의 진보를 체험한 세대를 뜻한다. 이들은 1995 ~ 2009년생을 일컫는 Z세대의 다음 세대이다.

03

정답 ②

ㄱ. 한국은 전 세계적으로 확산되고 있는 탄소중립 흐름에 발맞추어 2020년 10월 국가비전으로 2050 탄소중립을 선언하고 그해 12월에 탄소중립 전략을 수립했다. 이에 따른 후속 대응으로 2021년 10월에 2050 탄소중립 시나리오(A안 화력발전 전면 중지, B안 화력발전 잔존 및 탄소 제거 기술 적극 활용)를 확정하고 중간 목표인 2030 국가 온실가스 감축 목표(NDC)를 2018 년 배출량 대비 40% 감축하는 것으로 강화하였다.

ㄷ. 탄소중립에서 말하는 '탄소'는 화석연료를 사용해 발생하는 이산화탄소 등의 온실가스를 일컫는다. 온실가스는 이산화탄소(CO_2), 메테인(CH_4), 아산화질소(N_2O), 수소불화탄소(HFCs), 과불화탄소(PFCs), 육플루오린화황(SF_6) 등을 통틀어 이른다.

ㅁ. 2050 탄소중립녹색성장위원회는 대통령 소속 기관이며(탄소중립기본법 제15조 제1항), 기후대응기금을 운용 · 관리하는 주체 는 기획재정부장관이다(동법 제72조 제1항).

오답분석

ㄴ. 탄소중립을 실현할 수 있는 방안으로는 이산화탄소 등 온실가스 배출량에 상당하는 만큼의 숲을 조성하거나 화석연료를 대체하는 재생에너지 개발 및 이용 확대, 이산화탄소 배출량에 상응하는 탄소배출권을 구매하는 방법 등이 있다.

ㄹ. 직접 공기 포집(DAC) 기술은 대기 중의 이산화탄소를 포집하는 기술이고, 탄소 포집 및 저장(CCS) 기술은 화력발전 과정에서 발생하는 탄소가 대기 중으로 배출되기 전에 추출해 보관하는 기술이다. 이때 배출된 탄소는 전량 포집되지 않고 일부는 대기로 흡수된다. 다만 이들 기술은 포집된 이산화탄소를 저장하는 장소를 찾기 어렵다는 한계가 있다.

04

②는 그리드 컴퓨팅(Grid Computing)에 대한 설명이다. 그리드 컴퓨팅은 PC나 서버 등의 모든 컴퓨팅 기기를 하나의 네트워크를 통해 연결함으로써 정보처리 능력을 슈퍼컴퓨터 혹은 그 이상 수준으로 극대화하려는 분산 컴퓨팅 모델로, 고속 네트워크로 연결된 다수의 컴퓨터 시스템이 사용자에게 통합된 가상의 컴퓨팅 서비스를 제공한다.

05

정답 ④

국제적 공중보건 비상사태(Public Health Emergency of International Concern)는 가장 심각한 전염병의 경우에 한해서 세계보건기구(WHO)가 사용하는 규정으로, 긴급위원회 권고를 바탕으로 WHO 사무총장이 국제적 공중보건 비상사태를 선포할 수 있다. ▲공중보건에 미치는 영향이 심각한 경우, ▲국가 간 전파 위험이 큰 경우, ▲사건이 이례적이거나 예상하지 못한 경우, ▲국제무역이나 교통을 제한할 위험이 큰 경우 등 4개 요건 중 2개 이상이 해당할 때 선포될 수 있다. 다만 처벌 및 강제 규정이 없어 권고 수준의 효과에 그친다.

06

정답 ②

프렌드쇼어링(Friend-shoring)은 세계적인 코로나19 사태 및 러시아 – 우크라이나 전쟁, 중국의 봉쇄정책 등이 촉발한 글로벌 공급망 위기로 세계경제가 위협을 받자 미국 정부와 기업이 유럽연합(EU), 호주 등 동맹국과의 안정적인 공급망을 구축하기 위해 전략적으로 움직이는 것을 말한다. 이를 통해 믿을 만한 동맹국끼리 뭉쳐 상품을 안정적으로 확보하겠다는 의도이지만, 중국과 러시아를 공급망에서 배제하려는 의도가 반영됐다는 분석도 있다. 그러나 '세계의 공장'으로 불리는 중국의 값싼 인건비를 포기할 경우, 생산비 증가 및 소비자 가격 인상으로 인해 인플레이션을 촉발할 가능성도 높다.

07

정답 ④

ㄱ. 광통신은 신호 변형의 우려가 없으나, 광섬유를 매체로 하여 빛 신호를 주고받으므로 전기 신호를 빛 신호로 전환해 전달하고, 다시 빛 신호를 전기 신호로 전환해 정보를 읽어야 하는 번거로움이 있다.

ㄷ. USB는 'Universal Serial Bus'의 약자이다. 공통되고 최신화된 컴퓨터 연결 규격을 만들기 위해 1994년 컴팩, DEC, IBM, 인텔, 마이크로소프트, NEC, 노텔 등의 IT 7개사가 공동으로 개발했다.

ㄹ. 큐비트(Qubit)는 'Quantum Bit'의 줄임말이다. 양자 정보는 '0'과 '1' 각각의 정보를 저장할 수 있을 뿐만 아니라 '0'과 '1'이 동시에 존재하는 중첩된 상태를 가질 수 있다. 따라서 기존의 일반적인 컴퓨터보다 훨씬 획기적인 속도로 계산할 수 있고, 기존의 일반적인 컴퓨터로는 불가능할 계산을 할 수도 있다. 또한 퀀텀점프는 양자가 어떤 단계에서 다음 단계로 갈 때 계단의 차이만큼 불연속적으로 뛰어오르는 현상을 뜻하며, 일반적으로 혁신을 통해 단기간에 비약적으로 실적이 호전되는 것을 비유하기도 한다.

[오답분석]

ㄴ. 머드(MUD; Multiple User Dungeon)는 온라인에서 다수의 사용자들이 동일한 게임 환경에 접속해 함께 즐기는 게임이나 프로그램을 뜻한다. 롤플레잉 등 단일한 장르 또는 복수의 장르가 혼합돼 나타나기도 한다.

48 · 전국 시·도교육청 교육공무직원 소양평가

08

정답 ②

가스라이팅(Gaslighting)은 타인의 심리나 상황을 조작해 그 사람이 스스로 의심하게 만듦으로써 자존감과 판단력을 잃게 해 타인에 대한 지배력을 강화하는 것이다. 즉, 조종자가 피조종자를 위한다는 명분으로 어떻게 생각하고 행동할지를 결정하고 이를 수용하도록 강제하는 것이다. 위력에 의한 성폭력이나 데이트 폭력 등을 대표적인 사례로 볼 수 있다.

오답분석

① 원 라이팅(One Writing) : 전표나 문서 등 최초의 1매를 기록하면 동일 항목이 동시에 다량으로 복사되는 것을 뜻한다. 자료기입 항목이나 그 모양 등을 사전에 통일해 작성하는 것으로, 옮겨 적기로 인한 오기를 방지하고 기입 작업의 중복을 막음으로써 사무 처리의 합리화를 높일 수 있다.

③ 언더라이팅(Underwriting) : 보험자가 위험, 피보험 목적, 조건, 보험료율 등을 종합적으로 판단해 계약의 인수를 결정하는 것이다. 보험자가 피보험자의 손실을 담보하는 의미로 요약할 수 있다.

④ 브레인 라이팅(Brain Writing) : 큰 집단을 4 ∼ 5명의 작은 집단으로 세분해 회의 안건이 적혀 있는 용지에 참여자들이 돌아가며 아이디어를 적어 제출하는 아이디어 창출 방법이다. 회의는 참가자들의 아이디어가 고갈될 때까지 계속되며, 완료된 후에는 모든 참가자가 아이디어를 공유한다.

09

정답 ④

ㄷ. 국가마다 물가 상승률, 실업률 등을 측정하는 기준이 다르기 때문에 고통지수를 절대적인 비교지수로 사용하기 어렵다.

ㄹ. 고통지수는 일정 기간 동안의 소비자물가 상승률과 실업률을 합한 값으로, 지수가 높을수록 그 나라의 국민들이 체감하는 고통이 크다는 것을 의미한다.

오답분석

ㄱ. 고통지수는 미국의 경제학자 아서 오쿤이 개발한 것으로, 국민들이 피부로 느끼는 경제적 삶의 어려움을 계량화해서 수치로 나타낸다.

ㄴ. 소득증가율, 분배 상황, 경제성장 내용 등이 전혀 반영되지 않아 실제 국민 경제상황에 대한 만족도를 보여주지 못한다는 지적도 있다.

10

정답 ①

ㄱ. 옳음. 중앙은행이 발행하는 전자 형태의 법정화폐인 CBDC는 블록체인 기술, 분산원장 방식 등을 적용해 전자 형태로 저장된다.

ㄴ. 옳음. 가상화폐가 지급 수단으로 자리 잡을 가능성이 커짐에 따라 등장한 CBDC는 국가가 발행하고 보증하기 때문에 일반적인 암호화폐보다 안정성·신뢰성이 높고 가격 변동이 거의 없어 현금처럼 쓸 수 있다.

ㄷ. 옳음. CBDC는 블록체인으로 관리되므로 화폐 위조 위험이 없고, 현금 같은 실물을 발행할 필요가 없어 비용을 줄일 수 있다. 또한 화폐 유통과 거래 과정에서 소모되는 비용도 절감할 수 있다.

ㄹ. 옳지 않음. 개인이 CBDC를 전자지갑에 직접 보관하기 때문에 요구불예금 등 은행권 수시입출금, 단기예금 계좌를 사용할 유인이 감소된다. 이로 인해 은행의 자금 조달(중개) 기능의 약화로 인한 각종 부작용이 발생할 수 있다. 예컨대, 자금 조달 기능이 약화되어 은행의 대출 여력이 감소하는 만큼 대출 금리가 높아지고 신용도가 높은 개인·기업만 대출을 받게 되는 상황이 심화되면 서민·자영업자·중소기업 등에 대한 '대출 문턱'이 높아질 가능성이 크다.

ㅁ. 옳지 않음. CBDC는 전자 형태로 발행되기 때문에 화폐 거래 추적이 쉽고 익명성이 제한되므로 암시장 억제와 자금세탁 방지를 기대할 수 있다.

01

정답 ①

여주 흔암리와 부여 송국리 유적은 청동기시대의 유적지로, 그곳에서 발견된 탄화미는 한반도에서 벼농사가 시작되었음을 반영한다.

[오답분석]
② 청동기시대 유적은 만주와 한반도 일대에 폭넓게 분포되어 있다.
③ 조개껍데기 가면은 신석기시대의 예술품이다.
④ 이른민무늬 토기와 덧무늬 토기는 신석기시대의 토기이다.

02

정답 ②

제시된 내용에 해당하는 국가는 부여이다. 부여는 12월에 열리는 제천 행사인 영고가 있었고, 지배 계급이 죽었을 때 부인이나 노비 등의 산 사람을 함께 묻던 순장이라는 풍습이 있었다. 또한 왕 아래 가축의 이름을 딴 마가, 우가, 저가, 구가가 행정 구역인 사출도를 다스렸고, 왕이 통치하는 중앙과 합쳐 5부를 구성하였다.

[오답분석]
① 신지와 읍차는 삼한의 군장 칭호 중 하나이다.
③ 고조선은 사회 질서를 유지하기 위해 범금 8조법을 만들었다.
④ 삼한시대 때 마한에는 소도라는 특수한 신성 지역을 지배하던 제사장 천군이 있었다.

03

정답 ②

ㄴ. 4C 백제 근초고왕 → ㄹ. 5C 고구려 장수왕 → ㄱ. 6C 신라 진흥왕 → ㄷ. 7C 백제 의자왕

04

정답 ④

제시문은 1971년 공주 송산리에서 발굴된 무령왕릉에 대한 설명이다. 무령왕릉은 백제 웅진시대에 조성된 고분으로 중국 남조의 영향을 받은 벽돌무덤이다.

[오답분석]
① 사신도 벽화가 그려져 있는 것은 고구려의 강서대묘이다.
② 12지 신상은 통일신라 고분 양식의 특징이다.
③ 모줄임 구조의 천장은 고구려와 발해 고분의 특징이다.

05

정답 ③

[오답분석]
ㄷ. 정방은 무신정권기 최우가 자기 집에 설치한 인사담당 기관이다. 고려시대 최고위 무신 합좌기구는 중방이다.

06

(라) 동북 9성 축조 : 1107년

(다) 무신정권 시기 : 1170 ~ 1270년

(가) 삼별초 항쟁 : 1270 ~ 1273년

(나) 조선 건국 : 1392년

07

제시문의 '조선의 실정에 맞는 농법'을 소개한 이 농서는 세종 때 간행된 『농사직설』이다. 성현이 『악학궤범』을 편찬한 때는 성종 때의 일이다.

[오답분석]

① 세종은 훈민정음을 반포한 이후 훈민정음을 이용한 서적들을 편찬하기 시작하였는데, 대표적인 것이 바로 『용비어천가』, 『석보 상절』, 『월인천강지곡』 등이다.

② 세종 때 만들어진 새로운 역법인 『칠정산』 내·외편에 대한 설명이다.

④ 1441년(세종 23년) 서운관에서 측우기가 제작되었고, 다음해인 1442년(세종 24년) 5월에 측우에 대한 제도를 신설하고 한양과 각 도의 군현에 설치하였다.

08

조선시대의 광산은 정부가 독점하여 필요한 광물을 채굴하였으나, 17세기 중엽 민간인에게 광산 채굴을 허용하고 세금을 받는 설점수세제를 시행하였다. 이에 따라 조선 후기에 광업 활동이 활발하게 전개되었다.

ㄴ. 조선 후기에는 상업이 발달하여 다양한 상품의 유통이 활발해졌다. 이에 따라 농민들은 담배, 면화, 인삼 등의 상품 작물을 재배하였다.

ㄹ. 18세기 이후 상업의 발전으로 사상(私商)이 전국 각지에서 활발한 상업 활동을 전개하였다. 개성의 송상은 전국에 송방이라는 지점을 설치하고, 청과 일본 사이의 중계 무역으로 많은 부를 축적하였다.

[오답분석]

ㄱ·ㄷ. 고려시대의 경제 모습이다.

09

3·1 운동은 3단계로 구분할 수 있다. 첫 번째는 시위운동을 점화하는 단계이고, 두 번째는 시위운동이 대도시에서 중소도시로 확산된 단계로 상인, 노동자들까지 시위운동에 가세하였다. 그리고 세 번째는 중소도시에서 읍면 단위의 농촌으로 파급되는 시기로 주도 세력은 농민이었다. 이들은 일제의 수탈을 가장 극심하게 받은 계층으로 일제에 대한 증오심이 강력하였고, 일제가 무력으로 무자비하게 탄압하자 시위도 무력 저항의 형태로 변화하였다.

10

ㄴ. 4·19 혁명(1960) – ㄱ. 국민건강보험 실시(1977) – ㄹ. 남북한 유엔 동시 가입(1991) – ㄷ. IMF 외환위기(1997)

실패는 성공의 첫걸음이다.

- 월트 디즈니 -

PART 2

2024 ~ 2023년
주요 교육청 기출복원문제

01	02	03	04	05	06	07	08	09	10	11	12	13	14	15	16	17	18	19	20
①	③	①	②	②	①	④	③	④	③	①	③	④	②	③	④	②	④	①	③
21	22	23	24	25	26	27	28	29	30	31	32	33	34	35	36	37	38	39	40
①	②	④	①	③	③	②	②	①	②	②	③	④	④	④	④	②	③	④	①
41	42	43	44	45	46	47	48	49	50	51	52	53	54	55	56	57	58	59	60
①	③	③	④	②	③	①	①	②	②	②	③	①	③	④	④	④	③	④	④
61	62	63	64	65	66	67	68	69	70										
④	④	④	②	③	④	④	④	②	①										

01
정답 ①

• 천학하다 : 학식이 얕다.
• 빈천하다 : 가난하고 천하다.

02
정답 ③

• 그는 나에게 언제나 <u>의지</u>가 되는 사람이다.
• 부모에 대한 지나친 <u>의존</u>은 좋지 않다.
• 두 사람은 서로서로 불쌍히 여기면서 <u>의지 / 의탁</u>하여 살아가지 않을 수 없었다.
• 약의 힘에 <u>의존</u>하는 습관은 끊기 어렵다.

'의식(意識)'은 깨어 있는 상태에서 자기 자신이나 사물에 대하여 인식하는 작용. 또는 사회적·역사적으로 형성되는 사물이나 일에 대한 개인적·집단적 감정이나 견해나 사상을 뜻한다.

[오답분석]
① 의지(依支) : 다른 것에 몸이나 마음을 기댐. 또는 그렇게 하는 대상
② 의존(依存) : 다른 것에 의지하여 존재함
④ 의탁(依託) : 어떤 것에 몸이나 마음을 의지하여 맡김

03
정답 ①

연말정산 시 체크카드를 사용하면 30%를 공제받을 수 있지만, 사용 액수가 소득공제 기준에 미치지 못하면 오히려 더 납부해야 한다는 앞 내용이, 공제 기준을 충족하기 어렵다면 신용카드를 사용하는 것이 좋다는 뒤 내용의 근거가 되므로 빈칸에 들어갈 접속어로는 '그러므로'가 적절하다.

04

 정답 ②

제시된 기사는 여성 고위공무원과 공공기관의 임원 여성 비율을 확대하기 위한 정부의 정책과 이에 대한 성과를 이야기하고 있다. 또한 앞으로 정부가 민간부문에 대해서도 지원할 계획이라고 밝히며 여성 고위관리직 확대를 위한 정부의 노력을 이야기하고 있다. 따라서 주제로 ②가 가장 적절하다.

05

정답 ②

06

정답 ①

C, D, E의 진술이 연관되어 있는데 두 사람만 진실을 말하고 있다고 하였으므로 C, D, E의 진술은 거짓이고 A, B의 진술이 참이 된다.

오답분석

②·③·④ 서로 진실을 말하고 있다는 C와 D의 진술은 동시에 참이 되거나 거짓이 되어야 한다.

07

정답 ④

얼음에 소금을 넣으면 어는점이 내려가는데, 어는점이 내려가면서 얼음은 액체로 상태변화를 하기 위해 주변 열을 흡수하려 하므로 주변의 온도는 내려가게 된다. 즉, 얼음이 물로 상변화하기 위해 열을 흡수하는 것이다. 하지만 손난로를 흔들거나 주물러 손난로가 따뜻해지는 것은 난로 안에 있는 철이 산소와 접촉하여 화학반응이 일어나 산화철이 되는 산화반응에 의한 것이다.

오답분석

① 이글루 안에 물을 뿌리면 물이 열을 방출하여 얼음으로 응고하고, 이글루 안이 따뜻해진다.
② 알코올 솜으로 손등을 문지르면 알코올이 열을 흡수하여 기화하므로 손등이 시원해진다.
③ 가스버너를 사용하면 가스가 기화하면서 열을 흡수하므로 가스통이 차가워진다.

08

정답 ③

승용차와 기차는 모두 탈것이라는 범주에 속하는 동등한 세부요소들이다. 헬스클럽은 운동을 하는 장소인 체육시설에 속하는 세부요소이므로 같은 체육시설에 속하는 수영장이 빈칸에 들어가야 한다.

09

정답 ④

올해 교육공무직원 25명의 평균 나이는 38세이므로, 내년 교육공무직원 25명의 평균 나이는 $\frac{25 \times 38 - 52 + 27}{25} + 1 = 38$세이다.

10

정답 ③

2018년부터 2023년까지 전년도에 비해 하루 평균 판매량이 증가한 연도는 2019년, 2020년, 2022년, 2023년이다.
연도별 증가율은 다음과 같다.

- 2019년 : $\dfrac{120-105}{105} \times 100 ≒ 14.3\%$

- 2020년 : $\dfrac{150-120}{120} \times 100 = 25\%$

- 2022년 : $\dfrac{180-130}{130} \times 100 ≒ 38.5\%$

- 2023년 : $\dfrac{190-180}{180} \times 100 ≒ 5.6\%$

따라서 2022년에 전년 대비 하루 평균 판매량 증가율이 가장 높다.

11

정답 ①

12

정답 ③

한 명만 거짓말을 하고 있기 때문에 모두의 말을 참이라고 가정하고, 모순이 어디서 발생하는지 생각해 본다.
다섯 명의 말에 따르면, 1등을 할 수 있는 사람은 C밖에 없는데, 이는 E의 진술과 모순이다. 또한 C의 진술이 거짓이라고 가정하면 1등을 할 수 있는 사람이 없게 되므로 모순이다.
따라서 E의 진술이 거짓이므로 나올 수 있는 순위는 C - A - E - B - D, C - A - B - E - D, C - A - B - D - E, C - E - B - A - D임을 알 수 있다.

13

정답 ④

부력이란 유체 속에 있는 물체가 유체를 밀어내 유체의 무게만큼 중력과 반대 방향으로 받는 힘을 말한다.
따라서 배가 밀어낸 물의 무게가 배 자체의 무게보다 크므로 강철 배가 물에 떠 있을 수 있는 것이다.

14

정답 ②

한글맞춤법 제51항에 '일일이'는 끝소리가 분명히 '이'로 나는 경우로 '일일이'로 적는다고 명시되어 있으므로 ②가 옳다.

오답분석
① 깨끗히 → 깨끗이
③ 오랫만에 → 오랜만에
④ 희안한 → 희한한

15

정답 ③

㉠ '소개하다'는 '서로 모르는 사람들 사이에서 양편이 알고 지내도록 관계를 맺어 주다.'의 의미로 단어 자체가 사동의 의미를 지니고 있다. 따라서 '소개시켰다'가 아닌 '소개했다'가 옳은 표현이다.
㉡ '쓰여지다'는 피동 접사 '-이-'와 '-어지다'가 결합한 이중 피동 표현이다. 따라서 '쓰여진'이 아닌 '쓰인'이 옳은 표현이다.
㉢ '부딪치다'는 '무엇과 무엇이 힘 있게 마주 닿거나 마주 대다.'의 의미인 '부딪다'를 강조하여 이르는 말이고, '부딪히다'는 '부딪다'의 피동사이다. 따라서 ㉢에는 '부딪쳤다'가 들어가는 것이 옳다.

16

정답 ④

제시문에서 발생한 비음화는 '국문학[궁문학]', '학년[항년]', '왕릉[왕능]', '생겼는데[생견는데]'이다.
따라서 총 4회의 비음화가 일어났다.

17

정답 ②

제시문에서는 외래어가 국어에 들어오면 국어의 음운적 특징에 따라 발음이나 운율적 자질에 의해 외국어의 원래 모습을 잃어버린다고 하였으나, 우리말의 로마자 표기를 실제 우리말 발음과 다르게 읽어야 함을 설명하는 내용은 없다.

18

정답 ④

제시문은 부채위기를 해결하려는 유럽 국가들이 당장 눈앞에 닥친 위기만을 극복하기 위해 임시방편으로 대책을 세우는 것을 비판하는 글이다. 따라서 제시문의 내용에 가장 적절한 사자성어는 '아랫돌 빼서 윗돌 괴고, 윗돌 빼서 아랫돌 괴기'라는 뜻으로, 임기응변으로 어려운 일을 처리함을 의미하는 '하석상대(下石上臺)'이다.

오답분석
① 피발영관(被髮纓冠) : '머리를 흐트러뜨린 채 관을 쓴다.'라는 뜻으로 머리를 손질할 틈이 없을 만큼 바쁨을 의미하는 말
② 탄주지어(呑舟之魚) : '배를 삼킬 만한 큰 고기'라는 뜻으로 큰 인물을 비유하는 말
③ 양상군자(梁上君子) : '들보 위의 군자'라는 뜻으로 도둑을 지칭하는 말

19

정답 ①

'물체(화살)를 쏘거나 던져서 어떤 물체(과녁)에 닿게 하다.'라는 의미의 단어는 '맞히다'이다.
따라서 '과녁에 화살을 맞히다.'로 표기하는 것이 옳다.
• 맞히다 : 1. 문제에 대한 답을 틀리지 않게 하다.
         2. 물체를 쏘거나 던져서 어떤 물체에 닿게 하다.
• 맞추다 : 1. 서로 떨어져 있는 부분을 제자리에 맞게 대어 붙이다.
         2. 서로 어긋남이 없이 조화를 이루다.

20

정답 ③

제시문에 따르면 역사의 가치는 변하는 것이며, 시대나 사회의 흐름에 따라 달라지는 상대적인 것이다.

21

정답 ①

두 개의 주사위를 굴려서 나올 수 있는 모든 경우의 수는 $6 \times 6 = 36$가지이고, 눈의 합이 2 이하가 되는 경우는 주사위의 눈이 $(1, 1)$인 경우이다.

따라서 눈의 합이 2 이하가 나오는 확률은 $\dfrac{1}{36}$이다.

22

정답 ②

M1의 오류 인쇄물은 $50,000 \times 0.05 = 2,500$장이고, M2는 $40,000 \times 0.04 = 1,600$장이다.

따라서 $\dfrac{2,500}{2,500+1,600} \times 100 ≒ 60.9\%$이므로 방금 나온 오류 인쇄물이 M1에서 나온 오류 인쇄물일 확률은 61%이다.

23

홀수 항은 2씩 더하고, 짝수 항은 2씩 곱하는 수열이다.

H	ㄷ	(J)	ㅂ	L	ㅌ
8	3	10	6	12	12

24

'토사구팽(兔死狗烹)'은 '토끼가 죽으면 토끼를 잡던 사냥개도 필요 없게 되어 주인에게 삶아 먹힌다.'는 뜻으로, 필요할 때는 쓰고 필요 없을 때는 야박하게 버리는 경우를 이르는 말이다. 팬데믹 기간 동안 사람들은 반려동물을 입양하여 정서적 안정을 얻었지만, 봉쇄가 풀리고, 일상이 회복되면서 더는 필요성을 느끼지 못해 반려동물을 유기하고 있으므로 이에 관련된 가장 적절한 사자성어는 토사구팽이다.

오답분석

② 죽마고우(竹馬故友) : '대말을 타고 놀던 벗'이라는 뜻으로, 어릴 때부터 같이 놀며 자란 벗
③ 화룡점정(畫龍點睛) : '무슨 일을 하는 데에 가장 중요한 부분을 완성함'을 비유적으로 이르는 말. 용을 그리고 난 후에 마지막으로 눈동자를 그려 넣었더니 그 용이 실제 용이 되어 홀연히 구름을 타고 하늘로 날아 올라갔다는 고사에서 유래
④ 지록위마(指鹿爲馬) : '윗사람을 농락하여 권세를 마음대로 함'을 이르는 말. 중국 진(秦)나라의 조고(趙高)가 자신의 권세를 시험하여 보고자 황제 호해(胡亥)에게 사슴을 가리키며 말이라고 한 데서 유래

25

제시문은 칸트의 가언적 명령에 대한 정의와 그에 반대되는 정언적 명령에 대해 설명하는 내용의 글이다. 따라서 (다) 칸트는 우리가 특정한 목적을 달성하기 위해 준수해야 할 일 또는 회피해야 할 일을 가언적 명령이라고 정의함 - (가) 가언적 명령과 달리, 우리가 이상적 인간으로서 가지는 일정한 의무는 정언적 명령이라고 정의함 - (라) 이는 절대적이고 무조건적인 의무이며, 이에 복종함으로써 뒤따르는 결과가 어떠하든 그와 상관없이 우리가 따라야 할 명령임 - (나) 칸트는 이와 같은 정언적 명령들의 체계가 곧 도덕이라고 주장함의 순으로 나열하는 것이 가장 적절하다.

26

초대장을 만드는 일의 양을 1이라고 하면 혼자서 만들 때 걸리는 기간이 A대리는 6일, B사원은 12일이 걸린다. 즉 하루에 끝낼 수 있는 일의 양은 각각 $\frac{1}{6}$, $\frac{1}{12}$이므로, 두 사람이 함께 일하면 하루에 끝낼 수 있는 양은 $\frac{1}{6}+\frac{1}{12}=\frac{3}{12}=\frac{1}{4}$이다.

따라서 A대리와 B사원이 함께 초대장을 모두 만들 때 걸리는 기간은 4일이다.

27

최초 투입한 원유의 양을 aL라 하면 다음과 같다.
• LPG를 생산하고 남은 원유의 양 : $(1-0.05a)=0.95a$L
• 휘발유를 생산하고 남은 원유의 양 : $0.95a(1-0.2)=0.76a$L
• 등유를 생산하고 남은 원유의 양 : $0.76a(1-0.5)=0.38a$L
• 경유를 생산하고 남은 원유의 양 : $0.38a(1-0.1)=0.342a$L
따라서 아스팔트의 생산량은 $0.342a \times 0.04=0.01368a$L이고, 아스팔트는 최초 투입한 원유량의 $0.01368 \times 100=1.368\%$가 생산된다.

28

정답 ②

제시된 명제에 따라 비타민 C의 함유량이 가장 적은 과일을 순서대로 정리하면, '사과 – 키위(=5사과) – 귤(=1.6키위=8사과) – 딸기(=2.6키위=13사과)' 순서이다. 따라서 딸기의 비타민 C 함유량이 가장 많고, 사과의 비타민 C 함유량이 가장 적은 것을 알 수 있다.

29

정답 ①

제시된 진술을 모두 거짓말이라고 가정하고 정리하면 다음과 같다.
• A의 주장이 거짓일 때 : A가 깨뜨린 것이 된다.
• B의 주장이 거짓일 때 : 1명은 C가 깼다고 말하고, 2명은 깨지 않았다고 말한 것이 된다.
• C의 주장이 거짓일 때 : 1명은 C가 깼다고 말하고, 2명은 깨지 않았다고 말한 것이 된다.
• D의 주장이 거짓일 때 : 1명은 C가 깼다고 말하고, 2명은 깨지 않았다고 말한 것이 된다.
따라서 A가 거짓말을 하였고, A가 화분을 깨뜨렸다.

30

정답 ②

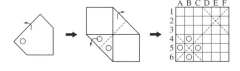

31

정답 ②

층별로 블록의 개수를 구하면 다음과 같다.
• 1층 : 5×5−7=18개
• 2층 : 25−13=12개
• 3층 : 25−16=9개
• 4층 : 25−19=6개
• 5층 : 25−23=2개
∴ 18+12+9+6+2=47개

32

정답 ③

오답분석

• 웬지 → 왠지
• 어떡게 → 어떻게
• 말씀드리던지 → 말씀드리든지
• 바램 → 바람

33

정답 ④

제시문에 따르면 네 번째 문단에서 조선백자는 넉넉한 곡선과 비대칭의 아름다움, 그러면서도 여유 있고 균형 잡힌 형태감을 지니고 있다고 하였다. '대칭과 완벽'은 중국 자기의 특징이고, '기교'는 일본 자기의 특징이다.

오답분석
①·② 두 번째 문단에서 확인할 수 있다.
③ 다섯 번째 문단에서 확인할 수 있다.

34

정답 ④

층별로 블록의 개수를 구하면 다음과 같다.

• 1층 : $3 \times 3 - 0 = 9$개
• 2층 : $9 - 1 = 8$개
• 3층 : $9 - 3 = 6$개
• 4층 : $9 - 7 = 2$개
∴ $9 + 8 + 6 + 2 = 25$개

35

정답 ④

제시된 도형을 $180°$ 회전한 것이다.

36

정답 ④

제시문에서 볼 수 있는 문제해결 기법은 5Why 기법이다. 5Why 기법은 문제에 대한 질문과 대답을 계속 진행하면서 문제의 실체와 근본적인 원인을 파악하고 올바른 해결방안을 수립하도록 돕는 문제해결 기법이다.

오답분석

① TRIZ : 문제에 대하여 이상적인 결과를 정하고, 그 결과를 얻는 데 모순이 되는 것을 찾아 모순을 극복할 수 있는 창의적인 해결안을 찾는 문제해결 기법
② Brainstorming : 새로운 아이디어를 떠올리고, 창의적으로 문제를 해결하기 위한 집단적 창의력 사고 기법
③ Synectics : 서로 관련이 없어 보이는 것들을 조합하여 새로운 것을 도출하는 사고 기법

37

정답 ②

높은 곳에서 떨어질 때 몸을 구르면 충격 시간이 길어져 몸에 받는 충격이 감소한다. 이는 작용・반작용 사례에 해당하지 않는다.

오답분석

① 걸을 때 발바닥이 땅을 밀면서 땅 또한 발바닥을 밀어 앞으로 나아간다.
③ 물로켓이 물을 밀면서 물 또한 물로켓을 밀어 앞으로 나아간다.
④ 풍선이 공기를 밀면서 공기 또한 풍선을 밀어 앞으로 나아간다.

38

정답 ③

질소는 원소주기율표상에서 2주기 15족에 속하는 비금속 원소로 지구 대기의 약 78% 정도를 차지하고 있으며 지구 생명체의 구성 성분이다. 또한 질소는 인체에 무해하고 반응성이 적은 안정한 기체로 과자 봉지 충전재로 많이 쓰인다.

39

정답 ④

• 담백하다 : 욕심이 없고 마음이 깨끗하다.

오답분석

① 결제 → 결재
② 갱신 → 경신
③ 곤혹 → 곤욕

40

제시문은 아리스토텔레스의 목적론에 대한 논쟁에 대한 설명으로, (가) 근대에 등장한 아리스토텔레스의 목적론에 대한 비판 – (나) 근대 사상가들의 구체적인 비판 – (라) 근대 사상가들의 비판에 대한 반박 – (다) 근대 사상가들의 비판에 대한 현대 학자들의 비판 순으로 나열하는 것이 가장 적절하다.

41

홀수 항은 2를 더하고, 짝수 항은 3을 더하는 수열이다.

ㄹ	5	六	ㅠ	(ㅠ)	11	ㅊ	N
4	5	6	8	8	11	10	14

42

학생, 어른의 입장료를 각각 x원, $2x$원이라고 하자.
$5x + 6 \times 2x = 51,000$
$\therefore x = 3,000$
따라서 어른 한 명의 입장료는 $2x = 6,000$원이다.

43

쓰레기 1kg당 처리비용은 400원으로 동결상태이다. 오히려 쓰레기 종량제 봉투 가격이 인상될수록 J신도시의 쓰레기 발생량과 쓰레기 관련 적자 예산이 급격히 감소하는 것을 볼 수 있다.

44

제시문의 첫 문단에서 '장애인 편의 시설에 대한 새로운 시각'이 필요하다고 밝히고, 두 번째 문단에서 장애인 편의 시설이 '우리 모두에게 유용함'을 강조했으며, 마지막 부분에서 보편적 디자인의 시각으로 바라볼 때 '장애인 편의 시설은 우리 모두에게 편리하고 안전한 시설로 인식될 것'이라고 하였다. 따라서 제시문의 주제로 ④가 가장 적절하다.

45

예술 사조는 역사적 현실과 이데올로기를 표현하기 위해 등장했으며, 예술가가 특정 사조에 영향을 받을 때 그 시대적 배경을 고려해야 한다고 하였다. 따라서 예술 사조는 역사적 현실과 떨어질 수 없으며, 이를 토대로 역사적 현실과 불가분의 관계임을 추론할 수 있다.

46

오답분석

① ② ④

47

층별로 블록의 개수를 구하면 다음과 같다.
- 1층 : $4 \times 5 - 4 = 16$개
- 2층 : $20 - 8 = 12$개
- 3층 : $20 - 14 = 6$개
- $\therefore 16 + 12 + 6 = 34$개

48

조건의 명제들을 논리 기호화하여 표현하면 다음과 같다.
- 첫 번째 명제 : $\sim C$
- 두 번째 명제 : $\sim B \rightarrow (C \wedge E)$
- 세 번째 명제 : $(\sim E \vee \sim F) \rightarrow D$
- 네 번째 명제 : $B \rightarrow (\sim A \wedge \sim E)$

첫 번째 명제가 참이므로 두 번째 명제의 대우 '$(\sim C \vee \sim E) \rightarrow B$'에 따라 B는 공휴일에 영업한다. 그러므로 네 번째 명제에 따라 A와 E는 영업하지 않고, 다섯 번째 명제에 따라 F도 영업하지 않는다. 마지막으로 세 번째 명제에 따라 D는 영업한다. 따라서 공휴일에 영업하는 가게는 B와 D 2개이다.

49

A ~ E의 진술에 따르면 C와 E는 반드시 동시에 참 또는 거짓이 되어야 하며, B와 C는 동시에 참이나 거짓이 될 수 없다. 이에 따라 가능한 경우를 정리하면 다음과 같다.

ⅰ) A와 B의 진술이 거짓일 경우
  B의 진술이 거짓이므로 이번 주 수요일 당직은 B이다. 그러나 D의 진술에 따르면 B는 목요일 당직이므로 이는 성립하지 않는다.

ⅱ) B와 D의 진술이 거짓인 경우
  B의 진술이 거짓이므로 이번 주 수요일 당직은 B이다. 또한 A, E의 진술에 따르면 E는 월요일, A는 화요일에 각각 당직을 선다. 이때 C는 수요일과 금요일에 당직을 서지 않으므로 목요일 당직이 되며, 남은 금요일 당직은 자연스럽게 D가 된다.

ⅲ) C와 E의 진술이 거짓인 경우
  A, B, D의 진술에 따르면 A는 화요일, D는 수요일, B는 목요일, C는 금요일 당직이 되어 남은 월요일 당직은 E가 된다. 이때 E의 진술이 참이 되므로 이는 성립하지 않는다.

따라서 'B와 D의 진술이 거짓인 경우'만 성립하므로, 이번 주 수요일에 당직을 서는 사람은 B이다.

50

정가를 x원으로 하고, 제시된 문제를 식으로 정리하면 다음과 같다.
$$0.8x - 4{,}000 = 4{,}000 \times 0.05$$
$$0.8x = 4{,}200$$
$$\therefore x = 5{,}250$$
따라서 정가는 5,250원이다.

51

[오답분석]
① 결제 : 증권 또는 대금을 주고받아 매매 당사자 사이의 거래 관계를 끝맺는 일
③ 소집 : 단체나 조직체의 구성원을 불러서 모음
④ 개입 : 자신과 직접적인 관계가 없는 일에 끼어 듦

52

정답 ③

두 번째 문단은 우울증의 긍정적인 면모인 보호 기제로서의 역할에 대한 내용을 다루고 있다. 따라서 ⓒ은 지금의 경쟁 사회가 정신적인 소진 상태를 초래하기 쉬운 환경이라는 내용이므로, 오늘날 우울증이 급격히 늘어나는 원인을 설명하고 있는 세 번째 문단의 마지막 문장 바로 앞에 들어가는 것이 더 적절하다.

오답분석

① 우울증과 창조성의 관계를 설명하면서 그 예시로 우울증을 갖고 있었던 위대한 인물들을 들고 있다. 따라서 천재와 우울증이 동전의 양면과 같으므로 인류 문명의 진보를 이끌었다고 볼 수 있다는 내용의 ㉠은 문단의 결론이므로 삭제할 필요가 없다.

② 문장의 주어가 '엄청난 에너지를 소모하는 것', 즉 행위이므로 이 행위는 어떤 상태에 이르게 '만드는' 것이 되어야 문맥이 자연스럽다. 따라서 문장의 주어와 호응하는 것은 '이르게도 할 수 있다.'이다.

④ ㉣을 기준으로 앞 문장은 새로운 조합을 만들어내는 창조성 있는 사람이 이익을 갖게 된다는 내용이고, 뒤 문장은 새로운 조합을 만들어내는 일이 많은 에너지를 요하는 어려운 일이라는 내용이다. 따라서 뒤 문장은 앞 문장의 결과라고 보기 어렵다.

53

정답 ①

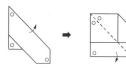

54

정답 ③

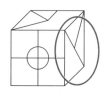

55

정답 ④

56

정답 ④

제시된 '말'은 '일정한 주제나 줄거리를 가진 이야기'를 의미한다. 따라서 이와 같은 의미로 사용된 것은 ④이다.

오답분석

① 사람의 생각이나 느낌 따위를 표현하고 전달하는 데 쓰는 음성 기호

② 단어, 구, 문장 따위를 통틀어 이르는 말

③ 음성 기호로 생각이나 느낌을 표현하고 전달하는 행위. 또는 그런 결과물

57

정답 ④

제시문은 우리말에 농경문화의 특성과 정서적이고 감각적인 민족성이 반영되어 있음을 설명하고 있다. 따라서 글에 나타난 언어의 특징으로 가장 적절한 것은 ④이다.

58

정답 ③

마지막 문단에 따르면 '선비들은 어려서부터 머리가 희어질 때까지 오직 글쓰기나 서예 등만 익혔을 뿐이므로 갑자기 지방관리가 되면 당황하여 어찌할 바를 모른다.'는 내용이 언급되어 있다. 따라서 형벌에 대한 사대부들의 무지를 비판하고 있음을 알 수 있다.

59

정답 ④

밑줄 친 ㉣의 앞뒤 문맥에 따르면 재산이 많은 사람은 약간의 세율 변동에도 큰 영향을 받는다. 따라서 '영향이 크기 때문에'로 수정해야 한다.

60

정답 ④

올라갈 때 달린 거리를 $x$km라고 하자.

$\dfrac{x}{10} + \dfrac{x+10}{20} = 5$

$\rightarrow 20x + 10(x+10) = 1,000$

$\rightarrow 30x = 900$

$\therefore\ x = 30$

따라서 올라갈 때 달린 거리는 30km이다.

61

정답 ④

변 BC를 $x$cm라고 하고 변 AC를 $y$cm라고 할 때, 피타고라스의 정리에 의해 다음과 같은 식이 성립한다.

$18^2 + x^2 = y^2 \rightarrow y^2 - x^2 = 324$

$\rightarrow (y+x)(y-x) = 324 \cdots \bigcirc$

직각삼각형 ABC의 둘레의 길이가 72cm라고 하였으므로 다음과 같은 식이 성립한다.

$x + y + 18 = 72$

$\rightarrow x + y = 54 \cdots \bigcirc$

㉡을 ㉠에 대입하면 다음과 같다.

$54(y-x) = 324$

$\rightarrow y - x = 6 \cdots \boxdot$

㉡과 ㉢을 더하면 다음과 같다.

$2y = 60$

$\therefore\ y = 30$

이를 ㉢에 대입하면 $30 - x = 6$이다.

$\therefore\ x = 24$

따라서 직각삼각형 ABC의 넓이는 $24 \times 18 \times \dfrac{1}{2} = 216 \text{cm}^2$ 이다.

62

정답 ④

지원자 4의 진술이 거짓이면 지원자 5의 진술도 거짓이고, 지원자 4의 진술이 참이면 지원자 5의 진술도 참이다. 즉, 1명의 진술만 거짓이므로 지원자 4, 5의 진술은 참이다. 그러면 지원자 1과 지원자 2의 진술이 모순되므로 각각의 진술이 참인 경우를 정리하면 다음과 같다.

ⅰ) 지원자 1의 진술이 참인 경우

　　지원자 2는 A부서에 선발되었고, 지원자 3은 B 또는 C부서에 선발되었다. 이때, 지원자 3의 진술에 따라 지원자 4가 B부서, 지원자 3이 C부서에 선발되었다.

　　∴ A부서 : 지원자 2, B부서 : 지원자 4, C부서 : 지원자 3, D부서 : 지원자 5

ⅱ) 지원자 2의 진술이 참인 경우

　　지원자 3은 A부서에 선발되었고, 지원자 2는 B 또는 C부서에 선발되었다. 이때, 지원자 3의 진술에 따라 지원자 4가 B부서, 지원자 2가 C부서에 선발되었다.

　　∴ A부서 : 지원자 3, B부서 : 지원자 4, C부서 : 지원자 2, D부서 : 지원자 5

따라서 지원자 4는 항상 B부서에 선발된다.

63

정답 ④

제시된 조건을 정리하면 다음과 같다.

구분	월	화	수	목	금	토	일
첫째	○	×		×	○		
둘째						○	
셋째							○
넷째			○				

첫째는 화 · 목요일에 병간호를 할 수 없고, 수 · 토 · 일요일은 다른 형제들이 간호를 하므로 월 · 금요일에 병간호를 할 것이다. 따라서 둘째와 셋째에게 남은 요일은 화 · 목요일이지만 둘 중 누가 화요일 또는 목요일에 간호를 할지는 알 수 없다.

64

정답 ②

'널찍하다'는 발음 시 자음축약(ㄱ+ㅎ=ㅋ) 현상이 발생하여 [널찌카다]로 발음한다.

오답분석

① 고랭지 : '고(高)'를 접두사처럼 쓰이는 한자어로 보지 않고 한 단어로 본다. 따라서 발음도 [고랭지], 즉 '고랭-지'로 분석되기 때문에 '고냉지'가 아닌 [고랭지]로 적는다.

③ 설거지물 : '설거지'와 '물'이 결합한 단어의 표준 발음은 사잇소리 현상이 일어나지 않는 '설거지물'이므로, 사이시옷 없이 [설거지물]로 발음을 표기한다.

④ 휘발유 : 합성어 및 파생어에서 앞 단어나 접두사의 끝이 자음이고 뒤 단어나 접미사의 첫음절이 '이, 야, 여, 요, 유'인 경우에는 'ㄴ' 음을 첨가하여 [니, 냐, 녀, 뇨, 뉴]로 발음한다(표준 발음법 제29항). 또한 'ㄹ' 받침 뒤에 첨가되는 'ㄴ' 음은 [ㄹ]로 발음한다. 따라서 '휘발유'에는 'ㄴ' 소리가 덧나며 '휘발유'는 [휘발뉴]의 'ㄴ'이 자음동화하여 발음되므로 [휘발류]로 발음을 표기한다.

65

정답 ③

'전화위복(轉禍爲福)'은 '재앙과 화난이 바뀌어 오히려 복이 된다.'는 의미로, 어떤 불행한 일을 당하더라도 강인한 의지로 끊임없이 노력하고 힘쓰면 불행을 행복으로 바꾸어 놓을 수 있다는 뜻이다.

오답분석

① 복과화생(福過禍生) : '지나친 행복은 도리어 재앙의 원인이 된다.'는 의미로, 좋은 것도 지나치면 나쁜 결과를 낳을 수 있다는 뜻이다.

② 길흉화복(吉凶禍福) : '길함과 흉함, 불길함과 복스러움'의 의미로, 인간 세상에 존재하는 좋은 일과 나쁜 일, 재앙과 복을 모두 모아 이르는 표현이다.

④ 복생어미(福生於微) : '복은 아주 작은 일에서 생긴다.'는 의미이다.

66

정답 ④

두 번째 문단에서 폴리피롤의 사용이 유력시되는 이유가 우수한 생체 적합성과 안전성, 자유로운 이온 출입에 있음을 확인할 수 있다.

67

정답 ④

5곳의 배송지에 배달할 때, 첫 배송지와 마지막 배송지 사이에는 4번의 이동이 있다. 이때, 총 80분(＝1시간 20분)이 걸렸으므로 1번 이동 시에 평균적으로 20분이 걸린다.
따라서 12곳에 배달을 하려면 11번의 이동을 해야 하므로 $20 \times 11 = 220$분 = 3시간 40분이 걸린다.

68

정답 ④

세 지역 모두 핵가족의 가구 비중이 더 높으므로, 핵가족 가구 수가 더 많음을 추론할 수 있다.

오답분석

① 핵가족 가구의 비중이 가장 높은 곳은 71%인 B지역이다.
② 1인 가구는 기타 가구의 일부이므로, 1인 가구만의 비중은 알 수 없다.
③ 확대가족 가구의 비중이 가장 높은 곳은 C지역이지만 가구 수가 제시되어 있지 않으므로 알 수 없다.

69

정답 ②

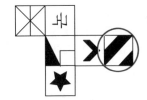

70

정답 ①

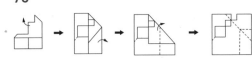

PART 3

최종점검 모의고사

제1회
최종점검 모의고사

01	02	03	04	05	06	07	08	09	10	11	12	13	14	15	16	17	18	19	20
③	④	④	④	①	②	①	④	②	①	③	④	①	②	②	④	①	③	②	④
21	22	23	24	25	26	27	28	29	30	31	32	33	34	35	36	37	38	39	40
①	④	④	①	③	③	③	③	②	④	②	④	②	④	③	①	④	②	③	④
41	42	43	44	45	46	47	48	49	50										
③	④	③	④	④	①	④	①	④	③										

01
정답 ③

• 모순 : 어떤 사실의 앞뒤나 두 사실이 이치상 어긋나서 서로 맞지 않음을 이르는 말
• 당착 : 말이나 행동 따위의 앞뒤가 맞지 않음

[오답분석]
① 단초 : 실마리
② 관용 : 습관적으로 늘 씀. 또는 그렇게 쓰는 것
④ 임시 : 미리 정하지 아니하고 그때그때 필요에 따라 정한 것

02
정답 ④

• 집중 : 한곳을 중심으로 하여 모임. 또는 그렇게 모음
• 분산 : 갈라져 흩어짐. 또는 그렇게 되게 함

[오답분석]
① 우량 : 물건의 품질이나 상태가 좋음
② 정착 : 일정한 곳에 자리를 잡아 붙박이로 있거나 머물러 삶
③ 전체 : 개개 또는 부분의 집합으로 구성된 것을 몰아서 하나의 대상으로 삼는 경우에 바로 그 대상

03
정답 ④

'당랑거철(螳螂拒轍)'은 '제 역량을 생각하지 않고 강한 상대나 되지 않을 일에 덤벼드는 무모한 행동거지'를 비유하는 말로, 댐 건설 사업 공모에 무리하게 참여한 ○○건설회사의 상황을 표현하기에 적절하다.

[오답분석]
① 각골난망(刻骨難忘) : 은혜를 입은 고마움이 뼈에 깊이 새겨져 잊히지 않는다는 것
② 난공불락(難攻不落) : 공격하기에 어려울 뿐 아니라 결코 함락되지 않음
③ 빈천지교(貧賤之交) : 가난하고 어려울 때 사귄 사이 또는 벗

68 • 전국 시·도교육청 교육공무직원 소양평가

04

정답 ④

오답분석

① 의미하다 : 말이나 글이 무엇을 뜻하다.
② 주문하다 : 다른 사람에게 어떤 일을 하도록 요구하거나 부탁하다.
③ 알뜰하다 : 일이나 살림을 정성스럽고 규모 있게 하여 빈틈이 없다.

05

정답 ①

결과 – 원인의 관계

오답분석

②·③·④ 목적어 – 서술어 관계

06

정답 ②

건강악화는 음주로 인한 결과에 해당하므로 원인과 결과의 관계이다.
추위와 동상은 원인과 결과의 관계이므로 ②가 제시된 단어의 관계와 동일하다.

07

정답 ①

오답분석

② 생각컨대 → 생각건대
③ 안 되요 → 안 돼요
④ 만난지 → 만난 지

08

정답 ④

ㄱ. 들리세요 → 들르세요
ㄴ. 꺽으면 → 꺾으면
ㄷ. 옳바른 → 올바른

09

정답 ②

영역별 등급을 고려하여 지원 대학의 범위를 결정해야 하지만, 최종 지원은 대학마다 다른 영역별 반영 비율을 함께 고려해야 한다는 내용이므로 빈칸에는 역접의 의미인 '그러나'가 들어가는 것이 가장 적절하다.

10

정답 ①

제시문은 인간의 도덕적 자각과 사회적 의미를 강조하는 윤리인 '충'과 '서'가 있음을 알리고, 각각의 의미를 설명하는 내용의 글이다. 따라서 (가) 인간의 도덕적 자각과 사회적 실천을 강조하는 윤리인 '충서' – (다) '충'의 의미 – (나) '서'의 의미 – (라) '서'가 의미하는 역지사지의 상태 순으로 나열하는 것이 가장 적절하다.

11

정답 ③

제시문은 '원님재판'이라 불리는 죄형전단주의의 정의와 한계 그리고 그와 대립되는 죄형법정주의의 정의와 탄생 및 파생원칙에 대하여 설명하고 있다. 제시된 문단에서는 '원님재판'이라는 용어의 원류에 대해 설명하고 있으므로 이어지는 문단으로는 원님재판의 한계에 대해 설명하고 있는 (다)가 오는 것이 적절하다. 따라서 (다) 원님재판의 한계와 죄형법정주의 – (가) 죄형법정주의의 정의 – (라) 죄형법정주의의 탄생 – (나) 죄형법정주의의 정립에 따른 파생원칙의 등장 순으로 나열하는 것이 가장 적절하다.

12
정답 ④

제시문은 서양에서 아리스토텔레스가 강조한 중용과 동양의 중용을 번갈아 설명하며 그 차이점에 대해 설명하고 있다. 따라서 제목으로 ④가 가장 적절하다.

오답분석
① 중용을 바라보는 서양과 우리의 차이점을 말하고 있다.
② 아리스토텔레스의 중용은 글의 주제인 서양과 우리의 중용에 대한 차이점을 말하기 위해 언급한 것일 뿐이다.
③ 우리는 의학에 있어서도 중용관에 입각했다는 것을 말하기 위해 부연 설명한 것이다.

13
정답 ①

제시문은 치매의 정의, 증상, 특성 등을 말하고 있으므로 '치매의 의미'가 제시문의 주제로 적절하다.

14
정답 ②

• 첫 번째 빈칸 : 빈칸 앞의 겸애는 사회적 위계질서를 철폐하자는 것이 아니라는 것과 정치적 질서나 위계적 구조를 긍정한다는 내용을 통해 겸애는 불평등한 위계질서 속에서의 사랑이라는 내용의 ㄱ이 적절함을 알 수 있다.
• 두 번째 빈칸 : 빈칸 앞 묵자의 '공리주의적 요소'를 통해 겸애가 현실적으로 이롭게 하겠다는 의지를 함축한다는 공리주의적 의미가 담긴 ㄷ이 적절함을 알 수 있다.
• 세 번째 빈칸 : 빈칸 앞의 군주의 겸애는 백성을 향한 사랑의 마음만으로 완성될 수 없다는 내용을 통해 빈칸에는 군주에게 추가로 요구되는 자세에 대한 내용이 나와야 한다. 따라서 군주에게 요구되는 자세인 ㄴ이 적절하다.

15
정답 ②

제시문은 '직업안전보건국이 제시한 1ppm의 기준이 지나치게 엄격하다고 판결하였다.'와 '직업안전보건국은 노동자를 생명의 위협이 될 수 있는 화학물질에 노출시키는 사람들이 그 안전성을 입증해야 한다.'의 논점의 대립이다. 따라서 빈칸에는 ②와 같이 '벤젠의 노출 수준이 1ppm을 초과할 경우 노동자의 건강에 실질적으로 위험하다는 것을 직업안전보건국이 입증해야 한다.'는 내용이 오는 것이 적절하다.

16
정답 ④

신부와 달리 대리인을 통하지 않고 직접 결혼 의사를 공표할 수 있는 신랑은 결혼이 성립되기 위한 필수조건으로 '마흐르'라고 불리는 혼납금을 신부에게 지급해야 한다.

17
정답 ①

스피노자는 삶을 지속하고자 하는 인간의 욕망을 코나투스라 정의하며, 코나투스인 욕망을 긍정하고 욕망에 따라 행동해야 한다고 주장하였다. 따라서 스피노자의 주장에 대한 반박으로는 인간의 욕망을 부정적으로 바라보며, 이러한 욕망을 절제해야 한다는 내용의 ①이 가장 적절하다.

오답분석
④ 스피노자는 모든 동물들이 코나투스를 가지고 있으나, 인간은 자신의 충동을 의식할 수 있다는 점에서 차이가 있다고 주장하므로 스피노자와 동일한 입장임을 알 수 있다.

18
정답 ③

제시문은 범죄 보도가 가져오는 법적·윤리적 논란에 관하여 설명하고 있으므로 지나친 범죄 보도가 문제가 될 수 있다는 내용인 ③이 뒤에 이어져야 한다.

19

제시문의 네 번째 문장에 따르면 '모범적 소수 인종'의 인종적 정체성은 백인의 특성이 장점이라고 생각하는 것과 동양인의 특성이 단점이라고 생각하는 것의 사이에서 구성된다. 따라서 '모범적 소수 인종'은 특유의 인종적 정체성을 내면화하고 있음을 추론할 수 있다.

오답분석

① 제시문의 논점은 '동양계 미국인 학생들(모범적 소수 인종)'이 성공적인 학교 생활을 통해 주류 사회에 동화되고 있는 것이 사실인지 여부이다. 그에 따라 사회적 삶에서 인종주의의 영향이 약화될 수 있는지에 대한 문제이다. 따라서 '모범적 소수 인종'의 성공이 일시적·허구적인지에 대한 논점은 확인할 수 없다.

③ 인종차별을 의식하는 것은 알 수 있지만 한정된 자원의 배분을 놓고 갈등하는지는 알 수 없다.

④ 동양계 미국인 학생들은 인종적인 차별을 의식하고 있다고 말할 수 있지만 소수 인종 모두가 의식하고 있는지는 제시문을 통해서 추측할 수 없다.

20

정답 ④

제시문은 우리나라 최초의 순수 전투용 함선인 판옥선의 해전술에 대해 이야기하고 있다. 판옥선은 접전을 막고 우리의 장기인 궁시에 의한 공격효율을 높이기 위해 만들어졌으며, 2층 구조로 유리한 위치에서 적군을 공격할 수 있었다.

21

정답 ①

세 번째 문단에서 전통적인 궁술이 포격으로 발전하였을 뿐만 아니라 사정거리도 월등히 길다고 하였으므로 제시문의 내용으로 적절하지 않다.

22

정답 ④

$1,223+2,124+5,455-6,751=8,802-6,751=2,051$

23

정답 ④

$512,745-425,427+23,147=535,892-425,427=110,465$

24

정답 ①

$38\times0.413=15.694$

25

정답 ③

$\frac{8}{15}\fallingdotseq0.53$

오답분석

① $\frac{7}{20}=0.35$

② $\frac{10}{9}\fallingdotseq1.11$

④ $\frac{35}{33}\fallingdotseq1.06$

26

곱셈법칙 $a^2-b^2=(a+b)(a-b)$를 이용한다.

• $A=(8.5^2-7.3^2)\times\dfrac{2}{5}=(8.5+7.3)(8.5-7.3)\times\dfrac{2}{5}=15.8\times1.2\times\dfrac{2}{5}=15.8\times0.48=7.584$

• $B=81.25\div10-\dfrac{1}{8}=8.125-0.125=8$

$\therefore$ A<B

27

집에서 서점까지의 거리를 $x$km라고 하면 집에서 서점까지 갈 때 걸리는 시간은 $\dfrac{x}{4}$, 서점에서 집으로 되돌아올 때 걸리는 시간은 $\dfrac{x}{3}$이다.

$\dfrac{x}{4}+\dfrac{x}{3}=7$

$7x=84$

$\therefore x=12$

따라서 집에서 서점까지의 거리는 12km이다.

28

더 넣어야 하는 물의 양을 $x$kg이라고 하면 다음과 같은 식이 성립한다.

$\dfrac{5}{100}\times20=\dfrac{4}{100}\times(20+x)$

$\rightarrow 100=80+4x$

$\therefore x=5$

따라서 더 넣어야 하는 물의 양은 5kg이다.

29

A와 B, B와 C가 각각 3살 차이가 나므로 B의 나이를 x세라고 하면 A의 나이는 $x+3$세, C는 $x-3$세이다.

3년 후 C의 나이가 A의 $\dfrac{2}{3}$이므로, 다음과 같은 식이 성립한다.

$\dfrac{2}{3}(x+3+3)=x-3+3$

$\rightarrow \dfrac{1}{3}x=4$

$\therefore x=12$

따라서 B는 12세, A는 12+3=15세, C는 12-3=9세이므로, A, B, C의 나이를 모두 더하면 15+12+9=36이다.

30

공책의 가격을 x원이라고 하면 다음과 같은 식이 성립한다.

$2(2,000-x)=2,400-x$

$\therefore x=1,600$

따라서 공책의 가격은 1,600원이다.

31

정답 ②

한 팀이 15분 작업 후 도구 교체에 걸리는 시간이 5분이므로 작업을 새로 시작하는 데 걸리는 시간은 20분이다.

다른 한 팀은 30분 작업 후 바로 다른 작업을 시작하므로 작업을 새로 시작하는 데 걸리는 시간은 30분이다.

따라서 두 팀은 60분마다 작업을 동시에 시작하므로 오후 1시에 작업을 시작해서 세 번째로 동시에 작업을 시작하는 시각은 3시간 후인 오후 4시이다.

32

정답 ④

A, G를 제외한 5명 중 C, D, E가 이웃하여 서는 경우의 수는 $3! \times 3! = 36$가지이고, A와 G는 자리를 바꿀 수 있다.

따라서 구하고자 하는 경우의 수는 $3! \times 3! \times 2 = 72$가지이다.

33

정답 ②

- 내일 비가 왔을 때 이길 확률 : $\dfrac{2}{5} \times \dfrac{1}{3} = \dfrac{2}{15}$

- 내일 비가 오지 않을 때 이길 확률 : $\dfrac{3}{5} \times \dfrac{1}{4} = \dfrac{3}{20}$

$\therefore \ \dfrac{2}{15} + \dfrac{3}{20} = \dfrac{17}{60}$

따라서 이길 확률은 $\dfrac{17}{60}$이다.

34

정답 ④

일본, 미국만 해당하므로 절반이 넘지 않는다.

[오답분석]

① 2021년에만 프랑스의 자국 영화 점유율이 한국보다 높았다.

② 자료를 통해 쉽게 확인할 수 있다.

③ 2020년 대비 2023년 자국 영화 점유율이 하락한 국가는 한국, 영국, 프랑스이고, 이 중 한국이 4%p로 가장 많이 하락했다.

35

정답 ③

- 2018년 대비 2019년 사고 척수의 증가율 : $\dfrac{2,400 - 1,500}{1,500} \times 100 = 60\%$

- 2018년 대비 2019년 사고 건수의 증가율 : $\dfrac{2,100 - 1,400}{1,400} \times 100 = 50\%$

36

정답 ①

연도별 사고 건수당 인명피해 인원수를 구하면 다음과 같다.

- 2018년 : $\dfrac{700}{1,400} = 0.5$명/건

- 2019년 : $\dfrac{420}{2,100} = 0.2$명/건

- 2020년 : $\dfrac{460}{2,300} = 0.2$명/건

- 2021년 : $\dfrac{750}{2,500} = 0.3$명/건

따라서 사고 건수당 인명피해 인원수가 가장 많은 연도는 2018년이다.

37

정답 ④

홀수 항에는 3을 곱하고, 짝수 항에는 4를 곱하는 수열이다.

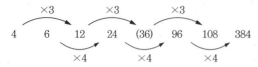

38

정답 ②

앞의 항에 각각 +1, −2, +3, −4, +5, …를 규칙으로 하는 수열이다.

F	G	E	H	D	(I)	C
6	7	5	8	4	9	3

39

정답 ③

제시된 명제를 정리하면 다음과 같다.
• 테니스 ○ → 가족 여행 ×
• 가족 여행 ○ → 독서 ○
• 독서 ○ → 쇼핑 ×
• 쇼핑 ○ → 그림 그리기 ○
• 그림 그리기 ○ → 테니스 ○
이를 정리하면 '쇼핑 ○ → 그림 그리기 ○ → 테니스 ○ → 가족 여행 ×'이므로 ③은 반드시 참이다.

40

정답 ④

주어진 조건에 따라 앞서 달리고 있는 순서대로 나열하면 'A − D − C − E − B'가 된다.
따라서 이 순위대로 결승점까지 달린다면 C는 3등을 할 것이다.

41

정답 ③

B의 발언이 참이라면 C가 범인이고 F의 발언도 참이 된다. F는 C 또는 E가 범인이라고 했으므로 C가 범인이라면 E는 범인이
아니고, E의 발언 역시 참이 되어야 한다. 하지만 E의 발언이 참이라면 F가 범인이어야 하므로 모순이다.
따라서 B의 발언이 거짓이며, C 또는 E가 범인이라는 F 역시 거짓말을 하는 범인임을 알 수 있다.

42

정답 ④

A와 B는 1명이 참이면 1명이 거짓이다. 1명이 거짓말을 한다고 하였으므로, A와 B 둘 중 1명이 거짓말을 한 것이다.
ⅰ) A가 거짓말을 했을 경우

1층	2층	3층	4층	5층
C	D	B	A	E

ⅱ) B가 거짓말을 했을 경우

1층	2층	3층	4층	5층
B	D	C	A	E

따라서 두 경우를 고려할 때, A는 항상 D보다 높은 층에서 내린다.

43

44

규칙은 가로 방향으로 적용된다.
첫 번째 도형을 수직으로 반을 잘랐을 때의 왼쪽 부분이 두 번째 도형이고, 두 번째 도형을 수평으로 반을 잘랐을 때의 아래쪽 부분이 세 번째 도형이다.

45

46

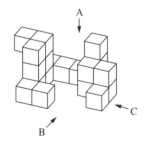

47

- 1층 : $5 \times 4 - 3 = 17$개
- 2층 : $20 - 4 = 16$개
- 3층 : $20 - 11 = 9$개
- ∴ $17 + 16 + 9 = 42$개

48

전자기파는 파장이 짧을수록 에너지가 크다. 에너지가 큰 순서대로 나열하면 다음과 같다.
X선 > 자외선 > 가시광선 > 적외선
따라서 에너지가 가장 큰 것은 X선이다.

제1회 최종점검 모의고사(50문항 유형) • **75**

49

분자는 원자 1개로 이루어진 경우도 있다.
예를 들어 헬륨(He), 네온(Ne), 아르곤(Ar)과 같은 비활성 기체들이 대표적이며, 단원자 분자라고도 한다.

50

대기 대순환
• 위도에 따른 태양 복사 에너지의 차와 지구의 자전으로 인해 발생한다.
• 바람과 수증기의 이동으로 에너지 불균형을 해소한다.
• 위도별로 극동풍, 편서풍, 무역풍 등을 만들어 고압대와 저압대가 형성되고, 날씨 변화를 보인다.

최종점검 모의고사

01	02	03	04	05	06	07	08	09	10	11	12	13	14	15	16	17	18	19	20
③	④	④	②	②	①	③	①	②	③	③	④	③	④	③	④	③	④	③	③
21	22	23	24	25	26	27	28	29	30	31	32	33	34	35	36	37	38	39	40
④	③	②	②	②	①	④	③	③	④	②	④	③	①	④	③	①	④	③	④
41	42	43	44	45															
③	①	①	④	③															

01
정답 ③

'거부'는 '요구나 제의 따위를 받아들이지 않고 물리침'이라는 의미로 '거절'과 유의 관계이다.

오답분석

① 솔직 : 거짓이나 숨김이 없이 바르고 곧음
② 억제 : 감정이나 욕망, 충동적 행동 따위를 내리눌러서 그치게 함
④ 지도 : 어떤 목적이나 방향으로 남을 가르쳐 이끎

02
정답 ④

'시종여일(始終如一)'은 '처음부터 끝까지 변함없이 한결같음'을 이르는 말로, 제시문의 내용과 가장 관련 있다.

오답분석

① 거재두량(車載斗量) : 수레에 싣고 말로 된다는 뜻으로, 물건이나 인재 따위가 많아서 그다지 귀하지 않음을 이르는 말
② 득롱망촉(得隴望蜀) : 농(隴)을 얻고서 촉(蜀)까지 취하고자 한다는 뜻으로, 만족할 줄을 모르고 계속 욕심을 부리는 경우를 비유적으로 이르는 말
③ 교주고슬(膠柱鼓瑟) : 아교풀로 비파나 거문고의 기러기발을 붙여 놓으면 음조를 바꿀 수 없다는 뜻으로, 고지식하여 조금도 융통성이 없음을 이르는 말

03
정답 ④

오답분석

① 주저하다 : 머뭇거리며 망설이다.
② 실신하다 : 병이나 충격 따위로 정신을 잃다.
③ 일치하다 : 비교되는 대상들이 서로 어긋나지 아니하고 같거나 들어맞다.

04
정답 ②

오답분석

①·③·④ 용도가 같은 물건으로, ① 음식물 분쇄, ③ 필기, ④ 몸에 착용의 관계이다.

05
정답 ②

제시된 단어는 반의 관계이다.
②는 반의 관계인 반면 ①·③·④는 유의 관계이다.

06
정답 ①

'어렵사리 겨우'를 뜻하는 말은 '근근이'로 쓴다.

07
정답 ③

• 오랜동안 → 오랫동안
• 어떻한 → 어떠한

08
정답 ①

빈칸 앞에서는 내년부터 시행되는 환경부의 폐기물 선별 업체 차등화 제도에 적용될 등급 기준을 이야기하고, 빈칸 뒤에서는 제도 운영의 투명성을 위해 업체의 등급 결과를 누리집에 공표할 것이라고 이야기하고 있으므로 빈칸에는 '또한'이 가장 적절하다.

09
정답 ②

제시문은 A회사가 국내 최대 규모의 은퇴연구소를 개소했고, 은퇴 이후 안정된 노후준비를 돕고 다양한 정보를 제공하는 소통의 채널로 이용하며 은퇴 이후의 생활이 취약한 우리의 인식 변화를 위해 노력할 것이라는 내용의 글이다. 따라서 (다) A회사가 국내 최대 규모의 은퇴연구소를 개소 – (가) 은퇴연구소는 체계화된 팀을 구성 – (나) 일반인들의 안정된 노후준비를 돕고, 다양한 정보를 제공할 것 – (라) 선진국에 비해 취약한 우리의 인식을 변화하기 위한 노력 순으로 나열하는 것이 가장 적절하다.

10
정답 ③

제시문은 크게 '피자의 시작과 본토 – 한국의 피자 도입과 확산'으로 나눌 수 있다. 이탈리아에서 나타난 현대적 의미의 피자의 시작을 논하는 것으로 글이 시작되었으므로, 그 후에는 이탈리아의 피자 상황을 나타내는 (다)와 (가)가 차례대로 오는 것이 적절하며, 한국의 '경우'라고 쓰여 있는 것을 보아 그 뒤에는 (라)와 (나)가 오는 것이 적절하다.

11
정답 ③

'최고의 진리는 언어 이전 혹은 언어 이후의 무언(無言)의 진리이다.', '동양 사상의 정수(精髓)는 말로써 말이 필요 없는 경지'라고 한 부분을 보았을 때 동양 사상은 언어적 지식을 초월하는 진리를 추구한다는 것이 제시문의 주제로 적절하다.

12
정답 ④

제시문은 혈관 건강에 좋지 않은 LDL 콜레스테롤을 높이는 포화지방과 LDL 콜레스테롤의 분해를 돕고 HDL 콜레스테롤을 상승하게 하는 불포화지방에 대해 설명하고 있으므로, 글의 제목으로 '몸에 좋은 지방과 좋지 않은 지방'이 가장 적절하다.

13
정답 ③

주어진 문장의 '이'는 앞 문장의 내용을 가리키므로, 기업의 이익 추구가 사회 전체의 이익과 관련된 결과를 가져왔다는 내용이 앞에 와야 한다. 따라서 (다) 앞의 '가장 저렴한 가격으로 상품을 공급하게 되었다.'는 내용이 '사회 전체의 이익'과 연관되므로 (다)에 들어가는 것이 가장 적절하다.

14

제시문은 '멋'은 파격이면서 동시에 보편적이고 일반적인 기준을 벗어나지 않아야 하는 것임을 강조하고 있다. 따라서 멋은 사회적인 관계에서 생겨나는 것이라는 결론을 얻을 수 있다.

15

유전거리 비교의 한계를 보완하기 위해 나온 방법이 유전체 유사도를 측정하는 방법이며, 유전체 유사도는 종의 경계를 확정하는 데 유용한 기준을 제공한다고 하였으므로 ③은 적절한 내용이다.

[오답분석]
① 두 번째 문단의 첫 번째 문장에 따르면 미생물의 종 구분에 외양과 생리적 특성을 이용한 방법이 사용되기도 한다.
②·④ 마지막 문단에 따르면 수많은 유전자를 모두 비교하는 것은 현실적으로 어렵기 때문에 유전체의 특성을 화학적으로 비교하는 방법이 주로 사용되고 있다.

16

제시문에서는 비타민D의 결핍으로 인해 발생하는 건강 문제를 근거로 신체를 태양빛에 노출하여 건강을 유지해야 한다고 주장하고 있다. 따라서 태양빛에 노출되지 않고도 충분한 비타민D 생성이 가능하다는 근거가 있다면 제시문에 대한 반박이 되므로 ④가 가장 적절하다.

[오답분석]
① 제시문에서는 비타민D 보충제에 대해 언급하고 있지 않다. 따라서 비타민D 보충제가 태양빛 노출을 대체할 수 있을지 판단하기 어렵다.
② 태양빛에 노출될 경우 피부암 등의 질환이 발생할 수 있으나, 이것이 비타민D의 결핍을 해결하는 또 다른 방법을 제시하거나 제시문에서 주장하는 내용을 반박하고 있지는 않다.
③ 비타민D는 칼슘과 인의 흡수 외에도 흉선에서 면역세포를 생산하는 작용에 관여하고 있다. 따라서 칼슘과 인의 주기적인 섭취만으로는 문제를 해결할 수 없으며, 제시문에 대한 반박이 되지 못한다.

17

제시문은 진흥왕이 나제 동맹의 활용과 파기를 통해 한강 유역을 차지하고 영토 확장을 시작했다는 내용이다. 따라서 이 글 뒤에 이어질 내용으로는 진흥왕의 영토 확장이 어떻게 이루어졌는지가 적절하다.

18

두 번째 문단에서 각 나라와 회사별로 표준화된 미세먼지 차단지수가 없다고 설명하고 있다.

[오답분석]
① 초미세먼지 농도가 짙은 지역에 거주하는 사람 중 고령일수록 피부에 문제가 생길 확률이 증가했다.
② 미세먼지가 가장 많이 침투하는 부위는 피부가 얇거나 자주 갈라지는 눈 근처, 코 옆, 입술 등이다.
③ 메이크업을 즐겨하는 사람들은 색조 제품의 특성상 노폐물이 더 잘 붙을 수밖에 없으므로 주의해야 한다.

19

샌드위치를 소개하는 (다) 문단이 가장 먼저 오는 것이 적절하며, 그 다음으로 샌드위치 이름의 유래를 소개하는 (나) 문단이 적절하다. 뒤를 이어 샌드위치 백작에 대한 평가가 엇갈림을 설명하는 (가) 문단이, 마지막으로는 이러한 엇갈린 평가를 구체적으로 설명하는 (라) 문단이 오는 것이 적절하다.

20

정답 ③

음식 이름의 주인공인 샌드위치 백작은 일부에서는 유능한 정치인·군인이었던 인물로 평가되는 반면, 다른 한편에서는 무능한 도박꾼으로 평가되고 있는 것을 볼 때 ③이 빈칸에 들어갈 내용으로 가장 적절하다.

21

정답 ④

$457 + 55 \times 429 \div 33 = 457 + 23,595 \div 33 = 457 + 715 = 1,172$

22

정답 ③

$3.432 + 2.121 - 0.878 - 1.271 = 5.553 - 2.149 = 3.404$

23

정답 ②

$467 \times 0.065 = 30.355$

24

정답 ②

$\dfrac{1}{7} < (\quad) < \dfrac{4}{21} \rightarrow \dfrac{12}{84} < (\quad) < \dfrac{16}{84}$

$\dfrac{1}{6} = \dfrac{14}{84}$

오답분석

① $\dfrac{1}{28} = \dfrac{3}{84}$

③ $\dfrac{1}{3} = \dfrac{28}{84}$

④ $\dfrac{3}{7} = \dfrac{36}{84}$

25

정답 ②

$\dfrac{3}{11} < (\quad) < \dfrac{36}{121} \rightarrow \dfrac{33}{121} < (\quad) < \dfrac{36}{121}$

오답분석

① $\dfrac{1}{11} = \dfrac{11}{121}$

③ $\dfrac{4}{11} = \dfrac{44}{121}$

④ $\dfrac{32}{121}$

26

정답 ①

기차의 길이를 xm라고 하면 다음과 같은 식이 성립한다.

$\dfrac{480+x}{36}=\dfrac{600+x}{44}$

$11\times(480+x)=9\times(600+x)$

$2x=120$

$\therefore\ x=60$

따라서 기차의 길이는 60m이므로 기차의 속력은 $\dfrac{480+60}{36}=15\text{m/s}$이다.

27

정답 ④

오염물질의 양은 $\dfrac{14}{100}\times50=7$g이다.

깨끗한 물을 xg 더 넣어 오염농도를 10%로 만들려면 다음과 같은 식이 성립한다.

$\dfrac{7}{50+x}\times100=10$

$\rightarrow\ 700=10\times(50+x)$

$\therefore\ x=20$

따라서 오염농도를 10%로 만들려면 깨끗한 물을 20g 더 넣어야 한다.

28

정답 ③

x년 후에 아버지의 나이가 아들의 나이의 3배가 된다고 하면 다음과 같은 식이 성립한다.

$45+x=3(13+x)$

$\rightarrow\ 45+x=39+3x$

$\rightarrow\ 2x=6$

$\therefore\ x=3$

따라서 3년 후에 아버지의 나이가 아들의 나이의 3배가 된다.

29

정답 ③

원가가 5,000원인 튜브를 20% 할인한 다음 다시 10%의 이익을 붙인 판매가에 대해 다음과 같은 식이 성립한다.

$5,000\times(1-0.2)\times(1+0.1)=0.88\times5,000=4,400$

따라서 판매가는 4,400원이다.

30

정답 ④

프로젝트를 끝내는 일의 양을 1이라고 가정한다.

혼자 할 경우 서주임이 하루에 할 수 있는 일의 양은 $\dfrac{1}{24}$이고, 김대리는 $\dfrac{1}{16}$이며, 함께 할 경우 $\dfrac{1}{24}+\dfrac{1}{16}=\dfrac{5}{48}$만큼 할 수 있다.

함께 한 일수는 3일이며, 김대리 혼자 한 날을 x일이라고 하면 다음과 같은 식이 성립한다.

$\dfrac{5}{48}\times3+\dfrac{1}{16}\times x=1$

$\rightarrow\ \dfrac{5}{16}+\dfrac{1}{16}\times x=1$

$\rightarrow\ \dfrac{1}{16}\times x=\dfrac{11}{16}$

$\therefore\ x=11$

따라서 김대리가 혼자 일하는 기간은 11일이고, 보고서를 제출할 때까지 총 3+11=14일이 걸린다.

31

정답 ②

• 친가를 거친 후, 외가를 가는 경우 : 3가지(승용차, 버스, 기차)×2가지(버스, 기차)=6가지
• 외가를 거친 후, 친가를 가는 경우 : 3가지(비행기, 기차, 버스)×2가지(버스, 기차)=6가지
따라서 친가와 외가를 가는 방법의 경우의 수는 6+6=12가지이다.

32

정답 ④

• 4번 중 2번은 10점을 쏠 확률 : $_4C_2 \times \left(\dfrac{1}{5}\right)^2 = \dfrac{6}{25}$

• 남은 2번은 10점을 쏘지 못할 확률 : $_2C_2 \times \left(\dfrac{4}{5}\right)^2 = \dfrac{16}{25}$

$\therefore \dfrac{6}{25} \times \dfrac{16}{25} = \dfrac{96}{625}$

따라서 4번 중 2번은 10점, 나머지 2번은 10점을 쏘지 못할 확률은 $\dfrac{96}{625}$ 이다.

33

정답 ③

2022년 하반기 대출·금융 스팸 이메일 수신량 비율은 전년 동기 수신량 비율의 $\dfrac{8}{2}$=4배이다.

오답분석
①·④ 제시된 자료를 통해 확인할 수 있다.
② 2021년 상반기와 2023년 하반기의 전체 이메일 수신량이 제시되지 않았으므로 비율을 통해 비교할 수 없다.

34

정답 ①

관광객 수가 가장 많은 국가는 B국이며, 가장 적은 국가는 E국이다. 따라서 두 국가의 관광객 수 차이는 50−20=30만 명이다.

35

정답 ④

A~E국 중 관광객 수가 같은 국가는 40만 명인 C, D국이다. 따라서 두 국가 관광객들의 평균 여행일수 합은 4+3=7일이다.

36

정답 ③

앞의 항에 +1, +3, +5, +7, +9, +11, …을 규칙으로 하는 수열이다.

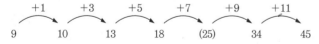

37

정답 ①

앞의 항에 +1, +2, +3, +4, …를 규칙으로 하는 수열이다.

ㅑ	ㅓ	ㅗ	ㅠ	(ㅏ)
2	3	5	8	12

38

정답 ④

D가 산악회 회원인 경우와 아닌 경우로 나누어보면 다음과 같다.

ⅰ) D가 산악회 회원인 경우

네 번째 조건에 따라 D가 산악회 회원이면 B와 C도 산악회 회원이 되며, A는 두 번째 조건의 대우에 따라 산악회 회원이 될 수 없다. 따라서 B, C, D가 산악회 회원이다.

ⅱ) D가 산악회 회원이 아닌 경우

세 번째 조건에 따라 D가 산악회 회원이 아니면 B가 산악회 회원이 아니거나 C가 산악회 회원이어야 한다. 그러나 첫 번째 조건의 대우에 따라 C는 산악회 회원이 될 수 없으므로 B가 산악회 회원이 아님을 알 수 있다. 따라서 B, C, D 모두 산악회 회원이 아니다. 이때 최소 1명 이상은 산악회 회원이어야 하므로 A는 산악회 회원이다.

따라서 항상 참인 것은 ④이다.

39

정답 ③

a는 'A가 외근을 나감', b는 'B가 외근을 나감', c는 'C가 외근을 나감', d는 'D가 외근을 나감', e는 'E가 외근을 나감'이라고 할 때, 네 번째 명제와 다섯 번째 명제의 대우인 $b \rightarrow c$, $c \rightarrow d$에 따라 $a \rightarrow b \rightarrow c \rightarrow d \rightarrow e$가 성립한다.

따라서 'A가 외근을 나가면 E도 외근을 나간다.'는 반드시 참이다.

40

정답 ④

A ~ E의 진술에 따르면 B와 D의 진술은 반드시 동시에 참이나 거짓이 되어야 하며, A와 B의 진술 역시 동시에 참이나 거짓이 되어야 한다. 이때 B의 진술이 거짓일 경우, A와 D의 진술 모두 거짓이므로 2명이 거짓을 말한다는 조건에 어긋난다.

따라서 진실을 말하고 있는 심리상담사는 A, B, D이며, 거짓을 말하고 있는 심리상담사는 C, E가 된다. 이때, 진실을 말하고 있는 B와 D의 진술에 따라 근무시간에 자리를 비운 사람은 C가 된다.

41

정답 ③

규칙은 가로 방향으로 적용된다.

첫 번째 도형에 색이 칠해진 부분과 두 번째 도형에 색이 칠해진 부분을 합치면 세 번째 도형에 색칠된 부분이 된다.

42

정답 ①

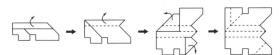

43

정답 ①

- 1층 : $4 \times 5 - 1 = 19$개
- 2층 : $20 - 6 = 14$개
- 3층 : $20 - 8 = 12$개
- 4층 : $20 - 10 = 10$개
- ∴ $19 + 14 + 12 + 10 = 55$개

44

오답분석
① · ② · ③ 열을 방출하는 경우이다.

45

오답분석
ㄹ. 산은 수용액에서 수소 이온을 내놓는 물질이며, 마그네슘(Mg), 아연(Zn) 등과 같은 수소(H)보다 산화되기 쉬운 금속을 산 수용액에 넣으면 산화 – 환원 반응이 일어나 수소 기체가 발생한다. 탄산칼슘($CaCO_3$)이 주성분인 석회석, 대리석 등과 반응하여 이산화탄소(CO_2) 기체를 발생시킨다. 또한 붉은색 리트머스 종이를 푸르게 변화시키는 것은 염기이며, 산은 푸른색 리트머스 종이를 붉게 변화시킨다.

전국 시·도교육청 소양평가 OMR 답안카드(50문항 유형)

성 명

지원 분야

문제지 형별기재란
( )형
Ⓐ
Ⓑ

수 험 번 호

⓪ ① ② ③ ④ ⑤ ⑥ ⑦ ⑧ ⑨
⓪ ① ② ③ ④ ⑤ ⑥ ⑦ ⑧ ⑨
⓪ ① ② ③ ④ ⑤ ⑥ ⑦ ⑧ ⑨
⓪ ① ② ③ ④ ⑤ ⑥ ⑦ ⑧ ⑨
⓪ ① ② ③ ④ ⑤ ⑥ ⑦ ⑧ ⑨
⓪ ① ② ③ ④ ⑤ ⑥ ⑦ ⑧ ⑨
⓪ ① ② ③ ④ ⑤ ⑥ ⑦ ⑧ ⑨

감독위원 확인
(인)

1	①	②	③	④	21	①	②	③	④	41	①	②	③	④
2	①	②	③	④	22	①	②	③	④	42	①	②	③	④
3	①	②	③	④	23	①	②	③	④	43	①	②	③	④
4	①	②	③	④	24	①	②	③	④	44	①	②	③	④
5	①	②	③	④	25	①	②	③	④	45	①	②	③	④
6	①	②	③	④	26	①	②	③	④	46	①	②	③	④
7	①	②	③	④	27	①	②	③	④	47	①	②	③	④
8	①	②	③	④	28	①	②	③	④	48	①	②	③	④
9	①	②	③	④	29	①	②	③	④	49	①	②	③	④
10	①	②	③	④	30	①	②	③	④	50	①	②	③	④
11	①	②	③	④	31	①	②	③	④					
12	①	②	③	④	32	①	②	③	④					
13	①	②	③	④	33	①	②	③	④					
14	①	②	③	④	34	①	②	③	④					
15	①	②	③	④	35	①	②	③	④					
16	①	②	③	④	36	①	②	③	④					
17	①	②	③	④	37	①	②	③	④					
18	①	②	③	④	38	①	②	③	④					
19	①	②	③	④	39	①	②	③	④					
20	①	②	③	④	40	①	②	③	④					

전국 시·도교육청 소양평가 OMR 답안카드(50문항 유형)

성 명

지원 분야

문제지 형별기재란

( )형 Ⓐ Ⓑ

수험번호

⓪ ① ② ③ ④ ⑤ ⑥ ⑦ ⑧ ⑨

감독위원 확인

(인)

1	① ② ③ ④	21	① ② ③ ④	41	① ② ③ ④
2	① ② ③ ④	22	① ② ③ ④	42	① ② ③ ④
3	① ② ③ ④	23	① ② ③ ④	43	① ② ③ ④
4	① ② ③ ④	24	① ② ③ ④	44	① ② ③ ④
5	① ② ③ ④	25	① ② ③ ④	45	① ② ③ ④
6	① ② ③ ④	26	① ② ③ ④	46	① ② ③ ④
7	① ② ③ ④	27	① ② ③ ④	47	① ② ③ ④
8	① ② ③ ④	28	① ② ③ ④	48	① ② ③ ④
9	① ② ③ ④	29	① ② ③ ④	49	① ② ③ ④
10	① ② ③ ④	30	① ② ③ ④	50	① ② ③ ④
11	① ② ③ ④	31	① ② ③ ④		
12	① ② ③ ④	32	① ② ③ ④		
13	① ② ③ ④	33	① ② ③ ④		
14	① ② ③ ④	34	① ② ③ ④		
15	① ② ③ ④	35	① ② ③ ④		
16	① ② ③ ④	36	① ② ③ ④		
17	① ② ③ ④	37	① ② ③ ④		
18	① ② ③ ④	38	① ② ③ ④		
19	① ② ③ ④	39	① ② ③ ④		
20	① ② ③ ④	40	① ② ③ ④		

※ 본 답안카드는 마킹연습용 모의 답안카드입니다.

전국 시·도교육청 소방평가 OMR 답안카드(50문항 유형)

번호	①	②	③	④	번호	①	②	③	④	번호	①	②	③	④
1	①	②	③	④	21	①	②	③	④	41	①	②	③	④
2	①	②	③	④	22	①	②	③	④	42	①	②	③	④
3	①	②	③	④	23	①	②	③	④	43	①	②	③	④
4	①	②	③	④	24	①	②	③	④	44	①	②	③	④
5	①	②	③	④	25	①	②	③	④	45	①	②	③	④
6	①	②	③	④	26	①	②	③	④	46	①	②	③	④
7	①	②	③	④	27	①	②	③	④	47	①	②	③	④
8	①	②	③	④	28	①	②	③	④	48	①	②	③	④
9	①	②	③	④	29	①	②	③	④	49	①	②	③	④
10	①	②	③	④	30	①	②	③	④	50	①	②	③	④
11	①	②	③	④	31	①	②	③	④					
12	①	②	③	④	32	①	②	③	④					
13	①	②	③	④	33	①	②	③	④					
14	①	②	③	④	34	①	②	③	④					
15	①	②	③	④	35	①	②	③	④					
16	①	②	③	④	36	①	②	③	④					
17	①	②	③	④	37	①	②	③	④					
18	①	②	③	④	38	①	②	③	④					
19	①	②	③	④	39	①	②	③	④					
20	①	②	③	④	40	①	②	③	④					

전국 시·도교육청 소양평가 OMR 답안카드(45문항 유형)

문항	1	2	3	4		문항	1	2	3	4		문항	1	2	3	4
1	①	②	③	④		21	①	②	③	④		41	①	②	③	④
2	①	②	③	④		22	①	②	③	④		42	①	②	③	④
3	①	②	③	④		23	①	②	③	④		43	①	②	③	④
4	①	②	③	④		24	①	②	③	④		44	①	②	③	④
5	①	②	③	④		25	①	②	③	④		45	①	②	③	④
6	①	②	③	④		26	①	②	③	④						
7	①	②	③	④		27	①	②	③	④						
8	①	②	③	④		28	①	②	③	④						
9	①	②	③	④		29	①	②	③	④						
10	①	②	③	④		30	①	②	③	④						
11	①	②	③	④		31	①	②	③	④						
12	①	②	③	④		32	①	②	③	④						
13	①	②	③	④		33	①	②	③	④						
14	①	②	③	④		34	①	②	③	④						
15	①	②	③	④		35	①	②	③	④						
16	①	②	③	④		36	①	②	③	④						
17	①	②	③	④		37	①	②	③	④						
18	①	②	③	④		38	①	②	③	④						
19	①	②	③	④		39	①	②	③	④						
20	①	②	③	④		40	①	②	③	④						

성 명

지원 분야

문제지 형별기재란
ⓐ
ⓑ
( )형

수험번호

⓪	①	②	③	④	⑤	⑥	⑦	⑧	⑨
⓪	①	②	③	④	⑤	⑥	⑦	⑧	⑨
⓪	①	②	③	④	⑤	⑥	⑦	⑧	⑨
⓪	①	②	③	④	⑤	⑥	⑦	⑧	⑨
⓪	①	②	③	④	⑤	⑥	⑦	⑧	⑨
⓪	①	②	③	④	⑤	⑥	⑦	⑧	⑨
⓪	①	②	③	④	⑤	⑥	⑦	⑧	⑨

감독위원 확인
(인)

전국 시·도교육청 소양평가 OMR 답안카드(45문항 유형)

번호	①	②	③	④	번호	①	②	③	④	번호	①	②	③	④
1	①	②	③	④	21	①	②	③	④	41	①	②	③	④
2	①	②	③	④	22	①	②	③	④	42	①	②	③	④
3	①	②	③	④	23	①	②	③	④	43	①	②	③	④
4	①	②	③	④	24	①	②	③	④	44	①	②	③	④
5	①	②	③	④	25	①	②	③	④	45	①	②	③	④
6	①	②	③	④	26	①	②	③	④					
7	①	②	③	④	27	①	②	③	④					
8	①	②	③	④	28	①	②	③	④					
9	①	②	③	④	29	①	②	③	④					
10	①	②	③	④	30	①	②	③	④					
11	①	②	③	④	31	①	②	③	④					
12	①	②	③	④	32	①	②	③	④					
13	①	②	③	④	33	①	②	③	④					
14	①	②	③	④	34	①	②	③	④					
15	①	②	③	④	35	①	②	③	④					
16	①	②	③	④	36	①	②	③	④					
17	①	②	③	④	37	①	②	③	④					
18	①	②	③	④	38	①	②	③	④					
19	①	②	③	④	39	①	②	③	④					
20	①	②	③	④	40	①	②	③	④					

※ 본 답안카드는 마킹연습용 모의 답안카드입니다.

전국 시·도교육청 소양평가 OMR 답안카드(45문항 유형)

번호	1	2	3	4	번호	1	2	3	4	번호	1	2	3	4
1	①	②	③	④	21	①	②	③	④	41	①	②	③	④
2	①	②	③	④	22	①	②	③	④	42	①	②	③	④
3	①	②	③	④	23	①	②	③	④	43	①	②	③	④
4	①	②	③	④	24	①	②	③	④	44	①	②	③	④
5	①	②	③	④	25	①	②	③	④	45	①	②	③	④
6	①	②	③	④	26	①	②	③	④					
7	①	②	③	④	27	①	②	③	④					
8	①	②	③	④	28	①	②	③	④					
9	①	②	③	④	29	①	②	③	④					
10	①	②	③	④	30	①	②	③	④					
11	①	②	③	④	31	①	②	③	④					
12	①	②	③	④	32	①	②	③	④					
13	①	②	③	④	33	①	②	③	④					
14	①	②	③	④	34	①	②	③	④					
15	①	②	③	④	35	①	②	③	④					
16	①	②	③	④	36	①	②	③	④					
17	①	②	③	④	37	①	②	③	④					
18	①	②	③	④	38	①	②	③	④					
19	①	②	③	④	39	①	②	③	④					
20	①	②	③	④	40	①	②	③	④					

성 명	

지원 분야	

문제지 형별기재란	( )형	Ⓐ Ⓑ

수험번호							
⓪ ① ② ③ ④ ⑤ ⑥ ⑦ ⑧ ⑨							
⓪ ① ② ③ ④ ⑤ ⑥ ⑦ ⑧ ⑨							
⓪ ① ② ③ ④ ⑤ ⑥ ⑦ ⑧ ⑨							
⓪ ① ② ③ ④ ⑤ ⑥ ⑦ ⑧ ⑨							
⓪ ① ② ③ ④ ⑤ ⑥ ⑦ ⑧ ⑨							
⓪ ① ② ③ ④ ⑤ ⑥ ⑦ ⑧ ⑨							
⓪ ① ② ③ ④ ⑤ ⑥ ⑦ ⑧ ⑨							

감독위원 확인	(인)

2025 최신판 시대에듀 전국 시·도교육청 교육공무직원 소양평가 핵심통합서 인성검사 3회 + 모의고사 4회 + 면접 + 무료공무직특강

초 판 발 행	2025년 02월 20일 (인쇄 2024년 10월 17일)
발 행 인	박영일
책 임 편 집	이해욱
편 저	SDC(Sidae Data Center)
편 집 진 행	안희선·신주희·정수현
표지디자인	박수영
편집디자인	김경원·채현주
발 행 처	(주)시대고시기획
출 판 등 록	제10-1521호
주 소	서울시 마포구 큰우물로 75 [도화동 538 성지 B/D] 9F
전 화	1600-3600
팩 스	02-701-8823
홈 페 이 지	www.sdedu.co.kr
I S B N	979-11-383-7902-1 (13320)
정 가	27,000원

전국
시·도교육청
교육공무직원 소양평가
인성검사 3회+모의고사 4회+면접+무료공무직특강
핵심통합서

교육공무직 ROAD MAP

※ 도서 이미지 및 세부 내용은 변경될 수 있습니다.

현재 나의 실력을 객관적으로 파악해 보자!

모바일 OMR
답안채점 / 성적분석 서비스

도서에 수록된 모의고사에 대한 객관적인 결과(정답률, 순위)를 종합적으로 분석하여 제공합니다.

OMR 입력

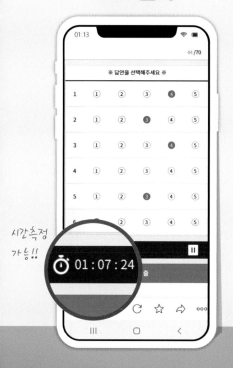

시간측정 가능!!

성적분석

채점결과

※OMR 답안채점 / 성적분석 서비스는 등록 후 30일간 사용 가능합니다.

도서 내 모의고사 우측 상단에 위치한 QR코드 찍기	→	로그인 하기	→	'시작하기' 클릭	→	'응시하기' 클릭

나의 답안을 모바일 OMR 카드에 입력	→	'성적분석 & 채점결과' 클릭	→	현재 내 실력 확인하기